INSTRUCTOR'S ANNOTATED EDITION

IMMAGINA

L'italiano senza confini

Anne Cummings
El Camino College

Chiara Frenquellucci
Harvard University

Gloria Pastorino
Fairleigh Dickinson University

Julia A. Viazmenski
Dartmouth College

VISTA
HIGHER LEARNING
Boston, Massachusetts

IMMAGINA
L'italiano senza confini

Publisher: José A. Blanco

Executive Editor: Sarah Kenney

Managing Editors: María Eugenia Corbo, Paola Ríos Schaaf (Technology)

Editors: John DeCarli, Mónica M. González Peña, Paula Andrea Orrego, Katie Wade, Anne Wagner (Technology)

Production and Design Director: Marta Kimball

Design Manager: Susan Prentiss

Design and Production Team: Sarah Cole, Oscar Díez, Mauricio Henao, Jhoany Jiménez, Juan Camilo Moreno, Nick Ventullo

Printed in Canada.

Student Text ISBN-13: 978-1-60576-120-6
Student Text (Casebound) ISBN-13: 978-1-60576-121-3

Instructor's Annotated Edition ISBN-13: 978-1-60576-124-4

Library of Congress Card Number: 2009934650

1 2 3 4 5 6 7 8 9 TC 14 13 12 11 10 09

INSTRUCTOR'S ANNOTATED EDITION

Table of Contents

The Vista Higher Learning Story

Your Specialized Foreign Language Publisher

Independent, specialized, and privately owned, Vista Higher Learning was founded in 2000 with one mission: to raise the teaching and learning of world languages to a higher level. This mission is based on the following beliefs:

- It is essential to prepare students for a world in which learning another language is a necessity, not a luxury.
- Language learning should be fun and rewarding, and all students should have the tools necessary for achieving success.
- Students who experience success learning a language will be more likely to continue their language studies both inside and outside the classroom.

With this in mind, we decided to take a fresh look at all aspects of language instructional materials. Because we are specialized, we dedicate 100 percent of our resources to this goal and base every decision on how well it supports language learning.

That is where you come in. Since our founding in 2000, we have relied on the continuous and invaluable feedback from language instructors and students nationwide. This partnership has proved to be the cornerstone of our success by allowing us to constantly improve our programs to meet your instructional needs.

The result? Programs that make language learning exciting, relevant, and effective through:

- an unprecedented access to resources
- a wide variety of contemporary, authentic materials
- the integration of text, technology, and media, and
- a bold and engaging textbook design.

By focusing on our singular passion, we let you focus on yours.

The Vista Higher Learning Team

VISTA HIGHER LEARNING

31 St. James Avenue Boston, MA 02116-4104 TOLLFREE: 800-618-7375
TELEPHONE: 617-426-4910 FAX: 617-426-5209 **www.vistahigherlearning.com**

Getting to Know IMMAGINA

IMMAGINA is a new intermediate Italian program designed to provide students with an active and rewarding learning experience as they strengthen their language skills and develop their cultural competency. **IMMAGINA** takes an interactive, communicative approach. It focuses on real communication in meaningful contexts to develop and consolidate students' speaking, listening, reading, and writing skills.

IMMAGINA features a fresh, magazine-like design that engages students while integrating thematic, cultural, and grammatical concepts within every section of the text.

- **Sommario** Dramatic photos and thought-provoking discussion questions introduce the theme and content of each lesson.
- **Per cominciare** Real-life, practical vocabulary related to the lesson theme is presented in thematic lists. Directed and communicative activities practice the vocabulary in varied contexts.
- **Cortometraggio** Authentic short films by award-winning Italian filmmakers serve as a springboard for exploring the themes and concepts in every lesson. A wide range of pre- and post-viewing activities develop listening skills and provoke analysis. Captioned film stills in the grammar section further integrate the film with key language functions.
- **Immagina** Innovative and engaging, the **Immagina** section takes students on a journey throughout Italy. Projects, images, and activities bring the cultural content to life.
- **Strutture** Clear, comprehensive grammar explanations are designed with students in mind. Examples from the authentic short films and easy-to-read diagrams highlight key structures and concepts. Thematically and culturally relevant activities progress from directed **Pratica** exercises to open-ended **Comunicazione** activities. **Sintesi** ties together the grammar and vocabulary with conversation and writing activities that promote self-expression.
- **Cultura** High-interest cultural readings are carefully designed to promote cultural competency through integration with the thematic content of each lesson. **Preparazione** and **Analisi** activities increase reading comprehension and spark discussion.
- **Letteratura** Authentic literary selections covering a variety of genres expose students to the diversity and richness of Italian literature. Readings are carefully selected for their appropriate length, comprehensibility, and thematic relevance. **Preparazione** gives students vocabulary support and activates their prior knowledge; **Analisi** carefully tracks them from comprehension through interpretation and personalization. Engaging writing topics allow students to synthesize and expand upon what they have learned in each lesson. The **Laboratorio di scrittura** provides students with an opportunity to learn and improve essay-writing skills. The essay topics bring together the film, culture, and literature.

To get the most out of pages IAE-6 to IAE-15 in your **IMMAGINA** Instructor's Annotated Edition, you should familiarize yourself with the front matter to the **IMMAGINA** Student Text, especially the Introduction (p. iii) and the Ancillaries (pp. xxiii and xxvi).

Getting to Know Your Instructor's Annotated Edition

The Instructor's Annotated Edition (IAE) of **IMMAGINA** includes a variety of teaching resources. For your convenience, answers to all exercises with discrete answers have been overprinted on the student text pages. In addition, marginal annotations were created to complement and support varied teaching styles, to extend the rich contents of the student text, and to save you time in class preparation and course management. Here are the principal types of annotations you will find in **IMMAGINA**:

- **Numbered Annotations** Teaching suggestions, expansion activities, comprehension questions, and follow-up exercises that relate to the numbered activities in the student text
- ***Strutture* Annotations** Teaching suggestions for presenting, manipulating, and clarifying the material in the grammar explanations
- **Teaching Option** Suggestions for supplemental activities, games, projects, additional resources, related cultural activities, and research or writing assignments
- ***Sinonimi e Contrari*** Additional related words and expressions to expand the active vocabulary presented in the lesson
- **Preview** Discussion questions, teaching suggestions, ideas, and activities to introduce the theme of each lesson and to prepare students for viewing the short films
- **National Standards Icons** Special icons that indicate when a lesson section is specially related to one or more of the Five C's of the *Standards for Foreign Language Learning:* Communication, Cultures, Connections, Comparisons, and Communities
- **Instructional Resources** References to student and instructor ancillaries that may be used to reinforce or expand upon material in the Student Text. The following resources are included; see pp. IAE-14, xxiii, and xxvi for complete descriptions of all instructor and student ancillaries.

WB	Workbook (in the Student Activities Manual)
LM	Lab Manual (in the Student Activities Manual)
SAM Answer Key	Student Activities Manual Answer Key
Lab MP3	Lab Audio Program
DVD	**IMMAGINA** Film Collection
Supersite	**immagina.vhlcentral.com** includes: Instructor's Resources (Scripts, Translations, Teaching Suggestions for the **Immagina** section); Testing Program; SAM Answer Key

IMMAGINA and the *Standards for Foreign Language Learning*

Since 1982, when the *ACTFL Proficiency Guidelines* were first published, that seminal document and its subsequent revisions have influenced the teaching of modern languages in the United States. **IMMAGINA** was written with the concerns and philosophy of the *ACTFL Proficiency Guidelines* in mind. It emphasizes an interactive, proficiency-oriented approach to the teaching of language and culture.

The pedagogy behind **IMMAGINA** was also informed from its inception by the *Standards for Foreign Language Learning in the 21st Century*. First published under the auspices of the *National Standards in Foreign Language Education Project,* the Standards are organized into five goal areas, often called the Five C's: Communication, Cultures, Connections, Comparisons, and Communities. National Standards icons appear on the pages of your IAE to call out sections that have a particularly strong relationship with the Standards.

Since **IMMAGINA** takes a communicative approach to the teaching of Italian, the Communications goal is an integral part of the student text. Diverse formats (discussion topics, role-plays, interviews, oral presentations, and so forth) promote authentic communicative exchanges in which students provide, obtain, and interpret information, as well as express emotions or opinions. Interactive **Comunicazione, Sintesi,** and **Analisi** activities allow students to synthesize grammatical, cultural, and thematic material to expand their communicative abilities. In addition to oral skills, written communicative skills are strengthened through a wide array of practical and creative tasks.

IMMAGINA also stresses cultural competency and the ability to make connections as invaluable components of language learning. The **Cortometraggio, Immagina, Cultura,** and **Letteratura** sections all provide students with the opportunity to acquire information, to expand cultural knowledge, and to recognize distinctive viewpoints. Through connections with multiple disciplines such as film, literature, and art, students are exposed to various cultural practices and perspectives of Italian speakers. **Nota culturale** sidebars provide additional opportunities for students to connect to language through culture.

Students develop further insight into the nature of language and culture through comparisons with their own. Compelling discussion topics throughout the text encourage students to compare new information with familiar concepts and ideas. In addition, the clear, comprehensive grammar explanations in **Strutture** allow students to compare and contrast the grammatical structures of their own language with those presented in **IMMAGINA**.

Finally, **IMMAGINA** encourages students to expand their use of language beyond the classroom setting and participate in broader, richer Italian-speaking communities. In the **Immagina** section of each lesson, outside projects provide access to a wealth of opportunities for students to expand their use of Italian outside the classroom.

As you become familiar with the **IMMAGINA** program, you will find many more connections to the *Standards for Foreign Language Learning*. We encourage you to keep its goals in mind and to make new connections as you work with the text and ancillaries.

General Teaching Considerations

Orienting Students to the Textbook

You may want to spend some time orienting students to the **IMMAGINA** textbook on the first day. Have students flip through **Lezione 1**. Explain that all lessons are organized in the same manner so they will always know "where they are" in the textbook. Emphasize that all sections are self-contained, occupying either a full page or spreads of two facing pages. Call students' attention to the use of color and/or boxes to highlight important information in charts, diagrams, word lists, and activities. Provide a brief overview of the main sections of each lesson: **Per cominciare, Cortometraggio, Immagina, Strutture, Cultura, Letteratura,** and **Vocabolario**. Then point out the **Attenzione!, Rimando,** and **Nota culturale** sidebars and explain that these boxes provide useful lexical, grammatical, and cultural information related to the material they are studying.

Flexible Lesson Organization

To meet the needs of diverse teaching styles, institutions, and instructional objectives, **IMMAGINA** has a very flexible lesson organization. You can begin with the lesson opener spread and progress sequentially through the lesson, or you may rearrange the order of the material in each lesson to suit your teaching preferences and students' needs.

If you do not want to devote class time to teaching grammar, you can assign the **Strutture** explanations for outside study, freeing up class time for working with the activities.

Identifying Active Vocabulary

The thematic vocabulary lists in **Per cominciare** are active vocabulary, along with all words and expressions in the **Vocabolario** boxes of the **Cortometraggio, Cultura,** and **Letteratura** sections. Words in the charts, lists, and sample sentences of **Strutture** are also part of the active vocabulary load. At the end of each lesson, the **Vocabolario** section provides a convenient one-page summary of the items students should know and that may appear on quizzes and exams.

Note that the marginal glosses from the readings and film captions are presented for recognition only. They are not included in testing materials, although you may wish to make them active vocabulary for your course. The additional terms and lexical variations provided in the annotations of the Instructor's Annotated Edition are also considered optional.

Suggestions for Using *Sommario* and *Per cominciare*

Lesson Theme and Vocabulary

- Use the title, photo, and text on the lesson opener as a springboard to introduce the themes and vocabulary of the lesson. Use the discussion questions in the introductory paragraph and **Preview** annotation for partner, group, or class activities.
- Allow time for students to scan the table of contents and flip through the pages of each lesson, much as they would a magazine. Have students point out sections that appeal to them and briefly describe the cultural and thematic content of each lesson.
- To prepare students for new material, have them review what they already know about each theme by brainstorming related vocabulary words they have already learned.
- Introduce the new vocabulary by describing words and categories, then asking students yes/no or multiple-choice questions.
- Introduce the new vocabulary using Total Physical Response (TPR) or interactive class games such as Charades, Pictionary, and Hangman.
- Tell students that they will see some of the vocabulary in the context of a short film and ask them to look at the vocabulary and predict what they think the short film might be about.
- Use the lab materials in class to introduce vocabulary and develop listening skills or assign lab and workbook activities for extra practice outside of class.

Pratica

- The **Pratica** exercises can be done orally as class, pair, or group activities. They may also be assigned as written homework.
- Insist on the use of Italian during partner and group activities. Encourage students to use the language creatively.
- Have students form pairs or groups quickly. Assign or rotate partners and group members as necessary to ensure a greater variety of communicative exchanges.
- Allow sufficient time for pair and group activities (between five and ten minutes depending on the activity), but do not give students too much time or they may lapse into English and socialize. Always give students a time limit for an activity before they begin.
- Circulate around the room and monitor students to make sure they are on task. Provide guidance as needed and note common errors for future review.
- Remind students to jot down information during pair and group discussion activities so they can report the results to the class.

Suggestions for Using *Cortometraggio*

The **Cortometraggio** section of the Student Text and the **IMMAGINA** Film Collection were created as interlocking pieces. All photos in the **Cortometraggio** section are actual video stills from authentic, award-winning short films. These dramatic short films highlight the themes and language of each lesson and provide comprehensible input at the discourse level. The films and corresponding activities offer unique opportunities to build students' listening skills and cultural awareness.

Depending on your teaching preferences and school facilities, you might use the **IMMAGINA** Film Collection on DVD to show the films in class, or you might assign them for viewing outside the classroom at **immagina.vhlcentral.com**. You could begin by showing the first film in class to teach students how to approach viewing a film and listening to natural speech. After that, you could work with the **Cortometraggio** section and have students view the remaining films outside of class. No matter which approach you choose, students have the support they need to view the films independently and process them in a meaningful way. Here are some strategies for coordinating the film with the subsections of **Cortometraggio**.

Preparazione

- Preview the vocabulary in **Preparazione** using the activities provided and the suggestions for teaching vocabulary on page IAE-9.
- Initiate group discussion of important themes and issues. Ask students to discuss recent films from the same genre or that touch on similar themes.

Scene

- The poster, photos, and text in **Scene** may be used in a variety of ways. Before viewing the film, you might ask students to read or act out the dialogues, invent endings, or make predictions based on the photos and captions. You may also use the scenes while viewing, pausing for discussion at each of the scenes pictured. You may even choose to play the film first as a springboard into the lesson, returning to the scenes and text later for reinforcement.
- Use the **Nota culturale** sidebar to provide background information and cultural context before viewing the film, as a starting point for enrichment activities or projects, and to make connections to cultural information in other sections of the text.
- Use the film to introduce or reinforce the themes, vocabulary, and grammar points in each lesson, pausing and replaying examples of important words, structures, or concepts. If students need additional support before or while viewing, print the scripts (available at **immagina.vhlcentral.com**) and provide them to students. Students may read them ahead of time, looking up unknown words, or follow along as they watch.
- Before you show the film, ask students to read the **Sullo Schermo** activity. Have them complete it while they watch the film.

Analisi

- Have students scan the comprehension questions before viewing the film. Pause the film after key scenes to ask related questions. Replay scenes as needed.
- Ask students to compare the plot, characters, and endings to their earlier predictions.
- Assign expansion and follow-up activities based on the film, such as film reviews, sequels, alternate endings, and comparisons with other **corti** or recent movies.

Suggestions for Using *Immagina*

The **Immagina** section is designed to be visually stimulating. It gives students the opportunity to get acquainted with Italian geography, history, architecture, and traditions through engaging readings about the region of focus. In addition to the general suggestions listed here, the Instructor's Resources, available on the **IMMAGINA** Supersite, contain specific teaching ideas and activities for all ten **Immagina** sections.

- Use the locator map in the lesson opener to help students become familiar with the location of the region(s) of focus.
- Use the main feature and photo of **Immagina** to introduce the region of focus. The feature articles can be assigned for outside reading or you may use them in class to develop reading skills.
- Use the shorter readings as you would a travel brochure to highlight "must-see" locations or iconic people in each region. Encourage students to bring in photographs from their own travels or assign group projects to research important cities, parks, architecture, or museums, depending on the theme of each lesson.
- Check comprehension using the **Vero o falso?** and **Quanto hai imparato?** activities.
- Depending on your teaching preferences and time constraints, you may wish to use all of the **Progetto** features or you might select some for large oral projects. You may choose to have all students complete each **Progetto** or you may assign one or two small groups for each lesson.

Suggestions for Using *Strutture*

Grammar Explanations

- Have students read the explanations at home and come to class with any questions. Explain the grammar in Italian and try to keep explanations to a minimum, about five to ten minutes for each point. Grammar explanations should be assigned for homework so that class time can be devoted to the **Pratica** and **Comunicazione** activities.
- Introduce new grammar in context, using short narrations, guided discussions, brief readings, or realia. Call on students to share what they already know about each grammar point.
- Use other sections of the text to introduce or reinforce grammatical concepts. Pause the **Cortometraggio** film to discuss uses of each grammatical structure or have students jot down examples as they watch. Have students underline key grammatical structures as they read the **Cultura** and **Letteratura** selections.

Pratica, Comunicazione, and *Sintesi*

- The **Pratica** activities can be done orally as class, pair, or group activities. They may also be assigned as written homework.
- Activities marked with a mouse icon are also available with auto-grading on the Supersite. These activities may be assigned as homework; depending on students' success rate, devote additional time to the explanation or to extra **Pratica** activities before moving on to **Comunicazione**.
- Insist on the use of Italian for all pair and group activities.
- Have students form pairs or groups quickly or assign them yourself for variety. Allow sufficient time for **Comunicazione** activities (between five and ten minutes), but do not give students too much time or they may lapse into English and socialize. Always give students a time limit for an activity before they begin.
- Circulate around the room to answer questions and keep students on task.
- Use **Sintesi** activities to review all four grammar points and to make connections with the theme, vocabulary, and culture of the lesson. Encourage debate and open discussion.

Suggestions for Using *Cultura* and *Letteratura*

Preparazione

- Preview the vocabulary in **Preparazione** using the activities provided and the suggestions for teaching vocabulary on page IAE-9.
- For **Cultura,** if applicable, refer students to the **Immagina** section for background information and cultural context. For **Letteratura,** read the background information about each author.
- Introduce important themes and literary techniques used in the reading and call attention to genre and style. Encourage students to think about other works they have read in Italian or English from the same genre or that make use of similar themes and techniques.

Cultural and Literary Readings

- Talk to students about how to become effective readers in Italian. Point out the importance of using reading strategies. Encourage them to read every selection more than once. Explain that they should read the entire text through first to gain a general understanding of the plot or main ideas without stopping to look up words. Then, they should read the text again for a more in-depth understanding of the material.
- Discourage students from translating the readings into English and relying too heavily on a dictionary. Tell them that reading directly in the language will help them grasp the meaning better and improve their ability to discuss the reading in Italian.
- Use the reading to reinforce the themes and linguistic structures of each lesson.

Analisi

- Have students scan the comprehension questions before reading, then pause after each paragraph to ask related questions. Ask students to summarize the reading orally or in writing.
- For writing assignments, have students maintain a portfolio so they can periodically review their progress. Have them create a running list of the most common grammatical or spelling errors they make when writing and use it for reference when revising their work or for peer editing. Explain your grading system for writing assignments. This rubric could be used or adapted to suit your needs.

Evaluation

Criteria	**Scale**	**Scoring**	
Appropriate details	1 2 3 4	Excellent	18–20 points
Organization	1 2 3 4	Good	14–17 points
Use of vocabulary	1 2 3 4	Satisfactory	10–13 points
Grammatical accuracy	1 2 3 4	Unsatisfactory	<10 points
Mechanics	1 2 3 4		

Suggestions for Using *Laboratorio di scrittura*

- The **Laboratorio di scrittura** essays are best suited as written homework. The preparation activities may be done orally in pairs or groups.
- Encourage students to be creative in their writings, but remind them to follow the essay requirements carefully and use vocabulary they know, rather than relying on a dictionary.
- Allow class time for peer review of drafts; remind students to be tactful in their comments and to give positive feedback while reading with a critical eye.
- Make a list of frequent errors and review the material with the class.
- Explain to students how you will grade their writing. For example, you could use the rubric on p. IAE-13 and adapt it to suit your needs.

Instructor Ancillaries

IMMAGINA offers a wide array of resources to support instructors and students. Below is a list of the key instructor support materials.

- **Instructor's Annotated Edition** This edition of **IMMAGINA** contains activity answers, tips, suggestions, ideas for expansion, and more, all conveniently overprinted on the Student Edition page.

- **MAESTRO® Supersite** This fully integrated learning management system contains all of the content described below in one convenient place. In addition to these resources, the Supersite offers a powerful gradebook, as well as assignments and tracking capabilities.

- **IMMAGINA DVD Set** This DVD set includes the **Film Collection** DVD and the Instructor Supersite Passcode to access **immagina.vhlcentral.com**. The Film Collection is also available for viewing on the Supersite.

- **Testing Program** The tests and exams are delivered in editable RTF (Rich Text Format) files so that you may tailor them to fit your class. Tests and exams can be downloaded from the Supersite or assigned online. The testing materials include lesson tests, a midterm exam, a final exam, and answer keys. An optional listening comprehension activity with the corresponding script is provided for each test and exam.

- **Instructor Resources** Other resources available on the Supersite include: lesson plans; scripts for the Lab Audio Program; scripts and translations for the **Cortometraggio** films; teaching suggestions for some textbook sections; and the Student Activities Manual Answer Key.

To learn about the student ancillaries and for more information on the **IMMAGINA Supersite**, turn to pp. xxiii and xxvi.

Course Planning

The **IMMAGINA** program was developed keeping in mind the need for flexibility and manageability in a wide variety of academic situations. The following sample course plans illustrate how **IMMAGINA** can be used in courses on semester or quarter systems. You should, of course, feel free to organize your courses in the way that best suits your students' needs and your instructional goals.

Two-Semester System

This chart shows how **IMMAGINA** can be completed in a two-semester course. Please see the Table of Contents (pp. iv–ix) for a breakdown of the material covered in each lesson.

Semester 1	Semester 2
Lessons 1–5	Lessons 6–10

Quarter System

This chart illustrates how **IMMAGINA** can be used in the quarter system. If you wish to have more time for review at the end of the course, you may choose to teach four lessons in the first quarter instead of three. Keep in mind, however, that you will need to adjust testing materials in the **Testing Program** (available on the Supersite) for use in the quarter system.

Quarter 1	Quarter 2	Quarter 3
Lessons 1–3	Lessons 4–6	Lessons 7–10

Please access the **IMMAGINA Supersite** at **immagina.vhlcentral.com** for teaching resources for this program.

IMMAGINA

L'italiano senza confini

Anne Cummings
El Camino College

Chiara Frenquellucci
Harvard University

Gloria Pastorino
Fairleigh Dickinson University

Julia A. Viazmenski
Dartmouth College

VISTA
HIGHER LEARNING
Boston, Massachusetts

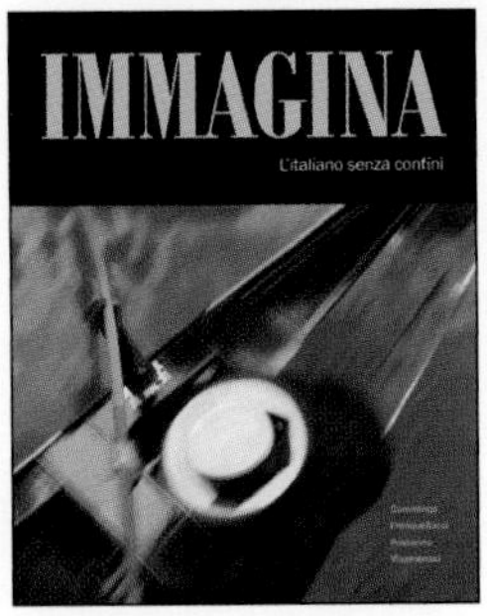
IMMAGINA
L'italiano senza confini

Publisher: José A. Blanco

Executive Editor: Sarah Kenney

Managing Editors: María Eugenia Corbo, Paola Ríos Schaaf (Technology)

Editors: John DeCarli, Mónica M. González Peña, Paula Andrea Orrego, Katie Wade, Anne Wagner (Technology)

Production and Design Director: Marta Kimball

Design Manager: Susan Prentiss

Design and Production Team: Sarah Cole, Oscar Díez, Mauricio Henao, Jhoany Jiménez, Juan Camilo Moreno, Nick Ventullo

Printed in Canada.

Student Text ISBN-13: 978-1-60576-120-6
Student Text (Casebound) ISBN-13: 978-1-60576-121-3

Instructor's Annotated Edition ISBN-13: 978-1-60576-124-4

Library of Congress Card Number: 2009934650

1 2 3 4 5 6 7 8 9 TC 14 13 12 11 10 09

Introduction

Benvenuti a IMMAGINA, a brand-new intermediate Italian program designed to provide you with an active and rewarding learning experience as you continue to strengthen your language skills and develop your cultural competency.

Here are some of the key features you will find in **IMMAGINA**:

- A cultural focus integrated throughout the entire lesson
- Authentic dramatic short films by contemporary Italian filmmakers that carefully tie in the lesson theme and grammar structures
- A fresh, magazine-like design and lesson organization that both support and facilitate language learning
- A highly-structured, easy-to-navigate design, based on whole pages or spreads of two facing pages
- An abundance of illustrations, photos, charts, and graphs, all specifically chosen or created to help you learn
- An emphasis on authentic language and practical vocabulary for communicating in real-life situations
- Abundant guided and communicative activities
- Clear, comprehensive, and well-organized grammar explanations that highlight the most important concepts in intermediate Italian
- Short and comprehensible literary and cultural readings that recognize and celebrate Italy's diversity, culture and heritage
- A complete set of print and technology ancillaries to equip you with the materials you need to make learning Italian easier

SOMMARIO

STRUTTURE | **CULTURA** | **LETTERATURA**

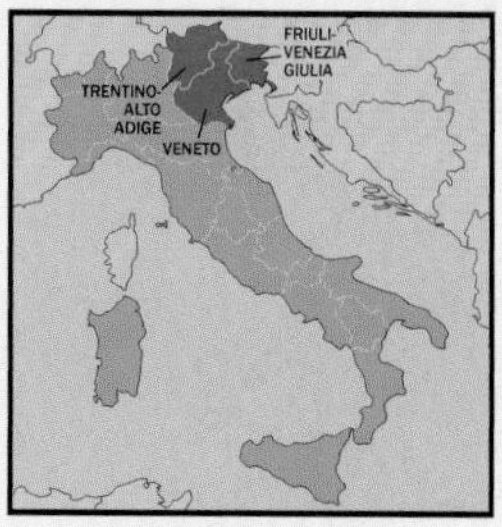

SOMMARIO

outlines the content and features of each lesson.

LEZIONE 3

Distrarsi e divertirsi

La vita di tutti i giorni è frenetica e faticosa. Ognuno dovrebbe trovare del tempo da dedicare al proprio corpo e allo spirito. Fare una passeggiata in centro e distrarsi facendo compere. Incontrare gli amici al caffè e fare due chiacchiere. Rilassarsi in casa con un bel libro o davanti ad un film. Andare in palestra ed allenare il corpo. Ognuno è diverso e dà sfogo allo stress della routine in modo diverso. Tu che cosa preferisci? Quale attività ti rilassa e ti dà la carica giusta per affrontare una nuova giornata piena di impegni?

SOMMARIO

82 **CORTOMETRAGGIO**
Cosa determina la nostra identità? Quali caratteristiche ci rendono unici? Un bambino delle elementari con un talento particolare cerca le risposte in *Bulli si nasce*, del regista **Massimo Cappelli**.

88 **IMMAGINA**
Firenze e la **Toscana** sono uno dei tuoi sogni? Finalmente farai una gita nella capitale dell'arte rinascimentale, scoprirai come nasce la **Vespa** e navigherai tra le isole dell'**Arcipelago Toscano**.

105 **CULTURA**
È noto che gli italiani amano il calcio. Ma sapevi che la passione per uno sport può a volte influenzare la cultura, la politica e la mentalità di un'intera nazione? Leggi l'articolo *Rete!* e vivi la passione.

109 **LETTERATURA**
Nel racconto *La chitarra magica*, **Stefano Benni** propone una fiaba con un finale a sorpresa.

Destinazione:
TOSCANA

85

106

80 PER COMINCIARE

90 STRUTTURE

3.1 **The passato prossimo with avere and essere**

3.2 **The imperfetto**

3.3 **The passato prossimo vs. the imperfetto**

3.4 **The passato remoto**

115 VOCABOLARIO

Distrarsi e divertirsi 79

Lesson opener A two-page spread introduces you to the lesson theme. Dynamic photos and teasers related to the lesson theme, film, and readings are a springboard for class discussion.

Destinazione A locator map highlights each lesson's region of focus.

Lesson overview A lesson outline prepares you for the linguistic and cultural topics you will study in each lesson.

PER COMINCIARE

introduces the lesson vocabulary with thematic activities.

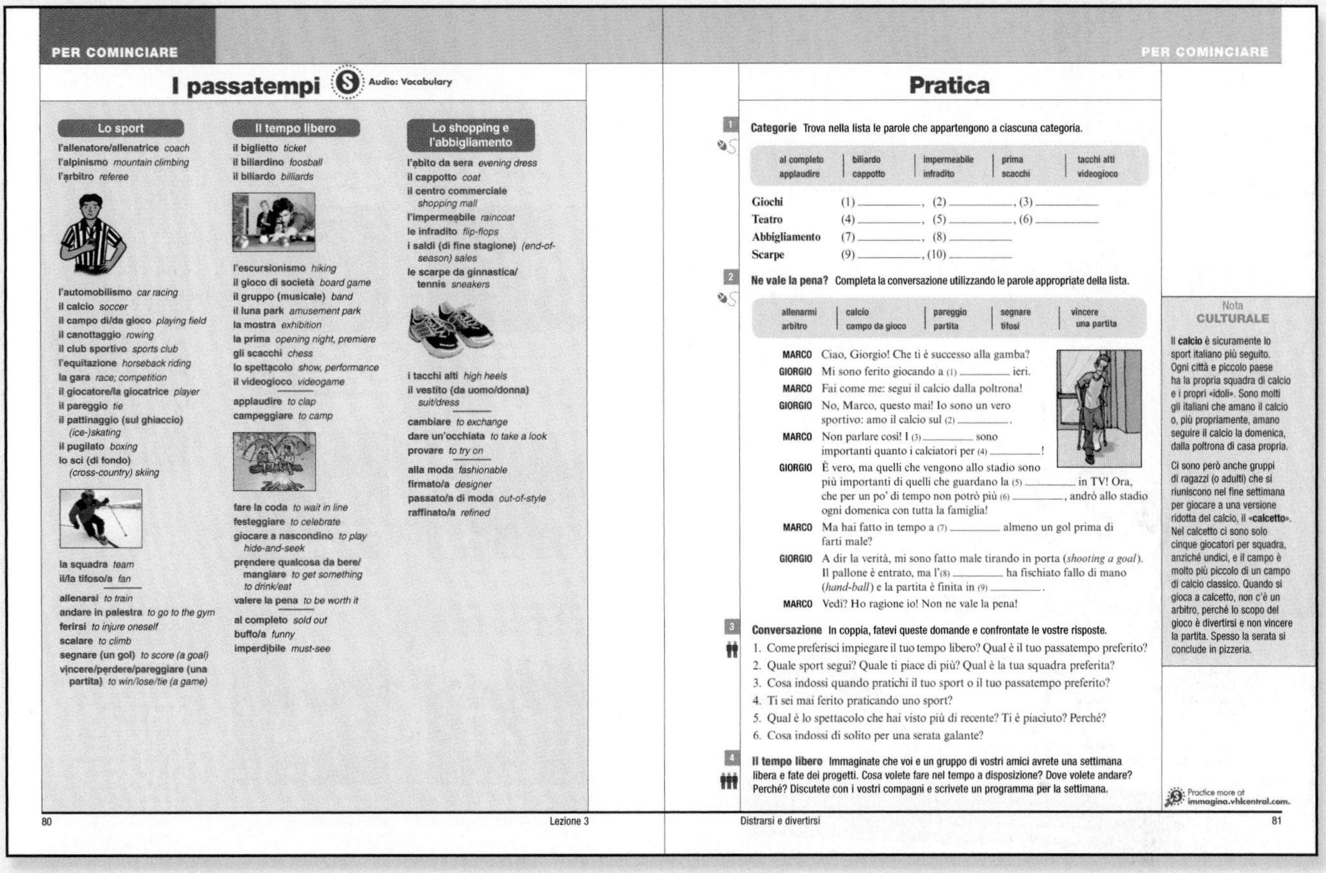

PER COMINCIARE

I passatempi

Audio: Vocabulary

Lo sport

l'allenatore/allenatrice *coach*
l'alpinismo *mountain climbing*
l'arbitro *referee*
l'automobilismo *car racing*
il calcio *soccer*
il campo di/da gioco *playing field*
il canottaggio *rowing*
il club sportivo *sports club*
l'equitazione *horseback riding*
la gara *race; competition*
il giocatore/la giocatrice *player*
il pareggio *tie*
il pattinaggio (sul ghiaccio) *(ice-)skating*
il pugilato *boxing*
lo sci (di fondo) *(cross-country) skiing*
la squadra *team*
il/la tifoso/a *fan*

allenarsi *to train*
andare in palestra *to go to the gym*
ferirsi *to injure oneself*
scalare *to climb*
segnare (un gol) *to score (a goal)*
vincere/perdere/pareggiare (una partita) *to win/lose/tie (a game)*

Il tempo libero

il biglietto *ticket*
il biliardino *foosball*
il biliardo *billiards*
l'escursionismo *hiking*
il gioco di società *board game*
il gruppo (musicale) *band*
il luna park *amusement park*
la mostra *exhibition*
la prima *opening night, premiere*
gli scacchi *chess*
lo spettacolo *show, performance*
il videogioco *videogame*

applaudire *to clap*
campeggiare *to camp*
fare la coda *to wait in line*
festeggiare *to celebrate*
giocare a nascondino *to play hide-and-seek*
prendere qualcosa da bere/mangiare *to get something to drink/eat*
valere la pena *to be worth it*

al completo *sold out*
buffo/a *funny*
imperdibile *must-see*

Lo shopping e l'abbigliamento

l'abito da sera *evening dress*
il cappotto *coat*
il centro commerciale *shopping mall*
l'impermeabile *raincoat*
le infradito *flip-flops*
i saldi (di fine stagione) *(end-of-season) sales*
le scarpe da ginnastica/tennis *sneakers*
i tacchi alti *high heels*
il vestito (da uomo/donna) *suit/dress*

cambiare *to exchange*
dare un'occhiata *to take a look*
provare *to try on*

alla moda *fashionable*
firmato/a *designer*
passato/a di moda *out-of-style*
raffinato/a *refined*

80 Lezione 3

PER COMINCIARE

Pratica

1 **Categorie** Trova nella lista le parole che appartengono a ciascuna categoria.

al completo, applaudire | biliardo, cappotto | impermeabile, infradito | prima, scacchi | tacchi alti, videogioco

Giochi (1) ______, (2) ______, (3) ______
Teatro (4) ______, (5) ______, (6) ______
Abbigliamento (7) ______, (8) ______
Scarpe (9) ______, (10) ______

2 **Ne vale la pena?** Completa la conversazione utilizzando le parole appropriate della lista.

allenarmi, arbitro | calcio, campo da gioco | pareggio, partita | segnare, tifosi | vincere una partita

MARCO Ciao, Giorgio! Che ti è successo alla gamba?
GIORGIO Mi sono ferito giocando a (1) ______ ieri.
MARCO Fai come me: segui il calcio dalla poltrona!
GIORGIO No, Marco, questo mai! Io sono un vero sportivo: amo il calcio sul (2) ______.
MARCO Non parlare così! I (3) ______ sono importanti quanto i calciatori per (4) ______!
GIORGIO È vero, ma quelli che vengono allo stadio sono più importanti di quelli che guardano la (5) ______ in TV! Ora, che per un po' di tempo non potrò più (6) ______, andrò allo stadio ogni domenica con tutta la famiglia!
MARCO Ma hai fatto in tempo a (7) ______ almeno un gol prima di farti male?
GIORGIO A dir la verità, mi sono fatto male tirando in porta (*shooting a goal*). Il pallone è entrato, ma l'(8) ______ ha fischiato fallo di mano (*hand-ball*) e la partita è finita in (9) ______.
MARCO Vedi? Ho ragione io! Non ne vale la pena!

3 **Conversazione** In coppia, fatevi queste domande e confrontate le vostre risposte.

1. Come preferisci impiegare il tuo tempo libero? Qual è il tuo passatempo preferito?
2. Quale sport segui? Quale ti piace di più? Qual è la tua squadra preferita?
3. Cosa indossi quando pratichi il tuo sport o il tuo passatempo preferito?
4. Ti sei mai ferito praticando uno sport?
5. Qual è lo spettacolo che hai visto più di recente? Ti è piaciuto? Perché?
6. Cosa indossi di solito per una serata galante?

4 **Il tempo libero** Immaginate che voi e un gruppo di vostri amici avrete una settimana libera e fate dei progetti. Cosa volete fare nel tempo a disposizione? Dove volete andare? Perché? Discutete con i vostri compagni e scrivete un programma per la settimana.

Nota **CULTURALE**

Il **calcio** è sicuramente lo sport italiano più seguito. Ogni città e piccolo paese ha la propria squadra di calcio e i propri «idoli». Sono molti gli italiani che amano il calcio o, più propriamente, amano seguire il calcio la domenica, dalla poltrona di casa propria.

Ci sono però anche gruppi di ragazzi (o adulti) che si riuniscono nel fine settimana per giocare a una versione ridotta del calcio, il **«calcetto»**. Nel calcetto ci sono solo cinque giocatori per squadra, anziché undici, e il campo è molto più piccolo di un campo di calcio classico. Quando si gioca a calcetto, non c'è un arbitro, perché lo scopo del gioco è divertirsi e non vincere la partita. Spesso la serata si conclude in pizzeria.

Practice more at **immagina.vhlcentral.com.**

Distrarsi e divertirsi 81

Vocabulary Easy-to-study thematic lists present useful vocabulary.

Photos and Illustrations Dynamic, full-color photos and art visually illustrate selected vocabulary terms.

Pratica This set of exercises practices vocabulary in diverse formats and engaging contexts.

Icons These icons provide on-the-spot visual cues for both pair and small group activities. Icons also signal activities that are available on the Supersite with auto-grading, as well as additional content online.

Supersite Go to **immagina.vhlcentral.com** to hear audio of the vocabulary and access activities from the book and additional practice with auto-grading. See p. xxvi for more information.

CORTOMETRAGGIO

features award-winning short films by contemporary Italian filmmakers.

CORTOMETRAGGIO

Short Film

Bulli si nasce

regia di massimo cappelli

Fabio Troiano Chiara Francini
Edoardo de Gennaro Martina Lombardi

Soggetto e sceneggiatura FEDERICA PONTREMOLI musica GIULIANO TAVIANI fotografia RAOUL TORRESI (A.I.C.)
montaggio FABIO NUNZIATA scenografia ANTON SPAČAPAN VONČINA trucco ed effetti speciali DALIA COLLI
fonico in presa diretta MASSIMO TONIUTTI costumi LORENZA FRAGIACOMO
montaggio del suono CLAUDIO MARANI per DG MEDIA prodotto da ANTONELLA PERRUCCI e AMEDEO BACIGALUPO

84 Lezione 3

SCENE

Trama *Ale è nato con le caratteristiche genetiche di un bullo eccezionale, ma deve anche accettare le altre caratteristiche che fanno parte della sua natura.*

1
ALE Quel giorno mamma e papà erano molto agitati. Andavano dal dottore per sapere se ero un maschio o una femmina.
MARIA Ho capito, il solito problema: loro volevano una femmina, ma poi sei arrivato tu e allora...

2
PADRE Nostro figlio è un bullo! Dottore, è una notizia bellissima!
MADRE Oh, Dio, il nostro piccolo bulletto!
PADRE Ha detto «bullo», il Dottore; non sminuire. (*Al dottore*) Era «bullo», no?

3
ALE All'asilo° poi sono diventato un fenomeno e tutti riconoscevano la mia natura.
MARIA È andata avanti così fino alla quarta elementare°?
ALE Sì, un vero successo.

4
MARIA Hai cambiato scuola?
ALE No, non è per quello.
MARIA Qualche compagno ti ha preso di mira?

5
ALE Mi mancavano quattro decimi ipometropi°, come a mia madre.
MARIA Un bullo quattrocchi non si è mai visto.

6
ALE Occhiali da vista con lenti a specchio! Nessuno si sarebbe accorto del mio problema. Anzi, a scuola il mio prestigio aumentò°.

asilo *kindergarten* **quarta elementare** *fourth grade* **ipometropi** *myopic, nearsighted* **aumentò** *grew*

CORTOMETRAGGIO

Nota CULTURALE

I burattini

Arlecchino e Pulcinella, maschere° che provengono dalla tradizione della Commedia dell'Arte, sono anche protagonisti del teatro dei burattini che è antichissimo: esiste almeno dal 1500. Pulcinella rappresenta lo spirito del popolo napoletano e Arlecchino è il servo° a volte astuto e a volte sciocco°. Il burattino italiano più famoso del mondo è Pinocchio, il personaggio creato da Carlo Collodi nel 1881 e poi reinventato da Walt Disney nel film animato del 1940.

maschere *masks* **servo** *servant* **sciocco** *silly*

Sullo **SCHERMO**

Mentre guardi le scene principali del film scegli la risposta corretta:

1. Quando vanno dal dottore i genitori sono molto ____.
   a. delusi
   b. agitati
2. Il dottore è sorpreso di vedere che il bambino sarà ____.
   a. un bullo perfetto
   b. un maschio
3. Nel film Ale ha ____.
   a. un cappello e uno zaino blu
   b. un cappello e uno zaino nero
4. All'inizio Maria prova ____.
   a. orgoglio per Ale
   b. compassione per Ale
5. I bambini dell'asilo ____.
   a. hanno paura di Ale
   b. vogliono imitare Ale
6. Ale va dall'ottico perché ha bisogno ____.
   a. degli occhiali da vista
   b. degli occhiali da sole

Distrarsi e divertirsi 85

Posters Dynamic and eye-catching movie posters introduce the films, which are available for viewing at **immagina.vhlcentral.com**.

Scene Video stills with captions from the film prepare you for the film and introduce some of the expressions you will encounter.

Nota culturale These sidebars with cultural information related to the **Cortometraggio** help you to understand the cultural context and background surrounding the film.

PREPARAZIONE & ANALISI

provide the pre- and post-viewing support necessary for a successful experience with each film.

CORTOMETRAGGIO

Analisi

CORTOMETRAGGIO 87

CORTOMETRAGGIO

Preparazione

Vocabolario del cortometraggio

il bullo *bully*
competitivo/a *competitive*
l'ecografia *ultrasound*
il fenomeno *phenomenon*
improvvisare *to improvise*
l'orgoglio *pride*
l'ottico *optician*
prenatale *prenatal*
il/la quattrocchi *four eyes*
il/la secchione/a *student who studies too hard*
sminuire (-isc) *to play down*

Vocabolario utile

il burattino *puppet*
la coincidenza *coincidence*
la genetica *genetics*
le lenti a specchio *mirrored lenses*
la merendina *snack*
la suora *nun*

ESPRESSIONI

prendere di mira *to target*
prendere in giro *to make fun of*
tutto va per il meglio *everything is turning out for the best*

1 **Pratica** Scegli la risposta giusta.

1. Quando due amici si incontrano per caso si tratta di ______.
   a. una secchiona   b. una coincidenza   c. un fenomeno
2. L'ottico fa ______.
   a. gli occhiali   b. le merendine   c. l'ecografia
3. I burattini sono un tipo di ______.
   a. marionette senza fili   b. occhiali a specchio   c. asteroidi
4. L'ecografia prenatale si fa prima che il bambino ______.
   a. vada a scuola   b. compia due anni   c. nasca
5. Quando gli altri studenti chiamano un compagno «quattrocchi» ______.
   a. gli prendono gli occhiali   b. lo prendono in giro   c. lo prendono di mira

2 **Secondo te**

A. Quali attributi contribuiscono al successo?

CARATTERISTICA	SÌ	NO	CARATTERISTICA	SÌ	NO
Orgoglio	☐	☐	Rispetto per l'autorità	☐	☐
Senso di responsabilità	☐	☐	Spirito d'indipendenza	☐	☐
Iniziativa	☐	☐	Aggressività	☐	☐
Rispetto per le regole	☐	☐	Spirito di contraddizione	☐	☐
Spirito ribelle	☐	☐	Pazienza	☐	☐
Timidezza	☐	☐	Compassione	☐	☐

B. In piccoli gruppi, confrontate le vostre risposte. Poi rispondete insieme a queste domande.

1. La timidezza è davvero il contrario dell'aggressività?
2. È possibile essere responsabili e ribelli allo stesso tempo?
3. Ci sono delle persone che hanno uno spirito indipendente anche quando rispettano l'autorità?
4. Pensate a dei personaggi famosi: quali caratteristiche hanno? Ci sono delle apparenti contraddizioni in queste caratteristiche?

82   Lezione 3

CORTOMETRAGGIO

3 **Ingegneria genetica** In coppia, immaginate e descrivete il/la vostro/a figlio/a ideale. Poi rispondete insieme alle domande.

Carattere	
Abilità e talenti (tecnici, accademici, artistici, sportivi ecc.)	
Preferenze (libri, film, viaggi, amici, cibi, opinioni ecc.)	
Intelligenza (quoziente)	
Sesso (maschio o femmina?)	

1. Avete scelto un(a) figlio/a con caratteristiche simili alle vostre?
2. Quali caratteristiche sono invece diverse dalle vostre? Perché avete scelto così?
3. Siete d'accordo su tutti gli attributi o avete fatto dei compromessi? Se sì, quali?
4. Pensate che vostro/a figlio/a avrà successo nella vita? In cosa? Perché?

4 **Intervista** In coppia, fatevi a turno queste domande.

1. Quali dei tuoi gusti e interessi sono simili a quelli dei tuoi genitori?
2. Quanti anni avevi quando hai scoperto di avere degli interessi specifici? Sono ancora gli stessi o sono cambiati con il passare degli anni?
3. Qual è l'attività a cui dedichi più tempo in questo momento? Perché?
4. Che cosa ha influenzato di più le tue scelte accademiche e personali fino ad oggi, l'opinione dei tuoi genitori o dei tuoi amici?
5. Quali elementi saranno più importanti per il tuo futuro? Assegna un punteggio da 1 a 5 ai seguenti.
   - il successo professionale
   - la salute
   - la felicità in famiglia e con gli amici
   - l'intelligenza
   - la bellezza

5 **La scuola** In piccoli gruppi, rispondete e commentate le risposte.

- Ci si può dedicare agli studi e allo sport senza sacrificare i rapporti con gli altri?
- Cosa pensi dei gruppi di amici che si formano a scuola? Ti hanno mai fatto sentire incluso/a o escluso/a? Perché?
- Quale tua caratteristica rende i tuoi genitori orgogliosi di te?

6 **Cosa sta succedendo?** Guardate le immagini in piccoli gruppi e immaginate insieme la storia del film.

Practice more at immagina.vhlcentral.com.

Distrarsi e divertirsi   83

Preparazione Pre-viewing exercises set the stage for the film by providing vocabulary support, background information, and opportunities to anticipate what will happen.

Analisi Post-viewing activities check your comprehension and progress into more open-ended activities, allowing you to explore broader themes from the film in relation to your own life.

IMMAGINA

simulates a voyage to the featured region.

IMMAGINA

IMMAGINA

Reading

In giro per Firenze

Firenze, capoluogo della regione Toscana e città ricca di opere d'arte uniche al mondo, è considerata la culla del **Rinascimento**°. Proveremo a darvi dei suggerimenti per un itinerario artistico alla scoperta di alcuni dei tesori di questa storica città.

Vi consigliamo di iniziare con la **Galleria dell'Accademia** dove sono conservati alcuni capolavori° di **Michelangelo**, come i **Prigioni** e il **San Matteo**; qui dal 1873 è possibile ammirare la statua del **David**, scolpita in un unico pezzo di marmo° e considerata da molti il più alto esempio di bellezza maschile rinascimentale. Continuate verso **piazza del Duomo** dove si trova **Santa Maria del Fiore**, il duomo di Firenze progettato° nel XIII secolo, la cui **Cupola** è uno dei simboli di Firenze e un esempio dell'ingegneria innovativa di **Brunelleschi**. Di fronte al Duomo c'è il **Battistero**, uno dei monumenti più antichi della città. L'esterno è in marmo bianco e verde, le porte in bronzo sono divise in pannelli incisi° e all'interno ci sono elaborati mosaici. A fianco del Duomo si innalza° il **Campanile**, ai cui lavori collaborò anche **Giotto**. Dalla cima del Campanile e della Cupola potrete godere° di una vista panoramica su Firenze. Nelle vicinanze c'è la basilica di **Santa Maria Novella** con la sua spettacolare facciata° in marmo e all'interno preziosi affreschi e vetrate°.

In **piazza della Signoria** potrete invece visitare **Palazzo Vecchio**, che da diversi secoli è il municipio° di Firenze, e incominciare un'altra tappa del vostro percorso che vi porterà in uno dei musei più ricchi di raccolte d'arte del mondo: la **Galleria degli Uffizi**. Qui sono conservati° i più famosi dipinti di **Botticelli**, tra cui la **Nascita di Venere** e la **Primavera**, oltre alle opere di importanti pittori del tardo **Medioevo** e del Rinascimento come **Cimabue**, **Raffaello** e altri.

Sarà poi la volta° del **Museo Nazionale del Bargello** con la sua collezione di sculture, tra cui il **David** in bronzo di **Donatello**. Non lontano c'è la chiesa di **Santa Croce** con all'interno i capolavori di Giotto e le tombe dell'astronomo e filosofo **Galileo Galilei**, di Michelangelo e di **Niccolò Machiavelli**, storico e politico rinascimentale.

Ponte Vecchio

TOSCANA E FIRENZE

Attraversate° il fiume **Arno** passando per il **Ponte Vecchio**, noto per le sue botteghe artigiane e orafe°, e vi troverete nell'area denominata **Oltrarno**, dove sorgono altri due musei importanti: il colossale **Palazzo Pitti** e la **Cappella Brancacci**. Il primo presenta eccezionali opere di pittura e comprende vari musei, tra cui la **Galleria Palatina** che conserva molte delle collezioni della famiglia **Medici**. La Cappella Brancacci, situata all'interno della chiesa di **Santa Maria del Carmine**, ospita gli affreschi di **Masaccio**, tra cui la **Cacciata di Adamo ed Eva dal paradiso terrestre**. In quest'opera l'artista introduce l'uso della prospettiva°, che sarà un elemento peculiare dell'arte rinascimentale.

A questo punto sarete stanchi, ma felici e orgogliosi di avere avuto un assaggio° delle bellezze artistiche di Firenze e magari° desiderosi di conoscerne altre.

In più...

La storia di Firenze è stata caratterizzata dall'ascesa° e dal declino di famiglie importanti. La famiglia **Antinori** ha avuto un ruolo significativo nella vita economica della città. Gli Antinori iniziarono a commerciare tessuti° alla fine del XIII secolo arrivando fino in Francia e, nel corso dei secoli, hanno ricoperto anche cariche politiche. Ancora oggi la famiglia Antinori contribuisce alla ricchezza cittadina con la produzione del **Chianti**, un vino riconosciuto in tutto il mondo.

culla... *cradle of the Renaissance* **capolavori** *masterpieces* **marmo** *marble* **progettato** *planned* **pannelli...** *engraved panels* **si innalza** *it rises* **godere** *to enjoy* **facciata** *façade* **affreschi...** *frescoes and stained glass windows* **municipio** *city hall* **conservati** *preserved* **volta** *turn* **attraversate** *cross* **botteghe...** *craftsmen and goldsmiths' shops* **prospettiva** *perspective* **assaggio** *taste* **magari** *perhaps* **ascesa** *rise to power* **tessuti** *fabrics*

La Vespa Lo scooter **Vespa**, una delle icone italiane più conosciute nel mondo, è uno dei prodotti delle industrie toscane **Piaggio**. La sede della Piaggio è a Pontedera, in provincia di Pisa. La Piaggio inizia la sua attività alla fine del 1800 con la produzione di materiale per ferrovie°, ma ben presto si dedica alla costruzione di aerei. Negli anni '20 e '30 produce automobili ed elicotteri finché, nel 1946, brevetta° e commercializza la Vespa, seguita da altri motocicli come il **Ciao** e il **Sì**.

L'Arcipelago Toscano La Regione Toscana ha 397 chilometri di litorale° bagnato dal mar Tirreno. Al largo della costa ci sono sette isole maggiori e alcune minori che fanno parte dell'**Arcipelago Toscano**. La più grande e conosciuta è **l'isola d'Elba**, famosa per aver ospitato Napoleone Bonaparte durante il suo esilio e oggi ricercata° destinazione turistica. Altre isole dell'arcipelago sono **l'isola del Giglio, Giannutri** e **l'isola di Montecristo**.

ferrovie *railways* **brevetta** *patents* **litorale** *coast* **ricercata** *in great demand*

Vero o falso? Indica se ogni frase è **vera** o **falsa**. Correggi le frasi false.

1. I lavori per il Campanile di Firenze iniziarono nel Rinascimento.
2. Palazzo Vecchio è la sede politico-amministrativa di Firenze.
3. Molti degli affreschi di Masaccio sono conservati al Museo del Bargello.
4. Palazzo Pitti ha all'interno altri musei.
5. La famiglia Antinori oggi produce tessuti.
6. La Vespa è un'automobile prodotta dalla Piaggio.
7. L'isola di Montecristo è l'isola più grande dell'Arcipelago Toscano.
8. I più famosi dipinti di Botticelli si trovano nella Galleria degli Uffizi.

Quanto hai imparato? Rispondi alle domande.

1. Quale famosa statua è conservata nella Galleria dell'Accademia di Firenze?
2. Quali sono alcune caratteristiche di Santa Croce?
3. Che tipo di negozi ci sono su Ponte Vecchio?
4. Che cos'è l'Oltrarno?
5. Perché è famosa la famiglia Antinori?
6. Quali sono alcuni dei prodotti attuali (*current*) delle industrie Piaggio?

Progetto

Immagina di dover allestire (*to prepare*) una mostra d'arte. Vai in rete e cerca le informazioni necessarie.

- Ricerca sei opere famose presenti nei musei o nelle chiese di Firenze (possono essere opere di pittura, scultura, mosaici ecc.).
- Per ogni opera scrivi una didascalia (*caption*) con informazioni sull'autore, l'epoca in cui ha vissuto e le caratteristiche artistiche dell'opera.
- Presenta il tuo lavoro alla classe.

88 Lezione 3 Distrarsi e divertirsi 89

Magazine-like design Each reading is presented in the attention-grabbing visual style you would expect from a magazine.

Region-specific readings Dynamic readings draw your attention to culturally significant locations, traditions, and monuments of the region of focus.

Activities The activities check your comprehension of the **Immagina** readings and lead you to further exploration.

STRUTTURE

presents grammar points key to intermediate Italian in a graphic-intensive format.

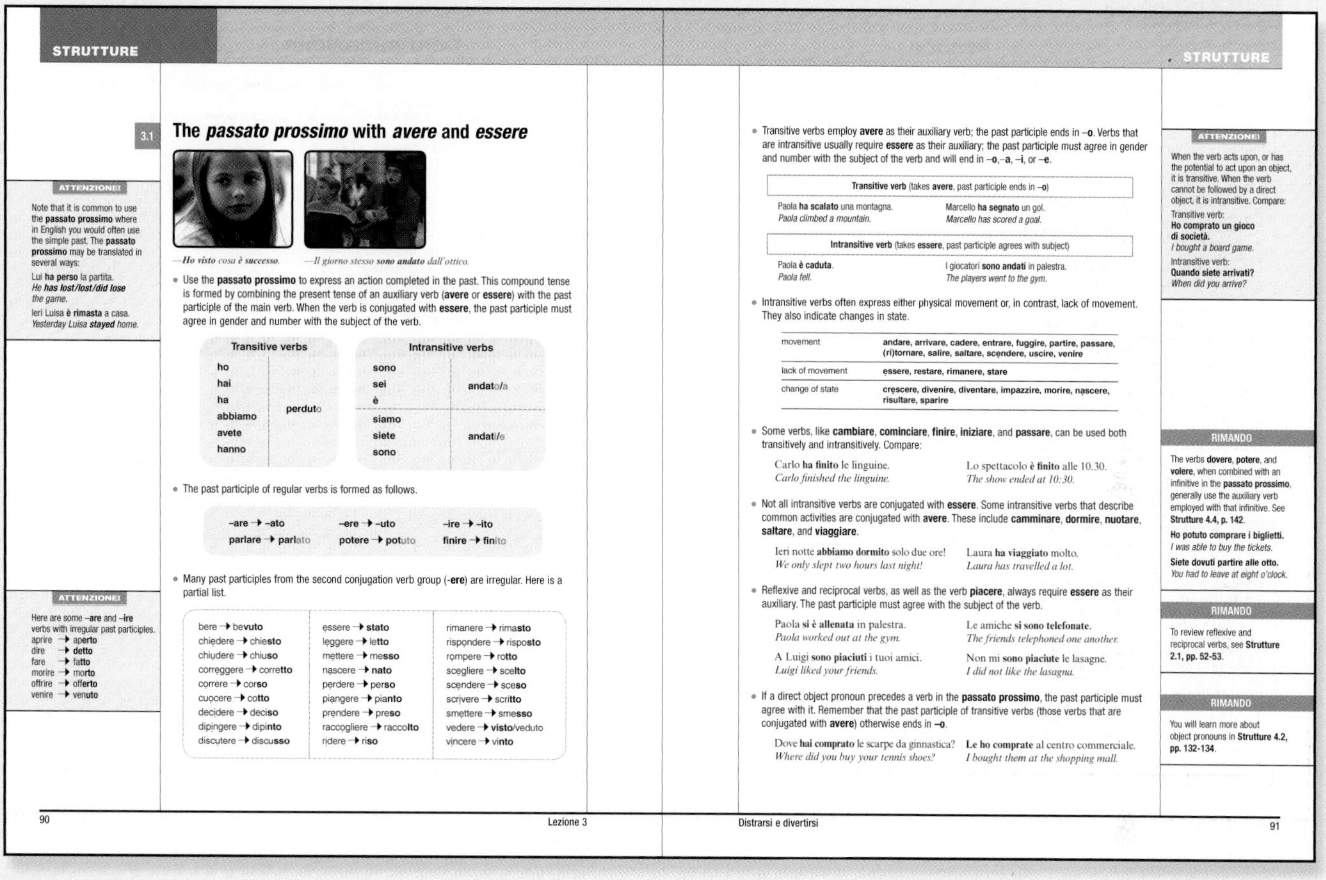

STRUTTURE

3.1 **The *passato prossimo* with *avere* and *essere***

—***Ho visto*** *cosa* ***è successo.*** —*Il giorno stesso* ***sono andato*** *dall'ottico.*

- Use the **passato prossimo** to express an action completed in the past. This compound tense is formed by combining the present tense of an auxiliary verb (**avere** or **essere**) with the past participle of the main verb. When the verb is conjugated with **essere**, the past participle must agree in gender and number with the subject of the verb.

Transitive verbs		Intransitive verbs	
ho hai ha abbiamo avete hanno	perduto	sono sei è	andato/a
		siamo siete sono	andati/e

- The past participle of regular verbs is formed as follows.

-are → -ato	-ere → -uto	-ire → -ito
parlare → parlato	potere → potuto	finire → finito

- Many past participles from the second conjugation verb group (-**ere**) are irregular. Here is a partial list.

bere → bevuto	essere → stato	rimanere → rimasto
chiedere → chiesto	leggere → letto	rispondere → risposto
chiudere → chiuso	mettere → messo	rompere → rotto
correggere → corretto	nascere → nato	scegliere → scelto
correre → corso	perdere → perso	scendere → sceso
cuocere → cotto	piangere → pianto	scrivere → scritto
decidere → deciso	prendere → preso	smettere → smesso
dipingere → dipinto	raccogliere → raccolto	vedere → visto/veduto
discutere → discusso	ridere → riso	vincere → vinto

ATTENZIONE!

Note that it is common to use the **passato prossimo** where in English you would often use the simple past. The **passato prossimo** may be translated in several ways:

Lui **ha perso** la partita.
*He **has lost/lost/did lose** the game.*

Ieri Luisa **è rimasta** a casa.
*Yesterday Luisa **stayed** home.*

ATTENZIONE!

Here are some **-are** and **-ire** verbs with irregular past participles.
aprire → aperto
dire → detto
fare → fatto
morire → morto
offrire → offerto
venire → venuto

90 Lezione 3

STRUTTURE

- Transitive verbs employ **avere** as their auxiliary verb; the past participle ends in **-o**. Verbs that are intransitive usually require **essere** as their auxiliary; the past participle must agree in gender and number with the subject of the verb and will end in **-o**, **-a**, **-i**, or **-e**.

Transitive verb (takes **avere**, past participle ends in **-o**)

Paola **ha scalato** una montagna.
Paola climbed a mountain.

Marcello **ha segnato** un gol.
Marcello has scored a goal.

Intransitive verb (takes **essere**, past participle agrees with subject)

Paola **è caduta**.
Paola fell.

I giocatori **sono andati** in palestra.
The players went to the gym.

- Intransitive verbs often express either physical movement or, in contrast, lack of movement. They also indicate changes in state.

movement	**andare, arrivare, cadere, entrare, fuggire, partire, passare, (ri)tornare, salire, saltare, scendere, uscire, venire**
lack of movement	**essere, restare, rimanere, stare**
change of state	**crescere, divenire, diventare, impazzire, morire, nascere, risultare, sparire**

- Some verbs, like **cambiare**, **cominciare**, **finire**, **iniziare**, and **passare**, can be used both transitively and intransitively. Compare:

Carlo **ha finito** le linguine.
Carlo finished the linguine.

Lo spettacolo **è finito** alle 10.30.
The show ended at 10:30.

- Not all intransitive verbs are conjugated with **essere**. Some intransitive verbs that describe common activities are conjugated with **avere**. These include **camminare**, **dormire**, **nuotare**, **saltare**, and **viaggiare**.

Ieri notte **abbiamo dormito** solo due ore!
We only slept two hours last night!

Laura **ha viaggiato** molto.
Laura has travelled a lot.

- Reflexive and reciprocal verbs, as well as the verb **piacere**, always require **essere** as their auxiliary. The past participle must agree with the subject of the verb.

Paola **si è allenata** in palestra.
Paola worked out at the gym.

Le amiche **si sono telefonate**.
The friends telephoned one another.

A Luigi **sono piaciuti** i tuoi amici.
Luigi liked your friends.

Non mi **sono piaciute** le lasagne.
I did not like the lasagna.

- If a direct object pronoun precedes a verb in the **passato prossimo**, the past participle must agree with it. Remember that the past participle of transitive verbs (those verbs that are conjugated with **avere**) otherwise ends in **-o**.

Dove **hai comprato** le scarpe da ginnastica?
Where did you buy your tennis shoes?

Le ho comprate al centro commerciale.
I bought them at the shopping mall.

ATTENZIONE!

When the verb acts upon, or has the potential to act upon an object, it is transitive. When the verb cannot be followed by a direct object, it is intransitive. Compare:

Transitive verb:
Ho comprato un gioco di società.
I bought a board game.

Intransitive verb:
Quando siete arrivati?
When did you arrive?

RIMANDO

The verbs **dovere**, **potere**, and **volere**, when combined with an infinitive in the **passato prossimo**, generally use the auxiliary verb employed with that infinitive. See **Strutture 4.4, p. 142**.

Ho potuto comprare i biglietti.
I was able to buy the tickets.

Siete dovuti partire alle otto.
You had to leave at eight o'clock.

RIMANDO

To review reflexive and reciprocal verbs, see **Strutture 2.1, pp. 52-53**.

RIMANDO

You will learn more about object pronouns in **Strutture 4.2, pp. 132-134**.

Distrarsi e divertirsi 91

Integration of *Cortometraggio* Photos with quotes or captions from the lesson's short film show the new grammar structures in meaningful and relevant contexts.

Charts and Diagrams Colorful, easy-to-understand charts and diagrams highlight key grammatical structures and related vocabulary.

Grammar explanations Explanations are written in clear, comprehensible language for easy understanding and reference both in and out of class.

Attenzione These sidebars expand on the current grammar point and call attention to similar grammatical structures.

Rimando These sidebars reference relevant grammar points presented actively in **Strutture.**

STRUTTURE

progresses from directed to communicative practice.

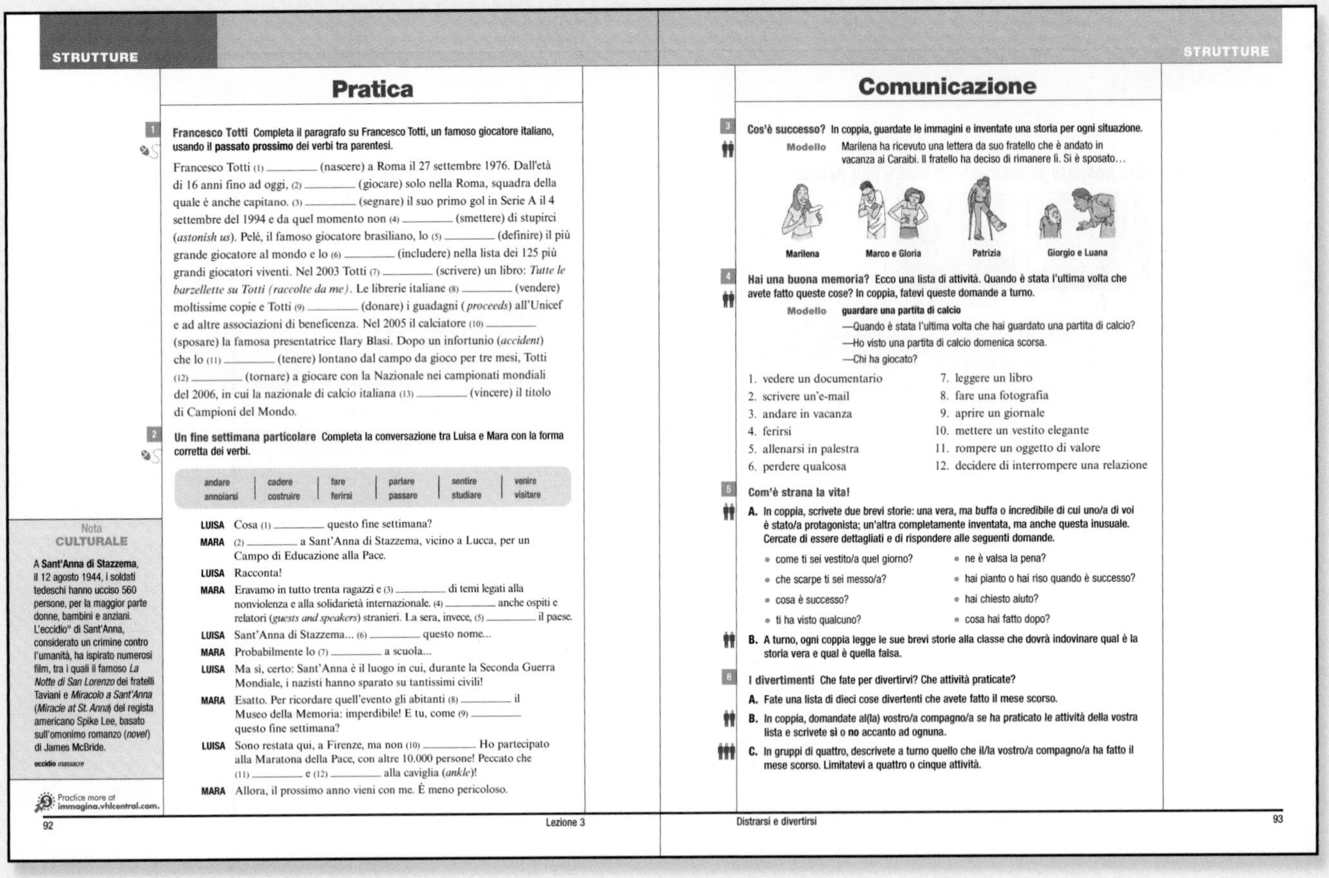

STRUTTURE

Pratica

1 **Francesco Totti** Completa il paragrafo su Francesco Totti, un famoso giocatore italiano, usando il **passato prossimo** dei verbi tra parentesi.

Francesco Totti (1) ________ (nascere) a Roma il 27 settembre 1976. Dall'età di 16 anni fino ad oggi, (2) ________ (giocare) solo nella Roma, squadra della quale è anche capitano. (3) ________ (segnare) il suo primo gol in Serie A il 4 settembre del 1994 e da quel momento non (4) ________ (smettere) di stupirci (*astonish us*). Pelé, il famoso giocatore brasiliano, lo (5) ________ (definire) il più grande giocatore al mondo e lo (6) ________ (includere) nella lista dei 125 più grandi giocatori viventi. Nel 2003 Totti (7) ________ (scrivere) un libro: *Tutte le barzellette su Totti (raccolte da me)*. Le librerie italiane (8) ________ (vendere) moltissime copie e Totti (9) ________ (donare) i guadagni (*proceeds*) all'Unicef e ad altre associazioni di beneficenza. Nel 2005 il calciatore (10) ________ (sposare) la famosa presentatrice Ilary Blasi. Dopo un infortunio (*accident*) che lo (11) ________ (tenere) lontano dal campo da gioco per tre mesi, Totti (12) ________ (tornare) a giocare con la Nazionale nei campionati mondiali del 2006, in cui la nazionale di calcio italiana (13) ________ (vincere) il titolo di Campioni del Mondo.

2 **Un fine settimana particolare** Completa la conversazione tra Luisa e Mara con la forma corretta dei verbi.

andare	cadere	fare	parlare	sentire	venire
annoiarsi	costruire	ferirsi	passare	studiare	visitare

LUISA Cosa (1) ________ questo fine settimana?
MARA (2) ________ a Sant'Anna di Stazzema, vicino a Lucca, per un Campo di Educazione alla Pace.
LUISA Racconta!
MARA Eravamo in tutto trenta ragazzi e (3) ________ di temi legati alla nonviolenza e alla solidarietà internazionale. (4) ________ anche ospiti e relatori (*guests and speakers*) stranieri. La sera, invece, (5) ________ il paese.
LUISA Sant'Anna di Stazzema... (6) ________ questo nome...
MARA Probabilmente lo (7) ________ a scuola...
LUISA Ma sì, certo: Sant'Anna è il luogo in cui, durante la Seconda Guerra Mondiale, i nazisti hanno sparato su tantissimi civili!
MARA Esatto. Per ricordare quell'evento gli abitanti (8) ________ il Museo della Memoria: imperdibile! E tu, come (9) ________ questo fine settimana?
LUISA Sono restata qui, a Firenze, ma non (10) ________. Ho partecipato alla Maratona della Pace, con altre 10.000 persone! Peccato che (11) ________ e (12) ________ alla caviglia (*ankle*)!
MARA Allora, il prossimo anno vieni con me. È meno pericoloso.

Nota
CULTURALE

A **Sant'Anna di Stazzema**, il 12 agosto 1944, i soldati tedeschi hanno ucciso 560 persone, per la maggior parte donne, bambini e anziani. L'eccidio° di Sant'Anna, considerato un crimine contro l'umanità, ha ispirato numerosi film, tra i quali il famoso *La Notte di San Lorenzo* dei fratelli Taviani e *Miracolo a Sant'Anna* (*Miracle at St. Anna*) del regista americano Spike Lee, basato sull'omonimo romanzo (*novel*) di James McBride.

eccidio *massacre*

Practice more at **immagina.vhlcentral.com.**

92 Lezione 3

STRUTTURE

Comunicazione

3 **Cos'è successo?** In coppia, guardate le immagini e inventate una storia per ogni situazione.

Modello Marilena ha ricevuto una lettera da suo fratello che è andato in vacanza ai Caraibi. Il fratello ha deciso di rimanere lì. Si è sposato…

Marilena — Marco e Gloria — Patrizia — Giorgio e Luana

4 **Hai una buona memoria?** Ecco una lista di attività. Quando è stata l'ultima volta che avete fatto queste cose? In coppia, fatevi queste domande a turno.

Modello **guardare una partita di calcio**
—Quando è stata l'ultima volta che hai guardato una partita di calcio?
—Ho visto una partita di calcio domenica scorsa.
—Chi ha giocato?

1. vedere un documentario
2. scrivere un'e-mail
3. andare in vacanza
4. ferirsi
5. allenarsi in palestra
6. perdere qualcosa
7. leggere un libro
8. fare una fotografia
9. aprire un giornale
10. mettere un vestito elegante
11. rompere un oggetto di valore
12. decidere di interrompere una relazione

5 **Com'è strana la vita!**

A. In coppia, scrivete due brevi storie: una vera, ma buffa o incredibile di cui uno/a di voi è stato/a protagonista; un'altra completamente inventata, ma anche questa inusuale. Cercate di essere dettagliati e di rispondere alle seguenti domande.

- come ti sei vestito/a quel giorno?
- che scarpe ti sei messo/a?
- cosa è successo?
- ti ha visto qualcuno?
- ne è valsa la pena?
- hai pianto o hai riso quando è successo?
- hai chiesto aiuto?
- cosa hai fatto dopo?

B. A turno, ogni coppia legge le sue brevi storie alla classe che dovrà indovinare qual è la storia vera e qual è quella falsa.

6 **I divertimenti** Che fate per divertirvi? Che attività praticate?

A. Fate una lista di dieci cose divertenti che avete fatto il mese scorso.

B. In coppia, domandate al(la) vostro/a compagno/a se ha praticato le attività della vostra lista e scrivete **sì** o **no** accanto ad ognuna.

C. In gruppi di quattro, descrivete a turno quello che il/la vostro/a compagno/a ha fatto il mese scorso. Limitatevi a quattro o cinque attività.

Distrarsi e divertirsi 93

Pratica Directed exercises support you as you begin working with the grammar structures, helping you master the forms you need for personalized communication.

Comunicazione Open-ended, communicative activities help you internalize the grammar point in a range of contexts involving pair and group work.

Nota culturale These sidebars explain cultural references embedded in activities and expand the culture content of each lesson.

SINTESI

brings together the vocabulary, grammar, and lesson theme.

STRUTTURE

Sintesi

1 **Parliamo** In piccoli gruppi, guardate queste foto di persone che praticano sport estremi e rispondete alle domande.

Diving: l'amore per uno sport che mette a rischio la vita: ne vale veramente la pena?

Free-climbing: desiderio di libertà o delirio di onnipotenza?

Alpinismo: sacrificio, fatica e ricompensa finale. Attraverso il corpo si può migliorare anche il proprio carattere?

Parapendio: guardare il mondo dall'alto ci dà la percezione della nostra umana fragilità?

1. Conosci qualcuno di questi sport? Lo hai mai praticato? Perché sì e perché no?
2. Immagina di essere una delle persone nelle foto. Perché hai scelto questo sport? Hai mai avuto paura?
3. Sei mai stato in una situazione pericolosa a causa degli sport? Cosa è successo?
4. Perché la gente in generale sembra attratta da questi sport? La loro popolarità continuerà a crescere?
5. Quali sono gli «effetti collaterali» degli sport estremi? Pensa ad almeno tre cose e discutine con i tuoi compagni.

2 **Scriviamo** Scrivi una pagina di diario su uno dei seguenti argomenti.

- Descrivi un episodio memorabile che ti è successo mentre praticavi uno sport o passatempo.
- Descrivi un episodio memorabile che è successo mentre guardavi un evento sportivo.

Strategie per la comunicazione

Suggerimenti per scrivere un diario:

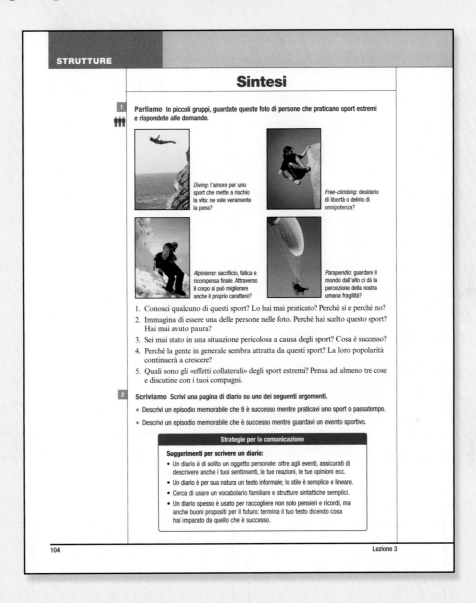

- Un diario è di solito un oggetto personale: oltre agli eventi, assicurati di descrivere anche i tuoi sentimenti, le tue reazioni, le tue opinioni ecc.
- Un diario è per sua natura un testo informale; lo stile è semplice e lineare.
- Cerca di usare un vocabolario familiare e strutture sintattiche semplici.
- Un diario spesso è usato per raccogliere non solo pensieri e ricordi, ma anche buoni propositi per il futuro: termina il tuo testo dicendo cosa hai imparato da quello che è successo.

104 Lezione 3

Parliamo Realia and photography serve as springboards for pair, group, or class discussions.

Scriviamo This section gives you the opportunity to use the grammar and vocabulary of the lesson in engaging, real-life writing tasks.

Strategie Tips, techniques, key words, and expressions help you improve your oral and written communication skills.

CULTURA

features a dynamic cultural reading.

CULTURA

RETE!

CULTURA

Reading

«Perché, perché la domenica mi lasci sempre sola per andare a vedere la partita di pallone?» cantava Rita Pavone nel 1962 in una delle classiche canzoni italiane sul calcio, lo sport nazionale. Infatti, la domenica è il giorno in cui ancora oggi si svolgono le partite, seguite alla televisione dalla maggioranza dei tifosi. Molti vanno allo stadio per guardare la squadra del cuore° dal vivo°. Il silenzio dei pomeriggi domenicali è interrotto da grida° entusiaste provenienti da case e appartamenti quando i giocatori segnano un gol e, la sera, dai canti a squarciagola degli autobus pieni di tifosi che rientrano dallo stadio.

Il calcio è uno sport imprevedibile° che combina il gioco di squadra con il talento individuale. Le sorti° della partita possono cambiare da un momento all'altro e nel cuore degli spettatori italiani si alternano disperazione ed estasi nel giro di pochi minuti.

Oltre ad essere il passatempo nazionale, come il *baseball* negli Stati Uniti, la passione per il calcio riesce° ad unire un paese spesso diviso da diverse tradizioni sportive. Negli ultimi anni, il presidente del Consiglio Silvio Berlusconi ha «fatto rete»° usando espressioni calcistiche come «scendere in campo» nella campagna elettorale con il suo partito «Forza Italia», altro termine preso in prestito dal vocabolario dei tifosi durante le partite internazionali. Berlusconi è inoltre il proprietario del Milan, una delle due squadre di calcio di Milano.

Il calcio è un'industria: dalla vendita dei giornali specializzati, come *La Gazzetta dello Sport*, quotidiano dalle pagine rosa letto avidamente per strada e nei bar, al commercio delle maglie. I giocatori di calcio in Italia sono celebrità, più importanti di attori e musicisti, e guadagnano° milioni di euro all'anno. Le grandi società proprietarie delle squadre vendono e acquistano giocatori: nel giro di pochi giorni un calciatore può trovarsi a giocare contro quelli che l'anno prima erano i suoi più leali compagni. Ogni città e regione ha una squadra: le più conosciute, antiche e quotate sono quelle appartenenti alla Serie A, con giocatori professionisti, come la Juventus, la Roma, la Lazio, il Torino, il Milan, l'Inter, il Napoli e la Fiorentina, che sono spesso chiamate affettuosamente con il colore delle loro maglie: «i bianconeri», «i neroazzuri» e «i giallorossi».

Anche la squadra nazionale italiana ha un soprannome ispirato al colore delle uniformi: «gli Azzurri». La nazionale azzurra è formata dai migliori giocatori di tutte le squadre italiane. Gli Azzurri giocano nei tornei europei e mondiali, come i Campionati Europei e la Coppa del Mondo. Secondo il regolamento, i giocatori della squadra nazionale devono essere cittadini italiani, al contrario delle squadre di club che spesso acquistano calciatori di diverse nazionalità. Finora gli Azzurri hanno vinto quattro campionati del mondo: a Roma nel 1934, a Parigi nel 1938, a Madrid nel 1982 e a Berlino nel 2006. Forza Azzurri! ■

cuore *favorite* · vivo *live* · grida *shouts* · imprevedibile *unpredictable* · sorti *outcome* · riesce *is able, manages* · fatto rete *scored, succeeded* · guadagnano *earn*

I MONDIALI

A Boston 10.000 persone hanno celebrato la vittoria degli Azzurri nella finale della Coppa del Mondo del 2006 seguendo la partita su un maxischermo° allestito° davanti alla piazza del comune°. Secondo alcuni, circa 1.000.200.000 persone nel mondo (pari al 17% della popolazione globale) hanno assistito alla finale in televisione. Per l'occasione sono aumentate le vendite di televisori, anche perché le partite sono state trasmesse in alta definizione. Negli USA l'incremento di spettatori rispetto ai mondiali precedenti è stato del 112%.

maxischermo *JumboTron* **allestito** *set up* **comune** *city hall*

106 Lezione 3 Distrarsi e divertirsi 107

Readings Brief, comprehensible readings present you with additional cultural information related to the lesson theme and country or region of focus.

Photos Vibrant, dynamic photos visually illustrate the reading.

Design Readings are carefully laid out with line numbers, marginal glosses, pull quotes, and box features to help make each piece easy to navigate as a class.

LETTERATURA

showcases literary readings by well-known Italian writers.

LETTERATURA

LA CHITARRA *magica*

STEFANO BENNI

Il racconto della ragazza col ciuffo

LETTERATURA

Ogni ingiustizia ci offende, quando non ci procuri direttamente alcun profitto.

—LUC DE VAUVENARGUES

Audio: Dramatic Recording

C'era un giovane musicista di nome Peter che suonava la chitarra agli angoli delle strade. Racimolava° così i soldi per proseguire° gli studi al Conservatorio: voleva diventare una grande rock star. Ma i soldi non bastavano°, perché faceva molto freddo e in strada c'erano pochi passanti°.

Un giorno, mentre Peter stava suonando «Crossroads» si avvicinò° un vecchio con un mandolino.

—Potresti cedermi° il tuo posto? È sopra un tombino° e ci fa più caldo.

—Certo—disse Peter che era di animo° buono.

—Potresti per favore prestarmi la tua sciarpa°? Ho tanto freddo.

—Certo—disse Peter che era di animo buono.

—Potresti darmi un po' di soldi? Oggi non c'è gente, ho raggranellato° pochi spiccioli e ho fame.

—Certo—disse Peter che eccetera. Aveva solo dieci monete nel cappello e le diede tutte al vecchio.

Allora avvenne° un miracolo: il vecchio si trasformò in un omone° truccato con rimmel° e rossetto°, una lunga criniera° arancione, una palandrana° di lamé e zeppe alte dieci centimetri.

L'omone disse:—Io sono Lucifumandro, il mago degli effetti speciali. Dato che sei stato buono con me ti regalerò una chitarra fatata. Suona da sola qualsiasi° pezzo, basta che tu glielo ordini. Ma ricordati: essa può essere usata solo dai puri di cuore. Guai° al malvagio° che la suonerà! Succederebbero cose orribili!

Ciò detto si udì° nell'aria un tremendo accordo di mi settima° e il mago sparì°. A terra restò una chitarra elettrica a forma di freccia°, con la cassa° di madreperla e le corde d'oro zecchino°. Peter la imbracciò° e disse:

—Suonami «Ehi Joe».

La chitarra si mise a eseguire il pezzo come neanche Jimi Hendrix, e Peter non dovette far altro che fingere di suonarla. Si fermò moltissima gente e cominciarono a piovere soldini° nel cappello di Peter.

Quando Peter smise di suonare, gli si avvicinò un uomo con un cappotto di caimano°. Disse che era un manager discografico e avrebbe fatto di Peter una rock star. Infatti tre mesi dopo Peter era primo in tutte le classifiche americane italiane francesi e malgasce°. La sua chitarra a freccia era diventata un simbolo per milioni di giovani e la sua tecnica era invidiata da tutti i chitarristi.

Una notte, dopo uno spettacolo trionfale, Peter credendo di essere solo sul palco°, disse alla chitarra di suonargli qualcosa per rilassarsi. La chitarra gli suonò una ninnananna. Ma nascosto° tra le quinte° del teatro c'era il malvagio Black Martin, un chitarrista invidioso del suo successo. Egli scoprì così che la chitarra era magica. Scivolò° alle spalle di Peter e gli infilò° giù per il collo° uno spinotto° a tremila volt, uccidendolo. Poi rubò la chitarra e la dipinse° di rosso.

La sera dopo, gli artisti erano riuniti in concerto per ricordare Peter prematuramente scomparso°. Suonarono Prince, Ponce e Parmentier, Sting, Stingsteen e Stronhaim. Poi salì sul palco il malvagio Black Martin.

Sottovoce ordinò alla chitarra:

—Suonami «Satisfaction».

Sapete cosa accadde°?

La chitarra suonò meglio di tutti i Rolling Stones insieme. Così il malvagio Black Martin diventò una rock star e in breve nessuno ricordò più il buon Peter.

Era una chitarra magica con un difetto di fabbricazione°. ■

He scraped together / continue / were not enough / passers-by / approached / let me have / manhole cover / heart / scarf / I have scraped together / took place / big man / mascara/lipstick/mane / long loose coat / any / Heaven help / wicked man / was heard / E seven/disappeared / arrow/body / pure gold/he slung on his arm / coins / cayman / Madagascan / stage / hidden / wings / He slid / put/neck / plug / painted / dead / happened / manufacturing

110 Lezione 3 | Distrarsi e divertirsi 111

Letteratura Comprehensible and compelling, these readings present new avenues for using the lesson's grammar, vocabulary, and themes.

Design Each reading is presented in the attention-grabbing visual style you would expect from a magazine, along with glosses of unfamiliar words that aid in comprehension.

Audio Dramatic recordings of each literary selection on the **IMMAGINA** Supersite bring the plot to life.

PREPARAZIONE & ANALISI

activities provide in-depth pre- and post-reading support for each selection in Cultura and Letteratura.

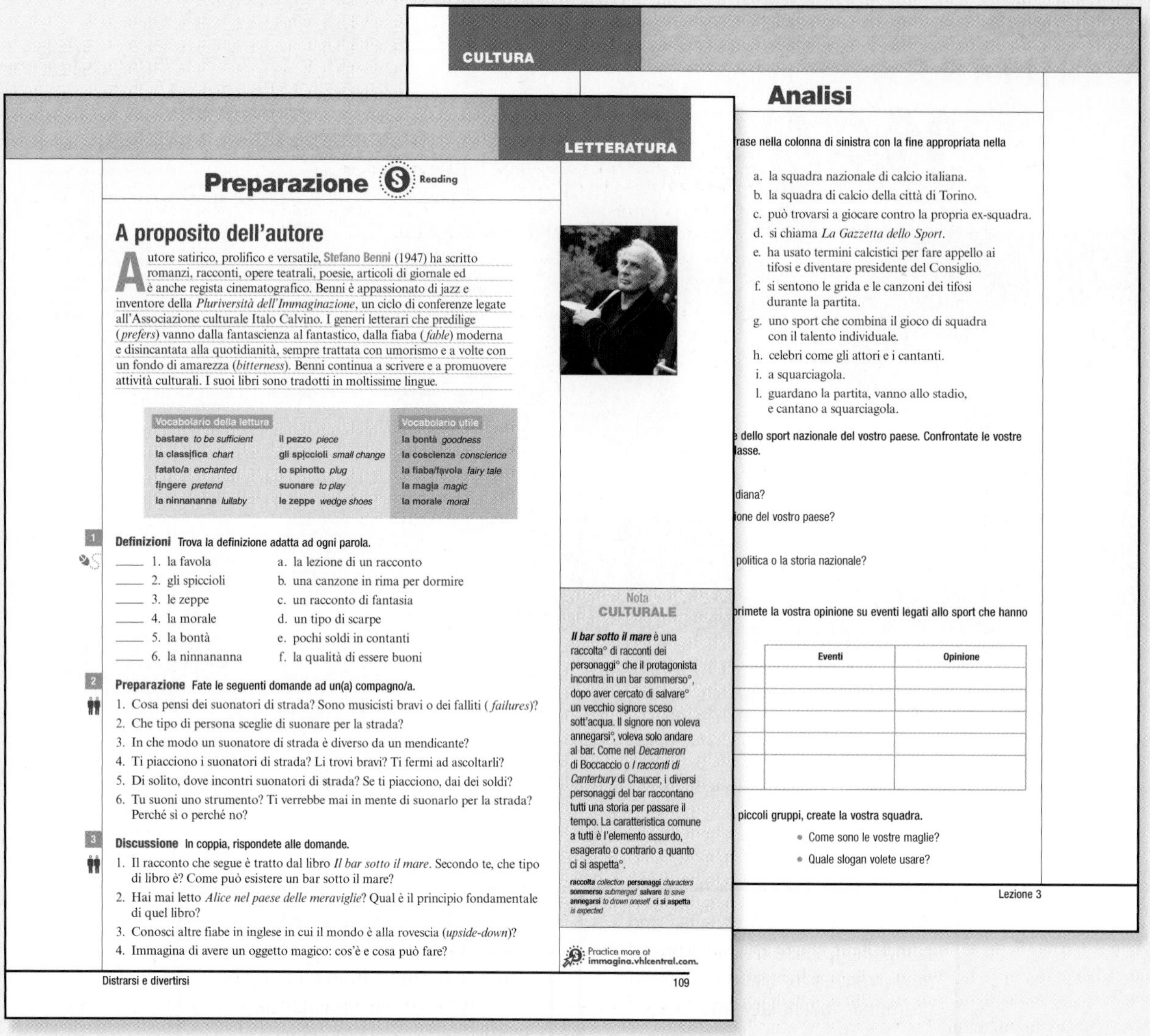

CULTURA

Analisi

...frase nella colonna di sinistra con la fine appropriata nella

a. la squadra nazionale di calcio italiana.
b. la squadra di calcio della città di Torino.
c. può trovarsi a giocare contro la propria ex-squadra.
d. si chiama *La Gazzetta dello Sport*.
e. ha usato termini calcistici per fare appello ai tifosi e diventare presidente del Consiglio.
f. si sentono le grida e le canzoni dei tifosi durante la partita.
g. uno sport che combina il gioco di squadra con il talento individuale.
h. celebri come gli attori e i cantanti.
i. a squarciagola.
l. guardano la partita, vanno allo stadio, e cantano a squarciagola.

...e dello sport nazionale del vostro paese. Confrontate le vostre ...classe.

...diana?

...ione del vostro paese?

...politica o la storia nazionale?

...primete la vostra opinione su eventi legati allo sport che hanno

Eventi	Opinione

...piccoli gruppi, create la vostra squadra.

- Come sono le vostre maglie?
- Quale slogan volete usare?

Lezione 3

LETTERATURA

Preparazione (S) Reading

A proposito dell'autore

Autore satirico, prolifico e versatile, Stefano Benni (1947) ha scritto romanzi, racconti, opere teatrali, poesie, articoli di giornale ed è anche regista cinematografico. Benni è appassionato di jazz e inventore della *Pluriversità dell'Immaginazione*, un ciclo di conferenze legate all'Associazione culturale Italo Calvino. I generi letterari che predilige (*prefers*) vanno dalla fantascienza al fantastico, dalla fiaba (*fable*) moderna e disincantata alla quotidianità, sempre trattata con umorismo e a volte con un fondo di amarezza (*bitterness*). Benni continua a scrivere e a promuovere attività culturali. I suoi libri sono tradotti in moltissime lingue.

Vocabolario della lettura		Vocabolario utile
bastare *to be sufficient*	il pezzo *piece*	la bontà *goodness*
la classifica *chart*	gli spiccioli *small change*	la coscienza *conscience*
fatato/a *enchanted*	lo spinotto *plug*	la fiaba/favola *fairy tale*
fingere *pretend*	suonare *to play*	la magia *magic*
la ninnananna *lullaby*	le zeppe *wedge shoes*	la morale *moral*

1 **Definizioni** Trova la definizione adatta ad ogni parola.

____ 1. la favola	a. la lezione di un racconto
____ 2. gli spiccioli	b. una canzone in rima per dormire
____ 3. le zeppe	c. un racconto di fantasia
____ 4. la morale	d. un tipo di scarpe
____ 5. la bontà	e. pochi soldi in contanti
____ 6. la ninnananna	f. la qualità di essere buoni

2 **Preparazione** Fate le seguenti domande ad un(a) compagno/a.

1. Cosa pensi dei suonatori di strada? Sono musicisti bravi o dei falliti (*failures*)?
2. Che tipo di persona sceglie di suonare per la strada?
3. In che modo un suonatore di strada è diverso da un mendicante?
4. Ti piacciono i suonatori di strada? Li trovi bravi? Ti fermi ad ascoltarli?
5. Di solito, dove incontri suonatori di strada? Se ti piacciono, dai dei soldi?
6. Tu suoni uno strumento? Ti verrebbe mai in mente di suonarlo per la strada? Perché sì o perché no?

3 **Discussione** In coppia, rispondete alle domande.

1. Il racconto che segue è tratto dal libro *Il bar sotto il mare*. Secondo te, che tipo di libro è? Come può esistere un bar sotto il mare?
2. Hai mai letto *Alice nel paese delle meraviglie*? Qual è il principio fondamentale di quel libro?
3. Conosci altre fiabe in inglese in cui il mondo è alla rovescia (*upside-down*)?
4. Immagina di avere un oggetto magico: cos'è e cosa può fare?

Nota CULTURALE

Il bar sotto il mare è una raccolta° di racconti dei personaggi° che il protagonista incontra in un bar sommerso°, dopo aver cercato di salvare° un vecchio signore sceso sott'acqua. Il signore non voleva annegarsi°, voleva solo andare al bar. Come nel *Decameron* di Boccaccio o *I racconti di Canterbury* di Chaucer, i diversi personaggi del bar raccontano tutti una storia per passare il tempo. La caratteristica comune a tutti è l'elemento assurdo, esagerato o contrario a quanto ci si aspetta°.

raccolta *collection* **personaggi** *characters* **sommerso** *submerged* **salvare** *to save* **annegarsi** *to drown oneself* **ci si aspetta** *is expected*

Practice more at immagina.vhlcentral.com.

Distrarsi e divertirsi 109

Vocabolario Helpful lists highlight active vocabulary that you will encounter in each reading, as well as other words that might prove useful for discussions. Diverse activities then allow you to practice the vocabulary and anticipate the topic of the reading.

Analisi Post-reading exercises check your understanding and motivate you to discuss the topic of the reading, express your opinions, and explore how it relates to your own experiences.

A proposito dell'autore A brief biography gives you background information about the writer and the reading.

LABORATORIO DI SCRITTURA

synthesizes the lesson with a writing assignment.

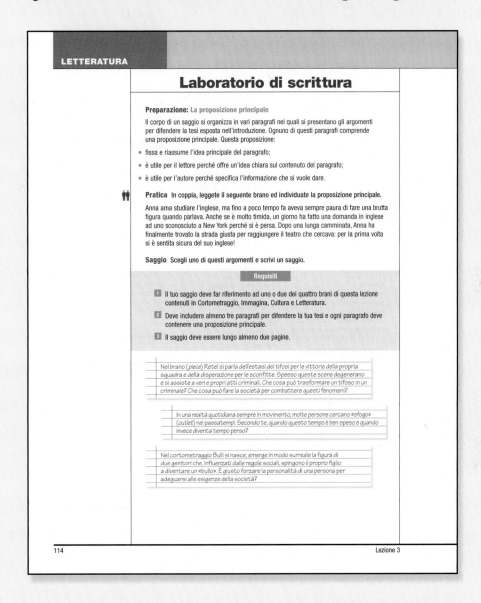

LETTERATURA

Laboratorio di scrittura

Preparazione: La proposizione principale

Il corpo di un saggio si organizza in vari paragrafi nei quali si presentano gli argomenti per difendere la tesi esposta nell'introduzione. Ognuno di questi paragrafi comprende una proposizione principale. Questa proposizione:

- fissa e riassume l'idea principale del paragrafo;
- è utile per il lettore perché offre un'idea chiara sul contenuto del paragrafo;
- è utile per l'autore perché specifica l'informazione che si vuole dare.

Pratica In coppia, leggete il seguente brano ed individuate la proposizione principale.

Anna ama studiare l'inglese, ma fino a poco tempo fa aveva sempre paura di fare una brutta figura quando parlava. Anche se è molto timida, un giorno ha fatto una domanda in inglese ad uno sconosciuto a New York perché si è persa. Dopo una lunga camminata, Anna ha finalmente trovato la strada giusta per raggiungere il teatro che cercava: per la prima volta si è sentita sicura del suo inglese!

Saggio Scegli uno di questi argomenti e scrivi un saggio.

Requisiti

1. Il tuo saggio deve far riferimento ad uno o due dei quattro brani di questa lezione contenuti in Cortometraggio, Immagina, Cultura e Letteratura.
2. Deve includere almeno tre paragrafi per difendere la tua tesi e ogni paragrafo deve contenere una proposizione principale.
3. Il saggio deve essere lungo almeno due pagine.

Nel brano (*piece*) Rete! si parla dell'estasi dei tifosi per le vittorie della propria squadra e della disperazione per le sconfitte. Spesso queste scene degenerano e si assiste a veri e propri atti criminali. Che cosa può trasformare un tifoso in un criminale? Che cosa può fare la società per combattere questi fenomeni?

In una realtà quotidiana sempre in movimento, molte persone cercano «sfogo» (*outlet*) nei passatempi. Secondo te, quando questo tempo è ben speso e quando invece diventa tempo perso?

Nel cortometraggio Bulli si nasce, emerge in modo surreale la figura di due genitori che, influenzati dalle regole sociali, spingono il proprio figlio a diventare un «bullo». È giusto forzare la personalità di una persona per adeguarsi alle esigenze della società?

114 Lezione 3

Preparazione & Pratica Writing strategies with practice help you develop your ability to draft clear, logical essays.

Saggio Writing topics bring the lesson together by asking you to construct and defend a thesis in the context of the lesson theme, film, and readings you have studied.

VOCABOLARIO

summarizes the active vocabulary in each lesson.

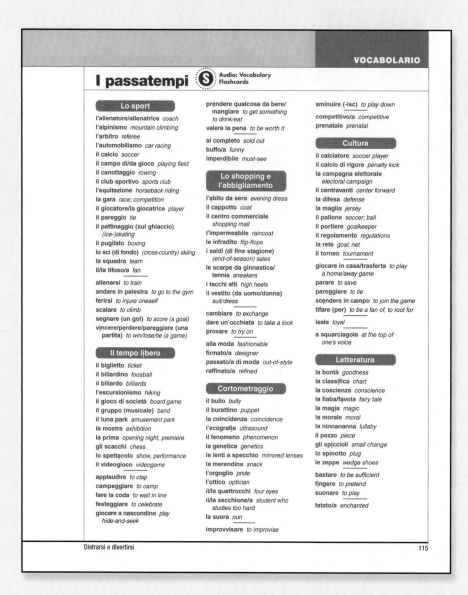

VOCABOLARIO

I passatempi

Audio: Vocabulary Flashcards

Lo sport

l'allenatore/allenatrice *coach*
l'alpinismo *mountain climbing*
l'ạrbitro *referee*
l'automobilismo *car racing*
il calcio *soccer*
il campo di/da gioco *playing field*
il canottaggio *rowing*
il club sportivo *sports club*
l'equitazione *horseback riding*
la gara *race; competition*
il giocatore/la giocatrice *player*
il pareggio *tie*
il pattinaggio (sul ghiaccio) *(ice-)skating*
il pugilato *boxing*
lo sci (di fondo) *(cross-country) skiing*
la squadra *team*
il/la tifoso/a *fan*

allenarsi *to train*
andare in palestra *to go to the gym*
ferirsi *to injure oneself*
scalare *to climb*
segnare (un gol) *to score (a goal)*
vincere/perdere/pareggiare (una partita) *to win/lose/tie (a game)*

Il tempo lịbero

il biglietto *ticket*
il biliardino *foosball*
il biliardo *billiards*
l'escursionismo *hiking*
il gioco di società *board game*
il gruppo (musicale) *band*
il luna park *amusement park*
la mostra *exhibition*
la prima *opening night, premiere*
gli scacchi *chess*
lo spettạcolo *show, performance*
il videogioco *videogame*

applaudire *to clap*
campeggiare *to camp*
fare la coda *to wait in line*
festeggiare *to celebrate*
giocare a nascondino *play hide-and-seek*
prẹndere qualcosa da bere/mangiare *to get something to drink/eat*
valere la pena *to be worth it*

al completo *sold out*
buffo/a *funny*
imperdịbile *must-see*

Lo shopping e l'abbigliamento

l'ạbito da sera *evening dress*
il cappotto *coat*
il centro commerciale *shopping mall*
l'impermeạbile *raincoat*
le infradito *flip-flops*
i saldi (di fine stagione) *(end-of-season) sales*
le scarpe da ginnastica/tennis *sneakers*
i tacchi alti *high heels*
il vestito (da uomo/donna) *suit/dress*

cambiare *to exchange*
dare un'occhiata *to take a look*
provare *to try on*

alla moda *fashionable*
firmato/a *designer*
passato/a di moda *out-of-style*
raffinato/a *refined*

Cortometraggio

il bullo *bully*
il burattino *puppet*
la coincidenza *coincidence*
l'ecografịa *ultrasound*
il fenọmeno *phenomenon*
la genẹtica *genetics*
le lenti a specchio *mirrored lenses*
la merendina *snack*
l'orgoglio *pride*
l'ọttico *optician*
il/la quattrocchi *four eyes*
il/la secchione/a *student who studies too hard*
la suora *nun*

improvvisare *to improvise*
sminuire (-isc) *to play down*

competitivo/a *competitive*
prenatale *prenatal*

Cultura

il calciatore *soccer player*
il calcio di rigore *penalty kick*
la campagna elettorale *electoral campaign*
il centravanti *center forward*
la difesa *defense*
la maglia *jersey*
il pallone *soccer; ball*
il portiere *goalkeeper*
il regolamento *regulations*
la rete *goal; net*
il torneo *tournament*

giocare in casa/trasferta *to play a home/away game*
parare *to save*
pareggiare *to tie*
scẹndere in campo *to join the game*
tifare (per) *to be a fan of, to root for*

leale *loyal*

a squarciagola *at the top of one's voice*

Letteratura

la bontà *goodness*
la classịfica *chart*
la coscienza *conscience*
la fiaba/fạvola *fairy tale*
la magịa *magic*
la morale *moral*
la ninnananna *lullaby*
il pezzo *piece*
gli spịccioli *small change*
lo spinotto *plug*
le zeppe *wedge shoes*

bastare *to be sufficient*
fịngere *to pretend*
suonare *to play*

fatato/a *enchanted*

Distrarsi e divertirsi 115

Icons As always, the Supersite icon lets you know exactly what resources are available for you online for this section.

Flashcards Go to the Supersite to access flashcards with vocabulary for the entire lesson. Flashcards include audio and are a great way to review for a test.

Icons

Familiarize yourself with these icons that appear throughout **IMMAGINA**.

Supersite content available

Activity available on Supersite

Pair activity

Group activity

Text next to the Supersite icon will let you know exactly what type of content is available online.

Additional practice on the Supersite, not included in the textbook, is indicated with this icon feature: Practice more at **immagina.vhlcentral.com.**

Student Ancillaries

Student Activities Manual (SAM)

The **Student Activities Manual** consists of two parts: the **Workbook** and the **Lab Manual.**

- **Workbook**
  The **Workbook** activities provide additional practice of the vocabulary and grammar for each textbook lesson. They also reinforce the content of the **Immagina** section.

- **Lab Manual**
  The **Lab Manual** activities focus on building your pronunciation and listening comprehension skills in Italian. They provide additional practice of the vocabulary and grammar of each lesson. They also revisit the **Letteratura** reading with dramatic recordings and activities.

MAESTRO® WebSAM

Completely integrated with the **IMMAGINA Supersite** (see next page), the **MAESTRO® WebSAM** provides 24-hour access to online workbook and lab activities with instant feedback. The complete audio program is integrated. Your instructor can view the results of your work, manage your class, and even customize the **WebSAM** by adjusting grading features, and assigning specific exercises.

Lab Audio Program

The **Lab Audio Program** contains the recordings to be used in conjunction with the activities in the **Lab Manual.** It is available as MP3 files that can be downloaded from the **IMMAGINA Supersite.**

Student Activities Manual Answer Key

This component, available upon instructor request, includes answer keys for all activities with discrete answers in the **Workbook** and **Lab Manual.**

IMMAGINA Film Collection

Fully integrated with your textbook, the **IMMAGINA** Film Collection features dramatic short films by Italian filmmakers. These films are the basis for the pre- and post-viewing activities in the **Cortometraggio** section of each lesson. The films are a central feature of the lesson, providing opportunities to review and recycle vocabulary from **Per cominciare**, and previewing and contextualizing the grammar from **Strutture**.

These films offer entertaining and thought-provoking opportunities to build your listening comprehension skills and your cultural knowledge of Italian speakers.

Besides providing entertainment, the films serve as a useful learning tool. As you watch the films, you will observe characters interacting in various situations, using real-world language that reflects the lesson themes as well as the vocabulary and grammar you are studying.

Film Synopses

LEZIONE 1

La scarpa

(5 minuti)

A woman wakes up to some unexpected bad news. Thinking quickly, she races across town to meet her boyfriend at the train station one last time, but will she arrive in time to speak her mind?

LEZIONE 2

La ritirata

(18 minuti)

As World War II draws to a close and the Allied forces approach, Rosa, a young Italian girl, keeps a scared German soldier hidden from her family, the village, and the advancing army. In the uncertainty of war, the line between friends and enemies is blurred.

LEZIONE 3

Bulli si nasce

(16 minuti)

Thanks to "good" genes and persistent parents, Ale became a schoolyard king. What else is he genetically destined for?

LEZIONE 4

Mare nostro

(18 minuti)

When Marcello's ordinary fishing trip suddenly goes terribly wrong, he learns a lesson in what it means to rely on one's fellow man. How will he react when someone needs to rely on him?

LEZIONE 5

Dove dormono gli aerei

(18 minuti)

In a crowded airport, an independent, extroverted little boy and a shy girl become friends. While they run off to play, they unknowingly leave worried parents, paranoid airport staff, and a forgotten backpack in their wake.

LACREME NAPULITANE
Menzione speciale
Clermont Ferrand Film Festival
una produzione di FRANCESCO SATTA e CASA CIRCONDARIALE
sceneggiatura e regia FRANCESCO SATTA direttore di produzione
IGOR BELLINELLO. attori principali ANTONIO ALLOCA, DARIO OPPIDO,
ADAM SELO, LYSANDRA CORIDON, DAVID WHITE, MARCO MANFREDI
montaggio ANDREA MAGUOLO fotografia MICHELE D'ATTANASIO

LEZIONE 6

Lacreme napulitane

(19 minuti)

Northerners and Southerners historically don't get along. What will happen when a reserved **Milanese** and an outspoken **Napoletano** are stuck together on the long journey to Milan?

LEZIONE 7

L'età del fuoco

(16 minuti)

In the future, when technology links every household appliance, sometimes the innovations that are supposed to make life easier make the simplest things impossible.

LEZIONE 8

Il segreto del santo

(21 minuti)

According to the villagers, San Faustino, the beloved patron saint who watches over the town, brings certain people together. Are the forces of history and time too strong for Lapo and Erminia to overcome, or will they be reunited... with a little help?

VENTICANO
Miglior film/
Premio della giuria/
Migliore fotografia
IL SEGRETO DEL SANTO
Un film di HERVÉ DUCROUX
Scritto da MASSIMO GUARDUCCI e HERVÉ DUCROUX
Prodotto da L'ACCADEMIA DE'VALIGONDI
Attori Pino Colizzi/Camilla Dragoni/Pietro Cacciatori/
Nardis Mugelli/Giulio Pampiglione/Milena Vukotic
Montaggio Simona Paggi Costumi Sara D'agostin
Fotografia Alessandro Pucci Scenografia Carlo Serafini
Soggetto Laura Gori Savellini/Hervé Ducroux
Musiche Giacomo Zumpano

LEZIONE 9

Che gioia!

(9 minuti)

The quest for fame drives many people to extremes, but few would be as happy about their fifteen minutes as Michele.

LEZIONE 10

Rischio d'impresa

(14 minuti)

Balancing a career and a family is difficult. For Marina, breaking the news of a big promotion to her husband might be even harder.

MAESTRO® Supersite

IMMAGINA, is completely integrated with the enormously successful **MAESTRO® Supersite.** Now in version 2.0, this powerful learning management system offers you these features, and more.

Practice

- **NEW!** Selected activities from the student text, available with auto-grading
- **NEW!** Additional activities for every vocabulary and grammar section
- Additional cultural information and comprehension activities

Video

- The **IMMAGINA** Film Collection, with Italian and English subtitles

Audio

- Downloadable MP3s of the Lab Audio program
- Dramatic recordings of the literary readings

Resources

- English-Italian Dictionary
- Integration with the **MAESTRO® WebSAM**

Visit **immagina.vhlcentral.com** to explore this exciting resource.

Access to the **Maestro® Supersite** is free with the purchase of a new student text.

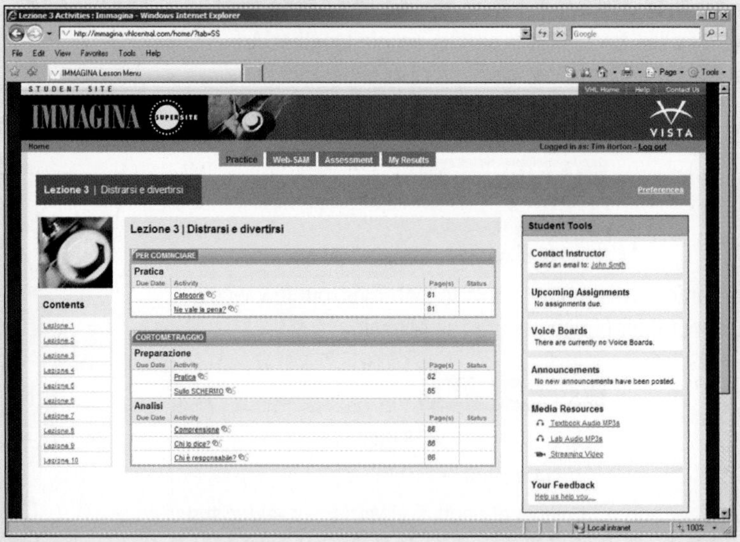

Acknowledgments

We extend a special thank you to the contributing writers whose hard work was essential to bringing **IMMAGINA** to fruition: Laura Di Pofi (Smith College), Silvia Fanesi (University of New Hampshire), and Gina Pietrantoni (Arizona State University).

Vista Higher Learning would also like to offer sincere thanks to the many instructors who offered input on the development of our Italian programs, **SENTIERI** and **IMMAGINA**. Their thoughtful comments and insights were instrumental to the development of these programs.

Marie Bertola
De Anza College, CA

Kelly Blank
Xavier University, OH

Serafina Boggs
University of Oklahoma, OK

Beatrice L. Bongiorno
Bellevue College, WA

Dario Brancato
Concordia University, QC, Canada

Paola Carlucci
Virginia Commonwealth University, VA

Chiara Carnelos
University of California-San Diego, CA

Victoria Cerati
Solano Community College, CA

Amy Chambless
University of North Carolina at Chapel Hill, NC

Julia Cozzarelli
Ithaca College, NY

Renée D'Elia-Zunino
University of Tennessee, TN

Maria Enrico
Borough of Manhattan Community College, NY

Giuseppe Faustini
Skidmore College, NY

Giuliana Fazzion
James Madison University, VA

Maria Galli Stampino
University of Miami, FL

Judith Garcia-Quismondo
Seton Hill University, PA

Cosetta Gaudenzi
University of Memphis, TN

John S. Geary
Northeastern Illinois University, IL

Samuel Ghelli
Kean University, NJ

Jacqueline Jill-Rito
Bethpage High School, NY

Linda Landrum Wofe
Northern Arizona University, AZ

Loredana Lo Bianco
California State University-Fresno, CA

Domenico Maceri
Allan Hancock College, CA

Annachiara Mariani
University of Tennessee, TN

Carmela Mastragostino
Huntington High School, NY

Annamaria Monaco
Suffolk County Community College, NY

Annalisa Mosca
University of Miami, FL

Stefania E. Nedderman
Gonzaga University, WA

Nicholas Patruno
Bryn Mawr College, PA

Andrea Petri
Mira Costa College, CA

Teresa Picarazzi
The Hopkins School, CT

Joseph M. Poma
Rowan University, NJ

Colclough Sanders
Wagner College, NY

Giovanna Summerfield
Auburn University, AL

Nicoletta Tinozzi Mehrmand
University of California at Riverside, CA

Anne Urbanic
University of Toronto, VC, Canada

Patrick L. Vivirito
University of Notre Dame, IN

Paolo Volpe-Rinonapoli
Middle Tennessee State University, TN

Liana Wagle
Wichita State University, KS

Mary Watt
University of Florida, FL

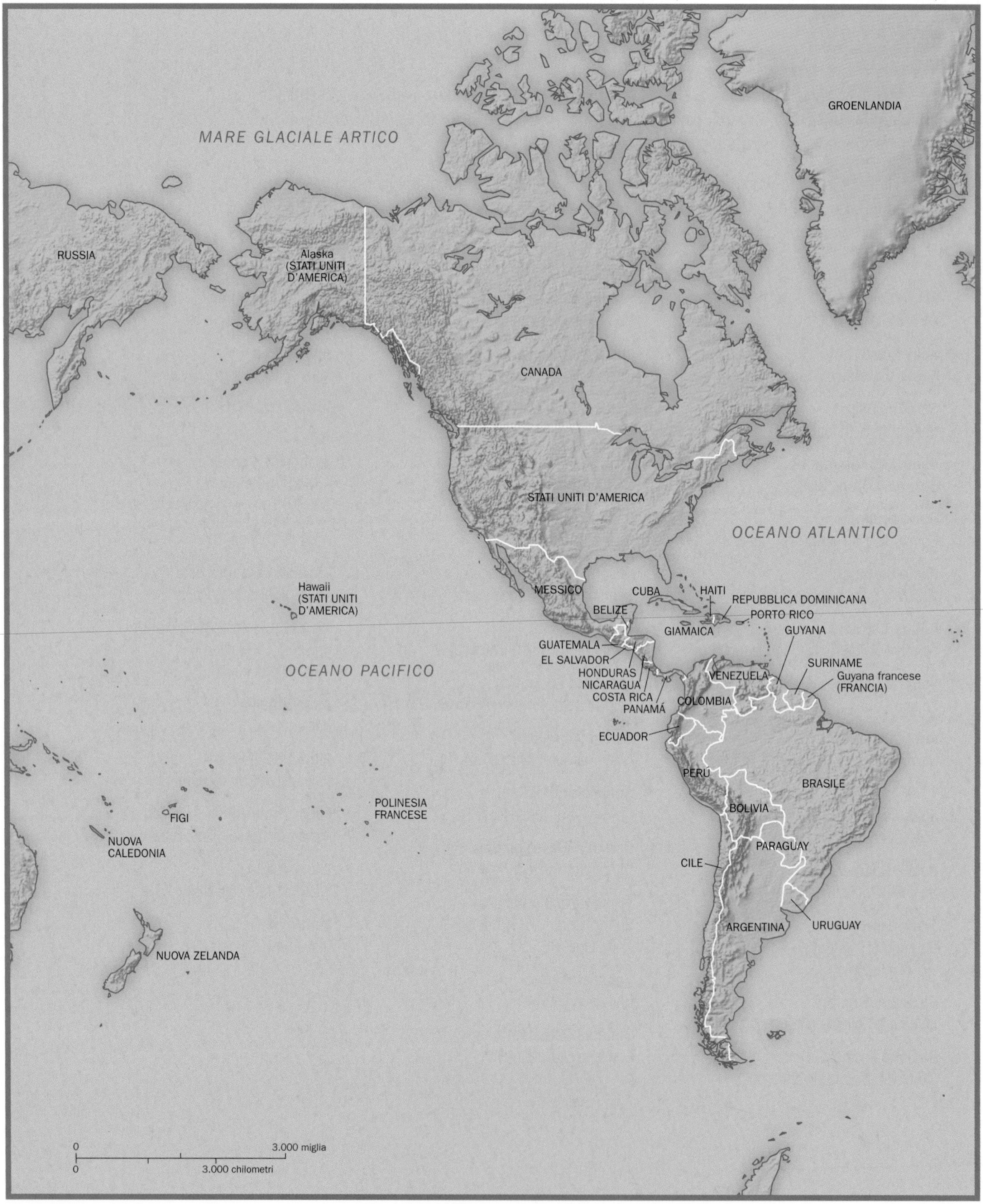
MARE GLACIALE ARTICO
GROENLANDIA
RUSSIA
Alaska
(STATI UNITI
D'AMERICA)
CANADA
STATI UNITI D'AMERICA
OCEANO ATLANTICO
Hawaii
(STATI UNITI
D'AMERICA)
MESSICO
CUBA
HAITI
REPUBBLICA DOMINICANA
PORTO RICO
BELIZE
GIAMAICA
GUYANA
GUATEMALA
EL SALVADOR
HONDURAS
NICARAGUA
COSTA RICA
PANAMÁ
SURINAME
Guyana francese
(FRANCIA)
VENEZUELA
COLOMBIA
OCEANO PACIFICO
ECUADOR
PERÙ
BRASILE
BOLIVIA
PARAGUAY
CILE
ARGENTINA
URUGUAY
POLINESIA
FRANCESE
FIGI
NUOVA
CALEDONIA
NUOVA ZELANDA
0
3.000 miglia
0
3.000 chilometri

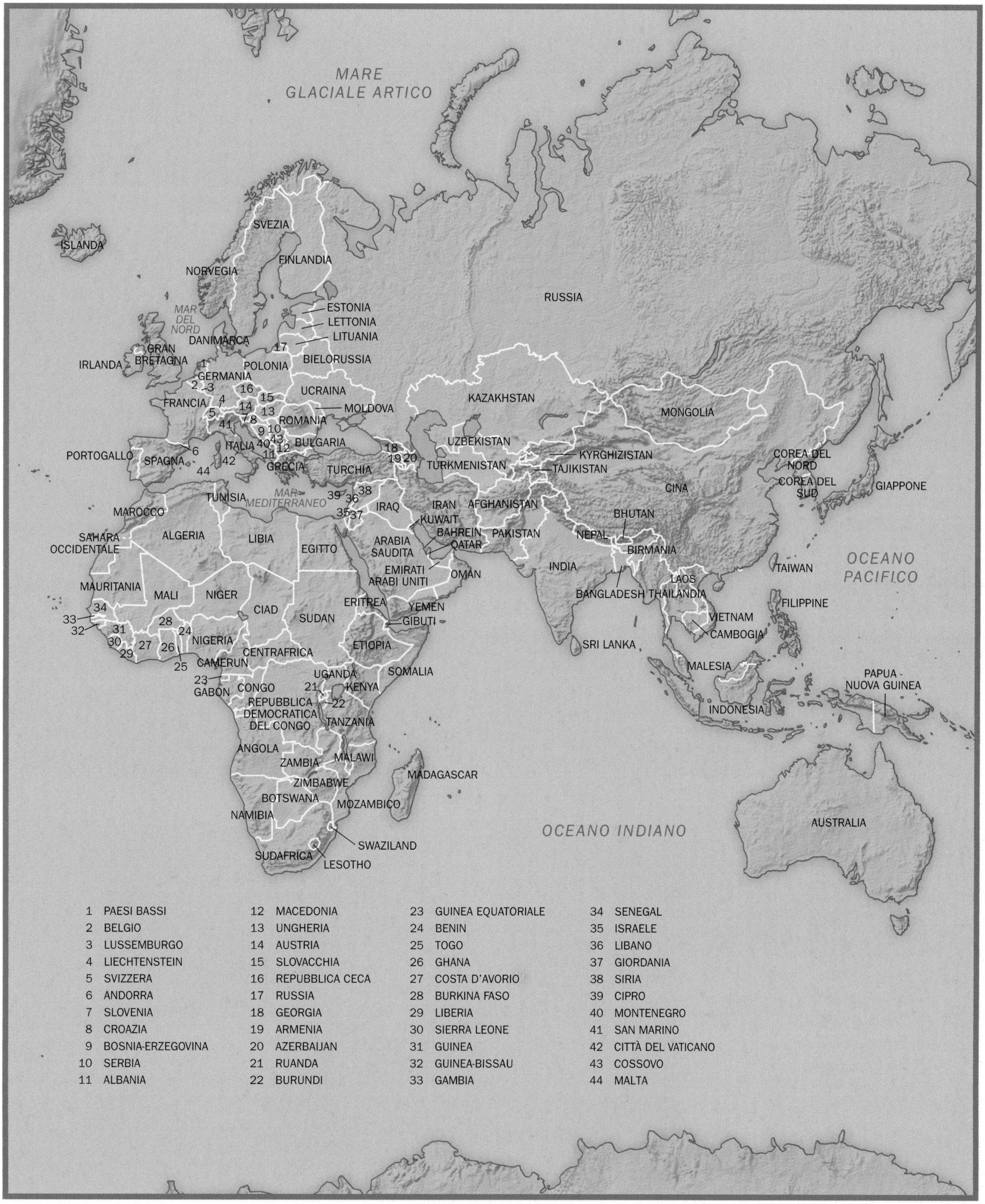
MARE GLACIALE ARTICO
ISLANDA
SVEZIA
FINLANDIA
NORVEGIA
MAR DEL NORD
ESTONIA
LETTONIA
LITUANIA
DANIMARCA
17
GRAN BRETAGNA
IRLANDA
BIELORUSSIA
POLONIA
1
GERMANIA
2
3
16
UCRAINA
15
FRANCIA
4
14
13
MOLDOVA
5
7
8
ROMANIA
41
9
10
43
40
ITALIA
BULGARIA
11
12
6
PORTOGALLO
SPAGNA
42
44
GRECIA
TURCHIA
18
19
20
MAR MEDITERRANEO
TUNISIA
39
36
38
35
37
MAROCCO
ALGERIA
LIBIA
EGITTO
IRAQ
IRAN
KUWAIT
BAHREIN
QATAR
ARABIA SAUDITA
EMIRATI ARABI UNITI
OMAN
YEMEN
GIBUTI
ERITREA
SAHARA OCCIDENTALE
MAURITANIA
MALI
NIGER
CIAD
SUDAN
34
33
32
31
30
29
27
26
25
28
24
NIGERIA
CENTRAFRICA
ETIOPIA
SOMALIA
CAMERUN
23
GABON
CONGO
UGANDA
21
KENYA
22
REPUBBLICA DEMOCRATICA DEL CONGO
TANZANIA
ANGOLA
ZAMBIA
MALAWI
MADAGASCAR
ZIMBABWE
BOTSWANA
MOZAMBICO
NAMIBIA
SWAZILAND
SUDAFRICA
LESOTHO
RUSSIA
KAZAKHSTAN
MONGOLIA
UZBEKISTAN
KYRGHIZISTAN
TURKMENISTAN
TAJIKISTAN
AFGHANISTAN
PAKISTAN
COREA DEL NORD
COREA DEL SUD
GIAPPONE
CINA
BHUTAN
NEPAL
BIRMANIA
INDIA
BANGLADESH
TAIWAN
OCEANO PACIFICO
LAOS
THAILANDIA
FILIPPINE
VIETNAM
CAMBOGIA
SRI LANKA
MALESIA
PAPUA - NUOVA GUINEA
INDONESIA
OCEANO INDIANO
AUSTRALIA
1 PAESI BASSI
2 BELGIO
3 LUSSEMBURGO
4 LIECHTENSTEIN
5 SVIZZERA
6 ANDORRA
7 SLOVENIA
8 CROAZIA
9 BOSNIA-ERZEGOVINA
10 SERBIA
11 ALBANIA
12 MACEDONIA
13 UNGHERIA
14 AUSTRIA
15 SLOVACCHIA
16 REPUBBLICA CECA
17 RUSSIA
18 GEORGIA
19 ARMENIA
20 AZERBAIJAN
21 RUANDA
22 BURUNDI
23 GUINEA EQUATORIALE
24 BENIN
25 TOGO
26 GHANA
27 COSTA D'AVORIO
28 BURKINA FASO
29 LIBERIA
30 SIERRA LEONE
31 GUINEA
32 GUINEA-BISSAU
33 GAMBIA
34 SENEGAL
35 ISRAELE
36 LIBANO
37 GIORDANIA
38 SIRIA
39 CIPRO
40 MONTENEGRO
41 SAN MARINO
42 CITTÀ DEL VATICANO
43 COSSOVO
44 MALTA

GERMANIA
AUSTRIA
UNGHERIA
SLOVENIA
CROAZIA
BOSNIA-ERZEGOVINA
MONTENEGRO
FRANCIA
MONACO
SVIZZERA
LIECHTENSTEIN
SAN MARINO
CITTÀ DEL VATICANO
ALGERIA
TUNISIA
A L P I
A P P E N N I N I
Basilea
Zurigo
Neuchâtel
Lucerna
Berna
Losanna
Ginevra
Coira
GRIGIONI (SVIZ.)
TICINO (SVIZ.)
Bellinzona
TRENTINO-ALTO ADIGE
Bolzano
Trento
FRIULI-VENEZIA GIULIA
Udine
Gorizia
Trieste
Pordenone
Belluno
VENETO
Treviso
Vicenza
Padova
Venezia
Verona
Rovigo
ISTRIA (CRO./SLOV.)
VALLE D'AOSTA
Aosta
Verbania
Varese
Biella
Novara
Vercelli
Torino
Asti
Alessandria
PIEMONTE
Cuneo
Sondrio
Como
Lecco
Bergamo
Monza
Milano
Brescia
LOMBARDIA
Lodi
Pavia
Cremona
Mantova
Piacenza
Parma
Reggio Emilia
Modena
Ferrara
EMILIA-ROMAGNA
Bologna
Ravenna
Forlì
Rimini
Genova
Savona
LIGURIA
La Spezia
Imperia
MAR LIGURE
Massa
Lucca
Pistoia
Prato
Pisa
Firenze
Livorno
TOSCANA
Arezzo
Siena
Grosseto
Elba
Giglio
Pesaro
Urbino
MARCHE
Ancona
Macerata
Fermo
Ascoli Piceno
Perugia
UMBRIA
Terni
Teramo
Pescara
L'Aquila
Chieti
ABRUZZO
Viterbo
Rieti
LAZIO
Roma
Frosinone
Latina
Isernia
MOLISE
Campobasso
Foggia
Barletta
Trani
Andria
Bari
CAMPANIA
Benevento
Caserta
Napoli
Avellino
Salerno
Ischia
Capri
Potenza
Matera
PUGLIA
Brindisi
Lecce
Taranto
BASILICATA
MARE ADRIATICO
Corsica (FRANCIA)
Tempio Pausania
Olbia
Sassari
SARDEGNA
Nuoro
Oristano
Tortolì
Lanusei
Villacidro
Sanluri
Iglesias
Carbonia
Cagliari
MAR TIRRENO
MAR MEDITERRANEO
CALABRIA
Cosenza
Crotone
Catanzaro
Vibo Valentia
Isole Eolie
Messina
Reggio Calabria
MAR IONIO
Palermo
Trapani
SICILIA
Enna
Caltanissetta
Agrigento
Catania
Siracusa
Ragusa
Pantelleria
ITALIA
Altre regioni dove si parla l'italiano
confine di regione
confine di provincia
capoluogo provinciale
capoluogo regionale
capitale
0 100 miglia
0 100 chilometri

500 miglia
0
500 chilometri
Paesi dove l'italiano è una lingua ufficiale
MARE DI BARENTS
MARE DI NORVEGIA
ISLANDA
Reykjavik
SVEZIA
FINLANDIA
NORVEGIA
Helsinki
RUSSIA
Stoccolma
Oslo
Tallinn
ESTONIA
MARE BALTICO
LETTONIA
Riga
Mosca
MARE DEL NORD
DANIMARCA
LITUANIA
Copenaghen
Vilnius
RUSSIA
Minsk
Dublino
PAESI BASSI
BIELORUSSIA
IRLANDA
GRAN BRETAGNA
Berlino
Varsavia
Amsterdam
Londra
POLONIA
Kiev
Bruxelles
GERMANIA
UCRAINA
LUSSEMBURGO
BELGIO
OCEANO ATLANTICO
Praga
Lussemburgo
REPUBBLICA CECA
Parigi
SLOVACCHIA
MOLDOVA
Bratislava
LIECHTENSTEIN
Chisinau
Vienna
AUSTRIA
Budapest
Berna
Vaduz
SLOVENIA
UNGHERIA
SVIZZERA
FRANCIA
Lubiana
Zagabria
ROMANIA
Bucarest
MARE NERO
CROAZIA
ITALIA
Belgrado
BOSNIA-ERZEGOVINA
SERBIA
COSSOVO
Monaco
SAN MARINO
Città di San Marino
Sarajevo
Pristina
BULGARIA
Andorra la Vella
MONTENEGRO
Sofia
PORTOGALLO
Podgorica
Skopje
MONACO
Ankara
ANDORRA
Roma
Tirana
MACEDONIA
Madrid
TURCHIA
Lisbona
Corsica
ALBANIA
CITTÀ DEL VATICANO
SPAGNA
GRECIA
Sardegna
Atene
Sicilia
Nicosia
Algeri
CIPRO
Tunisi
Rabat
La Valetta
MALTA
ALGERIA
MARE MEDITERRANEO
MAROCCO
TUNISIA
Tripoli
Il Cairo
EGITTO
LIBIA

LEZIONE 1

Sentire e vivere

L'essere umano è un animale sociale. Abbiamo bisogno degli altri per sentirci vivi. Amici, famiglia, compagni di vita, colleghi di lavoro, ma anche persone che non conosciamo, ci permettono di confrontarci, di esprimere i nostri sentimenti e quindi (*therefore*) di imparare a capire noi stessi. In una società che cambia e che diventa sempre più multietnica, che rapporto hai con gli altri? Ti senti meglio da solo o in mezzo ad altre persone? Prova a riflettere e a capire perché.

7

30

GLI ITALIANI NEL MONDO

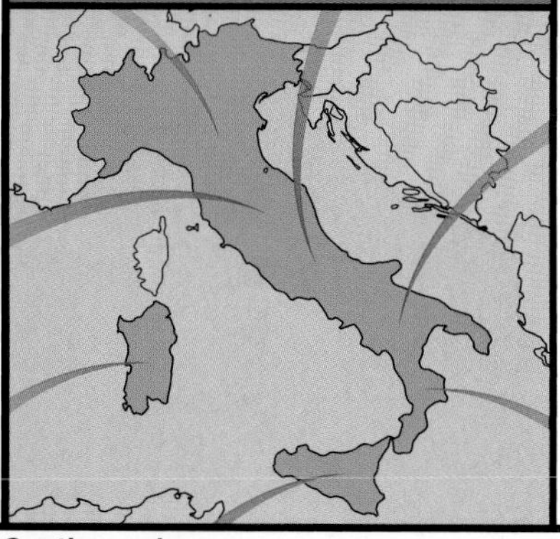

PREVIEW Point to the photo on the previous page and to the photo of three young people on this page. Engage students in a discussion about friendship. **Dove avete conosciuto i vostri amici? A scuola? Nel vostro quartiere? Sulla rete? Quali sono le caratteristiche di un buon amico?**

I rapporti personali

Audio: Vocabulary

La personalità

affascinante *charming*

affettuoso/a *affectionate*
geniale *ingenious; great*
idealista *idealistic*
insicuro/a *insecure*
(im)maturo/a *(im)mature*
(dis)onesto/a *(dis)honest*
orgoglioso/a *proud*
ottimista *optimistic*
pessimista *pessimistic*
prudente *careful*
seducente *attractive*
sensịbile *sensitive*
tịmido *shy*
tranquillo/a *calm, quiet*
ụmile *humble*

Lo stato civile

divorziare (da) *to divorce*
fidanzarsi (con) *to get engaged (to)*
sposarsi (con) *to get married (to)*

cẹlibe *single (m.)*
divorziato/a *divorced*
fidanzato/a *engaged; fiancé(e)*
nụbile *single (f.)*
sposato/a *married*
vẹdovo/a *widowed; widower/widow*

Explain that **sposarsi (con)** is a reflexive verb, while **sposare** is followed by a direct object.

I rapporti

l'amicizia *friendship*

l'ạnima gemella *soul mate*
l'appuntamento *date*
il colpo di fụlmine *love at first sight*
il/la compagno/a *partner*
la coppia *couple*

il matrimonio *wedding*
i pettegolezzi *gossip*

avere fiducia (in) *to trust*
condivịdere *to share*
contare su *to rely on*
lasciare *to leave*
mentire *to lie*
meritare *to deserve*
rọmpere con *to break up with*
uscire con *to go out with*

comprensivo/a *understanding*
(in)dimenticạbile *(un)forgettable*
(in)fedele *(un)faithful*

ATTENZIONE!

Generally, Italian words are stressed on the second-to-last syllable. To aid with pronunciation, when words do not follow this rule and are presented in a vocabulary or grammar feature, this text uses a dot under the stressed vowel: (1) when a word is stressed on the third or fourth syllable from the last (**parole sdrụcciole e bisdrụcciole**), and (2) when a diphthong is broken because the **i** or **u** is stressed (ex.: **farmacịa**, **paụra**). In addition, it is sometimes used for clarification when presenting difficult words or when contrasting words.

I sentimenti

adorare *to adore*
amare *to love*
arrabbiarsi *to get angry*

avere vergogna (di) *to be ashamed (of)*
dare fastidio (a) *to annoy*
disturbare *to bother*
innamorarsi *to fall in love*
odiare *to hate*
provare *to feel*
sentirsi *to feel*
sognare *to dream*
volere bene a *to feel affection for; to love*

ansioso/a *anxious*
contrariato/a *upset; annoyed*
deluso/a *disappointed*
depresso/a *depressed*

emozionato/a *excited; moved*
entusiasta *enthusiastic, excited*
geloso/a *jealous*
preoccupato/a *worried*
stufo/a *fed up*

SINONIMI
affascinante ↔ **attraente**
avere vergogna (di) ↔ **vergognarsi (di)**
avere fiducia (in) ↔ **fidarsi (di)**
la personalità ↔ **il carattere**

Give students examples with **provare** and **sentirsi**. Ex.: **provare odio/rancore**; **sentirsi felice**.

INSTRUCTIONAL RESOURCES
Supersite: Audioscripts, SAM AK, Lab MP3s
SAM/WebSAM: WB, LM

Pratica

1 **L'intruso** Trova la parola che non c'entra.

1. affascinante	ottimista	timido	(nubile)
2. avere fiducia	(odiare)	adorare	volere bene
3. (prudente)	ansioso	contrariato	stufo
4. sposato	divorziato	fidanzato	(contrariato)
5. arrabbiarsi	odiare	(innamorarsi)	dare fastidio
6. orgoglioso	(vedovo)	seducente	immaturo
7. (pettegolezzi)	coppia	anima gemella	matrimonio
8. depresso	emozionato	(geniale)	preoccupato

2 **Sinonimi** Inserisci la parola o l'espressione più adeguata per ogni situazione.

anima gemella	colpo di fulmine	entusiasta	idealista
ansioso	deluso	geloso	indimenticabile

1. Ieri sera sono uscito con Giulia; è stata una serata bellissima che non dimenticherò mai. indimenticabile
2. La settimana scorsa mio fratello ha conosciuto Elena e si è innamorato subito di lei. colpo di fulmine
3. L'estate scorsa ho mangiato in un famoso ristorante, ma il cibo non era buono come mi avevano detto. deluso
4. Domani inizio un nuovo progetto e sono molto contento. entusiasta
5. Mio cugino non è felice quando la sua fidanzata esce con le amiche; ha paura che lei incontri un altro uomo. geloso
6. Mia sorella ha finalmente trovato l'uomo giusto per lei. anima gemella

3 **Introverso o estroverso?** Rispondi alle domande e poi calcola il tuo punteggio. Confronta il risultato del tuo test con quello di un(a) compagno/a.

Sì	Qualche volta	No	
☐	☐	☐	1. Diventi ansioso/a quando c'è tanta gente?
☐	☐	☐	2. Ti imbarazza mostrare le tue emozioni?
☐	☐	☐	3. Hai paura di essere il primo/la prima a parlare?
☐	☐	☐	4. L'idea di avere un appuntamento con qualcuno che non conosci ti fa paura?
☐	☐	☐	5. Ti intimidisce l'idea di amoreggiare/flirtare con qualcuno che non conosci?
☐	☐	☐	6. Hai paura di parlare in pubblico?
☐	☐	☐	7. Rifletti a lungo prima di prendere una decisione?
☐	☐	☐	8. È più importante piacere che essere onesti nella vita?
☐	☐	☐	9. Dici mai di essere d'accordo con qualcuno solo per evitare una discussione?
☐	☐	☐	10. Ti senti molto in imbarazzo in alcune situazioni?

Punteggio

Sì = 0 punti
Q.v. = 1 punto
No = 2 punti

Risultati

Da 0 a 7 punti Hai la tendenza a essere introverso/a. Esci più spesso.

Da 8 a 11 punti Non sei né introverso/a né estroverso/a. Hai un buon equilibrio.

Da 12 a 20 punti Hai la tendenza ad essere estroverso/a. Ascolti sempre gli altri?

1 Explain that **volere bene a** (*to feel affection for*) is generally used for friends and family members. **Amare** is used in romantic relationships. Example: **Ti voglio bene, mamma./Ti amo, Sara.**

1 To check comprehension, ask students to describe what the three similar words in each group have in common.

1 Have pairs of students add two more groups of new vocabulary words. Then call on volunteers to indicate the word that does not belong.

2 Have pairs of students create situations for two other new vocabulary words. Then call on each pair to read their situations while the rest of the class guesses what is being described.

3 Before assigning the activity, ask if anyone has ever taken a personality test. Have students predict their results.

3 After students complete the test, ask: **Ti sorprende il risultato del test? Perché?**

TEACHING OPTION
Have the students describe their **anima gemella** using the new vocabulary.

Practice more at **immagina.vhlcentral.com.**

NATIONAL STANDARDS connections cultures communication

INSTRUCTIONAL RESOURCES
Supersite/DVD: Film Collection
Supersite: Script & Translation

Preparazione

Vocabolario del cortometraggio	Vocabolario utile	
il binario *train track*	**la commessa** *saleswoman*	**la scatola** *box*
buttare via *to throw away*	**indossare** *to wear*	**i tacchi alti/bassi** *high/low heels*
la colpa *fault*	**mettersi** *to put on (clothing, shoes)*	**truccarsi** *to put on make up*
la piattaforma *platform*	**l'orario** *schedule*	**la vetrina** *shop window*
resistente *sturdy*		**vendicativo/a** *vengeful*

ESPRESSIONI

basta *enough*
come può essere finita? *how can it be over?*
dai! *come on!*
perché fai così? *why are you doing this?*

1 Ask students to compare their answers and then to report them to the whole class.

1 **Un'avventura in treno** Elisa va in treno a Milano. Usate le parole dalla lista del vocabolario per completare la storia.

Pronto, parla la polizia? Ho bisogno d'aiuto. Ieri era il compleanno di mia sorella Giulia che vive a Milano; io abito a Venezia e volevo farle una visita a sorpresa. Prima di andare alla stazione ho controllato l'(1) __orario__ dei treni: quello per Milano partiva alle 11 dal (2) __binario__ numero 8. Avevo solo mezz'ora per prepararmi per il viaggio: volevo (3) __indossare__ delle scarpe (4) __resistenti__ per camminare comodamente. Poi sono andata a comprare il regalo per Giulia. Nella (5) __vetrina__ di un negozio ho visto una bellissima sciarpa blu, il suo colore preferito. Ho chiesto alla (6) __commessa__ di mettere la sciarpa in una (7) __scatola__. C'era molto traffico. Il treno stava quasi per partire quando sono finalmente arrivata alla stazione. Ho dovuto correre per non perderlo! Per fortuna avevo i (8) __tacchi bassi__; con quelli alti non sarei mai arrivata in tempo.
Una volta sul treno, mi sono riposata per qualche minuto e poi sono andata a prendere un caffè nel vagone ristorante. Quando sono ritornata al mio posto la scatola non c'era più!
Pronto? Pronto? Oh, no! Il mio telefonino si sta scaricando! Pronto? Polizia?

2 Encourage students to use words that describe feelings from the previous section.

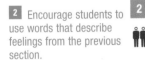

2 **Continuate la storia** Secondo voi, cosa è successo alla scatola? Scegliete una conclusione e commentate la vostra scelta.

- Elisa ritrova il regalo e festeggia con la sorella.
- Elisa non ritrova il regalo e nella confusione perde anche il telefonino.
- La polizia arriva e pensa che Elisa sia la ladra.

3 **Cosa fareste?** In coppia, rispondete a queste domande.

1. Vi siete mai trovati in una situazione stressante? Descrivete la situazione.
2. Quali sentimenti avete provato? Come avete reagito?
3. Secondo voi, quale effetto ha lo stress sulle reazioni delle persone?
4. Come vi vestite quando siete stressati? Parlate delle vostre esperienze.

4 **Come reagiresti?**

A. Scegli la reazione che corrisponde meglio alla tua personalità.

Test della Personalità

1. Aspetti una mail da una persona con cui vorresti avere una relazione.
- **a.** Controlli l'e-mail ogni cinque minuti.
- **b.** Hai da fare (*You have things to do*) ma controlli l'e-mail ogni volta che puoi.
- **c.** Non ti preoccupi troppo e controlli l'e-mail normalmente.

2. La mail che ricevi da un tuo professore o dal tuo capo è scritta tutta in lettere maiuscole (*uppercase*).
- **a.** Pensi che la persona che ti scrive sia molto arrabbiata con te.
- **b.** Pensi che sia un errore.
- **c.** Non lo noti.

3. Una persona che conosci è molto triste.
- **a.** Anche tu ti senti triste come quella persona.
- **b.** Provi compassione per la persona.
- **c.** Pensi che i sentimenti degli altri non ti riguardino.

4. Hai una brutta notizia da riferire a qualcuno.
- **a.** La riferisci subito, faccia a faccia. È il modo migliore.
- **b.** Eviti (*avoid*) la persona per qualche giorno prima di riferire la notizia.
- **c.** Preferisci mandare una mail che parlare faccia a faccia.

5. Il tuo telefonino squilla (*rings*) alle tre di notte. Qual è la tua prima reazione?
- **a.** Ti preoccupi: deve essere successo qualcosa di grave.
- **b.** Ti arrabbi per essere stato/a svegliato/a così all'improvviso.
- **c.** Non lo senti e continui a dormire.

6. Compri qualcosa on-line. Quale metodo di spedizione preferisci?
- **a.** Posta celere (*express*): sei impaziente.
- **b.** Posta normale: sai aspettare.
- **c.** Posta assicurata: non si sa mai.

B. In coppia, confrontate le vostre reazioni. Avete personalità simili o diverse?

5 **Immaginate** In coppia, guardate le immagini e ricostruite la storia.

- Cosa fa la donna? Quali sono i suoi sentimenti?
- Perché le interessano le scarpe? Chi è l'uomo?
- Qual è il rapporto tra i due personaggi?
- Come sono le loro rispettive personalità?

4 As a warm-up, ask students: **Come reagite ad un evento triste? E ad un evento felice? Siete molto emotivi o più controllati? Estroversi o introversi?**

5 After students have come up with their own narration, ask them to share it with the rest of the class.

Practice more at **immagina.vhlcentral.com.**

S Short Film

La Scarpa
Miglior corto
N.I.C.E.
New York
una produzione HAIBUN, SKY ITALIA regia e sceneggiatura ANDREA ROVETTA
attori principali CECILIA DAZZI, CARLO MATTA fotografia EUGENIO GALLI montaggio MASSIMO QUATTROCCHI
scenografia RUGGERO MONCADA DI PARTENÒ musica LINO SABBADINI

Trama *Una donna riceve una brutta notizia per telefono e ha pochi minuti per reagire. Cosa farà per risolvere la situazione?*

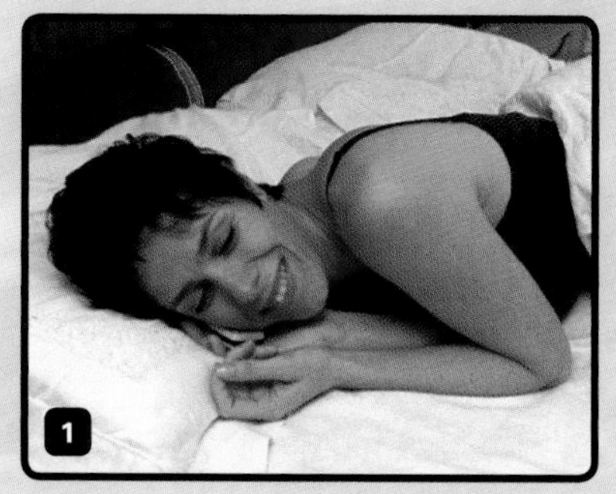

DONNA Ciao amore! Perché non sei qui?

UOMO Sono in stazione. Devo dirti una cosa. È finita. Devo dirti che è finita, basta. Dai, ciao.

DONNA Ti prego di non buttar via tutto! Siamo stati benissimo insieme.

COMMESSA Signorina, la carta!
DONNA Dopo, dopo! Taxi!

DONNA In stazione!

DONNA Ehi...

Teaching option: The dialogue is very fast in this short, but the fast pace of the action and the protagonist's facial expressions help to keep track of what is happening on the screen. Suggest that the students focus on the protagonist's changing emotions as she responds to the phone call and carries out her plan.

Nota CULTURALE

Le scarpe italiane

L'alta qualità e il design delle scarpe italiane sono celebri. Le firme° dell'alta moda per le calzature° più famose, come **Dolce e Gabbana, Fendi, Ferragamo** (la firma citata nel film)**, Gucci, Moschino, Prada, Tod's** e molte altre, si vendono in tutto il mondo. Alcuni sostengono che i tacchi alti siano un'invenzione di **Leonardo da Vinci**, mentre altri pensano che **Caterina de' Medici** sia stata la prima donna ad indossarli in occasione del suo matrimonio: prima di lei erano riservati esclusivamente agli uomini. Secondo l'Istituto nazionale di statistica, la regione italiana che esporta più scarpe nel mondo è il **Veneto**, seguito dalle **Marche** e dalla **Toscana**.

le firme *brands* **le calzature** *footwear*

Ask students: **Avete delle scarpe italiane? Quali comprereste? Quali negozi le vendono? Quali firme conoscete? Ci sono delle persone famose che le indossano?** e.g. **il presidente Obama, Madonna, Robert Pattinson. In quali film sono importanti?** e.g. ***Il diavolo veste Prada, Sex & the City***.

Sullo SCHERMO

Mentre guardi il corto completa queste frasi.

1. Il telefono __d__.
2. L'uomo va __c__.
3. Nella vetrina c'è __a__.
4. La donna lascia __e__.
5. La donna prende __b__.

a. un paio di scarpe
b. un taxi
c. a Milano
d. sveglia la donna
e. la carta di credito

Analisi

1 **Comprensione** Indica se l'affermazione è **vera** o **falsa**. Dopo, in coppia, correggete le affermazioni false.

Vero	Falso	
☑	☐	1. La donna è felice quando risponde al telefono.
☐	☑	2. L'uomo è innamorato della donna.
☐	☑	3. L'uomo è all'aereoporto.
☐	☑	4. La donna si veste con calma.
☑	☐	5. La donna corre per strada.
☑	☐	6. La donna compra un paio di scarpe.
☐	☑	7. La donna prende la metropolitana.
☑	☐	8. Alla stazione la donna si cambia le scarpe.
☑	☐	9. L'uomo sta salendo sul treno quando arriva la donna.
☐	☑	10. L'uomo sorride alla fine del film.

2 Before completing the activity, review the **Per cominciare** vocabulary by asking each student to express an emotion with a facial expression; the rest of the class should guess the emotion being expressed. After completing the activity, ask students to expand their descriptions to include physical attributes, style of clothing (and shoes!), and to try to guess what the characters' professions, hobbies, and friends might be like.

2 **I protagonisti** Descrivi le personalità e i sentimenti della donna e dell'uomo nel corto, mettendo le parole della lista vicino al personaggio appropriato. Dopo, in coppia, confrontate le vostre descrizioni. Answers may vary. Suggested answers.

a. ansioso/a	d. intelligente	g. stufo/a
b. contrariato/a	e. onesto/a	h. tranquillo/a
c. immaturo/a	f. sicuro/a	i. vendicativo/a

Donna: personalità e sentimenti
a, b, c, d, i

Uomo: personalità e sentimenti
b, c, e, f, g, h

3 Encourage students to share their opinions with the rest of the class. If there is controversy about a particular topic, divide the class into two teams and ask them to debate the issue. Ask everyone to give at least one opinion.

3 **Opinioni**

A. Sei d'accordo con queste affermazioni?

Affermazioni	sono d'accordo	non sono d'accordo
1. L'uomo e la donna stavano insieme da molti anni.	☐	☐
2. La donna è vanitosa.	☐	☐
3. L'uomo è egoista.	☐	☐
4. La vendetta è una soluzione a molti problemi.	☐	☐
5. Lo shopping è un'attività terapeutica.	☐	☐
6. Una persona si può giudicare dalle scarpe che indossa.	☐	☐
7. Le separazioni sono sempre dolorose.	☐	☐
8. L'amore è un sentimento pericoloso.	☐	☐
9. Le emozioni possono influenzare il nostro modo di vestire.	☐	☐
10. È importante seguire la moda per avere successo.	☐	☐

B. In coppia, spiegate le ragioni delle vostre risposte. Ci sono delle ragioni personali o delle esperienze passate che hanno motivato le vostre risposte? Quali?

4 **Commenti** In coppia, rispondete a queste domande.

1. Pensate all'inizio dell'incontro in stazione: qual è un'altra conclusione logica di questa situazione?
2. La donna aveva già un piano (*plan*) preciso quando ha deciso di uscire o le è venuta un'idea quando ha visto le scarpe in vetrina?
3. Quale potrebbe essere un titolo alternativo per questo film?
4. Il film è una riflessione sulle relazioni fra donne e uomini o è, più semplicemente, una storia superficiale con un finale a sorpresa?
5. Vi ricordate un altro film o un'altra storia con un finale inaspettato? Quale?

5 **Modi di comunicare**

A. Qual è il modo migliore di comunicare emozioni e sentimenti? In coppia, indicate i vantaggi e gli svantaggi per ogni mezzo di comunicazione.

mezzo di comunicazione	vantaggi	svantaggi
una lettera		
una mail		
una telefonata		
una conversazione faccia a faccia		
un SMS (*text message*)		
Altro?		

B. Ora descrivete qual è il mezzo di comunicazione migliore nelle seguenti situazioni.

- Devi lamentarti con la compagnia della tua carta di credito perché ha aumentato il tasso d'interesse.
- Devi comunicare al(la) tuo/a coinquilino/a che stai per lasciare l'appartamento che condividete.
- Devi fare dei piani per il fine settimana con il/la tuo/a migliore amico/a.
- Devi dire ai tuoi genitori che non hai superato (*passed*) un esame importante.

6 **Una conversazione** In coppia, inventate un dialogo basato su una di queste situazioni e poi recitatelo davanti alla classe.

A
L'uomo e la donna si incontrano alcuni mesi dopo. Immaginate la prima conversazione fra i due. Si riavvicinano (*reconcile*)?

B
Hai un appuntamento con un(a) ragazzo/a. Sei molto nervoso/a e non sai cosa indossare. Chiedi l'opinione del(la) tuo/a coinquilino/a.

7 **Scrittura** Racconta la storia del corto dal punto di vista di un altro personaggio: per esempio, l'uomo, la commessa del negozio di scarpe, l'autista del taxi, un viaggiatore alla stazione che osserva la scena finale o un altro personaggio inventato da te.

4 Ask an additional question: **C'è qualcosa di «italiano» in questo film? Che cosa?**

6 Give students an additional, more open ended option: **Pensate ad una situazione difficile e immaginate il dialogo fra le due persone coinvolte: qual è il problema? Perché è una situazione stressante? Nel dialogo esprimete i vostri sentimenti e suggerite una o più soluzioni al problema.**

7 As they prepare to write, ask the students: **Come interpreta i sentimenti dei personaggi il nuovo narratore? Come cambia la storia?**

Practice more at **immagina.vhlcentral.com.**

NATIONAL STANDARDS communities cultures connections

INSTRUCTIONAL RESOURCES Supersite: Teaching suggestions; SAM/WebSAM: WB

IMMAGINA

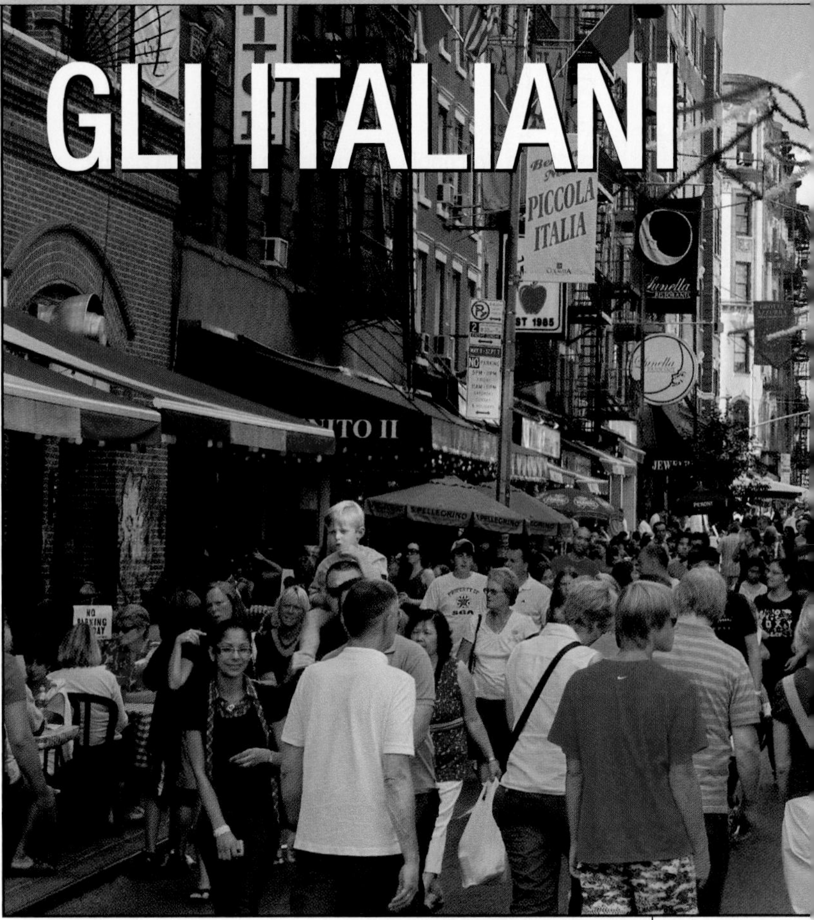

Reading

Italiani: un popolo in movimento

«Tutto il mondo è paese» recita° un proverbio che sembra definire la condizione degli **emigrati**° italiani nel mondo. Anche se l'Italia è un paese relativamente piccolo, gli italiani che vivono in altre parti del mondo sono moltissimi. Oggi si contano circa quattro milioni di italiani all'estero e ben 60 milioni sono gli **oriundi**, cioè persone nate fuori dall'Italia da genitori di origine italiana. Il paese che ospita° il maggior numero di italiani è la **Germania**, seguita da **Argentina**, **Stati Uniti**, **Canada**, **Australia** e molti altri ancora.

Perché ci sono così tanti emigrati italiani? Chi sono e cosa fanno? La ricerca di un lavoro è sempre stata la prima ragione che ha spinto° e ancora spinge gli italiani a lasciare il loro paese. È necessario, però, distinguere gli **emigranti**° del secolo° scorso da quelli attuali. Gli emigranti del XX secolo sono partiti soprattutto dopo la Prima e la Seconda Guerra Mondiale. Negli Stati Uniti erano impiegati nella costruzione di ferrovie e strade e spesso erano minatori°. In Germania, Canada e Australia operavano° nel settore edile°. In Argentina hanno collaborato alla realizzazione di grandi infrastrutture e molti hanno lavorato nell'agricoltura.

Grazie ai sacrifici dei primi emigrati e alla veloce integrazione delle **seconde generazioni**, oggi gli italiani sono presenti in ogni settore dell'economia dei nuovi paesi. Negli Stati Uniti, in Canada e in Australia sono impiegati in varie industrie, in particolare nel settore automobilistico. In Germania sono piccoli imprenditori°, hanno aperto bar, ristoranti e pasticcerie. In Argentina gli oriundi italiani lavorano in industrie familiari, di cui sono in genere i proprietari°, nel settore pubblico, ma anche nell'industria dell'automobile e nella finanza. In tutti i paesi, comunque, si registrano discendenti di italiani anche nei settori della politica e del cinema, e fra la classe dirigente dell'industria e della finanza.

In molte città ci sono dei quartieri con comunità italiane, spesso conosciute come *Little Italy*. Negli Stati Uniti la ***Little Italy*** originale, e forse più grande e famosa, è a New York. Ci sono quartieri italiani anche a Boston (il **North End**), Chicago, San Francisco, San Diego, Toronto e Montreal (**Petite Italie**).

Negli ultimi vent'anni la tipologia dell'italiano che si trasferisce all'estero è cambiata. Gli emigranti del dopoguerra avevano poca o nessuna conoscenza della lingua parlata nel nuovo paese ed erano costretti° a cercare lavoro e fortuna lontano dall'Italia. I nuovi emigranti sono spesso giovani specializzati, con un alto livello di istruzione, in genere una laurea, che scelgono di emigrare per poter mettere alla prova° le loro potenzialità, soprattutto nella ricerca accademica. Anche il rapporto con la **madrepatria**° è cambiato: per i primi emigranti il sogno era quello di tornare in Italia e molti lo hanno fatto. I giovani di oggi, in genere, mantengono un rapporto stretto° con la loro nazione d'origine soprattutto grazie alle tecnologie e a Internet, ci tornano per le vacanze, ma di solito si stabiliscono° definitivamente nel nuovo paese.

In più...

L'emigrazione dall'Italia verso l'estero inizia alla fine del 1800. Il periodo con il più alto numero di emigranti è quello tra il 1950 e la fine degli anni '60. Le regioni di provenienza sono soprattutto quelle del Sud, in particolare la Sicilia. Nel XX secolo sono emigrati **30 milioni** di italiani di cui 10 milioni sono tornati in Italia.

recita *says* **emigrati** *people who left their country and live abroad* **ospita** *hosts* **spinto** *pushed* **emigranti** *people who leave their country to move abroad* **secolo** *century* **minatori** *miners* **operavano** *performed* **settore edile** *building sector* **imprenditori** *entrepreneurs* **proprietari** *owners* **classe...** *executives* **costretti** *forced* **mettere...** *to test* **madrepatria** *homeland* **rapporto...** *close connection* **si stabiliscono** *they settle*

NEL MONDO

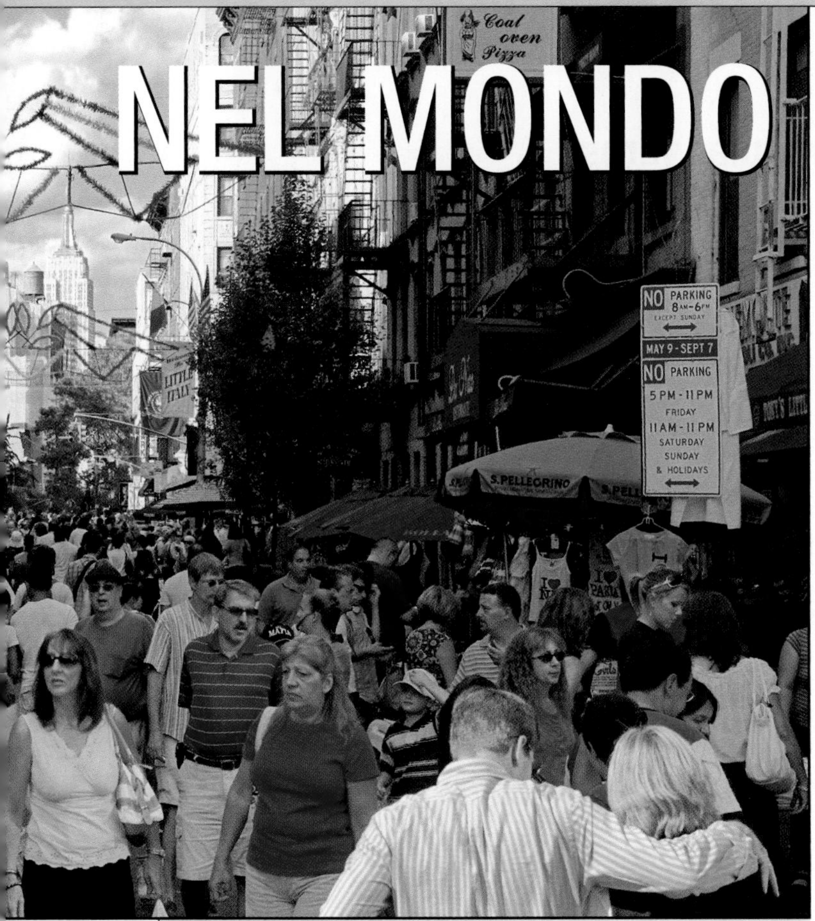

L'Italia celebrata negli Stati Uniti I festival italiani negli Stati Uniti sono numerosi. Alcuni hanno un tema, come il **Festival di Sant'Antonio e Santa Lucia** a Boston, in cui si celebrano i santi con messe° e processioni. A San Francisco c'è la **Parata° del patrimonio italiano**, che ricorda l'arrivo di Colombo sulle coste americane. In ogni caso, i festival sono un'occasione per la celebrazione dell'eredità° e dei valori° italiani e la gente festeggia con giochi tipici, cibo, vino, musica e artigianato tutto rigorosamente «Made in Italy».

Italiani famosi nel mondo Molti italiani e discendenti di italiani hanno raggiunto la fama ed il successo in ogni parte del mondo e in ogni settore: dal cinema alla musica alla scienza. **Antonio Meucci** realizza un primo prototipo di telefono a New York; **Guglielmo Marconi** sceglie l'Australia per i suoi esperimenti radio-trasmittenti°. Anche oggi in molti nomi famosi si nasconde° un'origine italiana: **Martin Marcantonio Luciano Scorsese, Robert Mario De Niro Jr, Alfredo James Pacino, Madonna Louise Veronica Ciccone** e molti altri!

Guglielmo Marconi

messe *masses* **parata** *parade* **eredità** *heritage* **valori** *values* **esperimenti radio-trasmittenti** *radio-transmitter experiments* **si nasconde** *it is hidden*

Vero o falso? Indica se ogni frase è **vera** o **falsa**. Correggi le frasi false.

1. Il maggior numero di emigranti italiani vive negli Stati Uniti. Falso. Il paese con il maggior numero di emigrati dall'Italia è la Germania.
2. Gli emigranti del XX secolo venivano soprattutto dalle regioni del Sud Italia. Vero.
3. Gli italiani di seconda generazione si sono integrati bene nel mondo del lavoro. Vero.
4. I nuovi emigranti italiani hanno buone possibilità di successo all'estero. Vero.
5. Gli italiani che emigrano oggi hanno una buona istruzione. Vero.
6. La maggior parte degli emigranti dei nostri giorni vuole tornare a vivere in Italia. Falso. La maggior parte degli emigranti di oggi si stabilisce nel nuovo paese.
7. Alcuni dei festival italiani in America sono celebrazioni in onore dei santi. Vero.
8. Esempi di italiani famosi all'estero si trovano solo negli Stati Uniti. Falso. Si trovano anche in altri paesi come l'Australia.

Quanto hai imparato? Rispondi alle domande. Some answers will vary.

1. Qual è la ragione da sempre alla base dell'emigrazione dall'Italia? la ricerca del lavoro
2. Quali erano le condizioni degli emigranti del XX secolo? Avevano poca o nessuna conoscenza della nuova lingua; erano costretti ad emigrare.
3. In quali settori operavano gli emigranti del secolo scorso? settore edile, agricoltura, realizzazione di infrastrutture, miniere
4. Quali sono le caratteristiche del nuovo emigrante italiano? più istruito, sceglie di andare all'estero, si stabilisce nel nuovo paese
5. Che cosa vogliono celebrare gli italiani all'estero con i loro festival? i santi, l'eredità, la cultura e i valori italiani
6. Quali sono alcune delle invenzioni realizzate da italiani emigrati all'estero? il prototipo del telefono e la radio

Progetto

Dove sono gli italiani negli Stati Uniti e in Canada?

- Cerca le maggiori comunità italiane negli Stati Uniti e in Canada.
- Scegli una comunità italiana e raccogli informazioni sulla sua storia.
- Confronta i tuoi risultati con il resto della classe.

INSTRUCTIONAL RESOURCES
Supersite: Audioscripts, SAM AK, Lab MP3s
SAM/WebSAM: WB, LM

1.1

The present tense: regular verbs

Il treno ***parte*** *dal binario 9.*

Subject pronouns

- In Italian, the subject pronouns are:

	1st person	2nd person	3rd person	
Singular	**io** *I*	**tu/Lei** *you/you (formal)*	**lui** *he*	**lei** *she*
Plural	**noi** *we*	**voi/Loro** *you/you (formal)*	**loro** *they (m./f.)*	

- Italian subject pronouns are used much less frequently than their English counterparts because the verb form usually identifies the subject.

Mangiamo spesso al ristorante.
We eat often at the restaurant.

Abiti ancora a Roma?
Do you still live in Rome?

- Subject pronouns add emphasis with words such as **neanche**, **soltanto**, and **anche**; they also add emphasis when placed after the verb. Before the verb, subject pronouns prevent ambiguity or contrast subjects.

È lei che odia la pizza.
She's the one who hates pizza.

Neanche noi siamo sposati.
We aren't married either.

Lui ha un fratello e **lei** ha una sorella.
He has a brother and she has a sister.

Anche tu puoi venire alla festa.
You can also come to the party.

- Use **Lei** and **Loro** to address people formally. **Voi**, rather than **Loro**, is typically used for both the formal and informal second person plural, especially in speaking. That style will be followed in this book.

Buonasera, signori, **Loro** desiderano?
Good evening, ladies and gentlemen, what would you like?

Ehi, ragazzi, dove andate **voi**?
Hey, guys, where are you going?

The present tense

- The present indicative tense expresses actions and circumstances in the present. It has three equivalents in English.

canto › *I sing* / *I am singing* / *I do sing*

ATTENZIONE!

Some pronouns have formal equivalents. **Egli** and **ella** are formal, literary forms for **lui** and **lei**. They are rarely used in conversation. **Esso** and **essa** (*it*) usually refer to animals and things, but **essi** and **esse** (*they*) can refer to people, in addition to animals or things. Note that these forms are rarely used in conversational Italian.

Cerco la mia gatta, ma essa non è qui.
I'm looking for my cat, but she's not here.

Give students examples of people they would address using **Lei** and **Loro**: your instructor, your friend's grandparents, your new boss, etc.

ATTENZIONE!

Be careful not to confuse **lei** and **loro** with the second person, formal pronouns **Lei** and **Loro**. In this text, the formal pronouns will be capitalized as a visual hint.

ATTENZIONE!

In Italian, you may also use the present indicative to talk about an action that will happen in the immediate future.

Stasera Enrico esce con Rosa.
Tonight Enrico is going to go out with Rosa.

- To form the present indicative of the three regular verb conjugations, drop the ending of the infinitive (**–are**, **–ere**, or **–ire**) and add the appropriate endings to the stem.

	adorare	prẹndere	dormire	capire
io	adoro	prendo	dormo	capisco
tu	adori	prendi	dormi	capisci
lui/lei/Lei	adora	prende	dorme	capisce
noi	adoriamo	prendiamo	dormiamo	capiamo
voi	adorate	prendete	dormite	capite
loro/Loro	adọrano	prẹndono	dọrmono	capiscono

- There are two types of –**ire** verbs. Verbs conjugated like **capire** insert -**isc**- between the stem and the ending of all forms except the first and second person plural. Verbs conjugated like **dormire** do not require insertion of -**isc**-.

- Most –**ire** verbs that do not require insertion of -**isc**- have a consonant five letters from the end of the infinitive: **aprire**, **coprire**, **dormire**, **offrire**, **partire**, **scoprire**, **seguire**, **sentire**, **servire**, **soffrire**, etc.

- Spelling changes are required in the present indicative of some –**are** verbs. To avoid a double **i**, drop the **i** of the **tu** and **noi** stems of most verbs ending in -**iare**.

cominciare	**cominci + i/iamo**	**cominci (tu) / cominciamo (noi)**
cambiare	**cambi + i/iamo**	**cambi (tu) / cambiamo (noi)**
lasciare	**lasci + i/iamo**	**lasci (tu) / lasciamo (noi)**
sbagliare	**sbagli + i/iamo**	**sbagli (tu) / sbagliamo (noi)**
studiare	**studi + i/iamo**	**studi (tu) / studiamo (noi)**

- When the **i** of the stem is stressed in the first person of the present indicative, in verbs ending in –**iare** like **inviare** and **sciare**, do not drop the **i** of the stem in the **tu** form.

sciare	**scịo (io)**	**scịi (tu)**
inviare	**invịo (io)**	**invịi (tu)**

- Add an **h** to the **tu** and **noi** forms of verbs ending in –**care** and –**gare** to maintain the hard sound of the **c** and **g**.

cercare	**cerch + i/iamo**	**cerchi (tu) / cerchiamo (noi)**
spiegare	**spiegh + i/iamo**	**spieghi (tu) / spieghiamo (noi)**

- Use the simple present tense for ongoing actions that began in the past. Use **da** (*for; since*) to indicate when the action first began. Use **da quando** or **da quanto tempo** when asking *How long?* or *Since when?*

Da quanto tempo sei fidanzata?
How long have you been engaged?

Sono fidanzata **da** sei mesi.
I've been engaged for six months.

Da quando escono insieme Mario e Carla?
Since when have Mario and Carla been going out?

Escono insieme **dal** mese scorso.
They've been dating since last month.

Remind students that -**isc**- verbs are denoted in vocabulary lists by (-**isc**-) after the infinitive.

You may want to point out to students that some –**ire** verbs such as **mentire**, **nutrire**, and **tossire** can be conjugated either with or without -**isc**-, but that one form generally prevails (**mento**, **nutro**, and **tossisco**).

Provide the infinitive of verbs ending in –**iare**, then ask students to say the **tu** form aloud. Here are a few to get you started: **inviare, studiare, sbucciare, sciare, cambiare, cominciare, arrabbiare, lasciare, sbagliare, iniziare, spogliare,** etc.

Give students a list of spelling change verbs (**pagare, spiegare, mancare, cominciare, lasciare, sbagliare,** etc), then randomly pick subject pronouns to go with a given verb. Call on students to give the appropriate form, indicating any spelling changes. For example, you say "**tu, spiegare**" and the student should reply "**Spieghi, con l'acca.**"

ATTENZIONE!

Verbs with a root ending in –**gn** —such as **guadagnare** (*to earn*), **insegnare** (*to teach*), and **sognare** (*to dream*)—can be spelled with or without the **i** in the first person plural.

guadagniamo or **guadagnamo**
sogniamo or **sognamo**

Pratica

1 Ask students to express their opinion on how the story will continue. Encourage students by asking questions. Example: **Secondo te, Luciana è fedele ad Attilio o è innamorata di Mario? Cosa succede dopo? Attilio rompe con Luciana?**

2 Ask the students to imagine other disastrous events that might happen one week before a wedding.

Nota CULTURALE

I «**confetti**» sono piccole caramelle fatte di mandorle (*almonds*) ricoperte di zucchero. Di solito si offrono in occasioni importanti per augurare (*to wish*) successo e prosperità, sempre in numero dispari (odd), tre o cinque, e sono avvolti con della carta colorata. Solitamente i confetti sono rosa o azzurri per il battesimo di una bambina o di un bambino, rossi per la laurea, bianchi per il matrimonio e argentati (*silver coated*) o dorati rispettivamente per le nozze d'argento e le nozze d'oro (venticinque e cinquant'anni di matrimonio).

3 Explain the Italian expression **Chi trova un amico trova un tesoro** and its connection to this activity.

3 As an expansion, have a volunteer create an original statement using one of the verbs from the list. Then ask students to add more sentences thematically linked to the previous one to create a story with as many verbs from the list as possible. Write the story on the blackboard as the students invent it.

1 **Ci sposiamo o ci lasciamo? Attilio e Luciana sono una coppia in crisi. Completa il paragrafo coniugando al presente il verbo fra parentesi.**

Attilio e Luciana sono fidanzati da molti anni, ma da qualche tempo lei gli (1) ___mente___ (mentire), o almeno così lui sospetta, su un'amicizia con un compagno di scuola, Mario. Attilio è preoccupato perché (2) ___circolano___ (circolare) già molti pettegolezzi!

Luciana non (3) ___capisce___ (capire) il comportamento di Attilio, che lei considera troppo geloso. Lei è una ragazza molto fedele e Mario è il suo migliore amico. Così, un giorno, Luciana decide: «(4) ___Chiedo___ (Chiedere) a Mario di fare da testimone (*witness*) al mio matrimonio con Attilio!»

Attilio, intanto, è a casa: non (5) ___parla___ (parlare), non (6) ___telefona___ (telefonare) e non (7) ___apre___ (aprire) la sua casella di posta elettronica da ormai quindici giorni. Poi, un giorno, finalmente (8) ___decide___ (decidere) anche lui: «(9) ___Lascio___ (lasciare) Luciana e (10) ___cerco___ (cercare) un'altra anima gemella!» Cosa succede? Attilio lascia Luciana?

2 **Che disastro! Ecco qual è la situazione una settimana prima delle nozze (*wedding*) di Attilio e Luciana. Scrivete le frasi con i soggetti e i verbi nella lista.**

Modello **Attilio / perdere / carta di credito**
Attilio perde la carta di credito.

1. pasticcere / chiudere / per ferie — Il pasticcere chiude per ferie.
2. testimoni / partire / per le vacanze — I testimoni partono per le vacanze.
3. fratello di Attilio / perdere / anelli — Il fratello di Attilio perde gli anelli.
4. prete / cadere / dalle scale — Il prete cade dalle scale.
5. ristorante / cambiare / indirizzo — Il ristorante cambia indirizzo.
6. negozio di bomboniere / finire / confetti — Il negozio di bomboniere finisce i confetti.
7. genitori di Luciana / invitare / anche i cugini americani — I genitori di Luciana invitano anche i cugini americani.
8. cugini americani / arrivare / una settimana prima — I cugini americani arrivano una settimana prima.

3 **Chi trova un amico... Unite gli elementi delle tre colonne per creare delle frasi complete.**

Modello I miei genitori condividono le gioie (*joys*) e i dolori del matrimonio.

A	B	C
i miei genitori	odiare	il suo compagno di stanza
io	contare su	la mia amicizia
la mia migliore amica	condividere	la sorella di Luisa
le mie compagne di classe	adorare	la sua amica del cuore
mia madre	gridare a	la sua anima gemella
mia sorella	mentire a	le gioie e i dolori del matrimonio
noi	disturbare	le persone umili
?	?	?

Practice more at **immagina.vhlcentral.com.**

Comunicazione

4 **Conversazione** Con un(a) compagno/a, descrivete a turno ogni persona usando il verbo corrispondente.

Modello **preferire: mio fratello**

—Mio fratello preferisce lavorare la sera tardi.

—Anche mia sorella. Lei preferisce fare i compiti dopo le sei di sera.

1. disturbare: la mia migliore amica
2. condividere: io e mia madre
3. cambiare: i miei compagni di classe
4. avere vergogna: i miei genitori
5. arrabbiarsi: il mio insegnante
6. adorare: io

4 Encourage students to expand on their statements by adding information about other people. Example: **Mia sorella non mi disturba mai. I miei genitori, invece, mi disturbano sempre mentre guardo la TV.**

5 **Da quanto tempo...?** Fatevi delle domande usando i verbi della lista.

Modello **studiare**

—Da quanto tempo studi italiano?

—Studio italiano da due anni.

- amare
- condividere
- dormire
- seguire
- ascoltare
- conoscere
- scrivere
- ?

5 As an expansion, ask volunteers to repeat the interview asking **da quando** rather than **da quanto tempo**. Example: **Da quando conosci il tuo fidanzato? → Conosco il mio fidanzato dal 2007.**

6 **Una chiacchierata** In coppia, fatevi domande usando questi verbi. Potete parlare dei temi suggeriti o di altri.

Modello **provare un senso di insicurezza**

—C'è qualche situazione in cui provi sempre un senso di insicurezza?

—Sì. Provo sempre un senso di insicurezza quando devo parlare in pubblico perché sono timido.

1. provare un senso di: (in)sicurezza / solitudine / benessere / felicità / depressione
2. raccomandare: un film di un regista italiano / un gruppo musicale italiano / un libro di uno scrittore o un artista italiano
3. ricordarsi: quando hai imparato a nuotare / di un litigio con un amico / del tuo primo bacio
4. sognare di: visitare un luogo particolare in Italia / rivedere una persona speciale, forse lontana

6 Explain that **sognare** (item 4) uses the preposition **di** only when followed by a verb. Otherwise, no preposition is used. Example: **Sogno di fare un viaggio intorno al mondo./ La notte scorsa ho sognato Giacomo.**

7 **Tra moglie e marito...** Ecco Attilio e Luciana, finalmente sposi! Ma la vita matrimoniale è solo l'inizio di un'avventura... In coppia, usate i verbi della lista per parlare della vita di Attilio e Luciana dopo il matrimonio e dei loro progetti nell'immediato futuro.

cambiare	decidere	partire
capire	guadagnare	perdere
cercare	mentire	preferire
cominciare	offrire	trovare

Modello —Attilio trova lavoro in banca.

—Luciana domani parte per cercare lavoro in Inghilterra.

7 Explain that the title refers to an Italian expression (**Tra moglie e marito non mettere il dito!**), meaning that friends should not interfere with the private matters of a husband and a wife.

7 Encourage students to give unexpected twists to the story. Then ask volunteers to share their story with the class, who will vote on the funniest story.

comparisons

INSTRUCTIONAL RESOURCES
Supersite: Audioscripts, SAM AK, Lab MP3s
SAM/WebSAM: WB, LM

ATTENZIONE!

Omit the indefinite article in these two cases:

- before unmodified nouns designating profession or religion

È professoressa.
She's a professor.

but

È una professoressa molto divertente.
She's a very funny professor.

- after **che** in the expression *What a…!*

Che bel pupazzo di neve!
What a nice snowman!

ATTENZIONE!

The definite article is also used when talking about certain illnesses or ailments (**Luca ha la febbre**). It may also be used before names of languages (**L'italiano è la mia lingua preferita**).

ATTENZIONE!

Remember to use the definite article **le** when telling time for all numbered hours, except one o'clock, which takes a singular article (**l'una**).Don't forget to use the indefinite article **un** for quarter past an hour or quarter to the next hour.

Explain to students that **con** may also be contracted, though less frequently than the prepositions in the table. The contracted forms are **col**, **collo**, **coll'**, **colla**, **coi**, **cogli**, and **colle**.

1.2

Articles

- Definite and indefinite articles must agree in number and gender with the nouns they modify. They vary in form for pronunciation purposes, and in spelling depending on the word they precede.

Definite articles (*the*)

Before...	masc. sing.	fem. sing.	masc. pl.	fem. pl.
most consonants	**il** padre	**la** madre	**i** genitori	**le** sorelle
s + cons., **z**, **y**, **x**, **ps**, **gn**	**lo** psicọlogo	**la** zịa	**gli** studenti	**le** scuole
a vowel	**l'**uomo	**l'**amica	**gli** uọmini	**le** amiche

Indefinite articles (*a; an*)

Before...	masculine	feminine
most consonants	**un** fratello	**una** cugina
s + cons., **z**, **y**, **x**, **ps**, **gn**	**uno** stadio	**una** zịa
a vowel	**un** amore	**un'**amica

- Use the definite article in these circumstances.

when referring to specific people or things	**Il** cane che abbaia si chiama Nobile. *The dog that is barking is named Nobile.*
with last names and titles of people	Ho visto **il** signor Bianchi stamattina. *I saw Mister Bianchi this morning.*
with geographical names such as countries, continents, large islands, regions, and mountains	**La** Sardegna è un'isola molto bella. *Sardinia is a very beautiful island.*
with days of the week or time expressions, to mean *every* or *each*	Abbiamo lezione **il** martedì e **il** giovedì. *We have class every Tuesday and Thursday.*
with the hour (when telling time)	Sono **le** undici. *It's eleven o'clock.*
when describing body parts, such as hair or eye color	La mia fidanzata ha **gli** occhi blu e **i** capelli biondi. *My fiancée has blue eyes and blonde hair.*
when referring to general categories and abstract ideas	Grazie a Meetic ho conosciuto **l'**amore… *Thanks to Meetic I found love…*

- When the definite article follows the prepositions **a**, **di**, **da**, **in**, and **su**, the article and the preposition form a contraction.

	+il	**+lo**	**+l'**	**+la**	**+i**	**+gli**	**+le**
a (*in; at*)	**al**	**allo**	**all'**	**alla**	**ai**	**agli**	**alle**
di (*of*)	**del**	**dello**	**dell'**	**della**	**dei**	**degli**	**delle**
da (*from; for*)	**dal**	**dallo**	**dall'**	**dalla**	**dai**	**dagli**	**dalle**
in (*in*)	**nel**	**nello**	**nell'**	**nella**	**nei**	**negli**	**nelle**
su (*on; about*)	**sul**	**sullo**	**sull'**	**sulla**	**sui**	**sugli**	**sulle**

Pratica e comunicazione

1

A ciascuno il suo Carla ha un sogno: lavorare in un'agenzia matrimoniale (*matchmaking company*). Leggi cosa pensa dei suoi amici e completa le frasi usando la forma corretta degli articoli determinativi o indeterminativi.

1. Maria è _una_ ragazza matura, ma troppo orgogliosa. Ha bisogno di _un_ uomo con _un_ carattere dolce e forte.
2. _La_ fidanzata di Giorgio è sensibile, ma molto timida. Quando vede Giorgio diventa rossa come _un_ peperone!
3. Giorgio è _una_ persona molto superficiale. Gli piacciono tutte _le_ studentesse della scuola!
4. Lucia è _una_ donna affascinante ma rompe con tutti _i_ fidanzati dopo qualche settimana. Può andare bene per _un_ seduttore come Giorgio.
5. Carlo, invece, è _un_ ragazzo molto simpatico e carino. Ha _gli_ occhi neri, _i_ capelli scuri, _il_ naso dritto ed _una_ voce profonda e seducente! Forse va bene per me!

2

Ugo e Flavia Leggi la storia di Ugo e Flavia e inserisci gli articoli determinativi, combinandoli con le preposizioni quando è necessario.

1. Ugo e Flavia si incontrano _il_ lunedì prima di andare a scuola, (da) _dalle_ 7.00 (a) _alle_ 8.00.
2. Quando Flavia scende (da) _dall'_autobus, Ugo è già (su) _sul_ marciapiede che la aspetta.
3. Poi, insieme, vanno (in) _nel_ bar (di) _del_ centro e prendono un cappuccino e una brioche per colazione.
4. Si raccontano _le_ cose che hanno fatto durante _la_ settimana e parlano (di) _dei_ loro piani per _la_ settimana successiva.
5. Poi si rimettono _gli_ zaini (su) _sulle_ spalle e vanno verso _la_ scuola, mano (in) _nella_ mano.

3

Chi cerca trova! In coppia, fatevi delle domande per capire quanto siete simili o diversi.

A che ora	comprare	a	discoteca
Come	mangiare	da	domenica
Cosa	passare	in	famiglia
Quando	ritornare	su	luce
Quante volte	spegnere (*turn off*)		ristorante
Quanto	telefonare		supermercato

4

L'anima gemella Scrivi una lettera a «La Posta del Cuore di Carla» per trovare la tua anima gemella. Descrivi la tua donna/il tuo uomo ideale in otto frasi, usando le preposizioni articolate, le parole della lista e altre parole imparate in questa lezione.

appuntamento	condividere	coppia	fiducia	matrimonio
cercare	contare su	credere	lasciare	mentire

Practice more at immagina.vhlcentral.com.

INSTRUCTIONAL RESOURCES
Supersite: Audioscripts, SAM AK, Lab MP3s
SAM/WebSAM: WB, LM

Explain to students that, while some words may look like masculine and feminine forms of the same noun, they may actually be completely different words with unrelated meanings. A few examples are: **il pasto** (*meal*), **la pasta** (*noodles*); **il caso** (*case*), **la casa** (*house*); **il banco** (*counter*), **la banca** (*bank*); **il mostro** (*monster*), **la mostra** (*the exhibition*).

1.3

Gender and number

- All nouns in Italian are characterized by their gender (masculine or feminine) and number (singular or plural). Adjectives agree in number and gender with the nouns they modify.

Gender

- Most Italian nouns end in a vowel. Nouns ending in **–o** are usually masculine and nouns ending in **–a** are usually feminine. Nouns ending in **–e** can be either masculine or feminine. While there is no sure way to determine the gender of a noun just by looking at the ending, there are a few general tendencies.

- To make the feminine form of some nouns, replace the masculine ending with the feminine ending.

change in ending	masculine → feminine
o → a	ragazz**o** → ragazz**a**
e → essa	student**e** → student**essa**
e → a	signor**e** → signor**a**
ore → rice	att**ore** → attr**ice**
a → essa	poet**a** → poet**essa**

- Some nouns denoting traditionally male professions or activities are used in the masculine form to refer to women, for example, **l'ingegnere** (*engineer*), **l'architetto** (*architect*), and **il chirurgo** (*surgeon*). The accompanying articles and adjectives should also be used in the masculine form. On the other hand, **la guida** (*guide*) and **la spia** (*spy*) are always feminine in gender, even when referring to a man.

Mia zia Rita è **un architetto noto**.
My aunt Rita is a well-known architect.

James Bond è **una spia famosa**.
James Bond is a famous spy.

- Some nouns have the same ending for masculine and feminine forms; the gender can be determined by the context or the article. For example, **il/la pianista** (*pianist*) and **lo/la psichiatra** (*psychiatrist*) end in **–a**, but can be either masculine or feminine.

L'artista (*m.*) si chiama Leonardo.
The artist's name is Leonardo.

L'artista (*f.*) si chiama **Artemisia Gentileschi**.
The artist's name is Artemisia Gentileschi.

- Adjectives, like nouns, have masculine and feminine forms and tend to follow the same rules as nouns. Most masculine adjectives end in **–o**, and most feminine adjectives end in **–a**. Adjectives ending in **–e** can modify either masculine or feminine nouns.

Marcell**o** è molto sensibil**e**.
Marcello is very sensitive.

La mia gatt**a** non è affettuos**a**.
My cat isn't affectionate.

- Not all adjectives follow the rules of **–o**, **–a**, or **–e** endings. Some common adjectives end in **–ista** (**ottimista**, **pessimista**, and **idealista**, for example) and describe both masculine and feminine nouns. Other adjectives such as **viola** (*violet*), **rosa** (*pink*), **blu**, **ogni**, and **qualche** are invariable and have only one form.

un bambino ottimista
an optimistic boy

la camicia blu
the blue shirt

RIMANDO

For more information about feminine profession words, see **Nota culturale, p. 119.**

ATTENZIONE!

Ogni (*each, every*) and **qualche** (*some*) may only be used with singular nouns.

ogni giorno
every day

qualche volta
sometimes

RIMANDO

To learn about placement of adjectives and demonstrative adjectives, see **Strutture 2.4, p. 64**.

To learn about comparatives and superlatives, see **Strutture 7.1, pp. 246-248**.

Plurals

All nouns are either singular or plural; adjectives that modify them must agree with them in gender and number.

- Singular nouns and adjectives ending in **–o** or **–e** typically become **–i** in the plural. Singular nouns and adjectives ending in **–a** typically become **–e** in the plural.

fratell**o** → fratell**i**		ristorant**e** → ristorant**i**	
scarp**a** → scarp**e**		intelligent**e** → intelligent**i**	

- As you know, some singular nouns and adjectives ending in **–a** can be masculine or feminine. Form their plural by replacing the **–a** with **–i** for the masculine form and with **–e** for the feminine form.

il pianist**a** ottimist**a** → i pianist**i** ottimist**i**
la pianist**a** ottimist**a** → le pianist**e** ottimist**e**

- Some nouns and adjectives form plurals according to other patterns for purposes of pronunciation or gender distinctions.

	singular → plural	example	common exceptions
retain hard sound of consonant by adding an **–h** in the plural	stress on syllable before **–co**: **–co → –chi**	parco → parchi	amico/greco/nemico/porco → amici/greci/nemici/porci
	–ca → –che	banca → banche	
	–go → –ghi	albergo → alberghi	
	–ga → –ghe	lunga → lunghe	
change sound of consonant	stress on second syllable before **–co**: **–co → –ci**	dinạmico → dinạmici	cạrico → cạrichi
	–ọlogo → –ọlogi	biọlogo → biọlogi	monọlogo → monọloghi
	–fago → –fagi	sarcọfago → sarcọfagi	
unstressed **–i**	**–io → –i**	negọzio → negọzi	orẹcchio → orẹcchie
	–cia → –ce	fạccia → fạcce	camịcia → camịcie
	–gia → –ge	spiạggia → spiạgge	grigia → grigie
stressed **–i**	**–ịo → –ịi**	zịo → zịi	
	–cịa → –cịe	farmacịa → farmacịe	
	–gịa → –gịe	bugịa → bugịe	

- You must memorize the irregular plural forms of certain nouns. Some examples are **la moglie → le mogli, l'uomo → gli uomini, il dio → gli dei, il tempio → i templi, l'ala → le ali, la mano → le mani**.

- Some nouns are invariable: they do not change from the singular to the plural. Articles and adjectives can help you determine whether these nouns are singular or plural. Invariable words include some words of foreign origin (such as **bar**, **film**, and **sport**), words that end in an accented vowel or have only one syllable (such as **re**, **sci**, **virtù**, or **città**), and words that are shortened forms of longer words (such as **cinema**, **foto**, and **radio**).

Remind students to use the masculine plural form of the adjective when referring to two or more nouns of different genders. Example: **Maria e Robertino sono simpatici**.

As you go through the chart, explain any unknown examples and have students use them in sentences.

Tell students they must learn to recognize the plural patterns, adding new words as they learn them.

ATTENZIONE!

Masculine words ending in **–ma** or **–ta** that are Greek in origin form their plurals by changing **–a** to **–i**. Some examples are **il programma/i programmi** and **il poeta/i poeti**. Feminine words ending in **–i** that are Greek in origin do not change in the plural. Some examples are **la crisi/le crisi** and **la tesi/le tesi**.

ATTENZIONE!

A number of masculine nouns that end in **–o** have a feminine plural form ending in **–a**. Many, but not all of them, refer to parts of the body.

Il labbro (*lip*) → **le labbra**
il braccio (*arm*) → **le braccia**
il ginocchio (*knee*) → **le ginocchia**
il ciglio (*eyelash*) → **le ciglia**
l'uovo (*egg*) → **le uova**

Pratica

1 For expansion, ask students to work in pairs and provide the plural form for each item. Remind them that the plural of indefinite articles is made with the preposition **di** combined with the definite article. Example: **un'auto nuova; delle auto nuove**.

1 **Maschile o femminile?** Colloca un articolo indefinito davanti ad ogni nome e concorda l'aggettivo.

Modello **auto/nuovo** un'auto nuova

1. braccio/forte un braccio forte
2. camera/oscuro una camera oscura
3. cinema/aperto un cinema aperto
4. crisi/lungo una crisi lunga
5. foto/bello una foto bella
6. ingegnere/abile un ingegnere abile
7. labbro/carnoso un labbro carnoso
8. mano/leggero una mano leggera
9. moglie/affettuoso una moglie affettuosa
10. poeta/romantico un poeta romantico
11. problema/politico un problema politico
12. professore/severo un professore severo
13. radio/alternativo una radio alternativa
14. studente/serio uno studente serio
15. tesi/difficile una tesi difficile
16. uovo/fresco un uovo fresco
17. viaggio/avventuroso un viaggio avventuroso
18. virtù/raro una virtù rara

2 Ask pairs of students to write out a detailed description of an imagined person in the consulate waiting room and read it to the class. The rest of the students will determine why each person described is likely to be going to Italy.

2 **Al consolato italiano** Al consolato italiano di New York ci sono molte persone in attesa (*waiting*) di un visto (*visa*) per andare in Italia. Leggi le descrizioni e cambia il genere delle parole sottolineate (*underlined*).

1. La stanza è piena di gente. C'è la professoressa Simonetti che parla con due studenti americani che hanno bisogno del visto per andare in Italia. il professor / studentesse americane
2. Nell'angolo (*corner*), un uomo anziano e un bambino irrequieto aspettano che la mamma finisca di parlare con il console. una donna anziana / una bambina irrequieta / il papà
3. La donna è un'importante scrittrice, che deve andare in Italia per una conferenza. L'uomo / un importante scrittore
4. In seconda fila ci sono due ragazze italiane allegre e spiritose che devono rinnovare il passaporto. ragazzi italiani allegri e spiritosi
5. Dietro, una ragazza alta dall'aria intellettuale disegna su un quaderno bianco. Ha un vestito colorato molto stravagante. Forse è un'artista principiante che vuole andare in Italia in cerca di nuove ispirazioni. un ragazzo alto / un artista principiante

3 Invite pairs of students to describe other common assumptions about Italy and Italians and to read them to the class. Write the sentences on the blackboard and ask the class to give the plural forms.

3 **Gli stereotipi** Paolo vive a New York con una famiglia americana per imparare l'inglese. La famiglia ha molti stereotipi sull'Italia e gli italiani, e Paolo non è d'accordo. Riscrivi le frasi cambiando al plurale le parole sottolineate, come nell'esempio.

Modello **L'automobilista italiano è sempre poco prudente.**
Non tutti gli automobilisti italiani sono sempre poco prudenti.

1. Un ragazzo vive in famiglia fino a trent'anni perché è immaturo. Non tutti i ragazzi vivono in famiglia fino a trent'anni perché sono immaturi.
2. La moglie fedele prepara un pranzo squisito per il marito. Non tutte le mogli fedeli preparano pranzi squisiti per i mariti.
3. La coppia che si incontra sulla spiaggia divorzia presto. Non tutte le coppie che si incontrano sulle spiaggie divorziano presto.
4. L'italiano è ottimista anche di fronte alla avversità. Non tutti gli italiani sono ottimisti anche di fronte alle avversità.
5. Il negozio di alimentari è sempre chiuso tra le 13.00 e le 16.00. Non tutti i negozi di alimentari sono sempre chiusi tra le 13.00 e le 16.00.
6. Il bar ha sempre un televisore per vedere la partita di calcio. Non tutti i bar hanno sempre dei televisori per vedere le partite di calcio.
7. Il ragazzo italiano arriva sempre tardi all'appuntamento. Non tutti i ragazzi italiani arrivano sempre tardi agli appuntamenti.
8. Un artista deve vivere a Firenze per produrre un'opera geniale. Non tutti gli artisti devono vivere a Firenze per produrre delle opere geniali.

Practice more at **immagina.vhlcentral.com.**

Comunicazione

4 **Il mondo come lo vorrei!** In coppia, completate le frasi usando almeno tre aggettivi. Se volete, potete usare alcune parole della lista.

comprensivo	fedele	leale	silenzioso
educato	geloso	rumoroso	socievole
esperto	istruito	severo	tranquillo

1. L'amico/a ideale è...
2. Il marito/La moglie ideale è...
3. Il professore ideale è...
4. Il fratello/La sorella ideale è...
5. Il vicino di casa ideale è...
6. Il gatto ideale è...

5 **Dio li fa e poi li accoppia!** In coppia, fatevi queste domande e decidete se l'altra persona può essere un(a) compagno/a di stanza ideale in un viaggio di studio. Aggiungete quattro domande libere alla lista.

1. Sei ordinato/a?
2. Hai un carattere allegro?
3. Sei una persona matura?
4. Come ti comporti quando sei stanco/a?
5. Come sono i tuoi amici?
6. Come ti descrivono i tuoi genitori?

6 **Per le strade italiane** Con un(a) compagno/a, trovate almeno tre modi per descrivere ciascuna foto. Confrontate le vostre descrizioni con un altro gruppo e discutete le differenze con la classe.

4 Remind the students that **educato** means *well-mannered*, while **istruito** means *educated*.

5 Have the students rank all the questions from most to least important and have them explain their choices.

6 Tell students to use as many descriptive adjectives as possible, and remind them to make all necessary agreements.

INSTRUCTIONAL RESOURCES
Supersite: Audioscripts, SAM AK, Lab MP3s
SAM/WebSAM: WB, LM

ATTENZIONE!

To say *there is/are*, use **c'è/ci sono.**

C'è uno stadio qui vicino.
There is a stadium nearby.

Ci sono sempre problemi.
There are always problems.

Remind students that the third person singular forms of **essere** and **dare** require a grave accent. Ask them what the words would mean without the accent. **È** = *is*, **e** = *and*; **dà** = *gives*, **da** = *from.*

ATTENZIONE!

The verb **avere** is used in many idiomatic expressions whose English equivalents use the verb *to be*. These include **avere fame/sete** (*to be hungry/thirsty*), **avere sonno/paura** (*to be sleepy/afraid*), **avere...anni** (*to be ...years old*), and so on.

ATTENZIONE!

Dare, **fare**, and **stare** are also used in a number of idiomatic expressions: **dare un esame** (*to take a test*), **fare spese** (*to go shopping*), **fare i compiti** (*to do one's homework*), **fare bel/brutto tempo** (*to be nice/nasty weather*), **fare colazione** (*to have breakfast*), **stare bene/male** (*to be well/ill*), **stare per** (*to be about to*).

On the board, list the verbs **fare**, **dare**, and **stare** in three columns. Ask students to provide as many expressions as they can under each verb. You may also want to provide expressions they may not be familiar with, such as **fare due passi**, **fare quattro chiacchiere**, **stare tranquillo**, **stare da solo**, etc.

1.4 The present tense: irregular verbs

*—Non **può** finire così!*

- Many Italian verbs are irregular in the present tense. Two of the most important irregular verbs are **essere**, *to be*, and **avere**, *to have*.

ẹssere		avere	
sono	siamo	ho	abbiamo
sei	siete	hai	avete
è	sono	ha	hanno

I miei figli **sono** gemelli. **Hanno** quattordici anni.

- Only four **–are** verbs are irregular.

andare *(to go)*	**dare** *(to give)*	**fare** *(to do/make)*	**stare** *(to stay)*
vado	do	faccio	sto
vai	dai	fai	stai
va	dà	fa	sta
andiamo	diamo	facciamo	stiamo
andate	date	fate	state
vanno	danno	fanno	stanno

- Although the conjugations of irregular verbs must be memorized, some follow similar patterns, making them easier to learn. The verbs below, for example, insert **-g-** in the first person singular and third person plural forms.

porre *(to put)*	rimanere *(to remain)*	salire *(to go up)*	tenere *(to hold)*	venire *(to come)*
pongo	rimango	salgo	tengo	vengo
poni	rimani	sali	tieni	vieni
pone	rimane	sale	tiene	viene
poniamo	rimaniamo	saliamo	teniamo	veniamo
ponete	rimanete	salite	tenete	venite
pọngono	rimạngono	sạlgono	tẹngono	vẹngono

Oggi rimango a casa.
I'm staying home today.

Neanch'io vengo alla festa.
I'm not coming to the party either.

- Four very common **–ere** verbs are also irregular.

dovere *(to have to, must)*	**potere** *(to be able, can)*	**sapere** *(to know)*	**volere** *(to want)*
devo	**posso**	**so**	**voglio**
devi	**puoi**	**sai**	**vuoi**
deve	**può**	**sa**	**vuole**
dobbiamo	**possiamo**	**sappiamo**	**vogliamo**
dovete	**potete**	**sapete**	**volete**
devono	**possono**	**sanno**	**vogliono**

- Some irregular verbs add regular present tense endings to irregular stems. The conjugations of **bere**, **dire**, and **tradurre** use stems derived from Latin roots: **bev–**, **dic–**, and **traduc–**.

bere *(to drink)*	**dire** *(to say)*	**tradurre** *(to translate)*
bevo	**dico**	**traduco**
bevi	**dici**	**traduci**
beve	**dice**	**traduce**
beviamo	**diciamo**	**traduciamo**
bevete	**dite**	**traducete**
bevono	**dicono**	**traducono**

- The conjugations of **accogliere**, **cogliere**, **scegliere**, and **togliere** follow a similar pattern. The first person singular and third person plural have **–lg–** before the endings, but all the other forms are like the infinitive, **–gl–**.

accogliere *(to greet)*	**cogliere** *(to pick)*	**scegliere** *(to choose)*	**togliere** *(to remove)*
accolgo	**colgo**	**scelgo**	**tolgo**
accogli	**cogli**	**scegli**	**togli**
accoglie	**coglie**	**sceglie**	**toglie**
accogliamo	**cogliamo**	**scegliamo**	**togliamo**
accogliete	**cogliete**	**scegliete**	**togliete**
accolgono	**colgono**	**scelgono**	**tolgono**

- **Uscire** (*to go out/exit*) and **riuscire** (*to succeed*) are irregular and must be memorized.

uscire		**riuscire**	
esco	**usciamo**	**riesco**	**riusciamo**
esci	**uscite**	**riesci**	**riuscite**
esce	**escono**	**riesce**	**riescono**

RIMANDO

For more information about **dovere**, **potere**, and **volere**, see **Strutture 4.4, p. 142**. For the distinction between **sapere** and **conoscere**, see **Strutture 7.4, p. 260**.

Point out that **dovere** has two possible conjugations in the first person singular and the third person plural: **devo** or **debbo**, **devono** or **debbono**.

As you go over the irregular verbs in the section, ask students to work in pairs and ask each other questions and give answers using the verbs in the charts.

Play a game. Have students draw a square with nine boxes on a sheet of paper, like a tic-tac-toe game. Have them write in each box one of the infinitives from the charts in this section, plus a subject pronoun. Randomly announce different infinitives until a student gets three in a row, vertically, horizontally or diagonally. To claim a "win" (or prize, if you are giving them), the student must give the three infinitives, say the subject pronoun, and indicate the corresponding verb form. This activity can also be done in teams.

Pratica

1 As an expansion, ask pairs of students to write a description of a character mentioned in the activity and to share it.

1 **Completare** Completa le frasi con la forma corretta dei verbi.

1. Serena e Bruno ___stanno___ (stare) insieme da tre anni e adesso ___fanno___ (fare) progetti di matrimonio.
2. Lucia ___fa___ (fare) colazione ogni giorno al bar e poi ___va___ (andare) in ufficio a piedi.
3. I miei genitori ___hanno___ (avere) paura di lasciarmi sola a casa, quindi ___rimangono___ (rimanere) sempre con me!
4. Vittoria ___dà___ (dare) lezioni private di italiano e ___traduce___ (tradurre) dall'inglese.
5. «Perché quando ___vengo___ (venire) a trovarti tu mi ___accogli___ (accogliere) sempre così freddamente?»
6. Ogni volta che io ___tolgo___ (togliere) la giacca di papà dalla poltrona, lui ___viene___ (venire) da me e mi ___pone___ (porre) il solito quesito (*question*): sono io disordinato, o sei tu maniaca dell'ordine?

2 Ask pairs of students to continue the dialogue mentioning things that they know about the Italian-American community.

2 As an expansion, ask students to search the Web for at least two Italian-American associations and to get information to share with the class (in Italian) about their mission and activities. They could be asked to indicate which of the two associations they prefer and why.

2 **Incontro** Antonio, napoletano, e Marco, romano, sono due vecchi amici. Dopo alcuni anni si incontrano per caso a New York. Completa il dialogo usando i verbi della lista nella forma corretta. Alcuni verbi si usano più di una volta!

andare	fare	sapere
essere	potere	uscire

MARCO Antonio, ciao! Non ci (1) ___posso___ credere! Anche tu (2) ___sei___ qui a New York!

ANTONIO Ciao, Marco! Che bello rivederti! Sì, studio qui già da tre mesi. Ma... non capisco... oggi la città (3) ___è___ più vivace del solito e poi dalle finestre (4) ___esce___ un buon profumo di dolci familiari. Che succede?

MARCO Ma come, non lo (5) ___sai___? Oggi è il 19 settembre: la festa di san Gennaro! (6) ___È___ un giorno importante per la comunità italo-americana.

ANTONIO Davvero? E cosa (7) ___fanno___?

MARCO Tutto quello che (8) ___fate___ voi a Napoli! Cucinano gli struffoli, (9) ___vanno___ a messa e portano la statua di san Gennaro in processione per le strade di Little Italy. Perché non (10) ___andiamo___ anche noi alla festa?

3 The phrase **tagliare e cucire** (*cut and sew*), is related to **pettegolezzi** because it implies that you look at people for so long and with such attention that you could measure their sizes and make a piece of clothing for them!

3 **Pettegolezzi** Parlate di voi stessi e degli altri usando le parole delle due liste.

A	B
Il professore/La professoressa di italiano	dire
Il/La mio/a vicino/a (*neighbor*)	scegliere
I genitori di...	fare
Io	stare
Tu	venire
La mia amica	rimanere
?	?

Practice more at **immagina.vhlcentral.com.**

Comunicazione

4 **Confronti** Con un(a) compagno/a, descrivete le persone della lista usando le espressioni date. Motivate le vostre scelte e poi confrontate le vostre descrizioni con quelle di un altro gruppo.

Modello È evidente che Madonna fa ginnastica perché è in ottima forma.

avere vergogna	fare ginnastica	stare bene
avere paura	fare shopping	stare male
avere ragione	fare la doccia	stare da solo/a
avere torto	fare finta di (*to pretend*)	stare per
?	?	?

- Mariah Carey
- Brad Pitt
- Amy Winehouse
- Janet Jackson
- Will Smith
- Robert De Niro
- Miley Cyrus
- Johnny Depp
- Ben Stiller

4 Before beginning, brainstorm other celebrities for students to use in the activity.

5 **Interpretiamo** Guardate le immagini e rispondete alle domande.

1. Chi sono e dove sono queste persone?
2. Cosa fanno?
3. Come stanno?
4. Con chi sono?
5. Chi li vede?
6. Di cosa parlano?

6 **Gli affari degli altri**

A. Usando i verbi e le espressioni della lista, formulate almeno sei domande da fare al(la) vostro/a compagno/a e poi intervistatelo/a.

avere fame	bere	fare colazione
avere paura	dare un esame	rimanere a casa da solo/a
avere sete	fare i compiti	scegliere
avere sonno	fare il bagno	stare bene/male
avere vergogna	fare spese	tenere

B. A gruppi di quattro o cinque, riassumete le cose che avete saputo del(la) vostro/a compagno/a e condividetele con gli altri.

6 Encourage students to use expressions indicating surprise or scandal while listening to their classmates' reports. Example: **Non ci posso credere! Che strano! Roba da pazzi! Figurati! Ma va!**

NATIONAL communication STANDARDS

Sintesi

1 **Parliamo** Sandra è negli Stati Uniti per lavoro e condivide l'ufficio con Bruno. Leggete l'e-mail di Sandra a Maria e rispondete alle domande.

Da: Sandra <smancini@libero.it>
A: Maria Farnetti <mfarnetti@libero.it>
Oggetto: uno strano collega d'ufficio

Cara Maria, finalmente sono a New York! Qui è tutto così diverso dall'Italia! I supermercati sono enormi e anche le confezioni dei prodotti sono più grandi e colorate. Le macchine e le strade sono larghe e spaziose e i grattacieli (*skyscrapers*) sono immensi. Qui fa già freddo, ma l'ufficio del mio collega Bruno è molto caldo. Troppo! Penso spesso a mia nonna, che ripete sempre di fare economia, di spegnere le luci e il riscaldamento (*heating*)... E poi, è tutto molto silenzioso... tutti lavorano nel loro ufficio e quando si incontrano parlano a voce bassa. Il nostro dipartimento di italiano è il più rumoroso!

C'è un gatto in ufficio. È carino ed affettuoso, ma cammina continuamente sulla tastiera (*keyboard*) del mio computer e riempie la mia sedia di peli (*hairs*). Come faccio a dire a Bruno che odio i gatti? Non voglio offenderlo, ma non voglio condividere l'ufficio con un collega a quattro zampe (*paws*)! Forse posso chiedere un altro ufficio al capo del dipartimento... Dammi un consiglio, tu che sai sempre tutto!

A presto, Sandra.

Teach students additional vocabulary that they can use to answer the questions: **spreco** (*waste*), **al massimo** (*at the highest setting*), **allergico/a** (*allergic*).

1. Cosa fa Sandra negli Stati Uniti?
2. Cosa colpisce (*strikes*) l'attenzione di Sandra a New York?
3. Perché Sandra pensa spesso alla nonna?
4. Quali sono gli aspetti degli Stati Uniti che forse non piacciono a Sandra? Siete d'accordo con lei? Perché?
5. Cosa può fare Sandra per liberarsi del gatto senza offendere Bruno?
6. Hai un collega, un compagno di scuola, un vicino o un compagno di stanza che ti rende difficile la vita? Cosa fai per risolvere il problema?

2 **Scriviamo** Scrivi un'e-mail di tre paragrafi, scegliendo uno dei seguenti titoli:

- Descrivi ad un amico/un'amica una situazione nuova che ti preoccupa o in cui per qualche motivo ti senti a disagio (*uncomfortable*).
- Scrivi a Sandra dei suggerimenti per risolvere il problema del gatto in ufficio. Prova a suggerire soluzioni e a lasciare aperta la possibilità di altre proposte.

Point out that in Italian it would be rude to start a letter just with the name of the addressee and that a salutation is always required at the end.

Strategie per la comunicazione

Suggerimenti per scrivere un'e-mail informale

Ecco alcuni consigli per scrivere un'e-mail informale ma corretta:
- Incipit: Cara Sandra/Ciao Sandra
- Ringraziamenti: grazie/grazie mille/ti ringrazio per (l'aiuto, il consiglio, la disponibilità ecc.)
- Saluto finale: A presto/Ciao

Preparazione

connections
cultures
NATIONAL STANDARDS

Vocabolario della lettura

approfondire *to study in-depth*
il/la bisnonno/a *great-grandfather/mother*
la cassata *Sicilian dessert*
il/la curatore/curatrice *curator*
il ricordo *memory*
il retaggio *heritage*
il quartiere *neighborhood*
vergognarsi (si vergogna) *to get embarrassed*
la sfogliatella *Neapolitan pastry*
lo spumone *a type of gelato*
il tiramisù *"pick-me-up" coffee dessert*
utile *useful*

Vocabolario utile

il bar *café*
il biscotto *cookie*
i cantucci *Tuscan almond biscotti*
il vassoio *tray*

1 **Pratica** Inserisci le parole nuove negli spazi.

1. La materia che vorrei __approfondire__ di più è l'informatica.
2. Il __tiramisù__ è un dolce a base di caffè, mascarpone e biscotti.
3. Nella città di New York uno dei __quartieri__ più famosi è Soho.
4. Mia cugina è molto timida: si __vergogna__ di parlare in pubblico.
5. I figli e nipoti degli immigrati sono spesso interessati al loro __retaggio__ culturale.
6. Il viaggio a Genova è stato così bello che ho ancora dei __ricordi__ molto vivi.

2 **Intervista** In coppia, intervistate degli altri studenti.

1. Cosa ti ha spinto (*drove you*) a studiare l'italiano?
2. Quali lingue sono simili all'italiano? Perché?
3. Hai imparato altre lingue in passato? Quali?
4. Secondo te, quali sono i vantaggi di parlare più di una lingua?
5. Quale altra lingua vorresti studiare? Perché?
6. Pensi che studiare l'italiano ti aiuterà ad imparare anche altre lingue? Perché?

3 **Quartieri e specialità** In coppia, rispondete alle domande.

1. C'è un quartiere italiano nella tua città? E altri quartieri etnici? Come sono?
2. Ci sono ristoranti tipici? Negozi con prodotti importati?
3. Quali sono le specialità italiane che hai assaggiato (*tasted*)?
4. Quali sono le specialità italo-americane? Perché sono diverse, secondo voi?

2 Ask pairs to report their findings to the rest of the class.

3 Ask students to share the descriptions of ethnic neighborhoods that they know of or where they grew up and/or where they live now with the rest of the class. Make a list on the board and ask students to provide lists of the features of each neighborhood. Are there restaurants they would recommend? Important landmarks to visit?

Nota CULTURALE

Secondo il più recente censimento ufficiale, gli **italo-americani sono 15.638.348**, cioè il 5,6% della popolazione degli U.S.A. e ne costituiscono il quinto gruppo etnico. Fra questi, **solo 1.008.370 parlano italiano** a casa (lo 0,384% dei cittadini statunitensi). **L'Associazione delle lingue moderne** (*MLA*) ha annunciato che, dal 2002 al 2006, il numero di studenti universitari iscritti a corsi d'italiano negli Stati Uniti è cresciuto del 21,1%. Tra il 1998 e il 2002, le iscrizioni erano aumentate del 29,6%.

PERCHÉ STUDI L'ITALIANO?

S Reading

Quali sono le ragioni più diffuse° per imparare l'italiano? Per chi è di origine italiana c'è un legame° personale nel rapporto con i nonni o altri parenti che ancora parlano la lingua o un dialetto. Molti hanno il desiderio di recuperare il proprio retaggio culturale: il ricordo di un piatto speciale, di una tradizione, di immagini e racconti che vengono da un'altra epoca. Anche la lettura di un libro o una scena di un film possono far nascere la curiosità di conoscere meglio la propria storia. Ci sono poi studenti con interessi che li portano a contatto diretto con l'Italia di ieri e di oggi: musica, cinema, ingegneria, architettura e storia dell'arte, teologia, moda, studi classici, medicina, giurisprudenza°, design, sport, economia e commercio e altro ancora. C'è anche chi vuole imparare la lingua perchè si è innamorato di una persona o di una città. E tu, perché studi l'italiano? Con questa domanda siamo andati al Caffè Vittoria nel *North End*, il quartiere italo-americano di Boston.

Il primo a rispondere è Tom, un italo-americano: «Mia nonna parla un misto di italiano e palermitano°, ma non li ha insegnati alla mia mamma. Voleva che i suoi figli parlassero° bene l'inglese per potersi inserire° meglio nella società statunitense e non venire considerati stranieri. Ma adesso le cose sono cambiate e i sentimenti anti-italiani che si ricorda mia nonna non esistono più. Da quando ho cominciato a studiare l'italiano due anni fa, parliamo per telefono molto più spesso. Però si vergogna quando parla perché non vuole che io impari il palermitano».

Manuel, un argentino di origine italiana che studia al MIT, ci ha detto: «Sto studiando ingegneria e voglio lavorare in Italia. Nessuno nella mia famiglia parla l'italiano, anche se riusciamo a capirlo perché è così simile allo spagnolo e specialmente allo spagnolo argentino in cui si usano tante parole italiane. Non so neanche° esattamente la storia di come il mio bisnonno sia arrivato a Buenos Aires; so solo che si chiamava come me: Emanuele Ricasoli. Ho potuto seguire solo 3 semestri di italiano all'università, ma l'estate scorsa ho partecipato ad uno stage° a Venezia e ho fatto una vera immersione nella lingua italiana di 3 mesi. Forse non bisogna dire 'immersione' parlando di una laguna... »

Erin, un'americana di origine irlandese che è curatrice di un museo, ci ha raccontato che viaggia spesso in Italia, specialmente a Firenze, sia per lavoro che° per le vacanze. «All'università ho studiato la storia dell'arte italiana, ma non ho avuto l'opportunità di approfondire la lingua. La prima volta che sono andata in Italia ho imparato qualche parola. Poi ho incominciato a studiare l'italiano seguendo dei corsi di lingua e letteratura. Certamente l'italiano mi è stato utile anche professionalmente, ma la cosa più bella è stata l'amicizia con gli altri studenti dei corsi. Siamo ancora in contatto».

Tom, Manuel ed Erin sono solo tre esempi di persone che scelgono di imparare l'italiano, ma le loro storie sono simili a molte altre. E tu, perché stai studiando l'italiano? Perché non ci racconti anche tu la tua storia? ■

widespread · *link* · *law* · *dialect/person from Palermo, Sicily* · *would speak* · *fit in* · *I don't even know* · *internship* · **sia... che** *both... and*

Il Caffè Vittoria

È il primo bar italiano del *North End* di Boston, aperto nel 1929. Per i residenti è un locale° per rilassarsi, incontrarsi, chiacchierare e guardarsi intorno; per i turisti è un viaggio nel tempo. Oltre al caffè espresso offre sfogliatelle, tiramisù, gelati e spumoni. Nelle vetrine e all'interno c'è una collezione di macchine antiche per fare l'espresso. Con tanti clienti abituali e turisti di passaggio curiosi di assaggiare le specialità, i camerieri passano di corsa° tenendo magicamente in equilibrio tanti cappuccini e caffè sul vassoio. Accanto e di fronte al Caffè Vittoria ci sono altri bar e pasticcerie come Mike's Pastry.

locale *spot, business* **corsa** *rush by*

NATIONAL communication STANDARDS

Analisi

1 **Comprensione** Scegli la risposta giusta.

1. Tom vuole parlare al telefono in italiano con ____.
   a. gli amici a Firenze b. la sua mamma (c.) sua nonna
2. La nonna di Tom è ____.
   a. napoletana (b.) siciliana c. abruzzese
3. Una delle ragioni per cui Manuel studia l'italiano è per ____.
   a. andare a Venezia (b.) lavorare in Italia c. parlare con i suoi nonni
4. Il bisnonno di Manuel è emigrato in ____.
   (a.) Argentina b. Australia c. Brasile
5. Erin ha imparato l'italiano ____.
   (a.) seguendo dei corsi di lingua b. studiando la storia dell'arte
   c. frequentando il *North End*

2 As a warm-up for this activity, point out factors that draw attention to a certain language or culture. For example, *The Lord of the Rings* films increased tourism to New Zealand. Encourage students to come up with more examples.

2 As a follow-up question, ask students: **Secondo voi, ci sono delle mode per quanto riguarda le lingue?**

2 **Lingue e culture** In coppia, rispondete alle domande a turno. Dopo confrontate le vostre risposte con quelle di un'altra coppia.

1. Con quale delle persone intervistate ti identifichi di più? Perché?
2. Quali lingue potevi studiare al liceo? Quale hai scelto?
3. Quali corsi di lingua puoi frequentare all'università?
4. Ci sono dei film o dei libri che ti hanno fatto venir voglia di viaggiare o/e di imparare una lingua? Quali?

3 **Tre generazioni** In gruppi di quattro, parlate della famiglia nelle foto.

- Come si chiamano i personaggi?
- Da dove vengono?
- Che tipo di lavoro fanno?
- Perché sono emigrati?
- Cosa hanno portato con loro?
- Cosa speravano di trovare? Cosa hanno trovato?

The family featured in these photos is actually the family of the Managing Editor of IMMAGINA. Their family history is an interesting example of Italian immigration all over the world and back to Italy. María Eugenia Corbo (Gaby's sister, not featured) lives and works in Boston, Massachusetts.

Donato e Rosa Corbo;
figli: Nicola, Mario e Maria
Italia → Argentina, 1954

Mario e Amelia Corbo;
figli: Mario, Luis, Sandra
Argentina → Australia, 1974

Gaby Corbo (figlia di Nicola)
Argentina → Italia, 2008

4 **Scrittura** Scegli uno di questi argomenti e scrivi una composizione.

- Come è arrivata in questo paese la tua famiglia? Avete dei rapporti con il vostro paese di origine? Racconta la storia della tua famiglia in tre paragrafi.
- Scrivi una lettera ad un amico/un'amica per convincerlo/a a studiare una lingua straniera.

Practice more at **immagina.vhlcentral.com.**

Preparazione

Reading

connections cultures — NATIONAL STANDARDS

A proposito dell'autore

Salvatore Fiume (Comiso, Sicilia 1915–Milano, 1997) fu (*was*) pittore, scultore, architetto, scrittore e scenografo. A Milano conobbe (*met*) artisti e intellettuali famosi ed ebbe (*had*) modo di dedicarsi alla carriera di pittore. Famoso per opere grandiose e fuori dal comune —come dipinti su rocce (*rocks*) in Etiopia, o un quadro enorme sulla nave transatlantica Andrea Doria (48 x 3 metri), che sparì (*disappeared*) con la nave quando essa affondò (*sank*)— Fiume scrisse romanzi, racconti ed opere teatrali. «Il supplente» è tratto dal libro *Che storie son queste?*

Look at the biography and point out the use of the **passato remoto** to students. Have them provide the **passato prossimo** equivalent in each case. Explain that this tense will be taught in detail in Lesson 4.

Vocabolario della lettura

l'amante *lover*
ingenuo/a *naïve*
la massima *maxim, axiom*
nascondere *to hide*
l'odio *hatred*
il piacere *pleasure*
sbadigliare *to yawn*
lo sbadiglio *yawn*
scherzare *to joke*
il supplente *substitute teacher*
il taccuino *notebook*
la tosse *cough*

Vocabolario utile

la bellezza *beauty*
le chiacchiere *chit-chat*
la fine *the end*
l'inizio *the beginning*
i luoghi comuni *commonplaces, clichés*
la noia *boredom*

1 **Definizioni** Trova la definizione adatta ad ogni parola.

d 1. sbadiglio
b 2. ingenuo
e 3. chiacchiere
c 4. odio
a 5. noia

a. sentimento che provoca sbadigli
b. che crede a tutto e a tutti
c. un sentimento negativo e distruttivo
d. atto involontario di aprire la bocca, segno di sonno, fame, noia.
e. parole dette per passare il tempo

2 **Preparazione** Fate le seguenti domande ad un(a) compagno/a.

1. L'amore è una cosa seria o leggera?
2. Alla tua età credi alle storie d'amore lunghe?
3. Trovi divertente o noioso ascoltare racconti sulle storie d'amore degli altri? E parlare delle tue?
4. Cosa sono le tre cose più importanti in una storia d'amore? E le tre cose che di sicuro portano alla fine di un amore?
5. Cosa ti fa innamorare di una persona?

3 **Discussione** Di cosa si parla a scuola? In piccoli gruppi, rispondete alle domande.

1. Hai mai avuto un supplente? Secondo la tua esperienza, i supplenti seguono il programma o creano attività per interessare la classe?
2. Secondo te, è giusto parlare a scuola di questioni personali o di argomenti che non fanno parte del programma?
3. Qual è la funzione della scuola?
4. Se tu fossi un supplente, cosa faresti?

Nota CULTURALE

Per capire quanto sia° straordinario **Fiume**, bisogna pensare che cresce in un'isola, la Sicilia, ancora ai margini della vita intellettuale, culturale ed economica del paese. Il trasferimento° a Milano nel primo dopoguerra° permette a Fiume di conoscere tutti i personaggi più importanti dell'avanguardia artistica e letteraria di un paese già sotto il regime fascista, che non promuoveva° l'arte se non era al suo servizio. Nel secondo dopoguerra Fiume, trentenne°, esprime il suo talento di pittore e artista completo: autore di opere letterarie originali, è anche maestro nelle arti figurative, sia in stile moderno che rinascimentale.

sia *is (subjunctive)* **trasferimento** *move* **dopoguerra** *period after the war* **promuoveva** *used to promote* **trentenne** *in his thirties*

Practice more at **immagina.vhlcentral.com.**

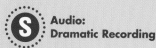

Audio: Dramatic Recording

Il supplente

(II^A LEZIONE)

SALVATORE FIUME

Point out that a **supplente** rarely gets appointed for more than a few days or weeks. It can be hard for a **supplente** to gain the respect of the class, since students may try to take advantage of the principal instructor's absence. The **supplente** in this story tries to hold the students' attention by offering his unique perspective on love.

Fiume is primarily a visual artist, but like many, he did not limit himself to one single outlet for his creativity. Lead a discussion about Fiume using images found on the Internet. Activities may go from the simplest ones (describe the colors used in paintings, what the subjects are doing, etc.) to more complex ones (why does he prefer some subjects to others—nudes, Japanese love scenes, Spanish *corrida* scenes, large animals, etc.). A fun thing to do would be to look at those paintings that reference other iconic works. What effect does the juxtaposition create? The official website at **www.fiume.org** is a good source of images. A good assignment would be to ask students to find a painting and describe it.

L'argomento° che tratteremo oggi è l'amore. Dal momento° che voi già sapete cos'è stato l'amore per i filosofi, per i poeti, per gli operai°, per gli imperatori°, per le imperatrici e per migliaia di donne celebri°, e per le più famose meretrici°, temo di non potervi dire sull'argomento che delle cose ovvie°. Prima di tutte, ad esempio, che l'amore non prevede° la presenza degli sbadigli. Infatti appena si sbadiglia, nell'amore vuol dire che l'amore è finito. Se doveste scrivere un racconto di un amore che sia finito, al posto della parola fine scrivete «sbadiglio».

A Urbino, dove ho studiato, ho imparato una massima che vi prego° di scrivere sul vostro taccuino: «L'amore è come la tosse, non si può nascondere».

Un'altra cosa ovvia è l'avvertimento° che con l'amore si può fare di tutto meno che scherzarci, con l'amore non si scherza. Chi sa fingere° l'amore è il più indesiderabile, non solo degli amanti, ma degli esseri che camminano sulla Terra.

L'amore può essere fonte° di piaceri sempre nuovi e sempre straordinari, ma ha, al suo interno°, nascosta° una componente che può produrre tutto il contrario, come l'odio e la crudeltà.

Sarei tentato° di dirvi che cosa è per me l'amore, ma mi trattiene° il ricordo° del fastidio° che mi davano quelli che mi intrattenevano° per raccontarmi che cosa era per loro. D'altra parte sappiamo che l'amore degli altri ci dà fastidio.

E siamo tanto sorprendentemente ingenui da raccontare il nostro amore, sicuri che agli altri faccia piacere.

Vedo che non avete preso appunti. Evidentemente queste cose le sapevate già.

topic
since
workers/emperors
famous
prostitutes
obvious
allow for
I beg you
warning
pretend, fake
source
inside/hidden
I would be tempted
prevents me/memory/annoyance
engaged me in a conversation

Analisi

1 **Sintesi** Scegli la sintesi più adeguata.

1. L'argomento della lezione è l'amore e il supplente sa tutto sulla materia, come anche gli studenti. Sbadigliare significa trovarsi bene con una persona, tossire e ammalarsi insieme, scherzare, provare piacere, amare, odiare e raccontare tutti i dettagli agli amici e alle amiche, perché il nostro piacere fa piacere.
2. L'argomento della lezione è l'amore. Il supplente sembra avere una visione negativa al riguardo (*about it*) e ha paura di dire cose ovvie, come ad esempio che la noia uccide l'amore, che far finta di amare è una cosa spregevole (*despicable*), che dove c'è amore c'è potenzialmente anche il suo opposto, e che le storie d'amore degli altri sono irritanti.
3. L'argomento della lezione è l'amore e il supplente ha scoperto che gli studenti sanno cos'è l'amore attraverso la letteratura e non vuole essere ovvio. Gli sbadigli non sono una cosa buona alla fine di un rapporto e a Urbino l'amore è come la tosse. L'amore può essere crudele e anche dare fastidio. Agli ingenui i racconti d'amore fanno piacere.

2 **Comprensione**

A. Seleziona la risposta più appropriata secondo te.

1. Il supplente parla d'amore agli studenti ____.
   a. che non prendono appunti b. che hanno studiato l'amore sui libri
   c. tutte e due le risposte
2. Secondo il supplente l'amore finisce quando ____.
   a. qualcuno ha la tosse b. qualcuno sbadiglia
   c. qualcuno scrive su un taccuino
3. L'amore è fonte di piacere e anche ____.
   a. di odio e crudeltà b. di malattia (*disease*) c. tutte e due le risposte
4. Il supplente provava fastidio quando ____.
   a. altri gli raccontavano le loro storie d'amore
   b. non poteva raccontare le sue storie c. tutte e due le risposte
5. Gli studenti non prendono appunti perché ____.
   a. sono annoiati b. sanno già queste cose c. tutte e due

B. Con un(a) compagno/a discuti le domande a cui hai risposto c. Tu come ti comporteresti se fossi in quella classe? Cosa pensi dell'insegnante? Sei d'accordo con le sue affermazioni?

3 Add more adjectives on the board and ask students to add other adjectives that express their own assessment of the situation. Example: **amaro, deluso, ingegnoso, solitario, sorpreso.**

3 **I personaggi** A chi possono essere abbinati i seguenti aggettivi? Mettili nel riquadro giusto. Dopo, confronta le tue risposte con quelle di un(a) compagno/a e pensa ad altri modi per descrivere il supplente e gli studenti. Answers will vary. Suggested answers.

a. esperto	c. ovvio	e. sicuro	g. interessato
b. annoiato	d. attento	f. perplesso	h. infastidito

il supplente	a, c, e, h
gli studenti	b, d, f, g

4 **Approfondimento** Con un(a) compagno/a, rispondi alle seguenti domande.

1. È chiaro che il supplente parla a una classe?
2. Secondo te, che età hanno gli studenti?
3. Secondo te, come descriverebbe l'amore questo supplente in una classe della scuola elementare? Discutine con un(a) compagno/a.
4. Immagina che il supplente debba parlare di un testo letterario per esprimere le sue idee sull'amore. Che testo sceglierebbe secondo te?

4 Question 4 can be expanded into a class activity. Write all the texts students mention on the board and vote on which one best exemplifies the **supplente**'s opinions on love.

5 **Discutere** In coppia, rispondete alle seguenti domande.

1. Come reagiresti a una lezione come questa?
2. Secondo te, il supplente è un uomo o una donna? È giovane o vecchio? Perché?
3. Secondo te, il supplente di questa storia è un vero insegnante? Perché sì o no?
4. Mentre il supplente parla, i ragazzi stanno attenti o si distraggono?
5. Cosa è successo nella vita del supplente riguardo all'amore? Quali sono le ragioni per la sua prospettiva sull'amore?
6. Com'è oggi la vita del supplente? È sposato? È felice?

6 **Situazioni** In gruppi di tre o quattro, scegliete uno di questi scenari e improvvisate una breve scenetta.

A. Immaginate che gli studenti siano tutti della terza età mentre il supplente è giovane, magari come voi. Che dialogo potrebbe nascere quando il supplente finisce di parlare?

B. Immaginate che uno di voi sia il supplente. Come sarebbe diverso il discorso sull'amore? Come reagirebbero gli studenti?

C. Dieci anni dopo, il supplente trova due degli studenti in un ristorante. I due studenti sono adesso sposati. Di cosa parlano?

6 Explain that **terza età** is a euphemism for *elderly people*.

7 **Coppie** Con un(a) compagno/a, descrivete le coppie nelle foto. Chi sono? Quanti anni hanno? Com'è il rapporto fra di loro? Credete che sarà una storia d'amore lunga?

8 **Tema** Scegli uno dei seguenti argomenti.

1. Scrivi un lungo SMS d'amore a una persona di cui sei innamorato. Esagera! Scrivi metafore impossibili e assurde. Puoi anche immaginare un dialogo di SMS tra due innamorati.
2. Scrivi un annuncio su un giornale per cuori solitari (*lonely hearts*) e descrivi il tuo uomo o la tua donna ideale. Specifica anche chi non deve rispondere al tuo annuncio.

8 These compositions could also be fun class activities to be done in groups.

Practice more at **immagina.vhlcentral.com.**

Laboratorio di scrittura

Preparazione After students read the strategy, brainstorm examples of good thesis statements with the class.

Preparazione: La tesi e gli argomenti

Un saggio accademico si divide, in genere, in tre parti: un'introduzione in cui si presenta la tesi; una discussione in cui si presentano gli argomenti per difendere la tesi; e una conclusione. Una tesi è un'idea che si deve sostenere o difendere con degli argomenti. La tesi deve essere:

- **chiara e concisa:** non presentare argomenti troppo diversi altrimenti risulta imprecisa e diventa molto complicato difenderla e giungere ad una conclusione coerente.
- **obiettiva:** anche se sono richieste opinioni personali, la tesi deve essere esposta in un linguaggio obiettivo e basarsi su prove evidenti.
- **originale:** la tesi non deve prospettare argomenti ovvi; deve condurre ad una conclusione creativa ed originale.

Gli argomenti che si usano per presentare o difendere la tesi possono esprimere:

- **autorità,** quando si riporta l'opinione di un personaggio di prestigio o di un esperto.
- **esemplificazione,** quando si usano citazioni ed esempi.
- **confutazione,** quando si respingono argomenti contrari alla posizione di chi scrive la tesi.
- **analogia,** quando si mettono a confronto due fatti o situazioni.
- **opinione comune,** quando si fa riferimento ad opinioni generali, a favore o contrarie alla tesi sostenuta.

Pratica Before starting the **pratica** activity, give the class a thesis statement (Example: **Tutti gli studenti devono ottenere una A in questo corso**). Then call on individual students to present different arguments to support that thesis. After a student makes an argument, have the class categorize it as **autorità, esemplificazione, confutazione, analogia,** or **opinione comune**. Encourage students to contribute until you have heard arguments in all five categories.

Pratica A quali categorie appartiene ognuno di questi argomenti?

1. **Confutazione/opinione comune:** Oggi tutti i giovani si trovano d'accordo...
2. **Analogia/confutazione:** Mentre le persone nel XIX secolo conducevano vite semplici, senza mezzi di comunicazione moderni, ai nostri giorni invece...
3. **Analogia/autorità:** Già nel 1960, un famoso professore di... aveva difeso la teoria...

Saggio Scegli uno di questi argomenti e scrivi un saggio, lungo almeno due pagine.

Requisiti

1. Il tuo saggio deve far riferimento ad almeno uno dei quattro brani studiati in questa lezione e contenuti in Cortometraggio, Immagina, Cultura e Letteratura.
2. Deve includere almeno due tipi diversi di argomenti ed esempi tratti dai brani nella lezione.
3. Deve far risaltare la tua tesi personale.

1. Al giorno d'oggi, il bilinguismo e il multilinguismo rappresentano un vantaggio o possono essere motivo di discriminazione? Perché?

2. La fine di una relazione segna solo un fallimento o può essere l'inizio di una riflessione su cui costruire i nostri futuri rapporti con gli altri?

3. In relazione agli esempi studiati nei brani di questa lezione, come definiresti le tue idee di amore e rispetto per un'altra persona?

I rapporti personali

Audio: Vocabulary Flashcards

La personalità

affascinante *charming*
affettuoso/a *affectionate*
geniale *ingenious; great*
idealista *idealistic*
insicuro/a *insecure*
(im)maturo/a *(im)mature*
(dis)onesto/a *(dis)honest*
orgoglioso/a *proud*
ottimista *optimistic*
pessimista *pessimistic*
prudente *careful*
seducente *attractive*
sensịbile *sensitive*
tịmido *shy*
tranquillo/a *calm, quiet*
ụmile *humble*

Lo stato civile

divorziare (da) *to divorce*
fidanzarsi (con) *to get engaged (to)*
sposarsi (con) *to get married (to)*

---

cẹlibe *single (m.)*
divorziato/a *divorced*
fidanzato/a *engaged; fiancé(e)*
nụbile *single (f.)*
sposato/a *married*
vẹdovo/a *widowed; widower/widow*

I rapporti

l'amicịzia *friendship*
l'ạnima gemella *soul mate*
l'appuntamento *date*
il colpo di fụlmine *love at first sight*
il/la compagno/a *partner*
la coppia *couple*
il matrimonio *wedding*
i pettegolezzi *gossip*

---

avere fiducia (in) *to trust*
condivịdere *to share*
contare su *to rely on*
lasciare *to leave*
mentire *to lie*
meritare *to deserve*
rọmpere con *to break up with*
uscire con *to go out with*

---

comprensivo/a *understanding*
(in)dimenticạbile *(un)forgettable*
(in)fedele *(un)faithful*

I sentimenti

adorare *to adore*
amare *to love*
arrabbiarsi *to get angry*
avere vergogna (di) *to be ashamed (of)*
dare fastidio (a) *to annoy*
disturbare *to bother*
innamorarsi *to fall in love*
odiare *to hate*
provare *to feel*
sentirsi *to feel*
sognare *to dream*
volere bene a *to feel affection for; to love*

---

ansioso/a *anxious*
contrariato/a *upset; annoyed*
deluso/a *disappointed*
depresso/a *depressed*
emozionato/a *excited; moved*
entusiasta *enthusiastic, excited*
geloso/a *jealous*
preoccupato/a *worried*
stufo/a *fed up*

Cortometraggio

il binario *train track*
la colpa *fault*
la commessa *saleswoman*
l'orario *schedule*
la piattaforma *platform*
la scạtola *box*
i tacchi alti/bassi *high/low heels*
la vetrina *shop window*

---

buttare via *to throw away*
indossare *to wear*
mẹttersi *to put on (clothing, shoes)*
truccarsi *to put on make up*

---

resistente *sturdy*
vendicativo/a *vengeful*

Cultura

il bar *café*
il biscotto *cookie*
il/la bisnonno/a *great-grandfather/mother*
i cantucci *Tuscan almond biscotti*
la cassata *Sicilian dessert*
il/la curatore/curatrice *curator*
il quartiere *neighborhood*
il retaggio *heritage*
il ricordo *memory*
la sfogliatella *Neapolitan pastry*
lo spumone *a type of gelato*
il tiramisù *"pick-me-up" coffee dessert*
il vassoio *tray*

---

approfondire *to study in-depth*
vergognarsi (si vergogna) *to get embarrassed*

ụtile *useful*

Letteratura

l'amante *lover*
la bellezza *beauty*
le chiacchiere *chit-chat*
la fine *the end*
l'inizio *the beginning*
i luoghi comuni *commonplaces, clichés*
la mạssima *maxim, axiom*
la nọia *boredom*
l'odio *hatred*
il piacere *pleasure*
lo sbadiglio *yawn*
il supplente *substitute teacher*
il taccuino *notebook*
la tosse *cough*

---

nascọndere *to hide*
sbadigliare *to yawn*
scherzare *to joke*

---

ingenuo/a *naïve*

INSTRUCTIONAL RESOURCES
Supersite: Testing program

LEZIONE 2

Vivere insieme

Le città, anche se non hanno parole, possono parlarci. Sono da sempre la testimonianza del bisogno delle persone di vivere insieme e sono anche uno spazio in cui gli uomini esprimono la loro capacità di gestire i materiali, di costruire e sfidare il tempo e le dimensioni. Che rapporto hai con la città e con i suoi simboli? Come ti confronti con i continui cambiamenti e gli sviluppi edilizi e demografici?

45

68

Destinazione:

L'ITALIA CENTRALE

PREVIEW Invite students to share their views on city life, having them cite some of their favorite cities. Have them comment on the statement: **[Le città] sono da sempre la testimonianza del bisogno delle persone di vivere insieme.** Elicit reactions and opinions on whether it is essential for people to live in close proximity to others, or if one can live a satisfying life alone.

Città e comunità

Audio: Vocabulary

Luoghi e indicazioni

l'ạngolo *corner*
l'appartamento *apartment*
la campagna *countryside*
il casale *farmhouse; hamlet*
l'edịcola *newsstand*

i giardini pụbblici *public gardens*
il grattacielo *skyscraper*
l'incrocio *intersection*
il marciapiede *sidewalk*
la metro(politana) *subway*
il municipio *city hall*
il paese *village; country*
il palazzo *building; palace*
la periferịa *outskirts; suburbs*
il quartiere *neighborhood*
il segnale stradale *road sign*
il semạforo *traffic light*
lo stadio *stadium*
la stazione di polizịa *police station*
la strada *street*
le strisce pedonali *crosswalk*
il tribunale *courthouse*
la vịa *street*

attraversare *to cross*
dare indicazioni *to give directions*
pẹrdersi *to get lost*

trovarsi *to be located*

La gente

il/la cittadino/a *citizen*
il/la coinquilino/a *housemate; roommate*
il/la contadino/a *farmer*
il/la paesano/a *fellow villager/countryman/woman*
il pedone (*m./f.*) *pedestrian*
il/la poliziotto/a *police officer*
il sịndaco *mayor*
il/la venditore/venditrice (ambulante) *(street) vendor*
il/la vịgile del fuoco *firefighter*

Le attività

chiacchierare *to chat*

divertirsi *to have fun*
fare commissioni *to run errands*
incontrarsi *to get together*
passeggiare *to take a walk*
trasferirsi *to move (change residence)*

SINONIMI E CONTRARI
autista ↔ automobilista
passeggiare ↔ fare una passeggiata
ingorgo stradale ↔ coda
giardini pubblici ↔ villa (Southern Italy)
affollato/a ≠ deserto/a

Point out that **ritardo** is also used in the expression **essere in ritardo**.

Point out that the **poliziotti** and **carabinieri** enforce different laws. The **poliziotti** are a civil corps dependent on the **Ministero degli Interni** and mainly operate in urban areas, while the **carabinieri** are a military corps dependent on the **Ministero della Difesa** and operate in urban and rural areas. A **vigile urbano** is a local official who enforces traffic laws.

Point out that **traffico** and **circolazione** are sometimes interchangeable. Ex.: **Il traffico/La circolazione oggi è intenso/a.** However, the expression **c'è traffico** means **cattiva circolazione** and the expression **non c'è traffico** means **buona circolazione.**

Il trasporto

l'autista (*m./f.*) *driver*
la circolazione/il trạffico *traffic*
la fermata (dell'ạutobus/della metro/del treno) *(bus/subway/train) stop*
l'ingorgo stradale *traffic jam*
il/la passeggero/a *passenger*
il ritardo *delay*

dare un passaggio *to give a ride*
fermare/fermarsi *to stop*
girare (a destra/sinistra) *to turn (right/left)*
guidare *to drive*
parcheggiare *to park*

salire (in mạcchina/sul treno/sull'ạutobus) *to get (in a car/on a train/on a bus)*
scẹndere (dalla mạcchina/dal treno/dall'ạutobus) *to get (out of a car/off a train/off a bus)*

Per descrịvere

affollato/a *crowded*
pericoloso/a *dangerous*
quotidiano/a *daily*
rumoroso/a *noisy*
vivace *lively*

Point out that **strada** is a general term for any road connecting two places, while a **via** is usually a street in a city or village. **Via** is used in addresses: **via Garibaldi, n. 10.**

Point out that an **edicola** sells newspapers, magazines, and bus tickets. **Tabacchi** sell bus tickets, postcards, stamps, cigarettes, and lottery tickets. **Tabacchi**, which originally sold salt and tobacco, have distinctive blue or black signs with a white **T** in the middle.

INSTRUCTIONAL RESOURCES
Supersite: Audioscripts, SAM AK, Lab MP3s
SAM/WebSAM: WB, LM

Pratica

1

Abbinare Collega ogni parola alla sua definizione.

c 1. grattacielo	a. persona che si sposta per strada camminando
e 2. coinquilino	b. persona che lavora in campagna
a 3. pedone	c. edificio altissimo composto di numerosi piani e appartamenti
f 4. sindaco	d. luogo in cui puoi comprare i giornali
b 5. contadino	e. persona che abita nel tuo stesso appartamento
d 6. edicola	f. persona più importante del paese o della città

1 Divide the class into teams and read these words out loud: **cittadino**, **paesano**, **pedone**, **poliziotto**, and **sindaco**. After each word, allow the students time to write as many related words as possible. The team with the most responses at the end wins.

2

Titoli Completa i titoli di giornale con le parole della lista.

incrocio	quartiere	stadio	strisce pedonali
periferia	semaforo	stazione di polizia	tribunale

1. ROMA—Sospetto assassino è trattenuto presso la stazione di polizia per un interrogatorio.
2. BENEVENTO—Donna investita (*run over*) sulle strisce pedonali è ora in perfetta salute.
3. MILANO—Famoso industriale condannato in tribunale al massimo della pena.
4. NAPOLI—Nuovo ristorante apre all'incrocio fra via Giuseppe Verdi e via Santa Brigida.
5. TORINO—Ogni quartiere della città reclama un proprio rappresentante.
6. FIRENZE—Multe sempre più alte per chi non si ferma al semaforo.

2 Have groups of students invent headlines with unused vocabulary. The class can vote on the headline that is funniest, scariest, most/least believable, etc.

3

In campagna o in città? In coppia, rispondete alle domande e scoprite se per voi è meglio vivere in campagna o in città. Confrontate le vostre risposte.

Preferisci...	A	B
...(A) fare le commissioni velocemente o (B) con calma?	☐	☐
...(A) le abitazioni che si trovano vicino o (B) lontano dal centro?	☐	☐
...(A) chiacchierare con gli amici al pub o (B) passeggiare in silenzio nella natura?	☐	☐
...(A) camminare lungo strade affollate o (B) sentieri deserti?	☐	☐
...(A) frequentare locali rumorosi o (B) visitare posti tranquilli?	☐	☐
...(A) incontrarti con gli amici in discoteca o (B) ai giardini pubblici?	☐	☐
...(A) vivere in un appartamento piccolo ma efficiente o (B) in un grande casale?	☐	☐

3 Divide the class into two groups to debate the pros and cons of city life and country life.

3 Point out that the preposition **in** is used in phrases with **campagna** and **centro**: **andare/stare/vivere in campagna/centro**.

4

Stop al traffico! Immaginate di essere nel municipio della vostra città, davanti al sindaco. Siete stanchi del traffico cittadino e reclamate un ritmo di vita più equilibrato. In piccoli gruppi, esponete almeno cinque problemi legati al traffico e suggerite possibili soluzioni.

4 Give groups of students a specific role (parents taking their children to school, people going to work, doctors, firemen, etc.). Have each group invent a story in which they did not reach an important destination because of the traffic. Have them present their stories to the class. The group that uses the most vocabulary words wins.

Practice more at **immagina.vhlcentral.com.**

NATIONAL STANDARDS connections cultures communication

INSTRUCTIONAL RESOURCES
Supersite/DVD: Film Collection
Supersite: Script & Translation

VOCABOLARIO Point out that **armate** is used primarily in historical accounts and with reference to huge armies.

TEACHING OPTION
• Ask students what historical facts, dates, and information they know about WWII. Present the Italian involvement in the war and the fact that Italy sided with Germany at the beginning of the war and then switched to join the Allies.
• The short film starts off with references to Little Red Riding Hood: a rhyme that mentions a wolf, and Lucia's warnings (**«Rosa! Non passare dai campi! Incontrerai l'animalaccio!»**). Review this fairy tale with the students.

2 After the pairs have had the opportunity to discuss their opinions, divide the class into two groups and discuss the pros and cons of urban life and small town or rural life.

3 Circulate around the class and listen to the discussions; encourage students to imagine additional details.

Preparazione

Vocabolario del cortometraggio

gli alleati *allies, allied troops*
le armate *armies*
il campo *field*
il nemico *enemy*
il partigiano *resistance fighter*
la patria *homeland*
la perdita *loss*
il/la prigioniero/a *prisoner*
la ritirata *retreat*
gli sfollati *evacuees*
il soldato *soldier*
la spia *spy*

Vocabolario utile

l'animalaccio *monster*
Cappuccetto Rosso *Little Red Riding Hood*
la conta *counting rhyme*
il notiziario *radio/TV news*

ESPRESSIONI

lo giuro *I swear*
Madonna mia! *Mother of God!*
per colpa di... *... is to blame*

1 **Pratica** Completa le frasi con parole del vocabolario.

1. In campagna, ci sono molti ___campi___.
2. Gli ___alleati___ combattono insieme in guerra.
3. Durante la guerra, le persone che si trasferiscono in zone più sicure si chiamano ___sfollati___.
4. Una ___spia___ è una persona che rivela informazioni segrete al nemico.
5. Un combattente che fa parte di un movimento di resistenza è un ___partigiano___.

2 **Secondo voi** In coppia, rispondete a queste domande.

1. Abiti in una città, in un paese o in campagna?
2. Conosci bene i tuoi vicini?
3. Per strada incontri spesso delle persone che conosci?
4. Riesci facilmente a incontrare persone nuove nella zona in cui abiti?
5. Secondo te, abitare in un piccolo paese o in campagna favorisce i rapporti umani? Perché?

3 **Immaginiamo** In gruppi di tre o quattro, immaginate la vita di un piccolo paese italiano durante la Seconda Guerra Mondiale rispondendo a queste domande.

1. Chi abitava nel paese?
2. Qual era il lavoro principale degli abitanti del paese?
3. Quali mezzi di trasporto usavano?
4. Che cosa facevano per incontrarsi, distrarsi e divertirsi?
5. Come ricevevano notizie e informazioni?
6. Com'era la vita di tutti i giorni? Tranquilla o pericolosa?
7. Come giocavano i bambini?
8. Di che cosa si preoccupavano gli abitanti del paese? Che cosa speravano?

4 **La vita degli adolescenti**

A. Com'eri cinque anni fa? Fai una lista per ogni categoria.

Interessi (hobby, giochi, libri)	Preferenze (musica, TV, vestiti)	Speranze (desideri, sogni)	Scuola (materie preferite, compagni)	Persone importanti (famiglia, amici, insegnanti)

B. In coppia, confrontate le vostre risposte: eravate simili o diversi? Che cosa avevate in comune? Quali erano le differenze principali?

5 **Scene** In coppia, guardate queste immagini di Rosa, la protagonista del corto. Poi commentatele rispondendo alle domande.

- Cosa succede in queste scene?
- Com'è Rosa?
- Quale sarà la sua storia nel film?

6 **Ricordi** In piccoli gruppi, ripensate al passato e rispondete a queste domande.

1. Quanto contatto avevi con la natura quando eri piccolo/a?
2. Avevi un animale? Quale?
3. Hai mai piantato delle verdure o dei fiori in giardino o su un balcone?
4. Nel paese o nella città in cui sei cresciuto/a, gli adulti rispettavano la natura e l'ambiente? Spiega perché sì o perché no.
5. C'era un senso di appartenenza e di appoggio da parte della comunità? Spiega perché.

Practice more at **immagina.vhlcentral.com.**

S Short Film

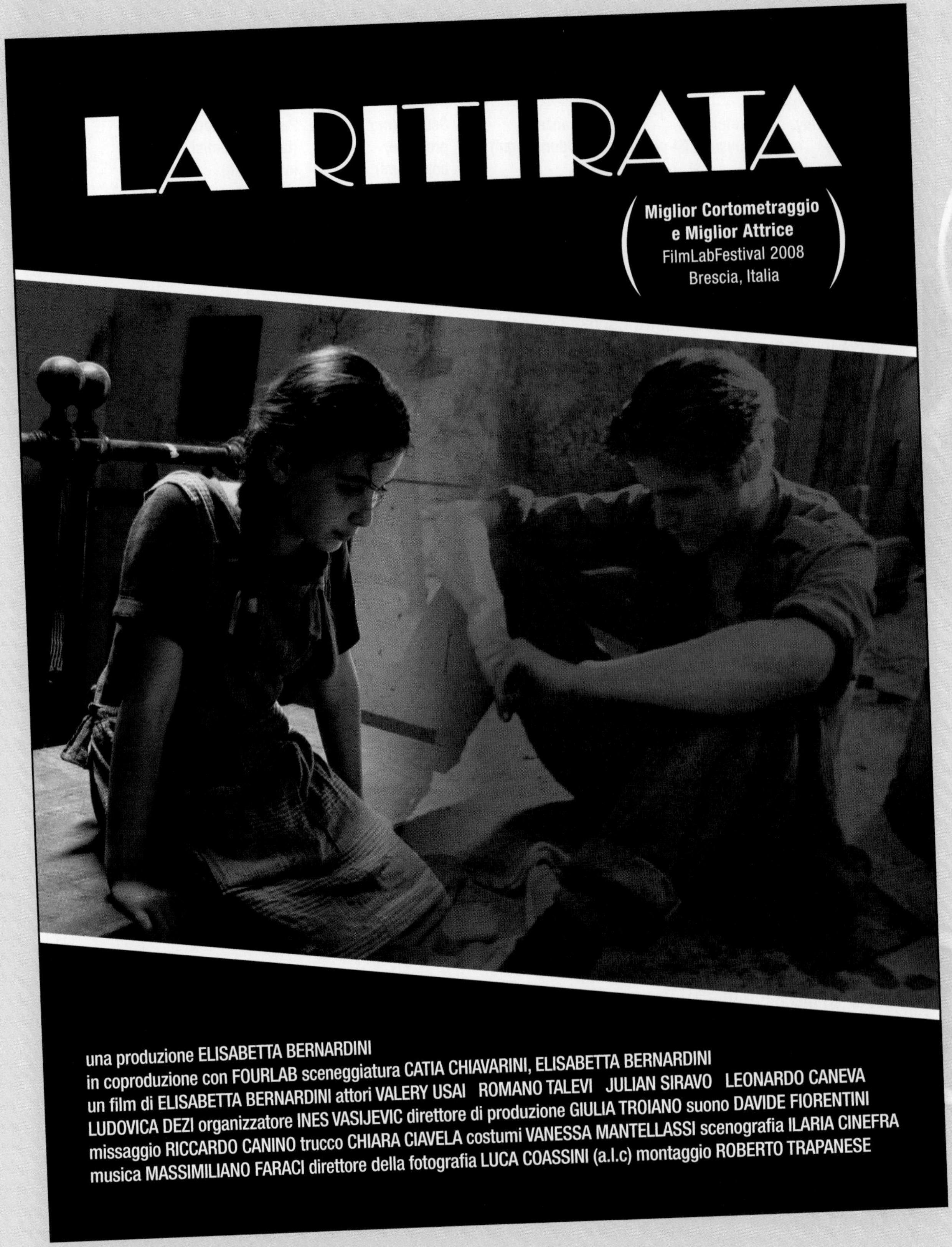
LA RITIRATA
Miglior Cortometraggio
e Miglior Attrice
FilmLabFestival 2008
Brescia, Italia
una produzione ELISABETTA BERNARDINI
in coproduzione con FOURLAB sceneggiatura CATIA CHIAVARINI, ELISABETTA BERNARDINI
un film di ELISABETTA BERNARDINI attori VALERY USAI ROMANO TALEVI JULIAN SIRAVO LEONARDO CANEVA
LUDOVICA DEZI organizzatore INES VASIJEVIC direttore di produzione GIULIA TROIANO suono DAVIDE FIORENTINI
missaggio RICCARDO CANINO trucco CHIARA CIAVELA costumi VANESSA MANTELLASSI scenografia ILARIA CINEFRA
musica MASSIMILIANO FARACI direttore della fotografia LUCA COASSINI (a.l.c) montaggio ROBERTO TRAPANESE

Trama *Mentre le truppe alleate vincono la guerra e l'armata tedesca si ritira, Rosa scopre che ci sono anche nemici buoni e vicini cattivi.*

ROSA Sotto il ponte c'è tre conche°/ passa il lupo non le rompe/ passa il figlio de' lu re/ le ritira tutte e tre.

OCCHIULÌ C'è tre conche, C'è tre conche, C'è tre conche...

ROSA Sono io.

LUCIA Rosa, domani mi porti con te?
ROSA No, no, non posso.
LUCIA E perché?
ROSA Occhiulì, sono Occhiulì, uahaa... faccio la spiaa... mangio i bambini...

FRIEDRICH Bellissima...

DUMÌ Me la leggi?
ROSA Sì Dumì, te la leggo, però tu aspettami qui. Va bene?

°**conche** *basins*

Nota CULTURALE

I partigiani

In Italia, il termine **partigiano** si riferisce ai membri della resistenza durante la **Seconda Guerra Mondiale**. I partigiani si opponevano all'occupazione dell'Italia da parte della Germania nazista e combattevano —militarmente o anche solo politicamente— sia i tedeschi occupatori sia la dittatura° fascista di **Benito Mussolini**.

°**dittatura** *dictatorship*

Ask students lo look for references to fairy tales as they watch the movie.

Sullo SCHERMO

Quali sono le emozioni di Rosa in queste scene?

1. Quando gioca con Lucia e Dumì, è __d__.
2. Quando incontra Occhiulì, si __a__.
3. Quando si mette il vestito della mamma, si __e__.
4. Quando balla con Friedrich, è __c__.
5. Quando corre in camicia da notte a cercare Friedrich, è __b__.

a. innervosisce
b. terrorizzata
c. innamorata
d. felice
e. sente grande

Analisi

1 Give students additional items.
9. Gli italiani sono in guerra con gli americani. (Falso)
10. Rosa si mette un vestito della mamma. (Vero)
11. I partigiani aspettano le truppe americane. (Vero)
12. I tedeschi uccidono Friedrich. (Falso)

1 **Comprensione** Indica se ogni affermazione è **vera** o **falsa**. Dopo, in coppia, correggete le affermazioni false.

Vero	Falso	
☐	☑	1. Il padre di Rosa è morto in guerra.
☑	☐	2. Cirillo è un maiale (*pig*).
☑	☐	3. Rosa, Lucia e Dumì sono sfollati.
☑	☐	4. La via dei campi è la più sicura per tornare a casa.
☐	☑	5. Friedrich è un soldato alleato.
☑	☐	6. Occhiulì fa la spia per i tedeschi.
☐	☑	7. Friedrich uccide Occhiulì.
☑	☐	8. Alla fine del film arriva una lettera del papà di Rosa.

2 **Scegliere** Completa le frasi. Dopo, in coppia, discutete le frasi che avete segnato con **d**.

1. La storia del film si svolge
   a. prima della Seconda Guerra Mondiale
   b. all'inizio della Seconda Guerra Mondiale
   (c.) alla fine della Seconda Guerra Mondiale d. non si sa
2. Nella campagna si nascondono
   (a.) i partigiani e i tedeschi b. gli animalacci c. i soldati italiani
   d. nessuno di questi
3. Qual è il mostro (*monster*) nel film?
   a. l'animalaccio b. la guerra c. Occhiulì (d.) tutti e tre
4. Chi si ritira nella storia?
   (a.) i tedeschi b. i partigiani c. gli americani d. tutti meno gli italiani
5. Friedrich aspetta l'arrivo
   a. delle truppe tedesche b. delle truppe fasciste (c.) delle truppe americane
   d. dei genitori di Rosa
6. I partigiani uccidono Friedrich perché
   a. è una spia b. è innamorato di Rosa c. si nasconde a casa di Rosa
   (d.) credono che abbia ucciso Occhiulì

3 **Associazioni** Collega le parole corrispondenti nelle due colonne; poi confronta le tue scelte con quelle di un(a) compagno/a. Answers may vary slightly. Suggested answers.

1. Friedrich _d_	a. fa paura.
2. Rosa _b_	b. cambia durante il film.
3. Lucia _f_	c. è un animale.
4. La guerra _g_	d. è la persona più vulnerabile nella storia.
5. Occhiulì _a_	e. aspetta notizie dei genitori.
6. Cirillo _c_	f. ha paura dei mostri.
7. I soldati tedeschi _h_	g. provoca molte vittime.
8. Dumì _e_	h. si sentono in pericolo.

4

Esaminare In coppia, usate la tabella per confermare o negare le seguenti affermazioni. Poi aggiungete quattro affermazioni originali. Answers may vary.

Opinione	Confermata dal film	Negata dal film
1. Il mondo è pericoloso	X	
2. La campagna è più sicura della città		X
3. I mostri dei bambini sono immaginari		X
4. In guerra ci sono tante vittime innocenti	X	
5. La guerra arriva anche in campagna	X	
6. I tedeschi sono cattivi		X
7. ______	______	______
8. ______	______	______
9. ______	______	______
10. ______	______	______

5

Discutere In coppia, rispondete alle domande con degli esempi concreti.

1. Pensi che Friedrich abbia ragione a nascondersi? Perché?
2. Puoi pensare ad una situazione nel tuo paese in cui una persona voglia nascondersi per ragioni politiche?
3. Quale personaggio nel film corre il maggior pericolo? Perché?
4. Ti sei mai trovato/a in una situazione pericolosa? Cosa hai fatto per uscirne?

6

Una conversazione In coppia o in gruppi di tre, improvvisate un dialogo per una di queste situazioni.

A

Friedrich non muore. Si arrende quando arrivano gli americani e viene fatto prigioniero. Dopo la fine della guerra, libero, torna in Italia a cercare Rosa.

B

Prima la mamma e poi il papà di Rosa tornano dai loro figli. La famiglia, finalmente riunita, fa una festa per celebrare la fine della guerra.

7

Che cosa faresti? Scrivi un paragrafo spiegando la tua reazione in una di queste situazioni.

1. Mentre stai tornando a casa, un'altra macchina ti sorpassa troppo velocemente. Tu riesci ad evitare un incidente per un millimetro. Qualche minuto più tardi, vedi che la stessa macchina è andata a sbattere contro un albero; l'autista è ancora dentro.
2. Sei candidato/a per un posto al Senato e la tua campagna elettorale sta andando male. Uno dei tuoi assistenti ti rivela un segreto che potrebbe danneggiare per sempre la reputazione del tuo rivale.
3. Sei tifoso/a della squadra di calcio della Roma e sabato scorso sei uscito/a con una persona fantastica. Telefoni agli amici per raccontargli che sei innamorato/a. Oggi scopri che questa persona è il/la presidente della Lazio, la squadra rivale.
4. Sei un soldato. Mentre attraversi un bosco, vicino a un fiume, trovi un soldato nemico ferito gravemente che ti chiede dell'acqua da bere. Intorno non c'è nessuno.

Practice more at **immagina.vhlcentral.com.**

INSTRUCTIONAL RESOURCES Supersite: Teaching suggestions;
SAM/WebSAM: WB

IMMAGINA

ROMA

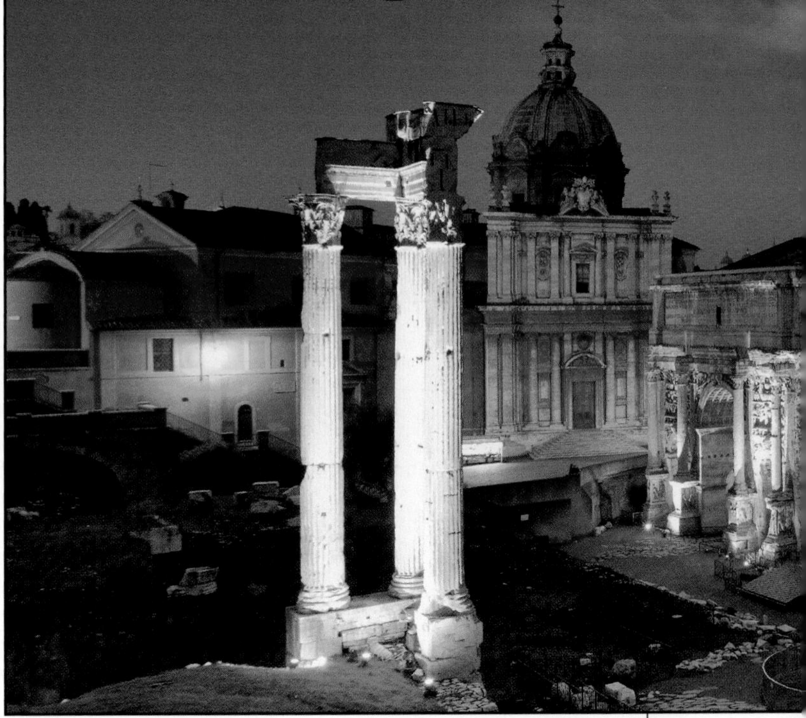

Reading

Roma: un museo all'aperto!

Finalmente **Roma**, *Caput Mundi*, la capitale del mondo! Passeggiamo alla scoperta° di alcuni dei monumenti più emblematici della città per arrivare alla fine in un vero e proprio stato indipendente che si trova nel cuore di Roma: **Città del Vaticano**.

Iniziamo la nostra passeggiata da uno dei simboli di Roma: l'**Anfiteatro Massimo**, noto a tutti come il **Colosseo**. Costruito nel I secolo, poteva contenere fino a 50.000 spettatori ed era l'arena per i combattimenti° tra gladiatori. Non lontano c'è l'**Arco di Costantino**, ricco di bassorilievi° che raccontano le imprese° militari dell'imperatore. Camminiamo lungo la **via dei Fori** e ammiriamo i ruderi° del **Foro di Traiano** e del **Foro Romano**. I Fori, costruiti in un secolo e mezzo da vari imperatori, avevano piazze, templi°, portici° ed edifici. Erano usati per il commercio, per le celebrazioni politiche e religiose e naturalmente per esaltare° la gloria dei sovrani.

A **piazza del Popolo** iniziamo la seconda tappa della nostra passeggiata. La piazza, di origini molto antiche, è stata ristrutturata e ampliata° nel **Rinascimento**, epoca a cui risalgono° l'obelisco e le fontane. Le due **Chiese Gemelle** fanno da ingresso al **Tridente** romano: **via del Corso, via del Babbuino e via della Ripetta**, dove possiamo fare acquisti di ogni genere. Dalla piazza ci dirigiamo verso° **Trinità dei Monti**. Scendiamo i celebri 137 scalini e siamo a **piazza di Spagna**. Al centro c'è la caratteristica **Fontana della Barcaccia**, in stile barocco, così chiamata per la sua forma di una barca che affonda°.

Nelle vicinanze c'è la **Fontana di Trevi**, la più grandiosa fontana di Roma in stile classico e barocco, costruita nel '700. Il tema della fontana è il mare, rappresentato da sculture di conchiglie°, animali marini e divinità dell'oceano. Per tradizione, lanciamo una moneta° nell'acqua per tornare a Roma e continuiamo verso **piazza Navona**, simbolo del **Barocco** romano. La piazza, un tempo stadio romano, ha una forma ovale; al centro ha una fontana realizzata dal **Bernini** ed è circondata da palazzi di famiglie importanti. Oggi è luogo di incontro di venditori e artisti e qui si celebra la famosa **Befana** romana°.

Basilica di San Pietro

La terza tappa ci vedrà «all'estero», anche se non andiamo via da Roma. Siamo infatti a **Città del Vaticano**, centro della chiesa cattolica e residenza del **Papa**. Arriviamo a **piazza San Pietro** antistante° la **Basilica** e all'interno contempliamo numerosi capolavori tra cui la statua della **Pietà** di **Michelangelo**. Se saliamo i 537 scalini per salire in cima alla **Cupola**, si apre ai nostri occhi un panorama mozzafiato°! Visitiamo i **Musei Vaticani** e in particolare la **Cappella Sistina** per ammirare gli affreschi di Michelangelo che decorano la volta.

Dopo tanta arte e tanto cammino, concludiamo la nostra gita° in una tipica trattoria del quartiere **Trastevere** per gustare dell'ottimo cibo romano.

In più...

Roma è attraversata da due fiumi: il **Tevere** e l'**Aniene**. Secondo la leggenda°, sulle rive° del Tevere un pastore° trovò due fratelli gemelli abbandonati, **Romolo** e **Remo**, e li salvò°. Dopo molti anni e molte avventure, proprio negli stessi luoghi, Romolo fondò **Roma** nel 753 a.C.

scoperta *discovery* **combattimenti** *combats* **bassorilievi** *relief sculptures* **imprese** *exploits* **ruderi** *ruins* **templi** *temples* **portici** *colonnades* **esaltare** *to exalt* **ampliata** *enlarged* **risalgono** *date back* **ci dirigiamo verso** *let's move on to* **affonda** *sinks* **conchiglie** *sea-shells* **moneta** *coin* **Befana romana** *celebration of the Epiphany* **antistante** *in front of* **mozzafiato** *breath-taking* **gita** *trip* **Secondo...** *According to legend* **rive** *shores* **pastore** *shepherd* **salvò** *saved*

E L'ITALIA CENTRALE

Le regioni del Centro Italia Tra le regioni del Centro Italia ci sono **Lazio**, **Umbria**, **Marche** e **Abruzzo**. Le coste sono bagnate dal **mar Tirreno** ad ovest e dal **mar Adriatico** ad est. L'interno è attraversato dagli **Appennini** con la montagna più alta, il **Gran Sasso** (2.903 metri), in Abruzzo. Il **Centro** è caratterizzato da paesaggi collinari° con foreste e laghi, soprattutto in Umbria e Lazio, e splendidi litorali° come il **Conero** nelle Marche.

San Francesco d'Assisi **San Francesco**, nato ad **Assisi** in Umbria nel 1181 o nel 1182, è uno dei santi più cari agli italiani. Francesco, figlio di un ricco mercante, dopo una guerra tra Assisi e Perugia, si converte° e si dedica completamente alla vita spirituale. Abbandona ogni suo bene° e vive tra i poveri ed i lebbrosi° per aiutarli e per diffondere la Parola di Dio. San Francesco fonda l'ordine dei frati° francescani ed è l'autore del **Cantico delle Creature**. Dal 1939 è il **santo patrono**° d'Italia e la sua festa si celebra il 4 ottobre.

collinari *hilly* **litorali** *coasts* **si converte** *is converted* **bene** *property* **lebbrosi** *lepers* **frati** *friars* **patrono** *patron saint*

Vero o falso? Indica se ogni frase è **vera** o **falsa**. Correggi le frasi false.

1. I gladiatori combattevano al Colosseo. Vero.
2. I Fori erano luoghi utilizzati solo per le celebrazioni religiose. Falso. Erano usati anche per il commercio e le celebrazioni politiche.
3. Trinità dei Monti e piazza di Spagna sono due luoghi vicini. Vero.
4. Piazza Navona era un Foro romano. Falso. Era uno stadio.
5. La montagna più alta degli Appennini si trova in Abruzzo. Vero.
6. San Francesco è il santo protettore d'Italia. Vero.

Quanto hai imparato? Rispondi alle domande. Some answers will vary.

1. In che epoca è stato costruito l'Anfiteatro Massimo? I secolo
2. Chi ha realizzato i Fori? vari imperatori
3. Che cos'è il Tridente? tre strade di Roma: via del Corso, via del Babbuino e via della Ripetta.
4. Perché la Fontana della Barcaccia ha questo nome? Perché ha la forma di una barca che affonda.
5. Qual è il tema che ha ispirato la costruzione della Fontana di Trevi? il mare
6. Che cos'è la Cappella Sistina? la cappella con gli affreschi di Michelangelo
7. Dove si trova la Città del Vaticano? a Roma
8. Quali sono le caratteristiche naturali delle regioni del Centro? colline, foreste, laghi e montagne
9. Chi era san Francesco? Era figlio di un mercante. Era un frate che aiutava i poveri e i lebbrosi. Ha fondato l'ordine dei frati francescani. È il santo patrono d'Italia.
10. In che stagione si celebra la festa di san Francesco? autunno

Progetto

L'Impero Romano

Quanto era grande l'Impero Romano? Che lingue si parlavano nell'Impero?

Vai in rete e cerca informazioni sull'estensione dell'Impero al massimo del suo splendore.

- Crea una mappa dell'Impero Romano
- Scopri quali sono le lingue di oggi che hanno sostituito il latino parlato all'epoca dell'Impero.
- Cerca almeno tre luoghi con resti di edifici e strutture romane.
- Confronta i tuoi risultati con il resto della classe.

NATIONAL comparisons STANDARDS

INSTRUCTIONAL RESOURCES 2.1
Supersite: Audioscripts, SAM AK, Lab MP3s
SAM/WebSAM: WB, LM

Remind students that infinitives of reflexive verbs end in **–arsi**, **–ersi**, or **–irsi** and that **–si** is attached to the infinitive after dropping the last **–e**.

Pantomime a few of the reflexive verbs for students, having them guess the infinitive. Then ask for volunteers from the class to play charades. You may provide them with the verbs if you wish.

ATTENZIONE!

When a reflexive verb is used with **potere**, **volere**, and **dovere**, the reflexive pronoun may attach to the infinitive or precede the conjugated verb.

Adriana vuole riposarsi.
Adriana si vuole riposare.
Adriana wants to rest.

RIMANDO

For more information about the use of **potere**, **dovere**, and **volere**, see **Strutture 4.4, p. 142**.

Have students sort the verbs related to daily routines chronologically.

RIMANDO

In compound tenses, reflexive and reciprocal verbs are conjugated with **essere** and require agreement between the subject and the past participle. See **Strutture 3.1, pp. 90-91**.

Reflexive and reciprocal verbs

- Reflexive verbs describe an action that the subject of the verb does to or for himself, herself, or itself (the action is "reflected" back on the subject of the verb). Reflexive verbs are always used with a reflexive pronoun: **mi**, **ti**, **si**, **ci**, **vi**, or **si**.

*Rosa **si guarda** allo specchio.*

Reflexive verbs

lavarsi	**vedersi**	**vestirsi**
mi **lavo**	mi **vedo**	mi **vesto**
ti **lavi**	ti **vedi**	ti **vesti**
si **lava**	si **vede**	si **veste**
ci **laviamo**	ci **vediamo**	ci **vestiamo**
vi **lavate**	vi **vedete**	vi **vestite**
si **lavano**	si **vedono**	si **vestono**

- Reflexive pronouns precede conjugated verbs, but are attached to infinitives after dropping the final **–e**. The reflexive pronoun always matches the subject of the sentence, even when it is attached to the infinitive.

Mi alzo presto ogni giorno.
I get up early every day.

Preferisco **alzarmi** presto.
I prefer to get up early.

- Many common reflexive verbs are used to describe routines.

addormentarsi *to fall asleep*	**fermarsi** *to stop (oneself)*	**riposarsi** *to rest*
alzarsi *to get up*	**incontrarsi** *to get together/meet*	**sbrigarsi** *to hurry*
annoiarsi *to get bored*	**lavarsi** *to wash oneself*	**sdraiarsi** *to lie down*
asciugarsi *to dry up*	**mettersi** *to put on (clothes)*	**svegliarsi** *to wake up*
divertirsi *to have fun*	**perdersi** *to get lost*	**truccarsi** *to put on make-up*
farsi la barba *to shave*	**pettinarsi** *to comb one's hair*	**vestirsi** *to get dressed*

- When parts of the body or clothing are mentioned with Italian reflexive verbs, use the definite article, not the possessive adjective as in English.

Ci siamo lavati le mani.
We washed our hands.

Si mette sempre i pantaloni.
She always puts on (her) pants.

- Some verbs that express feeling, state of mind, or attitude are used in the reflexive form even though they do not literally express a reflexive action.

accọrgersi *to realize*	**lamentarsi** *to complain*	**sentirsi** *to feel*
annoiarsi *to be bored*	**pentirsi** *to regret*	**stufarsi** *to be fed up*
arrabbiarsi *to get mad/angry*	**preoccuparsi** *to worry*	**vantarsi** *to boast, to brag*
dimenticarsi *to forget*	**ricordarsi** *to remember*	**vergognarsi** *to be ashamed*

Perché **si arrabbia**? Non ho fatto niente!
Why is he getting mad? I didn't do anything!

Mi annoio sempre quando sono con Massimo.
I am always bored when I am with Massimo.

- Some verbs change meaning when they are used with a reflexive pronoun.

non-reflexive	reflexive
alzare *to raise/lift*	**alzarsi** *to get up*
chiamare *to call*	**chiamarsi** *to be named*
fermare *to stop (someone/something)*	**fermarsi** *to stop (oneself); to stay*
mẹttere *to put*	**mẹttersi** *to put on (clothes)*
muọvere *to move*	**muọversi** *to get going*
svegliare *to wake someone*	**svegliarsi** *to wake up*

Hai chiamato Lola?
Did you call Lola?

Si chiama Lola.
Her name is Lola.

- Reflexive pronouns are also attached to the familiar forms (**tu**, **noi**, and **voi**) of the imperative when the command is affirmative, but can precede or follow negative forms. The reflexive pronoun always precedes a formal command.

Non **ci fermiamo**.
Non **fermiamoci**.
Let's not stop.

Prego, **si accomodi**.
Please sit down/take a seat.

- The plural forms of non-reflexive verbs can be used with the plural reflexive pronouns **ci**, **vi**, or **si** to express reciprocal actions—actions that people do to or for each other.

abbracciarsi *to hug each other*	**baciarsi** *to kiss each other*	**scrịversi** *to write to each other*
aiutarsi *to help each other*	**conọscersi** *to know each other*	**telefonarsi** *to phone each other*
amarsi *to love each other*	**parlarsi** *to speak to each other*	**vedersi** *to see each other*

I miei fratelli **si telefonano** ogni sabato.
My brothers call each other every Saturday.

Non **ci parliamo** più perché lavori troppo.
We don't talk to each other anymore because you work too much.

ATTENZIONE!

Certain verbs are used in the reflexive form for emphasis, especially when spoken. Some verbs in this category are **bersi**, **mangiarsi**, **comprarsi**, and **prendersi**.

Mi sono mangiata una bella pizza.
I had myself a nice pizza.

ATTENZIONE!

Some verbs can be used either reflexively or non-reflexively.

Ho perso le mie chiavi stamattina.
I lost my keys this morning.

Mi sono persa stamattina.
I got lost this morning.

Give students an example of a verb that is non-reflexive and ask them to come up with an example of its reflexive counterpart. You may also do the opposite. You say: **Guardo la TV**. They say: **Mi guardo allo specchio**.

RIMANDO

For more information about the **imperative**, see **Strutture 4.3, pp. 138-139.**

ATTENZIONE!

To differentiate reciprocal from reflexive actions, you may add phrases such as **l'un l'altro/a** (*one another*), or **reciprocamente** (*mutually*).

Victor e Paolo si aiutano l'un l'altro.
Victor and Paolo help one another.

To reinforce the idea of reciprocity, hold up pictures of one person doing an action, then of two people doing the same action with each other. Alternatively, have one student model an action (**Mariela parla**), then have another join the first so the action is reciprocal (**Mariela e Josh si parlano**). Ask students to say what they see.

Pratica

1 As a warm-up, ask students about their own habits and schedules. Example: **A che ora vi svegliate la mattina?**

1 **Il lunedì mattina** Completa il brano e descrivi quello che fanno Guido ed Elena il lunedì mattina. Utilizza la forma corretta dei verbi riflessivi.

accorgersi	farsi la barba	pettinarsi
addormentarsi	incontrarsi	prepararsi
alzarsi	lamentarsi	svegliarsi
asciugarsi	mettersi	truccarsi

Guido ed Elena (1) ___si svegliano___ presto la mattina, (2) ___si alzano___ subito e (3) ___si preparano___. Elena fa la doccia, (4) ___si asciuga___ i capelli, (5) ___si trucca___ e prepara la colazione. Anche Guido fa la doccia, (6) ___si fa la barba/ si pettina___ (7) ___si pettina/ si fa la barba___, e va a fare colazione. Dopo colazione Guido ed Elena (8) ___si mettono___ il cappotto ed escono di corsa. Alcune volte Guido (9) ___si accorge___ di aver dimenticato le chiavi della macchina sul tavolo e così deve rientrare a prenderle. Di solito Guido ed Elena (10) ___si incontrano___ per pranzo in una tavola calda vicino al lavoro. La sera tornano a casa tutti e due stanchi. Elena (11) ___si lamenta___ del lavoro che non le piace e Guido prepara la cena. Dopo cena guardano la TV e spesso (12) ___si addormentano___ sul divano.

2 Encourage students to give detailed descriptions of the images and to speculate about what is happening.

2 **Cosa fanno?** In coppia, descrivete cosa fanno le persone nelle foto. Utilizzate i verbi riflessivi. Suggested answers.

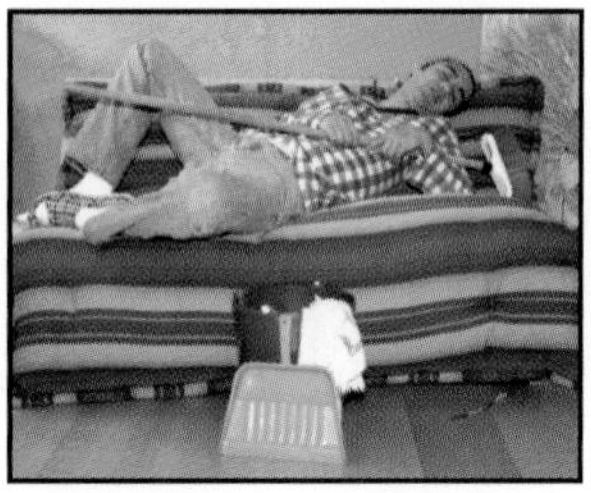

1. Marco ___si addormenta___ quando pulisce la casa.

2. Quando Sara vede Paolo con un'altra ragazza, ___si arrabbia___.

3. Antonio e Paola ___si divertono___ in piscina.

4. Noi ___ci incontriamo___ al caffè.

5. Andrea ___si sveglia___ tardi la domenica.

6. A volte ___mi perdo___ quando viaggio.

TEACHING OPTION Ask students: **Quali sono le tue abitudini e quelle della tua famiglia o dei tuoi amici il sabato mattina?** Encourage students to choose people with very different routines. Example: **tu, la nonna, la migliore amica, il cugino e il padre**.

Practice more at **immagina.vhlcentral.com.**

Comunicazione

3 **E tu?** In coppia, fatevi a turno le seguenti domande. Rispondete con frasi complete e spiegate le vostre risposte.

1. A che ora ti svegli di solito il sabato mattina?
2. Ti alzi sempre appena ti svegli?
3. Ti prepari subito?
4. Di solito, a che ora ti addormenti durante il fine settimana?
5. Cosa fai per rilassarti dopo una lunga giornata?

6. Come ti vesti per uscire con i tuoi amici?
7. Tu e i tuoi amici vi vestite mai in modo elegante?
8. Ti diverti quando vai a una festa? E quando vai a una riunione di famiglia?
9. Impieghi molto tempo a prepararti prima di uscire?
10. Ti preoccupi del tuo aspetto?

11. Tu e i tuoi amici vi telefonate spesso? Quante volte alla settimana?
12. Conosci qualcuno che si arrabbia spesso?
13. Ti scusi mai per cose che hai fatto?
14. Ti arrabbi con i tuoi amici? E con la tua famiglia?
15. Ti sbagli mai quando giudichi qualcuno?

4 **Al caffè** Immagina di essere in un caffè e a un tuo amico rubano il portafoglio. Cosa fate? Lavorate in gruppi di tre e ricreate la scena utilizzando almeno cinque dei verbi della lista.

accorgersi	fermarsi	perdersi
alzarsi	incontrarsi	preoccuparsi
arrabbiarsi	lamentarsi	ricordarsi
dimenticarsi	pentirsi	sbrigarsi

3 Call on students to share their partner's responses with the rest of the class.

3 Have students think of three additional questions, one for each section, to ask their partners.

4 Have groups act out the scene for the class. Encourage them to use props.

NATIONAL comparisons STANDARDS

INSTRUCTIONAL RESOURCES
Supersite: Audioscripts, SAM AK, Lab MP3s
SAM/WebSAM: WB, LM

2.2 *Piacere* and similar verbs

*A Dumì **piacciono** le lettere del padre.*

Using the verb *piacere*

- Sentences in Italian using the verb **piacere** (*to be pleasing, to like*) look quite different from their English equivalents. Typically, **piacere** is used in the third person singular and plural forms. The subject, which usually follows the verb **piacere**, determines which form to use. Remember, the thing or person that is liked is the subject of **piacere**. The person who likes someone or something is the indirect object.

Singular subject

Mi **piace la discoteca** in via Garibaldi.
I like the dance club on via Garibaldi.

Plural subject

Ti **piacciono i film** di Spielberg?
Do you like Spielberg's movies?

- The usual word order is *indirect object* + **piacere** + *subject.*

Gli + **piace** + **il mio nuovo CD.**
To him + *(it) is pleasing* + *my new CD.*
(=He likes my new CD.)

- Indirect object pronouns in Italian are: **mi**, **ti**, **Le/gli/le**, **ci**, **vi**, **Loro/loro/gli**. **Loro** follows the verb.

Mi piacciono i libri.
I like books.

I libri **piacciono loro**.
They like books.

- The subject may also come first, followed by **piacere** + *indirect object.*

Le lingue straniere + **piacciono** + **a Marta.**
Foreign languages + *are pleasing* + *to Marta.*
(=Marta likes foreign languages.)

- The indirect object may be either an indirect object pronoun or the preposition **a** followed by a noun. For emphasis or to clear up ambiguity, use **a** followed by a stressed pronoun.

Vi piacciono i giardini pubblici vicino a casa vostra?
Do you like the public gardens near your house?

Agli studenti non piacciono gli esami lunghi.
Students don't like long exams.

A Lidia piace l'edicola all'angolo.
Lidia likes the newsstand on the corner.

A me piace la matematica, non a mia sorella.
I like math, my sister doesn't.

- Stressed pronouns in Italian are: **me, te, Lei/lui/lei, noi, voi, Loro/loro**.

ATTENZIONE!

Piacere is an irregular verb. The present indicative forms are: **piaccio**, **piaci**, **piace**, **piacciamo**, **piacete**, and **piạcciono**. The first and second person forms of **piacere** are sometimes used to express affection.

So che piaccio alle ragazze.
I know that girls like me.

(Tu) mi piaci.
I like you.

(Noi) piacciamo a tutti i ragazzi.
All the kids like us.

RIMANDO

To review object pronouns and stressed pronouns, see **Strutture 4.2, pp. 132-134** and **Strutture 8.2, pp. 292-293.**

TEACHING OPTION After a brief review of indirect object pronouns, ask students questions using **a** followed by a noun, having them answer with indirect object pronouns.
–A Jeff piace la lezione d'inglese?
–Sì, gli piace la lezione d'inglese.
–A Brittany piacciono gli animali?
–Sì, le piacciono gli animali.

- **Piacere** is often used in the conditional to make polite requests or invitations:

  Ti **piacerebbe** andare al cinema stasera?
  Would you like to go to the movies tonight?

- **Piacere** may also be used with other verbs to indicate what someone likes to do. In this case, use **piace** + *infinitive*, even if the subject is plural.

Gli **piace vivere** in centro. *He likes living downtown.*	Ci **piace cantare e ballare.** *We like to sing and dance.*

- In the **passato prossimo** and other compound tenses, **piacere** takes the auxiliary **essere**. The past participle, **piaciuto**, must agree in number and gender with the subject.

Gli **è** piaciut**a l'opera.** *He liked the opera.*	Mi **sono** piaciut**e le rose**. Grazie! *I liked the roses. Thank you!*

Verbs like *piacere*

- Other common verbs follow the same pattern as **piacere**.

bastare *to be sufficient, to be enough*	**interessare** *to interest*
dare fastidio *to bother, to annoy*	**mancare** *to be missing*
dispiacere *to mind, to be sorry*	**occọrrere** *to need*
disturbare *to be a nuisance, to trouble*	**parere** *to appear, to seem*
(non) importare *(not) to be important; (not) to matter*	**restare** *to have left*
	sembrare *to seem*
	servire *to be useful*
	stare a cuore *to matter*

Ci **è parso** molto triste.
He seemed really sad to us.

Non mi **importano** le critiche!
The criticisms don't matter to me!

Mi **mancano** le ultime pagine della storia. *I'm missing the last pages of the story.*	Non mi **serve** questa vecchia macchina. *I have no use for this old car.*
Ti **occorre** altro? *Do you need anything else?*	Quanto ti **sta a cuore** la tua città? *How much does your city matter to you?*
I tuoi amici mi **sembrano** simpatici. *Your friends seem nice to me.*	Cosa vi **dà fastidio**? *What bothers you?*

- Use **non piacere** to say what you dislike. **Dispiacere** means *to mind* or *to be sorry*.

Non mi **piace** il traffico a Roma. *I don't like the traffic in Rome.*	Ti **dispiacerebbe** dare un passaggio a Rossella? *Would you mind giving Rossella a ride?*

For more practice of the infinitive with **piacere**, ask students about their daily activities. Ex:
–Studi molto, Robert?
–Sì, studio molto.
–Ti piace studiare?
–Sì, (No, non) mi piace studiare.
Give an appropriate reaction depending on the answers. Ex.: **Bravo, Robert!/ Che peccato!**

RIMANDO

For more information about the **passato prossimo**, see **Strutture 3.1, pp. 90-91**.

Remind students that the past participle of **piacere** takes an **–i** before the normal **–uto** ending for **–ere** verbs in order to maintain the correct pronunciation.
Have students practice the past participle agreement by asking them questions in the present, then adding **«E ieri?»**
–Ti piacciono i dolci?
–Sì, mi piacciono.
–E ieri?
–Sì, mi sono piaciuti.

Point out that **importare** is most commonly used in negative statements. It can be also used with **di**. In these cases, the verb is always used in the third person singular. Ex.: **Non mi importa delle critiche. / Non ci importa del calcio! / Non mi importa nulla di quello che dicono!**

Have students come up with an example sentence of each verb in Italian. Then ask which verbs are used like their English equivalents, such as **dare fastidio.**

Pratica

1 **Al supermercato** Michele e Carla sono andati in centro a fare la spesa, ma non sono d'accordo su quello che devono comprare. Completa la conversazione inserendo la forma corretta del verbo tra parentesi e i pronomi appropriati.

MICHELE Allora cosa dobbiamo comprare per la cena di stasera? (1) Ci occorre (occorrere) la pasta?

CARLA Sì, e (2) ci servono (servire) i funghi e il prosciutto.

MICHELE Non per me, non (3) mi piacciono (piacere) i funghi!

CARLA E va bene, prendiamo le zucchine! Abbiamo preso tutto? No, aspetta, (4) ci serve (servire) la frutta. Quale preferisci?

MICHELE (5) Mi piacciono (piacere) le ciliege e le mele.

CARLA Perfetto, adesso (6) ci manca (mancare) solo la torta.

2 After the activity, do a survey of the students' answers and write the results on the board.

2 **Cosa ti piace?** In coppia, domandatevi se vi piacciono o non vi piacciono le seguenti persone o attività e spiegate perché.

Modello **dormire fino a tardi**

—Ti piace dormire fino a tardi?

—Sì, mi piace. / No, a me piace svegliarmi presto.

fare sport	l'opera	Roberto Benigni
i film d'avventura	la musica di Laura Pausini	uscire con gli amici
i romanzi d'amore	non fare niente	viaggiare

3 Compare students' weekday activities with what they would like to do. Ex.: **Il lunedì hai lezione. Cosa ti piacerebbe fare invece di venire a lezione?**

3 **Il prossimo fine settimana?** In coppia, domandatevi se vi piacerebbe fare le attività illustrate nelle foto. Utilizzate i verbi **piacere**, **interessare** e **dare fastidio**.

Modello Ti interesserebbe andare al parco?

Sì, mi piacerebbe molto.

Practice more at **immagina.vhlcentral.com.**

Comunicazione

4 **Domande** In coppia, fatevi a turno delle domande sulle persone e sui luoghi seguenti.

Modello **piacere / a tuo padre**
Secondo te cosa piace a tuo padre?
Non so, secondo me gli piace dormire.

1. interessare / ai tuoi fratelli
2. non importare / al presidente
3. piacere / al(la) tuo/a migliore amico/a
4. non piacere / a tua madre
5. dare fastidio / al(la) tuo/a ragazzo/a
6. stare a cuore / al tuo professore
7. mancare / alla tua città
8. occorrere / ai cittadini

5 **Come sono?** Scegli un personaggio famoso e immagina quello che gli/le piace/piaceva. Dì al(la) tuo/a compagno/a cosa hai pensato senza dire il nome del personaggio famoso. Lui/Lei deve indovinare chi è. Usate tutti i verbi della lista.

Modello —Gli importa la situazione dell'Africa. Chi è?
—È Bono!

dare fastidio	non piacere
importare	parere
interessare	piacere

5 For a related game, divide the class into small groups. Give group members a photograph of a famous person from current events, recent movies, or popular music. Have students take turns describing the person's likes and dislikes and guessing his/her identity.

6 **In centro** In coppia, descrivete cosa fate di solito quando andate in centro. Utilizzate alcune parole della lista.

divertirsi	incontrarsi	passeggiare
fare commissioni	mancare	perdersi
fermata	non piacere	piacere
guidare	parcheggiare	restare

Modello Di solito, il sabato mattina vado in centro. Vado con la mia macchina perché mi piace guidare. A volte prendo la metro perché non mi piacciono gli ingorghi stradali e mi preoccupo per l'ambiente.

6 Have students share their experience with the rest of the class.

INSTRUCTIONAL RESOURCES
Supersite: Audioscripts, SAM AK, Lab MP3s
SAM/WebSAM: WB, LM

2.3 Possessive adjectives and pronouns

—*La **tua** casa?*

—*Sì, la **mia** casa.*

- Possessive adjectives and pronouns indicate ownership, possession, or relationships. In Italian, possessive adjectives and possessive pronouns have the same forms, which include the definite article in most cases.

English meaning	singular		plural	
	masculine	**feminine**	**masculine**	**feminine**
my/mine	**il mịo**	**la mịa**	**i miẹi**	**le mịe**
your/yours	**il tuo**	**la tua**	**i tuọi**	**le tue**
your/yours (*formal*)	**il Suo**	**la Sua**	**i Suọi**	**le Sue**
his/her(s)/its	**il suo**	**la sua**	**i suọi**	**le sue**
our/ours	**il nostro**	**la nostra**	**i nostri**	**le nostre**
your/yours	**il vostro**	**la vostra**	**i vostri**	**le vostre**
their/theirs	**il loro**	**la loro**	**i loro**	**le loro**

RIMANDO

To review articles, see **Strutture 1.2, p. 18.**

Possessive adjectives

- Possessive adjectives (**gli aggettivi possessivi**) usually precede the noun that they modify. They must agree in number and gender with the noun they modify, not the owner of the object.

Ecco **il mio** palazzo.
Here's my apartment building.

Dove sono **i tuoi** genitori?
Where are your parents?

- In Italian, there is no difference between *his* and *her*. Use the context to determine the meaning.

Roberto non ha voglia di vendere **il suo** motorino.
***Roberto** doesn't want to sell **his** scooter.*

Fiammetta non ha voglia di vendere **il suo** motorino.
***Fiammetta** doesn't want to sell **her** scooter.*

- The possessive adjective may be omitted in Italian when the relationship or ownership is obvious, such as when referring to body parts or clothing.

Ho telefonato **alla mamma**.
*I called **my** mom.*

Mi lavo **la** faccia.
*I wash **my** face.*

- To express the idea *of mine*, *of yours* and so on, use an indefinite article, a number, or a demonstrative adjective with the appropriate form of the possessive adjective.

Due tuoi coinquilini sono venuti da me.
Two of your roommates came by my place.

Questo nostro amore è incredibile.
This love of ours is incredible.

RIMANDO

To review gender and number, see **Strutture 1.3, 20-21.**

ATTENZIONE!

To clarify, you may use **di lui** or **di lei** to indicate *his* or *her(s)*.

Ada è amica di lui, non di lei.
Ada is his friend, not hers.

ATTENZIONE!

When a preposition precedes the article used with a possessive adjective, combine the preposition and article as you normally would.

Il mio telefonino è nella mia camera.
My cellphone is in my room.

Diamo questi fiori alle tue amiche.
Let's give these flowers to your friends.

- With the exception of **loro**, which always requires the definite article, possessive adjectives are generally used *without* the definite article when referring to singular, unmodified family members. Use the definite article when the noun referring to a family member is plural and when it is a modified or affectionate form, such as **mamma** or **papà**. Compare:

Nostro fratello studia a Napoli. *but* **I nostri fratelli** studiano a Roma.
Our brother studies in Naples. *Our brothers study in Rome*

Mia sorella ha ventotto anni. *but* **La mia sorellina** ha otto anni.
My sister is twenty-eight years old. *My little sister is eight years old.*

Tuo cugino abita a Roma. *but* **Il tuo cugino preferito** abita a Perugia.
Your cousin lives in Rome. *Your favorite cousin lives in Perugia.*

- Possessive adjectives are used without the definite article in some common expressions. Note that the possessive adjective often follows the noun in these expressions.

Festeggiamo **a casa nostra**.
Let's celebrate at our house.

È **colpa mia**.
It's my fault.

Preferisce fare **a modo suo**.
He prefers doing things his way.

Vorrei farlo **per conto mio**.
I want to do it on my own.

Possessive pronouns

- Possessive pronouns replace nouns, and must agree in number and gender with the nouns to which they refer.

Il tuo gatto ha sempre fame, ma **il mio** mangia poco.
Your cat is always hungry, but mine eats very little.

La squadra di Belforte è buona, ma **la vostra** è stupenda!
The team from Belforte is good, but yours is fantastic!

Ecco **la tua borsetta**, ma dov'è **la mia**?
There's your purse, but where is mine?

Se non trovi **il tuo iPod**, prendi **il nostro**.
If you don't find your iPod, take ours.

- The definite article is almost always used with possessive pronouns, even when referring to a single family member.

Hai visto mio fratello? No, ma ho visto **il suo**.
Have you seen my brother? No, but I saw hers.

Il quartiere di Michele è calmo, ma **il tuo** è molto rumoroso.
Michele's neighborhood is calm, but yours is very noisy.

- When the possessive pronoun follows the verb **essere**, the definite article is generally omitted. However, the article may be used after **essere** for clarification or emphasis.

Questi CD sono **nostri**? *but* Questi CD sono **i nostri o i tuoi**?
Are these CDs ours? *Are these CDs ours or yours?*

È **tuo** questo telefonino? Sì, è **mio**. *but* È **il tuo** telefonino o **il mio**?
Is this cell phone yours? Yes, it's mine. *Is that your cell phone or mine?*

You may want to point out that this rule is not always followed. **Mamma** and **papà** can be used without the definite article. **Nonno/a** can be used with the definite article even when it is not modified.

Remind students that **loro** is invariable, but that the definite article must agree in number and gender with the noun it modifies.

Some other idiomatic expressions you may want to share with students are: **da parte sua** (*on his/her behalf*), **a vostra disposizione** (*at your disposal*), **affari miei** (*my business*).

ATTENZIONE!

Possessive pronouns may be used to refer to family.

I suoi non abitano in Umbria.
His parents don't/family doesn't live in Umbria.

Un grande abbraccio **ai tuoi**.
A big hug to your parents/family.

To get students to practice possessive pronouns, ask them questions using possessive adjectives and have them answer using a pronoun in the negative, following up with someone else's item(s).

–Sono i tuoi libri?
–No, non sono i miei, sono i suoi.
–Mi dai la tua matita?
–No, non ti do la mia, ti do la loro.

Pratica

1

Trasforma Inserisci l'aggettivo possessivo e il pronome possessivo corrispondente.

Modello **Il palazzo di Luisa** Il suo palazzo / Il suo

1. L'appartamento di Marco ___il suo appartamento___ / ___il suo___
2. L'automobile tua e di Paolo ___la vostra automobile___ / ___la vostra___
3. Le biciclette dei bambini ___le loro biciclette___ / ___le loro___
4. Il paese mio ___il mio paese___ / ___il mio___
5. La via tua ___la tua via___ / ___la tua___
6. Il casale mio e di mio fratello ___il nostro casale___ / ___il nostro___

2 Have students retell the story from the perspective of different people. Give them the beginning and ask them to continue the story. Ex.: **La settimana scorsa nostra nonna ha organizzato...**

2

La riunione di famiglia Giulia racconta della riunione di famiglia a cui ha partecipato la settimana scorsa. Completa il brano con gli aggettivi possessivi giusti.

La settimana scorsa (1) ___mia___ (mia/la mia) nonna ha organizzato una festa per il suo 80° compleanno e ha voluto attorno a sé tutti i suoi cari. C'erano proprio tutti e finalmente dopo tanto tempo ho potuto rivedere (2) ___mio___ (mio/il mio) cugino Giovanni che studia a Firenze. È stata una bellissima festa. (3) ___I miei___ (Miei/I miei) zii hanno regalato alla nonna una bella spilla (brooch) *d'oro. (4) ___Le mie___ (Mie/Le mie) cugine hanno cantato la canzone preferita della nonna. (5) ___Mio___ (Mio/Il mio) fratello ha organizzato le foto dei momenti più belli della vita di (6) ___nostra___ (nostra/la nostra) nonna. Ovviamente (7) ___la mia___ (mia/la mia) mamma si è commossa* (was moved) *e (8) ___il mio___ (mio/il mio) papà l'ha presa in giro* (made fun of her).

3 Have students come up with similar questions to ask a partner about things in the classroom. Ex.: **Questa è la tua penna? Questo è lo zaino di Cristiano?**

3

Di chi è? Il tuo coinquilino sta controllando quali oggetti gli appartengono. In coppia, rispondete a turno alle domande con i pronomi possessivi.

Modello **Questa è la tua calcolatrice?** Sì, è la mia / No, non è la mia.

1. Questo è il tuo cellulare? il mio
2. Questa è la calcolatrice dei tuoi genitori? la loro
3. Questo è il mio asciugamano? il tuo
4. Queste sono le foto di tuo cugino? le sue
5. Questi sono gli appunti di Sabrina? i suoi
6. Questi sono i CD miei e di mio fratello? i vostri

4 Have pairs of students extend the conversation, providing an imaginative finale.

4 Have pairs of students re-create the conversation, modifying it to talk about their own neighborhoods.

4

Opinioni Due amiche si incontrano alla fermata dell'autobus e parlano di dove abitano. Completa il dialogo con gli aggettivi e i pronomi possessivi.

ROBERTA Quanto tempo! Non ci vediamo da una vita. Abiti sempre in centro?

ALESSIA No, mi sono trasferita in un'altra zona.

ROBERTA Raccontami, com'è (1) ___il tuo___ quartiere? (2) ___Il mio___ è così caotico!

ALESSIA (3) ___Il mio___ è molto tranquillo. Anche se (4) ___mio___ marito dice che è troppo tranquillo. Però ci sono molti giardini pieni di fiori e piante.

ROBERTA Che bello! (5) ___I nostri___ sono quasi abbandonati. (6) ___Le mie___ figlie non vogliono mai andare a giocare fuori. E (7) ___le tue___ come stanno?

ALESSIA Stanno bene, crescono in fretta! Ah, ecco (8) ___il mio___ autobus, devo andare, a presto!

ROBERTA (9) ___Il mio___ è in ritardo... A presto!

Practice more at **immagina.vhlcentral.com.**

Comunicazione

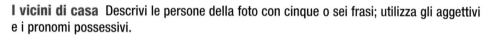

5

Intervista In coppia, a turno, fatevi le seguenti domande e aggiungetene altre. Rispondete utilizzando gli aggettivi possessivi.

1. Come si chiamano i tuoi fratelli?
2. Quanti anni ha tuo padre?
3. Dove lavora tua madre?
4. Quale università frequentano le tue cugine?
5. Dove vivono i tuoi nonni?
6. Quante lingue parla tua sorella?

6

I vicini di casa Descrivi le persone della foto con cinque o sei frasi; utilizza gli aggettivi e i pronomi possessivi.

7

Cosa porteresti con te?

A. L'estate prossima vai a vivere in una città lontana da casa tua. Fai una lista degli oggetti personali che porti con te.

Modello L'estate prossima vado a vivere per due mesi a Rimini. Di sicuro porto con me i miei CD musicali preferiti, le mie scarpe da ginnastica per le passeggiate in collina, la mia macchina fotografica per fare foto bellissime...

B. In piccoli gruppi, condividete e discutete le vostre liste. Scrivete negli spazi giusti gli oggetti simili e quelli diversi. Dopo domandate e spiegate perché volete portare le cose nella lista di oggetti diversi.

Modello Io voglio portare la mia Wii ma tu non vuoi portare la tua. Perché?

oggetti simili	oggetti diversi

2.4

Demonstratives; position of adjectives

Demonstratives

- The demonstrative adjectives **questo** and **quello** correspond to *this* and *that*, respectively. They agree in number and gender with the nouns they modify. **Questo** has four forms, but may be abbreviated to **quest'** before a singular noun or adjective that begins with a vowel. **Quello**, like the definite article, has seven forms.

masc./sing.	fem./sing.	masc./pl.	fem./pl.
questo poliziotto	**questa** farmacia	**questi** quartieri	**queste** macchine
quest'anno	**quest'**amica		

masc./sing.	fem./sing.	masc./pl.	fem./pl.
quel segnale	**quella** città	**quei** tribunali	**quelle** cose
quell'autista	**quell'**edicola	**quegli** angoli	**quelle** amiche
quello stadio	**quella** strada	**quegli** zii	**quelle** banche

- **Questo** and **quello** may also be used as demonstrative pronouns. Used as a pronoun, each has only four forms ending in **–o**, **–a**, **–i**, or **–e**.

Non mi piace **quell'appartamento** in via Roma; preferisco **questo**.
I don't like that apartment on via Roma; I prefer this one.

Position of adjectives

- Most adjectives follow the nouns they modify. There are, however, a dozen or so common adjectives that usually precede the noun. They are typically adjectives of beauty, age, quality, or size, but you must memorize them to avoid making mistakes. Some of them are **bello**, **bravo**, **brutto**, **buono**, **cattivo**, **nuovo**, **vecchio**, **piccolo**, and **grande**.

La Fiat 500 è una **piccola macchina**.
The Fiat 500 is a little car.

- Some adjectives change meaning depending on whether they are placed before or after the noun they modify.

caro	un **caro** amico un quaderno **caro**	*a* ***dear*** *friend* *an* ***expensive*** *notebook*
povero	un **povero** ragazzo un ragazzo **povero**	*a* ***poor (unfortunate)*** *boy* *a* ***poor (penniless)*** *boy*
vecchio	una **vecchia** amica un'amica **vecchia**	*an* ***old (longtime)*** *friend* *an* ***old (elderly)*** *friend*

- The singular form of **buono** follows the pattern of the indefinite article when it precedes a noun. **Bello**, like **quello**, follows the pattern of the definite article when used before a noun.

- **Grande** may be shortened to **gran** in front of masculine or feminine nouns beginning with a consonant (except **s** + *consonant*, **z** or **ps**). Before words beginning with a vowel, it may be shortened to **grand'**.

ATTENZIONE!

Note that **quello** follows the pattern of the definite article when used before a noun.

ATTENZIONE!

San (*Saint*) is used for masculine names beginning with a consonant, **santo** is used for **s** + *cons.*, **sant'** for names beginning with a vowel and **santa** for feminine names beginning with a consonant.

ATTENZIONE!

All adjectives are placed after the noun when modified by **molto** or another adverb.

Mario è un bel ragazzo.
Mario is a handsome boy.

Mario è un ragazzo molto bello.
Mario is a really handsome boy.

You may wish to share more adjectives that change meaning depending on their position in the sentence: **massimo**, **nuovo**, **stesso**, **unico**, **vario**, etc.

ATTENZIONE!

The singular forms of **buono** are:
un buono stadio
un buon libro
una buona ragione
una buon'amica

The forms of **bello** are:
il bel paese
il bello stadio
il bell'appartamento
la bella villa
i begli occhi
le belle strade
i bei giardini

Pratica e comunicazione

1

Perugia Una guida sta parlando ai turisti di Perugia. Completa il brano con la forma giusta degli elementi tra parentesi.

GUIDA Buongiorno a tutti, ora parlerò brevemente di Perugia. Perugia è una città antica e ricca di storia. Ci sono (1) ___molti___ (molto) monumenti e (2) ___molte___ (molto) fontane. Ci sono (3) ___bei___ (bello) palazzi, ristrutturati di recente. (4) ___Questa___ (questo) è una delle più antiche università d'Italia e (5) ___quella___ (quello) è una famosa università per stranieri. Se mi seguite, ora vi mostro uno dei monumenti più importanti di Perugia: (6) ___quelle___ (quello) sono le antiche mura della città.

TURISTA Scusi, ma cosa sono (7) ___quegli___ (quello) edifici in fondo alla piazza?

GUIDA (8) ___Quelli___ (Quello) sono il Palazzo dei Priori e la cattedrale di San Lorenzo. E non dimenticate di ammirare l'(9) ___antica___ (antico) Fontana Maggiore. Ora, prima di lasciarvi liberi di girare da soli, voglio consigliarvi un (10) ___buon___ (buono) ristorante per il pranzo. A più tardi.

2

Dialoghi In coppia, create dei piccoli dialoghi con gli elementi forniti. Fate tutte le modifiche necessarie.

Modello **Lei / visitare / chiesa**
—Vuole visitare questa chiesa o quella chiesa?
—Non voglio visitare né questa né quella.

1. Tu / affittare / appartamenti
2. Voi / visitare / giardini pubblici
3. Lui / comprare / motorino
4. Loro / fotografare / fontane
5. Lei / preferire / quartiere
6. Voi / guidare / automobile

3

Le città Crea delle frasi con gli elementi forniti. Fai tutte le modifiche necessarie e stai attento alla posizione degli aggettivi!

Modello **Ad Ascoli Piceno c'è una (piazza / grande / bello)**
Ad Ascoli Piceno c'è una gran bella piazza.

1. A Urbino c'è un (museo/grande/molto). museo molto grande
2. A Pisa c'è una (torre/pendente/famoso). famosa torre pendente
3. A Siena c'è una (piazza/grande/nuovo). nuova grande piazza
4. A Viterbo ci sono (rovine/romano/antico). antiche rovine romane
5. Ad Assisi c'è un (festival/grande/invernale). grande festival invernale
6. Ad Orvieto ci sono due (teatri/importante/nuovo). importanti nuovi teatri

4

Chi sono? In coppia, inventate un'identità per ogni personaggio. Scrivete almeno tre frasi per ogni foto. Utilizzate i dimostrativi e gli aggettivi che avete imparato in questa lezione.

Modello Questa è Francesca. È una brava giornalista...

Practice more at **immagina.vhlcentral.com.**

Nota **CULTURALE**

Perugia si trova in **Umbria**, nell'Italia centrale. È la sede di una delle più antiche università italiane e di una famosa università per stranieri dove studenti di tutto il mondo vanno per imparare l'italiano. Tra i monumenti più importanti di Perugia ci sono la **Fontana Maggiore**, il **Palazzo dei Priori** e le **mura etrusche**. A Perugia si produce un famoso cioccolatino (il **Bacio Perugina**). Tra gli eventi da ricordare ci sono **Umbria Jazz**, che si tiene a luglio, ed **Eurochocolate**, che si tiene ad ottobre.

3 You may wish to share the phrase "BAQS in front" with your students to remind them that adjectives of beauty, age, quality, and size tend to precede the nouns they modify.

Sintesi

1 **Parliamo** **In gruppi di quattro, guardate le foto e rispondete alle domande.**

1. Descrivi le foto. A cosa si riferiscono?
2. Quale tra le situazioni mostrate ti sembra la più seria in termini di salute e benessere della gente? Quale di queste ha più probabilità di influire (positivamente o negativamente) sulla qualità della vita nelle città?
3. Secondo te, problemi e soluzioni come questi esistono solo in Italia? Perché sì o perché no?
4. La tua città ha gli stessi problemi? Cosa si fa per cercare di risolverli?
5. Quali tra le situazioni che influiscono sulla qualità della vita nelle nostre città ti preoccupano di più? Perché?
6. Cosa fai per migliorare la qualità della vita nella tua città?

2 **Scriviamo** **Scegli uno dei seguenti titoli e scrivi un tema lungo almeno una pagina. Utilizza verbi riflessivi, verbi come piacere, i possessivi e gli aggettivi.**

- Identifica i problemi legati al traffico nel tuo campus universitario o nella tua città e suggerisci alcune soluzioni. Discuti i vantaggi e gli svantaggi delle proposte fatte.
- Ti dicono che sarà vietato circolare in auto nel tuo campus per ridurre il traffico e l'inquinamento. Come reagisci?

Explain to the students that they can use these terms to express their point of view on a subject or to debate. You may wish to split the class into two teams and debate an issue related to city life, instructing the students to use as many of these terms as possible.

Strategie per la comunicazione

Queste sono una serie di espressioni che ti possono essere utili per esporre le tue idee.
Secondo me…, da una parte…, dall'altra…, i pro…, i contro…, inoltre…, peraltro…, del resto…, comunque…

Preparazione

NATIONAL STANDARDS connections cultures

Vocabolario della lettura

l'acquedotto *aqueduct*
d.C. (dopo Cristo) *AD (Anno Domini)*
l'edificio *building*
l'esigenza *need; requirement*
il materiale edile *building material*
le mura di cinta *city walls*
il piano urbanịstico *city plan*
il reperto *find (archeol.)*
le rovine *ruins*
lo scavo *excavation*
il sẹcolo *century*
le terme *(thermal) baths*

Vocabolario utile

la composizione demogrạfica *demographic makeup*
l'infrastruttura *infrastructure*
l'ingegnere *engineer*
la topografịa *topography*
l'urbanịstica *city/town planning*

1 Encourage students to continue the association game by asking them to name actual monuments and sites: **Qual è il nome di una chiesa? Di un monumento? Di un museo?** and the reverse: **Che cos'è il Colosseo? Che cos'è San Pietro? Che cosa sono gli Uffizi?** and so on.

1 La città Associa le parole nelle due colonne.

e 1. le rovine	a. il cemento
d 2. le terme	b. il piano urbanistico
a 3. il materiale edile	c. le opere idrauliche
c 4. l'acquedotto	d. i bagni
b 5. l'ingegnere	e. i resti

2 Il centro Completa il paragrafo.

acquedotto composizione demografica	edificio infrastrutture	mura di cinta piano urbanistico	rovine topografia

Il patrimonio artistico delle città antiche è spesso concentrato nel centro storico. Nella (1) topografia di Firenze, per esempio, il Duomo è un (2) edificio dominante. Altri monumenti come le chiese ed elementi come i parchi e le (3) mura di cinta intorno alla città hanno influenzato lo sviluppo del (4) piano urbanistico moderno. Con l'arrivo degli immigranti nelle città italiane è cambiata la (5) composizione demografica, creando nuove necessità nella pianificazione urbanistica.

3 La tua città In coppia, descrivete la città dove siete nati o la città dove abitate.

1. Quali sono i monumenti principali della tua città?
2. Ci sono elementi che dominano la topografia della tua città?
3. Come coesistono gli edifici antichi e quelli recenti? C'è armonia o contrasto?
4. Dove vai quando vuoi rilassarti? E quando esci con gli amici?
5. Pensi che la tua città sia ben organizzata?

Nota CULTURALE

All'inizio del 200 d.C., l'**imperatore Caracalla** fece costruire delle magnifiche terme dove gli antichi romani potevano fare il bagno freddo, tiepido o caldo, consultare una biblioteca con testi in greco e in latino, scambiarsi notizie e pettegolezzi° e fare esercizi di ginnastica, come in una palestra° di oggi. L'ingresso costava poco per permettere a tutti di usare i bagni. Dal 1937 le rovine delle terme di Caracalla vengono usate come teatro per concerti e opere liriche.

pettegolezzi *gossip* **palestra** *gym*

Ask the students for examples of old or ancient structures they know that have been rehabilitated or **restaurate** for new uses, such as **fabbriche** remodeled into **appartamenti**, **ville** now used as **musei**, and so-on.

3 Ask some of the pairs to describe each other's city and favorite places for the rest of the class.

TUTTE LE STRADE PORTANO A ROMA

Ask students to observe and describe the architectural elements in the photo: **le rovine, le colonne, la strada, l'edificio,** etc. Bring in maps of ancient and modern Rome (GoogleEarth has some very detailed maps). Pictures of the Forum and other famous Roman landmarks mentioned in the reading will also help the students visualize them.

Reading

Nel cuore della città, dietro ad edifici monumentali, la gente affolla° il grande mercato all'aperto scegliendo gli ingredienti per la cena. Il mercato è circondato da ampi° portici dove è piacevole intrattenersi a conversare o a fare uno spuntino°. Vicino alla piazza con la statua equestre dell'imperatore alcuni si apprestano° a visitare gli uffici municipali. Tutto intorno ci sono statue di personaggi illustri, botteghe con merci° esotiche, taverne, un tempio, una palestra e due biblioteche. Un gruppo di studenti seduti intorno ad un albero ascolta il suo maestro. Siamo nel centro politico, economico, religioso e sociale di Roma, ideato per rispondere alle esigenze di tutti i suoi cittadini. Potrebbe essere un'immagine contemporanea: invece è il Foro Romano della capitale imperiale.

Con il passare dei secoli, il piano urbanistico della città, influenzato dalle tradizioni etrusche ed elleniche°, si è trasformato. Oltre a° voler ingrandire° la capitale con opere pubbliche, ad esempio nel settore idraulico, ogni re e imperatore romano desiderava aumentare anche il proprio prestigio personale realizzando dei monumenti. Le risorse° umane e i materiali edili abbondavano° nella zona: marmo° travertino, schiavi° e tanto spazio.

Le grandi opere nel settore idraulico includono il Foro Romano, possibile grazie alla costruzione della Cloaca Massima, una condotta° della rete fognaria°, e la realizzazione di 1.482 chilometri di acquedotti, fontane e terme come quelle di Caracalla e di Diocleziano. L'imperatore Augusto impreziosì la città con opere di alto valore artistico come l'Ara Pacis, un altare alla pace.

Per il divertimento dei cittadini furono° anche costruiti teatri come il famoso teatro di Marcello e anfiteatri come il Colosseo. Per il culto religioso furono innalzati templi come il Pantheon (ed altri che divennero° poi chiese e basiliche) e gli imponenti mausolei di Augusto e la mole Adriana (in seguito Castel Sant'Angelo). Le mura di cinta di Roma, erette° a scopo strategico e difensivo, si modificarono seguendo l'espansione della città e dell'impero e furono costruite grandi strade come la Salaria, la Cassia e la Flaminia. Insieme al porto di Ostia sul Mediterraneo e a quelli fluviali° sul Tevere, le vie romane facilitavano i trasporti e i collegamenti in tutto l'impero. La crisi del III secolo d.C. rallentò° la grande attività edilizia dell'impero, ad eccezione della costruzione delle mura aureliane e delle prime catacombe cristiane.

La definizione dello spazio privato e pubblico è alla base della pianificazione urbanistica di Roma. Lo sviluppo di una città antica è diverso dal piano regolatore di una metropoli moderna nella quale si devono prendere in considerazione le esigenze del trasporto pubblico e dello scorrimento del traffico delle automobili. Comunque, a Roma ancora oggi si usano molte delle antiche infrastrutture: le piazze, i monumenti e molti degli acquedotti; anche le rovine del Foro sono rimaste luogo di passeggiate, conversazioni, commercio e riflessione. ■

crowd · *wide, spacious* · *to have a snack* · *get ready to (do something)* · *goods* · *Etruscan and Greek* · *Apart from/ expand, enlarge* · *resources* · *were plentiful/marble* · *slaves* · *pipe/sewer line* · *were* · *became* · *erected, built* · *river (adj.)* · *slowed down*

Roma sotterranea

La metropolitana di Roma, paragonata° a quelle delle altre capitali, è molto breve. La Soprintendenza Archeologica spesso interrompe i lavori per via della ricchezza di reperti storici che si trovano stratificati sotto la città. La difficoltà degli scavi è anche dovuta alla conformazione del terreno e al complesso iter burocratico° dei progetti urbani.

paragonata *compared* **iter...** *bureacratic process*

Ask students to research il **Tevere**, **i sette colli**, **Villa Borghese,** and other places of interest (old and new) and to think about their role in the city and the lives of its inhabitants. Has their role changed throughout the centuries?

Analisi

1 **L'antica Roma** Completa le frasi.

c	1. La via Cassia era usata per	a. i culti religiosi.
e	2. Nel Colosseo i gladiatori	b. facevano il bagno.
a	3. Nel Pantheon si praticavano	c. il commercio e per collegare il vasto Impero Romano.
b	4. Nelle Terme di Diocleziano gli antichi romani	d. altare della pace.
f	5. La Mole Adriana era	e. combattevano con i leoni e fra di loro.
d	6. L'Ara Pacis fu costruita dall'imperatore Augusto come	f. un mausoleo.

2 **Comprensione** Indica se le affermazioni sono **vere** o **false**. Dopo, in coppia, correggete le affermazioni false.

Vero	Falso	
☑	☐	1. Molti edifici e monumenti dell'antica Roma esistono ancora oggi e le necessità dei cittadini sono rimaste simili.
☐	☑	2. Nell'antica Roma mancavano le strutture idrauliche.
☑	☐	3. Gli imperatori romani aumentavano il proprio prestigio personale costruendo opere pubbliche.
☐	☑	4. Gli antichi edifici romani per il culto religioso sono scomparsi.
☑	☐	5. Alla base della pianificazione urbanistica c'è la definizione dello spazio pubblico e privato.

3 **Pianificazione urbana**

A. A Roma ancora oggi si usano molte delle antiche infrastrutture: le strade, le piazze e i monumenti, gli acquedotti, i luoghi religiosi e i parchi. In coppia, discutete cosa possiamo imparare dalle città antiche per costruire delle città moderne che dureranno nel tempo.

B. Siete un ingegnere e un architetto con il compito di progettare la città ideale.

- Quali infrastrutture pubbliche volete includere nella vostra città?
- Come sono gli spazi dedicati all'arte, ai divertimenti e allo sport?
- Come risolverete il problema del traffico e dei trasporti pubblici?
- Secondo voi, le zone commerciali e pubbliche devono essere integrate o separate da quelle residenziali?
- Dove sono le scuole, le università e gli uffici comunali?
- Quali altri elementi di urbanistica saranno necessari in una città nei prossimi 100 anni? E fra 1000 anni?

C. Presentate il vostro progetto al resto della classe e guardate i progetti degli altri gruppi.

- Quali sono le differenze principali nei progetti? Ci sono degli elementi comuni?
- Le città ideali create dalla classe potrebbero funzionare in un'altra nazione? E in un altro pianeta?

Practice more at **immagina.vhlcentral.com.**

Preparazione

connections
cultures

A proposito dell'autore

Claudio Gianini (Milano, 1968) ha cominciato recentemente la carriera di scrittore di narrativa. Per anni ha lavorato come ingegnere meccanico e ha scritto libri prevalentemente tecnici, anche per l'università, collaborando fra l'altro con Ferrari e Toyota allo sviluppo di macchine di Formula Uno. Da quando ha iniziato a scrivere racconti e romanzi gialli, o noir, non può immaginare di vivere solo di parole tecniche. Il racconto che segue è tratto dalla collezione *Spicchi di realtà*.

Vocabolario della lettura

diffidente *mistrustful*
essere in anticipo *to be early*
fare un giretto *to go for a stroll*
la folla *crowd*
frettoloso/a *in a hurry*
indaffarato/a *busy*
la metropoli *metropolis, big city*
il mezzo pubblico *public transportation*
il pannolino *diaper*
il tram *cable car*

Vocabolario utile

la compassione *compassion, pity*
l'immigrante *immigrant*
il/la mendicante *beggar*
la povertà *poverty*
la sopravvivenza *survival*
la vergogna *shame*

1 **Definizioni** Trova la definizione adatta ad ogni parola.

_f_ 1. diffidente	a. una persona che chiede soldi per sopravvivere
_a_ 2. mendicante	b. un mezzo di trasporto pubblico su rotaie (*rails*)
_b_ 3. tram	c. un grande gruppo di persone
_c_ 4. folla	d. una persona proveniente dall'estero
_e_ 5. indaffarato	e. una persona che ha molte cose da fare
_d_ 6. immigrante	f. una persona che non si fida di un'altra

2 **Preparazione** Fate le seguenti domande ad un(a) compagno/a.

1. Vieni da una piccola città o da una grande città?
2. Quali sono le cose che ti piacciono della tua città? Quali sono le cose che non ti piacciono? Perché?
3. Sei mai tornato in un posto in cui avevi vissuto? Quando? Perché? È stata una visita lunga? Ti è sembrato diverso da come te lo ricordavi?

2 Ask those students who have once returned to their old home to describe their feelings. Write nouns on the board: happiness, melancholy, nostalgia, disconnect, etc.

3 **Vivere o visitare una metropoli** In gruppi di tre o quattro, rispondete a queste domande.

1. Quali sono le cose che ti attraggono in una grande città?
2. Ti piace osservare la gente quando visiti un'altra città? Cosa puoi capire del carattere di una città osservando le persone che ci vivono?
3. Usi i mezzi pubblici o preferisci la macchina?
4. Come reagisci se qualcuno cerca di attirare la tua attenzione in mezzo alla folla?
5. Cosa pensi dei mendicanti? Dai soldi a chi te li chiede? Perché sì o perché no?
6. La vita in città rende le relazioni umane più difficili? Perché?

3 Point out that public transportation in Italy, both within cities and nationwide, is generally affordable and reliable. Trains and buses are cheap and reach most destinations. It is possible to live and travel without owning a car, however many people use a car to get to work. This creates huge parking problems, especially in big cities, and often takes longer than the train.

Practice more at **immagina.vhlcentral.com.**

La mamma e il bambino

CLAUDIO GIANINI

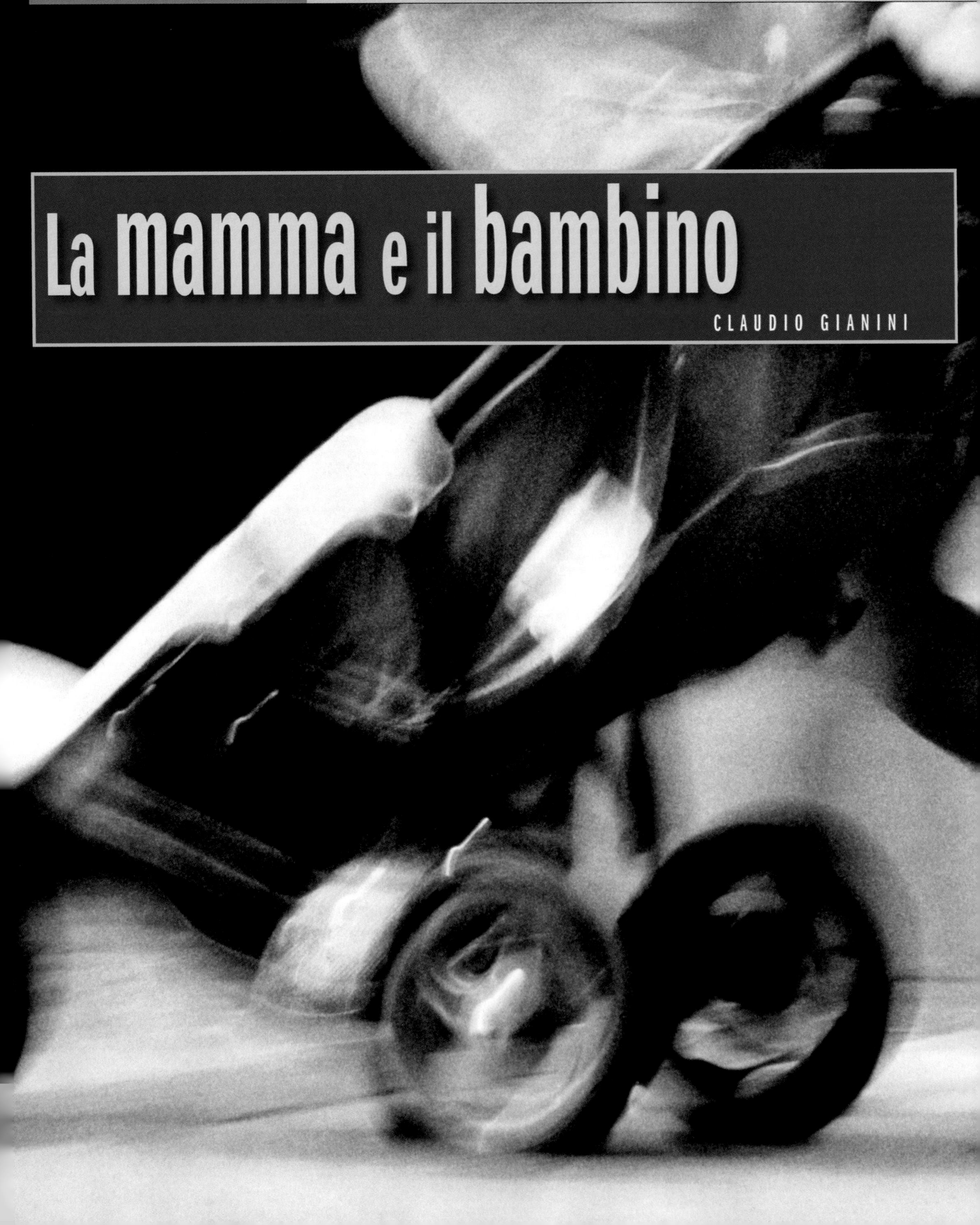

Audio: Dramatic Recording

Era tanto tempo che non tornavo più nella città in cui sono nato e nella quale ho vissuto per oltre trent'anni della mia vita. In realtà non abito poi così lontano, quaranta chilometri appena, da non poterci venire più di frequente. Semplicemente non ho occasioni particolari per farlo. Tranne° oggi.

La mia Milano. Quanti ricordi sono evocati dai clacson° delle vetture°, dal rumore caotico del traffico, dallo sferragliare° dei tram. Un'onda° di emozioni mi assale appena scendo dal treno delle Ferrovie Nord Milano. Un treno da Far West, come dico spesso ridendo. In effetti mancano solo le frecce°, scagliate° dagli archi dei pellerossa durante un qualche attacco ai visi° pallidi e piantate° nel legno° dei vagoni° attorno ai finestrini.

Ho viaggiato con il treno perché il luogo in cui devo recarmi è a pochi metri dalla Stazione di Piazza Cadorna. Sarebbe stato masochismo puro venirci con l'automobile. Non tanto per il viaggio, che già in sé sarebbe stato allucinante°, quanto per la ricerca di un parcheggio. Meglio quindi il mezzo pubblico.

Mentre attraverso la strada guardo già il portone° del palazzo presso il quale ho il mio appuntamento. Un'occhiata all'orologio mi conferma che sono in anticipo. Ho almeno il tempo per fare un giretto, per immergermi° nella folla di gente frettolosa e indaffarata, per tornare a vivere il gusto della vita frenetica della grande metropoli. Una donna, forse filippina, mi viene incontro spingendo una carrozzina° con dentro un marmocchio°. Mi fissa° per un istante negli occhi. Io ricambio° con fermezza il suo sguardo°. Mi ferma, e io so già cosa vuole. Inizia a parlare, mentre la mia mente sta preparando un rifiuto°.

Except for · car horn/cars · clanging/wave · arrows/shot · faces · planted, stuck/wood · wagons, cars · hallucinating, devastating · entrance door · immerse myself · pram · kid, tot/stares · return · gaze · refusal

«Posso farti una domanda?», mi chiede. Ha negli occhi una luce di rassegnata° speranza. Gli anni passati a fermare in quel modo gente diffidente le hanno insegnato a leggere sui visi, tra le pieghe di sorrisi compiacenti o di smorfie° sdegnose°.

«Se so rispondere... », dico con tono lievemente ironico.

«Te lo chiedo come a un fratello», prosegue. Dai suoi occhi è sparita° la rassegnazione ed è rimasta solo la speranza. Forse ritiene già un grosso successo il fatto che io l'abbia almeno degnata° di un minimo di considerazione.

«Mi compri dei pannolini per mio figlio?», continua la donna indicandomi la farmacia che si trova alle mie spalle.

«Posso farti una domanda?», mi chiede.

Il rifiuto che avevo pensato sale veloce alle mie labbra, prima ancora che le sue parole mi arrivino al cervello e scendano al cuore, prima che tocchino corde diverse da quelle solitamente fatte vibrare dalle pretese° di qualche spicciolo°. Bastano due passi e la folla si richiude attorno a noi, separandoci. Frazioni di secondo, nelle quali infine realizzo che la preghiera appena ricevuta era una sincera richiesta° d'aiuto.

Quella mamma aveva calpestato° il proprio orgoglio°. Non voleva soldi, voleva direttamente qualcosa di necessario per il suo bambino. Mi giro, torno sui miei passi°, voglio correggere quello che adesso riconosco come un errore. In fondo°, quanto mi può costare un pacco di pannolini? Ma non vi° è più traccia° della donna. Sembra che la folla l'abbia ingoiata°.

Chissà° se qualcun altro, meno pronto di me a presentare un rifiuto, porrà rimedio al mio sbaglio°? ■

resigned · grimaces/disdaining · disappeared · deigned · requests, demands/small change · demand · had trampled upon · pride · steps · after all · (=**ci**) there · trace · swallowed · Who knows · mistake

national communication standards

1 Point out that **marmocchio** is a disparaging term, like "brat". Point out also that Filipinos are very well integrated in Italy, and that it is unlikely for a Filipino woman to beg in **piazza Cadorna**. The protagonist's uncertainty about the ethnicity of the woman may indicate that he unthinkingly considers all foreigners as potential beggars, with no distinction of nationality.

Analisi

1

Comprensione Indica se ogni affermazione è **vera** o **falsa**. Dopo, in coppia, correggete le affermazioni false.

Vero	Falso	
☑	☐	1. Il protagonista ha preso il treno per andare a Milano.
☐	☑	2. Il protagonista è in ritardo.
☑	☐	3. Il protagonista vede una donna con un marmocchio in una carrozzina che lo guarda fisso.
☑	☐	4. Secondo il narratore la donna è filippina.
☐	☑	5. Il protagonista compra i pannolini.
☑	☐	6. Il protagonista cambia idea.

2

Opzioni Scegli la frase corretta tra le due.

1. a. Il protagonista lavora a Milano.
   (b.) Il protagonista vive fuori Milano.
2. (a.) Il protagonista si emoziona rivedendo Milano.
   b. Il protagonista resta indifferente rivedendo Milano.
3. (a.) Il viaggio in treno è un'avventura da film western.
   b. Il viaggio in treno è comodo e tranquillo.
4. a. Trovare parcheggio non sarebbe stato un problema.
   (b.) Trovare parcheggio sarebbe stata una tortura.
5. a. Il narratore dà soldi alla donna.
   (b.) Il narratore rifiuta di fare il favore chiesto.

3

Pensaci su Scegli la risposta più appropriata. Dopo, in coppia, discutete le frasi che avete segnato con **d.**

1. La donna spera di ____.
   a. aver trovato una persona gentile b. aver trovato il padre di suo figlio
   c. riuscire a prendersi cura di (*take care of*) suo figlio (d.) sia a che c
2. Il protagonista ____.
   a. ha un atteggiamento ironico b. è subito compassionevole
   c. è pieno di pregiudizi (d.) sia a che c
3. La donna è ____.
   a. una mendicante professionista (b.) una persona orgogliosa ma disperata
   c. una ladra d. un'impostora
4. Il narratore ____.
   a. pensa a lungo prima di dare una risposta b. cerca di nascondersi tra la folla
   (c.) impulsivamente dice sempre di no a chi non conosce d. prega con la donna
5. La metropoli ____.
   (a.) può essere impersonale b. favorisce la comprensione tra le persone
   c. è il posto ideale per conoscere stranieri d. aiuta il dialogo
6. Qualcuno tra la folla ____.
   a. aiuta sicuramente la donna (b.) forse aiuterà la donna c. andrà in farmacia
   d. darà soldi alla donna

4 **Cosa pensate?** **In coppia, rispondete alle seguenti domande.**

1. A chi si riferiscono queste frasi? Che aggettivi usereste per descrivere le emozioni di entrambe le persone?
   «Ha negli occhi una luce di rassegnata speranza.»
   «Ha negli occhi sospetto e sfiducia.»
2. Secondo te, cosa pensa la donna quando dice queste frasi? Descrivi le sue emozioni.
   «Posso farti una domanda?»
   «Te lo chiedo come a un fratello.»
3. Perché chiede dei pannolini invece dei soldi per comprarli?
4. Secondo te, chiede sempre soldi o oggetti ai passanti?
5. Come immagini che potrebbe proseguire il dialogo se il narratore la ritrovasse?

5 **Tu cosa faresti?** **Dai la tua opinione personale.**

1. Perché credi che il narratore sia così antipatico, persino (*even*) ironico?
2. Il viaggio in treno è paragonato a un Far West da fumetti (*cartoonish*). L'idea dei «buoni» (i visi pallidi) contro «i cattivi» (i pellerossa) è un'indicazione del pregiudizio che il narratore avrà verso la donna. È possibile non avere pregiudizi? Ci sono pregiudizi nei confronti di specifici gruppi etnici nel tuo paese? Per esempio?
3. Cosa faresti se fossi la donna del racconto?
4. Ti sei mai trovato/a in una situazione simile?
5. Sei mai stato/a vittima di pregiudizi?
6. Se tu fossi il narratore, cosa faresti? Saresti così pronto a dire di no? Perché sì o perché no?

6 **Discussione** **In coppia, create un finale diverso. Immaginate il dialogo che il narratore e la donna avrebbero potuto avere. Scrivete almeno otto frasi e poi recitatele.**

NO! Il narratore dice di no. La folla non li separa. Cosa risponde la donna?

SÌ! Il narratore dice di sì. Cosa succede?

7 **Tema** **Scegli uno dei seguenti argomenti e scrivi una breve composizione.**

- Hai mai incontrato una persona per la strada che ti ha chiesto qualcosa? Come hai reagito? Ti sei sorpreso/a della tua reazione? Pensi che avresti potuto comportarti diversamente? Non deve essere per forza un incontro con un mendicante o un'esperienza negativa: può anche essere una bella esperienza.
- Descrivi le tue emozioni quando sei andato per la prima volta in una grande città. Se vivi in una grande città, descrivi cosa provi quando vai fuori città.

6 Have groups of students re-write the whole story as a play, adding characters (depending on how large is the class), and act it in class memorizing their lines at home or reading off flash cards. Make sure they write on the board words they may use in their skit if the whole class does not know them.

Nota CULTURALE

Milano è la seconda città più grande d'Italia dopo Roma. Il comune ha una popolazione di un milione e trecentomila abitanti e la più grande popolazione d'Italia nell'area metropolitana (sette milioni e mezzo di abitanti). Quasi il 14% degli abitanti del comune di Milano sono immigranti. È raro sentire di incidenti dovuti alla convivenza° di tante culture diverse.

convivenza *coexistence*

Comunità d'immigranti con più di 10.000 abitanti a Milano	
Filippine	28.020
Egitto	22.946
Cina Rep. Popolare	14.723
Perù	14.063
Ecuador	12.343
Sri Lanka	10.600

(Fonte: www.demo.istat.it)

5 Point out that **pellerossa** e **viso pallido** are not intended to be politically incorrect terms. They bring to mind John Wayne films and Italian graphic novels such as *Tex Willer*. Just as history has recognized that native cultures have been systematically exterminated, the narrator of this story realizes that his own antagonistic attitude has prevented him from seeing that the woman was not a professional beggar.

Practice more at **immagina.vhlcentral.com.**

Laboratorio di scrittura

Preparazione: Le citazioni

In un saggio la tesi deve essere sostenuta con prove evidenti. Un tipo di prova molto attendibile è rappresentato dalle citazioni ottenute direttamente dalle fonti originali.
Le citazioni devono:

- Essere collegate direttamente a quello che si vuole dimostrare.
- Essere inserite nel contesto. Non si può cambiare il messaggio dell'autore originale.
- Includere la fonte. Citare testi senza dichiararne la fonte costituisce un plagio (*plagiarism*).

Le citazioni letterali devono essere riportate tra virgolette «.....» (*quotes*); se si omette parte del testo, si indica così: [...]. Infine, se decidiamo di citare usando le nostre parole si può eseguire un cambio nei tempi dei verbi o in altri elementi simili. Esempi:

Point out to students the difference between Italian and English quotation marks. «...» "..."

To help students cite quotations, distribute some examples of quotes from famous Italian authors and have students practice changing them into indirect quotes.
«Quanto piace al mondo è breve sogno». (Petrarca)
«Il compito degli uomini di cultura è più che mai oggi quello di seminare dei dubbi, non già di raccogliere certezze». (Bobbio)
«Nessun maggior dolore che ricordarsi del tempo felice nella miseria». (Dante, *Inferno* V)

Citazione diretta: Claudio Gianini nel brano *La mamma e il bambino* giustifica l'uso del treno quando dice: «Non tanto per il viaggio, che già in sé sarebbe stato allucinante, quanto per la ricerca di un parcheggio».

Citazione parziale: Claudio Gianini nel brano *La mamma e il bambino* giustifica l'uso del treno quando dice: «Non tanto per il viaggio, [...],quanto per la ricerca di un parcheggio.»

Citazione indiretta: Claudio Gianini nel brano *La mamma e il bambino* giustifica l'uso del treno in quanto è difficile trovare un parcheggio.

Pratica **In coppia, rileggete l'articolo a pagina 31 e identificate i tipi di citazione presenti.**

Saggio Scegli uno di questi argomenti e scrivi un saggio

Requisiti

1. Il tuo saggio deve far riferimento a uno o due dei quattro brani di questa lezione contenuti in **Cortometraggio**, **Immagina**, **Cultura** e **Letteratura**.
2. Deve includere almeno tre citazioni dirette o indirette, ricavate dai brani, per difendere o sostenere i tuoi argomenti.
3. Il saggio deve essere lungo almeno due pagine.

Nelle letture *Tutte le strade portano a Roma* e *Roma: un museo all'aperto*, abbiamo un'immagine di Roma in tutta la sua grandezza ai tempi dei Romani. Anche se con duemila anni di differenza, puoi fare un confronto fra lo stile di vita ai tempi dei Romani e lo stile di vita ai tempi dei tuoi bisnonni (*great-grandparents*)?

Nel brano di Claudio Gianini *La mamma e il bambino* e nel cortometraggio *La ritirata* uno dei temi predominanti è il rapporto tra sconosciuti in cui una persona ha bisogno di aiuto. Fino a che punto un individuo può spingersi per aiutare uno sconosciuto? Secondo te, è rischioso o vale la pena in nome della tolleranza e del rispetto per tutti gli uomini?

Nei brani su Roma, emerge una ricchezza culturale attraverso l'arte che supera il tempo. Secondo te, nelle città americane come si esprime la ricchezza culturale e che valore ha?

Città e comunità

Audio: Vocabulary Flashcards

Luoghi e indicazioni

l'angolo *corner*
l'appartamento *apartment*
la campagna *countryside*
il casale *farmhouse; hamlet*
l'edicola *newsstand*
i giardini pubblici *public gardens*
il grattacielo *skyscraper*
l'incrocio *intersection*
il marciapiede *sidewalk*
la metro(politana) *subway*
il municipio *city hall*
il paese *village*
il palazzo *building; palace*
la periferia *outskirts; suburbs*
il quartiere *neighborhood*
il segnale stradale *road sign*
il semaforo *traffic light*
lo stadio *stadium*
la stazione di polizia *police station*
la strada *street*
le strisce pedonali *crosswalk*
il tribunale *courthouse*
la via *street*

---

attraversare *to cross*
dare indicazioni *to give directions*
perdersi *to get lost*
trovarsi *to be located*

La gente

il/la cittadino/a *citizen*
il/la coinquilino/a *housemate; roommate*
il/la contadino/a *farmer*
il/la paesano/a *fellow villager/countryman/woman*
il pedone (*m./f.*) *pedestrian*
il/la poliziotto/a *police officer*
il sindaco *mayor*
il/la venditore/venditrice (ambulante) *(street) vendor*
il/la vigile del fuoco *firefighter*

Le attività

chiacchierare *to chat*
divertirsi *to have fun*
fare commissioni *to run errands*
incontrarsi *to get together*
passeggiare *to take a walk*
trasferirsi *to move (change residence)*

Il trasporto

l'autista (*m./f.*) *driver*
la circolazione/il traffico *traffic*
la fermata (dell'autobus/della metro/del treno) *(bus/subway/train) stop*
l'ingorgo stradale *traffic jam*
il/la passeggero/a *passenger*
il ritardo *delay*

---

dare un passaggio *to give a ride*
fermare/fermarsi *to stop*
girare (a destra/sinistra) *to turn (right/left)*
guidare *to drive*
parcheggiare *to park*
salire (in macchina/sul treno/sull'autobus) *to get (in a car/on a train/on a bus)*
scendere (dalla macchina/dal treno/dall'autobus) *to get (out of a car/off a train/off a bus)*

Per descrivere

affollato/a *crowded*
pericoloso/a *dangerous*
quotidiano/a *daily*
rumoroso/a *noisy*
vivace *lively*

Cortometraggio

gli alleati *allies/allied troops*
l'animalaccio *monster*
le armate *armies*
il campo *field*
Cappuccetto Rosso *Little Red Riding Hood*
la conta *counting rhyme*
il nemico *enemy*
il notiziario *radio/TV news*
il partigiano *resistance fighter*
la patria *homeland*
la perdita *loss*
il/la prigioniero/a *prisoner*
la ritirata *retreat*
gli sfollati *evacuees*
il soldato *soldier*
la spia *spy*

Cultura

l'acquedotto *aqueduct*
la composizione demografica *demographic makeup*
l'edificio *building*
l'esigenza *need; requirement*
l'infrastruttura *infrastructure*
l'ingegnere *engineer*
il materiale edile *building material*
le mura di cinta *city walls*
il piano urbanistico *city plan*
il reperto *find (archeol.)*
le rovine *ruins*
lo scavo *excavation*
il secolo *century*
le terme *(thermal) baths*
la topografia *topography*
l'urbanistica *city/town planning*

---

d.C. (dopo Cristo) *AD (Anno Domini)*

Letteratura

la compassione *compassion, pity*
la folla *crowd*
l'immigrante *immigrant*
il/la mendicante *beggar*
la metropoli *metropolis, big city*
il mezzo pubblico *public transportation*
il pannolino *diaper*
la povertà *poverty*
la sopravvivenza *survival*
il tram *cable car*
la vergogna *shame*

---

essere in anticipo *to be early*
fare un giretto *to go for a stroll*

---

diffidente *mistrustful*
frettoloso/a *in a hurry*
indaffarato/a *busy*

INSTRUCTIONAL RESOURCES
Supersite: Testing program

LEZIONE 3

Distrarsi e divertirsi

La vita di tutti i giorni è frenetica e faticosa. Ognuno dovrebbe trovare del tempo da dedicare al proprio corpo e allo spirito. Fare una passeggiata in centro e distrarsi facendo compere. Incontrare gli amici al caffè e fare due chiacchiere. Rilassarsi in casa con un bel libro o davanti ad un film. Andare in palestra ed allenare il corpo. Ognuno è diverso e dà sfogo allo stress della routine in modo diverso. Tu che cosa preferisci? Quale attività ti rilassa e ti dà la carica giusta per affrontare una nuova giornata piena di impegni?

85

106

Destinazione:
TOSCANA

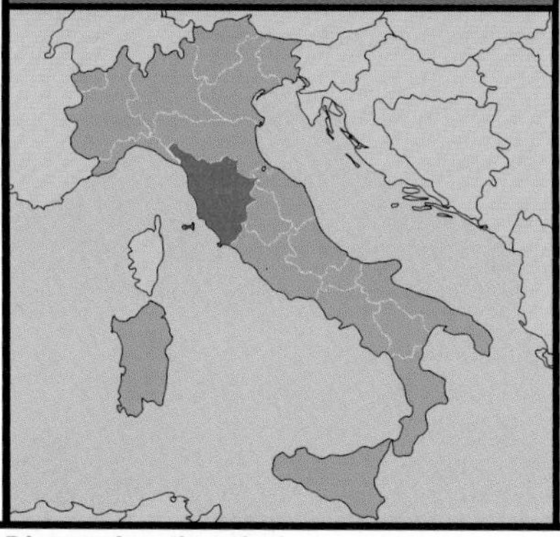

PREVIEW Invite students to comment on the picture on **p. 78**. Do they prefer to occupy their free time with leisurely activities like the people in the photo, or do they prefer sports or other physical activities? After students have explained their preferences, expand the conversation by asking if both relaxation and exercise are important for a well-balanced person. Which is more important? Why?

I passatempi

Audio: Vocabulary

Lo sport

l'allenatore/allenatrice *coach*
l'alpinismo *mountain climbing*
l'ạrbitro *referee*

l'automobilismo *car racing*
il calcio *soccer*
il campo di/da gioco *playing field*
il canottaggio *rowing*
il club sportivo *sports club*
l'equitazione *horseback riding*
la gara *race; competition*
il giocatore/la giocatrice *player*
il pareggio *tie*
il pattinaggio (sul ghiaccio) *(ice-)skating*
il pugilato *boxing*
lo sci (di fondo) *(cross-country) skiing*

la squadra *team*
il/la tifoso/a *fan*

---

allenarsi *to train*
andare in palestra *to go to the gym*
ferirsi *to injure oneself*
scalare *to climb*
segnare (un gol) *to score (a goal)*
vịncere/pẹrdere/pareggiare (una partita) *to win/lose/tie (a game)*

Il tempo lịbero

il biglietto *ticket*
il biliardino *foosball*
il biliardo *billiards*

l'escursionismo *hiking*
il gioco di società *board game*
il gruppo (musicale) *band*
il luna park *amusement park*
la mostra *exhibition*
la prima *opening night, premiere*
gli scacchi *chess*
lo spettạcolo *show, performance*
il videogioco *videogame*

---

applaudire *to clap*
campeggiare *to camp*

fare la coda *to wait in line*
festeggiare *to celebrate*
giocare a nascondino *to play hide-and-seek*
prẹndere qualcosa da bere/mangiare *to get something to drink/eat*
valere la pena *to be worth it*

---

al completo *sold out*
buffo/a *funny*
imperdịbile *must-see*

Lo shopping e l'abbigliamento

l'ạbito da sera *evening dress*
il cappotto *coat*
il centro commerciale *shopping mall*
l'impermeạbile *raincoat*
le infradito *flip-flops*
i saldi (di fine stagione) *(end-of-season) sales*
le scarpe da ginnastica/tennis *sneakers*

i tacchi alti *high heels*
il vestito (da uomo/donna) *suit/dress*

---

cambiare *to exchange*
dare un'occhiata *to take a look*
provare *to try on*

---

alla moda *fashionable*
firmato/a *designer*
passato/a di moda *out-of-style*
raffinato/a *refined*

INSTRUCTIONAL RESOURCES
Supersite: Audioscripts, SAM AK, Lab MP3s
SAM/WebSAM: WB, LM

Supply the students with more vocabulary related to soccer: **tirare, passare, dribblare, parare, commettere un fallo.**

SINONIMI E CONTRARI
biliardino ↔ calciobalilla
campeggiare ↔ fare campeggio
ferirsi ↔ farsi male
firmato ↔ di marca
imperdibile ↔ da non perdere
passato di moda ↔ fuori moda
il pugilato ↔ la boxe
scalare ↔ arrampicarsi
sostituire (-isc) ↔ cambiare
raffinato ≠ rozzo
fare la coda ≠ saltare la coda
applaudire ≠ fischiare

Point out that a film or a play may be **buffo/a** or **divertente**, but also **triste, a lieto fine, con finale aperto**. A film may be **d'azione, dell'orrore, giallo, di fantascienza, comico**, or **drammatico**.

Explain that **abbigliamento** is a non-count noun indicating clothing in general, while **vestito** or **abito** indicates something concrete. A single piece of clothing is referred to as **un capo d'abbigliamento**.

Clarify that **tifoso** is used only for teams, while **fan** is used for people. Ex. **Sono un tifoso della Roma e un fan di Francesco Totti**.

Point out that most Italian stores will not allow customers to return (**portare indietro**) items for a refund. Some may let customers exchange items.

Pratica

1 **Categorie** Trova nella lista le parole che appartengono a ciascuna categoria.

al completo applaudire	biliardo cappotto	impermeabile infradito	prima scacchi	tacchi alti videogioco

Giochi (1) videogioco, (2) biliardo, (3) scacchi
Teatro (4) applaudire, (5) prima, (6) al completo
Abbigliamento (7) cappotto, (8) impermeabile
Scarpe (9) infradito, (10) tacchi alti

2 **Ne vale la pena?** Completa la conversazione utilizzando le parole appropriate della lista.

allenarmi arbitro	calcio campo da gioco	pareggio partita	segnare tifosi	vincere una partita

MARCO Ciao, Giorgio! Che ti è successo alla gamba?
GIORGIO Mi sono ferito giocando a (1) calcio ieri.
MARCO Fai come me: segui il calcio dalla poltrona!
GIORGIO No, Marco, questo mai! Io sono un vero sportivo: amo il calcio sul (2) campo da gioco.
MARCO Non parlare così! I (3) tifosi sono importanti quanto i calciatori per (4) vincere una partita!
GIORGIO È vero, ma quelli che vengono allo stadio sono più importanti di quelli che guardano la (5) partita in TV! Ora, che per un po' di tempo non potrò più (6) allenarmi, andrò allo stadio ogni domenica con tutta la famiglia!
MARCO Ma hai fatto in tempo a (7) segnare almeno un gol prima di farti male?
GIORGIO A dir la verità, mi sono fatto male tirando in porta (*shooting a goal*). Il pallone è entrato, ma l'(8) arbitro ha fischiato fallo di mano (*hand-ball*) e la partita è finita in (9) pareggio.
MARCO Vedi? Ho ragione io! Non ne vale la pena!

3 **Conversazione** In coppia, fatevi queste domande e confrontate le vostre risposte.

1. Come preferisci impiegare il tuo tempo libero? Qual è il tuo passatempo preferito?
2. Quale sport segui? Quale ti piace di più? Qual è la tua squadra preferita?
3. Cosa indossi quando pratichi il tuo sport o il tuo passatempo preferito?
4. Ti sei mai ferito praticando uno sport?
5. Qual è lo spettacolo che hai visto più di recente? Ti è piaciuto? Perché?
6. Cosa indossi di solito per una serata galante?

4 **Il tempo libero** Immaginate che voi e un gruppo di vostri amici avrete una settimana libera e fate dei progetti. Cosa volete fare nel tempo a disposizione? Dove volete andare? Perché? Discutete con i vostri compagni e scrivete un programma per la settimana.

2 Before starting the activity, make sure students are familiar with the expression **ne vale la pena** by giving them different scenarios: Ex. **Giorgio vuole frequentare la scuola di moda, ma sa già che sarà difficilissimo per lui trovare lavoro./Marco vuole fare il calciatore, ma quando avrà 35 anni sarà già troppo vecchio per questo lavoro. Ne vale la pena?**

Nota CULTURALE

Il **calcio** è sicuramente lo sport italiano più seguito. Ogni città e piccolo paese ha la propria squadra di calcio e i propri «idoli». Sono molti gli italiani che amano il calcio o, più propriamente, amano seguire il calcio la domenica, dalla poltrona di casa propria.

Ci sono però anche gruppi di ragazzi (o adulti) che si riuniscono nel fine settimana per giocare a una versione ridotta del calcio, il «**calcetto**». Nel calcetto ci sono solo cinque giocatori per squadra, anziché undici, e il campo è molto più piccolo di un campo di calcio classico. Quando si gioca a calcetto, non c'è un arbitro, perché lo scopo del gioco è divertirsi e non vincere la partita. Spesso la serata si conclude in pizzeria.

2 As an expansion, have students act out the dialogue. Then ask them to work in pairs and write a similar dialogue. about a different sport, keeping the first and the last sentences from the original dialogue.

Practice more at **immagina.vhlcentral.com.**

NATIONAL STANDARDS connections cultures communication

INSTRUCTIONAL RESOURCES
Supersite/DVD: Film Collection
Supersite: Script & Translation

Preparazione

Vocabolario del cortometraggio		Vocabolario utile
il bullo *bully*	**l'ottico** *optician*	**il burattino** *puppet*
competitivo/a *competitive*	**prenatale** *prenatal*	**la coincidenza** *coincidence*
l'ecografia *ultrasound*	**il/la quattrocchi** *four eyes*	**la genetica** *genetics*
il fenomeno *phenomenon*	**il/la secchione/a** *student who studies too hard*	**le lenti a specchio** *mirrored lenses*
improvvisare *to improvise*	**sminuire (-isc)** *to play down*	**la merendina** *snack*
l'orgoglio *pride*		**la suora** *nun*

ESPRESSIONI

prendere di mira *to target*
prendere in giro *to make fun of*
tutto va per il meglio *everything is turning out for the best*

1 Preparation. Ask the class: **Chi porta gli occhiali? Sono occhiali da vista o occhiali da sole? Chi ha le lenti a contatto? Ne hai bisogno per leggere o per guardare la televisione? Anche i tuoi genitori hanno gli occhiali? E i tuoi nonni?**

1 Pratica Scegli la risposta giusta.

1. Quando due amici si incontrano per caso si tratta di ________.
   a. una secchiona (b.) una coincidenza c. un fenomeno
2. L'ottico fa ________.
   (a.) gli occhiali b. le merendine c. l'ecografia
3. I burattini sono un tipo di ________.
   (a.) marionette senza fili b. occhiali a specchio c. asteroidi
4. L'ecografia prenatale si fa prima che il bambino ________.
   a. vada a scuola b. compia due anni (c.) nasca
5. Quando gli altri studenti chiamano un compagno «quattrocchi» ________.
   a. gli prendono gli occhiali (b.) lo prendono in giro c. lo prendono di mira

2 Secondo te

A. Quali attributi contribuiscono al successo?

CARATTERISTICA	SÌ	NO	CARATTERISTICA	SÌ	NO
Orgoglio	☐	☐	Rispetto per l'autorità	☐	☐
Senso di responsabilità	☐	☐	Spirito d'indipendenza	☐	☐
Iniziativa	☐	☐	Aggressività	☐	☐
Rispetto per le regole	☐	☐	Spirito di contraddizione	☐	☐
Spirito ribelle	☐	☐	Pazienza	☐	☐
Timidezza	☐	☐	Compassione	☐	☐

2 After the students have discussed their answers, ask them to write the results on the board.

B. In piccoli gruppi, confrontate le vostre risposte. Poi rispondete insieme a queste domande.

1. La timidezza è davvero il contrario dell'aggressività?
2. È possibile essere responsabili e ribelli allo stesso tempo?
3. Ci sono delle persone che hanno uno spirito indipendente anche quando rispettano l'autorità?
4. Pensate a dei personaggi famosi: quali caratteristiche hanno? Ci sono delle apparenti contraddizioni in queste caratteristiche?

3 **Ingegneria genetica** In coppia, immaginate e descrivete il/la vostro/a figlio/a ideale. Poi rispondete insieme alle domande.

Carattere	
Abilità e talenti (tecnici, accademici, artistici, sportivi ecc.)	
Preferenze (libri, film, viaggi, amici, cibi, opinioni ecc.)	
Intelligenza (quoziente)	
Sesso (maschio o femmina?)	

1. Avete scelto un(a) figlio/a con caratteristiche simili alle vostre?
2. Quali caratteristiche sono invece diverse dalle vostre? Perché avete scelto così?
3. Siete d'accordo su tutti gli attributi o avete fatto dei compromessi? Se sì, quali?
4. Pensate che vostro/a figlio/a avrà successo nella vita? In cosa? Perché?

3 Ask each pair to report the similarities and differences in their ideal child to the class.

4 **Intervista** In coppia, fatevi a turno queste domande.

1. Quali dei tuoi gusti e interessi sono simili a quelli dei tuoi genitori?
2. Quanti anni avevi quando hai scoperto di avere degli interessi specifici? Sono ancora gli stessi o sono cambiati con il passare degli anni?
3. Qual è l'attività a cui dedichi più tempo in questo momento? Perché?
4. Che cosa ha influenzato di più le tue scelte accademiche e personali fino ad oggi, l'opinione dei tuoi genitori o dei tuoi amici?
5. Quali elementi saranno più importanti per il tuo futuro? Assegna un punteggio da 1 a 5 ai seguenti.
   - il successo professionale
   - l'intelligenza
   - la salute
   - la bellezza
   - la felicità in famiglia e con gli amici

4 Ask each pair to report their responses to the rest of the class, encouraging other students to ask further questions and to explore how genetics shape us.

5 **La scuola** In piccoli gruppi, rispondete e commentate le risposte.

- Ci si può dedicare agli studi e allo sport senza sacrificare i rapporti con gli altri?
- Cosa pensi dei gruppi di amici che si formano a scuola? Ti hanno mai fatto sentire incluso/a o escluso/a? Perché?
- Quale tua caratteristica rende i tuoi genitori orgogliosi di te?

5 Circulate among the groups facilitating discussion and encouraging students to draw upon their own childhood experiences with sports or other competitive activities.

6 **Cosa sta succedendo?** Guardate le immagini in piccoli gruppi e immaginate insieme la storia del film.

Practice more at **immagina.vhlcentral.com.**

Short Film

TEACHING OPTION: Explain the Italian expression **belli si nasce** (beauty is born, not made) and ask students to comment on the pun in the film. To highlight the irony in the story, ask them to imagine how they would react if they found out their child would have an unusual characteristic, such as an extreme talent for music or great physical beauty.

Trama *Ale è nato con le caratteristiche genetiche di un bullo eccezionale, ma deve anche accettare le altre caratteristiche che fanno parte della sua natura.*

1

ALE Quel giorno mamma e papà erano molto agitati. Andavano dal dottore per sapere se ero un maschio o una femmina.
MARIA Ho capito, il solito problema: loro volevano una femmina, ma poi sei arrivato tu e allora...

2

PADRE Nostro figlio è un bullo! Dottore, è una notizia bellissima!
MADRE Oh, Dio, il nostro piccolo bulletto!
PADRE Ha detto «bullo», il Dottore; non sminuire. (*Al dottore*) Era «bullo», no?

3

ALE All'asilo° poi sono diventato un fenomeno e tutti riconoscevano la mia natura.
MARIA È andata avanti così fino alla quarta elementare°?
ALE Sì, un vero successo.

4

MARIA Hai cambiato scuola?
ALE No, non è per quello.
MARIA Qualche compagno ti ha preso di mira?

5

ALE Mi mancavano quattro decimi ipometropi°, come a mia madre.
MARIA Un bullo quattrocchi non si è mai visto.

6

ALE Occhiali da vista con lenti a specchio! Nessuno si sarebbe accorto del mio problema. Anzi, a scuola il mio prestigio aumentò°.

asilo *kindergarten* **quarta elementare** *fourth grade*
ipometropi *myopic, nearsighted* **aumentò** *grew*

Nota CULTURALE

I burattini

Arlecchino e Pulcinella, maschere° che provengono dalla tradizione della Commedia dell'Arte, sono anche protagonisti del teatro dei burattini che è antichissimo: esiste almeno dal 1500. Pulcinella rappresenta lo spirito del popolo napoletano e Arlecchino è il servo° a volte astuto e a volte sciocco°. Il burattino italiano più famoso del mondo è Pinocchio, il personaggio creato da Carlo Collodi nel 1881 e poi reinventato da Walt Disney nel film animato del 1940.

maschere *masks* **servo** *servant*
sciocco *silly*

Point out that the terms **burattino** and **marionetta** are often used interchangeably.

Sullo SCHERMO

Mentre guardi le scene principali del film scegli la risposta corretta:

1. Quando vanno dal dottore i genitori sono molto ____.
   a. delusi
   b. agitati
2. Il dottore è sorpreso di vedere che il bambino sarà ____.
   a. un bullo perfetto
   b. un maschio
3. Nel film Ale ha ____.
   a. un cappello e uno zaino blu
   b. un cappello e uno zaino nero
4. All'inizio Maria prova ____.
   a. orgoglio per Ale
   b. compassione per Ale
5. I bambini dell'asilo ____.
   a. hanno paura di Ale
   b. vogliono imitare Ale
6. Ale va dall'ottico perché ha bisogno ____.
   a. degli occhiali da vista
   b. degli occhiali da sole

NATIONAL communication STANDARDS

Analisi

1

Comprensione Indica se l'affermazione è **vera** o **falsa**. Dopo, in coppia, correggete le affermazioni false.

Vero	Falso	
☐	☑	1. I genitori di Ale volevano che diventasse un calciatore.
☑	☐	2. La mamma di Ale ha bisogno degli occhiali.
☐	☑	3. I genitori sono disperati (*in despair*) che Ale sia un bullo.
☑	☐	4. I genitori non sono contenti che Ale assomigli a loro.
☑	☐	5. Ale resta calmo quando gli rompono gli occhiali la prima volta.
☑	☐	6. Alla fine del film Maria ha cambiato idea su Ale.

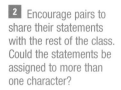

2 Encourage pairs to share their statements with the rest of the class. Could the statements be assigned to more than one character?

2

Chi lo dice?

A. Associa personaggi e affermazioni.

f	1. Mio figlio ha gli occhiali. È colpa mia!	a. il dottore
g	2. Non essere impertinente!	b. il padre
h	3. Voglio seguire la mia natura.	c. i bulli
c	4. Adesso ti rompiamo gli occhiali!	d. la suora
a	5. I test sono tutti positivi.	e. la secchiona
e	6. Ale non vede la lavagna.	f. la mamma
d	7. Voglio proteggere i bambini dell'asilo.	g. la maestra
b	8. Mi piace fare il teatro dei burattini.	h. Ale

B. In coppia, scrivete quattro nuove affermazioni e scambiatele con un'altra coppia; poi associate le rispettive affermazioni ai personaggi del film.

3

Chi è responsabile?

A. Indica le persone che hanno creato queste situazioni.

Ale | i bulli | i genitori | il dottore | Maria

1. Ale ha gli occhi della mamma e le orecchie del papà. ___i genitori___
2. I bambini piccoli vengono tormentati. ___Ale___
3. I genitori di Ale fanno l'ecografia. ___il dottore___
4. Ale racconta la sua storia. ___Maria___
5. Ale ha sempre gli occhiali rotti. ___i bulli___

B. In gruppi di tre, confrontate le vostre risposte. Poi rispondete alle seguenti domande.

- Pensi che Ale cambi durante il film? Come?
- Cosa imparano i genitori di Ale?
- Cosa capisce Maria?
- Come si sente Ale alla fine del film?
- Chi sono le vittime nel film? Chi sono i bulli?
- Ci sono dei personaggi stereotipati nel film? Chi sono?
- Chi è responsabile del fatto che Ale sia un bullo?

4 **Opinioni** In coppia, decidete se siete d'accordo o no con queste affermazioni. Spiegate il perché.

Affermazioni	sono d'accordo	non sono d'accordo
1. La scuola elementare aiuta i bambini ad imparare come vivere con gli altri.	☐	☐
2. Le scuole pubbliche sono migliori delle scuole private.	☐	☐
3. Per i miei genitori è importante che io riceva dei voti alti.	☐	☐
4. Per i miei genitori è importante che io sia molto abile in uno sport.	☐	☐
5. Studiare da soli è più efficace che studiare in gruppo.	☐	☐
6. Gli sport di squadra sono migliori degli sport individuali.	☐	☐
7. I nostri gusti sono influenzati esclusivamente dalla nostra natura.	☐	☐
8. I nostri genitori e le esperienze che facciamo influenzano la nostra personalità.	☐	☐

5 **I passatempi**

A. In gruppi di tre, fate una lista dei vantaggi e degli svantaggi di queste attività. Poi presentate la lista al resto della classe.

Modello **Suonare uno strumento**
Vantaggi: È rilassante; si può far parte di un'orchestra...
Svantaggi: Bisogna fare pratica spesso; ci vogliono molti anni per...

- studiare in biblioteca
- Facebook
- leggere
- guardare la TV
- giocare con la Wii
- parlare al telefono
- Twitter
- il vostro passatempo preferito

B. Commentate i vantaggi e gli svantaggi delle attività che fate nel tempo libero, a scuola o all'università.

5 Help students share their lists by creating a scoreboard on the blackboard.

6 **Una conversazione** In coppia, improvvisate un dialogo per una di queste situazioni.

A

Siete una giovane coppia che aspetta un bambino. Il dottore vi rivela che sarà una campionessa di calcio con notevoli abilità linguistiche. Qual è la vostra reazione? Come aiuterete la vostra bambina a sviluppare le sue abilità naturali? Dove abiterete? In quali scuole la manderete a studiare?

B

Maria e Ale si incontrano dieci anni dopo, quando sono all'università. Qual è la loro reazione nel rivedersi dopo tanto tempo? Come sono cambiati? Che cosa studiano? Quali sono i loro passatempi? Cosa si dicono?

6 Help students be creative in their dialogues by circulating among the groups and asking "what if" questions.

7 **Scrivere** Scegli uno di questi argomenti e scrivi una breve composizione.

- Quali caratteristiche fisiche o mentali sono necessarie per eccellere nel campo che preferisci? Descrivi quello che ti appassiona: una professione, un passatempo o altro.
- Sei un(a) giornalista e vuoi scrivere un articolo sulle scuole che hai frequentato, specialmente su come le attività del dopo-scuola aiutano gli studenti a fare amicizia e a sviluppare un senso di gruppo o di squadra.
- Se potessi acquisire una caratteristica o un'abilità, quale sarebbe? Come la useresti?

7 Help students adapt and personalize the topics so that they become more relevant to them.

Practice more at **immagina.vhlcentral.com.**

INSTRUCTIONAL RESOURCES **Supersite:** Teaching suggestions; **SAM/WebSAM:** WB

IMMAGINA

TOSCANA E FIRENZE

Reading

In giro per Firenze

Firenze, capoluogo della regione Toscana e città ricca di opere d'arte uniche al mondo, è considerata la culla del **Rinascimento**°. Proveremo a darvi dei suggerimenti per un itinerario artistico alla scoperta di alcuni dei tesori di questa storica città.

Vi consigliamo di iniziare con la **Galleria dell'Accademia** dove sono conservati alcuni capolavori° di **Michelangelo**, come i **Prigioni** e il **San Matteo**; qui dal 1873 è possibile ammirare la statua del **David**, scolpita in un unico pezzo di marmo° e considerata da molti il più alto esempio di bellezza maschile rinascimentale. Continuate verso **piazza del Duomo** dove si trova **Santa Maria del Fiore**, il duomo di Firenze progettato° nel XIII secolo, la cui **Cupola** è uno dei simboli di Firenze e un esempio dell'ingegneria innovativa di **Brunelleschi**. Di fronte al Duomo c'è il **Battistero**, uno dei monumenti più antichi della città. L'esterno è in marmo bianco e verde, le porte in bronzo sono divise in pannelli incisi° e all'interno ci sono elaborati mosaici. A fianco del Duomo si innalza° il **Campanile**, ai cui lavori collaborò anche **Giotto**. Dalla cima del Campanile e della Cupola potrete godere° di una vista panoramica su Firenze. Nelle vicinanze c'è la basilica di **Santa Maria Novella** con la sua spettacolare facciata° in marmo e all'interno preziosi affreschi e vetrate°.

In **piazza della Signoria** potrete invece visitare **Palazzo Vecchio**, che da diversi secoli è il municipio° di Firenze, e incominciare un'altra tappa del vostro percorso che vi porterà in uno dei musei più ricchi di raccolte d'arte del mondo: la **Galleria degli Uffizi**. Qui sono conservati° i più famosi dipinti di **Botticelli**, tra cui la **Nascita di Venere** e la **Primavera**, oltre alle opere di importanti pittori del tardo **Medioevo** e del Rinascimento come **Cimabue**, **Raffaello** e altri.

Sarà poi la volta° del **Museo Nazionale del Bargello** con la sua collezione di sculture, tra cui il **David** in bronzo di **Donatello**. Non lontano c'è la chiesa di **Santa Croce** con all'interno i capolavori di Giotto e le tombe dell'astronomo e filosofo **Galileo Galilei**, di Michelangelo e di **Niccolò Machiavelli**, storico e politico rinascimentale.

Ponte Vecchio

Attraversate° il fiume **Arno** passando per il **Ponte Vecchio**, noto per le sue botteghe artigiane e orafe°, e vi troverete nell'area denominata **Oltrarno**, dove sorgono altri due musei importanti: il colossale **Palazzo Pitti** e la **Cappella Brancacci**. Il primo presenta eccezionali opere di pittura e comprende vari musei, tra cui la **Galleria Palatina** che conserva molte delle collezioni della famiglia **Medici**. La Cappella Brancacci, situata all'interno della chiesa di **Santa Maria del Carmine**, ospita gli affreschi di **Masaccio**, tra cui la **Cacciata di Adamo ed Eva dal paradiso terrestre**. In quest'opera l'artista introduce l'uso della prospettiva°, che sarà un elemento peculiare dell'arte rinascimentale.

A questo punto sarete stanchi, ma felici e orgogliosi di avere avuto un assaggio° delle bellezze artistiche di Firenze e magari° desiderosi di conoscerne altre.

In più...

La storia di Firenze è stata caratterizzata dall'ascesa° e dal declino di famiglie importanti. La famiglia **Antinori** ha avuto un ruolo significativo nella vita economica della città. Gli Antinori iniziarono a commerciare tessuti° alla fine del XIII secolo arrivando fino in Francia e, nel corso dei secoli, hanno ricoperto anche cariche politiche. Ancora oggi la famiglia Antinori contribuisce alla ricchezza cittadina con la produzione del **Chianti**, un vino riconosciuto in tutto il mondo.

culla... *cradle of the Renaissance* **capolavori** *masterpieces* **marmo** *marble* **progettato** *planned* **pannelli...** *engraved panels* **si innalza** *it rises* **godere** *to enjoy* **facciata** *façade* **affreschi...** *frescoes and stained glass windows* **municipio** *city hall* **conservati** *preserved* **volta** *turn* **attraversate** *cross* **botteghe...** *craftsmen and goldsmiths' shops* **prospettiva** *perspective* **assaggio** *taste* **magari** *perhaps* **ascesa** *rise to power* **tessuti** *fabrics*

Vero o falso? Indica se ogni frase è **vera** o **falsa**. Correggi le frasi false.

1. I lavori per il Campanile di Firenze iniziarono nel Rinascimento. Falso. I lavori iniziarono alla fine del Medioevo, nel XIII secolo.
2. Palazzo Vecchio è la sede politico-amministrativa di Firenze. Vero.
3. Molti degli affreschi di Masaccio sono conservati al Museo del Bargello. Falso. Il Bargello è un museo di sculture. Gli affreschi di Masaccio si trovano nella Cappella Brancacci.
4. Palazzo Pitti ha all'interno altri musei. Vero.
5. La famiglia Antinori oggi produce tessuti. Falso. Produce vino.
6. La Vespa è un'automobile prodotta dalla Piaggio. Falso. La Vespa è uno scooter.
7. L'isola di Montecristo è l'isola più grande dell'Arcipelago Toscano. Falso. L'isola d'Elba è l'isola più grande.
8. I più famosi dipinti di Botticelli si trovano nella Galleria degli Uffizi. Vero.

Quanto hai imparato? Rispondi alle domande. Some answers may vary.

1. Quale famosa statua è conservata nella Galleria dell'Accademia di Firenze? i Prigioni, il San Matteo o il David di Michelangelo
2. Quali sono alcune caratteristiche di Santa Croce? affreschi di Giotto; tombe di Galileo, Michelangelo e Machiavelli
3. Che tipo di negozi ci sono su Ponte Vecchio? botteghe artigiane e orafe
4. Che cos'è l'Oltrarno? un'area dopo Ponte Vecchio; l'area dove si trovano Palazzo Pitti e la Cappella Brancacci
5. Perché è famosa la famiglia Antinori? produzione di tessuti nei secoli scorsi; cariche politiche; produzione di vino oggi
6. Quali sono alcuni dei prodotti attuali (*current*) delle industrie Piaggio? motocicli e scooter

La Vespa Lo scooter **Vespa**, una delle icone italiane più conosciute nel mondo, è uno dei prodotti delle industrie toscane **Piaggio**. La sede della Piaggio è a Pontedera, in provincia di Pisa. La Piaggio inizia la sua attività alla fine del 1800 con la produzione di materiale per ferrovie°, ma ben presto si dedica alla costruzione di aerei. Negli anni '20 e '30 produce automobili ed elicotteri finché, nel 1946, brevetta° e commercializza la Vespa, seguita da altri motocicli come il **Ciao** e il **Sì**.

L'Arcipelago Toscano La Regione Toscana ha 397 chilometri di litorale° bagnato dal mar Tirreno. Al largo della costa ci sono sette isole maggiori e alcune minori che fanno parte dell'**Arcipelago Toscano**. La più grande e conosciuta è **l'isola d'Elba**, famosa per aver ospitato Napoleone Bonaparte durante il suo esilio e oggi ricercata° destinazione turistica. Altre isole dell'arcipelago sono **l'isola del Giglio, Giannutri** e **l'isola di Montecristo**.

ferrovie *railways* **brevetta** *patents* **litorale** *coast* **ricercata** *in great demand*

Progetto

Immagina di dover allestire (*to prepare*) una mostra d'arte. Vai in rete e cerca le informazioni necessarie.

- Ricerca sei opere famose presenti nei musei o nelle chiese di Firenze (possono essere opere di pittura, scultura, mosaici ecc.).
- Per ogni opera scrivi una didascalia (*caption*) con informazioni sull'autore, l'epoca in cui ha vissuto e le caratteristiche artistiche dell'opera.
- Presenta il tuo lavoro alla classe.

INSTRUCTIONAL RESOURCES
Supersite: Audioscripts, SAM AK, Lab MP3s
SAM/WebSAM: WB, LM

ATTENZIONE!

Note that it is common to use the **passato prossimo** where in English you would often use the simple past. The **passato prossimo** may be translated in several ways:

Lui **ha perso** la partita.
*He **has lost/lost/did lose** the game.*

Ieri Luisa **è rimasta** a casa.
*Yesterday Luisa **stayed** home.*

TEACHING OPTION Divide the class into small groups. Give groups two minutes to think of as many **–are**, **–ere**, and **–ire** verbs as possible. When the time is up, invite students to ask each other questions using the **passato prossimo** of the verbs. Encourage them to use expressions such as **ieri**, **l'anno scorso**, and **tre giorni fa**.

To help students master the irregular past participles, encourage grouping similar participles together. Example: **scritto**, **fatto**, **detto** or **chiesto**, **rimasto**, **risposto**.

ATTENZIONE!

Here are some **–are** and **–ire** verbs with irregular past participles.
aprire → ap**erto**
dire → **detto**
fare → **fatto**
morire → m**orto**
offrire → off**erto**
venire → ven**uto**

3.1

The *passato prossimo* with *avere* and *essere*

*—**Ho visto** cosa è **successo**.*

*—Il giorno stesso **sono andato** dall'ottico.*

- Use the **passato prossimo** to express an action completed in the past. This compound tense is formed by combining the present tense of an auxiliary verb (**avere** or **essere**) with the past participle of the main verb. When the verb is conjugated with **essere**, the past participle must agree in gender and number with the subject of the verb.

Transitive verbs	
ho	
hai	
ha	**perduto**
abbiamo	
avete	
hanno	

Intransitive verbs	
sono	
sei	**andato/a**
è	
siamo	
siete	**andati/e**
sono	

- The past participle of regular verbs is formed as follows.

–are → –ato	**–ere → –uto**	**–ire → –ito**
parlare → parlato	**potere → potuto**	**finire → finito**

- Many past participles from the second conjugation verb group (-**ere**) are irregular. Here is a partial list.

bere → be**vuto**	ẹssere → **stato**	rimanere → rima**sto**
chiẹdere → chie**sto**	lẹggere → **letto**	rispọndere → rispo**sto**
chiụdere → chiu**so**	mẹttere → me**sso**	rọmpere → **rotto**
corrẹggere → corre**tto**	nạscere → **nato**	scẹgliere → sce**lto**
cọrrere → cor**so**	pẹrdere → per**so**	scẹndere → sce**so**
cuọcere → c**otto**	piạngere → pia**nto**	scrịvere → scri**tto**
decịdere → deci**so**	prẹndere → pre**so**	smẹttere → sme**sso**
dipịngere → dipi**nto**	raccọgliere → racco**lto**	vedere → **visto**/veduto
discụtere → discu**sso**	rịdere → ri**so**	vịncere → vi**nto**

- Transitive verbs employ **avere** as their auxiliary verb; the past participle ends in **–o**. Verbs that are intransitive usually require **essere** as their auxiliary; the past participle must agree in gender and number with the subject of the verb and will end in **–o**,**–a**, **–i**, or **–e**.

Transitive verb (takes **avere**, past participle ends in –**o**)

Paola **ha scalato** una montagna.
Paola climbed a mountain.

Marcello **ha segnato** un gol.
Marcello has scored a goal.

Intransitive verb (takes **essere**, past participle agrees with subject)

Paola **è caduta**.
Paola fell.

I giocatori **sono andati** in palestra.
The players went to the gym.

- Intransitive verbs often express either physical movement or, in contrast, lack of movement. They also indicate changes in state.

movement	**andare, arrivare, cadere, entrare, fuggire, partire, passare, (ri)tornare, salire, saltare, scẹndere, uscire, venire**
lack of movement	**ẹssere, restare, rimanere, stare**
change of state	**crẹscere, divenire, diventare, impazzire, morire, nạscere, risultare, sparire**

- Some verbs, like **cambiare**, **cominciare**, **finire**, **iniziare**, and **passare**, can be used both transitively and intransitively. Compare:

Carlo **ha finito** le linguine.
Carlo finished the linguine.

Lo spettacolo **è finito** alle 10.30.
The show ended at 10:30.

- Not all intransitive verbs are conjugated with **essere**. Some intransitive verbs that describe common activities are conjugated with **avere**. These include **camminare**, **dormire**, **nuotare**, **saltare**, and **viaggiare**.

Ieri notte **abbiamo dormito** solo due ore!
We only slept two hours last night!

Laura **ha viaggiato** molto.
Laura has travelled a lot.

- Reflexive and reciprocal verbs, as well as the verb **piacere**, always require **essere** as their auxiliary. The past participle must agree with the subject of the verb.

Paola **si è allenata** in palestra.
Paola worked out at the gym.

Le amiche **si sono telefonate**.
The friends telephoned one another.

A Luigi **sono piaciuti** i tuoi amici.
Luigi liked your friends.

Non mi **sono piaciute** le lasagne.
I did not like the lasagna.

- If a direct object pronoun precedes a verb in the **passato prossimo**, the past participle must agree with it. Remember that the past participle of transitive verbs (those verbs that are conjugated with **avere**) otherwise ends in **–o**.

Dove **hai comprato** le scarpe da ginnastica?
Where did you buy your tennis shoes?

Le ho comprate al centro commerciale.
I bought them at the shopping mall.

ATTENZIONE!

When the verb acts upon, or has the potential to act upon an object, it is transitive. When the verb cannot be followed by a direct object, it is intransitive. Compare:

Transitive verb:
Ho comprato un gioco di società.
I bought a board game.

Intransitive verb:
Quando siete arrivati?
When did you arrive?

RIMANDO

The verbs **dovere**, **potere**, and **volere**, when combined with an infinitive in the **passato prossimo**, generally use the auxiliary verb employed with that infinitive. See **Strutture 4.4, p. 142**.

Ho potuto comprare i biglietti.
I was able to buy the tickets.

Siete dovuti partire alle otto.
You had to leave at eight o'clock.

RIMANDO

To review reflexive and reciprocal verbs, see **Strutture 2.1, pp. 52-53**.

RIMANDO

You will learn more about object pronouns in **Strutture 4.2, pp. 132-134**.

Pratica

1 Ask pairs of students to write a biography of an athlete they particularly admire and read it to the class. The rest of the class can guess whose biography it is.

1 Provide students with a translation of the title of Totti's book: *All the jokes about Totti (Collected by me)*. Totti has been the center of many jokes in Italy because of his thick accent and his public antics. Discuss the reaction of other famous stars to jokes that circulate about them.

1 **Francesco Totti** Completa il paragrafo su Francesco Totti, un famoso giocatore italiano, usando il **passato prossimo** dei verbi tra parentesi.

Francesco Totti (1) _è nato_ (nascere) a Roma il 27 settembre 1976. Dall'età di 16 anni fino ad oggi, (2) _ha giocato_ (giocare) solo nella Roma, squadra della quale è anche capitano. (3) _Ha segnato_ (segnare) il suo primo gol in Serie A il 4 settembre del 1994 e da quel momento non (4) _ha smesso_ (smettere) di stupirci (*astonish us*). Pelé, il famoso giocatore brasiliano, lo (5) _ha definito_ (definire) il più grande giocatore al mondo e lo (6) _ha incluso_ (includere) nella lista dei 125 più grandi giocatori viventi. Nel 2003 Totti (7) _ha scritto_ (scrivere) un libro: *Tutte le barzellette su Totti (raccolte da me)*. Le librerie italiane (8) _hanno venduto_ (vendere) moltissime copie e Totti (9) _ha donato_ (donare) i guadagni (*proceeds*) all'Unicef e ad altre associazioni di beneficenza. Nel 2005 il calciatore (10) _ha sposato_ (sposare) la famosa presentatrice Ilary Blasi. Dopo un infortunio (*accident*) che lo (11) _ha tenuto_ (tenere) lontano dal campo da gioco per tre mesi, Totti (12) _è tornato_ (tornare) a giocare con la Nazionale nei campionati mondiali del 2006, in cui la nazionale di calcio italiana (13) _ha vinto_ (vincere) il titolo di Campioni del Mondo.

2 Have pairs of students write a similar conversation and act it out for the class. Students can decide in each case which of the two people had the most interesting weekend.

2 **Un fine settimana particolare** Completa la conversazione tra Luisa e Mara con la forma corretta dei verbi.

andare	cadere	fare	parlare	sentire	venire
annoiarsi	costruire	ferirsi	passare	studiare	visitare

LUISA Cosa (1) _hai fatto_ questo fine settimana?

MARA (2) _Sono andata_ a Sant'Anna di Stazzema, vicino a Lucca, per un Campo di Educazione alla Pace.

LUISA Racconta!

MARA Eravamo in tutto trenta ragazzi e (3) _abbiamo parlato_ di temi legati alla nonviolenza e alla solidarietà internazionale. (4) _Sono venuti_ anche ospiti e relatori (*guests and speakers*) stranieri. La sera, invece, (5) _abbiamo visitato_ il paese.

LUISA Sant'Anna di Stazzema... (6) _ho sentito_ questo nome...

MARA Probabilmente lo (7) _hai studiato_ a scuola...

LUISA Ma sì, certo: Sant'Anna è il luogo in cui, durante la Seconda Guerra Mondiale, i nazisti hanno sparato su tantissimi civili!

MARA Esatto. Per ricordare quell'evento gli abitanti (8) _hanno costruito_ il Museo della Memoria: imperdibile! E tu, come (9) _hai passato_ questo fine settimana?

LUISA Sono restata qui, a Firenze, ma non (10) _mi sono annoiata_. Ho partecipato alla Maratona della Pace, con altre 10.000 persone! Peccato che (11) _sono caduta_ e (12) _mi sono ferita_ alla caviglia (*ankle*)!

MARA Allora, il prossimo anno vieni con me. È meno pericoloso.

Nota CULTURALE

A **Sant'Anna di Stazzema**, il 12 agosto 1944, i soldati tedeschi hanno ucciso 560 persone, per la maggior parte donne, bambini e anziani. L'eccidio° di Sant'Anna, considerato un crimine contro l'umanità, ha ispirato numerosi film, tra i quali il famoso *La Notte di San Lorenzo* dei fratelli Taviani e *Miracolo a Sant'Anna* (*Miracle at St. Anna*) del regista americano Spike Lee, basato sull'omonimo romanzo (*novel*) di James McBride.

eccidio *massacre*

Practice more at **immagina.vhlcentral.com.**

Comunicazione

3 **Cos'è successo?** In coppia, guardate le immagini e inventate una storia per ogni situazione.

Modello Marilena ha ricevuto una lettera da suo fratello che è andato in vacanza ai Caraibi. Il fratello ha deciso di rimanere lì. Si è sposato…

Marilena **Marco e Gloria** **Patrizia** **Giorgio e Luana**

4 **Hai una buona memoria?** Ecco una lista di attività. Quando è stata l'ultima volta che avete fatto queste cose? In coppia, fatevi queste domande a turno.

Modello **guardare una partita di calcio**

—Quando è stata l'ultima volta che hai guardato una partita di calcio?

—Ho visto una partita di calcio domenica scorsa.

—Chi ha giocato?

1. vedere un documentario
2. scrivere un'e-mail
3. andare in vacanza
4. ferirsi
5. allenarsi in palestra
6. perdere qualcosa
7. leggere un libro
8. fare una fotografia
9. aprire un giornale
10. mettere un vestito elegante
11. rompere un oggetto di valore
12. decidere di interrompere una relazione

5 **Com'è strana la vita!**

A. In coppia, scrivete due brevi storie: una vera, ma buffa o incredibile di cui uno/a di voi è stato/a protagonista; un'altra completamente inventata, ma anche questa inusuale. Cercate di essere dettagliati e di rispondere alle seguenti domande.

- come ti sei vestito/a quel giorno?
- che scarpe ti sei messo/a?
- cosa è successo?
- ti ha visto qualcuno?
- ne è valsa la pena?
- hai pianto o hai riso quando è successo?
- hai chiesto aiuto?
- cosa hai fatto dopo?

B. A turno, ogni coppia legge le sue brevi storie alla classe che dovrà indovinare qual è la storia vera e qual è quella falsa.

6 **I divertimenti** Che fate per divertirvi? Che attività praticate?

A. Fate una lista di dieci cose divertenti che avete fatto il mese scorso.

B. In coppia, domandate al(la) vostro/a compagno/a se ha praticato le attività della vostra lista e scrivete **sì** o **no** accanto ad ognuna.

C. In gruppi di quattro, descrivete a turno quello che il/la vostro/a compagno/a ha fatto il mese scorso. Limitatevi a quattro o cinque attività.

---

3 Ask students to read their stories to the class. Have the students vote on the most amusing story.

4 Ask the students to pick an activity they have done recently from the list. Their partner can then ask questions to guess the activity: **Quando lo hai fatto? Dove lo hai fatto? Cosa hai fatto dopo? I tuoi genitori si sono arrabbiati? È stata una brutta esperienza?** Students may start guessing what happened only after asking five different questions.

4 Encourage students to ask each other about other recent activities that do not appear in the list.

6 As an expansion, ask students to talk about their partner using one of the following reflexive verbs: **stancarsi, stressarsi, rilassarsi, riposarsi, interessarsi, divertirsi, annoiarsi**. Example: **Mary si è stancata perché ha lavorato molto e ha dormito poco**.

INSTRUCTIONAL RESOURCES
Supersite: Audioscripts, SAM AK, Lab MP3s
SAM/WebSAM: WB, LM

3.2

The *imperfetto*

- Use the **imperfetto** to talk about what used to happen or to describe ongoing and habitual actions and conditions in the past. The English equivalent of the **imperfetto** is often expressed with *used to* or *would.*

Da piccoli, **giocavamo** spesso a nascondino.
As children, we often played (used to play/would play) hide-and-seek.

- To form the **imperfetto**, remove the final **–re** from the infinitive and add the endings **–vo**, **–vi**, **–va**, **–vamo**, **–vate**, and **–vano**.

tifare	pẹrdere	applaudire
tifavo	perdevo	applaudivo
tifavi	perdevi	applaudivi
tifava	perdeva	applaudiva
tifavamo	perdevamo	applaudivamo
tifavate	perdevate	applaudivate
tifạvano	perdẹvano	applaudịvano

- There are few irregularities in the **imperfetto**. Note, however, the irregular forms of **essere** and the special stems for **bere**, **dire**, and **fare**.

ẹssere	ero, eri, era, eravamo, eravate, ẹrano
bere (bev-)	bevevo, bevevi, beveva, bevevamo, bevevate, bevẹvano
dire (dic-)	dicevo, dicevi, diceva, dicevamo, dicevate, dicẹvano
fare (fac-)	facevo, facevi, faceva, facevamo, facevate, facẹvano

- The **imperfetto** is also used to describe or set the scene when narrating a past event. Conditions such as the weather, time, age of persons involved, emotions, and circumstances may all be expressed with the **imperfetto**.

Pioveva a catinelle.
It was raining buckets.

Nel 1970, Carla **aveva** sei anni.
In 1970, Carla was six years old.

- The **imperfetto** can describe states of mind that continued over an unspecified period of time.

Mi **sentivo** triste.
I felt sad.

Volevi studiare in Italia?
Did you want to study in Italy?

- Several verbs in the **imperfetto** can be used together to convey simultaneous ongoing activities in the past.

Il padre **lavava** i piatti mentre i bambini **giocavano** a carte.
The father was washing the dishes while the children were playing cards.

Quando la mamma **cantava**, mia sorella ed io **ballavamo** sempre.
When mom would sing, my sister and I used to dance all the time.

ATTENZIONE!

When the **imperfetto** conveys ongoing or habitual actions, it is often accompanied by adverbial expressions such as: **mentre**; **sempre**; **di solito**; **spesso**; **ogni giorno/settimana**, etc.; **tutto/a/i/e** + [*period of time*]; and **il/la** + [*day of week*]. In Italian, days of the week are masculine except **la domenica**.

La squadra non si allenava la domenica.
The team didn't train on Sundays.

Da piccola, passavo tutta l'estate dalla nonna.
When I was little, I used to spend the whole summer at my grandmother's.

ATTENZIONE!

Just as it is possible to use **Da quanto tempo** with the present tense to inquire about actions that began in the past but continue into the present, the **imperfetto** can be used with this expression to inquire about actions that began in a more distant past and continued in the more recent past.

Da quanto tempo parlavi il tedesco quando sei andato in Germania per la prima volta?
How long had you been speaking German when you traveled to Germany for the first time?

Lo parlavo da tre anni.
I had been speaking it for three years.

ATTENZIONE!

Verb ending in **–urre**, **–orre**, and **–arre** use stems derived from Latin roots.

produrre (produc–) → **producevo**
proporre (propon–) → **proponevo**
trarre (tra–) → **traevo**

Pratica e comunicazione

1 **Da piccolo** Completa il paragrafo con l'imperfetto dei verbi fra parentesi.

Da piccolo mi (1) piaceva (piacere) passare l'estate a casa dei nonni, a Lucca. Di solito (2) giocavo (giocare) con i miei amici nel parco, oppure (*or*) (3) andavo (andare) in bicicletta per le strade del centro. Un giorno, mentre (4) pedalavo (pedalare) e (5) guardavo (guardare) in alto i colori vivaci delle case lucchesi, sono caduto e mi sono fatto male al piede. Sono rimasto ingessato (*in a cast*) per un mese intero! (6) Avevo (avere) solo sei anni, ma ricordo tutto perfettamente! Le passeggiate che (7) preferivo (preferire) erano quelle con il nonno quasi ogni domenica. La mattina la nonna (8) preparava (preparare) i panini per il pranzo, mentre noi (9) indossavamo (indossare) le nostre scarpe da ginnastica. Poi (10) cominciavamo (cominciare) la nostra escursione tra boschi e natura lungo la Via Francigena. (11) Incontravamo (Incontrare) tante persone che (12) andavano (andare) a caccia (*hunting*) o (13) raccoglievano (raccogliere) i funghi. Poi, quando (14) era (essere) mezzogiorno, (15) ci fermavamo (fermarsi) a mangiare sotto un albero. Bei tempi!

2 **Prima e dopo** In coppia, confrontate le due immagini e commentatele. Com'era la vita prima e com'è oggi? Rispondete con almeno cinque commenti.

com'era prima

com'è adesso

3 **Da piccoli**

A. Utilizzate gli elementi dati per parlare di voi quando avevate otto anni. Scrivete due frasi per ogni elemento e confrontatevi con il/la compagno/a.

Modello **avere paura del buio (*dark*)**
Avevo paura del buio. Volevo dormire con i miei genitori.

1. mangiare poco
2. giocare a nascondino
3. divertirsi con l'amico/a del cuore
4. piangere davanti agli amici
5. guardare uno spettacolo televisivo
6. amare un cibo particolare
7. fare i compiti
8. praticare uno sport

B. In gruppi di quattro o cinque, cercate la persona che condivide con voi il maggior numero di caratteristiche. Quando l'avete trovata, spiegate alla classe in cosa siete simili e in cosa differenti.

Modello Da piccolo io guardavo sempre i Simpson. Anche Jane li guardava.
Da piccolo io mangiavo solo la pizza, invece Jane mangiava tutto!

Practice more at **immagina.vhlcentral.com.**

Nota
CULTURALE

La **Via Francigena** è un'antica strada medievale che passa per Lucca, collegando° Canterbury a Roma. I pellegrini° che arrivavano a Roma decidevano se fermarsi lì o proseguire fino a Brindisi, dove si imbarcavano° fino in Terra Santa. Oggi i percorsi° della Via Francigena coincidono in parte con strade asfaltate, in parte con affascinanti sentieri tra la natura.

collegando *connecting* **pellegrini** *pilgrims* **si...** *embarked* **percorsi** *courses, routes*

1 After the activity, have the students prepare their own story, beginning with **Da piccolo**, detailing a memory of an important place or person in their lives. Ask for volunteers to share their recollections with the class.

2 For a discussion, write some of the students' comments on the blackboard. Ask students to consider the advantages and disadvantages of living in today's society and of living in the past. Ex: **Nel passato non c'erano così tante automobili: si viveva meglio o peggio? Quali erano i lati positivi di una città senza tante automobili? Quali i lati negativi?**

3 After reading the example, point out that when making a comparison in Italian, the subject of each element is retained. **Anche** is never used at the end of such sentences.

INSTRUCTIONAL RESOURCES
Supersite: Audioscripts, SAM AK, Lab MP3s
SAM/WebSAM: WB, LM

3.3

The *passato prossimo* vs. the *imperfetto*

- Italian uses both the **passato prossimo** and the **imperfetto** to talk about events in the past. The two tenses have distinct uses, however, and are not interchangeable.

—All'asilo, poi, ***sono diventato*** *un fenomeno e tutti* ***riconoscevano*** *la mia natura.*

- The **passato prossimo** narrates completed events, whereas the **imperfetto** describes ongoing conditions, habitual actions, or the circumstances surrounding such activities, such as the time, weather, and age or emotional state of the people involved.

Volevamo festeggiare il nuovo anno, così **abbiamo comprato** una torta.
We wanted to celebrate the new year, so we bought a cake.

Uses of the *passato prossimo*

Use the **passato prossimo** in these instances.

- To express completed actions.

L'allenatrice **ha passato** tre ore in palestra ieri.
The trainer spent three hours in the gym yesterday.

La sua squadra **ha vinto** la partita sabato scorso.
Her team won the game last Saturday.

- To express the beginning or end of a past action.

La partita **è cominciata** alle dieci.
The match began at ten o'clock.

Ho finito il libro.
I have finished the book.

- To specify the number of times an event took place.

La Juventus **ha perso** le ultime tre partite.
Juventus lost the last three games.

Hai campeggiato sull'isola due volte?
You camped on the island twice?

- To list a series of past actions.

Ho dato un'occhiata agli ultimi arrivi, poi **ho provato** una gonna.
I took a look at the latest arrivals, then I tried on a skirt.

- To indicate a change of state or a reaction.

Margherita e la sua mamma **si sono stancate**.
Margherita and her mom became tired.

Dopo l'abbondante cena, non **ho potuto** prendere il dolce.
After the large dinner, I could not have dessert.

Uses of the *imperfetto*

Use the **imperfetto** in these instances.

- To express ongoing past actions that lack a clear beginning or ending point.

Andavi in palestra.
You used to go to the gym.

Preferivo fare escursionismo.
I used to prefer hiking.

- To express habitual actions in the past.

Di solito, non **segnavamo** molti gol.
Usually, we did not score many goals.

Da giovane, **praticavo** la scherma.
When I was young, I used to fence.

- To describe emotional or physical states.

Leo **era** triste quel giorno.
Leo was sad that day.

Mi **faceva** male la schiena.
My back was hurting.

The *passato prossimo* and the *imperfetto* used together

- The **passato prossimo** and **imperfetto** often appear together, in the same sentence or paragraph, because both are necessary to fully narrate a past event.

- You may find it helpful to think of the **passato prossimo** as the tense that moves a story forward, whereas the **imperfetto** is the tense that fills out the background of the story. The **imperfetto** may also describe what was ongoing when another event took place.

Ieri io e mio marito **abbiamo fatto** una passeggiata sulla spiaggia. **Erano** le otto di mattina quando **siamo usciti**. Purtroppo (*unfortunately*) **faceva** brutto tempo; **pioveva**, **tirava** un vento fortissimo e le onde (*waves*) del mare **erano** altissime. All'improvviso **abbiamo visto** un fulmine (*lightening bolt*) tremendo nel cielo! In quel momento **ho avuto** paura, allora **siamo tornati** subito a casa.

Events (passato prossimo)	Details, background (imperfetto)
Abbiamo fatto una passeggiata.	**Erano** le otto di mattina.
...quando **siamo usciti**.	**Faceva** brutto tempo: **pioveva**, **tirava** vento... le onde **erano** altissime.
Abbiamo visto un fulmine.	
Ho avuto paura, allora **siamo tornati**...	

- Note that some verbs carry different meanings in the **passato prossimo** and **imperfetto**.

verb	passato prossimo	imperfetto
conọscere	*to meet*	*to know or be familiar with a person, place, or thing*
sapere	*to find out*	*to know (a fact, how to do something)*

- The verbs **dovere**, **potere**, and **volere** also have different meanings in the **passato prossimo** and **imperfetto**. If the action is completed, use the **passato prossimo**. The **imperfetto** may imply that something was supposed to take place, but for some reason, did not. Compare:

Abbiamo dovuto fare la coda per comprare un biglietto.
We had to stand in line to buy a ticket.

Dovevo comprare i biglietti, ma non l'ho fatto.
I was supposed to buy the tickets, but I didn't.

ATTENZIONE!

Depending on the tense, certain adverbial expressions may be used to indicate the time frame of a past event or situation. Note these expressions.

Used with the **passato prossimo**:

una volta, in quel momento, all'improvviso, ad un tratto
one time, in that moment, suddenly, all of a sudden

Used with the **imperfetto**:

mentre; **sempre**; **di solito**; **spesso**; **ogni giorno/settimana**, etc.; **tutto/a/i/e** + [*period of time*]; and **il/la** + [*day of week*].

TEACHING OPTION Play parts of *Bulli si nasce* with examples of the **passato prossimo** and **imperfetto**. Pass out the script with blank lines for students to fill in the correct past-tense forms, or have them write down the examples they hear.

RIMANDO

Conoscere and **sapere** are not interchangeable. For more information about their uses, see **Strutture 7.4, p. 260**.

RIMANDO

For more information about the use of **dovere**, **potere**, and **volere**, see **Strutture 4.4, p. 142**.

Pratica

1 **Una splendida idea!** **Luisa racconta come ieri ha vinto la noia (*boredom*). Completa il paragrafo coniugando i verbi tra parentesi al passato prossimo o all'imperfetto.**

Ieri il tempo (1) era (essere) brutto. Non (2) pioveva (piovere), ma le nuvole (3) coprivano (coprire) il cielo. (4) Mi sentivo (sentirsi) un po' triste, così, per cambiare umore, (5) ho deciso (decidere) di passare il pomeriggio al centro commerciale. (6) Sono entrata (entrare) in un negozio di abbigliamento e (7) ho provato (provare) quindici gonne tutte diverse! La commessa, piuttosto irritata, (8) alzava (alzare) continuamente gli occhi al cielo. Ovviamente io non (9) volevo (volere) comprare nulla, ma solo divertirmi come da bambina, quando (10) giocavo (giocare) con i vestiti della mamma. Alla fine, fingendo di dare un'occhiata agli abiti da sera, (11) mi sono avvicinata (avvicinarsi) alla porta, (12) mi sono messa (mettersi) il cappotto e, girandomi indietro, (13) ho esclamato (esclamare): «Grazie di tutto. Tornerò quando ci saranno i saldi di fine stagione!». È stata una giornata intensa, ma molto divertente!

2 As a follow-up activity, ask pairs of students to put some of their sentences together and invent a story using as many words from the four columns as possible. Have pairs read their stories to the class, indicating how many words they have included. The pair using the most words in an effective story wins.

2 **Interruzioni** **Unisci gli elementi delle quattro colonne e spiega cosa facevano i personaggi quando sono stati interrotti.**

io	fare la coda		il professore	cominciare a …
tu	campeggiare		io	dire che …
noi	giocare a carte	quando	un orso (*bear*)	entrare da …
la cliente	dormire		la commessa	cadere da …
i turisti	festeggiare		il pubblico	urlare (*shout*) che …

3 As an expansion, have pairs pick up one frame and imagine a dialogue between the characters. The dialogue should contain as many verbs in the **passato prossimo** and **imperfetto** as possible. Have the students act out their dialogues to the class, which will vote on the best written and most entertaining.

3 **La vacanze** **In coppia, guardate le immagini e usate le parole della lista per parlare delle vacanze di Piero e Ida a Taormina l'anno scorso. Usate il passato prossimo e l'imperfetto.**

Modello L'anno scorso Piero e Ida hanno deciso di passare le vacanze a Taormina e sono andati in un'agenzia turistica. Erano entusiasti…

andare in aereo/ barca/taxi/treno	**aeroporto**	**(s)cortese**	**il giorno dopo**
controllare	**agenzia turistica**	**economico/a**	**mentre**
giocare	**albergo**	**entusiasta**	**ogni giorno**
praticare sci nautico	**camera**	**lussuoso/a**	**sempre**
prenotare	**spiaggia**	**(s)piacevole**	**un giorno**
	stazione		

Practice more at **immagina.vhlcentral.com.**

Comunicazione

4 **Eventi importanti**

A. Ecco cinque avvenimenti importanti nella vita di Piero. In coppia, fatevi delle domande per completare la descrizione di ogni avvenimento.

Modello —Cosa è successo a Piero nel 1975?
—Il 24 luglio 1975 Piero è nato.
—Dov'era e con chi?
—Era all'ospedale con sua madre.

1975	1980	1985	2000	2005	2008
La mia nascita, 24 luglio	Incontro con il mio migliore amico, 3 settembre	Nascita della mia sorellina, 13 maggio	Amore a prima vista con Ida, novembre	Matrimonio, 5 dicembre	Vacanza a Taormina 3 – 18 agosto

B. Pensate a cinque date importanti della vostra vita e scrivetele. Poi, in piccoli gruppi, parlatene con i vostri compagni, che vi chiederanno i dettagli di ogni avvenimento.

Modello —Il 26 Agosto 2006 è stata una data importante perché ho incontrato il mio fidanzato.
—Dov'eri? Con chi eri?...

5 **Una storia** In gruppi di tre o quattro, completate le frasi utilizzando il passato prossimo o l'imperfetto. Poi cambiate l'ordine delle frasi per creare una storia logica.

1. Per due ore...
2. All'improvviso...
3. Ogni anno...
4. Un giorno...
5. Poco dopo...
6. Di solito...

6 **Interviste**

A. In coppia, assumete il ruolo di un giornalista e di una persona celebre di cui conoscete bene la vita. Preparate un'intervista di sei domande con le relative risposte utilizzando il passato prossimo e/o l'imperfetto.

Modello **GIORNALISTA** Sappiamo che recentemente Lei ha scritto un libro. Cosa ha fatto con i guadagni (*proceeds*) delle vendite?
CELEBRITÀ Volevo comprare una villa, ma li ho donati interamente ad alcune associazioni di beneficenza.

B. Recitate le interviste alla classe. I vostri compagni dovranno indovinare chi è il personaggio intervistato e potranno fare ulteriori domande, se necessario.

4 You may want to recap how to express dates in Italian. Then go over the **modello** with a volunteer.

5 After each group has finished its story, ask the students to write a clear, readable draft, eliminating the sentence starters. Collect the stories and pass them out randomly to different groups, instructing them to fill in the blanks using appropriate sentence starters from the list.

INSTRUCTIONAL RESOURCES
Supersite: Audioscripts, SAM AK, Lab MP3s
SAM/WebSAM: WB, LM

ATTENZIONE!

The **passato remoto** and **passato prossimo** are generally not used together.

Emphasize recognition of **passato remoto** verbs for reading comprehension. Present a reading and ask students to identify the verbs and provide their infinitive forms. As follow up, see if they can generate the other forms of the **passato remoto** verb found in the passage.

In the third person singular, verbs end in an accented form of their characteristic stem vowel, except for the third person singular of **–are** verbs, which replaces **–a** with **–o**. For the forms of the first and second person, and the third person plural, the same endings are used in all conjugations (**–i, sti, mmo, ste, rono**).

3.4

The *passato remoto*

- The **passato remoto**, like the **passato prossimo**, expresses completed past actions. The **passato remoto** usually refers to events of the distant past that do not have a continuing effect in the present.

Passato prossimo	Passato remoto
Mia madre **è nata** nel 1939. *My mother was born in 1939.*	Il re **nacque** nel 1546. *The king was born in 1546.*
Ho scoperto il jazz solo recentemente. *I discovered jazz only recently.*	Chi **scoprì** l'America? *Who discovered America?*

- The **passato remoto** is not commonly used in spoken Italian, although there are regional variations. It is used to some extent in Tuscany and in parts of southern Italy, where it is sometimes used in place of the **passato prossimo**.

- Although, as a student of Italian, you will almost never use the **passato remoto** in conversation, it is essential to recognize its forms because it is frequently used in literature and most magazines and newspapers.

- To form the **passato remoto**, drop the **–re** ending of the infinitive and add the endings indicated in the table below. Note that some **–ere** verbs also have alternate first person singular and third person irregular forms.

parlare → parla-	vẹndere → vende-	finire → fini-
parlai	vendei/vendetti	finịi
parlasti	vendesti	finisti
parlò	vendé/vendette	finì
parlammo	vendemmo	finimmo
parlaste	vendeste	finiste
parlạrono	vendẹrono/vendẹttero	finịrono

- Many verbs are irregular in the **passato remoto**. Most of them, however, are irregular only in the first person singular (**io**), and third person singular and plural (**lui/lei, loro**) forms. Because of this pattern, they can be referred to as **1-3-3** verbs. Once you know the first person singular form of these verbs, you can easily derive all the other forms. The verbs are regular in the **tu**, **noi**, and **voi** forms. For example:

lẹggere (irregular forms in orange)	
1 lessi	1 leggemmo
2 leggesti	2 leggeste
3 lesse	3 lẹssero

- Here is a list of verbs that follow the pattern **1**, **3**, **3**.

avere	**ebbi**	**nạscere**	**nacqui**	**spẹgnere**	**spensi**
chiẹdere	**chiesi**	**pẹrdere**	**persi**	**spẹndere**	**spesi**
chiụdere	**chiusi**	**piacere**	**piacqui**	**tenere**	**tenni**
conọscere	**conobbi**	**piạngere**	**piansi**	**uccịdere**	**uccisi**
cọrrere	**corsi**	**prẹndere**	**presi**	**vedere**	**vidi**
crẹscere	**crebbi**	**rimanere**	**rimasi**	**venire**	**venni**
decịdere	**decisi**	**rispọndere**	**risposi**	**vịncere**	**vinsi**
dipịngere	**dipinsi**	**sapere**	**seppi**	**vịvere**	**vissi**
mẹttere	**misi**	**scrịvere**	**scrissi**	**volere**	**volli**

- Some verbs are irregular in all forms of the **passato remoto**.

ẹssere	bere	fare	stare	dire	dare
fụi	**bevvi**	**feci**	**stetti**	**dissi**	**diedi/detti**
fosti	**bevesti**	**facesti**	**stesti**	**dicesti**	**desti**
fu	**bevve**	**fece**	**stette**	**disse**	**diede/dette**
fummo	**bevemmo**	**facemmo**	**stemmo**	**dicemmo**	**demmo**
foste	**beveste**	**faceste**	**steste**	**diceste**	**deste**
fụrono	**bẹvvero**	**fẹcero**	**stẹttero**	**dịssero**	**diẹdero/dẹttero**

- The **passato remoto** is used in narrations with the **imperfetto** just as the **passato prossimo** is used. The **passato remoto** relates the completed events and moves the action forward; the **imperfetto** is used for descriptions or to express habitual or ongoing actions.

Description (imperfetto)	Events (passato remoto)
C'**era** una volta una fanciulla bellissima che si **chiamava** Cenerentola. *Once upon a time there was a beautiful young girl named Cinderella.*	Il figlio del re **decise** di dare un gran ballo per tutte le fanciulle del regno. *The son of the king decided to hold a grand ball for all the young women in the kingdom.*
	La matrigna **prestò** i suoi gioielli alle figlie che **dissero** a Cenerentola: «Resta qui a lavorare!» *The stepmother loaned her jewels to her daughters, who told Cinderella: "Stay here and work!"*
	Cenerentola **arrivò** finalmente e **fece** il suo ingresso nella sala da ballo. *Cinderella finally arrived and made her entrance into the ballroom.*
Era la più bella ed elegante della festa! *She was the most beautiful and elegant one at the party!*	Il principe **fu** colpito dalla sua bellezza e la **invitò** a ballare. *The prince was struck by her beauty and asked her to dance.*

It may be helpful to encourage students to recognize similar patterns in the morphology of the **1-3-3** verbs. Group similarities together. **Chiedere, chiudere, decidere**: last consonant of stem changes to **–s** in **1-3-3**. **Tenere, venire, volere**: last consonant of stem doubles in **1-3-3**. **Leggere, scrivere, vivere**: last consonant of stem changes to **–ss** in **1-3-3**.

Pratica

1 **Che verbo è?** Identificate l'infinito di ogni verbo e coniugatelo al passato prossimo.

Modello **noi demmo**
dare: noi abbiamo dato

1. loro vennero venire: loro sono venuti/e
2. lui nacque nascere: lui è nato
3. voi chiudeste chiudere: voi avete chiuso
4. io lessi leggere: io ho letto
5. lei scrisse scrivere: lei ha scritto
6. tu decidesti decidere: tu hai deciso
7. io persi perdere: io ho perso
8. noi piangemmo piangere: noi abbiamo pianto
9. loro rimasero rimanere: loro sono rimasti/e
10. lui rispose rispondere: lui ha risposto
11. voi uccideste uccidere: voi avete ucciso
12. io vidi vedere: io ho visto
13. tu volesti volere: tu hai voluto
14. lei spense spegnere: lei ha spento
15. lui mise mettere: lui ha messo

2 Give students sentences in the **passato remoto** and have them change the verbs to the **passato prossimo**.

2 **Chi l'ha visto?** Trasforma le frasi al passato prossimo.

1. Il ragazzo indossò gli sci e partì. Il ragazzo ha indossato gli sci ed è partito.
2. Dopo qualche minuto prese velocità. Dopo qualche minuto ha preso velocità.
3. Vide da lontano un uomo fermo sulla pista (*ski slope*). Ha visto da lontano un uomo fermo sulla pista.
4. Capì di andare troppo veloce. Ha capito di andare troppo veloce.
5. Non riuscì a fermarsi in tempo. Non è riuscito a fermarsi in tempo.
6. L'impatto fu terribile. L'impatto è stato terribile.
7. L'uomo travolto rimase a terra ferito. L'uomo travolto è rimasto a terra ferito.
8. Il ragazzo corse via veloce come il vento. Il ragazzo è corso via veloce come il vento.

3 **Raccontiamo una favola!** Trasforma i verbi al passato remoto o all'imperfetto, cominciando la storia con **C'era una volta un falegname....**

Un falegname (*carpenter*) di nome Geppetto un bel giorno decide di costruire un burattino. Mentre lavora al suo burattino, sente una voce che dice: «Non mi fare il solletico (*tickle*)!». Geppetto si guarda intorno, ma non vede nessuno. La stessa cosa si ripete altre tre volte. Alla fine Geppetto capisce che la vocina viene proprio dal pezzo di legno (*wood*). Incredibile! Un pezzo di legno che sa parlare! Così Geppetto chiama il pezzo di legno Pinocchio e lo tiene con sé per tutta la vita, come un figlio.

3 Answer: **C'era una volta un falegname di nome Geppetto. Un bel giorno decise di costruire un burattino. Mentre lavorava al suo burattino, sentì una voce che disse/diceva: «Non mi fare il solletico!». Geppetto si guardò intorno, ma non vide nessuno. La stessa cosa si ripeté altre tre volte. Alla fine Geppetto capì che la vocina veniva proprio dal pezzo di legno. Incredibile! Un pezzo di legno che sapeva parlare! Così Geppetto chiamò il pezzo di legno Pinocchio e lo tenne con sé per tutta la vita, come un figlio.**

Nota CULTURALE

Le avventure di Pinocchio è un libro scritto da Carlo Collodi nel 1881. Narra le avventure di un burattino bugiardo e disubbidiente che alla fine riesce a diventare buono, trasformandosi in un bambino vero in carne ed ossa°. Walt Disney ha reso Pinocchio famoso in tutto il mondo, insieme agli altri personaggi che popolano il libro.

carne ed ossa *flesh and bone*

Practice more at **immagina.vhlcentral.com.**

Comunicazione

4 **Ti ricordi quando...?** In piccoli gruppi, elencate dieci eventi importanti del mondo dello sport o dello spettacolo accaduti negli ultimi dieci anni e descriveteli usando il passato remoto.

Modello **Nel 2006 l'Italia vinse il campionato mondiale di calcio.**

4 Have the students share their lists with the class and compare them. Where do the interests of the class lie?

4 As the students read out their lists, write the events on the blackboard and then ask the students why they remember a particular event and what their reaction was when that event took place. Ex: **Eri contento/a quando l'Italia ha vinto i mondiali? Cosa facevi mentre l'Italia giocava contro la Francia? Cosa hai fatto quando la partita è finita?**

5 **Nonna Maria**

A. A coppie, osservate la foto e inventate una storia su nonna Maria usando il **passato remoto** e l'**imperfetto**. Cercate di essere dettagliati e di coprire i seguenti argomenti.

- Presentazione di nonna Maria oggi (provenienza, età, stato civile, altro...)
- Eventi importanti (marito, figli, lavoro, altro...)
- Valori e interessi (famiglia, lavoro, politica, altro...)

B. Ogni coppia legge ora la propria storia alla classe, che esprimerà e motiverà un giudizio (*judgment*) sui seguenti punti.

- la vita di nonna Maria (noiosa, interessante, mediocre, altro…)
- il personaggio di nonna Maria (tipica, atipica, appassionata, altro…)
- la verosimiglianza della storia (realistica, irrealistica)

6 **...e vissero felici e contenti!** In piccoli gruppi, scegliete l'inizio di una delle due favole e inventatene il proseguimento.

1. C'era una volta un re che aveva tre figli maschi e desiderava ardentemente una figlia. Un giorno disse alla moglie, incinta (*pregnant*) per la quarta volta: «Moglie mia, ho deciso: me ne andrò sulla montagna e ogni giorno guarderò la finestra di casa nostra. Se nascerà una figlia femmina, tu accenderai il camino e io, vedendo il fumo, capirò e tornerò. Se nascerà un altro figlio maschio, metterai fuori dalla porta una zappa (*hoe*). Io capirò e non tornerò mai più». Il giorno dopo, il re partì per la montagna….
2. Chi dice che sui pianeti della nostra galassia non ci sono altre forme di vita sicuramente non ha mai sentito questa storia. Un afoso (*sultry*) giorno d'agosto il signor Leopoldo camminava per le strade deserte della città quando, ad un tratto, vide passare veloce nel cielo un grosso «uovo» luminoso. «Accidenti! Deve essere il caldo…», pensò il signor Leopoldo e si aggiustò il berretto sulla testa…

6 Explain that **...e vissero felici e contenti** is the usual final sentence for fairy tales.

6 Ask students to read their stories to the class and vote on the most amusing and the most imaginative story.

communication NATIONAL STANDARDS

Sintesi

1 **Parliamo** In piccoli gruppi, guardate queste foto di persone che praticano sport estremi e rispondete alle domande.

Diving: l'amore per uno sport che mette a rischio la vita: ne vale veramente la pena?

Free-climbing: desiderio di libertà o delirio di onnipotenza?

Alpinismo: sacrificio, fatica e ricompensa finale. Attraverso il corpo si può migliorare anche il proprio carattere?

Parapendio: guardare il mondo dall'alto ci dà la percezione della nostra umana fragilità?

1. Conosci qualcuno di questi sport? Lo hai mai praticato? Perché sì e perché no?
2. Immagina di essere una delle persone nelle foto. Perché hai scelto questo sport? Hai mai avuto paura?
3. Sei mai stato in una situazione pericolosa a causa degli sport? Cosa è successo?
4. Perché la gente in generale sembra attratta da questi sport? La loro popolarità continuerà a crescere?
5. Quali sono gli «effetti collaterali» degli sport estremi? Pensa ad almeno tre cose e discutine con i tuoi compagni.

2 **Scriviamo** Scrivi una pagina di diario su uno dei seguenti argomenti.

- Descrivi un episodio memorabile che ti è successo mentre praticavi uno sport o passatempo.
- Descrivi un episodio memorabile che è successo mentre guardavi un evento sportivo.

Strategie per la comunicazione

Suggerimenti per scrivere un diario:

- Un diario è di solito un oggetto personale: oltre agli eventi, assicurati di descrivere anche i tuoi sentimenti, le tue reazioni, le tue opinioni ecc.
- Un diario è per sua natura un testo informale; lo stile è semplice e lineare.
- Cerca di usare un vocabolario familiare e strutture sintattiche semplici.
- Un diario spesso è usato per raccogliere non solo pensieri e ricordi, ma anche buoni propositi per il futuro: termina il tuo testo dicendo cosa hai imparato da quello che è successo.

Preparazione

Vocabolario della lettura

il calciatore *soccer player*
la campagna elettorale *electoral campaign*
giocare in casa/trasferta *to play a home/away game*
leale *loyal*
la maglia *jersey*
il pallone *soccer; ball*
il regolamento *regulations*
la rete *goal; net*
scẹndere in campo *to join the game*
a squarciagola *at the top of one's voice*
il torneo *tournament*

Vocabolario utile

il calcio di rigore *penalty kick*
il centravanti *center forward*
la difesa *defense*
parare *to save*
pareggiare *to tie*
il portiere *goalkeeper*
tifare (per) *to be a fan of, to root for*

1 **Giochiamo!** Utilizza le parole nuove per completare le frasi.

1. Un ___torneo___ è una serie di partite.
2. Tutti i miei amici ___tifano___ per il Milan.
3. Il ___portiere___ ha parato molti rigori (*penalty kicks*).
4. Durante la ___campagna elettorale___ i politici fanno dei discorsi (*speeches*).
5. Tutta la squadra indossa una ___maglia___ dello stesso colore.
6. Tutti giocatori devono seguire il ___regolamento___.
7. Le squadre ___scendono in campo___ per iniziare la partita.
8. Mario è un amico ___leale___, sincero e generoso.

2 **Sondaggio**

A. Scopri chi sono i tifosi in classe: domanda ad altri quattro studenti quali sono i loro gusti sportivi. Aggiungi altre due domande.

- Quale sport preferisci guardare alla TV?
- C'è uno sport che vai a vedere allo stadio?
- C'è una squadra che preferisci? Quale?
- C'è un giocatore che ammiri? Chi è?

B. In piccoli gruppi, confrontate i risultati dei vostri sondaggi. Poi scriveteli alla lavagna per determinare quali sono i gusti della vostra classe.

3 **Il calcio nel mondo** In coppia, fate una lista di tutte le informazioni che avete sul calcio.

- Avete mai giocato a calcio?
- Come funziona il gioco?
- Quali altri sport sono simili al calcio?
- Conoscete qualche giocatore o una squadra in particolare?
- Avete mai guardato una partita importante? Quale?

National Standards: connections, cultures

Point out that **il calcio** and **il pallone** are synonyms when referring to the sport, although they also mean *kick* and *ball*, respectively.

Nota CULTURALE

Dal 1946 il **Totocalcio** e, più recentemente, il **Totogol** (nato nel 1992) sono **giochi a premi** molto diffusi in Italia. Andare dal tabaccaio per comprare una schedina° da compilare pronosticando° l'esito delle 13 partite di calcio settimanali (1 per la squadra che gioca in casa, 2 per la squadra in trasferta e X per il pareggio) è un passatempo e un'occasione per scommettere°. **Fare 13** è un'espressione entrata nel linguaggio comune che significa «vincere tutto».

schedina *score card* **pronosticando** *predicting* **scommettere** *to bet*

2 Assign a couple of students the task of keeping track of the results on the blackboard: **sport alla TV, sport allo stadio** and **sport da praticare**.

3 After giving the pairs a few minutes to gather the information they remember, you might want to ask a few students to share their information. You could also fill in some gaps and present some further soccer information and/or anecdotes from your personal experience.

RETE!

S Reading

I MONDIALI

A Boston 10.000 persone hanno celebrato la vittoria degli Azzurri nella finale della Coppa del Mondo del 2006 seguendo la partita su un maxischermo° allestito° davanti alla piazza del comune°. Secondo alcuni, circa 1.000.200.000 persone nel mondo (pari al 17% della popolazione globale) hanno assistito alla finale in televisione. Per l'occasione sono aumentate le vendite di televisori, anche perché le partite sono state trasmesse in alta definizione. Negli USA l'incremento di spettatori rispetto ai mondiali precedenti è stato del 112%.

maxischermo *JumboTron* **allestito** *set up* **comune** *city hall*

«Perché, perché la domenica mi lasci sempre sola per andare a vedere la partita di pallone?» cantava Rita Pavone nel 1962 in una delle classiche canzoni italiane sul calcio, lo sport nazionale. Infatti, la domenica è il giorno in cui ancora oggi si svolgono le partite, seguite alla televisione dalla maggioranza dei tifosi. Molti vanno allo stadio per guardare la squadra del cuore° dal vivo°. Il silenzio dei pomeriggi domenicali è interrotto da grida° entusiaste provenienti da case e appartamenti quando i giocatori segnano un gol e, la sera, dai canti a squarciagola degli autobus pieni di tifosi che rientrano dallo stadio.

Il calcio è uno sport imprevedibile° che combina il gioco di squadra con il talento individuale. Le sorti° della partita possono cambiare da un momento all'altro e nel cuore degli spettatori italiani si alternano disperazione ed estasi nel giro di pochi minuti.

Oltre ad essere il passatempo nazionale, come il *baseball* negli Stati Uniti, la passione per il calcio riesce° ad unire un paese spesso diviso da diverse tradizioni sportive. Negli ultimi anni, il presidente del Consiglio Silvio Berlusconi ha «fatto rete»° usando espressioni calcistiche come «scendere in campo» nella campagna elettorale con il suo partito «Forza Italia», altro termine preso in prestito dal vocabolario dei tifosi durante le partite internazionali. Berlusconi è inoltre il proprietario del Milan, una delle due squadre di calcio di Milano.

Il calcio è un'industria: dalla vendita dei giornali specializzati, come *La Gazzetta dello Sport*, quotidiano dalle pagine rosa letto avidamente per strada e nei bar, al commercio delle maglie. I giocatori di calcio in Italia sono celebrità, più importanti di attori e musicisti, e guadagnano° milioni di euro all'anno. Le grandi società proprietarie delle squadre vendono e acquistano giocatori: nel giro di pochi giorni un calciatore può trovarsi a giocare contro quelli che l'anno prima erano i suoi più leali compagni. Ogni città e regione ha una squadra: le più conosciute, antiche e quotate sono quelle appartenenti alla Serie A, con giocatori professionisti, come la Juventus, la Roma, la Lazio, il Torino, il Milan, l'Inter, il Napoli e la Fiorentina, che sono spesso chiamate affettuosamente con il colore delle loro maglie: «i bianconeri», «i neroazzurri» e «i giallorossi».

Anche la squadra nazionale italiana ha un soprannome ispirato al colore delle uniformi: «gli Azzurri». La nazionale azzurra è formata dai migliori giocatori di tutte le squadre italiane. Gli Azzurri giocano nei tornei europei e mondiali, come i Campionati Europei e la Coppa del Mondo. Secondo il regolamento, i giocatori della squadra nazionale devono essere cittadini italiani, al contrario delle squadre di club che spesso acquistano calciatori di diverse nazionalità. Finora gli Azzurri hanno vinto quattro campionati del mondo: a Roma nel 1934, a Parigi nel 1938, a Madrid nel 1982 e a Berlino nel 2006. Forza Azzurri! ■

favorite
live
shouts
unpredictable
outcome
is able, manages
scored, succeeded
earn

Bring in article clippings and/or encourage students to surf the Internet to gather information about specific soccer players or other sport superstars for stats and gossip.

National Standards: communication

1 Encourage students to go back to the reading while they match the sentences.

1 Point out that **Torino** is one of the two soccer teams from the city of **Torino**. The other team is **Juventus**.

Analisi

1 Comprensione Abbina ogni frase nella colonna di sinistra con la fine appropriata nella colonna di destra.

1. La domenica nelle città italiane _f_
2. Il calcio è _g_
3. Silvio Berlusconi _e_
4. I tifosi _l_
5. Il principale giornale sportivo italiano _d_
6. I giocatori di calcio italiani sono _h_
7. Quando un calciatore viene comprato da un'altra squadra _c_
8. I tifosi cantano _i_
9. «Il Torino» è _b_
10. «Gli Azzurri» sono _a_

a. la squadra nazionale di calcio italiana.
b. la squadra di calcio della città di Torino.
c. può trovarsi a giocare contro la propria ex-squadra.
d. si chiama *La Gazzetta dello Sport*.
e. ha usato termini calcistici per fare appello ai tifosi e diventare presidente del Consiglio.
f. si sentono le grida e le canzoni dei tifosi durante la partita.
g. uno sport che combina il gioco di squadra con il talento individuale.
h. celebri come gli attori e i cantanti.
i. a squarciagola.
l. guardano la partita, vanno allo stadio, e cantano a squarciagola.

TEACHING OPTION Play one of the many Italian soccer songs (such as Antonello Venditti's **Grazie Roma**, Rita Pavone's **La partita di pallone,** or Gianna Nannini/ Edoardo Bennato's **Un'estate italiana**) for students. Make a cloze activity from the lyrics, and have students fill in the missing words as they listen.

2 Il tuo sport In coppia, parlate dello sport nazionale del vostro paese. Confrontate le vostre conclusioni con il resto della classe.

- Come sono i tifosi?
- Che effetto ha sulla vita quotidiana?
- Come ha colpito l'immaginazione del vostro paese?
- Ha ispirato libri, canzoni o film?
- Ha influenzato l'economia, la politica o la storia nazionale?
- Ha mai causato problemi di traffico?

TEACHING OPTION There are many soccer-inspired expressions in Italian in addition to **scendere in campo**, **fare rete**, and **fare 13**. You could teach students other common expressions such as **salvarsi in corner, dribblare,** and **prendere in contropiede**. Encourage students to draw the expressions to aid comprehension.

3 Oltre lo stadio In coppia, esprimete la vostra opinione su eventi legati allo sport che hanno ripercussioni sociali.

	Eventi	Opinione
la violenza nello sport		
il mercato dei giocatori		
lo stipendio delle celebrità sportive		
sport femminili e maschili		
sport amatoriali (*amateur*) e professionistici		

4 Inventiamo una squadra In piccoli gruppi, create la vostra squadra.

- Quale sport pratica la squadra?
- Avete un nome?
- Come sono le vostre maglie?
- Quale slogan volete usare?

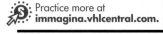

Practice more at **immagina.vhlcentral.com.**

Preparazione

Reading

connections cultures NATIONAL STANDARDS

A proposito dell'autore

Autore satirico, prolifico e versatile, **Stefano Benni** (1947) ha scritto romanzi, racconti, opere teatrali, poesie, articoli di giornale ed è anche regista cinematografico. Benni è appassionato di jazz e inventore della *Pluriversità dell'Immaginazione*, un ciclo di conferenze legate all'Associazione culturale Italo Calvino. I generi letterari che predilige (*prefers*) vanno dalla fantascienza al fantastico, dalla fiaba (*fable*) moderna e disincantata alla quotidianità, sempre trattata con umorismo e a volte con un fondo di amarezza (*bitterness*). Benni continua a scrivere e a promuovere attività culturali. I suoi libri sono tradotti in moltissime lingue.

Vocabolario della lettura		Vocabolario utile
bastare *to be sufficient*	**il pezzo** *piece*	**la bontà** *goodness*
la classifica *chart*	**gli spiccioli** *small change*	**la coscienza** *conscience*
fatato/a *enchanted*	**lo spinotto** *plug*	**la fiaba/favola** *fairy tale*
fingere *pretend*	**suonare** *to play*	**la magia** *magic*
la ninnananna *lullaby*	**le zeppe** *wedge shoes*	**la morale** *moral*

1 **Definizioni** Trova la definizione adatta ad ogni parola.

_c_ 1. la favola	a. la lezione di un racconto
_e_ 2. gli spiccioli	b. una canzone in rima per dormire
_d_ 3. le zeppe	c. un racconto di fantasia
_a_ 4. la morale	d. un tipo di scarpe
_f_ 5. la bontà	e. pochi soldi in contanti
_b_ 6. la ninnananna	f. la qualità di essere buoni

2 **Preparazione** Fate le seguenti domande ad un(a) compagno/a.

1. Cosa pensi dei suonatori di strada? Sono musicisti bravi o dei falliti (*failures*)?
2. Che tipo di persona sceglie di suonare per la strada?
3. In che modo un suonatore di strada è diverso da un mendicante?
4. Ti piacciono i suonatori di strada? Li trovi bravi? Ti fermi ad ascoltarli?
5. Di solito, dove incontri suonatori di strada? Se ti piacciono, dai dei soldi?
6. Tu suoni uno strumento? Ti verrebbe mai in mente di suonarlo per la strada? Perché sì o perché no?

3 **Discussione** In coppia, rispondete alle domande.

1. Il racconto che segue è tratto dal libro *Il bar sotto il mare*. Secondo te, che tipo di libro è? Come può esistere un bar sotto il mare?
2. Hai mai letto *Alice nel paese delle meraviglie*? Qual è il principio fondamentale di quel libro?
3. Conosci altre fiabe in inglese in cui il mondo è alla rovescia (*upside-down*)?
4. Immagina di avere un oggetto magico: cos'è e cosa può fare?

2 Point out that many street players (**artisti di strada**) are actually out-of-work musicians, and sometimes they get discovered playing in the streets, subway stations, coffee houses, etc. Famous street performers include Eric Clapton, Rod Stewart, Bob Dylan, Joni Mitchell, Tracy Chapman, and Jewel, among others. In Italy street artists can even join the **Federazione nazionale artisti di strada**, (http://www.fnas.org) and get assistance and funds for promoting their trade.

Nota CULTURALE

Il bar sotto il mare è una raccolta° di racconti dei personaggi° che il protagonista incontra in un bar sommerso°, dopo aver cercato di salvare° un vecchio signore sceso sott'acqua. Il signore non voleva annegarsi°, voleva solo andare al bar. Come nel *Decameron* di Boccaccio o *I racconti di Canterbury* di Chaucer, i diversi personaggi del bar raccontano tutti una storia per passare il tempo. La caratteristica comune a tutti è l'elemento assurdo, esagerato o contrario a quanto ci si aspetta°.

raccolta *collection* **personaggi** *characters* **sommerso** *submerged* **salvare** *to save* **annegarsi** *to drown oneself* **ci si aspetta** *is expected*

Practice more at **immagina.vhlcentral.com.**

LA CHITARRA *magica*

STEFANO BENNI

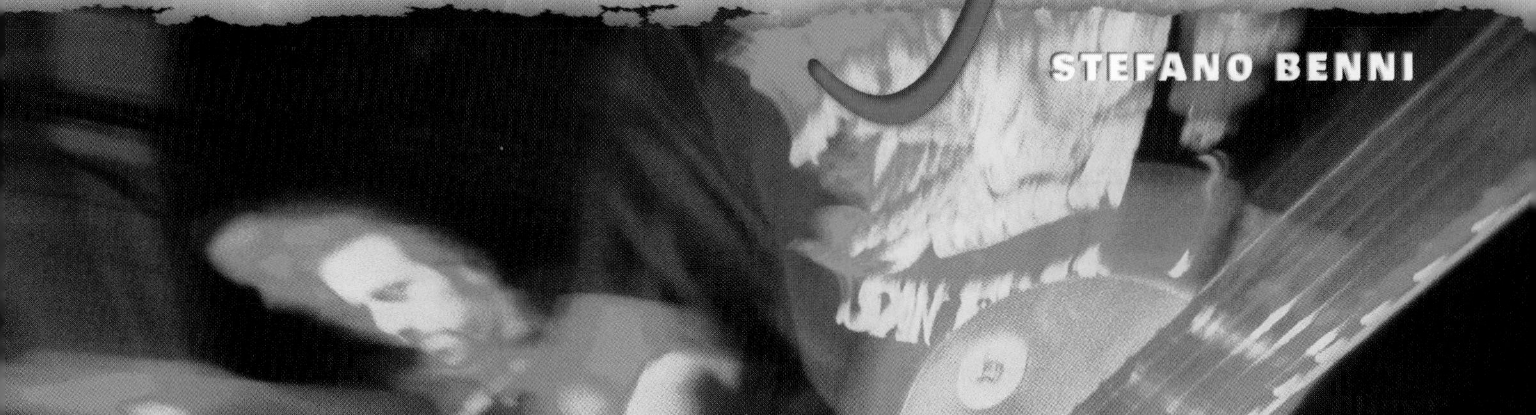

Il racconto della ragazza col ciuffo

Audio: Dramatic Recording

Ogni ingiustizia ci offende, quando non ci procuri direttamente alcun profitto.

—LUC DE VAUVENARGUES

C'era un giovane musicista di nome Peter che suonava la chitarra agli angoli delle strade. Racimolava° così i soldi per proseguire° gli studi al Conservatorio: voleva diventare una grande rock star. Ma i soldi non bastavano°, perché faceva molto freddo e in strada c'erano pochi passanti°.

Un giorno, mentre Peter stava suonando «Crossroads» si avvicinò° un vecchio con un mandolino.

—Potresti cedermi° il tuo posto? È sopra un tombino° e ci fa più caldo.

—Certo—disse Peter che era di animo° buono.

—Potresti per favore prestarmi la tua sciarpa°? Ho tanto freddo.

—Certo—disse Peter che era di animo buono.

—Potresti darmi un po' di soldi? Oggi non c'è gente, ho raggranellato° pochi spiccioli e ho fame.

—Certo—disse Peter che eccetera. Aveva solo dieci monete nel cappello e le diede tutte al vecchio.

Allora avvenne° un miracolo: il vecchio si trasformò in un omone° truccato con rimmel° e rossetto°, una lunga criniera° arancione, una palandrana° di lamé e zeppe alte dieci centimetri.

L'omone disse:—Io sono Lucifumandro, il mago degli effetti speciali. Dato che sei stato buono con me ti regalerò una chitarra fatata. Suona da sola qualsiasi° pezzo, basta che tu glielo ordini. Ma ricordati: essa può essere usata solo dai puri di cuore. Guai° al malvagio° che la suonerà! Succederebbero cose orribili!

Ciò detto si udì° nell'aria un tremendo accordo di mi settima° e il mago sparì°. A terra restò una chitarra elettrica a forma di freccia°, con la cassa° di madreperla e le corde d'oro zecchino°. Peter la imbracciò° e disse:

—Suonami «Ehi Joe».

La chitarra si mise a eseguire il pezzo come neanche Jimi Hendrix, e Peter non dovette far altro che fingere di suonarla. Si fermò moltissima gente e cominciarono a piovere soldini° nel cappello di Peter.

Quando Peter smise di suonare, gli si avvicinò un uomo con un cappotto di caimano°. Disse che era un manager discografico e avrebbe fatto di Peter una rock star. Infatti tre mesi dopo Peter era primo in tutte le classifiche americane italiane francesi e malgasce°. La sua chitarra a freccia era diventata un simbolo per milioni di giovani e la sua tecnica era invidiata da tutti i chitarristi.

Una notte, dopo uno spettacolo trionfale, Peter credendo di essere solo sul palco°, disse alla chitarra di suonargli qualcosa per rilassarsi. La chitarra gli suonò una ninnananna. Ma nascosto° tra le quinte° del teatro c'era il malvagio Black Martin, un chitarrista invidioso del suo successo. Egli scoprì così che la chitarra era magica. Scivolò° alle spalle di Peter e gli infilò° giù per il collo° uno spinotto° a tremila volt, uccidendolo. Poi rubò la chitarra e la dipinse° di rosso.

La sera dopo, gli artisti erano riuniti in concerto per ricordare Peter prematuramente scomparso°. Suonarono Prince, Ponce e Parmentier, Sting, Stingsteen e Stronhaim. Poi salì sul palco il malvagio Black Martin.

Sottovoce ordinò alla chitarra:

—Suonami «Satisfaction».

Sapete cosa accadde°?

La chitarra suonò meglio di tutti i Rolling Stones insieme. Così il malvagio Black Martin diventò una rock star e in breve nessuno ricordò più il buon Peter.

Era una chitarra magica con un difetto di fabbricazione°. ■

He scraped together · *continue* · *were not enough* · *passers-by* · *approached* · *let me have* · *manhole cover* · *heart* · *scarf* · *I have scraped together* · *took place* · *big man* · *mascara/lipstick/mane* · *long loose coat* · *any* · *Heaven help* · *wicked man* · *was heard* · *E seven/disappeared* · *arrow/body* · *pure gold/he slung on his arm* · *coins* · *cayman* · *Madagascan* · *stage* · *hidden* · *wings* · *He slid* · *put/neck* · *plug* · *painted* · *dead* · *happened* · *manufacturing*

Many of the musicians Benni mentions are invented. Even though Ponce and Parmentier are actual names, the idea is to create fake foreign-sounding names, to point out, polemically, the Eighties' craze for any music in English. The book was published in 1987.

NATIONAL communication STANDARDS

Analisi

1

Vero o falso? Indica se l'affermazione è **vera** o **falsa**. Dopo, in coppia, correggete le affermazioni false.

Vero	Falso	
☐	☑	1. Peter suona il sassofono.
☑	☐	2. Peter presta la sua sciarpa al vecchio.
☑	☐	3. La chitarra è magica ed ha istruzioni precise.
☑	☐	4. La chitarra suona da sola.
☐	☑	5. Black Martin è un amico di Peter.
☐	☑	6. La chitarra funziona secondo le regole dette dal vecchio.

2

Comprensione Rispondi alle domande. Dopo, in coppia, discutete le domande che avete segnato con **d.**

1. Perché il vecchio chiede tante cose?
   a. perché il mandolino è meglio della chitarra b. perché è molto curioso
   c. perché Peter è di animo buono (d.) perché nelle fiabe ci sono formule ripetitive
2. Che tipo di chitarra lascia il mago?
   a. una chitarra classica b. una chitarra di madreperla con le corde d'oro
   c. una chitarra da concerto rock (d.) sia b che c
3. Qual è la magia della chitarra?
   (a.) suona da sola b. riconosce le persone buone c. fa anche il caffè
   d. ha le corde d'oro
4. Perché ha successo Peter?
   a. perché ha talento b. perché i caimani portano fortuna c. perché suona come Jimi Hendrix (d.) perché ha un contratto con una casa discografica
5. Come prende la chitarra Black Martin?
   a. chiede a Peter di prestargliela b. la trova su una sedia (c.) uccide Peter
   d. la ruba mentre Peter dorme
6. Perché fanno un concerto la sera dopo?
   a. perché il mondo dello spettacolo è crudele b. perché Peter manca a tutti
   c. perché è un'occasione per fare soldi (d.) forse tutte e tre le risposte

3

Personaggi

A. Indica le parole dell'elenco che descrivono i personaggi. Answers will vary.

affarista	criminale	di talento	generoso	malvagio
assassino	di buon cuore	disonesto	interessato	opportunista

1. Peter 2. Vecchio 3. Manager discografico 4. Black Martin

B. Confronta le tue risposte con un(a) compagno/a e discutete le differenze.

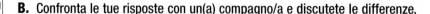

4 **Esaminare** In coppia, usate la tabella per determinare se *La chitarra magica* segue o non segue la convenzione delle fiabe. Alla fine aggiungete due frasi originali.

Tipico delle fiabe	segue la convenzione?	NON segue la convenzione?
1. C'è una persona buona che ha un problema.		
2. La persona buona è anche generosa con chi ha bisogno.		
3. Un vecchio insignificante si rivela un mago.		
4. La persona buona ha un beneficio per la sua bontà.		
5. Una persona cattiva cerca di avere lo stesso beneficio.		
6. Il bene alla fine trionfa.		
7. Il cattivo è punito.		
8. Il cattivo fa del male al protagonista.		

5 **Cosa pensano?** In coppia, improvvisate un dialogo tra Black Martin e Peter, se Peter si svegliasse.

Modello

PETER Cosa fai?
BLACK MARTIN Niente… passavo di qui…
PETER Perché hai in mano quello spinotto?

6 **Discutere** In coppia, rispondete alle domande.

1. Peter è davvero un personaggio totalmente onesto?
2. Qual è il ruolo dell'opportunismo in questa fiaba?
3. Perché il bene non trionfa in questo racconto?
4. Tutte le fiabe hanno una morale più o meno esplicita. Secondo te, hanno una funzione sociale al di là dell'educazione dei bambini?

7 **Una conversazione sulle fiabe** Conosci il finale originale di queste fiabe? Perché ti piacciono o non ti piacciono? Scegli una fiaba dalla lista e cambia il finale con due compagni.

La sirenetta	Cenerentola (*Cinderella*)	Cappuccetto Rosso
La bella addormentata	I tre porcellini	La tua fiaba preferita
Pinocchio		

8 **Tema** Scegli uno dei seguenti argomenti e scrivi una breve composizione.

1. Cosa vuole dire la citazione da Vauvenargues all'inizio del racconto? Secondo te, la morale della gente è legata agli interessi personali e cambia secondo la convenienza? Pensa a degli esempi specifici.
2. Peter muore ed è dimenticato velocemente. Perché secondo te alcuni artisti del mondo dello spettacolo non vengono mai dimenticati? Cosa crea un mito?
3. Immagina di dover scrivere una fiaba originale. Qual è la morale della tua fiaba?

Nota
CULTURALE

Il formalista russo Vladimir Propp è stato il primo a teorizzare gli elementi base dei racconti folkloristici e di fantasia (le fiabe). Anche se le sue teorie non sono perfette, è vero che ci sono elementi comuni a tutte le fiabe. Questo appare evidente anche nella raccolta ***Fiabe italiane*** (1956), del famoso scrittore **Italo Calvino**. È importante dire che le fiabe non devono essere sempre a lieto fine. Al contrario, le fiabe hanno una forte struttura morale e il finale rispecchia spesso l'etica del paese d'origine.

6 Ask additional questions:
5. Conosci fiabe in cui l'ordine costituito è rovesciato?
6. È giusto agire secondo coscienza? Perché?
7. Secondo te esiste davvero la «giustizia poetica», un meccanismo che alla fine punisce i malvagi? Se ci credi, come ti aiuta questa nozione nella vita di tutti i giorni?

7 Point out that in the original story, the Little Mermaid dies for love and becomes sea foam; the Wolf gets killed in Little Red Riding Hood and in the Three Little Pigs; Pinocchio is extremely undisciplined and rude to both his father and the cricket; etc. All fairy tales have a serious potential for tragedy leading up to the happy ending.

Practice more at **immagina.vhlcentral.com.**

Laboratorio di scrittura

Preparazione: La proposizione principale

Il corpo di un saggio si organizza in vari paragrafi nei quali si presentano gli argomenti per difendere la tesi esposta nell'introduzione. Ognuno di questi paragrafi comprende una proposizione principale. Questa proposizione:

- fissa e riassume l'idea principale del paragrafo;
- è utile per il lettore perché offre un'idea chiara sul contenuto del paragrafo;
- è utile per l'autore perché specifica l'informazione che si vuole dare.

Before beginning the **Pratica** section, review the idea of topic sentences with students. The topic sentence should make the intention of the whole paragraph clear and easy to follow.

Pratica **In coppia, leggete il seguente brano ed individuate la proposizione principale.**

Anna ama studiare l'inglese, ma fino a poco tempo fa aveva sempre paura di fare una brutta figura quando parlava. Anche se è molto timida, un giorno ha fatto una domanda in inglese ad uno sconosciuto a New York perché si è persa. Dopo una lunga camminata, Anna ha finalmente trovato la strada giusta per raggiungere il teatro che cercava: per la prima volta si è sentita sicura del suo inglese!

Before working on the **Saggio** section, have students discuss Americans' attitudes towards their favorite sports.

Saggio **Scegli uno di questi argomenti e scrivi un saggio.**

Requisiti

1. Il tuo saggio deve far riferimento ad uno o due dei quattro brani di questa lezione contenuti in Cortometraggio, Immagina, Cultura e Letteratura.
2. Deve includere almeno tre paragrafi per difendere la tua tesi e ogni paragrafo deve contenere una proposizione principale.
3. Il saggio deve essere lungo almeno due pagine.

Nel brano (*piece*) Rete! si parla dell'estasi dei tifosi per le vittorie della propria squadra e della disperazione per le sconfitte. Spesso queste scene degenerano e si assiste a veri e propri atti criminali. Che cosa può trasformare un tifoso in un criminale? Che cosa può fare la società per combattere questi fenomeni?

In una realtà quotidiana sempre in movimento, molte persone cercano «sfogo» (*outlet*) nei passatempi. Secondo te, quando questo tempo è ben speso e quando invece diventa tempo perso?

Have a discussion about how people are influenced by friends, family, or society to become something they are not.

Nel cortometraggio Bulli si nasce, emerge in modo surreale la figura di due genitori che, influenzati dalle regole sociali, spingono il proprio figlio a diventare un «bullo». È giusto forzare la personalità di una persona per adeguarsi alle esigenze della società?

I passatempi

Audio: Vocabulary Flashcards

Lo sport

l'allenatore/allenatrice *coach*
l'alpinismo *mountain climbing*
l'arbitro *referee*
l'automobilismo *car racing*
il calcio *soccer*
il campo di/da gioco *playing field*
il canottaggio *rowing*
il club sportivo *sports club*
l'equitazione *horseback riding*
la gara *race; competition*
il giocatore/la giocatrice *player*
il pareggio *tie*
il pattinaggio (sul ghiaccio) *(ice-)skating*
il pugilato *boxing*
lo sci (di fondo) *(cross-country) skiing*
la squadra *team*
il/la tifoso/a *fan*

---

allenarsi *to train*
andare in palestra *to go to the gym*
ferirsi *to injure oneself*
scalare *to climb*
segnare (un gol) *to score (a goal)*
vincere/perdere/pareggiare (una partita) *to win/lose/tie (a game)*

Il tempo libero

il biglietto *ticket*
il biliardino *foosball*
il biliardo *billiards*
l'escursionismo *hiking*
il gioco di società *board game*
il gruppo (musicale) *band*
il luna park *amusement park*
la mostra *exhibition*
la prima *opening night, premiere*
gli scacchi *chess*
lo spettacolo *show, performance*
il videogioco *videogame*

---

applaudire *to clap*
campeggiare *to camp*
fare la coda *to wait in line*
festeggiare *to celebrate*
giocare a nascondino *play hide-and-seek*
prendere qualcosa da bere/mangiare *to get something to drink/eat*
valere la pena *to be worth it*

---

al completo *sold out*
buffo/a *funny*
imperdibile *must-see*

Lo shopping e l'abbigliamento

l'abito da sera *evening dress*
il cappotto *coat*
il centro commerciale *shopping mall*
l'impermeabile *raincoat*
le infradito *flip-flops*
i saldi (di fine stagione) *(end-of-season) sales*
le scarpe da ginnastica/tennis *sneakers*
i tacchi alti *high heels*
il vestito (da uomo/donna) *suit/dress*

---

cambiare *to exchange*
dare un'occhiata *to take a look*
provare *to try on*

---

alla moda *fashionable*
firmato/a *designer*
passato/a di moda *out-of-style*
raffinato/a *refined*

Cortometraggio

il bullo *bully*
il burattino *puppet*
la coincidenza *coincidence*
l'ecografia *ultrasound*
il fenomeno *phenomenon*
la genetica *genetics*
le lenti a specchio *mirrored lenses*
la merendina *snack*
l'orgoglio *pride*
l'ottico *optician*
il/la quattrocchi *four eyes*
il/la secchione/a *student who studies too hard*
la suora *nun*

---

improvvisare *to improvise*
sminuire (-isc) *to play down*

---

competitivo/a *competitive*
prenatale *prenatal*

Cultura

il calciatore *soccer player*
il calcio di rigore *penalty kick*
la campagna elettorale *electoral campaign*
il centravanti *center forward*
la difesa *defense*
la maglia *jersey*
il pallone *soccer; ball*
il portiere *goalkeeper*
il regolamento *regulations*
la rete *goal; net*
il torneo *tournament*

---

giocare in casa/trasferta *to play a home/away game*
parare *to save*
pareggiare *to tie*
scendere in campo *to join the game*
tifare (per) *to be a fan of, to root for*

---

leale *loyal*

---

a squarciagola *at the top of one's voice*

Letteratura

la bontà *goodness*
la classifica *chart*
la coscienza *conscience*
la fiaba/favola *fairy tale*
la magia *magic*
la morale *moral*
la ninnananna *lullaby*
il pezzo *piece*
gli spiccioli *small change*
lo spinotto *plug*
le zeppe *wedge shoes*

---

bastare *to be sufficient*
fingere *to pretend*
suonare *to play*

---

fatato/a *enchanted*

INSTRUCTIONAL RESOURCES
Supersite: Testing program

LEZIONE 4

Il valore delle idee

La politica, anche se spesso ci appare lontana e incomprensibile, è un aspetto importante della società. I governi con i loro rappresentanti hanno il compito di guidare i cittadini e garantire i loro bisogni fondamentali come la giustizia ed il bene comune. Ti interessi di politica? Pensi che sia importante per i giovani avere una loro opinione politica ed esprimerla?

PREVIEW Have students look at the photo and speculate about what is going on. Ask: **È una dimostrazione politica? È pacifica? Perchè reclama la gente? Sei mai stato in una dimostrazione? Quando?**

123

146

La giustizia e la politica

Audio: Vocabulary

Le leggi e i diritti

la cittadinanza *citizenship*
la criminalità *crime*
il crimine *crime*
i diritti umani *human rights*
l'emigrazione (*f.*) *emigration*
la giustizia *justice*
l'immigrazione (*f.*) *immigration*

la libertà *freedom*
l'uguaglianza *equality*

abusare *to abuse*
approvare/passare una legge *to pass a law*

difendere *to defend*
giudicare *to judge*
imprigionare *to imprison*

analfabeta *illiterate*
colpevole *guilty*
(in)giusto/a *(un)fair*
ineguale *unequal*
innocente *innocent*
(il)legale *(il)legal*
oppresso/a *oppressed*
uguale *equal*

La politica

l'abuso di potere *abuse of power*
la crudeltà *cruelty*
la democrazia *democracy*
la dittatura *dictatorship*
l'esercito *army*
il governo *government*
la guerra (civile) *(civil) war*
la pace *peace*
il partito politico *political party*

la politica *politics*
la sconfitta *defeat*
la vittoria *victory*

dedicarsi a *to dedicate oneself to*
eleggere *to elect*
governare *to govern*
influenzare *to influence*
vincere/perdere le elezioni *to win/lose the election*
votare *to vote*

conservatore/conservatrice *conservative*
liberale *liberal*
moderato/a *moderate*
pacifico/a *peaceful*
pacifista *pacifist*
potente *powerful*
vittorioso/a *victorious*

La gente

l'attivista (*m., f.*) *activist*
l'avvocato (*m., f.*) *lawyer*
il/la criminale *criminal*
il/la deputato/a *congressman/congresswoman*
il/la giudice *judge*
la giuria *jury*
il/la ladro/a *thief*

il/la politico/a *politician*
il/la presidente *president*
il/la terrorista *terrorist*
il/la testimone *witness*
la vittima *victim*

La sicurezza e i pericoli

l'arma *weapon*
la minaccia *threat*
la paura *fear*
il pericolo *danger*
lo scandalo *scandal*
la sicurezza *security, safety*

il terrorismo *terrorism*
la violenza *violence*

combattere *to fight*
promuovere *to promote*
salvare *to save*
spiare *to spy*

SINONIMI E CONTRARI
la giustizia ≠ l'ingiustizia
l'uguaglianza ≠ la disuguaglianza

VOCABOLARIO SUPPLEMENTARE
l'immigrazione interna *internal immigration*
l'immigrazione clandestina *illegal immigration*
l'emigrazione (*f.*) di massa *mass emigration*
l'emigrazione (*f.*) temporanea *temporary emigration*

Explain that the Italian Armed Forces include four different branches: **l'Esercito** (*Army*), **la Marina Militare** (*Navy*), **l'Aeronautica Militare** (*Air Force*), and **i Carabinieri** (*Military Police*). In addition, **La Polizia di Stato** (*Civil Police*) patrols highways, railways, and airports, controls immigration, and maintains public security, while **la Guardia di Finanza** (*Fraud Squad*) investigates tax evasion, money laundering, and drug traffic. Lastly, the **Polizia Municipale** or **Vigili** (*Local Police*) enforces traffic and parking regulations.

INSTRUCTIONAL RESOURCES
Supersite: Audioscripts, SAM AK, Lab MP3s
SAM/WebSAM: WB, LM

Pratica

1 **L'intruso** Trova la parola o l'espressione che non c'entra.

1. **I diritti umani**
   a. l'uguaglianza b. la giustizia
   (c.) l'abuso di potere d. la libertà
2. **Le professioni**
   a. l'avvocato (b.) il pacifista
   c. il giudice d. il presidente
3. **La politica**
   a. la dittatura b. la democrazia
   c. il governo (d.) la giuria
4. **I pericoli**
   (a.) il testimone b. la minaccia
   c. la criminalità d. il terrorismo
5. **La politica**
   a. conservatore b. moderato
   (c.) innocente d. liberale
6. **Entità governative**
   a. il governo (b.) l'attivista
   c. l'esercito d. il partito politico

2 **Abbinamenti** Collega ogni parola alla sua definizione.

__d__ 1. andare a vivere in un altro paese, sopratutto per motivi di lavoro
__c__ 2. proibito dalla legge
__b__ 3. possibilità di agire (*act*) senza restrizioni
__e__ 4. principio secondo il quale tutti gli uomini hanno gli stessi diritti
__a__ 5. chi opera attivamente all'interno di un'organizzazione

a. attivista
b. la libertà
c. illegale
d. l'emigrazione
e. l'uguaglianza

3 **Domande personali** In gruppi di tre, fatevi le seguenti domande. Answers will vary.

1. A quale partito politico ti senti più vicino/a?
2. Hai votato alle ultime elezioni?
3. Chi è il presidente del tuo paese? Ti piace il suo programma politico? Perché?
4. C'è un personaggio politico che ammiri particolarmente? Perché?
5. Secondo te, la criminalità, il terrorismo e la violenza sono i principali problemi del tuo paese?
6. Conosci qualcuno che è immigrato in questo paese? Quali sono stati i problemi principali che ha dovuto affrontare (*face*)?

4 **Diritti umani** Immagina di essere un attivista per i diritti umani. Discuti i seguenti punti con un(a) compagno/a.

1. Quale causa abbracci (*take up*) tra l'ingiustiza sociale, il terrorismo e l'immigrazione? Perché?
2. Quali problemi combatti? Come cerchi di risolvere questi problemi?
3. Quali mezzi utilizzi per sensibilizzare (*increase awareness in*) l'opinione pubblica su questi problemi?

Practice more at **immagina.vhlcentral.com.**

Nota
CULTURALE

Per i nomi di professione non sempre si può ricorrere all'uso della desinenza (*ending*) **–essa** per formare il femminile, quindi è meglio non usare parole come **l'avvocatessa**, **la deputatessa**, **la presidentessa**, ma lasciare invariato il nome maschile e aggiungere il nome della persona, per esempio **l'avvocato Giulia Bongiorno**, **il presidente della Camera dei deputati Irene Pivetti**. Fanno eccezione la **professoressa** e la **dottoressa**, parole comunemente usate.

TEACHING OPTION Have students compare and contrast different types of government and comment on what basic rights a good government must provide. After the discussion, break the class into groups and have them create a model of a theoretical government and explain to the class where their system would work.

NATIONAL STANDARDS connections cultures communication

Preparazione

INSTRUCTIONAL RESOURCES
Supersite/DVD: Film Collection
Supersite: Script & Translation

Vocabolario del cortometraggio

il faro *lighthouse*
inaffidabile *unreliable*
nascosto/a *hidden*
pescare *to fish*
la poppa *stern*
promesso *promised*
la prua *bow*
il punto di riferimento *reference point*
salvo/a *safe*
la spigola *bass (fish)*

Vocabolario utile

il boccaglio *snorkel*
la camera d'aria *inner tube*
il clandestino *illegal immigrant*
la guardia costiera *coast guard*
la maschera *mask*
la muta *wet suit*
il naufrago *castaway*
le pinne *flippers*
il subacqueo *scuba diver*

1 **Pratica** Completa il dialogo con le parole nuove.

MARCELLO Mimì, vuoi venire a (1) ___pescare___ in barca con me oggi?

MIMÌ Certo! Possiamo andare vicino al vecchio (2) ___faro___! Ho sentito che lì ci sono molti pesci, soprattutto le (3) ___spigole___. È un posto (4) ___nascosto___: non lo conosce nessuno.

MARCELLO Va bene, è un posto molto vicino. Oggi il tempo è (5) ___inaffidabile___. Hai visto quante nuvole? Preferisco non andare troppo lontano se piove.

MIMÌ Sai quali sono i (6) ___punti di riferimento___ per arrivarci? A nord c'è un'isola e ad ovest si vede la costa.

MARCELLO Perfetto. Per fare pesca subacquea abbiamo bisogno di indossare la (7) ___muta___; per vedere sott'acqua ci metteremo la (8) ___maschera___; per nuotare più velocemente porteremo le (9) ___pinne___ ai piedi; e per respirare useremo il (10) ___boccaglio___.

2 Ask students to discuss their experiences in detail and then, when they are describing their classmate's experiences, prompt them to clarify and expand. Encourage the rest of the class to ask more questions as well.

2 **Preparazione**

A. **In coppia, fatevi a turno queste domande.**

1. Sei mai andato/a in barca o in nave? Ti sei divertito/a?
2. Conosci qualcuno che soffre il mal di mare (*seasickness*)?
3. Sai nuotare bene? Come hai imparato? In quali mari, laghi e fiumi hai nuotato?
4. Quanto puoi resistere sott'acqua senza respirare?
5. Hai mai visto pesci e altre creature sott'acqua? Dove? Come erano?
6. Sei mai andato/a a pesca? Qual è il pesce più grande o più strano che hai pescato?

B. **Raccontate una delle esperienze dell'altro/a studente(ssa) al resto della classe.**

3 Encourage group discussion by reminding students of historical or current events regarding immigration issues in your area. Invite them to share their own experiences.

3 **Immigrazione** In piccoli gruppi, parlate delle vostre opinioni.

1. Ci sono clandestini nel tuo paese?
2. Come arrivano? Per mare o per terra?
3. Perché vengono? Che tipo di lavoro fanno?
4. Cosa pensi, in generale, dell'immigrazione legale?
5. Cosa pensi dei clandestini? Vedi dei vantaggi o degli svantaggi nella loro presenza?
6. Hai mai parlato con un clandestino? In quale lingua?
7. Conosci degli immigranti regolari?
8. Quali sono le questioni legali legate all'immigrazione clandestina?

4 **L'immigrazione sui giornali** In coppia, leggete questo articolo e rispondete alle domande.
Answers may vary. Suggested answers.

Il lungo viaggio della paura

Davide Carlucci e Sandro De Riccardis

Quando arrivano a Milano i clandestini sono ormai in salvo. Trovano una cooperativa che li fa lavorare nei cantieri (*construction sites*) o nei campi tra le cassette di frutta; altri invece cercano qualcuno da sposare per regolarizzarsi (*obtain legal status*). Ma i clandestini si lasciano alle spalle storie drammatiche difficili da immaginare. «Sono più numerosi quelli che muoiono che quelli che arrivano sani a destinazione», «La spiaggia è piena di cadaveri...» sono alcune tra le tante frasi dei testimoni. I carabinieri di Milano hanno arrestato diciassette trafficanti. Le indagini (*investigations*) ricostruiscono nel dettaglio quello che succede nei viaggi, dal «mare brutto» alle confortevoli anticamere delle cooperative che li assumeranno in nero (*hire illegally*).

Khadija, una clandestina, racconta: «Sono stata per due mesi prima a Tripoli e poi a Zuwasrah. Per arrivare in Italia ho pagato in contanti 1.300 euro. A Tripoli ci ero arrivata in aereo e Youseef, un libico, mi aveva mandato un taxi per prelevarmi». Khadija diventa la donna di un trafficante, Hafid, ed entra nell'organizzazione. Una notte le arriva una telefonata spaventosa: «Ti prego, ho un gommone (*inflatable boat*) fermo in mezzo al mare... siamo rimasti tutta la notte fino alle 7 di mattina insieme alla polizia... il mare lo ha sommerso (*sunk it*)... ho salvato 36 persone».

In un'altra occasione Khadija organizza i soccorsi per un'altra barca.

K: «Cosa userai: il gommone o una barca?».

H: «No, una barca. Una piccola barca di 13 metri».

K: «13 metri, bene».

H: «Porterà 75 persone».

Il 12 ottobre, nuova conversazione. Hafid informa Khadija che i soccorsi (*rescues*) non sono arrivati. Le persone sul gommone «rischiano di morire». Uno dei trafficanti dell'organizzazione, l'egiziano Gamal El Basatini, è già in prigione, accusato di essere uno dei responsabili della strage (*massacre*) dell'8 novembre 2007, quando su una spiaggia in Calabria restarono i cadaveri di 11 migranti uccisi dalla tempesta.

Ma i trafficanti dichiarano professionalità: «Pensi che facciamo morire la gente in mezzo al mare?». In realtà, tengono i clandestini in condizioni pietose (*pitiful*). Racconta una vittima: «Ho passato tre giorni chiuso a chiave in una stanza, mangiavo una sola volta al giorno. Eravamo 34 persone su due gommoni. Ho pagato 2.000 euro per venire in Italia». Un welfare criminale per un'umanità invisibile.

(adattato da Repubblica.it.)

1. Da dove vengono i clandestini di cui parla l'articolo? Vengono dal Nord Africa.
2. In quale città italiana arrivano? Arrivano a Milano.
3. Dove vanno a lavorare? Vanno a lavorare nei cantieri e nei campi.
4. Qual è la storia di Khadija? Khadija è andata a Tripoli in aereo e poi a Zuwasrah. Per arrivare in Italia ha pagato 1.300 euro.
5. Cosa fanno di professione Khadija e Hafid? Trasportano i clandestini.
6. Quante persone può trasportare Hafid nella sua piccola barca? Può trasportare 75 persone.
7. Cosa è successo nella strage dell'8 novembre 2007? Sono morte 11 persone.
8. In quali condizioni vivono i clandestini? Vivono in condizioni pietose.

4 Circulate among the class helping with difficult passages and answering questions that might arise while students read. When the groups are done with the activity, initiate a class discussion on illegal immigration, covering both the students' personal experiences (from Activity 3) and the contents of the article, expanding the topic as needed.

5 **Preparazione**

A. In coppia, guardate queste foto e inventate una storia. Usate questo elenco per creare la vostra storia.

- personaggi principali
- inizio della storia
- situazione da risolvere
- conclusione

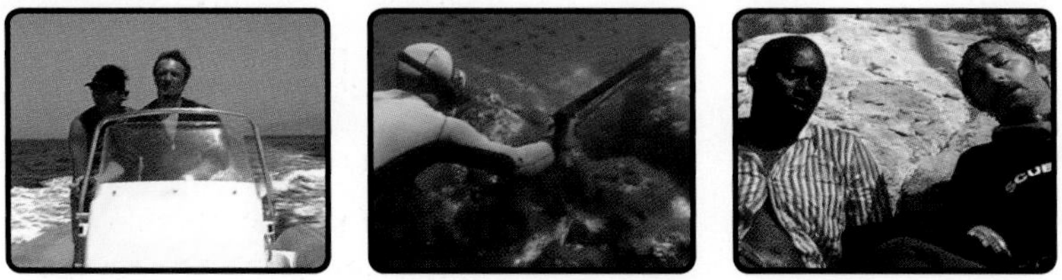

B. Raccontate la vostra storia e confrontatela con il resto della classe.

Practice more at **immagina.vhlcentral.com.**

Short Film

diretto da
Andrea D'Asaro
un film di
Marcello Mazzarella e Vincenzo Mineo
MARE NOSTRO
Marcello Mazzarella - Gaspare Balsamo - Mambaye Diop - Raffaella Castelli
fotografia e colorist Bruno Fundarò - operatore sub Orazio Aloi - scenografia Emanuela Ceres - costumi Daniela Gusmano
suono di presa diretta Alessandro Boscolo - musiche di Gabriele Coen e Mario Rivera - montaggio Silvia Oliva
montaggio del suono Gianluigi Fulvio - mixage Andrea Malavasi
© Elimi dei Mulini 2008
progetto grafico Poyanart

Trama *Mentre nuota nel Mediterraneo, un pescatore subacqueo siciliano incontra un naufrago africano: tutti e due sono in pericolo di vita.*

1

MARCELLO Allora, i punti che devi tenere sono questi: la cupola di San Francesco con il Castello di Venere e «Porta Ossuna» che deve diventare bianca. La vedi?

2

MIMÌ Vai tranquillo, Marcello!

3

MIMÌ Mi sono addormentato! I punti ho perso! Marcello, sei tu? Guarda che non mi spavento (*scare*) più!

4

MARCELLO Mimì? Mimìiiiiiiiii!

5

MARCELLO Vieni, andiamo al faro... là... al faro... nuotiamo insieme.

6

NAUFRAGO (*in broken Italian*) Mare entrato nella barca. Nero, non vedere niente. Avere paura, tutti gridare. C'erano delle donne, dei bambini...

Nota
CULTURALE

Mare Nostrum

Il titolo del corto viene da *Mare Nostrum*. È il nome che gli antichi Romani davano al **Mediterraneo** (il nome attuale in latino significa «in mezzo alle terre»). La connotazione «nostro» non si riferisce soltanto all'Impero Romano, ma a tutte le nazioni del Mediterraneo. Molti clandestini attraversano questo mare, soprattutto dalle coste settentrionali dell'Africa. Per loro l'Italia è molto vicina, specialmente dalla Libia o dalla Tunisia alla Sicilia.

Point out that the castaway is most likely from a French-speaking country in Central or West Africa. He may have reached the coast of Libya or Tunisia by land to then cross the Mediterranean on a raft. Show students a map of the Mediterranean and point out the proximity between Italy and North Africa.

Sullo **SCHERMO**

Mentre guardi il corto, indica l'ordine di questi eventi:

__2__ Marcello prende un pesce con la fiocina (*harpoon*)
__1__ Mimì arriva al porto
__4__ Marcello incontra il clandestino
__5__ La guardia costiera si avvicina all'isola
__3__ Mimì si addormenta

communication STANDARDS

Analisi

1

Comprensione Scegli la risposta giusta.

1. Cosa fa Marcello sott'acqua?
   (a.) Pesca una spigola. b. Trova una barca abbandonata. c. Vede un mostro.
2. Cosa fa Mimì mentre aspetta Marcello?
   a. Guarda i punti di riferimento. (b.) Si addormenta. c. Canta una canzone.
3. Mimì è terrorizzato perché ____
   a. ha perso Marcello. b. vede i cadaveri vicino alla barca. (c.) a. e b.
4. Cosa è successo all'amico del naufrago?
   (a.) È morto in mare. b. È tornato a casa. c. Li aspetta sull'isola.
5. Il naufrago non è contento dell'arrivo della guardia costiera perché ____
   a. non vuol essere salvato. b. ha paura di nuotare.
   (c.) ha paura che lo rimandino a casa.
6. Marcello promette al naufrago di ____
   (a.) tornare più tardi a salvarlo con la sua barca. b. telefonare alla sua famiglia.
   c. tornare più tardi a salvarlo con Mimì.

2

I personaggi Associa queste affermazioni con il personaggio giusto. Dopo, in coppia, scrivete quattro nuove affermazioni e scambiatele con un'altra coppia.

_f_ 1. Chiedo a Mimì di andare da Marcello al posto mio.
_e_ 2. Speriamo che sia arrivato salvo in Italia!
_b_ 3. C'è un pescatore subacqueo in pericolo. Salviamolo!
_a_ 4. Tutti i miei compagni di viaggio sono morti.
_d_ 5. Mimì è scomparso con la barca.
_c_ 6. Pronto, guardia costiera? Non trovo più Marcello!

a. il naufrago
b. la guardia costiera
c. Mimì
d. Marcello
e. la famiglia del naufrago
f. Andrea

3

Analisi Associa i sentimenti al personaggio e al momento corrispondente nel film. Usa il dizionario per cercare gli aggettivi che non conosci. Dopo, in coppia, aggiungete altri aggettivi per descrivere i personaggi. Answers may vary. Suggested answers.

a. addolorato | **b. indaffarato** | **c. arrabbiato** | **d. disperato** | **e. impaurito** | **f. pensieroso** | **g. speranzoso** | **h. stanco**

	all'inizio del film	a metà film	alla fine del film
Marcello	b, c	a, d, e, h	f, h
Naufrago	a, d, e, h	a, d, e, h	g, h

4

Marcello e il naufrago In coppia, parlate dei personaggi principali del corto.

Marcello	Che tipo è? Cosa fa di professione? Qual è il suo hobby? Tornerà per salvare il naufrago? Perché?
Naufrago	Perché ha affrontato un viaggio così rischioso? Cosa ha lasciato? Cosa spera di trovare? Crede alla promessa che fa Marcello? Perché?

5

Opinioni

A. **In coppia, usate la tabella e dite se le affermazioni sono confermate o negate nel film. Poi aggiungete due affermazioni nuove.** Answers may vary. Suggested answers.

Opinione	Confermata dal film	Negata dal film
1. L'immigrazione è un fenomeno negativo.	☐	☑
2. I clandestini sono pericolosi.	☐	☑
3. I clandestini sono in pericolo.	☑	☐
4. È giusto aiutare le persone in difficoltà.	☑	☐
5. Gli immigrati portano via il lavoro agli italiani.	☐	☑
6. Il Mediterraneo non appartiene soltanto all'Europa.	☑	☐
7. ______________________	☐	☐
8. ______________________	☐	☐

B. **Adesso proponete le vostre affermazioni al resto della classe: cosa ne pensano gli altri studenti?**

6

Riflessione **In gruppi di tre, scambiate le vostre opinioni sull'emigrazione e sull'immigrazione.**

- Secondo voi, considerando il loro passato di nazione di emigranti, quale dovrebbe essere l'atteggiamento (*attitude*) degli italiani verso l'immigrazione?
- Cosa devono fare gli immigranti per integrarsi nel nuovo paese?
- Cosa deve fare il governo per far fronte alle necessità ed ai problemi dei nuovi immigranti?
- Qual è l'atteggiamento del vostro paese verso l'immigrazione regolare e clandestina?

7

Una conversazione **In piccoli gruppi, improvvisate un dialogo davanti alla classe su una di queste situazioni.**

A

Marcello torna di notte al faro e aiuta il naufrago ad arrivare in Sicilia. Dopo 5 anni, il naufrago riesce a regolarizzarsi (*obtain legal status*). Decide di raccontare a Marcello la buona notizia. Cosa si dicono quando s'incontrano di nuovo?

B

Marcello torna a casa e racconta alla sua famiglia cosa è successo. Cosa ne pensano i suoi familiari? Deve tornare per salvare il naufrago oppure no?

C

Siete una famiglia di immigrati appena arrivati a Milano. Cosa fate il primo giorno in città? Di cosa avete paura? Cosa desiderate di più in quel giorno?

8

Scrivere **Scegli uno di questi argomenti e scrivi una breve composizione usando il vocabolario che hai imparato in questa lezione.**

- Commenta la citazione alla fine del film: «Dedicato a tutti coloro che intraprendono un viaggio per conoscersi, migliorarsi e fuggire la sofferenza e vivere in pace su questo piccolo e tormentato pianeta». Chi sono queste persone secondo te?
- Hai un(a) parente o un amico/un'amica che è emigrato/a all'estero? Da dove? Quali difficoltà ha dovuto superare? Quali esperienze positive e negative ti ha raccontato? Cosa pensi della vita e delle idee di questa persona?
- Secondo te, quali sono gli aspetti negativi dell'immigrazione? Quali ne sono invece i benefici sociali ed economici? Qual è il punto di vista del corto?

6 You might suggest that students watch the feature ***Quando sei nato non puoi più nasconderti*** (2005) by Marco Tullio Giordana. Synopsis: 10-year-old Sandro is the son of a well-off factory owner. During a cruise in Greece Sandro is thrown overboard, and is eventually picked up by a rickety boat carrying illegal immigrants to Italy. On the boat, Sandro meets two Romanian siblings. The three end up in a waiting facility for illegal immigrants when abandoned by the two Italians in charge.

Nota CULTURALE

Dalla fine del 1800 agli anni '60 oltre **24 milioni** di italiani sono **emigrati** in diverse parti del mondo, ma soprattutto negli Stati Uniti, in Brasile, in Argentina, nel rest'o d'Europa e in Australia. Alla fine del 1900 l'Italia è diventata invece meta (*destination*) di **immigranti**, che adesso sono circa 3,5 milioni e mezzo, ovvero (*or rather*) il 6% della popolazione.

6 You might want to bring current articles about immigration in Italy to class, and to discuss the recent laws (**Bossi-Fini**, **Martelli**, **Turco-Napolitano**, etc.) as well as the concepts of **extracomunitario**, **centro di permanenza temporanea**, **seconde generazioni**, **nuovi italiani**.

7 Help students adapt and personalize the topics before they start writing so that they become more relevant to their own experience. Encourage them to come up with concrete examples.

Practice more at **immagina.vhlcentral.com.**

INSTRUCTIONAL RESOURCES **Supersite:** Teaching suggestions; **SAM/WebSAM:** WB

IMMAGINA

Reading

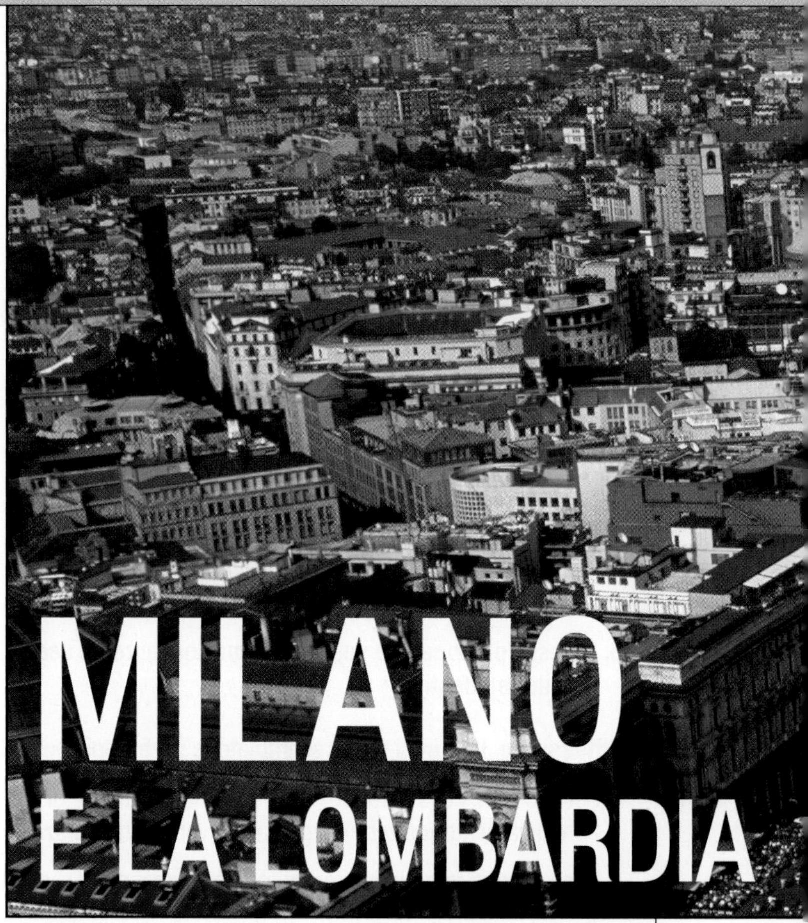

Milano: capitale del Nord

Milano, capoluogo della regione Lombardia, è una città ricca e completa sotto ogni punto di vista: storia, arte, economia, sport. L'appellativo° **Mediolanum** che i Romani hanno dato alla città descrive la sua collocazione geografica al centro della **pianura Padana**, ed oggi questo significato si può estendere all'aspetto cosmopolita di Milano.

A Milano, infatti, è possibile viaggiare in tram o in metropolitana con persone provenienti da° ogni parte del mondo che si trovano nel capoluogo lombardo per turismo e spesso per lavoro. Milano è considerata il «cuore» educativo e professionale del Nord Italia. Le sue numerose e rinomate° università, come la **Bocconi**, il **Politecnico**, la **Cattolica**, la **Bicocca**, sono il motivo per cui migliaia di studenti e lavoratori pendolari° ogni giorno viaggiano da altre città lombarde verso Milano.

Economicamente Milano è la città più sviluppata del Nord Italia. Qui hanno la loro sede° la **Borsa valori**°, molte società multinazionali di fama mondiale, aziende del settore pubblicitario, dell'editoria°, del marketing e anche media televisivi tra cui le reti private del **Gruppo Fininvest**, una delle più importanti holding finanziarie° italiane fondata da **Silvio Berlusconi**.

Per la sua centralità, la posizione geografica di Milano è strategica e permette collegamenti con le maggiori città del Nord-Est e del Nord-Ovest, come **Torino**, **Venezia** e **Genova**, ed anche con la catena alpina e i passi doganali°.

Dal punto di vista artistico e storico, Milano possiede dei tesori invidiati° da tutto il mondo: il **Duomo**; il **Teatro alla Scala**; la **Galleria Vittorio Emanuele**, famosa per i negozi esclusivi; il **Castello Sforzesco** del XV secolo; il quartiere dell'**Accademia delle belle arti** di **Brera**; i **Navigli**, canali artificiali iniziati nel XII secolo; e la chiesa di **Santa Maria delle Grazie** con il **Cenacolo Vinciano**°.

Galleria Vittorio Emanuele

Uno dei fiori all'occhiello° della città è l'industria della moda, per cui Milano detiene° un primato mondiale. Qui hanno i loro *atelier*° **Versace**, **Armani**, **Dolce & Gabbana** e molti altri stilisti di fama internazionale.

Milano non è solo istruzione, finanza, arte e moda, ma anche sport. Due delle maggiori società calcistiche° di **Serie A**, l'**Inter** e il **Milan**, rappresentano la città. I rispettivi tifosi, i «nerazzurri» e i «rossoneri» che prendono il nome dal colore delle divise° dei giocatori, affollano lo stadio di **San Siro** e l'incontro° annuale più atteso è il «**derby della Madonnina**». Il derby prende il nome dalla statua che si innalza° sulla guglia° maggiore del Duomo, divenuta il simbolo di Milano.

E per concludere, il nome di Milano occupa un posto importante anche in cucina. Famosi sono, infatti, i suoi piatti tipici come la **cotoletta alla milanese**, il **risotto alla milanese** e il dolce nazionale di Natale: il **panettone**. Scoprire tutto ciò che offre questa meravigliosa citta è un'avventura.

In più...

Gli *atelier* degli stilisti più famosi d'Italia e del mondo si trovano nel centro di Milano nel «**Quadrilatero della moda**»: **via Montenapoleone, via della Spiga, corso Venezia** e **via Manzoni**. Ma anche nel resto della città ci sono negozi d'abbigliamento per tutti i gusti dove si può acquistare un capo° alla moda.

appellativo *name* **provenienti da** *coming from* **rinomate** *renowned* **pendolari** *commuters* **sede** *location* **Borsa...** *stock market* **editoria** *publishing* **holding...** *holding companies* **passi...** *customs offices* **invidiati** *envied* **Cenacolo...** *Da Vinci's Last Supper* **fiori...** *feathers in its cap* **detiene** *holds* **atelier** *studios* **società...** *soccer clubs* **divise** *uniforms* **incontro** *match* **si innalza** *rises* **guglia** *spire* **capo** *an item of clothing*

Vero o falso? Indica se ogni frase è **vera** o **falsa**. Correggi le frasi false.

1. Milano si trova in mezzo ad una pianura. Vero.
2. I pendolari vanno a Milano per turismo. Falso. I pendolari vanno a Milano per lavoro e per studio.
3. A Milano ci sono importanti università. Vero.
4. Milano è una città difficile da raggiungere (*to reach*). Falso. La sua posizione è centrale e permette collegamenti con molte altre città.
5. L'Inter ed il Milan sono squadre di calcio. Vero.
6. La Madonnina si trova all'interno del Duomo. Falso. Si trova sulla guglia del Duomo.
7. Il gorgonzola è un formaggio pronto da mangiare appena prodotto. Falso. Il gorgonzola è pronto dopo 90-110 giorni.
8. Il Lago di Garda è una meta per gli sportivi e gli amanti dell'arte. Vero.

Quanto hai imparato? Rispondi alle domande. Some answers may vary.

1. Qual è il significato antico e moderno dell'appellativo Mediolanum? centralità geografica e centralità socio-culturale
2. Perché Milano è considerata la città economicamente più sviluppata del Nord Italia? industrie, finanza, moda
3. Che cosa sono i Navigli? canali artificiali
4. Qual è l'incontro più atteso tra l'Inter e il Milan? il derby della Madonnina
5. Quali sono le caratteristiche del formaggio gorgonzola? venature verdi-blu, muffe particolari
6. Quali sono le attività che si possono praticare sul Lago di Garda? windsurf, kitesurf

Il gorgonzola Il nome di questo formaggio deriva dalla città in cui è nato, nelle vicinanze di Milano. Le caratteristiche venature° verde-blu dipendono dalla presenza di muffe° aggiunte° agli ingredienti necessari per la sua produzione. Esistono due tipi di gorgonzola: quello «**dolce**», più cremoso, e quello «**piccante**» o «**naturale**», caratterizzato da un gusto più deciso°. Dopo una stagionatura° tra i 90 e i 110 giorni è pronto da mangiare.

Terra di laghi La Lombardia è una regione con molti laghi, tra cui il **Lago di Como**, il **Lago d'Iseo** e il **Lago di Garda**, il più grande d'Italia. Il Lago di Garda è visitato da moltissimi turisti italiani e stranieri. Diverse ragioni° contribuiscono alla fama di questo lago, tra cui, il **Vittoriale**, che fu la dimora° del poeta **Gabriele D'Annunzio**, e **Sirmione**, famoso centro termale, conosciuto già in epoca romana. Negli ultimi anni la pratica del *windsurf* e del *kitesurf* lungo il lago ha sviluppato un grande interesse tra i giovani appassionati di sport acquatici di tutta l'Europa e del mondo.

Lago di Garda

venature *veins* **muffe** *molds* **aggiunte** *added* **deciso** *pronounced* **stagionatura** *maturing* **ragioni** *reasons* **dimora** *residence*

Progetto

Cremona

Cremona è una città della Lombardia con delle particolarità e delle curiosità legate ai suoi monumenti e alla sua produzione artigianale di dolci e strumenti musicali.

- Cerca informazioni sulla città.
- Scopri quali sono i monumenti e i prodotti artigianali caratteristici di Cremona.
- Raccogli informazioni sui monumenti e sui prodotti.
- Confronta i tuoi risultati con il resto della classe.

INSTRUCTIONAL RESOURCES
Supersite: Audioscripts, SAM AK, Lab MP3s
SAM/WebSAM: WB, LM

4.1 The *trapassato prossimo* and the *trapassato remoto*

*Mimì **aveva** già **perso** i punti quando si è svegliato.*

The *trapassato prossimo*

- The **trapassato prossimo** indicates what someone *had done* or what *had occurred* prior to another past action, event, or state. Like the **passato prossimo** and other compound tenses, the **trapassato prossimo** is formed by combining an auxiliary verb (the **imperfetto** of **essere** or **avere**) with a past participle.

Abbiamo detto alla polizia che **avevamo visto** i ladri vicino all'edificio.
We told the police that we had seen the thieves near the building.

Eravate già **andati** in tribunale quando l'avvocato ha chiamato.
You had already gone to court when the lawyer called.

The *trapassato prossimo* with *avere*	
avevo	
avevi	
aveva	**salvato**
avevamo	**combattuto**
avevate	**finito**
avevano	

The *trapassato prossimo* with *essere*	
ero	**andato/a**
eri	**caduto/a**
era	**partito/a**
eravamo	**andati/e**
eravate	**caduti/e**
erano	**partiti/e**

- You will remember that transitive verbs—those that can take a direct object—require **avere** as their auxiliary. In these cases, the past participle must agree with the direct object pronoun, just as it does with the **passato prossimo**.

Il presidente **aveva proposto** quelle leggi?
Had the president proposed those laws?

Sì, e la Camera le **aveva approvate**.
Yes, and the House had passed them.

- Intransitive verbs, which take **essere** in compound tenses, often express physical movement, lack of movement, and changes in state. In the **trapassato prossimo** with **essere**, the past participle must agree with the subject of the verb.

Il giudice sapeva che **la testimone era** già **arrivata**.
The judge knew that the witness had already arrived.

- Reflexive verbs, reciprocal verbs, and the verb **piacere** also require **essere** as their auxiliary in the **trapassato prossimo**. Again, the past participle agrees with the subject of the verb.

Durante il processo tutti si **erano messi** a piangere perché la sentenza non **era piaciuta**.
During the trial, all had begun to cry because they did not like the verdict.

- The **trapassato prossimo** expresses past events in relation to one another, indicating what *had already* taken place before something else happened or was going on. It is often used in clauses introduced by **quando**, **dopo che**, **appena**, and **perché** when the verb in the main clause is in the **passato prossimo** or the **imperfetto**. Use the **passato prossimo** to express completed events in the more recent past and the **imperfetto** to describe states of being, conditions, habits, or circumstances in the past. Use the **trapassato prossimo** to express events that occurred before another past point of reference.

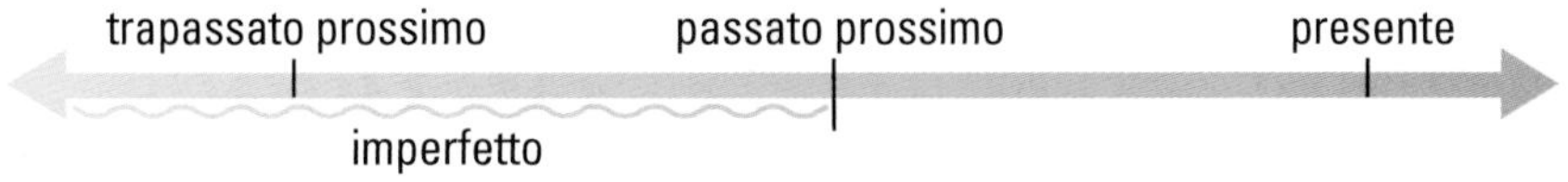

Il candidato **era** felice perché **aveva vinto** le elezioni.
The candidate was happy because he had won the election.

Appena **era entrata** la giuria, il giudice **ha iniziato** il processo.
As soon as the jury had entered, the judge began the trial.

- The adverbs **già**, **(non) … ancora**, and **(non) ... mai** often accompany a verb in the **trapassato prossimo** because this tense conveys completed events that *already, had not yet*, or *had (n)ever* taken place when another past event occurred or while a past condition existed.

Avevo già saputo i risultati delle elezioni.
I had already found out the election results.

I politici **non si erano mai dedicati** alla riforma.
The politicians had never dedicated themselves to reform.

The *trapassato remoto*

- The **trapassato remoto** indicates what someone *had done* or what *had occurred* prior to another past action, event, or state *if* that action is expressed with the **passato remoto** instead of with the **passato prossimo**. The **trapassato remoto** is used very rarely in spoken Italian and is found primarily in literary contexts. Compare:

trapassato prossimo + passato prossimo

Dopo che la giuria **era arrivata** a un verdetto, l'avvocato **è entrato**.
After the jury had reached a verdict, the lawyer entered.

trapassato remoto + passato remoto

Dopo che la giuria **fu arrivata** a un verdetto, l'avvocato **entrò**.
After the jury had reached a verdict, the lawyer entered.

- Form the **trapassato remoto** by combining the **passato remoto** of the auxiliary verb with the past participle of the main verb. The agreement rules for compound tenses apply.

The *trapassato remoto* with *avere*

ebbi	**salvato**
avesti	**combattuto**
ebbe	**finito**
avemmo	
aveste	
ebbero	

The *trapassato remoto* with *essere*

fui	**andato/a**
fosti	**caduto/a**
fu	**partito/a**
fummo	**andati/e**
foste	**caduti/e**
furono	**partiti/e**

It may help students to see the **trapassato prossimo** as the "past in the past." Use a timeline to map out a series of past events. Provide simple examples, such as. **Quando sono tornato a casa, la posta era già arrivata**.

Give students additional examples and point out the tense sequencing and the use of conjunctions. Example: **Tra i deputati eletti c'erano pochi moderati perché il partito conservatore aveva vinto le elezioni.**

Remind students to place the adverbs **già**, **mai**, **ancora**, and **più** between the auxiliary verb and the past participle, as with the other compound tenses.

ATTENZIONE!

In English, speakers often use the *simple past* tense to imply the past perfect tense (the **trapassato prossimo**). In Italian, one must use the **trapassato prossimo**.

I politici hanno scritto ai soldati che avevano sconfitto il nemico.
The politicians wrote to the soldiers who defeated (had defeated) the enemy.

RIMANDO

To review the **passato remoto**, see **Strutture 3.4, pp. 100-101**.

Give students additional examples and point out the tense sequencing and the use of conjunctions. Example: **Quando la regina ebbe trovato sua figlia, le diede un bacio e la portò a casa.**
Non appena l'esercito ebbe sconfitto il nemico, rientrò trionfalmente in patria.

Pratica

1 Have students invent two of their own sentences modelled on those in the activity. Their partner can fill in the correct **trapassato prossimo** forms.

2 Ask questions to check students' comprehension. Example: **Cosa gli avevano insegnato i suoi genitori? Che cosa aveva provato a fare?**

4 Have students check their work with a partner.

1 Notizie di politica Inserisci i verbi tra parentesi al trapassato prossimo.

1. Il governo voleva fare delle riforme ma i deputati non le ___avevano approvate___ (approvare).
2. Anche se il paese era contrario, il governo ___aveva inviato___ (inviare) altri militari in missione.
3. L'avvocato ___si era battuto___ (battersi) per difendere l'imputato (*accused*) senza riuscire a farlo assolvere (*to acquit*).
4. La polizia si è opposta alla manifestazione anche se i pacifisti l'___avevano organizzata___ (organizzare) secondo le regole.
5. Giovanni ___aveva partecipato___ (partecipare) alla protesta nella speranza di aiutare i più deboli.

2 Un pacifista Aldo Capitini, pacifista italiano, racconta come si è avvicinato al movimento pacifista. Completa il brano con i verbi al trapassato prossimo.

I miei genitori mi avevano insegnato che molta gente aveva bisogno di aiuto e io (1) ___avevo provato___ (provare) in vari modi a rendermi utile. Al liceo (2) ___avevo conosciuto___ (conoscere) altri giovani che come me volevano aiutare i più bisognosi. Prima di trasferirmi a Pisa, il nostro gruppo (3) ___aveva combattuto___ (combattere) l'ingiustizia e la povertà e (4) ___ci eravamo iscritti___ (noi / iscriversi) all'università con l'intenzione di cambiare le cose nel nostro paese. (5) ___Ero andato___ (io / andare) all'università per diventare dottore, ma sono diventato avvocato. (6) ___Avevo capito___ (capire) che per aiutare gli oppressi era necessario fare qualcosa di concreto.

3 Notizie Sottolinea i verbi al passato remoto e al trapassato remoto e poi sostituiscili con il passato prossimo e il trapassato prossimo.

Modello La giuria <u>si alzò</u> in piedi dopo che il giudice <u>fu entrato</u> in tribunale.
La giuria si è alzata in piedi dopo che il giudice era entrato in tribunale.

1. La manifestazione <u>iniziò</u> dopo che <u>furono arrivati</u> tutti i rappresentanti sindacali.
   La manifestazione è iniziata dopo che erano arrivati tutti i rappresentanti sindacali.
2. <u>Capii</u> che non aveva torto dopo che <u>ebbe spiegato</u> le sue ragioni.
   Ho capito che non aveva torto dopo che aveva spiegato le sue ragioni.
3. I deputati <u>votarono</u> dopo che il presidente <u>ebbe espresso</u> il suo parere.
   I deputati hanno votato dopo che il presidente aveva espresso il suo parere.
4. <u>Applaudimmo</u> dopo che il presidente del Senato <u>ebbe letto</u> il messaggio.
   Abbiamo applaudito dopo che il presidente del Senato aveva letto il messaggio.
5. <u>Iniziarono</u> i lavori dopo che il governo <u>ebbe stanziato</u> i fondi.
   Hanno iniziato i lavori dopo che il governo aveva stanziato i fondi.

4 Causa ed effetto Utilizza il trapassato prossimo per spiegare perché sono accadute (*happened*) queste cose.

Modello La giustizia regnava. La democrazia ha vinto.
La giustizia regnava perché la democrazia aveva vinto.

1. I cittadini sono diventati più poveri. Il governo non si è accorto dei loro problemi.
   I cittadini sono diventati più poveri perché il governo non si era accorto dei loro problemi.
2. Il governo è caduto. Il governo non ha ottenuto la fiducia.
   Il governo è caduto perché non aveva ottenuto la fiducia.
3. Gli studenti hanno manifestato. Il governo ha modificato il sistema scolastico.
   Gli studenti hanno manifestato perché il governo aveva modificato il sistema scolastico.
4. Abbiamo votato domenica. Abbiamo visto il dibattito politico sabato sera.
   Abbiamo votato domenica perché avevamo visto il dibattito politico sabato sera.
5. Gli attivisti sono entrati nella sala riunioni. Il sindaco ha finito di parlare.
   Gli attivisti sono entrati nella sala riunioni perché il sindaco aveva finito di parlare.

Practice more at **immagina.vhlcentral.com.**

Comunicazione

NATIONAL communication STANDARDS

5 **Pompei** Immagina di essere andato in vacanza in Campania. In coppia, create un dialogo dove a turno vi fate domande sulle vostre vacanze. Utilizzate i verbi suggeriti al trapassato prossimo quando è possibile.

Modello —Dove sei andata in vacanza?

—Sono andata a Pompei; non ero mai stata in vacanza in Campania prima d'ora. Avevo sentito parlare delle rovine, ma non le immaginavo così belle...

andare	finire	piacere
apprezzare	mangiare	preferire
avere l'occasione	passeggiare	vedere
conoscere	permettere	visitare

6 **Secondo te** Cosa pensi dell'attuale governo? È migliore del governo precedente? In coppia, discutete di questi argomenti utilizzando il trapassato prossimo.

Modello —Il governo attuale ha fatto molte cose finora.

—Forse, ma secondo me il governo precedente era riuscito a migliorare la situazione della classe operaia....

- economia
- istruzione
- immigrazione
- ambiente
- relazioni internazionali
- disoccupazione

7 **Perché?** In gruppi di tre, fate una lista di cosa hanno fatto di recente politici o personaggi famosi contemporanei. Utilizzate i verbi suggeriti. Poi, a turno, leggete la lista e commentate.

Modello Il candidato democratico ha perso le elezioni.

Il candidato democratico ha perso le elezioni perché non aveva preparato una campagna elettorale efficace.

approvare una legge	giudicare
dedicarsi a	imprigionare
difendere	influenzare
eleggere	vincere/perdere le elezioni

Nota
CULTURALE

Pompei è un importantissimo centro archeologico vicino a Napoli. In epoca romana Pompei era luogo di villeggiatura dei **patrizi** (nobili romani). Il 24 agosto del 79 d.C. ci fu l'eruzione del **Vesuvio** che ricoprì la città di ceneri (*ash*) e fango (*mud*), causando morte e distruzione. Gli scavi, non ancora terminati, stanno riportando alla luce le bellezze di questa città.

6 Before assigning this activity, discuss the questions in the direction lines. Then have two students act out the **modello**.

7 Give students a list of people that they can use as subjects. Example: **il presidente, la senatrice, il ministro per l'educazione, il Dalai Lama, il Papa, l'ambasciatore/ambasciatrice dell'ONU.**

INSTRUCTIONAL RESOURCES
Supersite: Audioscripts, SAM AK, Lab MP3s
SAM/WebSAM: WB, LM

ATTENZIONE!

A direct object receives the action of a verb and answers the question *what?* or *who(m)?*

Capisco la legge.
Che cosa capisco? – la legge
Avevi visto il ladro?
Chi avevi visto? – il ladro

An indirect object indicates *for whom* or *to whom* an action occurs.

Diamo la bandiera a Franco.
A chi diamo la bandiera?
– a Franco

ATTENZIONE!

In the third person, direct object pronouns have gender and can refer to people, animals, or things. Indirect object pronouns, in contrast, may only refer to people and animals.

Lo vediamo. *We see him/it.* **La vediamo.** *We see her/it.*

but

Gli parliamo. *We talk to him.* **Le parliamo.** *We talk to her.*

Remind students that direct and indirect object pronouns differ only in the third person. This is a good time to remind them as well that only the direct object pronouns **lo** and **la** may be shortened to **l'**. **Gli** and **le** may not be elided.

While speakers generally attach pronouns to infinitives following **amare**, **desiderare**, **odiare**, and **preferire**, the pronoun may either precede or follow when the main verb is **andare** or **venire**. Example: **Vado/Vengo a prenderla** or **La vado/vengo a prendere**.

4.2

Object pronouns

*—Oh, guarda! Vengono a prender**ci**.*

Direct and indirect object pronouns

- To avoid repetition, use object pronouns to take the place of direct and indirect object nouns.

  I deputati propongono le leggi e la camera **le** approva. (le = le leggi)
  The congressmen propose the laws and the House approves them.

  Quando vedo l'avvocato, **gli** do i documenti. (gli = all'avvocato)
  When I see the lawyer, I'll give him the documents.

- Object pronouns directly precede a conjugated verb and compound tenses. One exception to this rule is the indirect object pronoun **loro**, which must follow the verb. Note, however, that in contemporary Italian, **gli** is used more than **loro**.

Direct object pronouns		Indirect object pronouns	
mi (m')	ci	mi (m')	ci
ti (t')	vi	ti (t')	vi
lo / la / La / (l')	li / le	gli / le / Le	gli *or* loro

- When using an object pronoun in a *verb + infinitive* construction, drop the final **–e** of the infinitive and attach the pronoun. Verbs commonly used with an infinitive include **amare**, **desiderare**, **odiare**, and **preferire**.

  Claudio desidera combattere la violenza. *Claudio wants to fight violence.* → Claudio desidera combatter**la**. *Claudio wants to fight it.*

- When an object pronoun is used in a *verb + infinitive* construction with **dovere**, **potere**, or **volere**, the pronoun may be placed either before the conjugated verb or attached to the infinitive, after dropping the final **–e**.

  Il candidato avrebbe potuto difendere i diritti umani. *The candidate would have been able to defend human rights.* → **Li** avrebbe potuti difendere./Avrebbe potuto difender**li**. *He would have been able to defend them.*

  Il senatore voleva proporre la riforma. *The senator wanted to propose reform.* → **La** voleva proporre. / Voleva propor**la**. *He wanted to propose it.*

- When a direct object pronoun precedes a compound verb, the past participle may agree with the pronoun. Agreement is obligatory with the pronouns **lo**, **la**, **li**, and **le**; it is optional with the pronouns **mi**, **ti**, **ci**, and **vi**.

I candidati hanno promosso **la sicurezza** dei bambini. → L'hanno promoss**a**.
The candidates promoted child safety. → *They promoted it.*

Carla, gli attivisti **ti** hanno chiamat**o**? / Carla, gli attivisti **ti** hanno chiamat**a**?
Carla, did the activists call you?

- Some Italian verbs take an indirect object, whereas their English counterparts take a direct object (E.g. **fare bene/male, fare paura, insegnare, rispondere, somigliare, telefonare**). Conversely, some Italian verbs take a direct object, whereas their English counterparts are followed by *preposition + indirect object* (E.g. **ascoltare, aspettare, cercare, guardare**). Compare:

Telefoni **a Giorgio**? Sì, **gli** telefono domani.
Are you calling George? Yes, I'll call him tomorrow.

Aspettiamo **il giudice**? Sì, **l'**aspettiamo.
Are we waiting for the judge? Yes, we are waiting for him.

- The neuter pronoun **lo** can replace an entire idea.

La libertà di parola è un diritto umano fondamentale. Sì, **lo** è.
Freedom of speech is a fundamental human right. *Yes, it is.*

Combined pronouns

- When a sentence contains both direct and indirect object pronouns, they can combine. The indirect object pronoun precedes the direct object pronoun. The pronouns also undergo some changes.

Double object pronouns

indirect object	*+ direct object*	*= double object pronoun*
mi	**+ lo, la, li, le, ne**	**me lo, me la, me li, me le, me ne**
ti		**te lo, te la, te li, te le, te ne**
ci		**ce lo, ce la, ce li, ce le, ce ne**
vi		**ve lo, ve la, ve li, ve le, ve ne**
gli **le (Le)**		**glielo, gliela, glieli, gliele, gliene**

Il politico ha dato i documenti alla segretaria? → Sì, il politico **glieli** ha dati.
Did the politician give the documents to the secretary? → *Yes, the politician gave them to her.*

L'attivista ti ha dato la bandiera? → No, l'attivista non **me l'**ha data.
Did the activist give you the flag? → *No, he didn't give it to me.*

- Double object pronouns with **mi**, **ti**, **ci**, and **vi** are written as two words (**me lo**, **me la**, and so forth). Note the changes in spelling (**mi → me / ti → te / ci → ce / vi → ve**).

ATTENZIONE!

Some object pronouns may elide with the following verb if it begins with a vowel sound. Elision of **mi** and **ti** is less common, while it is frequent with **lo** and **la**. Note that indirect object pronouns and the plural forms **li** and **le** are never elided.

L'avvocato l'ha difeso (l'ha = lo + ha)
The lawyer defended him.

RIMANDO

Ne replaces a prepositional phrase or nouns when using certain expressions of quantity. When combined with other pronouns, it always appears last. When **ne** is used with **ci**, the combination becomes **ce ne**. See **Strutture 5.2, pp. 172-173**.

Hai inviato molte lettere al sindaco?
Have you sent many letters to the mayor?

Sì, gliene ho inviate molte.
Yes, I sent him many.

Quante bottiglie di latte ci sono in frigo?
How many bottles of milk are in the fridge?

Ce ne sono due.
There are two.

- Note that the indirect object pronouns **gli** and **le** (and **Le**) become **glie-** before **lo**, **la**, **li**, and **le**.

Avete dato i documenti al giudice?
Did you give the documents to the judge?

Sì, **glieli** abbiamo dati.
Yes, we gave them to him.

Hanno fatto le domande alla testimone?
Did they ask the witness the questions?

No, non **gliele** hanno fatte.
No, they didn't ask her them.

- The indirect object **loro** does not combine with direct object pronouns because it always follows the verb. In current usage **gli** is often used instead of **loro**.

Ha scritto la lettera di protesta ai senatori.
He wrote the letter of protest to the senators.

Gliel'ha scritta. = **L'**ha scritta **loro**.
He wrote it to them.

- Reflexive pronouns may be combined with direct object pronouns, following the same rules as indirect object pronouns. Note that the reflexive pronoun **si** becomes **se**.

Reflexive pronouns with direct object pronouns

reflexive pronoun	*+ lo*	*+ la*	*+ li*	*+ le*
mi	**me lo**	**me la**	**me li**	**me le**
ti	**te lo**	**te la**	**te li**	**te le**
si	**se lo**	**se la**	**se li**	**se le**
ci	**ce lo**	**ce la**	**ce li**	**ce le**
vi	**ve lo**	**ve la**	**ve li**	**ve le**
si	**se lo**	**se la**	**se li**	**se le**

RIMANDO

For information about using the object pronouns with the imperative, see **Strutture 4.3, pp. 138-139.**

Remind students that past participle agreement applies also with the direct object pronoun in double pronouns.

Mi lavo **le mani.** → **Me le** lavo.

- In compound tenses, the past participle of reflexive verbs agrees with the direct object pronoun, not the subject of the verb.

L'avvocato si è lavato le mani?
Did the lawyer wash his hands?

Sì, **se le** è lavat**e**.
Yes, he washed them.

Lucia, ti sei messa l'abito da sera?
Lucia, did you wear an evening gown?

Sì, **me lo** sono mess**o**.
Yes, I wore one.

- Direct object pronouns—and combinations of direct and indirect object pronouns—are attached to **ecco**.

Eccotelo! (Ecco a te il caffè.)
Here it is for you! (e.g., Here is the coffee for you!)

Eccomi!
Here I am!

Pratica

1 **La giornata dell'avvocato** Riscrivi le frasi sostituendo le parole sottolineate con i pronomi diretti o indiretti.

1. L'avvocato Rossi parla ai clienti. L'avvocato Rossi gli parla.
2. Legge gli appunti sul caso. Li legge.
3. Scrive la relazione per il tribunale. La scrive per il tribunale.
4. Chiede alla segretaria di mandare un fax. Le chiede di mandare un fax.
5. Difende i clienti in tribunale. Li difende in tribunale.
6. Telefona ai colleghi. Gli telefona.
7. Prepara il controesame. Lo prepara.
8. Incontra i collaboratori. Li incontra.
9. Manda un messaggio alla fidanzata. Le manda un messaggio.
10. Finalmente va a casa e mangia la pizza per cena. La mangia per cena.

2 **In ufficio** Completa le frasi con i pronomi diretti o indiretti.

1. – Signorina Paola, per favore telefoni al signor De Carli.
   – Sì, avvocato, _gli_ telefono subito.
2. – Signor Bianchi, non si dimentichi di portare i documenti in ufficio.
   – Va bene, _li_ porto subito.
3. – Signorina Carmela, deve mandare subito questo fax, è importantissimo!
   – Certamente avvocato, _lo_ mando immediatamente.
4. – Signor Melotti, spedisca le lettere prima della pausa pranzo.
   – Sì avvocato, _le_ spedisco ora.
5. – Signor Varutti, si ricordi di rispondere al signor De Carli.
   – Sì avvocato, _gli_ rispondo subito.
6. – Mi scusi signorina, mi può per cortesia portare il giornale?
   – Certo avvocato, _lo_ porto subito.

3 **La scelta** Trova la risposta giusta. Fai attenzione agli accordi con il passato prossimo.

1. Sua sorella _gli_ (lo/gli) ha insegnato il tedesco.
2. I politici volevano aiutar_ci_ (ci/ce).
3. La polizia _le_ (le/la) ha telefonato.
4. I vostri amici _vi_ (vi/ve) hanno preparato una festa bellissima.
5. Simona _li_ (gli/li) ha aspettati davanti al bar.
6. Il direttore doveva incontrar_ti_ (ti/te) alle 15.

4 **Trasformare** Forma delle frasi e poi riscrivile usando i pronomi combinati.

Modello La segretaria / spedire / le lettere / ai clienti
La segretaria spedisce le lettere ai clienti. Gliele spedisce.

1. Il deputato / descrivere / ai politici / i problemi del paese Il deputato glieli descrive.
2. Il presidente / mostrare / a me / il nuovo progetto Il presidente me lo mostra.
3. L'avvocato / spiegare / il caso / a noi L'avvocato ce lo spiega.
4. I ladri / rubare / i gioielli (*jewelry*) / alle vittime I ladri glieli rubano.
5. Gli attivisti / portare / aiuti / agli immigrati Gli attivisti glieli portano.
6. Il sindaco / illustrare / a voi / le riforme Il sindaco ve le illustra.

5 **Domande** In coppia, preparate a turno delle domande con gli elementi forniti e rispondete usando i pronomi diretti, indiretti o combinati. Answers will vary. Sample answers.

Modello Il latte / fare bene

—Il latte fa bene ai bambini?

—Sì, gli fa bene.

1. La professoressa / insegnare La professoressa insegna agli studenti? Sì, insegna loro.
2. Tu / telefonare Telefoni a Giacomo? Sì, gli telefono dopo.
3. Andrea e Marco / cercare Andrea e Marco cercano un lavoro? No, non lo cercano.
4. Tu / ascoltare Ascolti spesso i tuoi CD? Sì, li ascolto tutti i giorni.
5. Voi / rispondere Rispondete a Marina? Sì, le rispondiamo.
6. Alberto / aspettare Alberto aspetta la sua ragazza in biblioteca? Sì, l'aspetta.
7. Laura / guardare Laura guarda i film d'avventura? Sì, li guarda.
8. Carla e Maria / somigliare Carla e Maria somigliano ai loro genitori? Sì, gli somigliano.

6 **La cartolina** Giulia è in vacanza sul Lago Maggiore e manda una cartolina alla sorella. Trova le frasi con i complementi diretti e indiretti e riscrivile con i pronomi. Fai attenzione agli accordi con il passato prossimo.

Cara Elena,

Il Lago Maggiore è proprio come lo immaginavo, circondato da paesi pieni di fascino e di atmosfera. Ti mostrerò le foto al mio ritorno. Mi sono divertita molto, ho visitato l'Isola Bella con i suoi splendidi giardini. Ho comprato una borsa per la mamma e un paio di orecchini per te. Stasera, i miei amici italiani mi portano in un ristorante tipico della zona. Quando torno a casa, manderò un bel regalo ai miei amici; li voglio ringraziare per la loro ospitalità.

A presto,

Julia

Elena Carzoglio

Via Garibaldi 24

Roma

1. te le mostrerò
2. l'ho visitata
3. gliel'ho comprata
4. te l'ho comprato/te li ho comprati
5. glielo manderò

Nota CULTURALE

Il **Lago Maggiore** è il secondo lago più grande d'Italia. Si trova tra l'Italia e la Svizzera e in Italia è situato tra la Lombardia e il Piemonte. Nel Lago Maggiore ci sono molte isole; le più famose sono le **Isole Borromee** (l'Isola Bella, l'Isola Madre e l'Isola dei Pescatori). Le Isole Borromee sono visitate ogni anno da molti turisti che vanno ad ammirare i palazzi Borromeo e i rispettivi giardini botanici pieni di piante e animali esotici come i pavoni (*peacocks*) bianchi.

7 **Creare** In coppia, fatevi delle domande a turno, utilizzando gli elementi forniti, e rispondete negativamente.

Modello **testimone / dire / verità / giudice**

—Il testimone ha detto la verità al giudice?

—No, non gliel'ha detta.

1. giudice / farsi la barba Il giudice si è fatto la barba? No, non se l'è fatta.
2. tu / lavarsi / denti Ti sei lavato i denti? No, non me li sono lavati.
3. segretaria / mandare / fax / direttore La segretaria ha mandato il fax al direttore? No, non gliel'ha mandato.
4. voi / volere / offrire / cena / me Mi volete offrire la cena? No, non te la vogliamo offrire./No, non vogliamo offrirtela.
5. ragazzi / scrivere / cartolina / voi I ragazzi vi hanno scritto la cartolina? No, non ce l'hanno scritta.
6. mamma / prestare / macchina / Roberto La mamma ha prestato la macchina a Roberto? No, non gliel'ha prestata.
7. presidente / mettersi / cappello Il presidente si è messo il cappello? No, non se l'è messo.
8. Giovanni / asciugarsi / i capelli Giovanni si è asciugato i capelli? No, non se li è asciugati.

Practice more at **immagina.vhlcentral.com.**

Comunicazione

8 **In aeroporto** Guardate il disegno e in coppia fatevi delle domande per capire cosa stanno facendo i personaggi e perché. Utilizzate i pronomi diretti e indiretti e i verbi della lista.

Modello Cosa fa Diana?
Diana legge un libro. Lo legge perché si annoia.

ascoltare	cercare	dare	leggere	portare
avere	comprare	domandare	parlare	trovare

9 **I premi** Tu e due amici avete vinto una strana serie di premi alla lotteria. Usando i pronomi diretti, indiretti o combinati, decidete come dividervi i premi e motivate le vostre decisioni.

Modello
ALESSIA Che belli tutti questi premi! Come ce li dividiamo?
SILVIA Tu dovresti prendere il cagnolino e l'aspirapolvere!
ROBERTA Non, non li voglio. Carlo non ce li ha. Perché non glieli diamo?

un cagnolino	una macchina	una pianta di limoni
una dozzina di uova	un aspirapolvere	un albero di Natale
un asciugacapelli	un ferro da stiro (*iron*)	una bicicletta

10 **Secondo te** Cosa pensi di queste affermazioni? Scrivi le tue idee e i tuoi commenti. Utilizza almeno otto pronomi diretti e indiretti.

Modello **L'immigrazione illegale è la causa di tanta criminalità.**
Secondo me, non lo è; la criminalità è causata da...

- L'immigrazione è un fatto positivo per l'economia di un paese.
- Non è necessario conoscere la lingua ufficiale del paese dove si vuole andare a vivere.
- La globalizzazione è la causa di alcuni problemi in tutto il mondo.
- Il lavoro manuale ha molto valore.
- La sovrappopolazione diminuisce la qualità della vita di un paese.

NATIONAL comparisons STANDARDS

INSTRUCTIONAL RESOURCES
Supersite: Audioscripts, SAM AK, Lab MP3s
SAM/WebSAM: WB, LM

4.3

The imperative

—***Sta'*** *attento che c'è corrente! Se scarrocci* (drift), *non mi trovi più.* ***Tieni*** *i punti!*

- The imperative mood is used to give a command. Subject pronouns are not usually used.

Explain that if subject pronouns are used with the imperative, they should follow the verb and that they serve to provide emphasis.
Parlate voi al testimone!
***You** talk to the witness!*

- The informal imperative forms are used to address people in the **tu**, **noi**, or **voi** forms. Note that the **noi** form expresses *let's* + [*verb*].

Rispetta le leggi!	**Rispettiamo** le leggi!	**Rispettate** le leggi!
Respect the laws!	*Let's respect the laws!*	*Respect the laws!*

- The imperative forms of **–are** verbs end in **–a** in the second person singular while the **noi** and **voi** forms are the same as the present indicative forms. The imperative forms of **–ere** and **–ire** verbs are identical to those of the present indicative.

	votare	mettere	partire	finire
tu	Vota!	Metti!	Parti!	Finisci!
noi	Votiamo!	Mettiamo!	Partiamo!	Finiamo!
voi	Votate!	Mettete!	Partite!	Finite!

ATTENZIONE!

It is helpful to remember that the **Lei** imperative forms for regular verbs are the inverse of the informal **tu** forms.

tu	Lei
Vota!	Voti!
Scrivi!	Scriva!
Finisci!	Finisca!

- To make a command in a formal setting, use the **Lei** and **Loro** forms indicated below. Note, however, that the **voi** form often replaces the **Loro** form in contemporary usage.

votare		mettere		partire		finire	
Voti!	Votino!	Metta!	Mettano!	Parta!	Partano!	Finisca!	Finiscano!

It will be helpful for students to learn the imperative forms well. When they reach **Lezione 6**, they will appreciate finding out that they already know the forms of the present subjunctive!

Point out that once students know the **Lei** form, they must simply add **–no** to make the **Loro** form.

- A number of verbs are irregular in the imperative.

	tu	Lei	noi	voi	Loro
andare (io vado)	vai / va'	vada	andiamo	andate	vadano
dire (io dico)	dì / di'	dica	diciamo	dite	dicano
tenere (io tengo)	tieni	tenga	teniamo	tenete	tengano
venire (io vengo)	vieni	venga	veniamo	venite	vengano
uscire (io esco)	esci	esca	usciamo	uscite	escano
dare (noi diamo)	dai / dà /da'	dia	diamo	date	diano
fare (noi facciamo)	fai / fa'	faccia	facciamo	fate	facciano
stare (noi stiamo)	stai / sta'	stia	stiamo	state	stiano

ATTENZIONE!

Note that the formal imperative forms closely resemble the present indicative stems used in the first person singular or plural (**io/noi**). Short forms exist for the verbs **andare**, **dare**, **dire**, **fare**, and **stare**.

- The verbs **essere**, **avere**, and **sapere** have irregular imperative forms. Note the similarity of all imperative forms with the present indicative **noi** form.

	tu	Lei	noi	voi	Loro
avere (noi abbiamo)	**abbi**	**abbia**	**abbiamo**	**abbiate**	**ạbbiano**
essere (noi siamo)	**sịi**	**sịa**	**siamo**	**siate**	**sịano**
sapere (noi sappiamo)	**sappi**	**sappia**	**sappiamo**	**sappiate**	**sạppiano**

- For a negative command, use **non** plus the command for all forms except the **tu** form. For the **tu** form, use **non** + [*infinitive*].

(voi) Non date i volantini a me! *but* **(tu) Non dare** i volantini a me!
Don't give the flyers to me! *Don't give the flyers to me!*

The imperative with object pronouns

- Imperative verbs are often combined with an object pronoun. All pronouns (except the indirect object pronoun **loro**) attach to the informal (**tu**, **noi**, **voi**) imperative forms, but precede the formal (**Lei**, **Loro**) imperative forms.

Eleggetelo!
Elect him! (voi)

Lo elegga!
Elect him! (Lei)

- With the short, one-syllable **tu** forms **da'**, **di'**, **fa'**, **sta'**, and **va'**, drop the apostrophe and double the initial consonant of all object pronouns except **gli**.

Da' il libro a me! → **Dammi il libro!**
Give the book to me! → *Give me the book!*

Di' a lui la verità! → **Digliela!**
Tell him the truth! → *Tell it to him!*

- With a negative imperative, object pronouns may be placed either before or after the verb. If placed after the negative **tu** form, the infinitive looses the final **–e**.

Non dimenticare le vittime! → **Non le dimenticare! / Non dimenticarle!**
Don't forget the victims! → *Don't forget them!*

The imperative of reflexive verbs

- Reflexive pronouns in the imperative follow the same rules as object pronouns. In the informal imperative, they attach to the verb, while in the formal imperative they must precede the verb.

Dedicati alla nostra causa!
Dedicate yourself to our cause! (tu)

Si dedichi alla nostra causa!
Dedicate yourself to our cause! (Lei)

- Reflexive pronouns can be combined with direct object pronouns in the imperative, just as in the indicative. Note that they attach to the imperative verb form.

Chiarisciti le idee! → **Chiariscitele!**
Think things through! → *Think them through!*

Si metta gli occhiali! → **Se li metta!**
Put on your glasses! → *Put them on!*

ATTENZIONE!

The infinitive often replaces the imperative on street signs, public instructions, and announcements.

Pagare qui.
Pay here.

RIMANDO

To review object pronouns, see **Strutture 4.2, pp. 132-133.**

RIMANDO

To review reflexive verbs, see **Strutture 2.1, pp. 52-53.**

ATTENZIONE!

To make a polite request, use the conditional form of **potere** plus the infinitive.

Mi dica l'ora!
Tell me the time!

Potrebbe dirmi l'ora?
Could you tell me the time?

Pratica

1

Cosa fare? Usa l'imperativo per dare ordini o consigli.

Modello **Dì al tuo fidanzato di telefonarti.**
Telefonami.
Dì a Stefano di andare al teatro con te.
Andiamo al teatro.

Dì a Carlo di:	Dì ai nuovi studenti di:	Dì a Giovanna di:
1. andare in biblioteca Vai/Va' in biblioteca. 2. contare su di te Conta su di me. 3. non uscire spesso Non uscire spesso. 4. dare a te una mano Dammi una mano. 5. aspettare te dopo la lezione Aspettami dopo la lezione.	6. prestare attenzione ai professori Prestate attenzione ai professori. 7. svegliarsi presto Svegliatevi presto. 8. andare a lezione Andate a lezione. 9. avere fiducia Abbiate fiducia. 10. non uscire la domenica Non uscite la domenica.	11. andare al cinema con te Andiamo al cinema. 12. bere un caffè con te Beviamo un caffè. 13. ascoltare la musica con te Ascoltiamo la musica. 14. giocare a tennis con te Giochiamo a tennis. 15. non rimanere a casa con te Non rimaniamo a casa.

2

Suggerimenti Hai la possibilità di parlare con un politico della tua città; utilizzando l'imperativo formale, dagli dei suggerimenti sui problemi locali.

1. Promuova (Promuovere) riforme per la sicurezza pubblica.
2. Faccia (Fare) rispettare le leggi già esistenti.
3. Risolva (Risolvere) il problema dei parcheggi.
4. Non si dedichi (Non dedicarsi) solo ai suoi elettori.
5. Crei (Creare) più giardini pubblici.

3

Buoni consigli Quali consigli puoi dare in queste situazioni? Utilizza l'imperativo.
Answers will vary. Sample answers.

1. I tuoi amici non hanno votato alle ultime elezioni. Votate alle prossime elezioni.
2. Il tuo amico non è aggiornato (*up-to-date*) sulla situazione politica del vostro paese. Leggi più giornali.
3. I tuoi amici non hanno mai partecipato ad una manifestazione pacifista. Partecipate alla prossima manifestazione.
4. Tu e il tuo amico non avete mai ascoltato un comizio elettorale (*rally*). Andiamo al prossimo comizio.
5. Il tuo amico legge solo fumetti (*comics*). Non leggere solo fumetti.

4

Raccomandazioni Dai dei suggerimenti alle seguenti persone. Usa la forma appropriata dell'imperativo.

1. al tuo professore d'italiano
2. al tuo compagno di stanza
3. al tuo migliore amico
4. al rettore (*dean*) dell'università
5. al tuo compagno di classe
6. alla nonna del tuo amico

Practice more at **immagina.vhlcentral.com.**

Comunicazione

5 **Internet** Quali consigli puoi dare ad un amico/un'amica per essere più informato/a sull'attualità (*current events*)? In coppia, create una lista di otto raccomandazioni, sia con la forma affermativa che negativa dell'imperativo. Utilizzate i verbi suggeriti e siate creativi.

Modello Naviga su internet. Ci sono siti web che offrono informazioni di ogni tipo. Non leggere solo romanzi di fantascienza.

andare	fare	navigare
ascoltare	interessare	parlare
chiedere	investigare	ricercare
consigliare	leggere	vedere

5 Call on students to write one of their commands on the board. As a variant, have them convert their sentences into commands for the entire class using the **voi** form.

6 **Cosa dicono?** In coppia, inventate delle brevi conversazioni per ogni foto. Ricordati di utilizzare l'imperativo affermativo e negativo.

1. 

2. 

3. 

4. 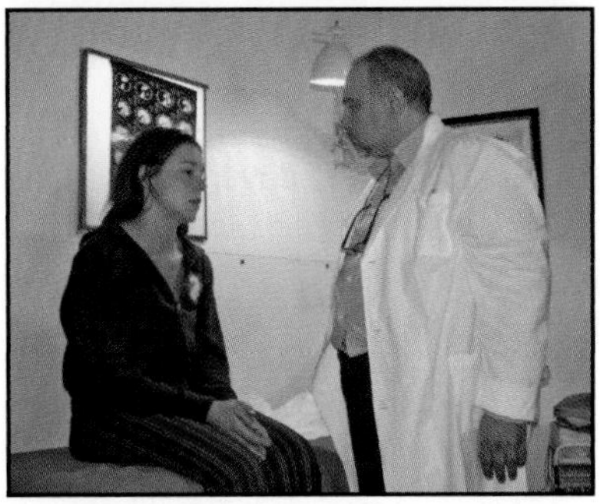

6 Ask students to act out their dialogues in small groups. Their classmates can guess which dialogues go with which photos.

7 **Pubblicità** In gruppi di tre, create uno spot pubblicitario per promuovere uno dei prodotti suggeriti. Inventate anche un nome originale per il prodotto. Utilizzate l'imperativo formale e i pronomi diretti e indiretti.

Modello Comprate il nuovo profumo «Fascino», vi renderà più affascinanti e attraenti. Non perdete questa occasione. È il profumo dell'anno!

Yogurt	Automobile
Succo di frutta	Dentifricio
Scarpe da ginnastica	Giornale politico
Cellulare	Crema solare

7 Ask groups to read their advertisements aloud, then have the class discuss whether or not they were convinced to buy the product.

INSTRUCTIONAL RESOURCES
Supersite: Audioscripts, SAM AK, Lab MP3s
SAM/WebSAM: WB, LM

RIMANDO

To review the full conjugation of **dovere**, **potere**, and **volere** in the present tense, see **Strutture 1.4, p. 25.**

ATTENZIONE!

When used alone, the present indicative forms of **volere** means *to want*. Use the conditional form of the verb to make polite requests (using the indicative to make a request can be considered rude).

Voglio un cappuccino.
I want a cappuccino.

Vorrei un cappuccino.
I would like a cappuccino.

When **dovere** is followed by a noun, it means *to owe*, in both a monetary and figurative sense.

Quanto ti devo?
How much do I owe you?

ATTENZIONE!

Dovere, **potere**, and **volere** can be used on their own, sometimes in response to a question containing both the verb and an infinitive.

Francesco, vuoi votare alle elezioni?
Francesco, do you want to vote in the elections?

Sì, voglio. (=Sì, voglio farlo.)
Yes, I want to. (=Yes, I want to do it.)

RIMANDO

To review reflexive verbs, see **Strutture 2.1, pp. 52-53.**

4.4

Dovere, potere, and *volere*

- **Dovere**, **potere**, and **volere** are usually followed by an infinitive.

dovere (*need or obligation*)	**potere** (*ability or permission*)	**volere** (*willingness*)
Devi studiare.	**Puoi** ballare.	**Vuoi** uscire.
*You **must** study.*	*You **can** dance. / You **are able** to dance.*	*You **want** to go out.*

- When **dovere**, **potere**, and **volere** are used with object pronouns and an infinitive, two structures are possible. The pronouns (except **Loro** and **loro**) can be placed either before the conjugated verb or attached to the infinitive (after removing the final **–e**).

L'attivista vuole proteggere le vittime. > **Le** vuole proteggere. / Vuole protegger**le**.
The activist wants to protect victims. > *He wants to protect them.*

- When used in the conditional, **dovere**, **potere**, and **volere** carry the specific meanings of *should*, *could*, and *would like*.

Dovremmo studiare di più. — *We should study more.*
Potremmo imparare molto. — *We could learn a lot.*
Vorremmo intervistare il sindaco. — *We would like to interview the mayor.*

- In compound tenses, when **dovere**, **potere**, and **volere** are used with an infinitive, they can take either **avere** or **essere** as the auxiliary. Use the auxiliary verb that is normally employed with the infinitive. If no infinitive is present, simply use **avere** as the auxiliary verb.

Ho potuto <u>comprare</u> una bandiera. ***but*** **Sono** potuta <u>tornare</u> a casa.
I was able to buy a flag. — *I was able to return home.*

- Used in the imperfect, **dovere**, **potere**, and **volere** indicate a repeated, habitual, or underlying condition of *needing to*, *being able to*, or *wanting to* do something. In contrast, in the **passato prossimo**, they indicate a specific moment of necessity, success at doing something, or an instance of wanting something.

Non sono uscito perché **dovevo** lavorare.
I didn't go out because I had to work. (I was scheduled to work.)

Non sono uscito perché **ho dovuto** lavorare.
I didn't go out because I had to work. (I had to work this particular day.)

- When **dovere**, **potere**, and **volere** are used with the infinitive of a reflexive verb, the reflexive pronoun can be placed either before the conjugated verb or attached to the infinitive (after removing the final **–e**). Note that it is more common to attach the reflexive pronoun to the infinitive.

Mi voglio dedicare alla causa. / Voglio dedicar**mi** alla causa.
I want to dedicate myself to the cause.

Ci possiamo vedere domani. / Possiamo veder**ci** domani.
We can see each other tomorrow.

Pratica e comunicazione

1

Consigli Reagisci alle affermazioni. Dai dei suggerimenti con i verbi **dovere, potere** e **volere.**

Modello **«Non sono felice degli attuali politici».**
Devi **votare alle prossime elezioni per cambiare i politici attuali.**

1. «Francesco non si interessa di politica».
   Deve (Dovere) dedicarsi di più alla politica.
2. «Noi non abbiamo mai partecipato ad una protesta».
   Volete (Volere) venire con noi la settimana prossima?
3. «Loro non sono membri di un'associazione umanitaria».
   Possono (Potere) iscriversi alla nostra associazione.
4. «Non ho fiducia nelle istituzioni locali».
   Devi (Dovere) avere fiducia nei politici che ti rappresentano.
5. «Vorrei contribuire a migliorare la mia città».
   Puoi (Potere) presentarti alle prossime elezioni.
6. «I giovani non hanno ideali politici».
   Devono (Dovere) essere più attivi in politica.

2

Lo scorso fine settimana Completa le frasi con la forma giusta dei verbi **dovere, potere,** e **volere.** Answers will vary. Sample answers.

Modello **Volevamo andare alla conferenza ma** abbiamo dovuto accompagnare Laura dal dottore.

1. Dovevi studiare ma sei voluto andare alla festa di Paolo.
2. Non sono potuti venire al cinema perché hanno dovuto lavorare.
3. Marta voleva uscire con gli amici ma è dovuta andare con la mamma.
4. Dovevo incontrare Stefania ma sono dovuta uscire con mia zia.
5. Non siamo potuti partire perché abbiamo dovuto portare la macchina dal meccanico.

3

Immagina tre storie In gruppi di tre o quattro persone, immaginate una storia per ogni foto. Includete cosa vogliono, possono e/o devono fare le persone nelle foto.

4

Preparativi I tuoi genitori vengono a trovarti questo fine settimana. Prepara una lista di cosa devi, puoi e vuoi fare per prepararti al loro arrivo.

Modello Per prima cosa devo pulire la casa. Poi devo andare a fare la spesa...

4 Have students share their lists in small groups and discuss who has the most to do, who has the most ambitious plans, etc.

Practice more at **immagina.vhlcentral.com.**

Sintesi

1 **Parliamo** In coppia, discutete dei seguenti argomenti.

La Gazzetta Della Sera

La crisi economica continua!

Ancora uno sbarco di immigrati illegali

Famoso politico arrestato per corruzione

Diminuisce la produzione industriale

1. In che modo si possono risolvere i problemi descritti nei titoli?
2. Quali problemi ti preoccupano di più? Perché?
3. Secondo te, sono stati fatti dei progressi per cercare di risolvere questi problemi?
4. Finalmente hai la possibilità di parlare con un politico. Cosa gli dici? Quali consigli gli dai per risolvere i problemi?
5. Cosa possono o devono fare i cittadini per contribuire a risolverli?

2 **Scriviamo** **Scegli uno dei due argomenti e prepara un discorso di circa una pagina.**

- Scrivi un discorso dove esorti (*urge*) i tuoi compagni di classe a diventare politicamente attivi invece che apatici. Suggerisci cose realistiche da fare dove vivi. Fai riferimento ai problemi della tua comunità.
- Scrivi un discorso dove dai il tuo sostegno (*support*) ad un politico locale. Spiega perché appoggi (*support*) il politico e il suo partito. Esorta gli ascoltatori a fare qualcosa di concreto per sostenere la campagna elettorale. Fornisci esempi realistici.

Strategie per la comunicazione

Quando ti rivolgi ad un pubblico utilizza le seguenti strutture: **Signore e signori, Cittadine e cittadini, Cari elettori,** ...
Ricorda di utilizzare l'imperativo per dare consigli e suggerimenti.
Utilizza i verbi che hai imparato in questa lezione: **abusare, approvare una legge, difendere, imprigionare, giudicare, dedicarsi a, eleggere, governare, influenzare, vincere/perdere le elezioni, votare**.

Preparazione

NATIONAL STANDARDS connections cultures

Vocabolario della lettura		Vocabolario utile
il consiglio *council*	**lo scambio** *exchange*	**l'accordo** *agreement*
la crẹscita *growth*	**il trattato** *treaty*	**la bandiera** *flag*
la guerra mondiale *world war*	**la valuta** *currency*	**il confine** *(national) boundary*
l'inno *anthem*	**il vantaggio** *advantage*	**l'integrazione** *integration*
la potenza *power*	**la volontà** *willingness*	**il multilinguismo** *multilinguism*

Help students practice new vocabulary by modeling its use.

1 **Da scegliere** Completa queste frasi con le parole nuove.

1. Ci sono molti ___vantaggi___ ad andare in vacanza in un paese tropicale.
2. La popolazione è aumentata: c'è stata una grande ___crescita___ demografica.
3. Nella prima metà del XX secolo ci sono state due violente ___guerre mondiali___.
4. Prima della partita i giocatori cantano l'___inno___ nazionale.
5. La ___bandiera___ italiana è bianca, rossa e verde.
6. Dopo la guerra le nazioni hanno firmato un ___accordo/trattato___ di pace.
7. In Italia, la ___valuta___ ufficiale è l'euro.
8. Durante la riunione, il ___consiglio___ delle nazioni ha eletto un presidente.

2 **Ideali** In coppia, leggete il motto dell'Unione Europea e, a turno, rispondete alle domande.

«Unità nella diversità»

1. Secondo te, quale ideale riflette questo motto? Perché?
2. Cosa succede invertendo i due termini: «Diversità nell'unità»? Cambia il significato? Perché?
3. Hai un motto personale? Qual è?
4. Qual è il motto del tuo paese? E della tua università? Quali altri motti conosci? Compila una lista.

2 Help students by providing other sample mottos. The motto of the US is the Latin **E pluribus unum** (*Out of many, one*). Remind them that many words that end in *–ty* in English in Italian end in **–tà**: **generosità**, **lealtà**, **unità**, and so on.

3 **Inventate** Usando le parole della lista, create un nuovo motto nazionale per il vostro paese.

difendere	**giustizia**	**pace**	**promuovere**	**vittoria**
diritto	**libertà**	**potente**	**uguaglianza**	**volontà**

3 Ask students to share their motto with the class; then ask students to vote for the best 3.

4 **Feste** In piccoli gruppi, rispondete alle domande.

- Quando è la festa degli Stati Uniti/Canada? Perché proprio questa data? In onore di quale evento storico?
- Quando si celebrano altre feste che ricordano eventi storici?

4 You might wish to make a timeline on the blackboard, encouraging students to name important historical events, perhaps surrounding WWI and WWII.

Nota CULTURALE

L'idea di un'Europa unita risale alle antiche espansioni imperiali dei Romani e, in seguito, di Carlo Magno e di Napoleone. Ma la data storica in cui fu ufficialmente proposta un'istituzione europea sovrannazionale° e democratica fu il **9 Maggio 1950** con la dichiarazione° di **Robert Schuman**, il ministro francese degli affari esteri. Fu un discorso rivoluzionario: secondo Schuman, «La pace mondiale non potrebbe essere salvaguardata senza iniziative creative all'altezza dei pericoli che ci minacciano». Oggi il **9 maggio** è la festa ufficiale dell'Europa.

sovrannazionale *supranational*
dichiarazione *declaration*

UNITÀ NELLA DIVERSITÀ
L'ITALIA NELL'UNIONE EUROPEA

You might want to share with the students some of the Italian contributions in the process of creating the EU and important figures such as **Altiero Spinelli, Ernesto Rossi**, and **Alcide De Gasperi** and to mention **il Manifesto di Ventotene** and **i Trattati di Roma**.

Reading

L'Europa è un continente formato da 49 nazioni, ognuna con una propria storia, lingue diverse e complesse tradizioni culturali, in alcuni casi incompatibili tra di loro. Anche la geografia montagnosa europea crea delle divisioni che, senza una rete di trasporti internazionale, in passato sembravano insormontabili. Le differenze tra queste nazioni erano più evidenti delle loro somiglianze, tanto che, nel XX secolo, due guerre mondiali nacquero da dissensi nell'Europa centrale e coinvolsero° il resto del mondo.

Come suggerisce il suo motto, l'Unione Europea (UE) promuove l'unità ma allo stesso tempo rispetta la diversità delle nazioni che la formano. Finora° sono 27 i paesi europei che fanno parte dell'Unione. L'UE non è una nazione (come lo sono invece gli Stati Uniti, per esempio) e non è un'organizzazione internazionale come l'ONU (l'Organizzazione delle Nazioni Unite): l'UE è più simile ad un consiglio che decide democraticamente sulle questioni economiche e politiche di interesse comune a tutti i suoi membri.

La Repubblica Italiana è stata una delle nazioni fondatrici dell'Unione Europea, insieme alla Francia, alla Germania, al Belgio, all'Olanda ed al Lussemburgo. Oggi, con il suo PIL° (Prodotto Interno Lordo) pari a 2,1 biliardi° di dollari, l'Italia è la settima potenza economica mondiale e contribuisce alla stabilità della valuta europea, l'euro (€). L'entrata nell'UE ha portato molti vantaggi all'Italia: ha reso più facile l'immigrazione e quindi contribuito alla crescita economica e demografica del paese, rendendo più stabile il tenore di vita° di molti dei suoi cittadini. L'apertura delle frontiere ha anche aumentato il commercio con gli altri paesi europei e ha ulteriormente° favorito l'esportazione. La crescita dell'euro rispetto alle altre valute mondiali è molto positiva non solo per l'Italia, ma per tutti i paesi membri dell'UE.

I cambiamenti, soprattutto all'inizio, non sono stati facili. Il processo di adozione dell'euro come nuova valuta ufficiale e l'abbandono della vecchia lira ha portato severi disagi° ai cittadini italiani. Anche adeguarsi° ai nuovi regolamenti europei per l'industria ed il commercio è stato problematico: le nuove norme igieniche, ad esempio, non corrispondevano alle tradizioni artigianali della produzione dei formaggi e di altri prodotti gastronomici. L'improvviso arrivo di un numero inaspettato di immigranti ha causato emergenze pratiche e purtroppo anche sentimenti di razzismo.

Nonostante le difficoltà, il mondo è cambiato dal 1945 e continua a crescere: con internet, con gli estesi° collegamenti° aerei e ferroviari e con l'apprendimento delle lingue, ogni giorno ognuno di noi è in contatto con luoghi e persone in tutto il mondo. Non essendo più legati ad un unico territorio nazionale anche la nostra mentalità si sta allargando°. Le singole nazioni europee sono ormai caratterizzate dalla loro volontà di scambi e cooperazione. Sarà sempre più necessario che non solo le persone, ma anche i paesi possano imparare a coesistere in pace, tolleranza e solidarietà. ■

involved · *So far* · *GDP* · *2,100 trillion* · *standard of living* · *further* · *hardships* · *adapting* · *extensive/connections* · *growing*

L'inno europeo

«L'Inno alla gioia» è l'adattamento del movimento finale della nona sinfonia composta da Ludwig van Beethoven nel 1823 basata su un poema scritto da Friedrich von Schiller nel 1785. Il poema esprime° idealismo e speranza in un senso di fratellanza° fra gli esseri umani. L'inno è stato adottato per la prima volta dal Consiglio d'Europa nel 1972 dichiarando che «senza parole, con il linguaggio universale della musica, questo inno esprime gli ideali di libertà, pace e solidarietà perseguiti dall'Europa».

esprime *expresses* **fratellanza** *brotherhood*

Students can listen to the European anthem at http://europa.eu/abc/symbols/anthem/index_it.htm.

Analisi

NATIONAL communication STANDARDS

1 Ask pairs to create 3 more false statements and then give them to a different group to correct.

1 **Comprensione** Indica se le affermazioni sono **vere** o **false**. Dopo, in coppia, correggete le affermazioni false.

Vero	Falso	
☐	☑	1. L'Unione Europea è simile alle Nazioni Unite.
☐	☑	2. I paesi europei sono molto simili.
☑	☐	3. L'Unione Europea vuole mantenere la pace.
☑	☐	4. L'Unione Europea non è una nazione come lo sono gli Stati Uniti.
☐	☑	5. Le nazioni fondatrici dell'UE sono cinque.
☑	☐	6. L'entrata nell'UE ha portato molti vantaggi all'Italia.
☑	☐	7. Il 9 maggio è la festa ufficiale dell'Europa.
☐	☑	8. Schiller ha composto la musica per l'inno europeo.

2 Ask students additional questions: **7. Quali sono stati alcuni dei contributi italiani all'UE? (L'Italia è uno dei membri fondatori; con il suo alto PIL, l'Italia contribuisce alla stabilità della valuta europea.) 8. Chi è il compositore del brano usato come inno europeo? (Beethoven)**

2 **L'Italia e l'UE** In coppia, rispondete alle domande. Answers may vary. Suggested answers.

1. Per quali ragioni storiche è stata creata l'UE? per evitare la guerra
2. Quali sono i principi di base dell'UE? risolvere democraticamente questioni economiche e politiche di interesse comune a tutti i membri
3. Che cos'è l'UE? un'organizzazione sovrannazionale; un concilio di nazioni europee
4. Come si chiamava la vecchia valuta italiana? la lira
5. Quali vantaggi ha comportato (*entailed*) per l'Italia l'entrata nell'UE? Ha reso più facile l'immigrazione che ha contribuito alla crescita economica demografica del paese; ha reso più stabile il tenore di vita di molti dei suoi cittadini.
6. Quali sono state alcune delle difficoltà che l'Italia ha incontrato dopo l'entrata nell'UE? adottare l'euro; adeguarsi alle nuove norme e regolamenti europei; l'inaspettato arrivo degli immigranti

3 **Opinioni** In coppia, confrontate le vostre opinioni.

1. Pensi che la creazione dell'UE sia stata una buona idea? Perché?
2. Quali sono stati, secondo te, gli ostacoli (*obstacles*) più grandi alla fondazione dell'UE? Perché?
3. Si potrebbe creare un'unione simile in un'altra parte del mondo? In quale? Perché? Quali problemi potrebbe risolvere?
4. In che modo l'UE è diversa da altre organizzazioni sovrannazionali come l'ONU o la NAFTA?
5. Pensi che il tuo paese possa un giorno unirsi con degli altri in una comunità simile all'UE? Con quali paesi pensi che sarebbe possibile farlo? Quali sarebbero i vantaggi? E gli svantaggi?

4 Ask students to share their situations with the rest of the class. Then, organize a discussion where each side has to propose fair solutions.

4 **Senza frontiere** In piccoli gruppi, parlate di come risolvere democraticamente delle gravi dispute o incomprensioni nel mondo in cui viviamo: pensate a degli esempi reali e poi suggerite delle possibili soluzioni.

- **Territorio:** Due nazioni non sono d'accordo sui confini.
- **Commercio:** Una nazione offre prodotti a costi troppo bassi in confronto alle altre.
- **Religione:** Due religioni vorrebbero condividere (*would like to share*) lo stesso luogo sacro.
- **Ideologia:** Due gruppi nella stessa nazione hanno tradizioni e abitudini diverse e vogliono separarsi.

Practice more at **immagina.vhlcentral.com.**

Preparazione

Reading

connections cultures

A proposito dell'autore

Narratore, poeta, saggista e fondatore di riviste, **Giovanni Papini** (Firenze, 1881-1956) visse in un periodo tragico e mutevole (*changeable*): due guerre mondiali, un ventennio di dittatura e gli anni della ricostruzione, con la nascita e il tramonto di avanguardie artistiche e di pensiero. Le sue posizioni politiche e filosofiche riflettono l'ansietà e le incertezze della sua generazione. Ateo nella sua prima giovinezza, si convertì al cristianesimo in età adulta. Papini aderì (*supported*) al futurismo, una corrente artistica che esaltava la modernità e il ruolo liberatorio della scienza e della tecnologia. Papini appoggiò (*supported*) anche l'entrata dell'Italia nella Prima Guerra Mondiale e, successivamente, il fascismo e la dittatura di Mussolini. Per questo motivo, nel secondo dopoguerra fu quasi dimenticato dal pubblico ed emarginato dalla critica.

Nota CULTURALE

Il brano che segue è tratto da *Gog*, romanzo pubblicato nel 1931. Il protagonista, soprannominato° Gog dal suo cognome («Goggins»), è il figlio illegittimo di una hawaiana e un uomo bianco sconosciuto, nato in povertà e poi diventato miliardario°. Prima di impazzire e finire in manicomio°, Gog consegna a Papini dei fogli sparsi° con scritti° come quello che segue. Ne esce un ritratto disincantato° e cinico della società moderna, ma anche straordinariamente profetico.

soprannominato *called* **diventato...** *becoming a millionaire* **manicomio** *mental home* **sparsi** *loose* **scritti** *writings* **disincantato** *disenchanted*

Vocabolario della lettura

l'accordo *agreement*
l'affare *deal*
autonomo/a *self-governing*
il burattinaio *puppeteer*
la carica *post*
il fantoccio *puppet*
l'impiego *job*
imporre *to impose*
legiferare *to legislate*
obbediente *obedient*
possedere *to own*
rovesciare *to overturn*

Vocabolario utile

l'apparenza *appearance*
il capo *leader*
la fiducia *trust*
il padrone *owner, boss*

1 **Definizioni** Collega ogni parola alla sua definizione.

_c_ 1. l'impiego	a. l'aspetto o il comportamento esteriore
_e_ 2. la fiducia	b. il consenso tra due o più persone
_d_ 3. il padrone	c. un lavoro
_a_ 4. l'apparenza	d. chi possiede cose
_b_ 5. l'accordo	e. credere in un'altra persona

2 **Preparazione** In coppia, fatevi queste domande.

1. I governanti del tuo paese rappresentano davvero chi li ha eletti?
2. È importante votare? Chi non vota può lamentarsi di quello che non funziona?
3. Secondo te, la politica è un grande gioco per promuovere interessi personali o è l'onesta gestione della repubblica, della «cosa pubblica»?

3 **Fantapolitica** In coppia, leggete la definizione e poi rispondete alle domande.

La fantapolitica è un genere narrativo nato sul modello della fantascienza. Invece di eventi scientifici, tratta di eventi politici in un mondo immaginario. Ha avuto grande successo nella seconda metà (*half*) del ventesimo secolo.

1. Puoi fare un esempio di due o tre romanzi o film fantapolitici?
2. Qual è lo scopo dei racconti di fantapolitica? Ti piace questo genere? Perché?
3. Perché uno scrittore dovrebbe inventare una cornice (*frame*) fittizia per discutere di problemi politici contemporanei? Perché non trattarli direttamente?

2 Ask additional questions:
4. Qual è il compito di un politico? E il compito di un cittadino?
5. Potete fare un esempio di una situazione in cui l'intervento dei cittadini ha cambiato il corso della storia?

3 Any *007* film or Grisham novel would do as an example. Graham Greene is definitely a precursor of the genre as well. Students can try to come up with a script for a short film that discusses contemporary political problems within a fictional frame.

Practice more at **immagina.vhlcentral.com.**

La COMPRA della REPUBBLICA

GIOVANNI PAPINI

S Audio: Dramatic Recording

New York, 22 Marzo

In questo mese ho comprato una Repubblica. Capriccio° costoso e che non avrà continuazioni. Era una voglia che avevo da molto tempo e ho voluto liberarmene°. Esser padroni d'un paese immaginavo che desse° più gusto°.

L'occasione era buona e l'affare è stato concluso° in pochi giorni. Il Presidente aveva l'acqua alla gola°: il suo ministero, composto di° suoi clienti, era in pericolo°. Le casse° della Repubblica eran vuote: imporre nuove tasse sarebbe stato il segnale del rovesciamento° di tutto il clan al potere –forse d'una rivoluzione. C'era già un generale che armava bande d'irregolari° e prometteva cariche e impieghi al primo venuto°.

Un agente americano ch'era sul posto° mi avvertì°. Il ministro de la Hacienda corse° a New York: in quattro giorni ci mettemmo d'accordo°. Anticipai° alcuni milioni di dollari alla Repubblica e di più° assegnai° al Presidente, a tutti i ministri ed ai loro segretari uno stipendio doppio° di quello che ricevono dallo stato. Mi hanno dato in pegno° –senza che il popolo lo sappia°– le dogane° e i monopoli. Di più il Presidente e i ministri hanno firmato° un covenant segreto, che mi dà praticamente il controllo su tutta la vita della Repubblica. Benché° io sembri, quando vado là, un semplice ospite di passaggio° sono, in realtà, il padrone quasi assoluto del paese. In questi giorni ho dovuto dare una nuova sovvenzione°, assai° forte, per il rinnovamento° del materiale° dell'esercito e mi sono assicurato°, in contraccambio°, nuovi privilegi.

Lo spettacolo, per me, è abbastanza divertente. Le Camere continuano a legiferare, in apparenza° libere; i cittadini s'immaginano sempre che la Repubblica sia autonoma e indipendente e che dalla loro volontà dipenda il corso° delle cose. Non sanno che tutto ciò che s'illudono° di possedere –vita, averi°, diritti civili– dipende in ultima istanza° da uno straniero° a loro sconosciuto°, cioè° da me.

Domani posso ordinare la chiusura° del Parlamento, una riforma della costituzione, il raddoppiamento° delle tariffe doganali, la cacciata° degli immigrati. Potrei, se mi piace, rivelare gli accordi segreti della camarilla° ora dominante e rovesciare così il governo, dal Presidente all'ultimo segretario. E non mi sarebbe impossibile spingere° il paese che ho nelle mani a dichiarar guerra a una delle Repubbliche sue confinanti°.

Questa potenza° occulta° ma illimitata mi ha fatto passare qualche ora piacevole°. Subire° tutte le noie° e le servitù° della commedia politica è una fatica bestiale°; ma essere il burattinaio che, dietro la tenda°, può sollazzarsi° a tirare i fili° dei fantocci obbedienti a ogni suo moto°, è un voluttuoso mestiere. Il mio disprezzo° degli uomini vi trova un saporoso° nutrimento° e mille conferme°.

Io non sono che° il Re in incognito d'una piccola Repubblica in dissesto° ma la facilità colla quale° sono giunto° a impadronirmene° e l'evidente interesse di tutti gli iniziati° di conservare il segreto, mi fa pensare che altre nazioni, e assai° più vaste° e importanti della mia Repubblica, vivano, senza accorgersene°, in una simile dipendenza da misteriosi sovrani° stranieri. Occorrendo° assai più denaro per l'acquisto° si tratterà°, invece che d'un solo padrone, com'è il mio caso, d'un trust, d'un sindacato° d'affari, d'un gruppo ristretto° di capitalisti o di banche.

Ma ho fondati sospetti° che altri paesi siano effettivamente governati da piccoli comitati di re invisibili, noti° soltanto° ai loro uomini di fiducia che seguitano a° recitare con naturalezza la parte di capi legittimi. ■

Whim · *satisfy it* · *would give/satisfaction* · *has been reached* · *was in deep waters* · *made of* · *danger/coffers* · *overturning* · *of non-professional soldiers* · *just anybody* · *on location* · *told me* · *ran* · *we came to an agreement/ I gave as a deposit* · *moreover* · *I gave* · *double* · *assigned me* · *knowing it/customs* · *have signed* · *Even though* · *passing guest* · *subsidy/very* · *renewal/gear* · *I insured for myself/ in exchange* · *apparently* · *the course* · *they flatter themselves*

possessions · *on the last appeal* · *foreigner/ unknown/that is* · *shutting down* · *redoubling* · *expulsion* · *clique, lobby* · *to push* · *bordering* · *power/hidden* · *pleasant* · *Enduring/drags/ obligations* · *very hard work (lit. bestial labor)* · *curtain* · *amuse himself/pulling the threads* · *every move of his* · *disdain* · *tasty* · *nourishment/ corroborations* · *I am nothing but* · *malfunctioning* · *ease with which/ I have come* · *to own it* · *initiates, people in the know* · *much/ bigger* · *realizing it* · *kings/Given that is needed* · *purchase/it must be* · *union* · *restricted, small* · *firm suspicions* · *known/only* · *keep on*

NATIONAL communication STANDARDS

Analisi

1

Comprensione Collega le frasi seguendo la logica.

1. Questo mese il narratore __e__
2. Il popolo di questa Repubblica __b__
3. Prima di vendere la Repubblica, il governo __a__
4. Dopo l'accordo di vendita, il governo __d__
5. Come padrone della Repubblica, il narratore __c__

a. era in pericolo.
b. ha l'illusione di avere diritti civili.
c. è come un burattinaio che controlla il paese.
d. ha firmato un covenant segreto che concede il controllo totale della Repubblica al narratore.
e. ha deciso di comprare la Repubblica.

2 Give students an additional item: **Le Camere della Repubblica _____. a. non funzionano più da quando il narratore ha comprato la Repubblica b. continuano a funzionare come prima in completa autonomia c. si stanno organizzando per opporre resistenza al narratore ⓓ continuano ad approvare leggi che però non hanno valore**

2 Ask students to explore the prophetic qualities of this piece. Historically, Papini was ambivalent about his relationship with Mussolini and Fascism. However, his writing shows how he understood national and international politics years before WWII turned Italy into a nation governed from afar by countries that had helped pulling it out of war and post-war debts.

3 Help students with new vocabulary words, such as **guerrafondaio**, and ask students to come up with at least four more adjectives to describe the two different groups. This is a good opportunity for students to increase their vocabulary if they can only think of words in English. Have them ask **Come si dice...?**

2

Interpretazione del testo

A. Scegli la risposta giusta.

1. Il narratore compra una Repubblica _____.
   a. a caro prezzo, esagerando con la spesa b. ma non paga: avevano bisogno di lui e gliel'hanno regalata ⓒ a un buon prezzo e offre qualcosa in più per avere il potere assoluto d. per poche lire
2. Secondo questo racconto di fantapolitica _____.
   a. la democrazia vera è un'illusione b. le forze che governano un paese non sempre sono visibili c. le democrazie moderne sono sofisticati strumenti di manipolazione delle masse ⓓ tutt'e tre
3. L'acquisto del paese dà al narratore _____.
   a. un piacere immenso perché può occuparsi di politica ⓑ un divertimento piacevole perché può controllare tutto dietro le quinte (*behind the scenes*) c. un piacere minimo perché la politica è una noia d. un piacere moderato perché in fondo preferirebbe giocare a golf
4. Qual è la preoccupazione del narratore circa la politica mondiale?
   a. Paesi anche più grandi del suo sono governati da altri re invisibili b. In politica nulla è come appare c. Spesso gli interessi di un paese sono legati a banche e trust di cui la gente non sa nulla ⓓ tutt'e tre

B. In coppia, date un perché a tutte le domande a cui avete risposto d.

3

Immaginate Quali sono le differenze tra i cittadini della Repubblica comprata ed il narratore burattinaio? Metti gli aggettivi nella colonna appropriata. Usa il dizionario per cercare gli aggettivi che non conosci. Dopo, in coppia, confrontate le vostre scelte. Sono simili? Quali sono le differenze? Answers will vary. Suggested answers.

	I cittadini	Il narratore
capriccioso		X
irrequieto	X	
opportunista		X
annoiato		X
ignaro	X	

	I cittadini	Il narratore
divertito		X
onnipotente		X
guerrafondaio	X	
perplesso		X
ingenuo	X	

4 **Discussione** In coppia, rispondete alle seguenti domande.

1. Gog è un miliardario, quindi può permettersi di comprare un paese. Perché lo fa secondo te?
2. A chi parla il narratore? Il brano che hai letto, secondo te, è una lettera, oppure una pagina di diario o un pensiero scritto su un foglio? Tu scrivi mai pensieri simili?
3. Il narratore usa parole straniere (*hacienda*, *camarilla*, *trust*): perché? Qual è l'effetto che desidera ottenere? Ricorda che sotto il fascismo non si potevano usare parole straniere.
4. Perché lo scritto indica come luogo di scrittura New York?
5. *Gog* è una raccolta (*collection*) di pensieri di un pazzo (*madman*), affidati (*entrusted*) all'autore che li pubblica con un'introduzione. Secondo te, perché Papini sceglie questo formato per scrivere *Gog*? Non sarebbe stato più semplice scrivere i pensieri come suoi? Che libertà gli dà usare un narratore fittizio?

5 **Opinioni** Con un(a) compagno/a, rispondete alle seguenti domande.

1. Il narratore paga per poter fare tutto quello che vuole. Secondo te, questo è vero sempre? Ci sono cose che non si possono comprare? Per esempio?
2. I cittadini della Repubblica comprata pensano di essere liberi di promulgare leggi e vivere come sempre. Pensi mai che la libertà che credi di avere sia solo apparente? Pensa a un esempio di libertà non vera.
3. Il narratore dice che potrebbe scatenare (*start*) una guerra per capriccio. Secondo te, a volte le guerre scoppiano così? Quali sono i motivi di una guerra?
4. Il narratore dice che si diverte a fare il burattinaio. Tu come sei? Protagonista o regista? Preferisci apparire o tirare i fili dietro le quinte?

6 **Potere politico**

A. In gruppi di tre o quattro, pensate a romanzi, poesie, film, opere di teatro o dipinti che parlano del potere politico (in modo fantastico o realistico) e scrivete se sono efficaci o no e perché.

- Titolo
- Problema trattato
- Genere (romanzo, film ecc.)
- Come? (Descrivi con una frase)

B. Ora condividete l'informazione della **parte A** con gli altri gruppi in classe. Avete delle opere in comune? Siete d'accordo con quello che pensano gli altri? Discutete e prendete appunti.

C. Pensate a quale problema politico vorreste illustrare in una vostra opera d'arte (film, romanzo, documentario, poesia ecc.) e poi condividete le vostre idee con il resto della classe.

7 **Scrittura** Scegli uno di questi argomenti e scrivi una breve composizione.

A. Ti piacerebbe avere un tuo paese? Che tipo di governo adotteresti? Perché? Come ti immagini l'organizzazione del tuo paese? Pensa a esempi specifici (tipo di scuole, organizzazione della giornata, obblighi, divieti, divertimenti ecc.).

B. Secondo te, quali sono le responsabilità di un capo di governo? Deve essere onesto e trasparente o tenere alcune cose nascoste per il buon funzionamento del paese? Esprimi la tua opinione.

Nota
CULTURALE

Il regime fascista (1922-1943), coerente con la sua ideologia nazionalista e xenofoba, proibì l'uso di termini stranieri. Ad esempio, era vietato (*forbidden*) usare il **Lei** nelle conversazioni formali perché, sosteneva il fascismo, questo pronome soggetto ha origini spagnole; bisognava invece usare il **Voi**. Termini come *chauffeur*, *sandwich* e *bar* vennero aboliti e sostituiti rispettivamente con gli italianissmi **autista**, **tramezzino** e **mescita**. Curiosamente, alcuni di questi nuovi termini sono entrati nell'uso comune: si dice ancora, ad esempio, **tramezzino** ed **autista**, mentre **mescita** è una parola in disuso. E gli italiani continuano a darsi tranquillamente del **Lei**.

6 Show and discuss Picasso's *Guernica* in class. Alternatively, show a film that dealing with politics either directly or through metaphor.

Practice more at **immagina.vhlcentral.com.**

Laboratorio di scrittura

Preparazione Have students look for examples of essays on the internet. One good source is the editorial section in online Italian newspapers. Have students bring to class an example of an essay with a good conclusion and write a paragraph analyzing it and explaining its strengths.

Preparazione: La conclusione

L'introduzione e la conclusione sono le due parti della tesi che richiedono maggior lavoro di scrittura. Per questa ragione, sono le due parti che devono essere scritte con maggior attenzione perché costituiscono la struttura della tesi.

Una buona conclusione deve:

- far riferimento alla tesi iniziale e rinforzarla
- sintetizzare i punti principali
- lasciare un'impressione finale chiara
- essere scritta nello stesso registro del resto del saggio

Una buona conclusione non deve:

- limitarsi a ripetere la tesi iniziale
- introdurre nuovi argomenti
- includere argomenti aggiuntivi
- introdurre la tesi per la prima volta

Una buona conclusione può:

- impostare nuove domande
- includere una citazione che sintetizza le idee dello scrittore

Pratica **In coppia, rileggete ed esaminate la conclusione di uno dei brani in questa lezione o in quelle precedenti. In base alle caratteristiche che definiscono una buona conclusione, come definereste la conclusione del brano? Quali cambiamenti potrebbero essere fatti?**

Requisiti

1. Il tuo saggio deve far riferimento ad uno o due dei quattro brani studiati in questa lezione e contenuti in **Cortometraggio**, **Immagina**, **Cultura** e **Letteratura**, oppure studiati nelle lezioni precedenti.
2. La parte finale del tuo saggio deve rispettare le caratteristiche di una buona conclusione.
3. Il saggio deve essere lungo almeno due pagine.

Saggio **Scegli uno di questi argomenti e scrivi un saggio.**

1. Anche se viviamo in una realtà sempre più multietnica, la diffidenza (*mistrust*) nei confronti dell'«altro» è sempre presente. I confini tra le nazioni sono una necessità che assicura protezione oppure un'imposizione alla libera circolazione delle persone?

2. In un mondo che cambia demograficamente, molti vivono in condizioni di clandestinità ed hanno bisogno di aiuto. Secondo te, è giusto aiutare se questo significa non rispettare la legge?

3. La Seconda Guerra Mondiale, con l'Olocausto degli ebrei, ha cambiato per sempre il mondo, ma le guerre continuano in varie parti del pianeta. Perché i potenti non sembrano aver imparato dal genocidio di quella guerra a rispettare gli «altri». Perché si continua a combattere?

La giustizia e la politica

Audio: Vocabulary Flashcards

Le leggi e i diritti

la cittadinanza *citizenship*
la criminalità *crime*
il crimine *crime*
i diritti umani *human rights*
l'emigrazione (*f.*) *emigration*
la giustizia *justice*
l'immigrazione (*f.*) *immigration*
la libertà *freedom*
l'uguaglianza *equality*

---

abusare *to abuse*
approvare/passare una legge *to pass a law*
difendere *to defend*
giudicare *to judge*
imprigionare *to imprison*

---

analfabeta *illiterate*
colpevole *guilty*
(in)giusto/a *(un)fair*
ineguale *unequal*
innocente *innocent*
(il)legale *(il)legal*
oppresso/a *oppressed*
uguale *equal*

La politica

l'abuso di potere *abuse of power*
la crudeltà *cruelty*
la democrazia *democracy*
la dittatura *dictatorship*
l'esercito *army*
il governo *government*
la guerra (civile) *(civil) war*
la pace *peace*
il partito politico *political party*
la politica *politics*
la sconfitta *defeat*
la vittoria *victory*

---

dedicarsi a *to dedicate oneself to*
eleggere *to elect*
governare *to govern*
influenzare *to influence*
vincere/perdere le elezioni *to win/lose the election*
votare *to vote*

---

conservatore/conservatrice *conservative*
liberale *liberal*
moderato/a *moderate*
pacifico/a *peaceful*
pacifista *pacifist*
potente *powerful*
vittorioso/a *victorious*

La gente

l'attivista (*m., f.*) *activist*
l'avvocato (*m., f.*) *lawyer*
il/la criminale *criminal*
il/la deputato/a *congressman/congresswoman*
il/la giudice *judge*
la giuria *jury*
il/la ladro/a *thief*
il/la politico/a *politician*
il/la presidente *president*
il/la terrorista *terrorist*
il/la testimone *witness*
la vittima *victim*

La sicurezza e i pericoli

l'arma *weapon*
la minaccia *threat*
la paura *fear*
il pericolo *danger*
lo scandalo *scandal*
la sicurezza *security, safety*
il terrorismo *terrorism*
la violenza *violence*

---

combattere *to fight*
promuovere *to promote*
salvare *to save*
spiare *to spy*

Cortometraggio

il boccaglio *snorkel*
la camera d'aria *inner tube*
il clandestino *illegal immigrant*
il faro *lighthouse*
la guardia costiera *coast guard*
la maschera *mask*
la muta *wet suit*
il naufrago *castaway*
le pinne *flippers*
la poppa *stern*
la prua *bow*
il punto di riferimento *reference point*
la spigola *bass (fish)*
il subacqueo *scuba diver*

---

pescare *to fish*

---

inaffidabile *unreliable*
nascosto/a *hidden*
salvo/a *safe*

---

promesso *promised*

Cultura

l'accordo *agreement*
la bandiera *flag*
il confine *(national) boundary*
il consiglio *council*
la crescita *growth*
la guerra mondiale *world war*
l'inno *anthem*
l'integrazione *integration*
il multilinguismo *multilinguism*
la potenza *power*
lo scambio *exchange*
il trattato *treaty*
la valuta *currency*
il vantaggio *advantage*
la volontà *willingness*

Letteratura

l'accordo *agreement*
l'affare *deal*
l'apparenza *appearance*
il burattinaio *puppeteer*
il capo *leader*
la carica *post*
il fantoccio *puppet*
la fiducia *trust*
l'impiego *job*
il padrone *owner, boss*

---

imporre *to impose*
legiferare *to legislate*
possedere *to own*
rovesciare *to overturn*

---

autonomo/a *self-governing*
obbediente *obedient*

LEZIONE **5**

Le generazioni in movimento

Il legame (*relationship*) tra genitori e figli è indissolubile, anche se con il tempo cambia. Da bambini garantisce sicurezza, protezione e una prima identità. Poi, durante l'adolescenza, spesso diventa conflittuale. In genere si trasforma in un trampolino da cui prendere il volo per crescere e diventare persone autonome e complete. Ti senti pronto e forte abbastanza per volare? Come giudichi (*judge*) il tuo legame con le generazioni che ti hanno preceduto?

160 CORTOMETRAGGIO
Nel corto *Dove dormono gli aerei* del regista **Alessandro Federici**, due bambini fanno amicizia in un aeroporto e si allontanano in cerca di avventure mentre i rispettivi genitori li cercano.

166 IMMAGINA
Andiamo in **Sicilia** ed in **Sardegna**, dove il paesaggio è spettacolare! Ascoltiamo le voci del passato e impariamo come riescono a sopravvivere nel presente.

183 CULTURA
Tutti sanno che la mamma è una figura importantissima nella società italiana. Ma come è cambiato il suo ruolo? Chi sono i **mammoni**? E com'è la struttura della famiglia italiana nel ventunesimo secolo?

187 LETTERATURA
Nel racconto *L'innocenza* di **Elsa Morante**, un bambino affronta un evento importante del quale non comprende il senso.

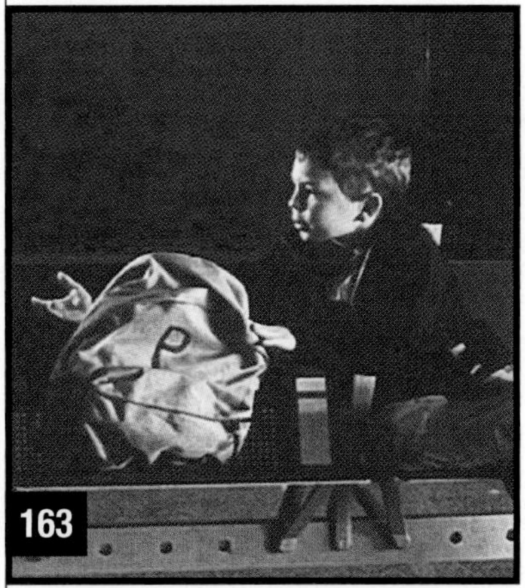
163

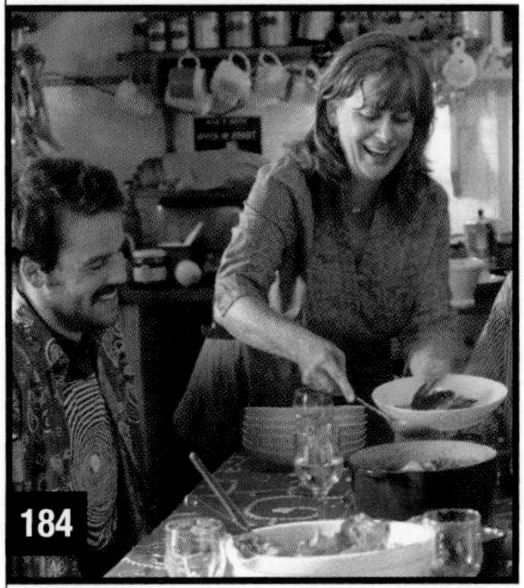
184

Destinazione:
SICILIA E SARDEGNA

PREVIEW Use the photo on p. 156 as a springboard for discussion. Ask students:
1. **Le famiglie italiane sono diverse da quelle degli altri paesi? Perché?**
2. **In Italia danno ai figli solo il cognome del padre. Cosa ne pensi? Porti il cognome di tuo padre, di tua madre o di tutti e due?**

In famiglia

S Audio: Vocabulary

I rapporti di parentela

il/la (bis)nonno/a *(great-) grandfather/grandmother*
il/la cugino/a *cousin*
il/la figlio/a (ụnico/a) *son/daughter; (only) child*
il/la figlioccio/a *godson/goddaughter*
il/la gemello/a *twin*

il gẹnero *son-in-law*
il genitore (single) *(single) parent*
la madrina *godmother*
il marito *husband*
la moglie *wife*
il/la nipote *nephew/niece; grandson/granddaughter*
la nuora *daughter-in-law*
il padrino *godfather*
il/la parente *relative*
la parentela *relatives; family relationship*
lo/la sposo/a *groom/bride*

il/la suọcero/a *father-/mother-in-law*
lo/la zịo/a *uncle/aunt*

---

adottivo/a *adopted; adoptive*
imparentato/a *related*
lontano/a *distant*
materno/a *maternal*
paterno/a *paternal*

---

aspettare un figlio *to be expecting (a baby)*
ẹssere incinta *to be pregnant*

INSTRUCTIONAL RESOURCES
Supersite: Audioscripts, SAM AK, Lab MP3s
SAM/WebSAM: WB, LM

Le tappe della vita

l'età adulta *adulthood*
la giovinezza *youth*
l'infanzia *childhood*
la maturità *maturity*
la morte *death*
la nạscita *birth*
la vecchiạia *old age*

Le generazioni

l'antenato *ancestor*
le radici *roots*
il salto generazionale *generation gap*

il soprannome *nickname*

---

assomigliare *to resemble*
ereditare *to inherit*
sopravvịvere *to survive*

La vita in famiglia

diventare indipendente *to become independent*
educare *to raise*
ẹssere desolato/a *to be sorry*
litigare *to quarrel, to fight*
pentirsi *to regret*
punire *to punish*
rimproverare *to scold*

sormontare *to overcome*
trasferirsi *to move*
viziare *to spoil*

SINONIMI E CONTRARI
essere desolato/a ↔ essere dispiaciuto/a
il genitore single ↔ monogenitore
(in legal contexts, forms, etc.)
maleducato ≠ educato

La personalità

il carạttere *personality*

---

affiatato/a *close-knit*
amạbile *lovable*
autoritario/a *bossy*

codardo/a *coward*
egoista *selfish*
furbo/a *sly, shrewd*
insopportạbile *unbearable*
maleducato/a *bad-mannered*
possessivo/a *possessive*
remissivo/a *submissive*
ribelle *rebellious*

severo/a *strict*
sociẹvole *sociable; friendly*
testardo/a *stubborn*
vanitoso/a *vain*
vivace *lively*

Nota CULTURALE

In Italia le famiglie allargate (*extended*) sono una nuova realtà e anche se ci sono parole per parlare di questi rapporti di parentela, esse vengono percepite come dispregiative e quindi sono poco usate.

il patrigno *stepfather*
la matrigna *stepmother*
il figliastro *stepson*
la figliastra *stepdaughter*
il fratellastro *half-brother*
la sorellastra *half-sister*

Pratica

1 **La parentela** Completa le frasi con la forma corretta delle parole nel riquadro.

amabile	litigare	padrino
autoritario	madrina	paterno
carattere	materno	pentirsi

1. Di solito, i miei fratellini gemelli ___litigano___ per i giocattoli.
2. I fratelli di mio padre sono i miei zii ___paterni___.
3. Al battesimo, la ___madrina___ ed il ___padrino___ erano molto emozionati.
4. Mio nonno ha un ___carattere___ molto tranquillo. Mia nonna, invece, è un po' ___autoritaria___.

2 **Indovinelli** Risolvi gli enigmi. Indovina i membri della famiglia e la loro personalità utilizzando solo le parole studiate in questa lezione. Answers may vary slightly. Suggested answers.

1. Non ho né fratelli né sorelle e non mi piace condividere le mie cose con gli altri. un(a) figlio/a unico/a egoista
2. Pretendo (*I expect*) molto dai miei figli: devono essere bravi a scuola, fare sport e mangiare frutta e verdura. una madre severa
3. L'apparenza è molto importante per me. Mi piace vestire bene e alla moda, ci tengo a fare bella figura quando vado a casa della mamma di mia moglie. un genero vanitoso
4. Sono il fratello della mamma. Mi piace fare tanti regali ai figli di mia sorella. uno zio generoso
5. Sono il figlio della sorella del papà. Sono sempre pieno di vita; mi piace giocare, correre e fare scherzi. un cugino vivace

3 **Biografia** Scrivi la biografia di una persona famosa o inventata e utilizza almeno otto parole della lista. Usa la nota culturale come esempio.

amabile	egoista	nonno/a	soprannome
assomigliare	figlio/a	rapporto	trasferirsi
educare	infanzia	socievole	viziare

4 **A pranzo** Descrivete le persone nella foto.

- Quante generazioni sono rappresentate?
- Qual è il loro rapporto di parentela?
- Immaginate com'è la loro vita familiare: sono rispettosi? I bambini sono viziati? Sono ribelli o educati? Spesso vengono sgridati (*scolded*) o puniti? I genitori sono autoritari o comprensivi?

Practice more at **immagina.vhlcentral.com.**

1 Have students create sentences with the words not used in this exercise.

2 Have groups of students create an original riddle using new vocabulary. Call on a volunteer from each group to share their riddle with the class. Then have the class guess the answer.

3 Have students share their biographies in small groups.

Nota
CULTURALE

Giuseppe Tomasi di Lampedusa (1896–1957) nacque a Palermo il 23 dicembre 1896. Figlio di genitori aristocratici, Giuseppe era molto legato alla madre, mentre con il padre i rapporti erano freddi perché non approvava l'amore di suo figlio per la letteratura. Anche la nonna fu una figura importante nella vita del giovane Giuseppe; fu lei che gli fece leggere i romanzi di **Emilio Salgari**. Dopo la morte della sorella Stefania a causa di una malattia, rimase figlio unico. Nel 1932 sposò **Alessandra Wolf-Stomersee**, figliastra di uno zio. Il suo romanzo più noto è Il **Gattopardo**, libro che divenne ancora più famoso dopo che il regista **Luchino Visconti** lo utilizzò per fare un film.

4 Have students prepare an oral presentation about their own families, using photographs or other visual aids.

connections cultures communication — NATIONAL STANDARDS

INSTRUCTIONAL RESOURCES
Supersite/DVD: Film Collection
Supersite: Script & Translation

TEACHING OPTION Along with the ones in the vocabulary lists, review other reflexive verbs that are pertinent to the film: **sposarsi**, **separarsi**, **baciarsi**, **lasciarsi**, **nascondersi**, and others. You might also wish to point out that in Italian **fidanzarsi** (just like **avere un(a) ragazzo/a**) has the more casual meaning of dating and does not necessarily imply engagement.

2 Encourage students to share the most unusual stories with the rest of the class.

Preparazione

Vocabolario del cortometraggio

accomodarsi *to make oneself comfortable*
avvicinarsi *to go/come near*
cercare *to look for*
il/la fidanzato/a *boyfriend/ girlfriend*
la lavatrice *washing machine*
l'ordigno *bomb*
il rinforzo *reinforcement*
sorridere *to smile*
stare in fila *to stand in line*
lo zainetto *small backpack*

Vocabolario utile

la bambola *doll*
il banco *(check-in) counter*
la cabina di controllo *cockpit*
i carabinieri *military police*
fare il bucato *to do the laundry*
il nastro trasportatore *luggage carousel/moving walkway*

ESPRESSIONI

fidati di me *trust me*
rompere le scatole *to be a pain in the neck*
senti un po' *hey, listen*
stare insieme *to be together (dating)*

1 **Collegamenti** Completa le frasi.

1. Se chiamiamo i rinforzi __c__
2. Cerchiamo un oggetto quando __a__
3. Quando una persona sorride __d__
4. Un ordigno è __b__
5. I carabinieri __g__
6. I fidanzati __f__
7. All'aeroporto si va al banco __e__
8. Il nastro trasportatore __h__

a. non riusciamo a trovarlo.
b. una bomba.
c. vuol dire che abbiamo bisogno di appoggio.
d. ha l'aria di essere felice.
e. per fare il check in.
f. sono innamorati.
g. sono la polizia militare italiana.
h. porta i bagagli.

2 **Sondaggio**

A. Trova qualcuno che da bambino/a...

1. ...andava a scuola a piedi da solo/a: quanti anni aveva?
2. ...faceva il bucato: quanti anni aveva?
3. ...aiutava i genitori in casa: cosa faceva?
4. ...si è perso/a: dove?
5. ...andava a fare la spesa: cosa comprava?
6. ...ha preso l'aereo o il treno da solo/a: per andare dove?

B. Confronta i tuoi risultati con gli altri.

3 **In viaggio** In coppia, parlate delle vostre esperienze di viaggio.

1. Qual è stato il tuo viaggio più interessante? Perché?
2. Hai mai perso il tuo bagaglio? L'hai poi ritrovato?
3. Ti sei mai perso/a in una città che non conoscevi? Cos'è successo?
4. Qual è la cosa più strana che hai visto viaggiando?
5. Ti piace viaggiare in auto, in treno o preferisci l'aereo?
6. Hai mai fatto un viaggio con la tua famiglia? Dove siete andati?

4 **La valigia** Con un(a) compagno/a vi state preparando per un viaggio. Insieme, decidete dove andare e con chi; poi fate delle liste.

- Compagni di viaggio
- Mezzi di trasporto
- Destinazione
- Durata
- Luoghi da visitare (monumenti, parchi, spiagge ecc.)
- Abbigliamento
- Cose indispensabili
- Cose utili
- Cose superflue ma divertenti

4 Have pairs share their lists of travel preferences on the board and encourage everyone to find trends. How many pairs chose to go to the beach? To a city? To another country?

5 **Immaginiamo**

A. Guardate le immagini e inventate una storia.

- Chi è il protagonista? Come si chiama?
- Cosa sta facendo?
- Dove sta andando? Perché?
- Cosa gli succederà?

B. Adesso presentate la vostra storia agli altri studenti.

5 Encourage students to ask/answer questions about their respective stories using **il futuro di probabilità** (See **Strutture 5.3, pp. 176–177**). Example: **Dove andrà il protagonista alla fine della storia? E cosa farà?**

6 **Generazioni** Parlate della vostra infanzia rispondendo a turno alle domande.

1. I tuoi genitori erano molto protettivi? Perché sì o perché no?
2. Quando eri piccolo/a, c'era un'attività che ti faceva sentire «grande» e indipendente? Quale?
3. Hai mai dovuto prenderti cura di (*take care of*) un fratellino o di una sorellina?
4. Ti ricordi se i tuoi nonni avevano opinioni diverse da quelle dei tuoi genitori?
5. Hai mai cercato di chiedere il permesso di fare qualcosa ad un genitore più permissivo dopo che l'altro ti aveva già detto di no?
6. Quanti anni avevi la prima volta che sei uscito/a da solo/a con gli amici? Dove siete andati?
7. Quando avrai dei figli, pensi che li lascerai andare a scuola da soli? Perché?
8. Secondo te, è giusto che i genitori abbiano regole diverse per i figli maschi e le figlie femmine? Perché?

6 Divide the class in two or three groups to debate questions 7 and 8.

Practice more at **immagina.vhlcentral.com.**

Short Film

DOVE DORMONO GLI AEREI
Premio FACIBA assegnato dal pubblico
un film di GIANLUCA ARCHIPINTO produzione PABLO regia di ALESSANDRO FEDERICI. sceneggiatura FRANCESCA COTICONI, LEONARDO ANGELINI, ALESSIO MARIA FEDERICI attori principali ILENIA ROSATI, GABRIELE UNGHERANI, LORENZA INDOVINA, GIANPIERO LUDICA soggetto FRANCESCA COTICONI, ALESSIO MARIA FEDERICI montaggio ANDREA BRIGANTI musiche originali MOKA suono DARIO CALVARI

Trama *Paolo e Alice, due bambini che s'incontrano per caso all'aeroporto di Roma, vivono in un mondo completamente diverso da quello dei loro genitori.*

PAPÀ DI ALICE Pronta? Andiamo! Non essere triste. Papà questo weekend ha avuto molto da fare. Ti vengo a trovare presto. Te lo prometto.

PAOLO Mi scusi, le posso rubare il giornale per un paio di minuti?
SIGNORA Prego, prego!

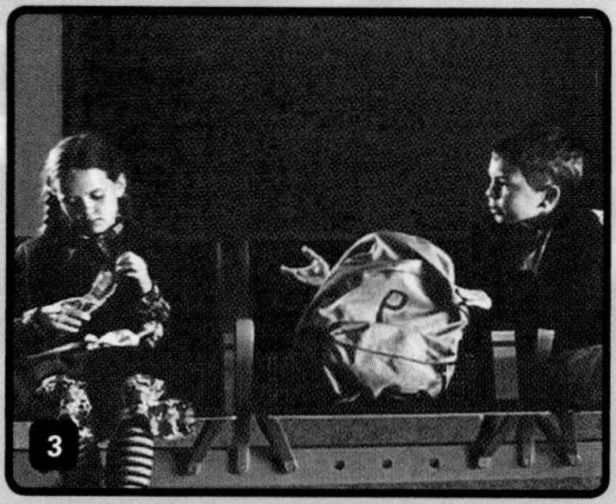

ALICE Mi chiamo Alice.
PAOLO Io Paolo e mia mamma fa la *hostess*. Sta tornando da Londra.

PAPÀ DI ALICE Dov'è finita? L'ho lasciata qui con un bambino…
IMPIEGATA Non si preoccupi: la cerchiamo subito.
PAPÀ DI ALICE Ma subito, però!

ALICE Senti un po', ma tu ce l'hai la fidanzata?
PAOLO No e tu?

MAMMA DI PAOLO Ma dov'è mio figlio?
PAPÀ DI ALICE Non lo so, è sparito° con mia figlia…

sparito *disappeared*

Nota CULTURALE

Come si arriva all'aeroporto di Roma?

Il treno Fiumicino–Termini collega l'aeroporto Leonardo da Vinci con la stazione dei treni Termini al centro di Roma. Il treno più rapido, che non fa fermate intermedie, si chiama «Leonardo Express» e parte ogni mezz'ora nei due sensi (*directions*). È un viaggio di circa 31 minuti. Una volta arrivati alla stazione, si possono prendere gli autobus o la metropolitana per spostarsi (*move*) all'interno della capitale, oppure un altro treno per raggiungere (*reach*) altre destinazioni italiane o europee.

Point out that **aeroporto** is the correct spelling for *airport*. Many people, however, pronounce it **areoporto**.

Sullo SCHERMO

Associa i personaggi con le azioni.

1. Paolo __e__
2. Il papà di Alice __b__
3. Alice __a__
4. La mamma di Paolo __c__
5. Paolo e Alice __g__
6. I carabinieri __d__
7. Il treno __f__
8. I passeggeri __l__
9. La mamma di Alice __h__
10. I bagagli __i__

a. gioca con le Barbie.
b. è sempre al telefono.
c. torna da Londra.
d. trovano lo zainetto.
e. fa il bucato in lavatrice.
f. parte dalla stazione.
g. si baciano.
h. abita a Parigi.
i. arrivano sul nastro trasportatore.
l. fanno la fila.

Analisi

1 **Vero o falso?** Indica se le affermazioni corrispondono alla storia del corto. Dopo, in coppia, correggete le affermazioni false.

Vero	Falso	
☑	☐	1. Alice e Paolo s'incontrano all'aeroporto.
☐	☑	2. Il papà di Alice fa il pilota.
☑	☐	3. Paolo va spesso all'aeroporto ad aspettare la mamma.
☐	☑	4. La signora sul treno è preoccupata perché Paolo è da solo.
☐	☑	5. La mamma di Paolo torna da Parigi.
☑	☐	6. Il papà di Alice è disperato quando non la trova più.
☑	☐	7. L'impiegata aiuta il papà a cercare Alice.
☑	☐	8. Dopo essersi baciati, Alice e Paolo si sentono fidanzati.

2 **Comprensione** Come si sentono i personaggi?

1. Quando il papà parla al telefono, Alice si sente ____.
   (a.) ignorata b. felice c. indipendente
2. Quando incontra Paolo, Alice è ____.
   a. curiosa b. triste (c.) sospettosa
3. All'inizio del corto, il papà di Alice è ____.
   a. preoccupato di andare all'aeroporto (b.) preoccupato per il suo lavoro
   c. preoccupato per Alice
4. La mamma di Paolo ____.
   a. è avventurosa e vuole ripartire subito (b.) è stanca e vuole tornare a casa
   c. non riconosce lo zainetto di Paolo
5. Quando salgono sull'aereo segreto, Paolo e Alice si sentono ____.
   (a.) liberi b. abbandonati c. arrabbiati
6. Quando comincia a giocare con Alice, Paolo non è più ____.
   a. indipendente (b.) solo c. avventuroso

3 Ask students if they think the experience in the airport will make either the parents or the children view their behavior differently. What have the characters learned? How have they changed?

3 **Paolo e Alice**

A. Descrivi i due protagonisti del corto con le parole più adatte della lista.

Answers may vary slightly. Sample answers.

allegro	avventuroso	gentile	(ir)responsabile	simpatico
arrabbiato	(in)dipendente	preoccupato	serio	triste

Paolo	allegro, avventuroso, gentile, indipendente, simpatico
Alice	arrabbiata, gentile, preoccupata, seria, simpatica, triste

B. In coppia, aggiungete delle altre caratteristiche, gusti, difetti e qualità di Paolo e Alice.

C. Adesso descrivete con le caratteristiche opportune il papà di Alice e la mamma di Paolo, usando le parole del vocabolario e aggiungendone delle altre.

4

Punti di vista

A. In coppia, descrivete come i personaggi vedono la stessa cosa diversamente.

Modello **il giornale**
Paolo: È importante essere informati! / Il ragazzo medio: Che noia!

Oggetto/Situazione	Reazioni			
l'aeroporto	la mamma	Paolo	il papà	Alice
il telefono	il papà	Alice	la signora in treno	il carabiniere
lo zainetto	i carabinieri	l'impiegata	la mamma	il papà
l'aereo	Alice	Paolo	i passeggeri	la hostess
le bambole	Alice	Paolo	gli adulti	tu

B. In coppia, rispondete alle domande.

- Perché le reazioni sono così diverse?
- Con chi ti identifichi di più riguardo ogni oggetto o situazione? Perché?

5

Opinioni Siete d'accordo o no con queste affermazioni? Rispondete individualmente e poi spiegate le vostre ragioni in coppia.

Affermazione	Sono d'accordo perché...	Non sono d'accordo perché....
I genitori non devono mai lasciare i loro bambini da soli.		
La famiglia non è più importante come una volta.		
La sicurezza negli aeroporti è eccessiva.		
I bambini devono imparare ad essere indipendenti.		
Non bisogna mai parlare con gli sconosciuti.		
In una famiglia tutti i membri devono partecipare alle attività domestiche.		

6

Interpretiamo Improvvisate un dialogo basato su una di queste situazioni e recitatelo davanti alla classe.

A

La mamma di Paolo e il papà di Alice vanno a cena fuori per conoscersi meglio. Si accorgono di avere molto in comune. Di cosa parlano? Che programmi fanno?

B

Una famiglia è all'aeroporto. C'è molta confusione: la linea aerea ha perso il bagaglio, i bambini hanno fame, i genitori si innervosiscono, i telefonini squillano. I genitori si distraggono per un momento e quando si guardano intorno si accorgono che uno dei due bambini non c'è più. Cosa fanno per ritrovarlo?

7

Scriviamo Hai mai incontrato una persona che ti ha mostrato il mondo in maniera diversa o che ti ha fatto capire una cosa molto importante? Racconta l'episodio in uno o due paragrafi.

Practice more at **immagina.vhlcentral.com.**

INSTRUCTIONAL RESOURCES **Supersite:** Teaching suggestions; **SAM/WebSAM:** WB

IMMAGINA

Reading

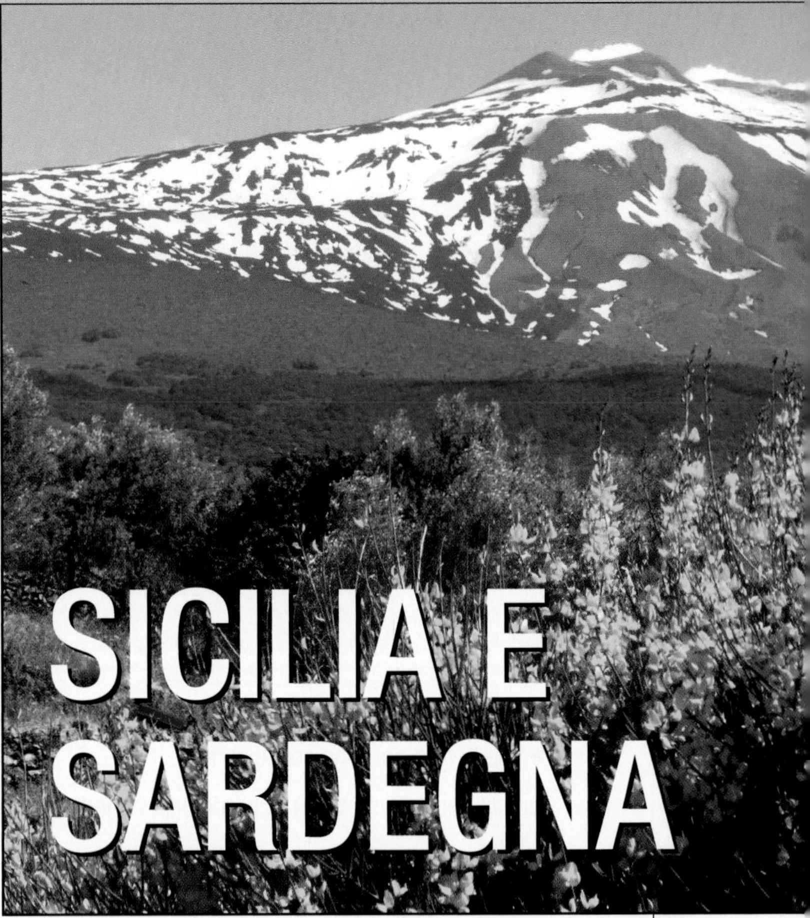

Due isole che parlano

La **Sicilia** e la **Sardegna** sono le due isole più grandi del **Mediterraneo**, famose per la bellezza delle coste, per le acque cristalline del loro mare e per il clima mite° che permette la crescita° di una vegetazione mediterranea.

Sono regioni con un passato intenso, che ha visto alternarsi° tante dominazioni, le cui testimonianze° sono visibili in molti monumenti.

I templi di **Segesta** e **Agrigento** in Sicilia sono simboli della colonizzazione dei Greci. I mosaici della **Villa romana** di **Piazza Armerina** ci parlano dell'epoca in cui i Romani furono sull'isola. Numerosi sono anche i segni lasciati da altri popoli come il quartiere arabo della **Kalsa** a Palermo, il **Duomo** normanno di **Monreale** e la **Cappella Palatina** a Palermo e il **Duomo** aragonese di **Enna**.

Anche la Sardegna è stata a lungo° un luogo di conquiste: Cartaginesi, Romani, Vandali, Arabi, Pisani e altri hanno lasciato tracce° di sé. A Cagliari possiamo ammirare la necropoli cartaginese di **Tuvixeddu**, i resti dell'anfiteatro romano e le chiese in stile romanico di epoca pisana. A **Porto Torres** ci sono rovine° di templi romani, ad **Assemini** ci sono la bellissima chiesa bizantina di San Giovanni e quella di San Pietro in stile gotico. E molti ancora sono i tesori artistici di inestimabile valore in tutte e due isole.

La mescolanza° di tante culture non è presente soltanto nell'arte e nell'architettura, ma in ogni aspetto della vita siciliana e sarda: dalla cucina, alla musica, alla lingua.

In entrambe° le isole si registrano idiomi° originali, il **siculo** e il **sardo**, affascinanti e misteriosi, che si tramandano° da tempi antichissimi. Le popolazioni delle isole hanno sempre lottato° per la sopravvivenza° delle loro lingue, minacciate° non solo dalle influenze linguistiche dei vari colonizzatori, ma, in tempi recenti, dalla lingua italiana, arrivata con i mezzi di comunicazione di massa°.

Stemma (*coat of arms*) Regione Sicilia

Per contrastare il pericolo di estinzione del siculo e del sardo, negli ultimi anni sono nati movimenti che hanno lottato per la loro riscoperta° e rivalutazione°. La lingua sicula e la lingua sarda oggi hanno dizionari, vocabolari, grammatiche e siti web, oltre ad un significativo patrimonio letterario°, musicale e teatrale. La lingua sarda ha due varianti° principali, a nord il **logudorese-nuorese** e a sud il **campidanese**. Dal 1997 il sardo è lingua ufficiale insieme alla lingua italiana ed è usata nei documenti ufficiali così come nei segnali stradali. Il siculo è oggi parlato da cinque milioni di siciliani in Sicilia e da moltissimi emigrati all'estero. Negli Stati Uniti, in particolare a New York, esiste il **Siculish**, un misto di siciliano e inglese. Insomma, le identità sarda e siciliana sono ancora forti anche quando convivono con l'identità nazionale italiana.

In più...

La Sicilia e le varie isole che la circondano si trovano in una zona con un'intensa attività vulcanica. Ci sono tre vulcani, unici per le loro caratteristiche: l'**Etna**, che alterna periodi di inattività ad eruzioni; **Vulcano**, che dorme per lunghi periodi ma ha eruzioni violente; e **Stromboli**, che erutta circa ogni ora!

mite *mild* **crescita** *growth* **alternarsi** *alternate; follow one another* **testimonianze** *witnesses* **a lungo** *for a long time* **tracce** *traces* **rovine** *ruins* **mescolanza** *mixture* **entrambe** *both* **idiomi** *languages* **si tramandano** *are handed on* **lottato** *struggled* **sopravvivenza** *survival* **minacciate** *threatened* **mezzi...** *mass media* **riscoperta** *rediscovery* **rivalutazione** *revaluation* **patrimonio letterario** *literary heritage* **varianti** *varieties*

Palermo Palermo, capolugo della regione Sicilia, sorge nella **Conca d'Oro**, una pianura sul mar Tirreno circondata da° montagne. La città, fondata dai **Fenici**° nel 735 a.C., è stata conquistata da numerose popolazioni: Romani, Bizantini, Arabi e Normanni i cui monumenti in stili diversi rendono° unica questa città. Tra i luoghi più caratteristici di Palermo ci sono i coloratissimi e profumati mercati della **Vucciria** e di **Ballarò**.

Due oasi rosa Lo **stagno**° **di Santa Gilla** e lo **stagno di Molentargius,** che si trovano in un'area molto umida vicino a Cagliari, sono due oasi naturali particolarmente interessanti per l'**avifauna**°. Tra le diverse specie di uccelli che si ammirano qui, i **fenicotteri**° **rosa** sono ineguagliabili° per la loro bellezza ed eleganza. Si fermano in questi stagni in inverno, durante le loro migrazioni europee e si nutrono° di piccoli crostacei° che danno ai fenicotteri il tipico colore rosa. I fenicotteri rosa sono oggi il simbolo di queste zone umide del sud della Sardegna.

circondata da *surrounded by* **Fenici** *Phoenicians* **rendono** *make* **stagno** *pond* **avifauna** *birdlife* **fenicotteri** *flamingos* **ineguagliabili** *incomparable* **si nutrono** *they feed* **crostacei** *shellfish*

Vero o falso? Indica se ogni frase è **vera** o **falsa**. Correggi le frasi false.

1. La Sicilia e la Sardegna sono le due isole maggiori del mar Mediterraneo. Vero.
2. I Greci e/o i Romani hanno colonizzato le due isole. Vero.
3. Il quartiere della Kalsa si trova in Sardegna. Falso. Si trova a Palermo, in Sicilia.
4. La mescolanza delle culture è visibile solo nell'arte. Falso. È visibile anche nella cucina, nella musica e nella lingua.
5. Televisione e stampa hanno minacciato di estinzione le due lingue. Vero.
6. La lingua sarda, oggi, è solo orale. Falso. È usata anche come lingua scritta in documenti ufficiali e segnali stradali.
7. Vucciria e Ballarò sono due piazze di Palermo. Falso. Sono due mercati.
8. I fenicotteri rosa si fermano negli stagni di Cagliari durante le migrazioni. Vero.

Quanto hai imparato? Rispondi alle domande. Some answers will vary.

1. Quali sono le caratteristiche naturali più famose della Sicilia e della Sardegna? belle coste, acque cristalline, clima mite, vegetazione mediterranea
2. Che cosa sono il siculo e il sardo? due lingue originali della Sicilia e della Sardegna
3. Quali sono state le minacce più pericolose per il siculo e per il sardo? influenze linguistiche straniere nel passato, influenza dell'italiano in tempi recenti
4. Quali sono le caratteristiche dei tre vulcani siciliani? Etna alterna frequenti periodi di inattività ad eruzioni; Vulcano dorme per lunghi periodi ma ha eruzioni violente; Stromboli erutta circa ogni ora.
5. Che cos'è la Conca d'Oro? È il nome della pianura in cui si trova Palermo.
6. Di che cosa si nutrono i fenicotteri negli stagni di Cagliari? di piccoli crostacei
7. Quali sono state alcune dominazioni a Palermo? Fenici, Bizantini, Arabi, Normanni
8. Che caratteristica ha l'area degli stagni di Cagliari? È una zona umida.

Progetto

Quali sono le testimonianze degli antichi popoli che hanno abitato in Sicilia e in Sardegna?

- Cerca alcuni dei siti archeologici di maggiore interesse sulle due isole.
- Individua quali popolazioni hanno abitato le due isole e in che epoca.
- Descrivi le loro caratteristiche architettoniche e artistiche.
- Confronta i tuoi risultati con il resto della classe.

INSTRUCTIONAL RESOURCES
Supersite: Audioscripts, SAM AK, Lab MP3s
SAM/WebSAM: WB, LM

Review definite articles with students before beginning the discussion of the partitive. Remind them that definite articles are used to refer to specific people or things, with abstract ideas, and with nouns used as the subject of the verb **piacere**.

RIMANDO

To review definite and indefinite articles, see **Strutture 1.2, p. 18**.

To help students practice the various forms of the partitive, call out different food items and ask them to repeat the noun with the appropriate partitive. If you like, make it a contest by dividing the class into two or more teams. Keep score to see which team can get the most correct answers.

5.1 Partitives and expressions of quantity

*—Ha fatto **tanti** chilometri.*

Il partitivo

- In English, words like *some*, *a few*, *a little*, *any*, and *several* express an indefinite amount or part of the whole. The Italian equivalent is conveyed by **il partitivo** and expressions of quantity such as **del**, **un po' di**, **qualche**, and **alcuni/e**.

- To form the partitive, combine **di** with the definite article: **del**, **dello**, **della**, **dell'**, **dei**, **degli**, **delle**.

  Ho comprato **della pasta** al mercato.
  I bought some pasta at the market.

  Metti **dello zucchero** sulla tavola.
  Put some sugar on the table.

  Avete preparato **degli spaghetti**? Gnam!
  Did you make spaghetti? Yum!

  Hanno invitato **delle amiche** alla festa.
  They invited some girlfriends to the party.

- Use **un po' di** (*a little of, a bit of*) with a singular noun that is abstract or that you can measure (but not count).

  Marco mi ha dato **un po' di** carne per il mio cagnolino.
  Marco gave me a bit of meat for my little dog.

  Quando avrò **un po' di** tempo libero, ti telefonerò.
  When I have a little free time, I'll call you.

- Use **qualche** with a singular noun, even though it expresses the plural meaning of *some*, *a few*, or *several*.

  Ti ho preso **qualche** libro. Va bene?
  I picked up several/a few books for you. Is that all right?

  Dove mangiamo stasera? Hai **qualche** idea?
  Where shall we eat tonight? Do you have some ideas?

- **Alcuni** and **alcune** are always followed by plural nouns and mean *several* or *a few*.

  Alcune persone sono arrivate in ritardo alla festa.
  Several people arrived late for the party.

  Facciamo **alcuni** acquisti prima di tornare a Spello.
  Let's buy a few things before going back to Spello.

- In negative sentences, the partitive is omitted. It may also be omitted in questions and when listing items.

  I vegetariani non mangiano carne.
  Vegetarians don't eat meat.

  Avete figli?
  Do you have children?

  Abbiamo bisogno di cipolle, funghi e pomodori per fare la pizza.
  We need onions, mushrooms, and tomatoes to make the pizza.

Expressions of quantity

- Many expressions of quantity are followed by **di**. Others—such as **molto**, **parecchio** (*several, a lot of*), **poco**, **troppo**, and **tanto**—are not. When used as adjectives, they must agree in number and gender with the nouns they modify.

un bicchiere di *a glass of*	**un pezzo di** *a piece of*
una bottiglia di *a bottle of*	**un po' di** *a little (of)*
un chilo di *a kilo of*	**un sacco di** *a lot of/lots of*
un litro di *a liter of*	**una scatola di** *a box of*
un paio di *a pair of*	**una tazza di** *a cup of*

Mi dia **un chilo di** uva, per favore.
Give me a kilo of grapes, please.

Quanto costa **una bottiglia di** vino rosso?
How much does a bottle of red wine cost?

Ho **molta** fame. Mangiamo!
I'm very hungry. Let's eat!

Troppe persone non pensano all'ambiente.
Too many people don't think about the environment.

Lei ha **tante** idee!
She has so many ideas!

Mio genero ha dato **un pezzo di** cioccolato al cane.
My son-in-law gave a piece of chocolate to the dog.

- When **molto**, **parecchio**, **poco**, **tanto**, and other expressions of quantity are used as adverbs, always use the masculine, singular form.

Riccardo mangia sempre **troppo**.
Riccardo always eats too much.

I bambini litigano **parecchio**!
The kids fight a lot!

- The numerical expressions **un milione** and **un miliardo** (and their multiples) are followed by **di**.

Te l'ho già detto **un miliardo di** volte!
I've already told you that a billion times!

Tre milioni di persone sono venute alla manifestazione.
Three million people came to the demonstration.

- Note these conversions and equivalents for quantities.

Tabella conversioni - Unità di misura comuni	
1 chilogrammo (kg) = 2,2 libbre	1 chilometro (km) = 0,6 miglia
1 etto = 0,22 libbre	1 metro (m) = 3,28 piedi
1 litro = 1,13 quarto di gallone	1 centimetro (cm) = 0,39 pollici (*inches*)

Numeri – Italia	Numeri – Stati Uniti
milione	*million*
miliardo	*billion*
bilione	*trillion*
biliardo	*quatrillion*

Ask students if they would like a certain food or drink. Tell them to answer "yes" each time. Then ask "**Quanto ne vuoi?**", explaining to them that they must answer with an expression of quantity. (Don't bother explaining **ne** at this point; it will be explained in **Strutture 5.2, pp. 172–173**.)
—Vuoi del caffè?
—Sì (voglio del caffè).
—Quanto ne vuoi?
—Voglio una tazza di / un litro di / molto caffè.

ATTENZIONE!

Don't forget that the metric system is used in Italy. To buy about two pounds of pasta, for example, ask for **un chilo di pasta**. To buy a little over a pound of something, use **un mezzo chilo di...** If you want only a small amount, ask for **un etto di...** or **due etti di...**, 100 or 200 grams, respectively. For liquid measures, **un litro** is somewhat more than a quart.

Pratica

1 Have students come up with a dialogue that takes place during this event. Tell them to talk about food being served, people attending, and other topics. Alternatively, they can come up with a dialogue that takes place at an event that they have organized.

1 **I preparativi** La famiglia Collina ha organizzato una cena per il prossimo fine settimana e sta ultimando (*finalizing*) i preparativi. Completa la conversazione con i partitivi.

ANDREA Ciao mamma, come va? Tutto pronto per la cena? Chi viene?

MAMMA Vengono (1) dei miei colleghi. Vado a fare la spesa; vuoi venire con me?

ANDREA Va bene, cosa devi comprare?

MAMMA (2) Degli asparagi e (3) degli spinaci per la torta rustica, (4) del formaggio per l'antipasto e (5) della carne.

ANDREA E per dolce, cosa fai?

MAMMA Faccio la torta di mele.

ANDREA Allora prendiamo (6) delle mele e (7) dello zucchero a velo.

MAMMA Sì, hai ragione!

ANDREA E non dimentichiamo qualcosa da bere.

MAMMA Vediamo, dobbiamo prendere (8) dell' acqua gassata, (9) del vino bianco e rosso e (10) dei limoni; servono sempre!

2 As a follow-up activity, have students pretend they are Lucia and write a reply.

2 **Sardegna** Elena è in vacanza in Sardegna. Completa l'e-mail con il partitivo e le espressioni di quantità. Answers will vary. Sample answers.

Da: Elena <elena73@email.it>
A: Lucia <lucia.partemi@email.it>
Oggetto: Saluti dalla Sardegna

Cara mamma,
la Sardegna è stupenda! Ho passato (1) alcuni giorni a Porto Cervo. Ci sono (2) delle spiagge bellissime e (3) dei locali (4) molto alla moda, dove è facile incontrare (5) molte persone famose. (6) Qualche giorno fa, siamo andati a fare un giro in macchina e abbiamo visto (7) delle ville meravigliose e al porto c'erano (8) tanti yacht (9) molto grandi! Ci siamo divertiti (10) tanto.
Baci e abbracci,
Elena

Nota
CULTURALE

La **Sardegna** è la seconda isola più grande del Mediterraneo. Grazie al suo clima mite (*mild*) e alle acque cristalline è diventata dagli anni '60 meta turistica di grande fama. **Porto Rotondo** e **Porto Cervo** (quest'ultimo in **Costa Smeralda**) sono i centri che maggiormente attraggono persone famose da tutto il mondo che arrivano in Sardegna con yacht da favola.

3 Ask volunteer pairs to read a few of their sentences to the class, who will reply **logico** or **illogico**, depending on whether or not they think each sentence makes sense.

3 **Immagina** In coppia, completate la prima frase con il partitivo e poi finite la seconda frase usando le espressioni di quantità indicate e la vostra immaginazione. Answers will vary. Sample answers.

una bottiglia di | un pezzo di | un po' di | qualche | tanto

1. Non voglio mangiare del pesce. Preferisco comprare un po' di carne.
2. Non ho comprato dei libri. Ho comprato soltanto qualche rivista.
3. Mi sono dimenticato di prendere dello spumante. Però ho comprato una bottiglia di aranciata.
4. Nel mio giardino non voglio piantare solo degli alberi, ma anche tanti fiori.
5. Che fame! Ma non mi va della frutta, ho voglia di un pezzo di cioccolato.

Practice more at **immagina.vhlcentral.com.**

Comunicazione

4 **La festa** Gli invitati sono arrivati ad una festa e parlano tra di loro. Con un(a) compagno/a, a turno create delle domande e delle risposte usando le parole nelle tre colonne.

Modello —Avete degli stuzzichini (*appetizers*)?
—Certo! Ci sono delle bruschette al pomodoro.

Ho acquistato	degli	tovaglioli sul tavolo
Ci sono	del	stuzzichini
Hai preparato	dei	spumante
Avete	della	frutta
Hai mai assaggiato	delle	verdure per contorno
Ho portato	dello	?

5 **Prodotti** In coppia, per ogni prodotto, dite la quantità che acquistate o che tenete in casa e perché. Utilizzate le espressioni di quantità.

caffè	funghi	latte	prosciutto	vino
carne	insalata	pasta	succo di frutta	zucchero

Modello —Di solito tengo sempre molte bottiglie di acqua gassata in frigo; non mi piace bere l'acqua del rubinetto (*tap*).
—Io invece non bevo l'acqua gassata, ma compro sempre alcune lattine (*cans*) di aranciata.

6 **Al supermercato** Sei andato/a a trovare un amico a Taormina e vuoi preparargli uno dei tuoi piatti preferiti. In coppia, create un dialogo dove parlate di cosa hai bisogno per cucinare; utilizzate il partitivo e le espressioni di quantità dove è possibile.

Modello —Oggi voglio cucinarti un piatto tipico della mia zona, spaghetti alla carbonara.
—Devi comprare dei pomodori?
—No, devo prendere della pancetta.

7 **Cosa ne pensi?** La famiglia di oggi ha molti problemi. Quali sono i più ricorrenti? Cosa bisogna fare, secondo te, per risolverli? In coppia, elencate (*list*) sei problemi e trovate le soluzioni. Utilizzate le parole relative alla famiglia che avete imparato in questa lezione e le espressioni di quantità come **tanto, molto, poco, troppo, parecchio** e **alcuni/e**.

Modello —Il rapporto tra genitori e figli è molto problematico.
—Sì, bisogna educare i figli al rispetto.

Nota
CULTURALE

Taormina è una delle mete turistiche più famose della Sicilia dove ogni anno arrivano turisti da tutto il mondo. Tra i monumenti principali c'è il **Teatro Antico** dove si svolgono i maggiori eventi culturali come il **Taormina Film Fest**, rassegna (*festival*) cinematografica che si svolge (*takes place*) all'interno della manifestazione culturale **Taormina Arte**.

6 Have a few pairs act out their conversations for the class.

NATIONAL STANDARDS comparisons

INSTRUCTIONAL RESOURCES
Supersite: Audioscripts, SAM AK, Lab MP3s
SAM/WebSAM: WB, LM

RIMANDO

To review reflexive pronouns, see **Strutture 2.1, pp. 52-53.**

To review direct and indirect object pronouns, see **Strutture 4.2, pp. 132-134.**

Let students know they should use **lì** or **là** to express the idea of *there* when a location has not been previously mentioned. **Mettete le carote lì.** *Put the carrots there.*

ATTENZIONE!

Ci is frequently used with verbs such as **andare**, **venire**, **stare**, **rimanere**, **restare**, and **essere** because they often are followed by a prepositional phrase indicating location.

ATTENZIONE!

When **ci** is used with a direct object pronoun, a reflexive pronoun, or **ne**, the pronoun precedes **ci** in some cases and follows it in others. The correct forms are **mi ci**, **ti ci**, **vi ci**, **ci si**, **ce lo**, **ce l'**, **ce la**, **ce li**, **ce le**, **ce ne**. The form **vi ci** is used to avoid the awkward form **ci ci**. Note that **ci** changes to **ce** before **lo**, **la**, **l'**, **li**, **le** and **ne**.

Avete messo il rossetto nel cassetto?
Did you put the lipstick in the drawer?

Sì, ce l'abbiamo messo.
Yes, we put it there.

Remind students that with the verbs **dovere**, **potere**, and **volere**, **ci** and **ne** can precede the conjugated verb or attach to the infinitive.

5.2

Ci and *ne*

Uses of **ci**

- You have already learned that **ci** is used as a reflexive and reciprocal pronoun meaning *ourselves* or *each other* and as a direct and indirect object pronoun meaning *us* or *to us.* **Ci** also has other meanings and uses.

- **Ci** can refer to a location. It often replaces a prepositional phrase introduced by **a**, **su**, or **in**.

Vai **in discoteca** stasera?
Are you going to the dance club tonight?

Sì, **ci** vado con Roberto.
Yes, I'm going there with Roberto.

Hanno messo i cibi **sul tavolo**?
Did they put the food on the table?

No, **ci** hanno messo le bottiglie.
No, they put the bottles there.

- **Ci** can replace **da** + [*noun/pronoun*] to mean *someone's house* or *someone's place.*

Venite **da me** domenica?
Are you coming to my place Sunday?

Sì, **ci** veniamo.
Yes, we're coming.

Mi porti **dal dentista**?
Will you take me to the dentist?

Sì, ti **ci** porto.
Yes, I'll take you there.

- **Ci** often replaces a phrase introduced by **a** or **su** after verbs such as **riuscire (a)**, **pensare (a)**, **credere (in/a)**, and **contare (su)**.

Possiamo contare **sul suo aiuto**?
Can we count on his help?

Sì, **ci** possiamo contare.
Yes, we can count on it.

Credi a **Babbo Natale**?
Do you believe in Santa Claus?

Ovviamente, **ci** credo!
Obviously I believe in him!

È riuscita a **mangiare tutti gli gnocchi**?
Was she able to eat all the gnocchi?

No, non **ci** è riuscita.
No, she couldn't do it.

- **Ci** precedes a conjugated verb and the formal imperative, but follows and is attached to infinitives and informal imperatives. Drop the **–e** of the infinitive before attaching **ci**.

Ecco la mia borsa. Metti**ci** le chiavi.
Here's my purse. Put the keys in it.

Devo andare a Perugia, ma non desidero restar**ci**.
I have to go to Perugia, but I don't want to stay there.

- Verbs such as **avercela (con)**, **farcela**, **tenerci**, **sentirci**, **vederci**, **volerci** and **metterci** have idiomatic meanings that are not related to location. **Volerci**, used only in the third person, refers to how long it takes to do something, and **metterci**, conjugated in all forms, refers to how long it takes a particular person to do something.

Non so perché lui **ce l'ha** con me.
I don't know why he has it in for me.

Penso di **farcela**; anzi, **ci tengo**!
I think I can get it done; in fact, doing it means a lot to me!

Quanto tempo **ci vuole** per andare a Roma?
How long does it take to get to Rome?

Ci hanno messo un'ora per finire il giallo.
It took them an hour to finish the detective story.

Mia nonna ha novanta anni. Non **ci sente** e non **ci vede** più.
My grandmother is ninety years old. She can't hear or see anything anymore.

Uses of ne

- **Ne** is used to replace a phrase introduced by a preposition. **Ne** typically replaces **di** + [*a person or thing*], **di** + [*an infinitive*] or **da** + [*a place*].

  Hai paura **dei serpenti**? Io, sì, **ne** ho molta paura.
  Are you afraid of snakes? I am, I'm really afraid of them.

  Avete voglia **di andare in trattoria**? Sì, **ne** abbiamo voglia.
  Do you feel like going to the trattoria? Yes, we feel like it.

  Sono tornati **dalla spiaggia**. **Ne sono tornati** stanchi ma felici.
  They came back from the beach. They came back (from there) tired but happy.

- **Ne** replaces nouns that are introduced by the partitive. The partitive article is deleted along with the noun that is being replaced.

  Ho trovato del limoncello al supermercato. **Ne** vuoi?
  I bought some limoncello at the supermarket. Do you want some?

  Mia madre mi dà spesso delle caramelle, ma non **ne** dà a mia sorella.
  My mother often gives me hard candies, but she doesn't give any to my sister.

- **Ne** also replaces a noun or phrase introduced by an expression of quantity or a number. The number or quantity remains in the sentence even after the noun or phrase is replaced. Note that in this instance **ne** means *of it* or *of them*, which often is not expressed in English.

  Quanti amici hai? **Ne** ho tanti!
  How many friends do you have? I have many (of them)!

  Mi compri un gelato? Certo, te **ne** compro due se vuoi!
  Will you buy me an ice cream? Of course, I'll buy you two (of them) if you like!

- When **ne** replaces a noun or a partitive and is used with a verb in a compound tense, the past participle agrees in number and gender with the noun that **ne** replaces. There is no agreement when **ne** replaces a prepositional phrase.

  Quante magliette hai comprato al mercato di Sant'Ambrogio? **Ne ho comprate** tre.
  How many T-shirts did you buy at the Sant'Ambrogio market? I bought three (of them).

  Berenice ha preso **degli asparagi e ne ha dati** un po' a Matteo.
  Berenice took some asparagus and gave some (of them) to Matteo.

- **Ne** precedes a conjugated verb and the formal imperative, but follows and is attached to infinitives and informal imperatives. Drop the **–e** of the infinitive before attaching **ne**.

  Cerco un'orologio per mia moglie. Dove posso comprar**ne** uno?
  I'm looking for a watch for my wife. Where can I buy one?

  Non mangiate tutto il pollo! Date**ne** a vostra sorella!
  Don't eat all the chicken! Give some to your sister!

- When using the various forms of **tutto**, you must use the appropriate direct object pronoun instead of **ne**.

  L'ha mangiato tutto!
  He ate the whole thing! / He ate all of it!

ATTENZIONE!

Ne is used idiomatically with certain expressions and verbs. **Andarsene**, *to go away*, and the phrase **che ne dici (di)...?**, *what do you think (of)...?* are two examples. You may also use **ne** when asking what the date is.

Non voglio più vederti! Vattene!
I don't want to see you anymore. Go away!

Che ne dici di fare una passeggiata con me?
What do you think of taking a walk with me?

Quanti ne abbiamo oggi?
What's the date today?

RIMANDO

To review the partitives and expressions of quantity, see **Strutture 5.1, pp. 168-169**.

ATTENZIONE!

When **ne** is combined with other pronouns, it comes last. Also, remember to change **ci** to **ce** when combined with **ne**. See the combined pronouns chart on **p. 134**.

ATTENZIONE

Pensare may be followed by the preposition **a** or **di**. Both are translated *to think about* in English. However, with **a**, the verb has a meaning of *to consider something* whereas **di** suggests an opinion. Note how **ne** and **ci** can be used with **pensare** in these instances.

Cosa pensi del mio motorino? Che ne pensi?
What do you think of my scooter? What do you think of it?

Pensi ai tuoi guai?
Do you think about your problems?

Sì, ci penso ogni giorno.
Yes, I think about them every day.

Pratica

1 Have students check each other's work. Then have pairs act out the conversation.

Nota CULTURALE

L'isola di **Pantelleria** è una delle isole minori della Sicilia. Tra i suoi prodotti più famosi ci sono i **capperi** (*capers*) **di Pantelleria** e i vini dolci: il **Moscato** ed il **Passito**.

1 **Progetti** Sara e Mauro si incontrano e parlano dei loro progetti per l'estate. Completa il dialogo con **ci** e **ne**.

MAURO Ciao Sara, come va?
SARA Bene, e tu?
MAURO Sto organizzando un viaggio a Pantelleria.
SARA (1) _Ne_ ho sentito parlare molto bene. Perché (2) _ci_ vai?
MAURO Ho sempre voluto (3) andar _ci_ perché i miei nonni materni vengono da lì e me (4) _ne_ parlano spesso.
SARA Ah, che bello! Loro (5) _ci_ tornano spesso?
MAURO No, purtroppo è da tanto tempo che non (6) _ci_ tornano perché il viaggio è troppo lungo, però (7) _ci_ pensano sempre.
SARA Quanto tempo (8) _ci_ vuole per arrivare a Pantelleria?
MAURO Penso che (9) _ci_ metterò sei ore.
SARA Hai tanti parenti a Pantelleria?
MAURO Sì, (10) _ne_ ho tanti, i miei zii e i miei cugini ancora (11) _ci_ vivono. Che (12) _ne_ dici, hai voglia di partire con me?
SARA Certo!

TEACHING OPTION
To help students practice answering questions with **ci**, tell them about places you have gone and what you did there. Then ask them "**E tu?**" and require them to answer with **ci**.
—Sono andata al mare e ho visto un delfino. E tu?
—Anch'io ci sono andato/ Non ci sono mai andato.

2 **Quanti/e ce ne sono?** Utilizza la statistica relativa alla Sicilia e scrivi una frase con i pronomi **ci** e **ne** per indicare la quantità delle cose citate.

Modello **Abitanti in Sicilia (5.000.000 circa):**
Ce ne sono cinque milioni circa.

1. Isole minori (17): _Ce ne sono diciassette._
2. Vulcani attivi (3): _Ce ne sono tre._
3. Laghi (1): _Ce n'è uno._
4. Riserve marine (6): _Ce ne sono sei._
5. Festival internazionali (2): _Ce ne sono due._

Teatro Greco di Taormina

TEACHING OPTION
To elicit responses using **ne**, ask students questions about their family, pets, and possessions. Ask how many brothers and sisters they have, if they have a cat or dog, how many books they have in their room, etc. You may want to ask and answer the first couple of questions to model **ne** for them.
—Quanti fratelli hai? Io ne ho due. E tu?
—Marco ha fratelli? Quanti ne ha?

3 **La nostra società** In coppia, scrivete delle frasi in base ai suggerimenti forniti.
Answers will vary. Suggested beginnings.

Modello **Restare a casa il sabato sera.**
Non ci resto mai!

1. Andare a trovare i nonni. Ci vado...
2. Avere paura della morte. Ne ho paura...
3. Parlare dell'infanzia. Ne parlo...
4. Pensare alla vecchiaia. Ci penso...
5. Contare sull'aiuto dei tuoi genitori. Ci conto...
6. Mangiare schifezze (*junk food*). Ne mangio...

Practice more at **immagina.vhlcentral.com.**

Comunicazione

4 **Il mondo** In coppia, chiedetevi quali paesi avete già visitato, cosa avete visto, quando ci siete andati e se ci tornerete.

Modello —Sei mai stato in Irlanda?
—Sì, ci sono stato, è bellissima!
—Ah sì, e quando ci sei andato?
—Ci sono andato due anni fa....

5 **Ricetta** Un(a) tuo/a amico/a ti ha dato la ricetta per preparare il tiramisù, ma tu non sei sicuro/a di aver capito bene. Gli/Le fai delle domande sulla ricetta e lui/lei risponde usando **ci** e **ne**.

TIRAMISÙ

Ingredienti 5 uova, 5 cucchiai di zucchero, 500 gr. di mascarpone, 1 pacchetto di biscotti Pavesini o Savoiardi, caffè, liquore, cacao.

Procedimento Preparare il caffè. Separare gli albumi (*egg whites*) dai tuorli (*yolk*), lavorare i tuorli con lo zucchero, aggiungere il mascarpone e mescolare bene. Montare a neve (*beat until stiff*) gli albumi e aggiungerli delicatamente al composto. Bagnare i biscotti nel caffè zuccherato, al quale si può aggiungere il liquore. Mettere i biscotti in una pirofila (*pan*) e coprirli con metà della crema. Ripetere lo stesso procedimento per il secondo strato e mettere in frigo per 2 ore. Spolverizzare (*sprinkle*) con del cacao prima di servire.

Modello —Grazie per la ricetta, ma non sono sicura di aver capito bene.
—Dimmi pure.
—Quanto caffè devo preparare?
—Ne devi preparare un po'.

6 **Sondaggio**

A. Fai ai tuoi compagni le seguenti domande. Per ogni domanda trova un(a) compagno/a che risponde **sì** e uno/a che risponde **no** e annota le risposte nella tabella. Usa **ci** e **ne** nelle risposte.

Modello —Ti piace andare in montagna per le vacanze?
—Sì, mi piace andarci.

Trova qualcuno che...	Nome	Sì	No
...ha paura del futuro.	________	☐	☐
...ha delle incertezze.	________	☐	☐
...discute di politica.	________	☐	☐
...pensa ai problemi ambientali.	________	☐	☐
...crede al destino.	________	☐	☐
...fa dei pettegolezzi.	________	☐	☐
...spera di superare tutti gli esami.	________	☐	☐
...va in palestra tutti i giorni.	________	☐	☐
...riesce a studiare con la TV accesa.	________	☐	☐
...beve troppo caffè.	________	☐	☐

B. A turno, condividete con la classe quello che avete imparato sui vostri compagni.

NATIONAL communication STANDARDS

4 Have volunteers point out different places they have visited on a world map or globe. Review with the class the name of various countries.

TEACHING OPTION
Show students pictures of different objects and/or people. Ask them what they see and how many there are. Example: **Vedi turisti davanti alla chiesa? Quanti ce ne sono? Ne vedi venti? Molti? Troppi?**

5 You can turn this into a discrete activity in which students need to fill in the blanks with **ne** and **ci**.
—Quanto caffè devo preparare?
—(1) _Ne_ devi preparare un po' per inzuppare i biscotti.
—Allora basta una caffettiera?
—Sì, (2) _ne_ basta una!
—Ma tu (3) _ci_ metti sempre il liquore?
—Io veramente (4) _ci_ metto solo il caffè; non mi piacciono i liquori.
—E quanti biscotti (5) _ci_ vogliono?
—Beh, un pacco da mezzo kg è sufficiente, comunque dipende da te; se vuoi (6) _ci_ puoi mettere più biscotti.

6 Before assigning this activity, have students go through the list and note whether they should use **ci** or **ne** to talk about each item. Then have them indicate the part that **ci** or **ne** will replace. (**1. ne; del futuro 2. ne; delle incertezze 3. ne; di politica 4. ci; ai problemi... 5. ci; al destino 6. ne; dei pettegolezzi 7. ci; di superare... 8. ci; in palestra 9. ci; a studiare 10. ne; caffè**)

NATIONAL STANDARDS comparisons

INSTRUCTIONAL RESOURCES
Supersite: Audioscripts, SAM AK, Lab MP3s
SAM/WebSAM: WB, LM

ATTENZIONE!

The immediate future is often expressed by the present tense in Italian.

Finisco questo libro stanotte.
I'm going to finish this book tonight.

ATTENZIONE!

Note that verbs like **inviare** (*to send*), **ravviare** (*to tidy up*), **sciare** (*to ski*), and **spiare** (*to spy on*) do not drop the **-i-** of the stem in the future because the **-i-** is stressed in the first person form of the present tense. (**scio**).

Io scio bene; scierò per la squadra italiana nel 2015.
I ski well; I will ski for the Italian team in 2015.

Share some other irregular verbs that have a double –**r**– with your students: **trarre**, **porre**, **parere**, **valere**, **ritenere**, etc. Ex.: **Non ne varrà la pena**. / **Ti riterrò responsabile**.

5.3

The future

Il futuro semplice

- To form the simple future (**il futuro semplice**), drop the final –**e** of the infinitive and add the future ending. For –**are** verbs, change the –**a**– of the infinitive ending to –**e**–.

cantare	prendere	dormire	punire
canterò	prenderò	dormirò	punirò
canterai	prenderai	dormirai	punirai
canterà	prenderà	dormirà	punirà
canteremo	prenderemo	dormiremo	puniremo
canterete	prenderete	dormirete	punirete
canteranno	prenderanno	dormiranno	puniranno

Domani, **dormiremo** dodici ore!
Tomorrow we will sleep twelve hours!

Chi **canterà** al teatro domani?
Who will sing at the theater tomorrow?

- To maintain the hard sound, insert an **-h-** after the **-c-** or **-g-** of verbs ending in –**care** and –**gare**.

Lui **pagherà** i biglietti e io **pagherò** l'albergo.
He will pay for the tickets and I will pay for the hotel.

Non **dimenticheranno** mai la nascita del loro figlio.
They will never forget the birth of their son.

- Drop the **-i-** of the stem of verbs ending in –**ciare**, –**giare** and –**sciare**.

Comincerete a fare i compiti alle tre.
You will begin to do your homework at three.

Mio marito non mi **lascerà** mai.
My husband will never leave me.

- Some verbs have irregular stems in the simple future. The verbs **dare**, **fare**, and **stare** retain the –**a**– of the infinitive in their future stem: **dar**–, **far**–, **star**–. The future stem of **essere** is **sar**–.

Starai a casa stanotte?
Will you stay home tonight?

Un giorno **sarete** meno egoisti.
One day you will be less selfish.

- Irregular verbs drop the characteristic vowel of the infinitive before adding the future endings.

andare → andr-
avere → avr-
cadere → cadr-
dovere → dovr-
potere → potr-
sapere → sapr-
vedere → vedr-
vivere → vivr-

Mia nonna **vivrà** con mia zia quando **andremo** in Francia.
My grandmother will live with my aunt when we go to France.

- Some verbs have irregular future stems that end in –**rr**–.

bere → berr-
parere → parr-
rimanere → rimarr-
tenere → terr-
venire → verr-
volere → vorr-

Mia nipote **rimarrà** con la nostra famiglia quest'estate.
My niece will stay with our family this summer.

To help students learn to recognize the two future tenses when they hear them, read some sentences with the present, simple future, and future perfect aloud. Ask students to hold up one hand when they hear the simple future, two hands when they hear the future perfect, and to keep their hands flat on their desks or to clap when they hear the present tense.

- The simple future is used to express actions that will happen in the future.

Finirò i miei studi nel 2018.
I will graduate in 2018.

Secondo me, la vecchiaia **sarà** molto divertente.
In my opinion, old age will be really fun.

- The simple future may be used to express probability or speculation.

Quanti anni **avrà** quella signora?
How old could that lady be?

Avrà 80 anni.
She must be 80.

- The simple future may be used to express a polite command.

Pulirai la tua camera, poi **andrai** all'ipermercato.
(You will) clean your room, then go to the supermarket.

- After **se**, **quando**, **dopo che**, (**non**) **appena**, and other expressions of time, use the simple future for the main verb and for the verb in the dependent clause, if the action takes place in the future. In English, the verb in the dependent clause is usually in the present tense.

Quando **arriveremo**, **metteremo** le valige nella camera.
When we get there, we'll put the bags in the room.

Se **avrà** tempo, **andrà** a comprare il formaggio.
If he/she has time, he/she will go buy the cheese.

Il futuro anteriore

- The future perfect (**il futuro anteriore**) is used to express an action that *will have taken place* by a particular time in the future. **Il futuro anteriore** is formed with the future tense of the auxiliary verb **avere** or **essere** plus the past participle of the main verb.

finire	arrivare	alzarsi
avrò **finito**	sarò **arrivato/a**	**mi** sarò **alzato/a**
avrai **finito**	sarai **arrivato/a**	**ti** sarai **alzato/a**
avrà **finito**	sarà **arrivato/a**	**si** sarà **alzato/a**
avremo **finito**	saremo **arrivati/e**	**ci** saremo **alzati/e**
avrete **finito**	sarete **arrivati/e**	**vi** sarete **alzati/e**
avranno **finito**	saranno **arrivati/e**	**si** saranno **alzati/e**

- The future perfect is almost always used with the simple future to indicate that one action will have taken place before another in the future. The future perfect is often introduced by the expressions **quando**, **se**, **dopo che**, (**non**) **appena**, etc.

Quando **avrò preparato** il minestrone, mangeremo.
When I've prepared the soup, we'll eat.

Dopo che **ci saremo alzati**, ci vestiremo.
After we've gotten up, we will get dressed.

- **Il futuro anteriore** may be used to express probability in the past. In English, the same concept is expressed by the use of *must have* plus the past participle or by the word *probably* and the simple past tense.

Saranno già **usciti**.
They must have already gone out.

Avrà stampato la tesi all'università.
He probably printed his thesis at the university.

ATTENZIONE!

The simple future may be used for "on-the-spot" decisions, statements of concession or predictions.

Piove. Non uscirò, guarderò un DVD a casa.
It's raining. I won't go out, I'll watch a DVD at home.

ATTENZIONE!

Some words that are often used with the future are **il/la prossimo/a** + [*expressions of time*] and, **fra/tra** + [*expressions of time*].

Il prossimo anno, comprerò una casa per la mamma.
Next year, I will buy a house for my mom.

Credo che fra alcuni minuti pioverà.
I think it will rain in a few minutes.

RIMANDO

To study hypothetical statements with **se**, see **Strutture 9.3, pp. 340-341**.

ATTENZIONE!

With the future perfect, as with other compound tenses, you must follow the rules for past participle agreement, the choice of the auxiliary verb, and word order (with negation and adverbs).

Dopo che Gianna sarà uscita, telefonerò a suo fratello.
After Gianna has gone out, I will call her brother.

ATTENZIONE!

In spoken Italian, the **futuro anteriore** is often replaced by the simple future. Example:
Quando farà la torta di spinaci, la metterà sul tavolo.
Quando avrà fatto la torta di spinaci, la metterà sul tavolo.

Pratica

1 Remind students to watch for irregular verbs as they complete the activity.

1 Oroscopo cinese **Leggi le previsioni dell'oroscopo cinese per il segno del gallo. Metti i verbi al futuro semplice.**

Gallo: 1945-1957-1969-1981-1993

LAVORO (1) ___Sarà___ (essere) un anno importante per il lavoro. All'inizio (2) ___avrai___ (tu / avere) qualche delusione ma se (3) ___terrai___ (tenere) duro, dopo l'estate (4) ___ti rifarai___ (rifarsi) e (5) ___otterrai___ (ottenere) tutto quello che vuoi in questo campo.

SOLDI La tua situazione finanziaria (6) ___migliorerà___ (migliorare), i tuoi investimenti (7) ___daranno___ (dare) frutto e così (8) ___potrai___ (tu / potere) fare un acquisto importante.

SALUTE Non (9) ___avrai___ (tu / avere) grossi problemi di salute ma (10) ___dovrai___ (dovere) seguire un'alimentazione sana e questo ti (11) ___farà___ (fare) sentire pieno/a d'energia per affrontare tutti i problemi.

AMORE Questo è l'anno in cui i tuoi sogni (12) ___si realizzeranno___ (realizzarsi): (13) ___incontrerai___ (tu / incontrare) una persona importante che ti (14) ___renderà___ (rendere) felice e (15) ___starete___ (voi / stare) insieme per tutta la vita.

2 I preparativi **Il signor Mancini e la sua famiglia partono domani per l'isola della Maddalena. Completa le frasi con i verbi al futuro anteriore.**

Finalmente domani mattina si parte per le vacanze, ma dovremo fare tutto in fretta (*in a hurry*) senza perdere tempo. Dopo che (1) ___ci saremo svegliati___ (svegliarsi) e (2) ___avremo fatto colazione___ (fare colazione), ci vestiremo. Appena i ragazzi (3) ___si saranno preparati___ (prepararsi), prenderanno le loro valige e le metteranno in corridoio. Nel frattempo, mia moglie (4) ___avrà finito___ (finire) di sistemare la casa e io (5) ___avrò controllato___ (controllare) i biglietti. Non appena tutti (6) ___saranno saliti___ (salire) in macchina, partiremo per l'aeroporto.

Nota
CULTURALE

La Maddalena è un arcipelago di isole situato a nord est della Sardegna. Tra le più conosciute ci sono La Maddalena, famosa per le sue spiagge, e **Caprera**, dove **Giuseppe Garibaldi** trascorse gli ultimi anni della sua vita.

3 On the board, list the infinitives of several verbs that have irregular past participles. Have students work in pairs to write a new dialogue using the future perfect and five verbs from the list.

3 Conversazione **Marco si lamenta di suo fratello Francesco perché fa sempre tante promesse e non le mantiene mai. In coppia, completate la conversazione usando il futuro semplice o il futuro anteriore poi leggetela ad alta voce per controllare le risposte.** Answers will vary. Sample answers.

MARCO Ho bisogno dei miei CD che hai preso tanto tempo fa!
FRANCESCO Va bene, te li ridarò dopo che li (1) ___avrò ascoltati___.
MARCO Questa camera è un disastro!
FRANCESCO (2) ___La pulirò___ dopo che sarò tornato dalla festa.
MARCO Guarda che il frigo è vuoto, e toccava a te fare la spesa!
FRANCESCO Hai ragione, andrò al supermercato non appena (3) ___avrò finito di guardare la TV___.
MARCO E quando pensi di restituirmi i soldi che ti ho prestato?
FRANCESCO Che noia, te li restituirò appena (4) ___saranno arrivati i soldi di mamma e papà___.
MARCO E guarda tutti i piatti nel lavandino!
FRANCESCO Ma dai, (5) ___li laverò___ appena avrò finito di fare tutte le cose che mi hai chiesto!

Practice more at **immagina.vhlcentral.com.**

Comunicazione

4 **Progetti** Come passerai l'estate? In coppia, fatevi a turno queste domande.

- Dove andrai in vacanza?
- Passerai l'estate con la tua famiglia?
- Ti sarai riposato per la fine dell'estate?
- Avrai guadagnato abbastanza soldi prima dell'inizio delle lezioni?

5 **Come sarà?** Tutto cambia con il tempo. In coppia, discutete di come cambieranno i seguenti elementi. In ogni caso, indicate l'anno.

le case	la religione
la cucina	la televisione
la medicina	l'umanità
i mezzi di trasporto	la vecchiaia
i rapporti umani	la vita in famiglia

5 Tell students to think of a particular year in the future to describe each item from the list. Example: **La televisione avrà mille canali nel 2057**.

6 **Nel 2030** In gruppi di tre, dite come sarà cambiata la vostra vita nel 2030. Poi, spiegate al resto della classe quello che sarà cambiato nella vita dei vostri compagni.

Modello —Io e i miei genitori avremo imparato a capirci meglio nel 2030.

- la carriera
- il rapporto con i vostri amici
- il rapporto con i vostri genitori
- i vostri gusti musicali
- i vostri passatempi
- la vostra situazione economica
- ?

6 Have students use their ideas for this activity to write a short, futuristic story that explains what will or won't have happened in their lives in the next twenty years.

7 **Tra 20 anni** In piccoli gruppi, fate una lista di almeno cinque persone famose e immaginate come saranno tra 20 anni e cosa avranno fatto.

7 Model the activity by citing an example and briefly talking about it as a class.

8 **Situazioni** In coppia, scegliete uno dei seguenti temi e inventate una conversazione utilizzando il futuro semplice e il futuro anteriore.

- Una mamma e un(a) figlio/a che sta per sposarsi parlano di come cambierà la vita dopo il matrimonio.
- Un papà e un(a) figlio/a che vuole cambiare lavoro parlano di cosa farà il/la ragazzo/a per cercare un nuovo lavoro e per avere una brillante carriera.
- Un nonno e un(a) nipote, che si trasferisce in un'altra città, parlano di cosa farà il/la ragazzo/a per iniziare la sua nuova vita.
- Due compagni di università parlano di cosa faranno dopo la laurea (*graduation*).

8 Have volunteers perform their conversations for the class. For listening comprehension, ask students to write down the verbs used in the future and future perfect tenses.

NATIONAL comparisons STANDARDS

INSTRUCTIONAL RESOURCES
Supersite: Audioscripts, SAM AK, Lab MP3s
SAM/WebSAM: WB, LM

5.4

Adverbs

—***Sinceramente*** *a me fa un po' schifo.*

- Adverbs provide information about location, time, manner, quantity, and frequency. Adverbs modify verbs, adjectives, or other adverbs. They are invariable.

Carla è **molto** bella ma si veste **male**.
Carla is very pretty, but she dresses badly.

Arrivano **puntualmente** a lezione.
They arrive on time for class.

- Most adverbs are formed by adding **–mente** to the feminine singular form of an adjective.

lenta > **lentamente** **veloce** > **velocemente**

- Adjectives that end in **–le** or **–re** drop the final **–e** before adding **–mente**, unless a consonant precedes that ending.

normale > **normalmente**
speciale > **specialmente**
but **mediocre** > **mediocremente**

- **Bene** and **male** are the adverbs that correspond to the adjectives **buono** and **cattivo**.

- Some adverbs have exactly the same form as the corresponding adjective.

Chi va **piano** va **sano** e va **lontano**.
Slow and steady wins the race.

Il papà single che abita sopra lavora **sodo**.
The single dad that lives upstairs works hard.

- Some common adverbs have their own form: **spesso**, **insieme**, **così**, **volentieri**, etc.

Andrò **volentieri**!
I will go with pleasure!

Carla fa **spesso** stupidaggini.
Carla often does foolish things.

- In sentences with compound tenses, common, short adverbs such as **già**, **ancora**, **più**, **mai**, **sempre**, and **spesso** are usually placed after the auxiliary verb.

Avete **già** finito di traslocare?
Have you already finished moving?

In Italia siamo **spesso** andati al mercato.
In Italy we went often to the market.

- Adverbs that express time or location often come at the beginning or end of a sentence, or they may follow the past participle in compound tenses.

Il volo è partito **tardi**.
The flight left late.

Qui si parla italiano.
Italian is spoken here.

- An adverb precedes an adjective or another adverb that it modifies.

Ecco un cliente **molto** soddisfatto.
There's a very satisfied customer.

Oggi lavoro **proprio** bene.
Today I'm working really well.

ATTENZIONE!

Some common adverbial expressions consist of two or more words.

Ogni tanto mia nuora fa un salto da noi.
Every once in a while my daughter-in-law drops by for a visit.

Di solito ai nonni piace viziare i nipoti.
Usually grandparents like to spoil their grandchildren.

ATTENZIONE!

Some exceptions to this rule are:
altro → **altrimenti**
benevolo → **benevolmente**
leggero → **leggermente**
violento → **violentemente**

Remind students that adverbs modify verbs, adjectives, or other adverbs, but adjectives modify only nouns. Adverbs are invariable, but adjectives agree with the nouns they modify.

ATTENZIONE!

Adverbs usually follow the verb. However, they may precede a verb for emphasis.

Non tornerò mai in questo ristorante.
I will never come back to this restaurant.

Mai tornerò in questo ristorante!
Never will I return to this restaurant!

Sometimes the placement of an adverb can change the meaning of the sentence.

Le piace molto mangiare con gli amici.
She really likes eating with her friends.

Le piace mangiare molto con gli amici.
She likes to eat a lot with her friends.

Pratica e comunicazione

1

Gli avverbi Per ogni aggettivo scrivi il corrispondente avverbio.

1. gentile	gentilmente	6. particolare	particolarmente
2. vero	veramente	7. buono	bene
3. sincero	sinceramente	8. cattivo	male
4. facile	facilmente	9. leggero	leggermente
5. recente	recentemente	10. molto	molto

1 Have pairs ad-lib a short conversation that uses as many of these adjectives and adverbs as possible.

2

In che modo? Riscrivi le frasi con l'avverbio al posto giusto.

1. Isabella torna a casa. (rapidamente) Isabella torna a casa rapidamente.
2. Giovanni cucina la pizza. (bene) Giovanni cucina bene la pizza.
3. I nonni sono arrivati. (già) I nonni sono già arrivati.
4. La signora ha aiutato la vecchietta. (gentilmente) La signora ha gentilmente aiutato la vecchietta.
5. Le ragazze sono simpatiche. (molto) Le ragazze sono molto simpatiche.
6. Il bambino dorme. (felicemente) Il bambino dorme felicemente.

3

La famiglia Stipa In coppia, dite a turno in che modo fanno le loro attività i membri della famiglia Stipa. Answers will vary. Sample answers.

Modello **Vittorio è tornato dall'università. È orgoglioso dei suoi voti.**
Mostra orgogliosamente i suoi voti.

1. La signora Stipa è in fila allo sportello. È paziente. Aspetta pazientemente il suo turno.
2. Laura è a casa. È nervosa. Aspetta nervosamente una telefonata.
3. I signori Stipa vanno a una festa. Sono eleganti. Sono vestiti elegantemente.
4. Il signor Stipa ascolta il figlio. È attento. Ascolta attentamente il discorso.
5. I ragazzi escono da casa. Sono veloci. Escono da casa velocemente.

3 Have students list errands around town and say how they run them. Example: **Fare la spesa: Faccio la spesa regolarmente.**

4

Sondaggio Intervista alcuni tuoi compagni di classe. Con che frequenza fanno le seguenti cose? Aggiungi altre due attività. Confronta i tuoi risultati con il resto della classe.

Modello **Andare al cinema**
—Vai spesso al cinema?
—No, ci vado raramente.

	Sempre	Spesso	Qualche volta	Raramente	Mai
1. andare a un concerto					
2. visitare un museo il fine settimana					
3. partecipare a una gara sportiva					
4. annoiarsi il sabato sera					
5. utilizzare i mezzi pubblici					
6. cucinare per gli amici					

4 Compile the results of the survey to determine which activity or occurrence is most/least common among students.

Practice more at **immagina.vhlcentral.com.**

Sintesi

1 Have students share their answers with the class. Encourage class discussion.

1 Parliamo In gruppi di tre, rispondete alle seguenti domande.

1. Che cosa vedete nelle due foto?
2. Le due famiglie sono diverse o simili? Perché?
3. Quale delle due situazioni vi piace di più? Perché?
4. Quali saranno le attività delle persone nelle foto?
5. Le due foto rispecchiano (*reflect*) una situazione familiare degli Stati Uniti o forse una italiana? Perché sì? Perché no?
6. Secondo voi, quale delle due situazioni sarà quella più comune negli anni futuri?

2 After students have finished the activity, have them exchange papers to peer edit.

2 Scriviamo Scegli uno dei seguenti argomenti e scrivi un tema di circa una pagina.

1. Come sarà la tua famiglia quando avrai l'età dei tuoi genitori? Sarai sposato/a? Avrai bambini? Tu e il/la tuo/a compagno/a lavorerete entrambi fuori casa? Cosa farete spesso e cosa farete raramente come famiglia? Sarai in contatto con la tua famiglia acquisita (*in-laws*)?
2. Scegli una delle due foto e immagina come sarà la vita dei componenti di quella famiglia fra quindici anni. La loro vita sarà simile alla vita che vivono ora? In cosa? E come sarà cambiata?

Strategie per la comunicazione

Quando ti prepari a scrivere un tema, ricordati di utilizzare gli avverbi per rendere più chiaro e vivace quello che scrivi.

- Usa gli avverbi di tempo, come **spesso**, **mai**, **già** ecc., per dire con quale frequenza fai alcune cose.
- Usa gli avverbi di modo, come **bene**, **male**, **velocemente** ecc., per dire in che modo fai le cose.
- Usa gli avverbi di quantità, come **molto**, **poco**, **troppo**, **di più**, **di meno** ecc., per dire in che misura fai qualcosa.

Point out the difference between **anche** and **inoltre**. **Anche** (*also, too, as well*) should be placed in front of the phrase or word to which it refers. **Inoltre** (*furthermore, besides, in addition, moreover*) should be used instead of **anche** when referring to a whole sentence or phrase. Examples: **Anch'io desidero ballare con Giusy**. (*I, too, want to dance with Giusy.*) **Desidero ballare anche con Giusy**. (*I want to dance with Giusy, too.*) **Sono in ritardo. Inoltre, ho lasciato il regalo a casa!** (*I'm running late. In addition, I left the gift at home.*)

Preparazione

NATIONAL STANDARDS connections cultures

Vocabolario della lettura

abbiente *affluent*
le abitazioni *housing*
di prima necessità *absolutely necessary*
il fenọmeno *phenomenon*
il mammone *mama's boy*
il vitto e l'alloggio *room and board* (lit. *food and apartment*)

Vocabolario utile

assụmersi una responsabilità *to assume responsibility*
autosufficiente *self-sufficient*
il nụcleo familiare *family unit*
prẹndere l'iniziativa *to take initiative*
rimandare *to postpone*
il ruolo *role*

1 Ask students to come up with an antonym for five vocabulary words.

2 Have pairs of students summarize and report their responses to the class.

1 **Lessico** Trova un sinonimo per ogni parola.

1. cibo vitto
2. iniziare prendere l'iniziativa
3. indipendente autosufficiente
4. ricco abbiente
5. essenziale di prima necessità
6. genitori e figli il nucleo familiare
7. case abitazioni/alloggi
8. ritardare rimandare

2 **La mia famiglia** Rispondete alle domande individualmente e poi confrontate insieme le risposte.

1. Secondo te, a quale età abiterai da solo/a?
2. I tuoi genitori saranno d'accordo?
3. A quale età pensi che i tuoi genitori ti considererebbero troppo grande per abitare con loro?
4. Quanti anni avevano i tuoi nonni quando si sono sposati?
5. Hai dei fratelli o delle sorelle maggiori che non abitano più a casa? Da quanto tempo? Sono sposati?
6. Che età avevi quando hai cominciato a frequentare l'università? Sei rimasto/a a casa o ti sei trasferito/a?
7. Secondo te, cosa significa essere indipendenti?
8. Hai un parente che ha più di 30 anni e che abita con i genitori?

3 **Ipotesi** Leggete il titolo e guardate le immagini della lettura nella pagina seguente; poi rispondete insieme alle domande.

- Com'è l'immagine? Descrivetela.
- Quale sarà l'argomento della lettura?
- Che cosa sapete sull'argomento? Fate una lista delle informazioni.
- Perché, secondo voi, «vivere con la mamma» è un fenomeno culturale tipicamente italiano?

Nota CULTURALE

L'amore degli italiani per la mamma si manifesta anche con la musica. Le arie più famose sono certamente «**Mamma**» (Bixio e di Stefano) e «**Addio alla madre**» dall'opera lirica *Cavalleria Rusticana* (Mascagni), cantate da tenori di tutti i tempi. Molto amate sono anche le più recenti «**Viva la mamma**», canzone pop di Edoardo Bennato, e «**Portami a ballare**», con la quale Luca Barbarossa ha vinto il Festival di Sanremo, il più importante concorso musicale in Italia, nel 1992.

In class, show a video of one Italian song about mothers: those in the **Nota culturale** or others such as Laura Pausini's **Uguale a lei** or Carmen Consoli's **In bianco e nero** (available on Youtube). You might want to hand out the lyrics of your favorite one and sing it along with the students. A useful listening comprehension activity involves whiting out some of the lyrics and asking the students to fill in the blanks as they listen.

Ask students to brainstorm English language rock or pop songs about mothers (Queen's *Bohemian Rhapsody*; Pink Floyd's *Mother*). How do they compare to the Italian songs?

VIVERE CON LA MAMMA

Reading

La festa del papà

Il 19 marzo, il giorno della festa di san Giuseppe, in Italia si festeggiano tutti i papà. Per l'occasione si mangiano i deliziosi bigné o zeppole di san Giuseppe (che in ogni regione hanno ricette e nomi un po' diversi): delle paste fritte, ripiene° di crema e spolverate° di zucchero a velo°.

- *ripiene°* — filled
- *spolverate°* — dusted
- *zucchero a velo°* — powdered sugar

A quale età è giusto lasciare la casa dei genitori ed andare a vivere da soli? In Italia questa domanda ha una risposta diversa da quelle che sono comuni in altri paesi. È infatti una delle caratteristiche più specifiche degli italiani quella di venir spesso chiamati «mammoni»: molti vivono insieme ai genitori fino a 30-40 anni.

Un sondaggio° riportato dall'Istituto Lard ha dimostrato che su 2.500 giovani italiani tra i 25 e i 29 anni, il 57,3% abita ancora con i propri genitori. Spesso questo si attribuisce ai prezzi molto alti delle abitazioni, specialmente in città, ma in realtà non si tratta solo di fattori economici ma anche di tradizioni culturali. I sociologi dell'Istituto Lard pensano che questo fenomeno sia il risultato di una società consumista: restando a casa i giovani non devono preoccuparsi di pagare vitto e alloggio ed hanno più denaro° a disposizione. Se vogliono, possono mettere da parte lo stipendio° per potere un giorno comprare un appartamento. In Italia non sono comuni le case dello studente come in Nord America e molti giovani, una volta finito il liceo°, restano a casa mentre frequentano i corsi all'università. Le difficoltà a trovare lavoro dopo gli studi prolungano la permanenza. Con la disoccupazione e la mancanza° di alloggi, molti giovani italiani non hanno i mezzi finanziari per andare a vivere da soli.

> **I genitori italiani, ormai anziani, continuano ad assumersi le responsabilità dei figli adulti e a sentirsi in dovere di mettersi a loro completa disposizione.**

Secondo il centro di ricerca Eurispes, all'età di 30-34 anni ci sono più mammoni uomini (il 36,5%) che donne (il 18,1%). I figli di papà, cioè i giovani di famiglie abbienti che non devono lavorare per vivere, sono un altro fenomeno che rende i figli italiani dipendenti dai loro genitori. E il numero dei mammoni continua a crescere: la maggioranza resta a casa fino al matrimonio, che in Italia avviene° abbastanza tardi (vicino ai trent'anni) ed è in declino (secondo i risultati dell'ISTAT).

In generale le donne italiane si separano dai genitori prima degli uomini. Le mammone intervistate nel sondaggio della LARD rinunciano° alla vita indipendente per poter risparmiare° prima del matrimonio.

Ma quali sono le conseguenze del mammismo sulla società italiana?

La convivenza con un marito mammone che si sente ancora legato° a sua madre e che si sente figlio prima che genitore può essere molto difficile. Alcuni ricercatori attribuiscono la crescita dei divorzi in Italia al progressivo aumento dei mammoni. I genitori italiani, ormai° anziani, continuano ad assumersi le responsabilità dei figli adulti e a sentirsi in dovere di mettersi a loro completa disposizione. E poi ci sono le questioni più difficili da capire: si può diventare adulti senza separarsi dai genitori? Ci si può formare un'identità individuale senza essere indipendenti? La riluttanza a tagliare° il cordone ombelicale può portare anche a rimandare le scelte importanti della vita, inclusa quella di diventare genitori, una categoria in diminuzione nella penisola. Ma il vantaggio di restare vicino all'amore incondizionato dei genitori rimane una forte tentazione per i giovani italiani. ■

- *sondaggio°* — survey
- *denaro°* — money
- *stipendio°* — salary
- *liceo°* — high school
- *mancanza°* — lack
- *avviene°* — happens
- *rinunciano°* — give up
- *risparmiare°* — to save
- *legato°* — tied
- *ormai°* — already
- *tagliare°* — to cut

Analisi

1 **Comprensione** Indica se le affermazioni sono **vere** o **false**. Dopo, in coppia, correggete le affermazioni false.

Vero	Falso	
☐	☑	1. La famiglia italiana non è unita.
☑	☐	2. Ai genitori italiani piace prendersi cura dei figli.
☑	☐	3. Ai figli italiani piace la sicurezza della famiglia.
☐	☑	4. Restare a casa con i genitori rende i figli indipendenti.
☑	☐	5. I matrimoni in Italia stanno diminuendo.
☑	☐	6. Le cause del mammismo includono l'alto costo delle abitazioni.

TEACHING OPTION
Rai International has compiled and explained other common stereotypes about Italians: musical and artistic aptitude, pasta consumption, religion, terrorism, mafia, and soccer. If you'd like to share and discuss them with your students they can be found at http://www.italica.rai.it/principali/lingua/culture/luoghi_com.htm

2 **Opinioni** A turno rispondete alle domande.

1. Quali sono le caratteristiche del mammone italiano?
2. Quali sono i risultati della ricerca dell'Istituto Lard?
3. Perché i figli e i genitori italiani hanno difficoltà a separarsi?
4. Quali sono le conseguenze del fenomeno dei mammoni nella società italiana?
5. Quali sono i vantaggi e gli svantaggi di abitare con i genitori anche da adulti?
6. Come si può definire un mammone nel tuo paese? Conosci qualcuno?
7. Qual è la tua opinione sui mammoni? E sui figli di papà?
8. Abiteresti con i tuoi genitori oppure vicino a loro dopo l'università? Perché?

3 **Un'altra opinione** Leggete il paragrafo e rispondete alle domande.

I genitori traggono beneficio dalla compagnia e dai servizi che i figli possono offrire e soprattutto, secondo la ricerca, dall'opportunità di costringere° i figli a osservare le loro regole. Mentre, quindi, per i genitori la situazione risulta vantaggiosa, al contrario i giovani si trovano con le ali tarpate°, sono spesso disoccupati°, viaggiano di meno e faticano a mettere su famiglia°. «Il prezzo che i giovani italiani si trovano a pagare è una scarsa indipendenza e, a lungo termine, poca soddisfazione nella vita. In conclusione, riteniamo che i genitori italiani si sforzino molto per farsi amare dalla loro prole°, ma in un certo senso comprano questo amore in cambio dell'indipendenza dei figli», hanno concluso i ricercatori.

(Fonte: Il Corriere della Sera, 3 febbraio 2006)

costringere *to force* **le ali tarpate** *clipped wings* **disoccupati** *unemployed* **faticano a...** *find it hard to start a family* **la prole** *offspring*

1. Come è diversa l'opinione espressa nell'articolo rispetto a quella della lettura?
2. Chi è responsabile del mammismo, secondo l'articolo?
3. Quali sono i vantaggi di tenere i figli in casa per i genitori?
4. Secondo te, il mammismo è un fenomeno temporaneo o a lungo termine?

4 **Situazioni** In gruppi di tre, improvvisate un dialogo basato su una di queste situazioni e recitatelo per gli altri studenti.

A
A Roma uno/a studente(ssa) di 18 anni deve spiegare ai suoi genitori molto protettivi che vuole frequentare l'università di Bologna e che vuole abitare con degli amici. I suoi genitori preferiscono che frequenti l'università vicino a casa e che abiti con loro.

B
A New York uno/a studente(ssa) che ha appena finito l'università vuole tornare ad abitare con i suoi genitori prima di decidere cosa fare del proprio futuro, ma loro non sono d'accordo. Preferirebbero che il/la figlio/a cominciasse subito a lavorare e che fosse indipendente.

Practice more at **immagina.vhlcentral.com.**

Preparazione

Reading

A proposito dell'autrice

Elsa Morante (Roma, 1912–1985) ha scritto alcuni libri fondamentali per la storia della letteratura italiana. *La storia* (1974) è il suo libro più importante, iniziato nel 1943 quando si era rifugiata in un paesino vicino a Roma con il marito, Alberto Moravia, anche lui un famoso scrittore. Finita la guerra, la casa della coppia a Roma divenne il ritrovo del mondo intellettuale romano di sinistra. I racconti, le fiabe e i romanzi della Morante sono un inno (*hymn*) alla vita, anche quando la guerra cerca di distruggere le cose più belle.

Vocabolario della lettura		Vocabolario utile
l'anima *soul*	**la palpebra** *eyelid*	**l'estraneo/a** *stranger*
bussare *to knock*	**la pelliccia** *fur*	**il fantasma** *ghost*
dare retta *to pay attention*	**rubare** *to steal*	**l'ingenuità** *naïveté*
la dentiera *denture*	**il sangue** *blood*	**invecchiare** *to age*
la gengiva *gum*	**sordo/a** *deaf*	**il miracolo** *miracle*
il legno *wood*	**spettinare** *to muss hair*	**strano/a** *strange*

Teach students common expressions with the word **anima**. Examples:
con tutta l'anima *with all one's heart*
buon'anima *may he/she rest in peace/God rest his/her soul*
l'anima della festa *the life and soul of the party*
rompere l'anima a qualcuno *to drive somebody mad*

Nota CULTURALE

Il romanzo° più famoso della Morante, **La storia**, dopo una breve carrellata° storica che va dal 1900 al 1940, è un grande affresco degli anni della Seconda Guerra Mondiale. Il carattere popolare e poetico dello stile narrativo dell'autrice rendono *La storia* uno dei più importanti romanzi storici del Novecento°.

romanzo *novel* **carrellata** *overview* **Novecento** *twentieth century*

1 **Definizioni** Trovate la definizione adatta ad ogni parola.

c	1. la dentiera	a. parte immortale dell'uomo
e	2. l'ingenuità	b. liquido che scorre nelle vene
b	3. il sangue	c. dentatura artificiale
f	4. il fantasma	d. che non sente
d	5. sordo	e. l'essere ingenuo; candore
h	6. la gengiva	f. apparizione soprannaturale
a	7. l'anima	g. battere alla porta per farsi aprire
g	8. bussare	h. parte carnosa che copre la base dei denti

2 **Preparazione** In coppia, fatevi le seguenti domande.

1. Quando eri piccolo passavi del tempo con i nonni? Ti piaceva stare con loro?
2. È importante che i bambini passino del tempo con i nonni? Perché?
3. Secondo te, per un bambino è meglio stare con un nonno o con una baby-sitter? Perché?
4. Da piccolo inventavi storie fantastiche per spiegare cose che non capivi?
5. Ti ricordi una storia divertente di quando tu e uno dei tuoi nonni non vi siete capiti?

3 **Discussione** In piccoli gruppi, discutete queste domande.

1. Invecchiare fa paura? Puoi fare un esempio di metodi che la gente usa per cercare di esorcizzare (*exorcize*) la paura di invecchiare?
2. I bambini spesso si trovano in situazioni pericolose e non lo sanno. Ti ricordi di essere mai stato/a in una situazione pericolosa senza saperlo? Che cosa è successo?

Practice more at **immagina.vhlcentral.com.**

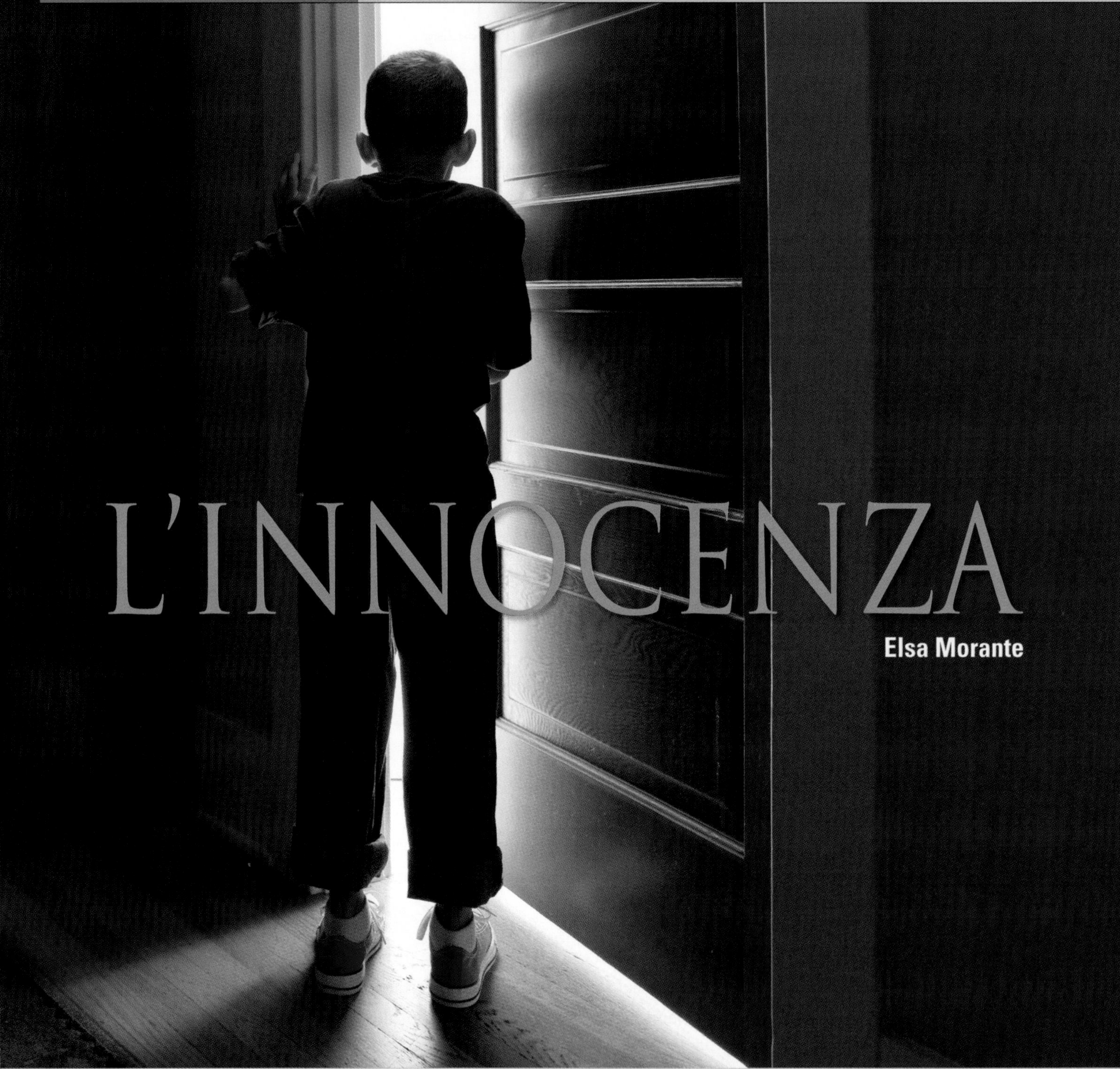

L'INNOCENZA

Elsa Morante

Certo non è saggio° lasciare in casa, soli, una nonna decrepita° e un nipote che appena incomincia a cambiare i denti. La colpa° di ciò che può accadere° non ricadrà° su loro due, ma sugli altri.

Il piccolo Camillo era rimasto in casa solo con la nonna. Questa nonna era sorda, e gli anni innumerevoli° l'avevano succhiata° fino a ridurla° quasi un piccolo scheletro di legno. Non solo, ma per tenere insieme quei suoi quattro ossicini° di legna, ella era costretta° a fasciarsi stretta stretta sotto le sottane°, come un fantolino°. La sua testa minuscola e rotonda, quasi nuda° di capelli, dondolava°, e le palpebre grige rimanevano sempre abbassate°. Non era, lei, una di quelle nonne che raccontano favole: se ne

wise
decrepit, very old
fault
happen
won't fall
countless/drained
reduce her
little bones
forced
skirts/baby
naked, deprived
bobbed
lowered

Audio: Dramatic Recording

stava tutta rannicchiata° nel seggiolone° dall'alto schienale°, borbottando° tra sé parole che sdrucciolavano° tra le sue gengive tremolanti°. E il nipote, tranquillo, seduto sullo sgabello°, ricontava le pietre del pavimento (giacché da poco aveva imparato a contare).

Mentre così passavano il tempo, si udì bussare forte all'uscio°. Camillo eccitato strillò°:

—Nonna, bussano! —

—Ma no, no, non è l'ora della minestrina° —borbottò la nonna che, come si è detto, era sorda.

—Macché, nonna, ho detto che bussano! —strillò più forte il bambino.

—La vuoi col brodo o col latte? —chiese biascicando° la nonna.

Allora Camillo scosse° il capo con rassegnazione, e, saltato giù dallo sgabello, corse° ad aprire. Fu stupefatto al vedere una grande e bellissima signora con una pelliccia violacea°, con riccioli° scuri intorno al viso ovale e malato, le dita lunghe e candide° intrecciate con languore°. —È permesso? —chiese la signora, con una voce pigra, che pareva il suono dell'organo. E Camillo, inesperto com'era, disse:

—Accomodatevi°.

La signora si sedette in anticamera°, e il suo corpo, mezzo nudo sotto la pelliccia, pareva di statua; senonché° la faccia non era di statua, era di donna triste e pazza, e ogni tanto, per aumentare quell'apparenza, ella si scompigliava° tutti i capelli. Così spettinata, sembrava un nero temporale°. Camillo pensò che fosse suo dovere distrarla°, e incominciò a raccontarle della nonna:

— Mia nonna, —disse, —ha gli orecchi sbagliati e non capisce niente. Se dico «due» capisce «uno» (avendo imparato da poco a contare, egli faceva sfoggio° di esempi numerici).

—Le nonne diventano così —balbettò° la signora con voce rauca°. E accavallò° sfacciatamente° le gambe nude.

—Mia nonna non ha sangue, —aggiunse in fretta Camillo, —è come

curled up/high chair; back of a chair/mumbling; slipped; trembling gums; stool; door; yelled; broth soup; slurring; shook; ran; purple-ish/curls; white; listlessly; Come in; hall; except; ruffled up; storm; distract her; showed off; stuttered; hoarse/crossed; boldly

una formica°. Mia nonna non ha denti per mangiare. Anch'io da piccolo ero così, ma adesso no. Guardi qui c'è un buchettino° vuoto, ma presto spunterà° il dente nuovo.

—Foglie, fiori e denti spuntano, —sentenziò° la visitatrice con aria severa, fissandolo con occhi rabbuiati°.

—Mia nonna non esce mai di casa, —proseguì Camillo in tono saccente°, —non cammina, è come una sedia, come... come il muro. Ma ogni tanto parla, e nessuno le dà retta. Mia nonna ha novantacinque anni.

—Novantacinque primavere e basta, —corresse la signora. E detto questo si spettinò con furia ed ebbe una specie di singhiozzo°.

—Primavera è una stagione, —esclamò Camillo, fiero° della propria dottrina°. —Quand'io sarò grande, comprerò una dentiera per la nonna, coi denti d'oro, e pure un carretto col ciuco° per portarla a spasso°.

—Ah, ah, ah! Innocente! Innocente! —gridò la signora balzando in piedi con una risata sfrontata° e terribile.

—Addio, mio bell'innocente. Me ne vado.

—Non aspetti? —chiese Camillo deluso.

—Ah, ah, ah, me ne vado, —ripeté la signora, e Camillo si accorse che uscendo ella raccoglieva un non so che da un angolo e se lo nascondeva nel pugno°, sotto la pelliccia; gli parve qualcosa come una bambolina di legno.

—Che hai rubato? —le gridò rincorrendola° sulla scala. Ma quella, coi capelli al vento, sempre ridendo orribilmente se ne andò, e pareva tuono quando dilegua°.

Camillo furibondo° ritornò dalla nonna, e la trovò addormentata. Questo sonno durò in eterno. Soltanto adesso, fattosi grande°, Camillo ha capito ogni cosa. L'oggetto misterioso rubato da quella signora, e da lui creduto una bambolina di legno, era invece l'anima della nonna. Infatti quella bellissima signora, che lui stesso aveva lasciato entrare per innocenza, era la Morte. ■

ant; empty little space; will appear; pronounced; darkened; pedantic, know-it-all; sob; proud/knowledge; buggy with a donkey; take her around; shameless laugh; fist; running after her; fade away; furious; all grown up

Analisi

1

Comprensione Scegli quale frase è vera in ogni coppia.

1. (a.) La nonna di Camillo è sorda. b. La nonna di Camillo è muta.
2. a. Camillo vuole mangiare la minestrina col latte.
   (b.) Camillo vuole dire che qualcuno bussa alla porta.
3. a. Alla porta c'è una signora bellissima che Camillo conosce.
   (b.) Alla porta c'è una signora che Camillo fa accomodare anche se non la conosce.
4. (a.) La signora si spettina e sembra una pazza (*crazy woman*).
   b. La signora ha la faccia di una statua.
5. (a.) Camillo dice che anche lui non aveva denti come la nonna.
   b. Camillo dice che i denti spuntano (*begin to grow*) come i fiori.
6. (a.) La signora è divertita dall'ingenuità di Camillo.
   b. La signora prende in giro Camillo.

2

Interpretazione Scegli una risposta e poi, con un(a) compagno/a, discuti perché ti sembra giusta.

1. Camillo è ____
   a. un bambino che può già stare da solo in casa. (b.) un bambino che non va ancora a scuola. c. un bambino che ha già perso tutti i denti da latte. d. un fantolino (*baby*).
2. La signora ____
   a. è una pazza scappata dal manicomio (*mental home*). b. è un'amica della nonna. c. vende delle bambole. (d.) è un po' strana e dà risposte criptiche.
3. Camillo è un bambino ____
   (a.) socievole che cerca di intrattenere come un grande.
   b. solo che parlerebbe con chiunque (*anyone*). c. antipatico.
   d. che ha fame e non ha voglia di parlare.
4. La signora ____
   a. entra nelle case dove ci sono vecchi per rubare. b. è la mamma di Camillo e vuole portarlo via. c. fa collezione di bamboline e ne trova una rara in casa di Camillo. (d.) è la Morte che Camillo si immagina bellissima e pallida.
5. La nonna ____
   a. dorme tranquilla mentre Camillo parla con la signora. (b.) muore perché Camillo lascia entrare la signora. c. cucina la minestrina che Camillo voleva mangiare. d. muore perché la signora ruba la sua bambolina preferita.

3 This is a good exercise to make students learn new adjectives. You will have to give the definition of quite a few of the ones listed. A follow-up activity could be asking them whether they agree with the adjectives given and how else they would describe the characters listed. Ask them to come up with at least one new adjective and see what kind of general ideas emerge about the characters.

3

Personaggi Scegli gli aggettivi che descrivono meglio i tre personaggi. Usa il dizionario per cercare gli aggettivi che non conosci.

Answers may vary. Suggested answers.

a. sexy	f. ingenuo	m. saccente	r. sorpreso
b. loquace	g. fiducioso	n. fragile	s. criptico
c. sordo	h. stanco	o. vecchio	t. silenzioso
d. lento	i. misterioso	p. bizzarro	u. indifeso
e. provocante	l. curioso	q. ladro	v. ospitale

- Camillo
  b, f, g, l, m, r, v
- la nonna
  c, d, h, n, o, t, u
- la signora
  a, e, i, p, q, s

4 **Discussione** In coppia, rispondete a queste domande.

1. Secondo te, per quale causa muore la nonna?
2. La nonna del racconto è proprio così o è come sembrava a Camillo bambino?
3. La signora, secondo te, è vera o immaginaria?
4. Immagina che Camillo non apra la porta: come cambia la storia?
5. Perché Camillo crede che la signora abbia rubato proprio una bambolina? Qual è il significato della bambolina?

5 **Opinioni** In coppia, rispondete a queste domande.

1. Com'eri tu da bambino/a? Eri fiducioso/a o diffidente?
2. C'erano delle regole che dovevi seguire anche quando non c'era con te un adulto? Quali? Dinne due.
3. Ti sei mai trovato in situazioni in cui eri più responsabile dell'adulto che era con te?
4. Come t'immagini la morte?
5. Hai paura della vecchiaia e della morte? Perché?
6. Il racconto finisce con Camillo adulto che capisce un episodio del passato modificato dalla sua fantasia di bambino. Conosci altre storie, romanzi, film che hanno la stessa struttura (un adulto che guarda al passato)?

6 **Inventa una storia!** In gruppi di tre o quattro, inventate una scenetta in cui pensate a soluzioni alternative al finale descritto nel racconto.

- I genitori di Camillo arrivano mentre sta parlando con la signora. La vedono anche loro o è solo immaginata da Camillo? Se la vedono, cosa succede? Diventano anche loro vittime?
- Cambia il carattere dei tre personaggi: Camillo è molto timido, la morte è un vecchio, la nonna non è sorda. Come cambiano le dinamiche tra i tre?
- La nonna in realtà non è sorda! È un super-eroe che aspettava la morte per sconfiggerla (*defeat her*). Immagina una storia completamente inventata: super-eroe, alieno, figura religiosa; immagina una nonna combattiva. Come reagisce Camillo quando vede che la nonna è fortissima?

6 Students should have a lot of freedom with this exercise. The idea is to see how they can change the outcome and perhaps even the spirit of the story. While they work in small groups, walk around and provide extra vocabulary. The planning phase should not last longer than 15-20 minutes. Have students act out their remakes in class.

7 **Generazioni a confronto** Come si comportano generazioni diverse?

A. In gruppi di tre, parlate di come si comportano di solito i bambini e i vecchi che conoscete nelle seguenti situazioni.

compleanni	nascita di un nuovo bambino
Giorno del Ringraziamento	Natale
matrimoni	traslochi (*moves*)
funerali	vacanze

B. Come si comportano gli adolescenti e gli adulti? Trovi che abbiano delle reazioni totalmente diverse?

8 **Tema** Scrivi due paragrafi e racconta un episodio della tua infanzia con uno dei tuoi nonni o con una persona anziana che sia stata importante per te.

Practice more at **immagina.vhlcentral.com.**

Laboratorio di scrittura

Brainstorm with students the different kinds of informative, narrative, and persuasive essays they might encounter. Examples:
• How-to essays vs. descriptive essays about a topic
• Dramatic narratives vs. humorous anecdotes
• Newspaper ads that look like an article vs. editorials on a political issue.

Quickly review with students each of the key elements listed in the model essay structure.

Preparazione: Tipi e struttura di un saggio

Nelle lezioni precedenti è stato esaminato il saggio di tipo argomentativo che difende una tesi. Altri tipi di saggio possono essere:

- **Informativo** Si dichiara un tema. Si deve essere obbiettivi e non presentare opinioni personali. Si devono offrire informazioni e contesto necessari perché il lettore possa capire.
- **Persuasivo** Il fine è convincere il lettore della posizione dell'autore su un tema. Si devono presentare argomenti a favore e contrari, e dimostrare che la posizione dell'autore è corretta.
- **Narrativo** Si racconta una storia o un episodio. È necessario usare una sequenza logica che descriva l'accaduto dall'inizio alla fine.

Il tipo di saggio e la sua lunghezza dipendono dall'intenzione dell'autore e dal tipo di pubblico. Ecco un modello per un tipico saggio di cinque paragrafi:

- **Primo paragrafo:** Introduzione/Tesi (in un saggio lungo nell'introduzione si possono anticipare le proposizioni principali);
- **Secondo paragrafo:** Prima proposizione principale e argomenti;
- **Terzo paragrafo:** Seconda proposizione principale e argomenti;
- **Quarto paragrafo:** Terza proposizione principale e argomenti;
- **Quinto paragrafo:** Ricapitolazione/Conclusione.

Pratica **In coppia, scrivete tre o quattro frasi di tipo informativo, persuasivo e narrativo partendo da questa affermazione: «Imparare l'italiano è difficile ma importante».**

Requisiti

1. Prima di scrivere, scegli e dichiara il tipo di saggio a cui lavorerai: informativo, persuasivo o narrativo.
2. Il saggio deve far riferimento ad almeno due dei quattro brani studiati in questa lezione e nelle precedenti lezioni e contenuti in **Cortometraggio**, **Immagina**, **Cultura** e **Letteratura**.
3. Il saggio deve svolgersi in cinque paragrafi, come suggerito nel modello.
4. Il saggio deve essere lungo almeno due pagine.

Saggio **Scegli uno di questi argomenti e scrivi un saggio.**

I bambini ricorrono al mondo della fantasia quando giocano e anche quando sono di fronte a situazioni nuove che non capiscono. Gli adulti devono incoraggiare questa fantasia o cercare di mostrare loro la realtà?

Responsabilizzare i bambini li aiuta a diventare adulti migliori o bambini a metà?

Si finisce mai di essere genitori? Si finisce mai di essere bambini?

In famiglia

Audio: Vocabulary Flashcards

I rapporti di parentela

il/la (bis)nonno/a *(great-) grandfather/grandmother*
il/la cugino/a *cousin*
il/la figlio/a (unico/a) *son/daughter; (only) child*
il/la figlioccio/a *godson/goddaughter*
il/la gemello/a *twin*
il genero *son-in-law*
il genitore (single) *(single) parent*
la madrina *godmother*
il marito *husband*
la moglie *wife*
il/la nipote *nephew/niece; grandson/granddaughter*
la nuora *daughter-in-law*
il padrino *godfather*
il/la parente *relative*
la parentela *relatives; family relationship*
lo/la sposo/a *groom/bride*
il/la suocero/a *father-/mother-in-law*
lo/la zio/a *uncle/aunt*

---

adottivo/a *adopted; adoptive*
imparentato/a *related*
lontano/a *distant*
materno/a *maternal*
paterno/a *paternal*

---

aspettare un figlio *to be expecting (a baby)*
essere incinta *to be pregnant*

Le tappe della vita

l'età adulta *adulthood*
la giovinezza *youth*
l'infanzia *childhood*
la maturità *maturity*
la morte *death*
la nascita *birth*
la vecchiaia *old age*

Le generazioni

l'antenato *ancestor*
le radici *roots*
il salto generazionale *generation gap*
il soprannome *nickname*

---

assomigliare *to resemble*
ereditare *to inherit*
sopravvivere *to survive*

La vita in famiglia

diventare indipendente *to become independent*
educare *to raise*
essere desolato/a *to be sorry*
litigare *to quarrel, to fight*
pentirsi *to regret*
punire *to punish*
rimproverare *to scold*
sormontare *to overcome*
trasferirsi *to move*
viziare *to spoil*

La personalità

il carattere *personality*

---

affiatato/a *close-knit*
amabile *lovable*
autoritario/a *bossy*
codardo/a *coward*
egoista *selfish*
furbo/a *sly, shrewd*
insopportabile *unbearable*
maleducato/a *bad-mannered*
possessivo/a *possessive*
remissivo/a *submissive*
ribelle *rebellious*
severo/a *strict*
socievole *sociable; friendly*
testardo/a *stubborn*
vanitoso/a *vain*
vivace *lively*

Cortometraggio

la bambola *doll*
il banco *(check in) counter*
la cabina di controllo *cockpit*
i carabinieri *military police*
il/la fidanzato/a *boyfriend/girlfriend*
la lavatrice *washing machine*
il nastro trasportatore *luggage carousel/moving walkway*
l'ordigno *bomb*
il rinforzo *reinforcement*
lo zainetto *small backpack*

---

accomodarsi *to make oneself comfortable*
avvicinarsi *to go/come near*
cercare *to look for*
fare il bucato *to do the laundry*
sorridere *to smile*
stare in fila *to stand in line*

Cultura

le abitazioni *housing*
il mammone *mama's boy*
il nucleo familiare *family unit*
il ruolo *role*
il vitto e l'alloggio *room and board (lit. food and apartment)*

---

assumersi una responsabilità *to assume responsibility*
prendere l'iniziativa *to take initiative*
rimandare *to postpone*

---

abbiente *affluent*
autosufficiente *self-sufficient*
di prima necessità *absolutely necessary*

Letteratura

l'anima *soul*
la dentiera *denture*
l'estraneo/a *stranger*
il fantasma *ghost*
la gengiva *gum*
l'ingenuità *naïveté*
il legno *wood*
il miracolo *miracle*
la palpebra *eyelid*
la pelliccia *fur*
il sangue *blood*

---

bussare *to knock*
dare retta *to pay attention*
invecchiare *to age*
rubare *to steal*
spettinare *to muss hair*

---

sordo/a *deaf*
strano/a *strange*

INSTRUCTIONAL RESOURCES
Supersite: Testing program

LEZIONE 6

La società che si evolve

Viviamo in un mondo in cui culture ed etnie si incontrano e si mescolano, ma non sempre con tolleranza e in armonia. Troppo spesso l'«altro» e il «diverso» ci fanno paura. Quali passi si possono fare per promuovere l'integrazione e superare (*overcome*) le divergenze (*differences*)? Come possiamo creare un mondo in cui la mente e lo spirito si possono arricchire (*enrich*) nella convivenza (*sharing*) delle differenze?

201

226

Destinazione:
L'ITALIA MERIDIONALE

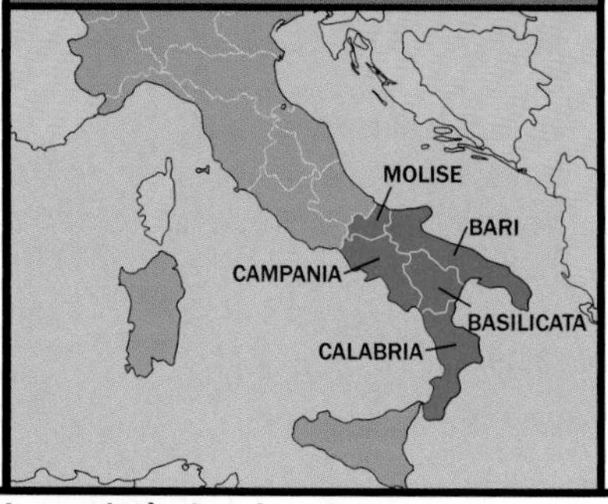

PREVIEW Invite students to observe the photo on page 194. Ask: **Pensi che questa sia una foto contemporanea, scattata in Italia in questi anni? Perchè sì e perchè no? Pensi che le persone ritratte in questa foto appartengano alla stessa comunità o classe sociale? Questa foto potrebbe rappresentare una sezione della società italiana di 40 anni fa? Perchè sì e perchè no?**

Società e cambiamenti

Audio: Vocabulary

I cambiamenti

adattarsi *to adapt*
adeguarsi *to adjust*
appartenere *to belong to*
arricchirsi *to become rich*

aumentare *to increase*
conformarsi *to conform*
diminuire *to decrease*
impoverirsi *to become poor*
ottenere *to obtain; to achieve*

pianificare *to plan*
realizzare *to fulfill; to achieve*
stabilirsi *to settle*
tutelare *to protect, to defend*

INSTRUCTIONAL RESOURCES
Supersite: Audioscripts, SAM AK, Lab MP3s
SAM/WebSAM: WB, LM

SINONIMI E CONTRARI
fedele ↔ credente
il maltrattamento ↔ l'offesa
musulmano ↔ islamico
tutelare ↔ difendere
ateo ≠ devoto
l'integrazione ≠ l'emarginazione

Point out that **credere a qualcuno** means *to believe what someone says* while **credere in qualcuno/Dio** means *to trust someone/ to believe in God.*
While **cattolico**, **musulmano**, and **protestante** work both as nouns and as adjectives, **ebreo** is a noun (*Jew*) that can be used as an adjective (*Jewish*) only when referring to a person (**un bambino ebreo**). The adjective **ebraico** is used in other instances (**la religione ebraica**).

Le tendenze sociali

la (s)comparsa *(dis)appearance*
la diversità *diversity*

la globalizzazione *globalization*
l'integrazione *integration*
la lingua madre *native language*
la (sovrap)popolazione *(over)population*
(il)lo (sotto)sviluppo *(under)development*
il tasso di natalità *birthrate*
il tenore di vita *standard of living*

(anti)conformista *(non)conformist*
multilingue *multilingual*

I problemi e le soluzioni

il caos *chaos*
la comprensione *understanding*

il conflitto di classe *class conflict*
il diạlogo *dialogue*
l'incertezza *uncertainty*
il maltrattamento *abuse; mistreatment*
la polẹmica *controversy*
la povertà *poverty*
il razzismo *racism*
la volontà *will, wish*

lamentare/lamentarsi *to regret, to lament*
lottare *to fight, to struggle*
manifestare *to demonstrate*
reclamare *to complain, to protest; to claim*
superare *to overcome*
tirare avanti *to forge ahead*

Le convinzioni religiose

la cattedrale *cathedral*

la chiesa *church*
Dio *God*
la fede *faith*
il/la fedele *believer*
la libertà di culto *freedom of worship*
la moschea *mosque*
il papa *pope*
il prete *priest*
il rabbino *rabbi*
la sinagoga *synagogue*
il/la santo/a *saint*

crẹdere *to believe*
pregare *to pray*

agnọstico/a *agnostic*
ạteo/a *atheistic*
cattọlico/a *Catholic*
ebreo/a *Jewish*
musulmano/a *Muslim*
protestante *Protestant*

Nota CULTURALE

In Italia, specialmente nel Sud, **l'onomastico** (*name day*), il giorno associato al santo da cui la persona ha preso il nome, è un evento importante in cui gli italiani dicono **Auguri!** proprio come per il compleanno.

Pratica

1 **Sinonimi e contrari** Collega ogni parola al suo sinonimo o al suo contrario.

Sinonimi		Contrari	
1. miscredente	ateo	5. emarginazione	integrazione
2. poliglotta	multilingue	6. uguaglianza	diversità
3. adattarsi	adeguarsi	7. certezza	incertezza
4. programmare	pianificare	8. arricchirsi	impoverirsi

2 **Una domenica in Vaticano** Completa la conversazione con le parole della lista.

ateo	fede	libertà di culto	pregare
cattolici	fedeli	papa	sinagoga

NICOLA Ecco! Questa è la basilica di San Pietro!

JOHN Ma quanta gente! Come mai?

NICOLA Perché è domenica. Ogni domenica a mezzogiorno il (1) ___papa___ si affaccia al balcone della basilica e recita l'Angelus insieme ai (2) ___fedeli___.

JOHN Tutta questa gente è venuta qui per (3) ___pregare___? A proposito, è vero che gli italiani sono poco aperti alle religioni diverse da quella cattolica?

NICOLA Ma no; a Roma c'è anche la Grande Moschea, il centro islamico più grande d'Europa! Abbiamo anche una bellissima (4) ___sinagoga___ ebraica. Nonostante i (5) ___cattolici___ siano la maggioranza, in Italia c'è (6) ___libertà di culto___ e quindi anche altre religioni possono professare la propria (7) ___fede___.

JOHN Mi sembra giusto! Io sono un intellettuale (8) ___ateo___ e penso che sia opportuno dare spazio a tutti.

NICOLA Sono d'accordo. Ma è importante conoscere i monumenti cattolici per capire il patrimonio storico, culturale e artistico dell'Italia.

3 **Definizioni** In gruppi di tre o quattro, definite le parole della lista. Poi, componete una storia utilizzandone almeno sei.

impoverirsi	reclamare	la sovrappopolazione	il tenore di vita
incertezza	il sottosviluppo	superare	tirare avanti

4 **Nel 3215** Siete nel 3215. Molti abitanti del pianeta B612 si trasferiscono su H724, dove cominciano una nuova vita. Immaginate di essere due inviati speciali de *La gazzetta dello spazio* e descrivete, in due brevi articoli, le situazioni che hanno portato all'emigrazione dal pianeta B612 e le nuove condizioni di vita su H724.

Modello Articolo 1: La vita su B612 è diventata insostenibile....

Articolo 2: La vita su H724 comincia lentamente ma si presenta ricca di nuove opportunità....

Practice more at **immagina.vhlcentral.com.**

Nota CULTURALE

Secondo un recente studio condotto dal CESNUR (Centro Studi Nuove Religioni) in Italia si contano oggi circa 600 confessioni religiose. Pur rimanendo un paese a maggioranza cattolica, l'Italia si sta aprendo infatti a nuove fedi e nuove culture. In particolare e in ordine di importanza numerica, al fianco dei **cattolici** si contano oggi in Italia molti **cristiani ortodossi**, **protestanti**, **ebrei**, **testimoni di Geova**, **musulmani**, **Bahai**, **induisti**, **buddisti**, **sikh**, **radhasoami** e fedeli di altre religioni di origine orientale e giapponese.

(FONTE: cesnur.org)

2 Explain that the **Angelus** is a devotion of the Catholic Church said in the morning, at noon, and in the evening. Every Sunday at noon the Pope gives a short talk from a balcony of Saint Peter's Church to the people who have gathered in San Peter's Square. After the talk, the Pope and the people recite the Angelus together.

2 Mention that **come mai?** is just another way to say **perché?**

3 Monitor the groups while they are working on their stories, then ask volunteers from each group to read their story to the class.

4 Ask students if they think the situation on Earth is more similar to the one described for planet B612 or planet H724. Encourage them to point out similarities and differences. Discuss possible solutions to the problems that have been identified on the two planets.

NATIONAL STANDARDS connections cultures communication

INSTRUCTIONAL RESOURCES
Supersite/DVD: Film Collection
Supersite: Script & Translation

To help students understand some of the references in the film, point out that **Linate** is the Milan airport, **l'impepata di cozze** is a traditional Neapolitan dish of mussels, and that **via Montenapoleone** is a famous street in Milan. You might want to review Italian regions and islands with a map. Mention the inhabitants of different cities/regions, such as **i calabresi**, **i siciliani**, **i romani**, **i torinesi**, and remind students that there are often enormous linguistic and cultural differences among Italians, sometimes even between neighboring towns.

Preparazione

Vocabolario del cortometraggio

il capitone *large eel*
la corriera *long-distance bus*
l'ẹstero *foreign countries*
il ferroviẹre *railway employee*
il maltempo *bad weather*
il panettone *Christmas bread*
il tassista *taxi driver*
la vigilia *eve*

Vocabolario utile

il dialetto *dialect*
l'incomprensione *lack of understanding*
meridionale *southern*
il pregiudizio *prejudice*
il proverbio *proverb*
il realismo *realism*
settentrionale *northern*
lo stereọtipo *stereotype*
la tradizione *tradition*
l'umorismo *humor*

ESPRESSIONI

ammazzare il tempo *to kill time*
Che fretta c'è? *Why rush?*
Che peccato! *What a shame!*
farsi i fatti propri *to mind one's business*
mangiare in bianco *to eat light*
più o meno *more or less*
Sono stufo/a! *I've had enough!*
Vuoi/Vuole favorire? *Would you like some (food or drink)?*

1 **Definizioni** Abbina ogni parola con la sua definizione.

1. La vigilia di Natale è _e_	a. quando le persone non si capiscono bene.
2. Il tassista _g_	b. è un tipo di autobus per viaggi più lunghi.
3. L'incomprensione si crea _a_	c. è un tipo di pesce che si mangia a Natale.
4. Il capitone _c_	d. sono le regioni del Nord Italia.
5. La corriera _b_	e. la sera prima del giorno di Natale.
6. Il senso dell'umorismo _f_	f. può aiutarci a ridere anche nelle situazioni difficili.
7. Un pregiudizio _h_	g. guida il taxi.
8. Il Meridione _i_	h. è un'opinione formata prima di esaminare i fatti.
9. Il Settentrione _d_	i. è la zona del Sud Italia.

2 Tell students that **il panettone**, literally *big bread*, is a Christmas dessert with candied fruit and sometimes nuts and chocolate. **La colomba**, which means *dove*, is a cake typical of Easter time and it is is covered with sugar and almonds.

2 **Feste e tradizioni** Guardate queste immagini di dolci tradizionali in Italia: li riconoscete? Come si chiamano? Quali sono i dolci che mangiate durante le feste? E per il vostro compleanno?

3

Intervista

A. Domanda agli altri studenti se si sono mai trovati nelle seguenti situazioni, come hanno reagito e cosa hanno imparato dall'esperienza. Prendete appunti mentre ascoltate.

Hai mai avuto questa esperienza?	Descrivi la situazione	Racconta la tua reazione	Cosa hai imparato?
viaggiare con una persona difficile			
sentirti vittima di uno stereotipo			
assaggiare un piatto che non ti è piaciuto per niente			
parlare con qualcuno con cui non eri d'accordo			
trovarti in una città poco ospitale			
avere una conversazione molto interessante con una persona che non conoscevi			
imparare una lezione quando non te l'aspettavi			

B. Dopo aver fatto le interviste, raccontate gli episodi più interessanti al resto della classe.

4

Opinioni Rispondete alle domande individualmente e poi commentate le risposte insieme.

1. Ci sono differenze culturali tra le diverse regioni del tuo paese?
2. Quante lingue diverse si parlano nel tuo paese? E nella tua comunità?
3. Secondo te, alcuni stereotipi corrispondono almeno in parte alla realtà?
4. Pensi che il clima e la posizione geografica possano influenzare le persone?
5. Qual è la tua festa preferita? Come la celebri? Segui delle tradizioni speciali?

5

Ipotesi biografiche In coppia, immaginate il carattere e la vita di questi due italiani.

- Come sarà la loro personalità?
- Dove abiteranno?
- Cosa faranno di professione? E nel tempo libero?
- Come sarà la loro famiglia?
- Quale piatto preferiranno?
- Cosa guarderanno alla televisione?

Practice more at **immagina.vhlcentral.com.**

TEACHING OPTION
Ask questions to introduce the topic of Neapolitan songs: **Avete mai sentito la canzone «O sole mio»? Conoscete delle altre canzoni napoletane?** Then point out the differences between the dialect and standard Italian in the lyrics. Ask: **Quali parole napoletane sono molto simili all'italiano? Quali parole sono invece diverse?** Point out that students will do a **Progetto** about Neapolitan songs on p. 205.

4 Ask (and help students answer) such questions as: **Come sono i milanesi? E i veneziani? Come sono gli americani rispetto agli italiani? Quali sono le differenze tra i texani e i newyorkesi? Riflettendo sugli stereotipi riguardanti le città italiane, prova a fare delle correlazioni con le città americane. È possibile paragonare gli stereotipi dei milanesi con quelli riguardanti alcune città degli Stati Uniti? Quali e perché?**

4 Ask additional questions: **Conosci degli immigrati italiani? E degli italiani o italo-americani famosi? Da quali regioni provengono? Se potessi scegliere, in quale regione italiana abiteresti? Perché?** As you discuss the differences between northern and southern Italy, you could mention how traditions and perceptions vary, dividing the country in two halves. The contrasts and rivalries between the two, which pre-date the country itself (Italy was unified in 1861), continue to cause political instability.

4 Divide class into two teams to debate question 3 or 4.

5 You might want to review the **futuro di probabilità** and how to use it when guessing or making hypotheses (See **pp. 176-177**).

Short Film

TEACHING OPTION Ask the students to pay attention to these elements as they watch the short: (1) holiday references; (2) special effects; (3) stereotypes.

LACREME NAPULITANE
Menzione speciale
Clermont Ferrand
Film Festival
una produzione di FRANCESCO SATTA e CASA CIRCONDARIALE
sceneggiatura e regia FRANCESCO SATTA direttore di produzione
IGOR BELLINELLO. attori principali ANTONIO ALLOCA, DARIO OPPIDO,
ADAM SELO, LYSANDRA CORIDON, DAVID WHITE, MARCO MANFREDI
montaggio ANDREA MAGUOLO fotografia MICHELE D'ATTANASIO

Trama *Un milanese ed un napoletano attraversano l'Italia sullo stesso treno ma con due prospettive completamente diverse.*

RADIO ...il maltempo divide in due l'Italia: mentre al Sud gli italiani si godono° una tiepida vigilia di Natale, al Nord le temperature sono in discesa° e la neve blocca i passi alpini e appenninici. Si prevedono perciò gravi disagi° per chi viaggia, con aeroporti chiusi e ritardi nella circolazione dei treni...

MILANESE Ferroviere, scusi, va a Milano?
FERROVIERE Chi, io? No.
MILANESE Non Lei, il treno.
FERROVIERE Più o meno.

NAPOLETANO Treni italiani sempre in ritardo!
DONNA INGLESE *What did he say?*
UOMO INGLESE *I don't know, but it's all so picturesque!*

NAPOLETANO Finalmente si parte! Pure voi, dotto', andate a Milano?
MILANESE Io... sarei già a casa da un pezzo, se non mi avessero chiuso Linate per la neve.
NAPOLETANO E che fretta c'è di arrivare a Milano? Dotto', non vi offendete, ma a me Milano non mi piace proprio. No. È brutta, è triste... insomma, non mi piace, anche se i milanesi dicono di no.

NAPOLETANO Scusate se mi permetto... Volete favorire?
MILANESE No, grazie: ho già il mio pranzo.
NAPOLETANO Senza complimenti...
MILANESE No, grazie.

godersi *to enjoy* **in discesa** *going down*
disagi *inconveniences*

NAPOLETANO Ma perché non vi tagliate 'sti capelli? Siete ridicolo!
MILANESE Adesso basta! Io intanto non sono ridicolo! E poi basta! E prima il capitone, e poi le canzoni, e poi cosa c'è stato ancora? Ma io sono stufo! Lei si deve fare i fatti suoi!

Nota
CULTURALE

Lacreme napulitane

Il titolo del corto viene da una canzone di Mario Merola (in italiano «Lacrime° napoletane») che esprime la nostalgia di un napoletano emigrato negli Stati Uniti. Scrivendo alla madre in occasione del Natale, pensa alla famiglia lontana e canta, in dialetto napoletano: *«e 'nce ne costa lacreme st'America a nuje napulitane/pe' nuie ca ce chiagnimmo 'o cielo 'e Napule/.../mia cara madre che sso', che sso' e denare?/ pe' chi se chiagne 'a patria nun sso' niente»* (e quante lacrime ci costa questa America a noi napoletani/per noi che piangiamo il cielo di Napoli/.../ mia cara madre, cosa sono i soldi?/per quelli che piangono la patria non sono niente).

lacrime *tears*

Sullo **SCHERMO**

Riordina la sequenza di questi eventi.

7 **a.** Il napoletano è da solo per la strada.
2 **b.** Il milanese sale sul treno.
6 **c.** Il milanese e il napoletano prendono il taxi a Milano.
1 **d.** Il milanese prende il taxi a Napoli.
4 **e.** Il milanese e il napoletano arrivano a Piacenza.
5 **f.** Il milanese e il napoletano salgono sulla corriera.
3 **g.** Il capitone spaventa i turisti.
8 **h.** Il ciclista ha un incidente.
9 **i.** Il napoletano e il milanese fanno amicizia.

Analisi

1 If students are unsure of answers, encourage them to watch the relevant scene(s) again.

Comprensione Scegli la risposta giusta.

1. Che giorno è?
   a. È una giornata lavorativa. (b.) È la vigilia di Natale. c. È il giorno di Natale.
2. Il milanese non prende l'aereo...
   a. perché non c'è un aeroporto a Napoli. (b.) a causa del maltempo.
   c. perché il treno è più veloce.
3. Quando il napoletano canta, gli altri passeggeri...
   a. applaudono tutti, incluso il milanese. (b.) applaudono, ma il milanese è irritato.
   c. sono irritati, ma il milanese applaude.
4. Mentre il treno attraversa l'Italia dai finestrini...
   a. si vedono delle città italiane. b. si vedono le stazioni delle città italiane.
   (c.) si vedono delle fotografie di città italiane.
5. Nella stazione di quale città i passeggeri scendono dal treno e prendono la corriera?
   (a.) A Piacenza. b. A Pisa. c. A Padova.
6. Il napoletano rimane per strada e non va a casa della figlia perché...
   a. si è dimenticato l'indirizzo a Napoli e non sa trovare la casa.
   (b.) non parla con la figlia da molto tempo e non conosce il suo indirizzo.
   c. la sua unica figlia è morta molti anni prima.

2 Point out that the use of **voi** for the second person singular is characteristic of the South and it indicates respect.

2 After discussing students' responses, you might explore other common stereotypes by asking: **Come sono gli italiani? Esistono degli stereotipi sugli italiani nel vostro paese? E come sono i vostri connazionali dal punto di vista degli italiani? Secondo il corto, si possono rompere gli stereotipi o essi rimangono, comunque, sempre una rappresentazione della realtà? Spiega perché sì oppure no. Che tipo di società viene descritta nel corto? Perché gli stereotipi nel film sono così esagerati? Come è possibile rompere uno stereotipo?**

Interpretazione Scegli la frase corretta tra le due. Poi, con un(a) compagno/a confrontate e spiegate le vostre risposte.

1. (a.) Secondo il napoletano, i milanesi hanno il cuore di pietra.
   b. Secondo il milanese, i napoletani hanno sempre fretta.
2. (a.) Secondo il milanese, i napoletani sono incivili e lenti.
   b. Secondo il milanese, i napoletani sono freddi.
3. a. I protagonisti litigano sempre perché sono ostinati.
   (b.) I protagonisti litigano sempre perché sono incompatibili.
4. a. I protagonisti usano il **Lei** quando si parlano.
   (b.) Il napoletano usa il **Voi** e il milanese il **Lei**.
5. (a.) I protagonisti sono caricature culturali delle loro città.
   b. I protagonisti rappresentano bene le loro rispettive città.

3 Point out that Milanese cuisine is in fact varied and excellent, in spite of negative stereotypes; the students may already be familiar with dishes such as **polenta, risotto, ossobuco, cotolette alla milanese, piccata di vitello**, etc. You might also want to list Neapolitan specialties: **pizza, espresso, spaghetti con le vongole, il babà, il ragù**, etc. Encourage students to add to the list.

Stereotipi

A. Fate una lista degli stereotipi sui napoletani e i milanesi suggeriti nel corto.

a. apprezzano i rapporti umani	e. hanno una cucina poco interessante	i. sono razionali
b. apprezzano il lavoro	f. hanno un'ottima cucina	l. sono appassionati
c. sono emotivi	g. parlano molto	m. sono freddi
d. hanno il cuore di pietra	h. parlano poco	n. sono sentimentali

Napoletani: a, c, f, g, l, n	**Milanesi:** b, d, e, h, i, m

B. In coppia, scegliete due stereotipi dalla parte A. Spiegate in che modo avviene (*happens*) il contrario nel corto; poi condividete le vostre risposte con il resto della classe.

4 **Critica** In coppia, rispondete alle domande. Answers will vary. Sample answers.

1. Che ruolo hanno i turisti inglesi nel film? Come sono rappresentati?
2. Come sono gli effetti speciali nel film?
3. Com'è la struttura del film? Come sono le scene all'inizio e alla fine?
4. Come interpretate la fine del film? Perché si vede il set con le telecamere, le luci e la macchina per la neve?
5. Come definiresti questo film a qualcun altro? Ironico? Malinconico? Realistico? Umoristico? Perché? Ti ricorda altri film?

5 **I rapporti umani** Qual è la reazione del tassista quando vede l'incidente? Qual è la reazione del milanese? Cosa rivelano dei loro caratteri? Ci sono altri esempi di reazioni nel film? Come avresti reagito tu nelle stesse situazioni?

MILANESE Cos'è successo?
TASSISTA Va' (*Look*) lì lo *stupid* con la bicicletta!
MILANESE Eh, ma si sarà fatto male!
TASSISTA Si sarà fatto male, però noi dobbiamo fare tutto il giro adesso!

6 **Opinioni** In piccoli gruppi, esprimete le vostre opinioni rispondendo alle domande.

1. Sei veloce a formarti un'opinione sulle persone che incontri per la prima volta?
2. Hai mai cambiato la tua prima impressione su una persona quando hai avuto l'opportunità di conoscerla meglio?
3. Pensi che il tuo ambiente ti dia la possibilità di conoscere una varietà di persone diverse?
4. Credi che internet e la televisione peggiorino o migliorino la nostra conoscenza del mondo e degli altri? Secondo te, quale effetto hanno sugli stereotipi?

7 **Incontro** In coppia, scegliete una situazione e improvvisate una conversazione fra due persone con opinioni e gusti diversi. Usate le parole e le espressioni nella lista.

chiacchierare | (non) essere d'accordo | insistere | spiegare

A

In aereo un(a) giovane è seduto/a vicino a una persona simpatica ma rumorosa, che ascolta il suo iPod a tutto volume e vuole assolutamente parlare. Il/La giovane spiega che ha appena finito gli esami di fine semestre e vuole semplicemente dormire, perché è stanchissimo/a.

B

Un(a) turista sta prendendo un caffè in un bar di Roma e incontra una persona italiana piena di pregiudizi sulla nazionalità del(la) turista. Dopo aver ascoltato, il/la turista cerca gentilmente di convincere l'italiano/a che si tratta solo di stereotipi che non corrispondono alla realtà e spiega quali sono alcuni dei pregiudizi sugli italiani.

Practice more at **immagina.vhlcentral.com.**

4 These are some possible answers to questions 1 to 4:
1. Anche i turisti sono degli stereotipi: pensano che gli italiani siano «pittoreschi» e sorridono anche quando non capiscono quello che si dice.
2. Sono volutamente falsi, stereotipati.
3. La struttura del film è simmetrica: tutti gli elementi sono presentati come opposti (l'inizio e la fine; il sud e il nord; il sole e la neve; il napoletano e il milanese ecc.). La fine rispecchia l'inizio del film.
4. Forse la fine rivela che la riconciliazione fra opposti è impossibile.

TEACHING OPTION Write some proverbs or sayings about Italian cities:
- **Vedi Napoli e poi muori.**
- **Tutte le strade portano a Roma.**
- **Milano la grande, Venezia la ricca, Genova la superba, Bologna la grassa, Firenze la bella, Padova la dotta, Ravenna l'antica, Roma la santa.**

Then, ask students:
1. Qual è il significato di questi proverbi?
2. Secondo voi, come sono nati? Ci sono forse delle ragioni storiche?
3. Pensando a quello che sapete sulle città italiane, siete d'accordo con il significato dei proverbi?
4. Ci sono dei proverbi simili sulla vostra città o paese?

If necessary, provide students with English explanations:
- You have to see Naples at least once in your life.
- All roads lead to Rome.
- Milan is great, Venice is rich, Genoa is haughty, Bologna is fat, Padova is learned, Ravenna is ancient, and Rome is blessed.

INSTRUCTIONAL RESOURCES Supersite: Teaching suggestions; **SAM/WebSAM:** WB

IMMAGINA

Reading

L'ITALIA MERIDIONALE

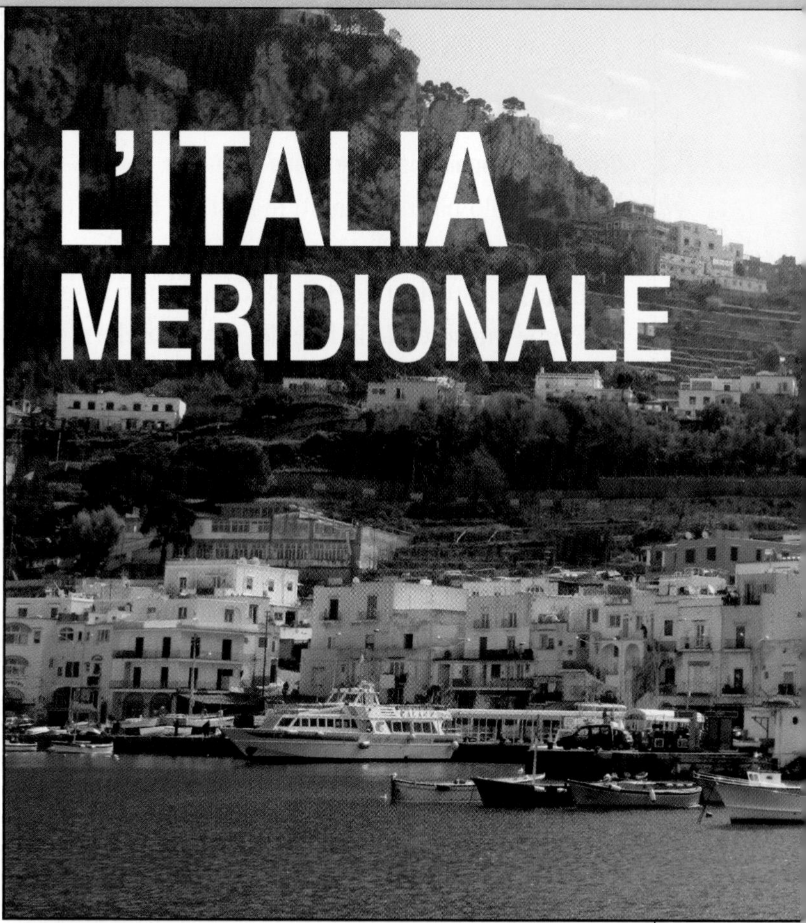

Tra storia e natura

Prima dell'unificazione d'Italia, conclusa nel 1861, le regioni del Sud Italia, tra cui **Campania**, **Molise**, **Basilicata**, **Puglia** e **Calabria**, per secoli sono state storicamente accomunate°. I Greci le hanno colonizzate dall'VIII secolo a.C.; dal III secolo i Romani le hanno invase°; in seguito, famiglie provenienti dal Nord Europa, dalla Spagna e dalla Francia hanno esercitato la loro dominazione unendo le regioni nei **Regni di Napoli** e **di Sicilia**.

Oggi, ciò che continua ad accomunare queste regioni è la bellezza del territorio e delle coste insieme ad arte, storia e cultura incomparabili.

I litorali° offrono scenari straordinari. La tortuosa e suggestiva **Costiera Amalfitana**, in Campania, è una finestra sulle isole di **Capri** e **Ischia**. Le insenature° e le grotte° delle coste pugliesi, in particolare quelle del **Gargano**, sono altrettanto caratteristiche; da qui si può raggiungere la riserva marina delle **Isole Tremiti**. Non meno spettacolari sono le rive° della Calabria o della Basilicata, dove le acque del **Adriatico** e quelle dello **Ionio** si incontrano al largo°, dando al mare colori unici.

L'entroterra° si presenta spesso° con colline coperte di vigneti° e di oliveti° che producono oli e vini eccellenti e che diventano alte montagne in Molise, Basilicata e Calabria.

Viaggiare attraverso l'Italia meridionale significa anche visitare città di origini antiche e siti archeologici grandiosi.

In Molise ci sono numerose necropoli arcaiche, i resti romani di **Sepino** e quelli di un vasto villaggio nei pressi di **Isernia**, in cui è stato scoperto *l'Homo Aeserniensis*. In Basilicata, nel centro storico di **Matera**, ci sono i «**Sassi**», abitazioni antiche scavate nella roccia calcarea° e, sulla costa, i resti delle colonie greche di **Metaponto**, dove si può ammirare il superbo tempio dorico di **Hera**.

In Puglia ci sono tesori artistici come la fortezza medievale di **Castel del Monte** o gli edifici barocchi di **Lecce**, senza dimenticare i misteriosi **trulli**. In Calabria, esempi dell'intervento dei Greci e di altri popoli sono visibili nelle mura greche di **Reggio Calabria**, nelle statue dei **Bronzi di Riace** o nel **Castello Aragonese**.

Napoli

Andando a nord verso la Campania si incontrano i resti della città greca di **Paestum**, e quelli di **Pompei** ed **Ercolano**, città romane scomparse dopo l'eruzione del Vesuvio.

Napoli, capoluogo della Campania, è una gemma che brilla° non solo per la luce riflessa dalle acque del golfo, ma anche per il prestigioso patrimonio artistico. **Castel dell'Ovo**, il **Duomo di San Gennaro**, la **Certosa di San Martino** sono solo alcuni esempi della prestigiosa architettura napoletana. Ma Napoli è unica anche per i vicoli ombrosi° e gli angoli caratteristici dei quartieri **Spagnoli** del centro storico.

Viaggiare attraverso il Sud Italia, insomma, significa immergersi in profumi, sapori e colori che non hanno eguali al mondo e visitare città dalle origini antiche che ci raccontano la loro storia attraverso monumenti che evocano emozioni uniche.

In più...

Tra l'VIII ed il III secolo a.C., mercanti, agricoltori°, allevatori° ed artigiani° greci iniziano un processo di colonizzazione del Sud Italia. Le regioni interessate sono: Puglia, Basilicata, Calabria, Campania e Sicilia. La colonizzazione ha un carattere commerciale ed il successo è tale che° i Greci iniziano a fondare città che impreziosiscono° con la loro arte. Queste regioni hanno preso il nome di **Magna Grecia**.

accomunate *associated* **invase** *invaded* **litorali** *coastline* **insenature** *inlets* **grotte** *caves* **rive** *shores* **al largo** *open sea* **entroterra** *inland* **spesso** *often* **vigneti** *vineyards* **oliveti** *olive groves* **roccia...** *limestone* **brilla** *shines* **vicoli ombrosi** *dark alleyways* **agricoltori** *farmers* **allevatori** *stockbreeders* **artigiani** *craftsmen* **è tale che** *it is such that* **impreziosiscono** *embellish*

Vero o falso? Indica se ogni frase è **vera** o **falsa**. Correggi le frasi false.

1. Le regioni del Sud hanno formato il Regno di Napoli e di Sicilia. Vero.
2. Il Gargano si trova in Campania. Falso. Si trova in Puglia.
3. Il Molise è una regione montuosa. Vero.
4. I «Sassi» si trovano in Molise. Falso. Si trovano in Basilicata.
5. Paestum era una città romana. Falso. Era una città greca.
6. Napoli è il capoluogo della Campania. Vero.
7. Pompei è stata sepolta dalla lava del Vesuvio. Falso. È stata sepolta dalle ceneri e dai lapilli.
8. La ricetta della pizza napoletana è la stessa dal XVIII secolo. Vero.

Quanto hai imparato? Rispondi alle domande.

Some answers will vary.

1. Quali sono le caratteristiche naturali delle regioni del Sud Italia? coste suggestive, entroterra collinoso e montuso in alcune regioni
2. Che cosa si produce sulle colline delle regioni del Sud? olio e vino
3. Che cosa sono i «Sassi» di Matera? abitazioni scavate nella roccia
4. A che epoca risale la fortezza di Castel del Monte? al Medioevo
5. Dove si trovano le città romane di Pompei ed Ercolano? in Campania
6. In che parte di Napoli si trovano i quartieri Spagnoli? al centro della città
7. Quali sono le caratteristiche dell'impasto della pizza napoletana? L'impasto è leggero, deve cuocere per poco tempo in un forno molto caldo.
8. Che cosa è possibile vedere a Pompei? templi, basiliche, botteghe, ville, mosaici e altro

Pompei Nel 79 d.C., il **Vesuvio** eruttò° coprendo° la città romana di **Pompei** con lapilli e cenere° che immobilizzarono per sempre persone e animali, ricoprendo interamente gli edifici. Dopo molto tempo, nel XVIII secolo sono stati riportati alla luce° i primi resti della città sepolta°. Passeggiando per le sue strade lastricate° è possibile ammirare templi, basiliche, anfiteatri, botteghe° e ville con bellissimi mosaici e affreschi che ci raccontano la storia quotidiana di una città in cui il tempo si è fermato. Pompei è uno dei siti archeologici più visitati del mondo.

La pizza napoletana Preparare un pane con farina, acqua e lievito° era un costume molto comune tra le antiche popolazioni delle coste del Mediterraneo, ma l'idea di condire° il tutto con la *pummarola*, il pomodoro, è un'idea napoletana. La vera pizza napoletana, la stessa dal XVIII secolo, ha un impasto° leggero che si cuoce brevemente in un forno molto caldo. Aggiungete **pomodoro**, **mozzarella fresca** e qualche foglia° di **basilico** profumato e otterrete il piatto più buono del mondo!

eruttò *erupted* **coprendo** *covering* **lapilli e cenere** *lapillus and ashes* **riportati alla luce** *brought to light* **sepolta** *buried* **lastricate** *paved* **botteghe** *shops* **lievito** *yeast* **condire** *to season* **impasto** *dough* **foglia** *leaf*

Progetto

La musica napoletana affonda le sue radici nel folklore locale, nei ritmi mediterranei ed ha strumenti caratteristici.

- Cerca informazioni su alcune delle canzoni più famose del repertorio napoletano.
- Cerca informazioni sugli strumenti della musica napoletana.
- Cerca anche informazioni su artisti di oggi che continuano la tradizione musicale napoletana.
- Confronta i tuoi risultati con il resto della classe.

NATIONAL comparisons STANDARDS

INSTRUCTIONAL RESOURCES
Supersite: Audioscripts, SAM AK, Lab MP3s
SAM/WebSAM: WB, LM

Remind students that *would* may be translated by either the imperfect or the conditional, depending on the context.
Quando avevo cinque anni, giocavo con il mio cagnolino.
When I was five, I would (used to) play with my little dog.
Se avessi il tempo, giocherei con il mio cagnolino.
If I had the time, I would play with my little dog.

RIMANDO

The conditional forms of **dovere**, **potere**, and **volere** are translated as *should*, *could*, and *would like*, respectively. They are often used to soften a request or when giving advice.

Maria, dovresti mangiare di meno.
Maria, you should eat less.

Potresti darmi una mano?
Could you give me a hand?

Vorreste venire a parlare con il mio rabbino?
Would you like to come talk to my rabbi?

To review **dovere**, **potere**, and **volere**, see **Strutture 4.4, p. 142**.

ATTENZIONE!

Use these irregular future stems for the conditional also.
andare: andr-
avere: avr-
cadere: cadr-
dovere: dovr-
essere: sar-
fare: far-
potere: potr-
sapere: sapr-
venire: verr-
volere: vorr-

6.1 The conditional

The conditional mood expresses a statement that might be contrary to reality, a desire or a preference, or a polite request. In Italian, as in English, there are two conditional tenses, **il condizionale presente** (*the present conditional*) and **il condizionale passato** (*the past conditional*). They often correspond to *would* or *would have* in English.

*—E poi io a Napoli devo andarci perché sono obbligato ad andarci per lavoro. Altrimenti **starei** a casa mia, ma molto volentieri.*

The present conditional

- The present conditional of regular verbs is formed using the same stem as the future. Drop the last **–e** of the infinitive and add the endings **–ei**, **–esti**, **–ebbe**, **–emmo**, **–este**, and **–ebbero**. Regular **–are** verbs also change **–a–** to **–e–** to form the future or conditional stem.

The present conditional of regular verbs

lottare	crẹdere	finire
lotterei	**creder**ei	**finir**ei
lotteresti	**creder**esti	**finir**esti
lotterebbe	**creder**ebbe	**finir**ebbe
lotteremmo	**creder**emmo	**finir**emmo
lottereste	**creder**este	**finir**este
lotterẹbbero	**creder**ẹbbero	**finir**ẹbbero

- Verbs ending in **–care** and **–gare** show the same spelling changes as the future stem; an **–h–** is inserted to keep the hard sound of the verb.

pregare → **pregherei, pregheresti, pregherebbe, pregheremmo, preghereste, pregherebbero**

pianificare → **pianificherei, pianificheresti, pianificherebbe, pianificheremmo, pianifichereste, pianificherebbero**

- Verbs ending in **–ciare** and **–giare** show the same spelling changes as the future stem: the **–i–** of the stem is dropped.

cominciare → **comincerei, cominceresti, comincerebbe, cominceremmo, comincereste, comincerebbero**

mangiare → **mangerei, mangeresti, mangerebbe, mangeremmo, mangereste, mangerebbero**

- Verbs that have irregular stems in the future are also irregular in the conditional.

Vorremmo combattere il razzismo.
We would like to fight racism.

Vivresti un un paese straniero?
Would you live in a foreign coutry?

- The present conditional is used to express possibility or probability under certain conditions. It is also used to express uncertainty.

Un iPod **sarebbe** il regalo perfetto per Matteo.
An iPod would be the perfect gift for Matteo.

Non so se lo **farebbero** di nuovo.
I don't know if they would do it again.

- The present conditional is also used to express wishes, desires, or polite requests.

Ci **piacerebbe** frequentare una scuola multilingue.
We would like to attend a multilingual school.

Mi **potrebbe** spiegare il vocabolario?
Could you explain the vocabulary to me?

The past conditional

- The past conditional expresses an action that *would have occurred* in the past.

Il condizionale	**Il condizionale passato**
Senza la nebbia, **vedremmo** il cartello. *Without the fog, we would see the sign.*	Senza la nebbia, **avremmo visto** il cartello. *Without the fog, we would have seen the sign.*

- The past conditional is formed using the conditional form of the auxiliary **avere** or **essere** plus the past participle of the verb. Follow the same rules for agreement of the past participle that you use for the **passato prossimo** and other compound tenses.

The past conditional

ottenere	venire	arricchirsi
avrei ottenuto	sarei venuto/a	mi sarei arricchito/a
avresti ottenuto	saresti venuto/a	ti saresti arricchito/a
avrebbe ottenuto	sarebbe venuto/a	si sarebbe arricchito/a
avremmo ottenuto	saremmo venuti/e	ci saremmo arricchiti/e
avreste ottenuto	sareste venuti/e	vi sareste arricchiti/e
avrẹbbero ottenuto	sarẹbbero venuti/e	si sarẹbbero arricchiti/e

- The past conditional, corresponding to *would have* + [*verb*], is used in a manner similar to the present conditional. It expresses opinions and preferences in the past.

Giovanni non **sarebbe** mai **venuto** senza di te.
Giovanni never would have come without you.

Chi **avrebbe previsto** la globalizzazione della rete?
Who would have predicted the globalization of the network?

- The past conditional forms of **dovere**, **potere**, and **volere** are translated as *should have*, *could have*, and *would have liked*, respectively.

Avrebbero potuto pagare.
They could have paid.

Sarei voluto andare alla cattedrale con lei.
I would have liked to go to the cathedral with her.

Avreste dovuto chiederlo al prete.
You should have asked the priest for it.

RIMANDO

The conditional is also used in hypothetical statements. See **Strutture 9.3, pp. 340-341**.

Remind students that the placement of pronouns, negations, short adverbs, etc., in the past conditional is the same as for other compound tenses, including the **passato prossimo**. Example: **L'avrebbe comprato. / Secondo me, tu avresti già finito**.

TEACHING OPTION: Ask students to imagine a new version of a well-known story, explaining what would *not* have happened, then substituting their new version. Example: **Riccioli d'Oro (*Goldilocks*) non avrebbe bevuto il latte dei tre Orsi, avrebbe bevuto una Coca-Cola!**

RIMANDO

The past conditional may also be used with indirect discourse. However, use the present conditional in English to translate it.

Ha detto che l'avresti fatto tu.
He said that you would do it.

You will learn about indirect discourse in **Strutture 10.3, pp. 378-379**.

RIMANDO

To review **dovere**, **potere**, and **volere**, see **Strutture 4.4, p. 142**.

Pratica

1 Explain that the teaching strategies suggested in the dialogue actually are often practiced by Italian schools with foreign students. Ask students what they think about this teaching plan and what changes, if any, they would suggest.

1 **I nuovi studenti** **Il professore Antonio Rossi e la professoressa Elena Bacci parlano di Fatima ed Amir, due nuovi studenti da poco arrivati in Italia. Completa la conversazione coniugando i verbi al condizionale presente.**

ANTONIO Buongiorno, Elena. Hai già conosciuto i nostri nuovi studenti, Fatima ed Amir? Io vorrei conoscerli, ma non parlano molto bene l'italiano.

ELENA Sì, è vero. Credo che (1) dovremmo (dovere) aiutarli a inserirsi (*fit in*). Non credo che (2) si adatterebbero (adattarsi) facilmente.

ANTONIO Che strategie (3) adotteresti (adottare) tu?

ELENA Non so, probabilmente (4) pianificherei (pianificare) un percorso di conoscenza reciproca, cominciando con dei giochi di ruolo che (5) arricchirebbero (arricchire) soprattutto gli italiani e (6) faciliterebbero (facilitare) il confronto fra le due culture.

ANTONIO Mi sembra una buona idea.

ELENA Poi (7) organizzerei (organizzare) delle lezioni di lingua.

ANTONIO In questo modo, però, i ragazzi (8) perderebbero (perdere) familiarità con la loro lingua madre...

ELENA (9) Suggerirei (suggerire) una lezione in lingua madre almeno una volta a settimana.

2 Ask the students to expand this activity at home by searching the Internet for pictures of sites and objects mentioned. Then ask them to indicate where they would have gone last year.

2 **Vacanze... che stress!** **Giorgio, Antonio e Manuela sono andati in vacanza insieme, ma erano spesso in disaccordo. Ecco cosa racconta Giorgio. Completa le frasi coniugando i verbi al condizionale passato.**

1. Antonio ha visitato le rovine romane di Pompei ma io avrei visitato la Costiera Amalfitana.
2. Antonio ha mangiato una sfogliatella mentre io e Manuela avremmo mangiato un babà al rum.
3. Antonio ha visitato la Campania ed è andato sul Vesuvio in macchina. Io, invece sarei andato in seggiovia (*chair lift*).
4. Io sono andato in Sicilia e ho comprato le panelle al mercato di Ballarò, mentre Antonio avrebbe comprato il pesce alla Vuccirìa.
5. Io sono andato in Puglia e ho visto i trulli di Alberobello, mentre Antonio e Manuela avrebbero visto più volentieri il centro storico di Lecce.

Nota CULTURALE

Napoli è famosa per vari prodotti alimentari tra i quali la **pizza**, il **babà** (soffice dolce imbevuto di rum), la **pastiera** (una torta pasquale fatta di germe di grano) e il **caffè**.

3 Discuss the images before assigning the activity. Example: **Cosa vediamo nell'immagine a sinistra? Cosa sta succedendo? Come ti sentiresti tu in queste situazioni?**

3 Ask the students what they would do if they were the other characters in the illustrations: **Immagina di essere il banchiere/il cliente/il ladro. Cosa faresti?**

Practice more at **immagina.vhlcentral.com.**

3 **I casi della vita** **In piccoli gruppi, discutete cosa fareste in queste situazioni? Usate i verbi nella lista per formulare le vostre risposte.**

andare dal meccanico	chiamare la polizia	prendere l'autobus
andare all'ufficio oggetti smarriti (*lost and found*)	chiedere aiuto	raccogliere
avere paura	fare finta di niente	scappare

Comunicazione

communication

4 **Dimmi dove vai e ti dirò chi sei!**

A. Scegli un luogo da visitare tra queste due proposte e discuti la tua scelta con un(a) compagno/a, rispondendo alle domande.

Montecassino:
Per chi ama la montagna, la pace e la tranquillità.

Attrattive: l'Abbazia di Montecassino, un antico monastero benedettino ricco di manoscritti antichissimi esposti nel museo; il cimitero dei soldati polacchi caduti durante la Seconda Guerra Mondiale; un teatro e un anfiteatro romano.

Nelle vicinanze: il parco nazionale d'Abruzzo; la catena montuosa delle Mainarde, punto naturalistico e faunistico di grande importanza.

Specialità culinarie: salsicce e pasta fatta in casa.

Tempo libero: passeggiate tranquille lungo la via principale della cittadina o nel parco comunale, lungo il fiume Gari.

A cosa stare attenti: durante l'inverno ogni mattina la cittadina è immersa nella nebbia, che diminuisce la visibilità per chi guida.

Costiera Amalfitana:
Per chi ama il mare, il sole e l'architettura araba.

Attrattive: le chiese e i chiostri hanno affascinanti forme e decorazioni arabe; un'antica cartiera trasformata in un originale museo ricorda ai turisti l'antica tradizione della città come produttrice di carta secondo tecniche importate dai paesi arabi e poi perfezionate dalla stessa Amalfi; prodotti artigianali in ceramica.

Nelle vicinanze: Napoli, Sorrento, Capri, Ischia.

Specialità culinarie: limoncello, pizza.

Tempo libero: romantiche passeggiate in riva al mare, ma anche molti pub e ristoranti.

A cosa stare attenti: il traffico è intenso e molto caotico; le strade sono strette e a strapiombo (*overhanging*) sul mare.

- Dove andresti? Perché?
- Chi sarebbe il/la tuo/a compagno/a di viaggio?
- Che luoghi in particolare visiteresti?
- Quanto tempo vorresti rimanere?
- Quanti soldi porteresti e cosa faresti con questi soldi?
- Cosa non dovresti fare e perché?

B. In gruppi di quattro, presentate ai compagni il vostro programma di viaggio e decidete qual è, tra tutti, il più interessante.

5 **Microfono aperto** Siete due giornalisti: pensate ad una domanda che vorreste fare ad ognuno dei personaggi qui elencati usando il condizionale presente. Sono personaggi importanti: ricordatevi di usare il formale!

Roberto Benigni	George Bush	Sophia Loren
Andrea Bocelli	Barack e Michelle Obama	Sarah Palin
Il papa	Steven Spielberg	Angelina Jolie e Brad Pitt

6 **Avete rimpianti?** C'è qualcosa che avete fatto nella vostra vita ma che non avreste dovuto fare? O qualcosa che non avete fatto ma che avreste potuto o voluto fare? A gruppi di tre, usate il condizionale passato di **dovere**, **potere** e **volere** per parlare dei vostri rimpianti.

Modello Sarei potuto diventare un grande musicista, ma ho deciso di smettere di suonare il pianoforte.

4 Explain that the title of the activity is inspired by an old Italian saying: **dimmi con chi vai e ti dirò chi sei**, meaning that it is possible to judge what a person is like by looking at his/her friends.

4 As an expansion, invite students who chose the same destination to work together and write down an ad with ideas and proposals from every student in the group. Suggest possible titles to advertise the destination: **Vorresti trascorrere una vacanza tranquilla e rilassante? Ti piacerebbe approfondire la tua cultura e goderti la vita notturna allo stesso tempo?**

5 Ask pairs of students to exchange their written questions and invent replies for them imagining to be the people in the list. Then ask the volunteers to act out their interviews while the class votes on the funniest/wittiest/most believable.

6 Remind students that the auxiliary verb for **dovere**, **potere**, and **volere** depends on the verb that follows (**sarei potuto andare** vs. **avrei potuto visitare**).

INSTRUCTIONAL RESOURCES
Supersite: Audioscripts, SAM AK, Lab MP3s
SAM/WebSAM: WB, LM

6.2

RIMANDO

To review negative commands, see **Strutture 4.3, pp. 138-139**.

Negation

- There are many ways to express negation (**la negazione**) in Italian. The simplest way is to place the word **non** before a verb (or an object pronoun and a verb).

  Lorenzo **non** esce con noi stasera perché è impegnato.
  Lorenzo is not going out with us tonight because he is busy.

- Many other expressions that begin with **non** can be used to make sentences negative. **Non** is placed in front of the verb and is followed by another word after the verb. Unlike in English, more than one negative expression can be used in the same sentence.

  Allora, **non** faccio più **niente**!
  Well, I won't do anything else!

  Claudia **non** dice **mai niente** a **nessuno**.
  Claudia never says anything to anyone.

- Note where the different negative expressions are placed in the sentences shown in the chart. **Non** precedes the auxiliary verb in compound tenses, and, depending on the negative expression, the other element follows either the auxiliary verb or the past participle.

Negative expressions

non… affatto *not at all*	**Non** mi piace **affatto** il ristorante Da Valerio. *I don't like the restaurant Da Valerio at all.*
non… ancora *not yet*	Lucia, **non** hai **ancora** trovato un divano per il soggiorno? *Lucia, haven't you found a sofa for the living room yet?*
non… mai *never*	**Non** ho **mai** ascoltato la musica di Zucchero. *I have never listened to Zucchero's music.*
non… mica *not in the least, not a bit, not at all*	Giusy **non** è **mica** stanca. *Giusy isn't the least bit tired.*
non… né… né *neither… nor*	I poveri **non** hanno **né** soldi **né** cibo. *The poor have neither money nor food.*
non… neanche **… nemmeno** **… neppure** *not even*	Marcella **non** ha comprato **neanche** un regalo di Natale. *Marcella didn't even buy one Christmas present.* **Non** ci ha detto **neppure** una parola. *She has not even said a word to us.*
non… nessuno *not… anyone, no one, nobody*	**Non** abbiamo visto **nessuno** davanti alla moschea. *We didn't see anyone in front of the mosque.*
non… nessuno/a *not… a single, not… any*	**Non** aveva **nessuna** voglia di vederlo. *She didn't have any desire to see him.*
non… niente/nulla *nothing, not… anything*	**Non** faccio **niente** di speciale stasera. *I'm not doing anything special tonight.*
non… più *no longer, not anymore, no more*	Barbara **non** esce **più** con il suo fidanzato italiano. *Barbara isn't going out with her Italian boyfriend anymore.*

Remind students that the negative expressions **ancora**, **mai**, **mica**, and **più** are placed between the auxiliary verbs **avere** and **essere** and the past participle in compound tenses. Example: **Non avevano mai discusso della sovrappopolazione della regione.**

TEACHING OPTION
Provide students with some affirmative phrases or questions and ask them to provide the negative forms or responses. Ex.:
Abbiamo già visto il film *New Moon*. → Non abbiamo ancora…
Sei mai andato/a a Roma? → Non sono mai/ancora andato/a…
Tutti hanno voglia di uscire. → Nessuno ha voglia …
Tutto era facile quando ero piccolo/a. → Niente era facile…

*—Io **non** ho figli, e **nemmeno** i nipotini.*

- When a negative expression is the subject of the sentence, **non** must be omitted.

  Nessuno capisce bene il conflitto di classe.
  No one really understands class conflict.

  Niente cambierà le idee del papa.
  Nothing will change the Pope's ideas.

  Né Giancarlo **né** Domenico potrebbero accompagnarmi.
  Neither Giancarlo nor Domenico could go with me.

- **Nessuno/a** may be used as an adjective. When it is, the forms follow the pattern of the indefinite article **un**.

  Nessuna ragazza è venuta alla festa!
  Not one single girl came to the party!

  Nessuno sport interessa Davide.
  No sport interests Davide.

- The pronouns **niente**, **nulla**, and **nessuno** are considered masculine and singular for agreement purposes.

  Nessuno si è **stabilito** in quella parte della città.
  No one settled in that part of town.

  Nulla sarebbe **piaciuto** ai nipoti di Tommaso.
  Nothing would have pleased Tommaso's grandchildren.

- Use **niente/nulla di** plus an adjective but **niente/nulla da** plus an infinitive.

  Non c'era **niente di** interessante al cinema.
  There wasn't anything interesting at the movies.

  Ho già guardato nel frigo—non c'è **nulla da** mangiare!
  I already looked in the fridge—there's nothing to eat!

*Non c'è **niente da** fare! È tutto finito!*

- **Alcuno/a** can be used instead of **nessuno/a** in negative sentences. In this case, always use the singular form.

  Mi ha licenziato senza **alcuna/nessuna** spiegazione.
  They have fired me without any explanation.

  Non c'è **alcun/nessun** problema.
  There isn't any problem.

Pratica

1 Ask students to imagine they are accusing someone of stealing the lesson 6 exam. Ask them to write a sentence using one of the following words: **tutti, tutto, sempre, ancora, già, moltissimo**. Then call on pairs of students and have them accuse each other and deny each other's accusations. Example: **—Sarah, tutti sanno che non parli bene l'italiano. Penso che sia stata tu! —Non è vero! Non mi ha visto nessuno!**

1 **Bugie... politiche** Immagina di essere un membro del Parlamento. Un esponente (*representative*) di un partito politico opposto al tuo si vanta (*boasts*) del proprio programma politico. Completa le frasi usando le espressioni suggerite tra parentesi.

Modello **—Questa nuova legge risolverà tutti i problemi del paese. (non... nessuno)**

—Non è vero, questa nuova legge non risolverà nessun problema del paese.

1. —Questa nuova legge porterà vantaggi per tutti. (non... nessuno)
   —Non è vero, questa nuova legge non porterà vantaggi per nessuno.
2. —In questo modo le persone più povere saranno sempre tutelate (*protected*). (non... mai)
   —Non è vero, in questo modo le persone povere non saranno mai tutelate.
3. —Tutti i cittadini apprezzano la legge che sto per proporre. (nessun)
   —Non è vero, nessun cittadino apprezza la legge che stai/sta per proporre.
4. —La maggioranza del Parlamento ha già dato la sua approvazione. (non... ancora)
   —Non è vero, la maggioranza del Parlamento non ha ancora dato la sua approvazione.
5. —I giovani mi amano moltissimo! (non... affatto)
   —Non è vero, i giovani non ti/La amano affatto.
6. —La popolazione mi eleggerà ancora! (non... più)
   —Non è vero, la popolazione non ti/La eleggerà più.

2 **Pareri contrari** Stai assistendo ad una conferenza sulla situazione sociale in Italia oggi, ma non sei affatto d'accordo con quello che afferma il relatore (*speaker*). Sample answers.

Modello **Ho sempre lottato contro il maltrattamento dei bambini.**

No, Lei non ha mai lottato contro il maltrattamento dei bambini.

1. Ho sempre manifestato contro il razzismo. No, Lei non ha mai manifestato contro il razzismo.
2. Tutti pensano che la globalizzazione sia inevitabile. No, nessuno pensa che la globalizzazione sia inevitabile.
3. Il tasso di natalità in Italia quest'anno è già sceso dell'1% rispetto all'anno scorso. No, il tasso di natalità in Italia quest'anno non è ancora sceso dell'1% rispetto all'anno scorso.
4. La polizia ha registrato ancora casi di razzismo in città. No, la polizia non ha più registrato casi di razzismo in città.
5. Oggigiorno i giovani hanno tutto. No, oggigiorno i giovani non hanno niente.
6. L'Italia ha completamente superato le difficoltà legate all'integrazione delle comunità straniere. No, l'Italia non ha superato affatto le difficoltà legate all'integrazione delle comunità straniere.

3 Ask the students to create one single dialogue using as many sentences from the activity as possible.

3 **Conversazioni** In coppia, immaginate quali dialoghi hanno provocato queste reazioni.

Modello —Ragazzi! Ho un'idea straordinaria per il weekend. Invece di andare al mare, potremmo visitare il museo di scienze naturali e poi andare alla presentazione dell'ultimo libro di Margherita Hack!

—Peccato! Non interessa a nessuno!

Non lo farò mai!
No, non più.
Niente te lo impedirà!
Non dovrei né vederlo né parlargli!
Peccato! Non interessa a nessuno!
Non ha ancora terminato gli studi all'università.

Practice more at **immagina.vhlcentral.com.**

Comunicazione

communication — NATIONAL STANDARDS

4 **Noi e gli altri** In coppia, ponetevi queste domande a turno. Rispondete utilizzando il più possibile le espressioni negative che avete imparato. Poi discutete delle vostre rispettive opinioni.

Modello —Sei mai stato in un tribunale?
—No, non sono mai stato in un tribunale.

Gli ideali

Sei un anticonformista? Perché pensi di esserlo o non esserlo?
Conosci persone che lo sono?
Secondo te, perché è giusto/sbagliato conformarsi alla società intorno a noi?

I problemi e le soluzioni

Hai mai avuto problemi di comprensione con qualcuno? In che occasione?
Hai mai reclamato un tuo diritto? Quale?
Hai mai lottato per una causa? Quale?

La religione

Hai mai visitato una chiesa/moschea/sinagoga?
Ti mette a disagio (*make uncomfortable*) parlare di religione con altre persone? Perché?

5 **Le opinioni dell'esperto** In coppia, immaginate di essere esperti sociologi e utilizzate le espressioni negative della colonna a destra per creare sei frasi sugli argomenti suggeriti nella colonna di sinistra.

Modello A causa della globalizzazione, alcuni oggetti non sono più prodotti in un unico paese.

la globalizzazione	la sovrappopolazione	non... più	non... ancora
il sottosviluppo	la diversità	non... niente	non... affatto
il tenore di vita	il razzismo	non... mai	non... né... né

5 Have students read their sentences to the class without mentioning the noun from the column on the left. The others will have to guess what the missing word is.

6 **Generazioni a confronto** In coppia, immaginate una conversazione tra un papà e un figlio adolescente su uno di questi argomenti. Usate delle espressioni negative. Le vostre tesi devono essere convincenti!

- Il papà pensa che sia giusto vestirsi bene per un colloquio di lavoro, ma il figlio, anticonformista, non è d'accordo.
- Il papà pensa che non si debbano mai abbandonare le proprie tradizioni, mentre il figlio crede nel dialogo e nel confronto tra culture diverse.
- Il papà difende i valori tradizionali della religione, ma il figlio non è d'accordo.

6 Ask students to act out their dialogues for the class. Whose is most convincing?

comparisons

INSTRUCTIONAL RESOURCES
Supersite: Audioscripts, SAM AK, Lab MP3s
SAM/WebSAM: WB, LM

6.3

The subjunctive: impersonal expressions; will and emotion

- The subjunctive (**il congiuntivo**), is a grammatical mood that exists in both English and Italian to express attitudes or feelings such as opinion, happiness, fear, willingness, desire, obligation, necessity, or doubt.

The present subjunctive

- The present subjunctive of regular verbs is formed by adding the subjunctive endings to the stem. For verbs conjugated like **finire**, insert **–isc–** as you would in the present indicative.

The present subjunctive

	ascoltare	prendere	dormire	finire
che io	ascolti	prenda	dorma	finisca
che tu	ascolti	prenda	dorma	finisca
che lui/lei/Lei	ascolti	prenda	dorma	finisca
che noi	ascoltiamo	prendiamo	dormiamo	finiamo
che voi	ascoltiate	prendiate	dormiate	finiate
che loro	ascoltino	prendano	dormano	finiscano

- Verbs like **cercare** and **pagare** maintain the hard sound of the infinitive by inserting **–h–** between the stem and endings of all forms of the present subjunctive.

cercare: cerchi, cerchi, cerchi, cerchiamo, cerchiate, cerchino
pagare: paghi, paghi, paghi, paghiamo, paghiate, paghino

- Many verbs that are irregular in the indicative are also irregular in the subjunctive.

andare	**vada, vada, vada, andiamo, andiate, vadano**
avere	**abbia, abbia, abbia, abbiamo, abbiate, abbiano**
bere	**beva, beva, beva, beviamo, beviate, bevano**
dare	**dia, dia, dia, diamo, diate, diano**
dire	**dica, dica, dica, diciamo, diciate, dicano**
essere	**sia, sia, sia, siamo, siate, siano**
fare	**faccia, faccia, faccia, facciamo, facciate, facciano**
potere	**possa, possa, possa, possiamo, possiate, possano**
rimanere	**rimanga, rimanga, rimanga, rimaniamo, rimaniate, rimangano**
sapere	**sappia, sappia, sappia, sappiamo, sappiate, sappiano**
stare	**stia, stia, stia, stiamo, stiate, stiano**
uscire	**esca, esca, esca, usciamo, usciate, escano**
venire	**venga, venga, venga, veniamo, veniate, vengano**
volere	**voglia, voglia, voglia, vogliamo, vogliate, vogliano**

ATTENZIONE!

Since so many endings in the subjunctive are the same, you may need to use a subject pronoun to avoid confusion.

È importante che arrivi alle nove.
It's important for me/you/him/her to arrive at nine.

È importante che lui arrivi alle nove.
It's important for him to arrive at nine.

Point out that the first and second persons plural always end in **–iamo** and **–iate**.

ATTENZIONE!

For other verbs ending in **–iare**, only one **i** is used unless the **i** is stressed.

sbagliare: sbagli, sbagli, sbagli, sbagliamo, sbagliate, sbaglino
sciare: scii, scii, scii, sciamo, sciate, sciino

Subjunctive with impersonal expressions, will, and emotion

- The subjunctive is generally used in dependent clauses introduced by **che**, where the subjects of the main and dependent clauses are different. The verb or verb phrase in the main clause triggers the use of the subjunctive in the clause.

MAIN CLAUSE	CONJUNCTION	DEPENDENT CLAUSE
È possibile	**che**	**Giorgio vada alla manifestazione.**
It's possible	*that*	*Giorgio is going to the demonstration.*

- Use the subjunctive in clauses introduced by impersonal expressions that state an opinion.

Impersonal expressions followed by the subjunctive	
è bene/male che... *it is good/bad that...*	**è probabile che...** *it is likely that...*
è difficile che... *it is difficult/unlikely that...*	**è strano che...** *it is strange that...*
è importante che... *it is important that...*	**può darsi che...** *it is possible that...*
è possibile che... *it is (not) possible that...*	**si dice che...** *it is said/they say that...*

È strano che Salvatore vada alla sinagoga: è cattolico!
It's strange that Salvatore is going to the synagogue; he's Catholic!

Può darsi che il telefonino sia spento.
It's possible that the cell phone is off.

- Use the subjunctive in subordinate clauses when the verb in the main clause expresses opinion, will or emotion.

Expressions of will	Expressions of emotion and opinion
desiderare... *to desire...*	**avere paura...** *to be afraid...*
esigere... *to require...*	**credere...** *to believe...*
insistere... *to insist...*	**dispiacere...** *to be sorry...*
permettere... *to allow...*	**essere** + [*emotion*]
preferire... *to prefer...*	**felice/contento/a...** *to be happy...*
ritenere... *to maintain...*	**sorpreso/a...** *to be surprised...*
suggerire... *to suggest...*	**pensare...** *to think...*
volere... *to want...*	**piacere...** *to be pleased, to like...*
	sperare... *to hope...*
	temere... *to fear, to be afraid...*

Loro desiderano che Chiara gli dica la verità.
They want Chiara to tell him the truth.

Temo che questo libro non sia più disponibile.
I am afraid that this book is no longer available.

ATTENZIONE!

Some additional impersonal expressions followed by **che** and the subjunctive include:

bisogna	**(è un) peccato**
è facile/difficile	**è (im)possibile**
è giusto	**è raro/strano**
è incredibile	**è (in)utile**
è meglio	**occorre**
è necessario	**pare**
è ora	**sembra**
	vale la pena

ATTENZIONE!

Not all clauses introduced by **che** require use of the subjunctive. Verbs and expressions indicating certainty or fact are followed by the indicative.

Sanno che Rita viene domani.
They know that Rita is coming tomorrow.

È vero che Massimo fa lo scrittore.
It's true that Massimo is a writer.

ATTENZIONE!

If the subject of the main clause and the dependent clause is the same, use an infinitive instead of the subjunctive in the dependent clause.

Gianni vuole che tu finisca la lettera.
Gianni wants you to finish the letter.

Gianni vuole finire la lettera.
Gianni wants to finish the letter.

RIMANDO

To learn about the use of infinitive constructions, see **Strutture 8.1, pp. 288-289**.

RIMANDO

To learn about other uses of the subjunctive, see **Strutture 7.3, pp. 256-257** and **Strutture 9.4, p. 344.**

To learn about tense sequencing, see **Strutture 9.1, pp. 330-332.**

Pratica

Nota CULTURALE

Il **Matese** è un territorio montuoso ai confini tra Campania e Molise. I paesini che lo compongono sono dei borghi tipicamente medievali ed è possibile ancora oggi incontrare le donne vestite nei loro abiti tipici. Il **Parco Regionale del Matese** tutela la natura di questo territorio, ricchissima di vegetazione selvaggia.

1 Ask students to search the Internet for additional information about **il Matese** and to prepare an itinerary for Manuele, complete with photos and descriptions of places he might like to visit. As a follow-up, have pairs of students imagine a telephone conversation between Laura and Manuele, in which he says what he would like to do during his visit while Laura comments and makes suggestions.

2 Give students far-fetched statements and have them contradict them using impersonal expressions and the subjunctive. Examples: **I marziani sono arrivati sulla Terra. / Il telegiornale ha annunciato l'arrivo di un diluvio universale.**

1 **Le vacanze** Completa l'e-mail che Laura ha scritto a Manuele. Usa il congiuntivo presente.

Carissimo Manuele,
sono davvero felice che tu (1) sia (essere) qui da noi, nel Matese, e che ci (2) rimanga (rimanere) per un'intera settimana, così almeno potremo vederci!
È probabile che tu non (3) voglia (volere) uscire stasera e che invece (4) preferisca (preferire) rimanere in albergo a recuperare la differenza di fuso orario. Ma spero che almeno un giorno tu (5) venga (venire) con me a percorrere «il sentiero delle quindici vette». La nostra zona non è molto vivace, ma è affascinante per i suoi scenari naturali.
Desidero davvero che tu (6) veda (vedere) i laghi carsici e le conche (*basins*) naturali di queste montagne e che tu (7) beva (bere) l'acqua delle nostre sorgenti (*springs*).
Spero che tu (8) abbia (avere) voglia di camminare e che (9) faccia (fare) bel tempo, così potremo goderci la bellezza di queste zone. Ora ti lascio riposare. È possibile che domani mattina io e Giorgio (10) passiamo (passare) in albergo per salutarti.
A presto,
Laura.

2 **Difendiamo la natura** Gli effetti dello sviluppo sono devastanti per l'ecosistema. Combinate elementi delle tre colonne per creare delle frasi complete. Dopo aggiungete tre frasi originali.

È bello che	gli animali	aumenti ancora nella mia città
Sembra che	allo zoo	diminuisca sempre di più
Non voglio che	i giovani	maltrattino gli animali
Non credo che	l'inquinamento	manifestino per la difesa dell'ambiente
È impossibile che	il numero di foche (*seals*) nel mondo	si adeguino (*adapt*) al nuovo clima

3 **Il compagno di stanza** Giorgio e Alberto hanno deciso di frequentare l'Università di Lingue Orientali a Napoli. Per potersi pagare gli studi, però, dovranno condividere l'appartamento. Cosa pensate che debbano fare Giorgio e Alberto per adeguarsi l'uno all'altro? Suggerite delle soluzioni usando le espressioni della lista.

bisogna che	è necessario che
è difficile che	(non) è possibile che
è meglio che	può darsi che

Giorgio

Alberto

Practice more at **immagina.vhlcentral.com.**

Comunicazione

4 **Opinioni** In coppia, impostate una discussione su cosa sarebbe giusto fare per migliorare la società.

Modello —È bene che gli immigrati imparino a parlare la lingua del paese ospite.
—Sì, ma è importante che non perdano le proprie abitudini culturali.

- bisogna che
- è bene che
- è giusto che
- è importante che
- penso che
- ritengo che

- abitudini
- lingua
- periferia
- religione
- scuola
- tenore di vita

4 Have each pair add two more words/expressions to the list and create additional statements. Have the rest of the class respond with other priorities.

5 **Annunci** In coppia, leggete gli annunci e immaginate di essere voi le persone che li hanno pubblicati; quindi continuate con la stesura (*draft*) dell'annuncio, usando quanto più possibile il congiuntivo presente. Poi presentate i vostri annunci completi alla classe.

Modello Annuncio 1: È importante che la ragazza abiti in casa con noi.
Annuncio 2: Occorre che il batterista abbia tempo libero il fine settimana.

Cercasi baby-sitter per un lavoro in famiglia.

Cercasi batterista (drums player) per una rock band!

5 Ask students to act out a conversation between the writer of an announcement and the newspaper employee responsible for classified ads. The employee should ask for more detailed information that is not specified in the announcement.
Example: **—È meglio che la baby-sitter sia una persona giovane o matura? —Preferisco che sia giovane ed energica, ma che sappia anche essere severa.**

6 **Per un mondo migliore** In gruppi di tre, provate a immaginare una conversazione fra due ragazzi che manifestano in piazza per la pace e il sindaco della città, che risponde in maniera pratica ai loro desideri.

Modello: **Ragazza:** Vogliamo che i quartieri siano più sicuri!
Ragazzo: È importante che la gente cammini per strada senza paura!
Sindaco: Sì, sono d'accordo. Ma per fare questo, bisogna che tutti si sentano cittadini uguali.

comparisons
NATIONAL STANDARDS

INSTRUCTIONAL RESOURCES
Supersite: Audioscripts, SAM AK, Lab MP3s
SAM/WebSAM: WB, LM

6.4

Suffixes

—L'importante è che lei non mi canti più quelle ***canzonacce*** *napoletane, perche io veramente non le sopporto.*

- Suffixes (**i suffissi**) are added to many Italian nouns and adjectives to denote affection, size, poor quality, ugliness, or other traits. As in English, adding a suffix can reflect the speaker's feelings about a particular noun or the adjective used to describe it. For example, the two words, *dog*, **cane**, and *doggie*, **cagnolino**, demonstrate a difference that reflects the speaker's perception (a *doggie* is cuter or more dear to the speaker than a *dog*).

- Italian is very rich in its choice and variety of suffixes. English tends to rely on adjectives to convey shades of meaning. An Italian might say «**Che ragazzaccio!**» whereas an English speaker would probably say "*What a naughty boy!*"

- Some suffixes are associated with diminutives (smallness, cuteness, affection).

-ino/a/i/e	**un tavolo**	**un tavolino**	*a small table*
-etto/a/i/e	**un pezzo**	**un pezzetto**	*a little piece*
-ello/a/i/e	**una fontana**	**una fontanella**	*a little fountain*
-olo/a/i/e	**un figlio**	**un figliolo**	*a little son, a little boy*
-uccio/a/i/e	**una femmina**	**una femminuccia**	*a baby girl*
-uzzo/a/i/e	**una via**	**una viuzza**	*a little street*

- Some suffixes indicate exaggeration or large size.

-one/a/i/e	**un naso**	**un nasone**	*a big nose; big-nosed person*
	una minestra	**un minestrone**	*a big, hearty soup*

- Some suffixes are pejorative, denoting ugliness, poor quality, or nastiness.

-accio/a/i/e	**una parola**	**una parolaccia**	*a swear word*
-astro/a/i/e	**un poeta**	**un poetastro**	*a really bad poet*
-uccio/a/i/e	**una casa**	**una casuccia**	*a small, unassuming house*

- Some suffixes may also be added to adjectives and adverbs.

pigro → pigrone **bello → bellino** **bene → benino**

ATTENZIONE!

Be very careful when using suffixes and try to use only those you have learned from native speakers or teachers. Adding them to words you are not sure of can lead to misunderstandings or even trouble if you are not absolutely certain of the meaning of the word that you have coined! For example, **cagnolino** means *doggie* but **canino** means *canine tooth*, and **un mulo**, a mule, is not related to **un mulino**, a mill.

ATTENZIONE!

Note that more than one suffix can be added to the same noun. For example, **una casa → una cas-ett-ina**.

ATTENZIONE!

Sometimes a noun changes gender when a suffix is added. For example, **una cucina**, *a kitchen*, becomes **un cucinino**, *a kitchenette*; **una finestra**, *a window*, becomes **un finestrino**, *a car window* and **una minestra**, *broth*, becomes **un minestrone**, a *hearty soup*.

Pratica e comunicazione

1 **Suffissi** Scegli la parola adeguata per completare ogni frase.

1. Paolo! Mamma mia come sei cresciuto! Sei diventato davvero un ___ragazzone___ (ragazzone/ragazzino).
2. Uffa! Piove anche oggi! È proprio un ___tempaccio___ (tempuccio/tempaccio).
3. Oh no! Un ___topolino___ (topone/topolino) si è nascosto sotto il frigorifero!
4. Eugenio, ho letto un articolo su di te sul giornale di ieri! Complimenti! Sei diventato un ___professorone___ (professorone/professoruccio)!
5. Mario, per cortesia, metti questi fiori sul ___tavolino___ (tavolaccio/tavolino) davanti alla televisione.
6. Ho comperato una simpatica ___borsetta___ (borsetta/borsaccia) per il mio vestito viola.
7. No, Sandra. Non ho voglia di parlare di Paolo. È una ___storiaccia___ (storiella/storiaccia).

1 Tell the students that **Topolino** is the name of Micky Mouse in Italian, **Paperino** is Donald Duck, and **Paperon de' Paperoni** is McDuck.

1 Point out that **tavolinetto** may be a synonym for **tavolino**, that **borsettina** is a synonym for **borsetta**, and that **macchinuccia/macchinina** are as acceptable as **macchinetta**.

2 **Una parola per ogni occasione** Inventate una frase per descrivere ogni foto usando il vocabolario nel riquadro.

Modello —Michele è proprio un tenerone! Bacia Maria ogni volta che torna a casa!...

amicona	incidentaccio
bestiaccia	ragazzaccio
cagnolino	pigrone
caratteraccio	simpaticone
dormiglione	tenerone

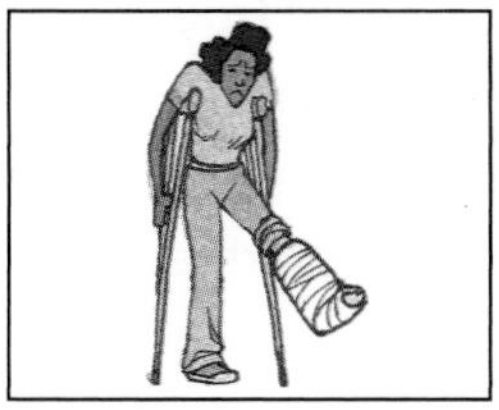

2 Ask volunteers to share captions with the rest of the class.

3 **Storie** In coppia, inventate una storia buffa con almeno otto parole scelte tra quelle nella lista.

angolino	nasone
cagnolino	ragazzino
finestrella	stradina
librone	vecchietto
macchinona	ventaccio

3 Have students share their stories and vote on the funniest one.

Practice more at **immagina.vhlcentral.com.**

Sintesi

1 **Parliamo** In coppia, leggete l'articolo e rispondete alle domande.

ITALIA O ITALIE?

La differenza tra Italia del nord e Italia del sud esiste da sempre per motivi storici e geografici.

A causa della sua posizione geografica, nel corso dei secoli l'Italia è stata conquistata (*conquered*) da varie popolazioni: l'Italia settentrionale dai popoli dell'attuale Nord Europa, l'Italia meridionale soprattutto dai popoli arabi e spagnoli, arrivati nella penisola via mare.

Per questo motivo, l'Italia è stata frammentata in tanti piccoli regni (*kingdoms*) fino al 1861, quando l'esercito piemontese ha unificato la penisola dietro la guida di Giuseppe Garibaldi.

Dopo l'unificazione, il centro del potere, in Piemonte, era però letteralmente lontano e distante dal Sud e dai suoi problemi: un'economia povera basata su pratiche agricole molto antiquate.

Ancora oggi, a chi visita la penisola italiana da nord a sud, sembra che l'Italia abbia due anime diverse: una più ordinata, silenziosa, disciplinata, privata e fredda (il Nord) e una più confusionaria, chiassosa (*loud*), ribelle, amichevole e solare (il Sud).

Ma «non è tutto oro quello che luccica (*glitters*)», e nel clima di abbandono successivo all'unificazione, nel Sud è nata la mafia, una sorta di anti-stato che interveniva là dove lo stato era assente. Purtroppo, oggi la mafia è presente ovunque nel paese, anche nella realtà industriale del Nord Italia.

Continuando una tradizione cominciata subito dopo la Seconda Guerra Mondiale, ancora oggi i giovani del Sud emigrano verso le città del Nord in cerca di lavoro. Il tasso di disoccupazione al Sud supera, infatti, l'11% della popolazione, il doppio rispetto al Nord, nonostante il tasso di istruzione sia più alto al Sud!

Resta, dunque, un'Italia a due velocità.

1. L'articolo parla di «due anime» dell'Italia. Sei d'accordo o ti sembra che non abbia senso fare queste generalizzazioni? Quali sono, secondo te, i fattori che determinano la cultura di un popolo?
2. Per introdurre l'argomento della mafia nell'articolo è usato un antico proverbio. Cosa pensi che significhi?
3. Pensi che le migrazioni interne (nord-sud, est-ovest) possano creare degli scontri culturali? Ti sembra possibile l'idea che spostarsi all'interno di uno stesso paese sia come trasferirsi in un paese straniero? Fai alcuni esempi.
4. Hai mai sperimentato uno shock culturale? Racconta.

Strategie per la comunicazione

Suggerimenti per esprimere reazioni ed opinioni personali

Che + aggettivo	• Che bello sarebbe vivere al Sud!
Quanto/Come + frase	• Quanto mi piacerebbe vivere al Nord!
	• Come ha ragione l'autore dell'articolo!

2 **Scriviamo** Scrivi un testo di una pagina rispondendo a una delle seguenti domande e usando le strutture grammaticali che hai imparato in questa lezione.

- Ti piacerebbe di più vivere nel Sud o nel Nord Italia? Perché?
- Ti trasferiresti mai in un luogo con una cultura e uno stile di vita molto diversi dai tuoi? Perché sì o perché no?
- Hai mai avuto occasione di sperimentare la diversità regionale e culturale del tuo paese? Quando? Come?

Preparazione

Vocabolario della lettura		Vocabolario utile
avvenire *to happen*	**la provincia** *province*	**l'autonomịa** *autonomy*
la carta geogrạfica *map*	**il regno** *kingdom*	**la costituzione** *constitution*
distịnguere *to distinguish*	**il Rinascimento** *Renaissance*	**il nazionalismo** *nationalism*
il dominio *domination*	**il Risorgimento** *Resurgence*	**il parlamento** *parliament*
le fondamenta *foundations*	**lo statista** *statesman*	
il Medioevo *Middle Ages*	**tracciare** *to trace*	

SINONIMI
la carta geografica = la cartina

1 **Vocabolario** Inserisci le parole nuove nelle frasi.

1. Per costruire una casa bisogna cominciare dalle ___fondamenta___.
2. La ___costituzione___ è il documento che contiene le leggi di un paese.
3. L'unificazione d'Italia ___avvenne/è avvenuta___ nel 1861.
4. Le principesse delle fiabe (*fairy-tales*) spesso abitano in un ___regno___ magico.
5. Un sinonimo di indipendenza è ___autonomia___.
6. Quando viaggio porto una ___carta geografica___ del paese che visito.
7. Per governare bene una nazione c'è bisogno di ___statisti___ esperti.
8. L'Italia si ___distingue___ per la sua forma a stivale (*boot*).

2 **La cartina geografica** Ricordate la geografia italiana? In coppia, segnate i nomi delle regioni sulla cartina.

- Abruzzo
- Basilicata
- Calabria
- Campania
- Emilia-Romagna
- Friuli-Venezia Giulia
- Lazio
- Lombardia
- Liguria
- Marche
- Molise
- Piemonte
- Puglia
- Sardegna
- Sicilia
- Toscana
- Trentino-Alto Adige
- Umbria
- Valle d'Aosta
- Veneto

3 **Tradizioni regionali** In piccoli gruppi, parlate degli aspetti tipici della città o della regione in cui abitate.

- Ci sono feste, piatti speciali, dialetti, monumenti o altre tradizioni della vostra zona che sono diverse rispetto a quelle nazionali? Quali?
- Quali sono le origini di queste tradizioni? Provengono da eventi storici?
- Cosa pensa il resto del paese delle vostre tradizioni?

TEACHING OPTION
Bring a large map to class and have a discussion of regional traditions, cuisines, and dialects. Break the class into groups and assign a region to each. Ask the groups to prepare a brief presentation on one interesting aspect, city, dish, etc. for the next class.

Nota CULTURALE

«Fatta l'Italia bisogna fare gli italiani». Questa celebre frase attribuita a **Massimo D'Azeglio** (ma da alcuni attribuita a **Ferdinando Martini**) rifletteva le difficoltà degli inizi del **Regno d'Italia**. Era un paese con 22 milioni di abitanti, molti dei quali analfabeti°, un'economia debole° basata sull'agricoltura ed una forte divisione tra il Nord ed il Sud. Oltre a risolvere i problemi pratici, il nuovo governo doveva anche incoraggiare° lo sviluppo di un'identità nazionale ancora inesistente.

analfabeti *illiterate* **debole** *weak* **incoraggiare** *to encourage*

L'unità d'Italia
identità regionale e nazionale

L'Italia prima dell'unificazione

Line 30: Give students additional details about the integration process. Mention dates when other regions in Italy unified (**Toscana**, 1858; **Lombardia**, 1859; **Marche**, 1860, etc.). Mention to students that they might find some ambiguity if they research these dates, as unification was a long process with many complex benchmarks, and different historians recognize different events as the formal moments of integration.

S Reading

L'identità nazionale italiana non si è sviluppata su fondamenta politiche, economiche o religiose ma bensì° sul concetto di una cultura, cioè di una lingua e letteratura comuni a partire da Dante Alighieri in poi. Già sapete che l'Italia ha venti regioni. Ma sapevate che le regioni italiane corrispondono ancora alle antiche città-stato ed ai territori delle dominazioni straniere che, dopo le invasioni barbariche e la dissoluzione dell'Impero Romano, hanno diviso politicamente e geograficamente il paese che oggi chiamiamo unito? E sapevate che l'Italia è un paese più giovane degli Stati Uniti?

Confrontando le carte geografiche dal Medioevo ad oggi si possono tracciare le ragioni storiche per le differenze culturali e linguistiche.

Confrontando le carte geografiche della penisola dal Medioevo ad oggi si possono tracciare le ragioni storiche per le differenze culturali e linguistiche che distinguono ogni regione e, in molti casi, ogni provincia italiana. L'unificazione ufficiale della nazione è relativamente recente: risale° al 1861 durante l'epoca storica chiamata Risorgimento.

Le prime regioni unificate nel 1861 furono la Sicilia e gran parte dell'Italia meridionale (il Regno delle due Sicilie, dei Borbone), con la Sardegna e il Piemonte (il Regno di Sardegna, dei Savoia) sotto il nome di Regno d'Italia, governato dalla casa reale Savoia. Nel 1870 furono incluse Roma e gran parte del Lazio (quello che rimaneva dello Stato Pontificio governato dal papa). La sede della capitale italiana fu spostata° da Torino a Firenze nel 1865 e infine a Roma nel 1871. Il Friuli e parte del Veneto (dell'Impero Austriaco) furono annessi° nel 1866. Il resto del Veneto ed il Trentino-Alto Adige, anche loro sotto il dominio austriaco, diventarono italiani soltanto dopo la Prima Guerra Mondiale. Il passaggio da monarchia a repubblica costituzionale avvenne nel 1946, dopo il famoso referendum del 2 giugno, giorno in cui, ancora oggi, ogni anno si celebra la Festa della Repubblica.

Durante il lungo processo dell'unificazione italiana ci furono molte rivoluzioni e guerre su tutto il territorio. Già nel Rinascimento scrittori come Niccolò Machiavelli e Francesco Guicciardini invocavano la presa di coscienza di un'identità nazionale mentre l'Italia era al centro delle guerre tra la Francia e la Spagna. In seguito°, gli ideali del movimento liberale repubblicano italiano ed europeo di statisti come Giuseppe Mazzini, Camillo Benso, conte di Cavour, e del generale Giuseppe Garibaldi resero° possibile l'unificazione politica.

Il processo di unificazione è stato lento e difficile: oltre ai molti dialetti e idiomi regionali parlati dagli italiani, alcune regioni sono ufficialmente bilingui, come il Trentino-Alto Adige (italiano e tedesco), la Valle d'Aosta (italiano e francese) e il Friuli (italiano e sloveno). Le guerre mondiali e la ripresa economica del dopoguerra hanno contribuito a rafforzare il patriottismo di molti italiani. Dalla metà del XX secolo in poi, una delle forze unificanti della lingua e della cultura italiana è stata la televisione. Il senso d'identità regionale è ancora molto forte: gli italiani sono legati sentimentalmente alle loro antiche radici, fatte di storia, lingue e tradizioni. ■

rather
dates back
moved
annexed
Later
made

Giuseppe Garibaldi

Giuseppe Garibaldi (1807-1882) è una delle figure più carismatiche ed amate del Risorgimento italiano. È considerato un eroe nazionale e padre dell'unità d'Italia, che conquistò con l'esercito dei Mille formato da giovani idealisti volontari. Garibaldi, con il suo esercito di italiani, oltre all'unificazione d'Italia ha partecipato anche alle guerre d'indipendenza del Brasile e dell'Uruguay.

Analisi

1 Ask pairs to create 3 more true/false statements and then give them to a different group to check.

1

Comprensione

A. Indica se l'affermazione è vera o falsa.

Vero	Falso	
☐	☑	1. Le regioni italiane sono molto simili.
☑	☐	2. Il processo di unificazione dell'Italia è stato lungo e difficile.
☐	☑	3. Il Piemonte e la Sardegna facevano parte della Francia.
☑	☐	4. All'inizio, l'Italia unita si chiamava Regno d'Italia.
☑	☐	5. Il Lazio era governato dal papa.
☐	☑	6. Garibaldi ha partecipato alla guerra d'indipendenza argentina.
☐	☑	7. Roma è sempre stata la capitale d'Italia.
☑	☐	8. Il 2 giugno si celebra l'anniversario della Repubblica Italiana.

B. In coppia, correggete le affermazioni false.

2

Opinioni In coppia, confrontate le vostre opinioni rispondendo alle domande.

1. Secondo voi, quali sono stati i vantaggi dell'unificazione d'Italia? E gli svantaggi?
2. Quale pensate che sia stato il ruolo dei dialetti e dell'italiano nel creare un senso d'identità regionale e nazionale?
3. Pensate che i dialetti italiani possano sparire nel futuro? Perché?
4. Conoscete altri paesi in cui coesistono lingue diverse? Quali?
5. In quali altri paesi è stata necessaria una guerra o una rivoluzione per ottenere l'indipendenza o l'unità?
6. Quali sono gli elementi più importanti per gli abitanti di un paese per sentirsi uniti? Cosa significa per un paese essere unito?

3 It may be useful to provide the students with a list of values such as **libertà**, **indipendenza**, **fratellanza**, etc. Once they complete the activity, ask the groups to share their answers with the rest of the class.

3

Ideali In piccoli gruppi, analizzate il motto italiano.

«Unità, uguaglianza e umanità»

- A quale altro motto nazionale assomiglia (*is similar to*) quello italiano?
- A cosa corrispondono i tre ideali del motto? Potete tracciarne (*trace*) le ragioni storiche?
- Quali altri valori o ideali avrebbe potuto includere il motto?
- Questo motto italiano può essere utilizzato anche per il tuo paese? Perché?
- Secondo voi, cosa vuol dire essere patriottici?

4

Dibattito Dividete la classe in squadre per dibattere le seguenti questioni.

- È importante conservare le diverse identità regionali.
- Le diverse identità regionali costituiscono un problema.
- È più importante creare un'identità nazionale che conservare le differenze regionali.
- L'identità nazionale deve includere le differenze regionali.

Practice more at **immagina.vhlcentral.com.**

Preparazione

Reading

NATIONAL STANDARDS connections cultures

A proposito dell'autore

Dario Fo (Sangiano, Varese 1926) è attore, commediografo, capocomico, scenografo e pittore. Nel 1997, l'Accademia di Svezia gli ha conferito il Premio Nobel per la letteratura, sorprendendo il mondo intellettuale italiano e internazionale. Da sempre autore controverso e coraggioso, Fo è famoso in tutto il mondo per il suo teatro politico, attento ai problemi sociali. Sposato all'attrice Franca Rame dal 1954, Fo e la moglie sono una delle coppie più interessanti del mondo dello spettacolo; hanno sempre lottato per i diritti del popolo, anche pagando di persona con arresti, minacce, querele e aggressioni personali.

Point out that **ospizio** is somewhat of a false cognate. It refers to a nursing home and does not have the connotation of terminal illness that the English word *hospice* does.

Mention that the "politically correct" term for **vecchio** is **anziano**. There is not a great deal of consensus on this term, though, and some people find it more insulting.

Vocabolario della lettura

aggrapparsi *to hold on to, hang on to*
andarsene *to leave (to go away from it)*
buttare di sotto *to throw down/below*
il delitto *crime*
disfarsi *to get rid of*
farcela *to make it*
fregarsene (di) *not to care (about)*
incosciente *irresponsible*
l'incoscienza *recklessness*
laggiù/lassù *up/down there*
mollare *to let go*
l'ospizio *nursing home*
penare *to suffer*
scommettere *to bet*
spingere *to push*

Vocabolario utile

il buon senso *common sense*
dissentire (da, su) *to disagree; to dissent*
l'empatia *empathy*
fare una manifestazione *to demonstrate*
mobilitare *to mobilize*
l'opinione pubblica *public opinion*
risolvere *to solve*

Nota CULTURALE

Una volta in Italia solo i vecchi senza famiglia o gravemente malati finivano in **ospizio** o in **case di riposo**°. Ora che la struttura familiare è sempre più nucleare, con coppie in cui entrambi° lavorano, è sempre più difficile occuparsi dei propri vecchi. Dario Fo già ne parlava ironicamente nel 1980, denunciando° lo squallore e il degrado° degli ospizi, in cui i vecchi si lasciavano morire di tristezza. Il teatro di Fo ha sempre denunciato le carenze° della società e della politica, e spesso ha contribuito a generare dibattiti° che hanno portato a cambiamenti nelle leggi.

case di riposo *retirement homes* **entrambi** *both* **denunciando** *denouncing* **degrado** *degradation* **carenze** *shortcomings* **dibattiti** *debates*

1 **Definizioni** Collega ogni parola alla sua definizione.

__b__ 1. fregarsene	a. soffrire
__e__ 2. l'opinione pubblica	b. credere che una cosa non sia abbastanza importante
__c__ 3. scommettere	c. mettere dei soldi in gioco
__f__ 4. aggrapparsi	d. atto grave che offende i diritti dei cittadini
__h__ 5. disfarsi	e. quello che pensano molte persone
__g__ 6. laggiù	f. tenere forte
__a__ 7. penare	g. in basso
__d__ 8. il delitto	h. buttare via

2 **Discussione** In coppia, fatevi queste domande.

1. Quale pensi che sia la responsabilità della società nei confronti dei suoi elementi più deboli (vecchi, bambini, disabili, ecc.)? Questi sono problemi individuali o collettivi?
2. Chi si deve occupare delle persone anziane? E dei bambini?
3. Secondo te, i vecchi sono tristi? Si può imparare qualcosa da loro?
4. I vecchi dovrebbero stare con la famiglia o da soli, secondo te? Cosa pensi di quei villaggi abitati solo da vecchietti?
5. Ci sono dei problemi per cui è giusto protestare e fare manifestazioni di massa? Fai alcuni esempi. Hai mai manifestato contro qualcosa?

Practice more at **immagina.vhlcentral.com.**

IL PROBLEMA

Scena: fondo° prospettico di una grande strada cittadina. Un gruppo di persone sta guardando per aria° verso i piani superiori della casa di fronte. S'avvicina un giovanotto in bicicletta, si ferma.

backdrop
upward

Ma la polizia che fa? Non interviene?

GIOVANOTTO Che sta succedendo?

DONNA CON LA BORSA DELLA SPESA Non vede? Buttano giù un vecchio.

GIOVANOTTO Un vecchio?! Da dove?

DONNA Da lassù, guardi bene: due, tre, quattro, dal quinto piano. Eccolo! Vede, lo spingono!

GIOVANOTTO Ma perché lo vogliono buttare di sotto? Che ha fatto?

UOMO CON UN PACCO SOTTO IL BRACCIO Niente, ha fatto! Che discorsi. Stai a vedere che adesso, per buttare giù un vecchio, bisogna aspettare che abbia fatto qualcosa di illegale. Staremmo freschi°!

We'd be finished

DONNA CON LA BORSA DELLA SPESA Sì, d'accordo. Ma devo dire che non è certo uno spettacolo edificante! Ormai sta diventando uno sconcio°! Con tutti questi vecchi buttati giù sulla strada... almeno avvertissero quelli che passano sotto!

scandal

GIOVANOTTO Ma dico, lo stanno buttando giù davvero quello?! Ma è ignobile! Incivile! Ma chi sono quegli energumeni° che lo spingono?

big burly men

UOMO CON UN CAPPELLO A LOBBIA° IN TESTA Chi lo sa? Forse inquilini del palazzo o gente del quartiere. Certo, ha ragione lei, è incivile. Dovrebbe pensarci l'amministrazione, mica costringere i cittadini a fare da sé. Ma quelli del comune se ne fregano, figurati°! ... Buoni solo a farci pagare le tasse!

homburg hat
just think

GIOVANOTTO Ma la polizia che fa? Non interviene?

DONNA Sì, ce n'è uno... un agente, là sotto, sul marciapiede, che tiene lontano i curiosi e i passanti, perché non gli caschi° in testa il vecchio.

fall

UOMO COL PACCHETTO Non ce la fanno. Guardate come s'è aggrappato alla balaustra°, quel vecchietto, accidenti°, com'è arzillo°!

railing
damn/lively

ALTRO UOMO È incredibile come sono attaccati° alla vita!

attached

Illustrazioni di Dario Fo

GIUDIZIO : gioco di equilibrio.

DEI VECCHI

Audio: Dramatic Recording

UOMO CON LOBBIA È naturale. Più sono anziani-decrepiti e più desiderano stare al mondo, amano la vita, hanno il doppio istinto di conservazione!

Passa un venditore ambulante

AMBULANTE Cannocchiali°, binocoli anche tridimensionali, a colori. Godetevi° più da vicino la caduta del vecchio. Approfittate°, li diamo anche in affitto. Sconti speciali, ricchi premi.

spyglasses

Enjoy/Take advantage

ALTRO UOMO Ne dia uno a me, prego. Quant'è?

DONNA Ma guarda come è caparbio°, quel vecchietto! Non molla proprio.

obstinate

GIOVANOTTO Ma scusate, davvero non capisco! È un delitto, un fatto criminale e voi state tutti qui a guardare, non fate niente?

UOMO CON LOBBIA E che dovremmo fare se sono d'accordo i suoi?

GIOVANOTTO I suoi chi?

UOMO CON LOBBIA I suoi parenti, dal momento che hanno firmato la carta di delibera°.

release

GIOVANOTTO Delibera a che?

DONNA Come a che? Ma dove vive giovanotto? La delibera per il vecchio da buttare. Lei non è di queste parti, vero?

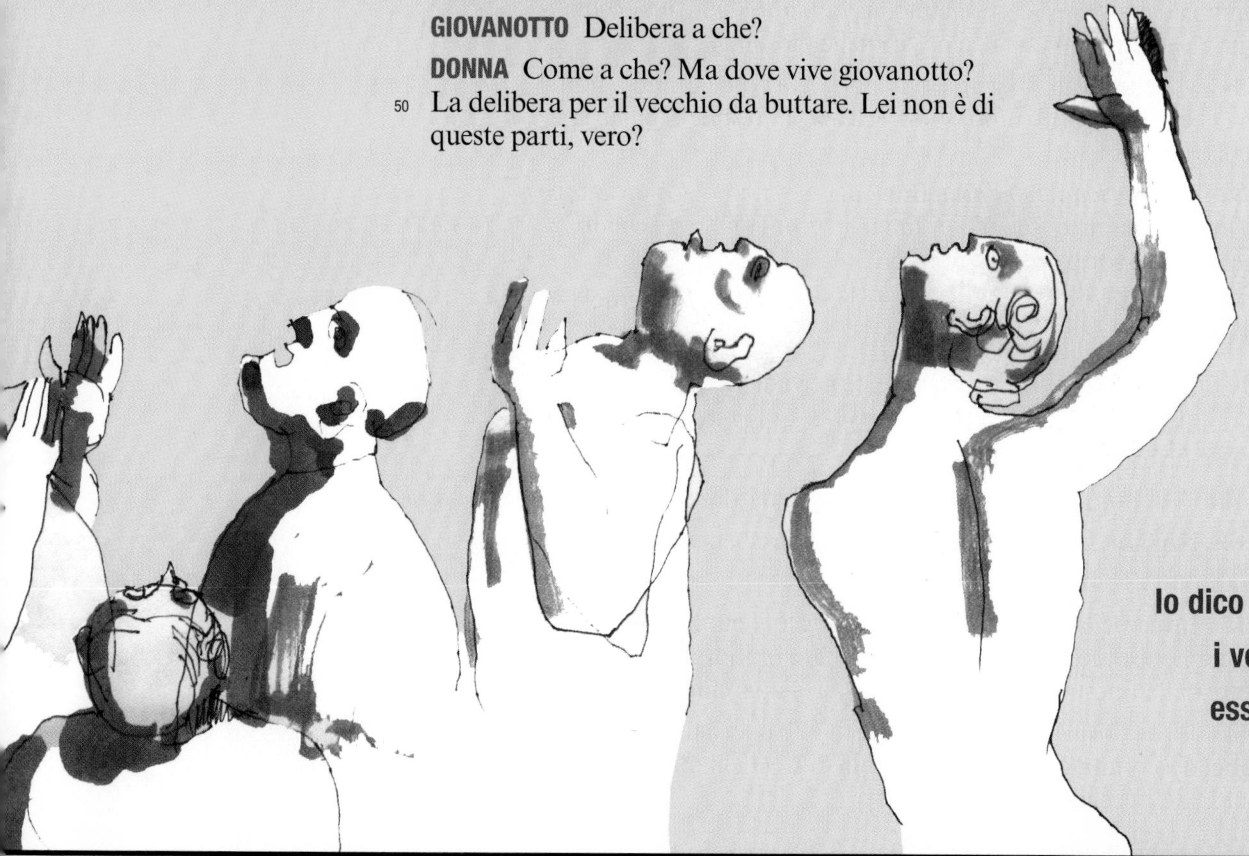

Io dico che è indegno, i vecchi sono esseri umani!

UOMO COL PACCHETTO Ma che fa quella donna?

ALTRO UOMO Quale?

UOMO COL PACCHETTO Ma come, ha il binocolo e non la vede? Là, guardi bene. S'è affacciata° una donna dalla finestra accanto°, ha afferrato° il vecchio per le braccia, lo vuole tirare su!

(leaned out/adjacent; grabbed)

DONNA Sarà qualche parente stretto, succede... all'ultimo momento si sarà lasciata prendere dalla pietà.

UOMO CON LOBBIA Ma che pietà, questa è incoscienza!

DONNA Eh, forse lei non può capire, anch'io quando mi hanno buttato di sotto il mio vecchio ho avuto un momento, come dire... insomma, è sempre uno del tuo sangue, dopotutto! Poi ho ragionato. Ecco! L'hanno portata via, finalmente, povera donna! Guardate il vecchio, s'è aggrappato al cornicione°... non ce la fa più!

(ledge)

UOMO CON IL PACCHETTO Io scommetto che invece quello ce la fa ancora, quello si salva!

UOMO CON LOBBIA Scommette? Quanto scommette?

UOMO CON IL PACCHETTO Cinquemila.

UOMO CON LOBBIA D'accordo. Ci sto! Ci metto cinquemila che fra due minuti è di sotto.

UOMO CON IL PACCHETTO Scommessa andata.

DONNA Ma non vi vergognate, voi due? Scommettere su certe tragedie?

ALTRO UOMO Però, almeno dovrebbero evitare che i ragazzini se ne stiano ad assistere a certi spettacoli, andiamo! Date un'occhiata laggiù, ce ne saranno una decina° e anche piccoli.

(about ten)

DONNA Ma che razza° di genitori hanno? Ma come fanno a non capire che certi fatti, ai minori poi, lasciano uno shock magari per tutta la vita!

(kind, sort)

GIOVANOTTO (*grida verso l'alto*) Bravo, bravo nonno! Guardate, ce l'ha fatta! È riuscito a scivolare° lungo la grondaia° e s'è calato° sul terrazzo di sotto... Forza nonno!

(to slide/gutter/dropped)

DONNA Ah, bravo, e ci fa il tifo pure! Che razza di incosciente!

GIOVANOTTO Perché scusi?

UOMO CON LA LOBBIA Ma per favore, se ne vada di qui!

ALTRO UOMO Ma che crede, di essere allo stadio!? Crede che noi si sia qui a divertirci? Si soffre più di lei, sa?

GIOVANOTTO Soffrite? Non direi, state qui a guardare e basta!

DONNA Noi non guardiamo, assistiamo°, che è ben altra cosa!

(we attend)

GIOVANOTTO Sì, ma insomma lasciate fare!

DONNA Invece lei applaude, da incosciente, lo incita! Ma non capisce che se i vecchi cominciano a ribellarsi, rifiutano° di farsi buttare dalla finestra, è la fine, il disordine, l'anarchia!

(they refuse)

UOMO CON LA LOBBIA (*al giovanotto*) Sbaglio o lei è uno di quei fanatici del comitato antinucleare per la difesa della natura e per la difesa dei vecchi da defenestrare°?

(to be thrown out of the window)

Abbiamo deciso che i nostri anziani ci sono di peso? Che non possiamo più né curarli né aiutarli?

Explain to students that the illustration below is actually a rendition of the play's action drawn by the author himself.

GIOVANOTTO Io non sono di nessun comitato. Io dico che è indegno°, i vecchi sono esseri umani!

outrageous

DONNA Ecco! Ecco che si è scoperto°, il solito sbandieratore° patetico dei diritti umani, di quelli che vogliono distribuire l'eroina gratis ai giovani e nello stesso tempo vorrebbero veder ripristinati° quegli ignobili ricoveri° per vecchi, dove si sbattono° a crepare° di malinconia i nostri poveri anziani ridotti a larve, mangiati dalla solitudine, e qualche volta anche dalle formiche...

come out/flag waver
reinstated
nursing home/are thrown/to die

UOMO CON IL PACCHETTO Sa cos'è lei, caro giovanotto? Lei, in verità, è un conservatore ipocrita, un reazionario!

ALTRO UOMO Stai a vedere che dopo tutte le battaglie disperate che abbiamo portato avanti°, per anni e anni, per arrivare a chiuderle, quelle galere° infami, adesso dovremmo sopportare° ancora certi discorsi ipocriti-populisti!?

we have carried on
prisons/endure

GIOVANOTTO Ipocriti-populisti? Ma che discorsi, e su che cosa?

DONNA Sui vecchi, caro giovanotto. Sui nostri vecchi! Bisogna avere coraggio delle proprie scelte, non fare i demagogici. Abbiamo deciso che i nostri anziani ci sono di peso°? Che non possiamo più né curarli né aiutarli? Se non sono generali, con le pensioni non sopravvivono. Che non ci resta più tempo per occuparci di loro? E allora, invece di disfarcene da veri criminali, abbandonandoli in quelle puzzolenti° galere, che sono gli ospizi, meglio, molto più onesto e civile, prenderci la responsabilità di buttarli!

are a burden for us
stinking

UOMO COL BINOCOLO Attenti. Ecco, l'hanno riacciuffato°. Lo buttano!

have caught

CORO L'hanno buttato!

DONNA Povero vecchio ha finito di penare.

VIGILE Avanti, circolare. Su andate a casa, sgomberare°!

leave

UOMO CON LA LOBBIA Scusi signore, le mie cinquemila! Ho vinto la scommessa!

UOMO CON IL PACCHETTO Ma mi faccia il piacere, lei non ha vinto un bel niente°! È andata pari e patta°!

nothing at all/We're even

UOMO COL BINOCOLO Attenzione! Ne stanno buttando un altro.

DONNA Dove?

UOMO COL BINOCOLO Là, da quella parte, quarto piano! La seconda finestra.

VIGILE Eh no, adesso esagerano, mica posso continuare a tenere bloccato il traffico per ore e ore!

DONNA Certo, dovrebbero mettere degli orari, alla mattina presto e al massimo per due o tre giorni fissi alla settimana... se no, è il caos! Ma scusi signor vigile, non c'era quella proposta dell'Assessore° alla viabilità°, di radunare° tutti i vecchi da buttare, e portarli allo stadio la domenica, e fare una cosa di massa prima della partita?

councillor
road and traffic conditions/gather

VIGILE Sì, ma quelli del totocalcio° si sono opposti! Volevano gestirlo in proprio°! ■

soccer pools
to administer it themselves

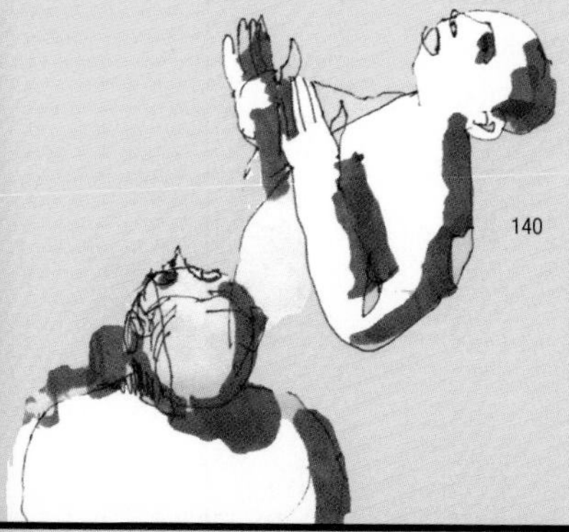

Analisi

1 Make sure that the central ideas of the play are clear. The first point is not that old people should be killed, but that leaving them to die alone in substandard nursing homes is also not an acceptable solution. This farce is not meant to provide a solution, but to provoke and make people be responsible. The second point is that crowd mentality is capable of endorsing even the most unethical behavior; rather than going with the flow, individuals must always be prepared to evaluate moral issues on their own and be ready to dissent.

1 Ask students: **Perché il pubblico rimprovera il giovanotto? Cosa pensa la donna delle case di riposo?**

1 **Comprensione** Scegli la frase vera tra le due.

1. (a.) Il giovanotto si ferma a chiedere perché la folla guarda per aria.
   b. Il giovanotto in bicicletta crede che ci sia una festa in città.
2. (a.) Stanno buttando un vecchio di sotto.
   b. Stanno guardando un vecchio alla finestra.
3. a. La polizia non interviene.
   (b.) La polizia regola il traffico sotto la finestra.
4. a. Un venditore ambulante vende gelati.
   (b.) Un venditore ambulante vende binocoli.
5. (a.) Il giovanotto è perplesso perché è un fatto criminale.
   b. Il giovanotto è perplesso perché il vecchio ha fatto qualcosa di illegale.
6. (a.) Due uomini scommettono su come finirà la vicenda (*event*).
   b. Due uomini scommettono cinquemila volte.

2 **Interpretazione** Scegli la risposta giusta.

1. Il giovanotto è ____
   (a.) sconvolto (*upset*) da quello che vede. b. indifferente e imparziale.
   c. incuriosito e divertito da quello che vede.
   d. d'accordo e incita a defenestrare.
2. La gente ____
   a. è indifferente e distratta. b. sa che l'amministrazione paga i cittadini.
   (c.) non capisce perché il giovanotto non conosce le leggi.
   d. ha paura che la balaustra cada.
3. Secondo l'uomo con la lobbia, incitare il vecchio a salvarsi è ____
   (a.) da incoscienti. b. umano. c. un fatto criminale. d. una cosa da stadio.
4. La donna è convinta che ____
   a. le scelte sono solo coraggiose. b. senza coraggio non si sceglie.
   c. bisogna fare delle scelte ed avere coraggio.
   (d.) bisogna avere il coraggio delle proprie scelte.
5. La scena ha un finale ____
   a. moderato (b.) ironico c. ragionevole d. felice

3 Give students additional adjectives: **seccato, compassionevole, perplesso, scioccato**.

This is a good exercise to make students learn new adjectives. You will have to give the definition of quite a few of the ones listed. A follow-up activity could be asking students whether they agree with the adjectives given and how else they would describe the characters listed.

3 **Personaggi** Scegli gli aggettivi che meglio descrivono queste persone. Usa il dizionario per cercare gli aggettivi che non conosci. Answers may vary. Suggested answers.

a. sorpreso	e. curioso	i. attento	o. chiacchierone
b. approfittatore	f. indignato	l. imbroglione	p. incredulo
c. legalitario	g. logico	m. arrabbiato	q. opportunista
d. professionale	h. spazientito	n. onesto	r. rigido

- il giovanotto a, f, p
- la donna a, c, g, h, m, n, o, r
- il vigile d, h
- l'ambulante b, q
- l'uomo col pacchetto a, e, h, i, l, o, r

4 **Tu cosa ne pensi?** In coppia, discutete queste domande.

1. Secondo te, è giusto pensare che quando si invecchia si debba avere un posto marginale nella società? Cosa si dovrebbe fare per prendersi cura delle persone anziane?
2. Come sarebbe un mondo senza vecchi? Descrivilo.
3. Ci sono paesi (l'Italia e il Giappone per esempio) in cui il tasso di natalità è bassissimo. Con una popolazione tanto vecchia, quali strutture dovrebbero esserci in una società per rendere la vita migliore per tutti?
4. Nella tua regione, che strutture ci sono per la terza età (*for seniors*)? Cosa manca secondo te?
5. È efficace discutere di problemi seri mostrando una soluzione ironica e grottesca? Qual è l'effetto di questo espediente (*device*) narrativo?

As a curiosity, you can tell students that in Italy there is a **partito dei pensionati** (a political party made up of retirees that defends the interests of senior citizens).

5 **Reality show!** In piccoli gruppi, immaginate di essere il conduttore e i partecipanti di un *reality show* che discute un problema sociale. Immaginate una soluzione ragionevole e una totalmente grottesca. Potete usare qualunque formato di *reality* che volete.

5 Students can also be divided in "tribes" as they do in *Survivor*, and vote off the least desirable solution to the problem. It does not need to be about old people. It can be about any problem they perceive as important, including daily life-on-campus problems.

6 **Discussione**

A. In gruppi di tre, scegliete un argomento di discussione sociale che mobilita (*mobilizes*) l'opinione pubblica. Cercate di pensare ai diversi punti di vista su questi argomenti e stendete una lista al riguardo. Quale pensate sia il punto di vista predominante nel vostro paese?

assistenza medica per tutti	immigrazione istruzione	libertà di culto pena di morte	povertà ?

B. Paragonate il vostro parere all'opinione predominante su questi argomenti. Ci sono dei ragionamenti riguardo ai quali «dissentite»? Perché? Fate qualcosa per nuotare controcorrente?

7 **Nuotare controcorrente** Dario Fo ha sempre lottato attivamente contro le ingiustizie, pagando in prima persona. Secondo te, quanto può contare la voce di un singolo individuo per mobilitare l'opinione pubblica, cambiare leggi, regole, istituzioni? In gruppi di quattro, pensate a personaggi famosi della storia che hanno cambiato il corso delle cose nell'arte, nella scienza, nella religione, nella cultura, nella politica, nell'ambiente ecc. e fate una lista. Poi confrontatela con quella degli altri gruppi.

- Chi sono?
- Come hanno lottato?
- Hanno avuto successo?
- Hanno subito (*suffered*) delle conseguenze?
- Con chi vi identificate di più?

8 **Tema** Pensa a come tu risolveresti il problema dell'invecchiamento. Nella tua utopia, cosa succederebbe una volta passati i sessantacinque anni? Scrivi almeno due paragrafi.

Practice more at **immagina.vhlcentral.com.**

Laboratorio di scrittura

After the students have read the **Preparazione** section, divide the class into two groups. Invite one group to come up with ideas for a thesis and the other group to try to find ways to refute those ideas.

Invite the students to review the strategies for the different kinds of arguments studied in lesson 3.

Preparazione: La confutazione

Nella **Lezione 1 (p. 38)**, si presentano strategie per scrivere argomenti in difesa di una tesi. Una strategia è la confutazione, che consiste nel difendere il nostro punto di vista in forma indiretta esaminando il punto di vista opposto. Invece di usare argomenti che difendono la sua tesi, l'autore dimostra le debolezze (*weaknesses*) della tesi opposta. In un buon saggio, la confutazione deve essere usata solo in combinazione con altri tipi di argomenti. Non deve mai essere l'unico argomento utilizzato. Una buona confutazione:

- non deve essere un attacco contro il punto di vista opposto.
- deve essere basata su una prova o, nel caso di un'opinione personale, deve essere basata su un ragionamento logico che l'autore può esprimere con un linguaggio obiettivo.

Modello

- **Tesi:** Anche in un mondo in cui l'inglese è la lingua franca, soprattutto in rete, imparare una lingua straniera come l'italiano offre grandi vantaggi.
- **Tesi contraria:** Imparare una lingua straniera «minore» come l'italiano non è importante e non è competitivo in un mondo in cui l'inglese è spesso la lingua franca in rete.
- **Proposizione principale:** Ci sono coloro che argomentano che imparare una lingua come l'italiano sia inutile e non serva. Senza dubbio queste sono affermazioni eccessive e affrettate.
- **Esempio di confutazione:** Secondo i dati più recenti, l'italiano è la quarta lingua straniera più studiata nel mondo. Inoltre, ci sono molti studi che sostengono l'utilità di internet nell'apprendimento delle lingue straniere, compreso l'italiano.

Pratica In coppia scegliete e rileggete alcuni brani delle lezioni precedenti. Qual è la tesi opposta? Quali argomenti si possono usare per respingere (*reject*) la tesi opposta?

Requisiti

1. Il saggio deve far riferimento ad almeno due dei quattro brani studiati in questa lezione e nelle precedenti lezioni contenuti in **Cortometraggio**, **Immagina**, **Cultura** e **Letteratura**.
2. Il tuo saggio deve includere almeno due esempi di confutazione.
3. Il saggio deve essere lungo almeno due pagine.

Saggio Scegli uno di questi argomenti e scrivi un saggio.

Le divisioni politiche del passato possono aiutarci a costruire un mondo unito nel presente?

Lo stile di vita moderno aiuta a colmare le divisioni (*fill in the gaps*) culturali radicate (*rooted*) nella storia e nella geografia di una nazione?

Si può «nuotare controcorrente»? Quali sono i vantaggi o gli svantaggi?

Società e cambiamenti

Audio: Vocabulary Flashcards

I cambiamenti

adattarsi *to adapt*
adeguarsi *to adjust*
appartenere *to belong to*
arricchirsi *to become rich*
aumentare *to increase*
conformarsi *to conform*
diminuire *to decrease*
impoverirsi *to become poor*
ottenere *to obtain, to achieve*
pianificare *to plan*
realizzare *to fulfill; to achieve*
stabilirsi *to settle*
tutelare *to protect, to defend*

Le tendenze sociali

la (s)comparsa *(dis)appearance*
la diversità *diversity*
la globalizzazione *globalization*
l'integrazione *integration*
la lingua madre *native language*
la (sovrap)popolazione *(over)population*
(il)lo (sotto)sviluppo *(under)development*
il tasso di natalità *birthrate*
il tenore di vita *standard of living*

(anti)conformista *(non)conformist*
multilingue *multilingual*

I problemi e le soluzioni

il caos *chaos*
la comprensione *understanding*
il conflitto di classe *class conflict*
il dialogo *dialogue*
l'incertezza *uncertainty*
il maltrattamento *abuse; mistreatment*
la polemica *controversy*
la povertà *poverty*
il razzismo *racism*
la volontà *will, wish*

lamentare/lamentarsi *to regret, to lament*
lottare *to fight, struggle*
manifestare *to demonstrate*
reclamare *to complain, to protest; to claim*
superare *to overcome*
tirare avanti *to forge ahead*

Le convinzioni religiose

la cattedrale *cathedral*
la chiesa *church*
Dio *God*
la fede *faith*
il/la fedele *believer*
la libertà di culto *freedom of worship*
la moschea *mosque*
il papa *pope*
il prete *priest*
il rabbino *rabbi*
la sinagoga *synagogue*
il/la santo/a *saint*

credere *to believe*
pregare *to pray*

agnostico/a *agnostic*
ateo/a *atheistic*
cattolico/a *Catholic*
ebreo/a *Jewish*
musulmano/a *Muslim*
protestante *Protestant*

Cortometraggio

il capitone *large eel*
la corriera *long-distance bus*
il dialetto *dialect*
l'estero *foreign countries*
il ferroviere *railway employee*
l'incomprensione *lack of understanding*
il maltempo *bad weather*
il panettone *Christmas bread*
il pregiudizio *prejudice*
il proverbio *proverb*
il realismo *realism*
lo stereotipo *stereotype*
il tassista *taxi driver*
la tradizione *tradition*
l'umorismo *humor*
la vigilia *eve*

meridionale *southern*
settentrionale *northern*

Cultura

l'autonomia *autonomy*
la carta geografica *map*
la costituzione *constitution*
il dominio *domination*
le fondamenta *foundations*
il Medioevo *Middle Ages*
il nazionalismo *nationalism*
il parlamento *parliament*
la provincia *province*
il regno *kingdom*
il Rinascimento *Renaissance*
il Risorgimento *Resurgence*
lo statista *statesman*

avvenire *to happen*
distinguere *to distinguish*
tracciare *to trace*

Letteratura

il buon senso *common sense*
il delitto *crime*
l'empatia *empathy*
l'incoscienza *recklessness*
l'opinione pubblica *public opinion*
l'ospizio *nursing home*

aggrapparsi *to hold on to, hang on to*
andarsene *to leave (to go away from it)*
buttare di sotto *to throw down, below*
disfarsi *to get rid of*
dissentire (da, su) *to disagree; to dissent*
farcela *to make it*
fare una manifestazione *to demonstrate*
fregarsene (di) *not to care (about)*
mobilitare *to mobilize*
mollare *to let go*
penare *to suffer*
risolvere *to solve*
scommettere *to bet*
spingere *to push*

incosciente *irresponsible*

laggiù/lassù *up/down there*

INSTRUCTIONAL RESOURCES
Supersite: Testing Program

Le scienze e la tecnologia

Siamo circondati da oggetti altamente tecnologici che dovrebbero semplificarci la vita e abbattere (*knock down*) le barriere del tempo e dello spazio. Ma è davvero così? La tecnologia avvicina (*brings closer*) il mondo e semplifica la vita o ci rende vulnerabili e incapaci di confrontarci con noi stessi? Che rapporto avete con le scienze e la tecnologia? Potreste vivere senza gli oggetti tecnologici che fanno ormai parte della vostra quotidianità?

PREVIEW Ask students to look at the photo on the previous page. Ask: **La tecnologia può provocare dei cambiamenti sociali? Quali sono gli effetti positivi e negativi della tecnologia?**

241

264

I progressi e la ricerca

Audio: Vocabulary

Gli scienziati

l'astronauta *astronaut*
l'astrọnomo/a *astronomer*

il/la biọlogo/a *biologist*
il/la (bio)chịmico/a *(bio)chemist*
il/la fịsico/a (nucleare) *(nuclear) physicist*
il/la geọlogo/a *geologist*
il/la matemạtico/a *mathematician*
il/la ricercatore/ ricercatrice *researcher*
lo/la zoọlogo/a *zoologist*

La ricerca scientịfica

il brevetto *patent*
il DNA *DNA*

l'esperimento *experiment*
il gene *gene*
la ricerca *research*

la scoperta *discovery*
lo scopo *aim; goal*
lo sviluppo *advance; development*
il vaccino *vaccine*

dimostrare *to prove*
guarire (-isc-) *to cure; to heal*

notẹvole *remarkable, important*

La tecnologịa

la banca dati *database*
il cọdice *code*
il dispositivo *device*
l'elettrọnica *electronics*
l'informạtica *computer science*
l'ingegnerịa *engineering*
l'intelligenza artificiale *artificial intelligence (A.I.)*
la nanotecnologịa *nanotechnology*
la rete (senza fili) *(wireless) network*
la robọtica *robotics*

il segnale (analọgico/digitale) *(analog/digital) signal*
le telecomunicazioni *telecommunications*
la trasmissione *broadcast*

Il mondo digitale

la chiavetta USB *flash drive*
la chiọcciola *@ symbol*
il computer (da tạvolo/portạtile) *(desktop/laptop) computer*
l'indirizzo e-mail *e-mail address*
il lettore CD/DVD/MP3 *CD/DVD/MP3 player*
il libro elettrọnico *e-book*
l'SMS (*m.*) *text message*

aggiornare *to update*
allegare *to attach*
cancellare *to erase*
copiare *to copy*
incollare *to paste*
masterizzare *to burn*
navigare su Internet/sulla rete *to browse/to surf the Internet/Web*
salvare *to save*
scaricare *to download*

Problemi e sfide

la cẹllula staminale *stem cell*
il cọdice deontolọgico *code of conduct/ethics*
il furto d'identità *identity theft*
l'inquinamento *pollution*

la sfida *challenge*

clonare *to clone*
riciclare *to recycle*

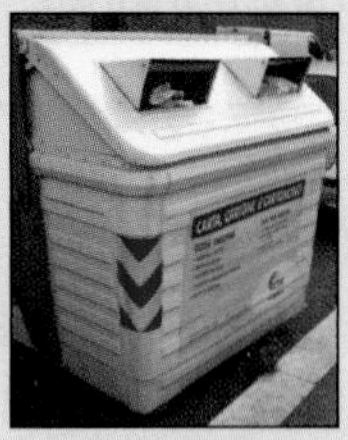

controverso/a *controversial*
ẹtico/a *ethical*
giusto/a *right*
(im)morale *(un)ethical*
sbagliato/a *wrong*

SINONIMI
masterizzare ↔ duplicare
lo scopo ↔ il fine

The word **ricerca** in its singular form may mean both *search* and *academic research*, while in its plural form it only means *searches*. Example: **Ho vinto una borsa di studio per fare ricerca all'estero. / La polizia ha iniziato le ricerche in tutta la città.**

Chiocciola in Italian means *snail*.

Point out that many English words about computing enter into Italian, like **mouse**, **desktop**, **file**, **software**, and **e-mail**, while other words are taken from English and adapted to Italian grammar, like **chattare** and **cliccare**.

Point out that **guarire** means *to cure/heal* when it is used transitively. Used intransitively, it means *to recover*. Example: **Sono guarito dal raffreddore**.

INSTRUCTIONAL RESOURCES
Supersite: Audioscripts, SAM AK, Lab MP3s
SAM/WebSAM: WB, LM

Pratica

1

Associazioni Trova la parola della colonna di destra che è associata ai termini della colonna di sinistra.

b	1. il codice, la banca dati, Internet	a. l'ingegneria
e	2. il DNA, il vaccino, la malattia	b. l'informatica
c	3. l'intelligenza artificiale, il codice, il dispositivo	c. la robotica
a	4. i progetti, la matematica, la fisica	d. lo sviluppo
f	5. la rete, il segnale, la trasmissione	e. la medicina
d	6. il progresso, la scoperta, la ricerca	f. le telecomunicazioni

2

Che bisogna fare per…? Completa le frasi con la parola appropriata.

1. Per ricevere dei messaggi elettronici bisogna avere un indirizzo e-mail/computer.
2. Per navigare sulla rete quando sei in spiaggia devi avere un computer portatile.
3. Per aggiornare l'antivirus puoi scaricare l'ultima versione da Internet.
4. Per non perdere i documenti devi salvare tutto su una chiavetta USB.
5. Per non riempire troppo la casella di posta elettronica bisogna cancellare i messaggi inutili.
6. Per inviare un documento via Internet bisogna allegare il file al messaggio.
7. Per vedere un film su DVD bisogna avere un lettore DVD.
8. Se non vuoi telefonarmi, puoi inviarmi un SMS sul cellulare.

2 In pairs, have students write sentences for other related vocabulary words, such as **chiocciola** and **navigare**.

3

Chi è? Leggi le frasi e individua gli scienziati descritti. Aggiungi l'articolo corrispondente.

1. Mario esamina la struttura, la composizione e il cambiamento delle rocce (*rocks*). Fa il geologo.
2. Carlo studia la storia, l'evoluzione e i comportamenti degli animali. Fa lo zoologo.
3. Marcella studia le proprietà fisiche della materia inorganica e fa esperimenti. Fa la chimica.
4. Antonio è specializzato nello studio della struttura e delle funzioni degli organismi viventi e della loro interazione con l'ambiente. Fa il biologo.

3 Ask pairs of students to come up with two more sentences to read to their classmates, who can guess the scientists described.

4

Questioni di attualità Sembra che la scienza e il progresso oggi non abbiano e non debbano avere limiti. Qual è la tua opinione sui seguenti temi?

A. Contrassegna con una X le affermazioni con cui sei d'accordo e preparati a spiegare le tue opinioni con una o due frasi.

- ☐ 1. La clonazione del genere umano è uno strumento importante per combattere molte malattie genetiche.
- ☐ 2. È immorale provare ad avere un figlio ad ogni costo! Ci sono tanti bambini senza genitori: perché non adottarli?
- ☐ 3. I vantaggi apportati dalla tecnologia informatica sono maggiori degli svantaggi.
- ☐ 4. La tecnologia oggi ha semplificato molto il lavoro dell'uomo.

B. Confronta le tue risposte con quelle di un(a) compagno/a e preparate insieme un riassunto spiegando le vostre differenze o similarità.

4 Start a discussion with the class about each topic. Invite students that share the same point of view to explain their reasons, then ask students with opposite opinions to respond. List the students' points of view in two columns titled **perché sì** and **perché no** on the blackboard.

Practice more at **immagina.vhlcentral.com.**

NATIONAL STANDARDS connections cultures communication

INSTRUCTIONAL RESOURCES
Supersite/DVD: Film Collection
Supersite: Script & Translation

SINONIMO
collegamento Internet = connessione Internet

Preparazione

Vocabolario del cortometraggio

il collegamento *connection*
digitare *to type, to dial*
il navigatore satellitare *GPS*
il piano di cottura *stovetop*
la ricetta *recipe*

Vocabolario utile

l'acquario *aquarium*
il laboratorio *lab*
la lingua dei segni *sign language*
il nastro adesivo *adhesive tape*
il polpo *octopus*
lo strumento *musical/technical instrument*

ESPRESSIONI

faccio in un lampo *I'll be done in a flash*
non ci posso credere *I can't believe it*

1 **Pratica** Associa le parole delle due colonne.

h 1. l'acquario	a. i tentacoli
g 2. la ricetta	b. il pianoforte
e 3. il navigatore satellitare	c. gli esperimenti
f 4. il piano di cottura	d. Internet
c 5. il laboratorio	e. l'automobile
d 6. il collegamento	f. il gas
b 7. lo strumento	g. il piatto
a 8. il polpo	h. i pesci

2 Help students come up with items for the list by reminding them that most gadgets and applications (except for a few such as **il televisore, il telefonino,** and **il navigatore**) retain their English names in Italian: **il computer, Skype, Facebook, Twitter, Wii,** and so on.

2 **La tecnologia quotidiana** In piccoli gruppi, fate una lista dei prodotti elettronici che usate più spesso. Poi rispondete alle domande.

1. Quali prodotti elettronici usate più spesso?
2. Qual è la funzione di ogni prodotto (gioco, strumento, mezzo di comunicazione/ricerca, lettura, informazione ecc.)?
3. Quali tra questi prodotti semplificano la vita? Quali, invece, la complicano?
4. Quali prodotti elettronici erano disponibili quando i vostri genitori avevano 18 anni?
5. Quali prodotti elettronici erano disponibili quando i vostri nonni avevano 18 anni?

3 **Cosa succederebbe?** Se non poteste più usare i prodotti che avete messo nella lista, cosa fareste? Insieme completate le frasi e scrivetene delle altre.

Modello **Non ho più il telefonino:** Vado a casa dei miei amici per parlare con loro.

- Non ho più il computer: ______
- L'iPod si rompe: ______
- Perdi il collegamento Internet: ______
- ? ______

4 **I personaggi** Descrivete le caratteristiche fisiche e la personalità di questi tre personaggi.

____
____
____
____
____
____

4 Encourage students to imagine the relationships among the three characters and to brainstorm story possibilities.

5 **Espansione** In piccoli gruppi, pensate a quale sarà l'innovazione più rivoluzionaria nei prossimi dieci anni.

1. Che tipo di innovazione sarà? (Nel campo della medicina, della tecnologia, dei trasporti, delle comunicazioni ecc.)
2. È un'innovazione che dovremo comprare? Quanto costerà?
3. Chi sarà responsabile per questa innovazione? Una sola persona o un gruppo?
4. Quale sarà l'impatto di questa innovazione sulla vita di tutti i giorni?
5. Quale sarà l'impatto sulla vostra vita personale? Come cambierà?
6. Ci saranno degli aspetti negativi? Quali?

5 Have students present their innovations to the rest of the class.

6 **La tecnologia nel futuro** In piccoli gruppi, raccontate come saranno fra cinquanta anni le attività domestiche suggerite nella lista con l'aiuto della tecnologia.

Attività	Cambiamenti tecnologici
cucinare	
fare la doccia	
fare giardinaggio	
fare il bucato	
fare le pulizie	
guardare la TV	
lavare i piatti	
organizzare l'armadio	

Practice more at **immagina.vhlcentral.com.**

Short Film

Vincitore
Future
Film Festival
2005
l'età del fuoco
un film di Mauro Calvone
Soggetto Mauro Calvone Sceneggiatura Giorgio Barullo
Fotografia Alessandro Pavoni Scenografia Giorgio Barullo
Costumi Elena Valente Musica originale Giovanni Lodigiani
Interpreti Renato Carpentieri, Massimo Poggio, Daniela Fazzolari
Produttore Mauro Calvone Produzione Hoplà, Mark & Thing

Trama *Un uomo del futuro vorrebbe preparare una cena romantica, ma la tecnologia non gli permette di accendere il gas. Riuscirà a cucinare prima dell'arrivo della donna?*

VOCE DEL COMPUTER Accendi il gas... accendi il gas... accendi il gas...

UOMO Va bene, faccia quello che vuole, purché° sia in fretta!
TECNICO Un lampo!

TECNICO È un sistema intelligente questo. Però io sono più furbo di lui.

DONNA Esco ora, eh? Sarò subito da te. A dopo.

TECNICO Se vuoi, il problema lo posso risolvere, posso disattivare tutto...

TECNICO Non ti sono stato di grande aiuto, eh?
UOMO Il gas funziona!

purché *provided*

Nota CULTURALE

La casa antisismica del futuro

In Italia, come in Giappone e in California, possono avvenire terremoti° disastrosi. Grazie al Sofie (Sistema Costruttivo Fiemme), un progetto di ricerca dell'Istituto Valsa di Trento, la casa antisismica del futuro sarà italiana. La casa ha sette piani ed è costruita con materiali sostenibili° che riducono l'impatto ambientale e migliorano le caratteristiche strutturali. Il prototipo della casa antisismica è stato definito dagli esperti sismologi giapponesi come «Destinato a cambiare il modo di costruire le case antisismiche in tutto il mondo».

terremoti *earthquakes* **sostenibili** *sustainable*

Sullo SCHERMO

Indica l'ordine in cui queste scene appaiono nel film.

_6_ **a.** La cena non è pronta quando la donna suona il campanello (*bell*).
_2_ **b.** Il protagonista prova ad accendere il gas.
_4_ **c.** Il tecnico arriva.
_3_ **d.** La donna telefona.
_5_ **e.** Il tecnico risolve i problemi in cucina.
_1_ **f.** Il protagonista vuole cucinare una bistecca.

Analisi

1 Ask students to rewrite the false statements in order to make them true.

1 **Vero o Falso?** **Indica se le affermazioni sono vere o false.**

Vero	Falso	
☑	☐	1. Il protagonista ha invitato la donna a cena.
☑	☐	2. La cucina è molto ordinata.
☐	☑	3. Il gas funziona nel piano di cottura.
☑	☐	4. Il protagonista chiama il tecnico.
☐	☑	5. Il tecnico aggiusta il telefono.
☐	☑	6. Il protagonista non trova la ricetta.
☑	☐	7. Quando la donna arriva la porta non si apre.
☑	☐	8. Costa di più aggiustare il gas che comprare una cucina nuova.

2 **Comprensione** **Scegli la frase più adatta. Dopo, in coppia, scrivete altre due frasi e scambiatele con un'altra coppia.**

1. Il protagonista è ______________________.
   a. impaziente b. preciso (c.) tutt'e due
2. Il protagonista vuole ______________________.
   a. una cucina perfetta b. diventare uno chef (c.) fare innamorare la donna
3. Nel corto, la tecnologia ______________________.
   a. fa diventare la vita più facile b. fa diventare la vità più complicata (c.) tutt'e due
4. Il tecnico pensa di essere ______________________.
   a. molto bravo a cucinare (b.) più furbo del computer
   c. più veloce del protagonista
5. Il protagonista ______________________.
   a. non è contento della soluzione trovata dal tecnico
   (b.) accetta la soluzione trovata dal tecnico perché ha fretta
   c. preferirebbe avere una cucina rustica
6. Il tecnico ______________________.
   (a.) ha nostalgia delle cucine del passato b. ha nostalgia della giovinezza
   c. ha nostalgia di sua moglie

3 **Riflessione** **In coppia, rispondete alle domande.**

1. Qual è il messaggio del film sulla tecnologia? Sei d'accordo?
2. Cosa vuole fare il protagonista? Perché? Riesce a farlo?
3. Com'è il tecnico? Com'è la sua casa? Com'è diverso dal protagonista?
4. Con quale personaggio del film ti identifichi di più? Perché?
5. Cosa succede alla fine del film?

4 **Maledetta tecnologia!** **Vi è mai successo di trovarvi in una situazione come quella del protagonista, in cui la tecnologia è diventata un ostacolo? In piccoli gruppi, parlate di come avete risolto il problema.**

5 **Case diverse**

A. La casa del futuro Descrivete la casa del protagonista e tutti i gadget che contiene.
- la cucina
- l'entrata
- la stanza principale
- la camera da letto

B. La casa del passato Immaginate una casa completamente senza tecnologia e descrivetela.
- la cucina
- l'entrata
- la stanza principale
- la camera da letto

C. La tua casa Rispondete a turno alle domande.
- Quale delle due case preferisci? Perché?
- Com'è la tua casa? Paragonala a quella del film.
- Ti piacerebbe avere una casa con molta tecnologia? Perché?
- Com'è la tua casa ideale? Descrivila.

5 Encourage students to present their dream house to the rest of the class.

6 **Opinioni** Siete d'accordo o no con queste affermazioni? In coppia, spiegate le vostre ragioni.

Affermazione	Sono d'accordo perché...	Non sono d'accordo perché....
La vita di una volta era più rilassante: la tecnologia di oggi causa solo problemi.		
Non potrei mai vivere senza la tecnologia.		
I ragazzi perdono tempo con i gadget: giocano soltanto e ascoltano la musica a volume troppo alto.		
Internet ha aumentato le possibilità di comunicazione fra le persone.		
La televisione permette di imparare molte cose utili.		
I computer hanno aumentato la produttività.		

6 Encourage a debate among students with contrasting opinions.

7 **Interpretiamo** In coppia, improvvisate un dialogo basato su una di queste situazioni e recitatelo davanti alla classe.

A
La donna arriva a casa del protagonista e la porta non si apre. Cosa succede dopo?

B
Il tuo computer improvvisamente comincia a parlarti e a darti dei consigli sulla tua vita personale. Come reagisci?

8 **Scriviamo** Scegli uno di questi argomenti e scrivi una breve composizione.
- Qual è il tuo più grande desiderio? Immagina che un inventore trovi una soluzione (tecnologica, scientifica ecc.) per renderlo possible. Scrivi un paragrafo su quello che potrebbe succedere.
- Se tu fossi uno scienziato, quale scoperta ti piacerebbe fare? Preferiresti una scoperta nel campo della medicina o in quello della tecnologia? Perché?

Practice more at **immagina.vhlcentral.com.**

INSTRUCTIONAL RESOURCES **Supersite:** Teaching suggestions;
SAM/WebSAM: WB

IMMAGINA IL TRIVENETO

Verona

S Reading

Dove l'Italia incontra l'Europa

La parte nord orientale dell'Italia è conosciuta come **Triveneto** e comprende° le regioni **Veneto**, **Trentino-Alto Adige** e **Friuli-Venezia Giulia**. Questo è un territorio in cui la cultura italiana si incontra e si mescola° con quella germanica e con quella slava: ciò rende° il Triveneto particolarmente affascinante.

Il confine nord orientale è incorniciato° dalle Alpi, che nella parte centrale della regione diventano **Dolomiti**, e appaiono come alte torri° con rocce dai riflessi arancioni e rosa. Molte stazioni sciistiche° prestigiose, tra cui **Cortina d'Ampezzo** in Veneto e i centri della **Val di Fiemme** e della **Val di Fassa** in Trentino-Alto Adige, accolgono gli appassionati di sport invernali. La **Pianura Padana** copre una vasta porzione del territorio e qui è attraversata da grandi fiumi come l'**Adige**, il **Tagliamento** ed il delta del **Po**. Sui litorali° della parte sud orientale si trovano località balneari° ben note°, come **Lignano Sabbiadoro** e **Iesolo**.

Il **Veneto** è forse la regione con il più consistente patrimonio artistico. **Venezia** è famosa in tutto il mondo per le sue **calli**°, **i canali** e gli splendidi monumenti. A **Verona**, l'**Arena**, oggi sede di importanti eventi musicali, ed il **Teatro** sono esempi di architettura romana; di grande interesse sono anche la basilica medioevale di **San Zeno**, **piazza delle Erbe**, il **ponte scaligero** e i tanti palazzi e monumenti costruiti quando la famiglia della **Scala** era al potere. Una meta° classica è la **casa di Giulietta** che fa da sfondo° alla sfortunata storia d'amore shakespeariana. **Vicenza** è la patria dei capolavori dell'architetto **Andrea Palladio**, mentre **Padova** preserva alcuni degli affreschi più belli di **Giotto** nella cappella degli **Scrovegni**, oltre all'imponenete basilica di **Sant'Antonio**.

Il **Trentino-Alto Adige** è una terra di incontro tra la cultura italiana e quella tedesca, entrambi presenti nell'architettura delle case, nelle lingue e persino° nella tradizione gastronomica. A **Bolzano** e in tutto l'Alto Adige, a nord, si parlano italiano e tedesco; le abitazioni hanno un inconfondibile stile austriaco e lo **strudel di mele** e la **torta Sacher** sono una costante sui menù! **Trento** e la sua provincia, nel sud della regione, hanno uno stile più italiano, retaggio° della lunga presenza romana nella zona.

L'atmosfera multiculturale si respira anche in **Friuli-Venezia Giulia**, in particolare nelle zone di confine con la Slovenia e la Croazia. A **Trieste**, capoluogo di regione, convivono etnie e lingue diverse, quali l'italiano, il tedesco e lo slavo. Trieste con il suo porto è stata ed è una finestra tra Oriente ed Occidente. Il famoso **Caffè San Marco**, nel secolo scorso, era frequentato da intellettuali internazionali del calibro° di **James Joyce**, **Italo Svevo** e **Umberto Saba**.

Il Triveneto è una meta consigliata per chi ama le bellezze classiche dell'Italia arricchite da una buona dose di internazionalità.

In più...

Il fascino di Venezia è inalterato° in ogni stagione dell'anno: deriva dal riflesso di motivi architettonici, di monumenti e di luci nei canali e nelle acque della laguna. Se visitate Venezia in inverno, fatelo durante il famoso **Carnevale**, periodo in cui la città si trasforma in un teatro all'aperto e le calli sono frequentate da personaggi in maschere e costumi straordinari.

comprende *includes* **si mescola** *mixes* **rende** *makes* **incorniciato** *framed* **torri** *towers* **stazioni sciistiche** *ski resorts* **litorali** *coast* **località balneari** *seaside resorts* **ben...** *well-known* **calli** *narrow streets in Venice* **meta** *destination* **sfondo** *background* **persino** *even* **retaggio** *legacy* **calibro** *caliber* **inalterato** *unaltered; unchanged*

Vero o falso? Indica se ogni frase è **vera** o **falsa**. Correggi le frasi false.

1. Il Triveneto è un'area nel Nord-Est della penisola italiana. Vero.
2. Le Dolomiti si trovano in tutte le regioni del Triveneto. Falso. Si trovano nella parte nord orientale.
3. Andrea Palladio era un architetto veneto. Vero.
4. In Trentino-Alto Adige non si parla italiano. Falso. Si parla italiano ed anche tedesco.
5. Il Friuli-Venezia Giulia confina con la Slovenia e la Croazia. Vero.
6. Trieste era una città frequentata da personaggi della società intellettuale. Vero.
7. Gli italiani che abitano in Slovenia e Croazia sono la maggior parte della popolazione. Falso. Sono delle minoranze, il 7% della popolazione.
8. Marco Polo è rimasto in Oriente per più di venti anni. Vero.

Quanto hai imparato? Rispondi alle domande. Some answers will vary.

1. Quali sono alcune caratteristiche culturali del Triveneto? la presenza di diverse lingue e tradizioni, l'incontro di culture diverse
2. In quale parte del Triveneto è possibile praticare sport invernali? sulle Dolomiti, nel Trentino-Alto Adige e nel Veneto
3. Quali sono le differenze tra l'Alto Adige ed il Trentino? L'Alto Adige ha una cultura prevalentemente tedesca. Il Trentino ha una cultura prevalentemente italiana.
4. Perché il Friuli-Venezia Giulia è considerato una regione multiculturale? Confina con la Slovenia e la Croazia; Trieste è stata un importante porto; l'Oriente e l'Occidente si incontrano.
5. Perché in alcune città della Slovenia e della Croazia si parla italiano? vicinanza geografica, vicende storiche comuni, presenza di minoranze etniche italiane
6. Di che cosa parla il libro *Il Milione*? Racconta le avventure di Marco Polo in Oriente.

L'italiano in Slovenia e Croazia A causa della vicinanza geografica e delle comuni vicende° storiche, in **Slovenia** e nella **regione istriana** della **Croazia** ci sono minoranze etniche° italiane, circa il 7% dell'intera popolazione. Queste minoranze parlano la lingua italiana che diventa seconda lingua ufficiale dopo lo sloveno o il croato. La Regione istriana di lingua italiana occupa la parte più occidentale della penisola omonima° mentre l'italiano in **Slovenia** è parlato nei comuni di **Capodistria**, **Istria e Pirano**.

Pola, Croazia

Marco Polo **Marco Polo** nasce a Venezia nel 1257. A diciassette anni con il padre e lo zio, commercianti di pietre preziose, intraprende° un viaggio in Estremo Oriente. Marco trascorre° circa 25 anni in Oriente e, spinto° dalla sua curiosità e da presunti incarichi° del **Kubilai Khan**, fa numerosi viaggi. Il racconto delle sue avventure è raccolto nel libro ***Il Milione***, dove Marco Polo sostiene di aver portato in Europa, oltre ad oggetti favolosi, gli spaghetti ed il gelato.

vicende *events* **minoranze etniche** *ethnic minorities* **omonima** *homonymous* **intraprende** *begins* **trascorre** *spends* **spinto** *motivated* **incarichi** *assignments*

Progetto

Un viaggio tra i castelli del Triveneto ti farà vivere la vita degli imperatori, dei re e delle regine.

- Ricerca almeno tre castelli nel Triveneto, uno per ogni regione.
- Per ogni castello dai informazioni sulla famiglia che lo abitava.
- Cerca anche informazioni sullo stato attuale del castello (a chi appartiene, come viene usato ecc.).
- Presenta il tuo lavoro alla classe.

NATIONAL STANDARDS comparisons

INSTRUCTIONAL RESOURCES
Supersite: Audioscripts, SAM AK, Lab MP3s
SAM/WebSAM: WB, LM

7.1

Comparatives and superlatives

- The comparative form is used to compare qualities in people, things, concepts, or actions. Comparisons express three kinds of relationships: inferiority, equality, and superiority. These relationships are conveyed by structures containing the words **meno**, **così** or **tanto**, and **più**.

Il mio computer è **meno** veloce **del** tuo.
*My computer is slower (*lit. *less fast) than yours.*

Il mio computer è **più** veloce **del** tuo.
My computer is faster than yours.

Il mio computer è (**così**) veloce **come** il tuo. / Il mio computer è (**tanto**) veloce **quanto** il tuo.
My computer is as fast as yours.

Comparisons of equality

- To express equality (**uguaglianza**) when comparing adjectives or adverbs, use (**così**) + [*adjective or adverb*] + **come**. You may also use (**tanto**) + [*adjective or adverb*] + **quanto**. **Così** and **tanto** are often omitted.

Le vacanze sono (**così**) piacevoli **come** necessarie.
Le vacanze sono (**tanto**) piacevoli **quanto** necessarie.
Vacations are as enjoyable as they are necessary.

Give also examples with adverbs.
I francesi si vestono (così) bene come gli italiani.
I francesi si vestono (tanto) bene quanto gli italiani.

- When comparing nouns, use **tanto** + [*noun*] + **quanto**... to express *as much/many as*. When **tanto** and **quanto** precede a noun, they should agree in gender and number with the noun.

Ho letto **tanti** libri **quante** riviste.
I read as many books as magazines.

Ci sono **tante** bambine **quanti** bambini.
There are as many girls as boys.

ATTENZIONE!

When (**tanto**) **quanto** is used after verbs, it is invariable.

Parli **tanto quanto** mia sorella!
You talk as much as my sister!

Comparisons of inequality

- To express comparisons of inequality—indicating inferiority (**minoranza**) or superiority (**maggioranza**)—use **meno**... **di** and **più**... **di** or **meno**... **che** and **più**... **che**. The choice of structure depends on the type of comparison that is made.

ATTENZIONE!

Meno... di and **più... di** can also be used to compare quantities.

Marta ha **più** libri **di** Franco.
Marta has more books than Franco.

- Use **meno**... **di** and **più**... **di** to compare two nouns or pronouns (people or things) in terms of a single quality (adjective or adverb) or action (verb).

Two nouns (**scienziato** and **Franco**)	+	one adjective (**etico**)	Quello scienziato è **più** etico **di** Franco. *That scientist is more ethical than Franco.*
Two nouns (**Claudio** and **Maria**)	+	one verb (**scrive articoli**)	Claudio scrive **meno** articoli **di** Maria. *Claudio writes fewer articles than Maria does.*

- Use **meno**... **che** and **più**... **che** to compare two qualities or attributes of a single noun. Use it also to compare two adverbs or two objects with respect to a single verb.

One noun (**idee**)	+	two adjectives (**originali** and **convenzionali**)	Le idee di Claudio sono **più** originali **che** convenzionali. *Claudio's ideas are more original than conventional.*
One verb (**Bevo**)	+	two objects (**caffè** and **tè**)	Bevo **più** caffè **che** tè. *I drink more coffee than tea.*
One verb (**Piove**)	+	two adverbs (**adesso** and **stamattina**)	Piove **meno** adesso **che** stamattina. *It's raining less now than (it was) this morning.*

To help students decide between **di** and **che**, give them pairs of sentences and ask them to join them in a single sentence using a comparative. Example: **Mario parla molto./Luigi parla moltissimo.** → **Luigi parla più di Mario. Tu studi tre lingue./Io studio due lingue.** → **Tu studi più lingue di me. Il film è molto sperimentale./Il film è un po' interessante** → **Il film è più sperimentale che interessante.**

- Use **meno** … **che** and **più** … **che** before prepositions and infinitives.

Viaggiamo **meno** in treno **che** in aereo.
We travel less by train than by plane.

È **più** importante bere **che** mangiare?
Is it more important to drink than to eat?

Relative superlative

- The relative superlative indicates that a person or thing is *the most* or *the least* of a particular group. To form the relative superlative of adjectives, use this structure: [*definite article*] + **più/meno** + [*adjective*] + **di** (or sometimes **in** or **tra**). To form the relative superlative of adverbs, omit the definite article, unless **possibile** is used after the adverb.

Quale materia è **la meno** difficile **tra** quelle scientifiche?
Which subject is the least difficult among the scientific ones?

Quale astronauta russo è **il più** alto **di** tutti?
Which Russian astronaut is the tallest of all?

Piero lavora **più duro** di tutti.
Piero works harder than everyone else.

Ti chiamo **il più presto** possibile!
I'll call you as soon as possible!

- The superlative may precede or follow the noun. The article is not repeated when it follows the noun.

Quello zoologo è **il più famoso del** mondo. (superlative precedes noun)
Quello è **lo** zoologo **più** famoso **del** mondo. (superlative follows noun)

- When the relative superlative is followed by a conjugated verb, the verb is usually in the subjunctive mood.

Guerra e pace è il libro più lungo che io **abbia letto**.
War and Peace *is the longest book I have read.*

Absolute superlative

- The absolute superlative conveys the highest possible degree of an adjective or adverb.

— *È* ***comodissimo****.*

- The absolute superlative of an adjective is most commonly expressed by dropping the final vowel of the masculine plural form and adding **–issimo/a/i/e**.

La risposta è **semplicissima**.
The answer is very simple.

L'inquinamento è un problema **gravissimo**.
Pollution is an extremely serious problem.

- The absolute superlative of adverbs that end in a vowel follows a similar pattern: add **–issimo** after dropping the final vowel. However, if an adverb ends in **–mente**, form the feminine superlative adjective first and add **–mente**.

Il tecnico è arrivato **tardissimo**.
The technician arrived very late.

Il computer funziona **rapidissimamente**.
The computer operates very fast.

To practice structures requiring **di** or **che**, first ask students to compare two famous actors and relate various qualities to them. All of these sentences should require **di**. Next, ask them to talk about only *one* of these actors and this actor's qualities. These sentences should elicit use of **che**. Example: **Roberto Benigni ha più talento di Seth Rogen. / Roberto Benigni è più famoso in Italia che negli Stati Uniti. Roberto Benigni è più comico che drammatico.**

ATTENZIONE!

In a relative phrase introduced by *more/less… than what*, use **più/meno… di quello che, di ciò che/di quanto** followed by the subjunctive.

I computer sono più facili da usare di quello che pensiate.
Computers are easier to use than you think.

L'esperimento ha dimostrato meno di quanto sperassimo.
The experiment proved less than we had hoped.

ATTENZIONE!

To express *one of the most/least… in/of*, use the indefinite article + **di** + **più/meno… di**.

L'Italia è uno dei più affascinanti paesi del mondo.
Italy is one of the most fascinating countries in the world.

Fra plus the definite article is sometimes used instead of **uno/a di**.

Il computer è fra le invenzioni più importanti del Novecento.
The computer is one of the most important inventions of the twentieth century.

RIMANDO

The subjunctive in superlative statements is presented in **Strutture 9.4, p. 344.**

ATTENZIONE!

The absolute superlative can also be expressed by simply repeating the adjective or adverb.

Il bambino era timido timido.
The child was very timid.

La maestra parlava piano piano.
The teacher spoke very slowly.

ATTENZIONE!

Strengthening one adjective with a second adjective is another way to express the superlative. Many of these set phrases are common in colloquial contexts.

Il fisico è tornato dal lavoro stanco morto.
The physicist returned from work dead tired (=extremely tired).

L'inventore del cellulare sarà ricco sfondato!
The inventor of the cell phone must be loaded (=extremely wealthy)!

ATTENZIONE!

Sometimes the final **–e** on the irregular forms **migliore**, **peggiore**, **maggiore**, and **minore** is dropped. While common, this truncation is not obligatory. The final **–e** cannot be dropped before nouns that begin with **z** or **s** + *consonant*.

Qual è il miglior modo per scaricare i video?
What is the best way to download videos?

Chi è il maggiore scienziato in campo chimico?
Who's the biggest scientist in the field of chemistry?

Point out that **più**... **più**... and **meno**... **meno**... are used to express *the more... the more...* and *the less... the less.*

If students have trouble deciding whether to use **migliore/peggiore** or **meglio/peggio**, have them go back to the non-compared form to identify if they need the comparative/superlative of **buono/cattivo** (adjectives) or **bene/male** (adverbs).

- An alternative way to form the absolute superlative of adjectives is to place **molto** or another adverb, such as **assai**, **bene**, **estremamente**, and **incredibilmente**, before the adjective.

È un lavoro **estremamente difficile**.
It's an extremely difficult job.

Avere un portatile è **assai conveniente**.
It's very convenient to have a laptop.

- The absolute superlative of an adjective or adverb can also be formed with a prefix. The most common of these prefixes are **arci–**, **iper–**, **stra–**, **super–**, and **ultra–**.

Alcuni politici sono **ultraconservatori**.
Some politicians are extremely conservative.

Quel portatile è **ipermoderno**.
That laptop is very modern.

Irregular comparatives and superlatives

- Some adjectives have both regular and irregular comparative and superlative forms.

	comparative	relative superlative	absolute superlative
buono	più buono/**migliore**	il più buono/**il migliore**	buonịssimo/**ọttimo**
cattivo	più cattivo/**peggiore**	il più cattivo/**il peggiore**	cattivịssimo/**pẹssimo**
grande	più grande/**maggiore**	il più grande/**il maggiore**	grandịssimo/**mạssimo**
pịccolo	più pịccolo/**minore**	il più pịccolo/**il minore**	piccolịssimo/**mịnimo**
alto	più alto/**superiore**	il più alto/**il superiore**	altịssimo/**supremo**
basso	più basso/**inferiore**	il più basso/**l'inferiore**	bassịssimo/**ịnfimo**

- In general, the irregular form is used when comparing figurative or abstract qualities, while the regular form is used to compare physical qualities. When speaking of siblings' ages, for example, or describing figuratively the importance of a historical figure, use **maggiore** and **minore**.

Francesco ha due sorelle **minori**.
Francesco has two younger sisters.

Questo libro è **più piccolo** di quello.
This book is smaller than that one.

Conosci le opere dei poeti **minori** del Medioevo?
Are you familiar with the works of the minor poets of the Middle Ages?

- Some adverbs have irregular comparative and superlative forms. In the relative superlative, omit the article unless **possibile** is used.

	comparative	relative superlative	absolute superlative
bene	meglio	(il) meglio	benịssimo
male	peggio	(il) peggio	malịssimo
molto	più, di più	(il) più	moltịssimo
poco	meno, di meno	(il) meno	pochịssimo

Franco canta **meglio** di tutti.
Franco sings the best of all.

Lavoro **il più** possibile.
I work as much as possible.

Mi piace l'informatica, ma mi piace **di più** il giornalismo.
I like computer science, but I like journalism more.

Pratica

1

Paragoni **Completa le frasi inserendo come, quanto, di, di + articolo o che.**

1. Una macchina elettrica inquina (*pollutes*) meno __di__ una macchina ibrida.
2. Il vaccino contro la tubercolosi è più importante __della__ scoperta di una cura per altre malattie meno diffuse.
3. Il mio portatile è più pratico __che__ bello.
4. Oggi i ricercatori guadagnano meno __di__ un impiegato di banca.
5. La fisica nucleare è tanto difficile __quanto__ la chimica.
6. È più facile distruggere un atomo __che__ un pregiudizio.

2

Il mondo di oggi **Completa le frasi logicamente usando i comparativi.**

1. La rete senza fili è __più__ pratica __del__ collegamento via cavo (*wire*). (+)
2. Spedire un'e-mail è __più__ economico __che__ mandare un SMS. (+)
3. La clonazione di esseri umani è un argomento __così/tanto__ attuale __come/quanto__ controverso. (=)
4. Una lettera cartacea (*paper*) è sicuramente __meno__ veloce __di__ un'e-mail. (–)
5. È __meno__ costoso allegare un documento __che__ inviare un fax. (–)
6. Il computer non è ancora __così/tanto__ diffuso __come/quanto__ la televisione. (=)
7. Il furto d'identità è un crimine __meno__ diffuso __del__ furto di oggetti. (–)
8. Il problema dell'inquinamento è __più__ sentito in città __che__ in campagna. (+)

3

Opinioni diverse **Cambiate le seguenti frasi trasformando i comparativi di uguaglianza in comparativi di maggioranza o minoranza.**

Modello **Il treno oggi è comodo tanto quanto l'automobile.**
Il treno oggi è più comodo dell'automobile.

1. Il dottor Bisi usa la posta elettronica tanto quanto me. Il dottor Bisi usa la posta elettronica più/meno di me.
2. Negli Stati Uniti i centri di ricerca sono buoni tanto quanto in Italia. Negli Stati Uniti i centri di ricerca sono migliori/peggiori che in Italia.
3. Ci sono tante automobili a Roma quante ce ne sono a New York. Ci sono più/meno automobili a Roma che a New York.
4. Le energie rinnovabili sono tanto costose quanto importanti per l'ambiente. Le energie rinnovabili sono più/meno costose che importanti per l'ambiente.
5. Il professore di astronomia è più anziano di quello di biologia, ma parla inglese bene come lui. Il professore di astronomia è più anziano di quello di biologia, ma parla inglese meglio/peggio di lui.

4

Classifiche **In coppia, usate il superlativo relativo per formare delle frasi con le parole della lista. Dopo trasformate le frasi usando il comparativo di maggioranza o di minoranza.**

Modello La radio è il mezzo di comunicazione più antico fra quelli oggi esistenti. La radio è più antica della televisione./La televisione è meno antica della radio.

la radio	il mezzo di comunicazione	celebre	di tutte
l'inquinamento	problema	urgente	fra quelli oggi esistenti
la fisica nucleare	l'argomento	antico	dei nostri tempi
la clonazione	astronomo	controverso	del mondo industrializzato
Galileo Galilei	scienza	difficile	nella storia dell'umanità

4 Suggested answers:
La radio è il mezzo di comunicazione più antico fra quelli oggi esistenti. L'inquinamento è il problema più urgente del mondo industrializzato. La fisica nucleare è la scienza più difficile di tutte. La clonazione è l'argomento più controverso dei nostri tempi. Galileo Galilei è l'astronomo più celebre nella storia dell'umanità.

5 **L'evoluzione delle cose** In coppia, guardate le due immagini e fate dei paragoni usando aggettivi, avverbi e verbi al comparativo o al superlativo.

6 Have students ask each other questions that elicit comparatives and additional superlatives. Example: **Il pranzo al ristorante è stato migliore del film o peggiore?**

6 **Incontri** Immaginate di essere andati ad un appuntamento con uno/a sconosciuto/a (*blind date*). In coppia, usate il superlativo relativo e il superlativo assoluto per parlare del vostro incontro. Aiutatevi con le parole della lista.

Modello È stato l'incontro più emozionante della mia vita!
Abbiamo passato una giornata divertentissima!

casa	film	passeggiata
cellulare	gelato	ristorante
conversazione	macchina	spaghetti

7 **Sondaggi** In coppia, osservate i dati riportati nella tabella su alcune delle città più importanti dell'Italia centrale e meridionale. Fatevi domande sui dati aiutandovi con le espressioni della lista.

Modello In quali città ci sono più uomini che donne? Qual è la città meno popolata?

Quale città è la più/meno...?
In quali città ci sono più/meno... che...?
Quale città ha il maggior/minor numero di...?
Qual è la città con il più alto/basso numero di...?

Città	Popolazione	Uomini	Donne	Nuclei familiari
Roma	2.459.776	1.155.247	1.304.529	1.006.229
Napoli	993.386	475.342	518.044	326.726
Palermo	652.640	311.648	340.992	219.972
Bari	312.452	150.311	162.141	110.491
Reggio Calabria	179.384	86.607	92.777	63.160

Practice more at **immagina.vhlcentral.com.**

Comunicazione

NATIONAL communication STANDARDS

8 **Più o meno** In coppia, paragonate a turno gli elementi della lista. Usate la vostra immaginazione.

Modello —Lo schermo del mio computer è di 17 pollici (*inches*).
—Il mio è di 15 pollici. Il tuo è più grande del mio.
—Sì, il mio schermo è il più grande dei due.

- il vostro cellulare
- il vostro lettore MP3
- la vostra casella di posta elettronica
- il vostro sito web preferito
- la vostra connessione Internet
- il vostro programma televisivo preferito
- la vostra macchina fotografica
- il vostro televisore
- la vostra materia preferita
- ?

9 **La nostra vita** In gruppi di tre, discutete alcuni aspetti della vostra vita quotidiana che sono stati migliorati dai progressi tecnologici. Come era la vostra vita prima dell'arrivo di queste tecnologie? Come è la vostra vita oggi? Usate i comparativi e i superlativi.

9 As an expansion, have students interview older generations in their family to see how certain technological advances affected their lives. Then have a class discussion based on what students found out.

10 **La scoperta più importante**

A. In coppia, selezionate quelle che secondo voi sono le tre scoperte più importanti per l'umanità e discutete il perché.

1492: Cristoforo Colombo, navigatore italiano, cercando di dimostrare che la Terra era rotonda e pensando di arrivare in India, ha scoperto l'America.

1500: Leonardo da Vinci, pittore, scultore, architetto, ingegnere, anatomista, letterato, musicista e inventore italiano, scrive il *Trattato delli Uccelli*, in cui studia l'anatomia degli uccelli e la resistenza dell'aria. Poi studia la caduta dei corpi e progetta il primo esempio di paracadute.

1600: Galileo Galilei, fisico, filosofo, astronomo e matematico italiano, scopre che le macchie lunari sono le ombre delle montagne della luna proiettate dalla luce del sole. Questa scoperta confuta la teoria di Aristotele secondo cui tutti i corpi celesti, esclusa la Terra, sono lisci, perfetti e incorruttibili.

inizio 1800: Alessandro Volta, fisico italiano, inventa la «pila» (*battery*), il primo generatore di energia elettrica. Grazie alla pila, è stato possibile trasmettere i segnali attraverso il telegrafo elettrico.

1830 circa: Louis Daguerre, artista e chimico francese, inventa il «dagherrotipo», il primo esempio di fotografia della storia.

1895: Guglielmo Marconi, fisico italiano, inventa un sistema di telegrafia senza fili via onde radio. Questa invenzione ha portato allo sviluppo dei moderni metodi di telecomunicazione come la televisione, la radio, il telefono cellulare, i telecomandi e, in generale, tutti i sistemi che utilizzano le comunicazioni senza fili.

1928: Alexander Fleming, biologo britannico, scopre la penicillina, una sostanza in grado di combattere numerose malattie infettive come la polmonite, la tubercolosi, la meningite e il tifo.

2008: Alcuni astronomi canadesi e francesi scoprono la «materia oscura» dell'Universo: tutti i pianeti, le stelle e gli oltre 120 miliardi di galassie costituiscono solo il 4% della materia esistente. Il resto, il 96%, non si sa cosa sia, è «oscuro». Il 70% di questa «oscurità» è «energia oscura», il 26% è materia oscura.

B. In gruppi di quattro, discutete le scelte che avete fatto e fate domande sulle scelte dell'altra coppia. Usate dei comparativi e dei superlativi. Alla fine della conversazione, il gruppo deve elencare tre scoperte giudicate le più importanti.

INSTRUCTIONAL RESOURCES
Supersite: Audioscripts, SAM AK, Lab MP3s
SAM/WebSAM: WB, LM

ATTENZIONE!

In English, relative pronouns are often omitted. In Italian, relative pronouns must always be stated explicitly.

Il portatile che ho comprato pesa pochissimo.
The laptop (that) I bought weighs very little.

ATTENZIONE!

Il che corresponds to *which* and refers to an entire idea or sentence.

Si è rotto il mio portatile, il che mi crea tanti problemi!
My laptop broke, which is causing me lots of problems!
(il che = Il mio portatile si è rotto.)

Because *who* (subject pronoun) and *whom* (object pronoun) are often confused in English, discuss with students the different translations for **che** depending on whether it refers to a subject or an object. Example: **L'amico che invito alla festa si chiama Tom** (*The friend* whom *I am inviting to the party is named Tom.*) vs. **C'è un ricercatore qui che sappia leggere il francese?** (*Is there a researcher here* who *can read French?*)

ATTENZIONE!

Here are some set phrases that use **cui** after a preposition.

la ragione/il motivo per cui
the reason why

la maniera/il modo in cui
the way in which.

Non capisco il motivo per cui mi hanno licenziato!
I don't understand the reason why they fired me!

7.2 Relative pronouns

- Relative pronouns unite two ideas containing a common element into a single complex sentence, eliminating repetition of the common element. A complex sentence contains a main clause and a dependent (or relative) clause, introduced by a relative pronoun. The noun represented by the relative pronoun is called the *antecedent*. The most common Italian relative pronouns are **che** and **cui**.

- In the example below, the common element, or antecedent, is **il lettore DVD**. In the complex sentence, the relative pronoun **che** refers to this antecedent.

Hanno comprato un lettore DVD. *They bought a DVD player.*	+	Il lettore DVD funziona bene. *The DVD player works well.*	〉	Il lettore DVD **che** hanno comprato funziona bene. *The DVD player that they bought works well.*

Che vs. *cui*

- **Che** corresponds to *who*, *whom*, *that*, and *which*. **Cui** corresponds to *whom*, *that*, *which*, and—when preceded by a definite article—*whose*.

- Use **che** as the direct object or the subject of a relative clause.

  La rete **che** installeranno sarà velocissima.
  The network that they will install will be very fast.

  C'è uno schermo **che** costa di meno.
  There is a screen that costs less.

- Use **cui** to replace the object of a preposition. Preceded by the preposition **a**, **cui** functions as an indirect object.

  Il sistema operativo **di cui** ci ha parlato è distribuito con licenza libera.
  The operating system about which he told us is distributed freely.

  Il tecnico **a cui** ho scritto non mi ha risposto.
  The technician to whom I wrote didn't reply to me.

- With a definite article, **cui** indicates possession (the equivalent of *whose*). The article used agrees with the noun to which it refers.

  Lo scienziato, **le cui** teorie hanno raggiunto una grande fama, terrà una conferenza domani.
  The scientist, whose theories garnered much attention, will give a lecture tomorrow.

  Non ci fidiamo dei vaccini **la cui** efficacia non è ancora dimostrata.
  We don't trust vaccines whose effectiveness has not yet been proven.

- You can also use **in cui** or **che** to indicate *when*.

  Agosto è un mese **in cui** gli italiani lavorano pochissimo.
  August is a month when Italians work very little.

  Il giorno **che** ti ho visto, stavo proprio male.
  The day (when/that) I saw you, I was really feeling ill.

Il/la quale, i/le quali

- In place of **che** and **cui**, it is also possible to use a form of **quale** preceded by the definite article. **Quale** agrees in number and gender with the antecedent. Use **il/la quale** and **i/le quali** when **che** or **cui** could result in ambiguity.

  Discutiamolo con l'amica di Marco, **che** si specializza in informatica.
  Let's discuss it with the friend of Marco's, who is majoring in computer science. (ambiguous: ***che*** *could refer to* ***l'amica*** *or to* ***Marco****)*

  Discutiamolo con l'amica di Marco, **la quale** si specializza in informatica.
  Let's discuss it with Marco's friend, who is majoring in computer science. (clear: ***la quale*** *must refer to* ***l'amica****)*

ATTENZIONE!

When using **quale** preceded by a preposition, remember to combine articles with the preposition.

Il film del quale abbiamo parlato è lunghissimo.
The film that we talked about is very long.

I tecnici ai quali telefonerete sapranno aiutarvi.
The technicians that you'll call will know how to help you.

Point out that article + **quale** cannot be used in restrictive relative clauses, except after a preposition.

Chi

- The pronoun **chi** can be used as a relative pronoun corresponding to *he/she who*, *people who*, *one who*, *those who*, or *whoever*. It is never preceded by an antecedent. **Chi** is always singular in form, although it can refer to a single unspecified person or to a group of people. **Chi** must always be used with a third person (masculine) singular verb.

  Chi naviga su Internet spesso spreca tempo prezioso.
  People who surf the web often waste precious time.

  Chi è andato via, si è perso il meglio.
  Those who left, missed the best (part).

- **Chi** is heard frequently in proverbs.

  Chi dorme non piglia pesci.
  The early bird gets the worm.
  (Lit. *He who sleeps catches no fish.)*

  Chi la vuole cotta, **chi** la vuole cruda.
  Different strokes for different folks.
  (Lit. *Some want it cooked, some want it raw.)*

  Chi cerca trova.
  Seek and you shall find.

  Ride bene **chi** ride l'ultimo.
  He who laughs last laughs loudest.

ATTENZIONE!

Remember that **chi** can also be used as an interrogative word.

Chi ha telefonato?
Who called?

Other relative pronouns

- There exist a number of other relative pronouns. Those referring only to things are followed by singular verbs and modifiers, while those indicating people (or people and things) require plural forms. They are summarized in the chart below:

pronoun	meaning	refers to things	refers to people
quello che, quel che, ciò che, quanto	that which, that, what	✓	
tutto quello che, tutto quel che, tutto ciò che, tutto quanto	everything that, all that	✓	
tutti quelli che, tutti quanti, quanti	everyone, all who, all that	✓	✓

—Faccia ***quello che*** *vuole, purché sia in fretta!*

La guida spiega **tutto ciò che** dovete sapere su Roma.
The guidebook explains everything that you need to know about Rome.

Quanti erano alla fiera della tecnologia hanno scoperto tante novità.
All who were at the technology fair learned many new things.

Pratica

1 Have students make up two fill-in-the-blank sentences, modelled on those in the activity, for their partner to complete.

2 As an expansion, ask students to research towns with **arbereshe** communities. Have them find pictures of traditional celebrations, newspapers in the **arbereshe** language, **arbereshe** radio stations, music, etc.

Nota
CULTURALE

L'**Arberia** comprende circa 54 isole linguistiche, situate soprattuto nel Sud Italia, solitamente in zone montuose. Le regioni in cui le comunità arbereshe sono più numerose sono l'Abruzzo, la Basilicata, la Campania, il Molise, la Puglia, la Calabria e la Sicilia. La Pasqua, nei centri arbereshe ancora legati al rito greco-bizantino, è una festa molto partecipata, in cui si mescolano sacro e profano.

2 Remind students to identify the antecedent in each sentence, if it exists, and to pay attention to its gender/number when necessary.

3 Give these additional items: **6. La cultura del riciclo deve essere promossa. Questa cultura è ancora poco diffusa al Sud. (La cultura del riciclo, che è ancora poco diffusa al Sud, deve essere promossa.) 7. Giulio ha scritto uno slogan. Lo slogan dice «libera Chiesa in libero Stato!» (Giulio ha scritto uno slogan che dice «libera Chiesa in libero Stato!»)**

1 **Un mondo digitale** **Scegli il pronome relativo giusto per completare la frase.**

1. Purtroppo non ho ricevuto l'SMS __che__ (cui/che) mi hai mandato.
2. Ho allegato all'e-mail il documento di __cui__ (che/cui) parli.
3. Stefano ha un cellulare con __il quale__ (il quale/che) può navigare su Internet.
4. Il computer __che__ (cui/che) funziona meglio è quello con la tastiera (*keyboard*) nera.
5. Piero, __il quale__ (cui/il quale) è sempre informatissimo, ha scaricato un programma per modificare le foto.
6. La stampante (*printer*) __che__ (che/cui) ho comprato ha bisogno di una nuova cartuccia (*cartridge*).

2 **Realtà (quasi) sconosciute** **Completa il testo dell'e-mail usando le parole della lista.**

che	le quali	per cui	che
con la quale	che	i quali	con cui

Da: Aldo <aldobianchi@libero.it>
A: Marco <marcosipini@libero.it>
Oggetto: Vieni a trovarmi?

Caro Marco,
hai mai sentito parlare di una regione culturale (1) __che__ si chiama "Arberia"? È un'area geografica del Sud Italia (2) __in cui__ nel 1400 emigrarono numerose comunità di albanesi (3) __le quali__ diedero origine a diversi paesi. La lingua (4) __con cui/con la quale__ gli abitanti dell'arberia comunicano è «l'arbereshe», (5) __che__ è un miscuglio (*mix*) di antichi dialetti albanesi con contaminazioni di italiano. I membri di queste comunità, (6) __i quali__ sono cittadini italiani a tutti gli effetti, conservano anche le proprie tradizioni, le proprie festività e soprattutto la propria cucina. La ragione (7) __per cui__ ti dico queste cose è che nel mio paese domenica si celebrerà la Pasqua (*Easter*) arbereshe e la sera ci sarà un concerto di un gruppo musicale (8) __che__ canta in arbereshe. Vieni a trovarmi! Sarà interessantissimo!

3 **Ogni progresso è un successo?** **Collega le due frasi usando i pronomi relativi.**

Modello **Alcuni rifiuti (*waste*) sono tossici. In questi rifiuti c'è il mercurio.**
Alcuni rifiuti che contengono il mercurio sono tossici.

1. L'inquinamento è un grave problema. Tutti dobbiamo sentirci responsabili di questo problema. L'inquinamento, di cui tutti dobbiamo sentirci responsabili, è un grave problema.
2. Alcune cellule sono chiamate «staminali». Queste cellule sono capaci di trasformarsi in qualsiasi altro tipo di cellula. Le cellule che sono capaci di trasformarsi in qualsiasi altro tipo di cellula si chiamano «staminali».
3. La persona ha commesso un furto d'identità. È entrata nel sito Internet con il tuo nome. La persona che è entrata nel sito Internet con il tuo nome ha commesso un furto d'identità.
4. I medici hanno un codice deontologico. Essi devono attenersi a questo codice. I medici hanno un codice deontologico a cui devono attenersi.
5. La manipolazione genetica pone un problema etico. Tu parli della manipolazione genetica con entusiasmo. La manipolazione genetica, di cui tu parli con entusiasmo, pone un problema etico.

Practice more at **immagina.vhlcentral.com.**

Comunicazione

4 **Cultura generale**

A. In coppia, scrivete una o due frasi per ogni città della lista usando i pronomi relativi in tutte le loro varietà.

Modello **Firenze**

Firenze è una città che ha accolto molti artisti. Chi va a Firenze per la prima volta, deve visitare la Galleria degli Uffizi.

1. New York	3. Tokyo	5. Las Vegas	7. Parigi
2. Napoli	4. Roma	6. Pompei	8. ?

B. Leggete le vostre frasi alla classe. Vince la coppia che ha usato la maggiore varietà di pronomi e li ha usati correttamente.

5 **I vostri compagni** In piccoli gruppi, scrivete nella tabella i nomi di alcuni dei vostri compagni di classe. Per ciascuno/a scrivete poi una frase per descriverlo/a usando i pronomi relativi. Infine, confrontate le vostre frasi con il resto della classe.

Valeria	Valeria appartiene al gruppo di studenti con i quali studio ogni pomeriggio.

6 **Curiosità** In coppia, fatevi delle domande aiutandovi con le parole della lista. Rispondete usando i pronomi relativi.

Modello —A chi spedisci il maggior numero di e-mail?

—Il mio ragazzo è la persona a cui spedisco il maggior numero di e-mail.

A chi	**chattare**
Per chi	**dare/ricevere messaggi personali**
Con chi	**ricevere/spedire il maggior numero di e-mail**
Chi	**trovare/cercare informazioni sul web**
Da chi	**imparare a usare il computer**
Di chi	**conoscere la tua password**

7 **Ricordi** In piccoli gruppi, commentate i vostri primi ricordi d'infanzia aiutandovi con le parole della lista. Cercate di usare i pronomi relativi sia nelle domande che nelle risposte.

Modello —Chi è la persona che ti ricordi meglio?

—Mio nonno, con cui giocavo ai pirati!

- il/la mio/a migliore amico/a
- la mia prima vacanza
- la mia casa
- il mio primo giocattolo

communication NATIONAL STANDARDS

4 As an option for part B, ask students to work in groups of four. Each pair of students can read their sentences, not mentioning the names of the cities. The other pair of students can guess which cities are being described.

4 Ask pairs of students to describe the town where their school/university is located, using relative pronouns. Then ask volunteers to read their descriptions to the class, which can vote on the most realistic, funny, etc.

5 Have students write one of their sentences on the board, leaving a blank in place of the relative pronoun. Then have the class complete the sentences.

6 Invite students to ask original questions starting with the interrogative pronouns listed in the left column.

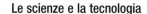

INSTRUCTIONAL RESOURCES
Supersite: Audioscripts, SAM AK, Lab MP3s
SAM/WebSAM: WB, LM

7.3

The subjunctive with expressions of doubt and conjunctions; the past subjunctive

—Non si accende, ***spero*** *non* ***sia grave****.*

- Use the subjunctive in subordinate clauses that are introduced by a verb expressing doubt or uncertainty.

Dubito che **arrivino** in tempo.
I doubt that they will arrive on time.

Pare che lui **sia** un fisico.
It seems that he is a physicist.

- These verbs and expressions of doubt or uncertainty are typically followed by the subjunctive.

dubitare che	*to doubt that*	**può darsi che**	*it's possible that*
è (im)possịbile che	*it's (im)possible that*	**non è sicuro che**	*it's not certain that*
è (im)probạbile che	*it's (un)likely that*	**non sapere che**	*to not know that*
immaginare che	*to imagine that*	**sperare che**	*to hope that*
pare che	*it seems that*	**supporre che**	*to suppose that*

- With verbs expressing doubt or uncertainty, use the subjunctive only when there is a change in subject. When the subject of both clauses is the same, use an infinitive preceded by the preposition **di**.

different subjects	same subject
Spero **che** il tecnico mi **richiami** presto. *I hope the technician calls me back soon.*	Spero **di finire** il lavoro presto. *I hope to finish work soon.*

- Use the subjunctive after these conjunctions, which indicate a limitation or condition placed upon the verb in the independent clause. Note that many can be used interchangeably.

provided that	**a condizione che, a patto che**
although	**benché, nonostante, sebbene, malgrado**
unless	**a meno che, salvo che**
so that	**affinché, perché, purché**
in the case that	**nel caso che**
before	**prima che**
without	**senza che**

RIMANDO

To review the subjunctive with impersonal expressions and verbs of will and emotion, see **Strutture 6.3, pp. 214-215**.

The subjunctive with indefinite expressions and with superlative statements is covered in **Strutture 9.4, p. 344**.

ATTENZIONE!

Remember to use the indicative after expressions of certainty. The verb **sapere** is always followed by the indicative, as is **essere certo (chiaro/evidente/ovvio/vero/sicuro)**. In contrast, **non sapere** and **non essere sicuro** are followed by the subjunctive.

Sappiamo che Giorgio ricicla molto. (indicative)
We know that Giorgio recycles a lot.

È chiaro che la gente non ricicla abbastanza. (indicative)
It's clear that people don't recycle enough.

Non sono sicura che tu dica la verità. (subjunctive)
I am not sure that you are telling the truth.

ATTENZIONE!

Note that **perché** has two meanings. When expressing *because*, it is followed by the indicative. When it means *so that*, with an expression of purpose, it is followed by the subjunctive.

Studio informatica perché mi piace. (indicative)
I am studying computer science because I like it.

Ti parla lentamente perché tu possa capire. (subjunctive)
He speaks to you slowly so that you can understand.

- When the subject of the two clauses is the same, **prima che**, **affinché/perché**, and **senza che** are replaced with **prima di**, **per**, and **senza**, and they are followed by the infinitive.

different subjects	same subject
Stampo il documento **affinché** tu e Paolo possiate discuterlo. *I'll print the document so that you and Paolo can discuss it.*	Stampo il documento **per** poterlo leggere meglio. *I'll print the document so that I can read it better.*
Fate l'esercizio **prima che** la lezione finisca! *Do the exercise before class ends!*	Fate l'esercizio **prima di** andare via! *Do the exercise before leaving!*
Puliamo **senza che** la mamma ce lo chieda. *Let's clean up without mom asking us (to do it).*	Puliamo **senza** stancarci troppo. *Let's clean up without tiring ourselves too much.*

The past subjunctive

- When the verb in the main clause is in the present (or sometimes future) tense, and the action of the subordinate clause took place before the action of the main clause, use the past subjunctive.

  È probabile che il capo **abbia inviato** quel messaggio.
  It's likely that the boss sent that message.

  Sembra che il senatore **si sia opposto** alla legge sugli animali in pericolo d'estinzione.
  It seems that the senator opposed the law on endangered animals.

- The past subjunctive is formed like the **passato prossimo** of the indicative, except that the auxiliary verb is in the present subjunctive. Verbs that take **avere** in the **passato prossimo** of the indicative are conjugated with **avere** in the past subjunctive.

	salvare	**ricẹvere**	**finire**
che io	abbia salvato	abbia ricevuto	abbia finito
che tu	abbia salvato	abbia ricevuto	abbia finito
che lui/lei	abbia salvato	abbia ricevuto	abbia finito
che noi	abbiamo salvato	abbiamo ricevuto	abbiamo finito
che voi	abbiate salvato	abbiate ricevuto	abbiate finito
che loro	ạbbiano salvato	ạbbiano ricevuto	ạbbiano finito

- Verbs that take **essere** in the **passato prossimo** of the indicative are conjugated with **essere** in the past subjunctive. Remember that past participle must agree with the subject of these verbs.

	andare	**mẹttersi**	**partire**
che io	sịa andato/a	mi sịa messo/a	sịa partito/a
che tu	sịa andato/a	ti sịa messo/a	sịa partito/a
che lui/lei	sịa andato/a	si sịa messo/a	sịa partito/a
che noi	siamo andati/e	ci siamo messi/e	siamo partiti/e
che voi	siate andati/e	vi siate messi/e	siate partiti/e
che loro	sịano andati/e	si sịano messi/e	sịano partiti/e

Students may need to be reminded only to use the subjunctive—past or present—when the mood is required by a particular verb or expression in the independent clause. It may be useful to ask students to complete a variety of sentences introduced by **Sembra che** and **Sappiamo che** followed by a past tense. Example: **Sembra che la classe abbia capito gli esempi. / Sappiamo che Marco ha capito**.

Students are likely to get ahead of themselves and try to use the past subjunctive after independent verbs in the past. Stress for now that the past subjunctive can only be used when introduced by a main clause in the present, future, or imperative.

Point out to students that the conjugations for first, second, and third person singular are the same.

Pratica

1 Have students use the expressions of doubt and uncertainty to write two more sentences, one with the present subjunctive and one with the past subjunctive.

1 **Dubbi e certezze** **Piero ha problemi con il suo computer e Attilio lo aiuta a cercare di capire cosa succede. Piero, però, preferisce le soluzioni veloci. Completa il dialogo con il congiuntivo presente o passato del verbo tra parentesi.**

PIERO Non capisco cosa (1) succeda (succedere) al mio computer: pare che non (2) voglia (volere) spegnersi...

ATTILIO Hai provato a resettarlo?

PIERO Sì, ma sembra che il problema non (3) sia andato (andare) via.

ATTILIO È possibile che (4) abbia preso (prendere) un virus. Hai un buon antivirus?

PIERO Ho un antivirus, ma non so se (5) sia (essere) abbastanza efficace. L'ho scaricato dal web gratuitamente.

ATTILIO Prova a chiamare un tecnico. Può darsi che ti (6) consigli (consigliare) di formattare il disco e reinstallare il sistema operativo. In questo caso suppongo che tu (7) debba (dovere) fare una copia di back-up di tutti i documenti.

PIERO No, Attilio. Sono sicuro che non è nulla di così grave. Guarda, facciamo così!

ATTILIO Ma che fai? Hai staccato la spina (*unplugged*) senza spegnere il computer? Beh, ora dubito davvero che tu (8) possa (potere) riaccenderlo!

2 Have students write Piero's reply to Attilio. In his answer, Piero should also describe what followed after he unplugged his computer and how he feels about travelling, what means of transportation he prefers and why.

2 **Una vita da pendolare** **I «pendolari» sono le persone che ogni giorno prendono un mezzo di trasporto per andare al lavoro. Attilio è uno di loro. Leggi la sua e-mail e completa il testo usando il verbo tra parentesi al congiuntivo (presente o passato) o all'indicativo (presente o passato prossimo).**

Da: Attilio <attilio.gandolfo@email.it>
A: Piero <piero.piso@email.it>
Oggetto: Una vita da pendolare

Ciao Piero!
Come va con il tuo computer? Spero che tu non lo (1) abbia rovinato (rovinare) definitivamente... Oggi ho cominciato con il mio nuovo lavoro. Bolzano è un po' lontana, ma con l'Eurostar si viaggia benissimo. In ogni posto c'è una presa (*socket*) a cui posso collegare il portatile! È chiaro che il biglietto (2) costa (costare) di più, ma non sono sicuro che sui treni più economici (3) ci siano (esserci) queste comodità. Inoltre, è sicuro che l'Eurostar (4) arriva (arrivare) sempre puntuale! Suppongo che anche alcuni autobus (5) facciano (fare) servizio tra Trento e Bolzano, ma io preferisco il treno: è più largo e più comodo. So che (6) hai (avere) molte cose da fare in questo periodo, ma spero che tu (7) possa (potere) venire a trovarmi lo stesso. Cerca di non venire durante le festività perché dubito che tu (8) riesca (riuscire) a trovare posto. Fatti sentire. A presto, Attilio.

Nota CULTURALE

Il **treno** in Italia è un mezzo di trasporto molto popolare. Ci sono vari tipi di treni che offrono servizi diversi a costi, ovviamente, diversi. I treni regionali mettono in comunicazione le città di una stessa regione e sono i più economici. Gli Intercity coprono invece lunghe distanze. Nei treni Intercity c'è una carrozza ristorante e la possibilità di comprare snack e bibite. I treni Eurostar sono i più costosi, ma anche i più veloci. Nei treni Intercity ed Eurostar si può viaggiare sia in prima che in seconda classe, ma di solito non c'è una grande differenza fra le due.

Practice more at **immagina.vhlcentral.com.**

Comunicazione

3 **Io sono così!** A turno, completate le frasi usando il congiuntivo o l'infinito, secondo le vostre necessità. Se volete, potete cambiare le frasi per adattare il significato alla vostra reale personalità.

1. Io controllo la mia e-mail due volte al giorno. Vado in vacanza solo a patto che...
2. Ho comprato una macchinetta fotografica digitale per/affinché...
3. Amo le cose programmate in anticipo. Non parto mai prima di/prima che...
4. Mi piace essere bene informata. Non esprimo mai giudizi sulla bioetica senza/senza che...
5. Di solito evito di prendere medicine a meno che non...
6. Sono contraria ai rifiuti tossici benché...

3 Have pairs of students write two sentences about a famous person or someone they all know. Each pair will share their sentences with the rest of the students, who will guess who the person described is.

4 **Consigli** Alfredo detesta le scienze, ma vuole diventare un astronauta. In coppia, utlizzate gli elementi della lista per dirgli quello che pensate della sua scelta.

Modello —È possibile che tu diventi un astronauta, ma devi migliorare i tuoi voti in matematica.
—Puoi diventare un astronauta, a condizione che tu faccia i compiti ogni giorno.

a condizione che	è vero che
affinché	è sicuro che
credere	pensare
(non) è possibile che	perché
benché	tutti sanno che

4 As a variant, have students think of a time when they or someone they know wanted to do something unrealistic. Have pairs discuss advice they received or gave others using as many expressions of doubt as appropriate.

5 **Ipotesi sul futuro** A gruppi di tre, immaginate come sarà il mondo nel 2050 e nel 2100. Utilizzate il più possibile le espressioni che reggono (*take*) il congiuntivo e presentate le vostre idee alla classe.

Modello È poco probabile che gli stati smettano di fare guerre.

- la società
- le relazioni internazionali
- la tecnologia
- la conquista dello spazio

5 Have students add at least two more topics to the list and share them with the class.

6 **Notizia straordinaria!**

A. Il telegiornale ha annunciato la scoperta di forme di vita su un nuovo pianeta della galassia. In piccoli gruppi, provate a immaginare come sono e come vivono gli abitanti di questo pianeta. Parlate dei punti elencati nella lista.

- aspetto fisico
- società
- misurazione del tempo
- comunicazione
- attività
- cibo

B. Ecco che i primi uomini sbarcano sul nuovo pianeta per studiare la nuova specie vivente. Descrivete in sei frasi le interazioni fra gli umani e gli alieni, basandovi sulla realtà che avete descritto sopra e usando le seguenti parole: **a condizione che, affinché, perché, a meno che non, malgrado, benché, nonostante.**

Modello Gli alieni non si spaventano, malgrado non abbiano mai visto esseri umani prima di adesso.

6 Have students use two more expressions on their own.

NATIONAL comparisons STANDARDS

INSTRUCTIONAL RESOURCES
Supersite: Audioscripts, SAM AK, Lab MP3s
SAMWebSAM: WB, LM

7.4

Conoscere and *sapere*

*—Ecco qua, lo **sapevo**.*

- **Conoscere** and **sapere** both mean *to know*, but they are used in different contexts. **Conoscere** is a regular verb, while **sapere** has irregular forms.

conoscere		**sapere**	
conosco	conosciamo	so	sappiamo
conosci	conoscete	sai	sapete
conosce	conoscono	sa	sanno

- **Conoscere** means *to know* or *to be familiar with* a person, place, or thing.

  Conosco un ottimo ristorante in centro.
  I know an excellent restaurant downtown.

  Conoscete il dottor Ruspoli?
  Do you know Dr. Ruspoli?

- **Conoscere** in the **passato prossimo** means *met* (for the first time).

  Ieri **abbiamo conosciuto** il professore di biologia.
  Yesterday we met the biology professor.

  Ho conosciuto mio marito nel 1964.
  I met my husband in 1964.

- **Sapere** means *to know* (a fact), or *to know how* (to do something). To indicate an ability, use the infinitive after a conjugated form of **sapere**.

  Sapete quando è stato inventato il computer?
  Do you know when the computer was invented?

  Mio padre **sa** parlare tedesco.
  My father knows how to speak German.

- **Sapere** in the **passato prossimo** means *found out.*

  Che bella notizia! **Abbiamo saputo** che Laura e Marco si sposano!
  What great news! We found out that Laura and Marco are getting married!

- In the **imperfetto**, **conoscere** and **sapere** have the same meanings as they do in the present tense, but these meanings are conveyed in a past, descriptive framework.

  Prima di viaggiare in Italia, John non **conosceva** la polenta.
  Before traveling in Italy, John wasn't familiar with polenta.

  Tua nonna **sapeva** parlare italiano?
  Did your grandmother know how to speak Italian?

ATTENZIONE!

Note that in the present tense, the conjugation of **sapere** closely resembles that of **avere**.

SAPERE / AVERE

so / ho
sai / hai
sa / ha
sappiamo / abbiamo
sapete / avete
sanno / hanno

ATTENZIONE!

Note that **sapere** is commonly used in the phrase **Non lo so**, where the generic pronoun **lo** refers to an idea or concept.

Dov'è il tuo quaderno?
Where is your notebook?

Non lo so.
I don't know.

ATTENZIONE!

Remember that **sapere che**, which conveys certainty, should be followed by a subordinate clause in the indicative. In contrast, **non sapere se**, which conveys uncertainty, should be followed by the subjunctive.

Sanno che il codice è giusto.
They know the code is correct.

Non sanno se il codice sia giusto.
They do not know if the code is correct.

Pratica e comunicazione

1

Un amico per parlare Catia e Massimo si sono conosciuti via Internet. Hanno scoperto di fare ricerca entrambi a Bolzano, così hanno deciso di incontrarsi. Completa il dialogo inserendo **conoscere** o **sapere** nella forma appropriata.

CATIA Ciao, Massimo! Finalmente ti (1) conosco di persona!

MASSIMO Ciao! Che piacere!

CATIA Da quanto tempo sei qui a Bolzano?

MASSIMO Da poco, una settimana. Non ho avuto il tempo di (2) conoscere nessuno...

CATIA Io qui ho tanti amici, ma fanno ricerca in campi diversi dal mio. Spesso non (3) so di cosa parlare con loro.

MASSIMO Non (4) sapevo che tu cercassi un amico con cui parlare di lavoro!

CATIA Beh... (5) Conoscevo una persona con cui uscivo spesso, un linguista anche lui, ma alla fine mi ha confessato che era stanco di parlare di grammatica e sintassi con me e non (6) sapeva come dirmelo. Pensi che sia un problema?

MASSIMO Non so... non (7) ho conosciuto mai nessuno che amasse tanto parlare di lavoro... Possiamo provare ad andare da qualche parte e poi vediamo...

CATIA Ma certo! Che ne dici di andare in centro domani pomeriggio? (8) Ho saputo che hai aperto un nuovo istituto di rieducazione linguistica!

2

Collegamenti Con un(a) compagno/a, costruisci le frasi unendo le parole delle colonne.

io	conoscere	parlare italiano
tu	non conoscere	una persona celebre
il mio professore di italiano	sapere	navigare su Internet
mio nonno	non sapere	accendere il computer
il/la mio/a compagno/a di stanza		un tecnico bravo ed economico
i miei genitori		chi ha inventato il telefono
io e il/la mio/a compagno/a		una persona creativa
?		?

3

Ricordi e novità I verbi **sapere** e **conoscere** all'imperfetto indicano ricordi, mentre al passato prossimo indicano azioni complete, eventi nuovi che sono entrati improvvisamente nella nostra vita. In coppia, fai domande al(la) tuo/a compagno/a.

I ricordi

- quante cose sapeva fare quando aveva otto anni
- quali sono tre cose che non sapeva fare due anni fa e che sa fare adesso
- quante persone conosceva quando aveva cinque anni
- quali storie conosceva prima di cominciare a leggere

Le novità

- quali sono tre cose che ha saputo recentemente su alcuni suoi amici
- a che età ha saputo che Babbo Natale non esiste
- quante persone ha conosciuto questo semestre
- dove ha conosciuto il/la suo/a migliore amico/a

Nota
CULTURALE

Bolzano è una città molto particolare, in cui si parlano e sono riconosciute tre lingue: italiano, tedesco e ladino. Anche le televisioni e le emittenti radiofoniche mandano in onda (*broadcast*) programmi in queste tre lingue. Per le sue particolarità culturali la regione Trentino-Alto Adige è una regione «a statuto speciale», cioè con leggi speciali che tutelano le minoranze.

1 Have students write down the continuation of the conversation between Catia and Massimo. Ask them to use **sapere** and **conoscere** both in the **presente** and in the **passato prossimo**.

2 Have students make statements of their own using the four verb possibilities.

Practice more at **immagina.vhlcentral.com.**

Sintesi

1

Parliamo **In coppia, rispondete alle domande riflettendo sui vari punti.**

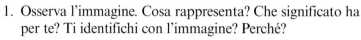

1. Osserva l'immagine. Cosa rappresenta? Che significato ha per te? Ti identifichi con l'immagine? Perché?
2. Vai in vacanza per quindici giorni in un posto in cui non è possibile usare Internet: ti senti più nervoso/a o più tranquillo/a del solito? Perché?
3. Quando non sai come arrivare in un posto, che fai?
4. Devi depositare un assegno (*check*) di diecimila dollari. Preferisci usare il bancomat (*ATM*) o andare in banca? Perché?
5. È possibile che l'uomo moderno dipenda troppo dalla tecnologia. In che modo? Fai degli esempi.
6. Pensi che la tecnologia influenzi la capacità degli uomini di interagire tra di loro? In che modo?
7. Credi che gli uomini oggi comunichino meglio o peggio di cinquanta anni fa?
8. Grazie alla tecnologia (SMS, chat, e-mail) noi oggi scriviamo molto più dei nostri genitori. Pensi che la tecnologia abbia migliorato le capacità linguistiche dei giovani di oggi?

Strategie per la comunicazione

- Per esprimere *either... or...* usa **o... o...**

  Quando esco durante il week-end porto con me **o** il cellulare **o** il portatile, ma non tutti e due.

- Per esprime *both... and...* usa **sia... che...** (più comune) o **sia... sia...** (meno comune e quindi più elegante).

  Io parlo con i miei amici **sia** in chat **che** al telefono.
  Io credo di avere bisogno **sia** del computer **sia** del cellulare.

  Per esprimere *neither... nor...* usa **né... né...**

  Quando sono in vacanza non voglio **né** computer **né** televisione.

2

Scriviamo **Scegli uno di questi titoli e scrivi una composizione di una pagina.**

1. Credi che la tecnologia porti sempre ad un progresso, o ci sono cose che la tecnologia non può sostituire? Usa questi oggetti come esempi.
   - macchina fotografica tradizionale/macchina digitale
   - carta/e-mail
   - un piccolo regalo consegnato di persona/una cartolina di auguri elettronica
2. Immagina di avere gli oggetti elencati nella lista, ma di dovere rinunciare a tre di loro. Quali scegli? Che cambiamento ci sarà nella tua vita senza questi oggetti? Qual è l'oggetto più importante della lista per te?

bancomat	**computer da tavolo**	**lavastoviglie**	**macchina fotografica**
bicicletta	**computer portatile**	**macchina**	**televisore**

Preparazione

connections cultures NATIONAL STANDARDS

Vocabolario della lettura

l'allagamento *flooding*
l'alluvione *flood, inundation*
le calli *Venetian streets*
i campi *Venetian squares/fields*
la marea *tide*
la passerella *footbridge*
i pollici *inches* (*lit.* *thumbs*)
prevedere *to predict*
il riscaldamento globale *global warming*
sommerso/a *submerged*

Vocabolario utile

i canali *canals*
l'impatto ambientale *environmental impact*
il traghetto *ferry*
il vaporetto *motor boat (used for public transportation in Venice)*

Point out that **vaporetti**, as the name suggests, used to be steam boats.

TEACHING OPTION Ask students to write sentences using the new vocabulary.

1 Show images of Venice, including bridges, **calli**, **vaporetti**, and **acqua alta** to the class to further illustrate the new vocabulary.

2 As a follow up question, ask: **Conosci delle città costruite sull'acqua? Quali?** Besides Venice, other cities partly/completely built on water and with an extensive system of canals are: Amsterdam (Netherlands), St. Petersburg (Russia), Miami and Ft. Lauderdale (FL), and the Gold Coast in Queensland (Australia).

3 Help students read the map so that they can identify the main water inlets of **Lido**, **Malamocco** and **Chioggia**, and the different islands (**Murano**, **Burano**, etc.) as well as areas on land (e.g. **Mestre**) that form the city of Venice.

1 **Il mare** Completa il paragrafo con le parole nuove.

I navigatori esperti conoscono abbastanza astronomia per (1) ___prevedere___ i movimenti marini. Per esempio, seguendo le fasi della luna possono determinare quando ci saranno le alte e le basse (2) ___maree___. Anche i veneziani seguono attentamente il mare: la loro città è spesso vittima di (3) ___allagamenti___ e corre il rischio di venire un giorno completamente (4) ___sommersa___ dall'acqua. Venezia è costruita su una laguna. Per muoversi, i suoi abitanti devono usare ponti e mezzi di trasporto come i (5) ___vaporetti/traghetti___. Se la marea è alta, bisogna installare delle (6) ___passerelle___ per poter camminare sopra al livello dell'acqua.

2 **Città particolari** In coppia, rispondete a turno alle domande.

1. Qual è la città (antica o moderna) più diversa dalle altre, secondo te? Perché?
2. Descrivi questa città: quali sono le sue caratteristiche speciali?
3. Come vivono gli abitanti della città? Come hanno risolto i problemi particolari del loro ambiente?
4. C'è un modo innovativo per eliminare i problemi tipici della città come l'inquinamento o il traffico? Quale?
5. Conosci delle città famose la cui storia sia legata al mare o a qualche fiume? Quali sono i vantaggi o gli svantaggi di una simile posizione geografica?

3 **Venezia** In coppia, guardate la cartina a pagina 265 e rispondete alle domande.

1. Cosa sapete su Venezia? Perché è famosa?
2. Quali sono i punti d'entrata dell'acqua marina nella laguna?
3. Come si potrebbe fermare l'entrata dell'acqua per prevenire un allagamento?
4. Pensate che sia importante salvare Venezia prima che venga sommersa? Perché?

Nota **CULTURALE**

Considerata una delle più belle città del mondo, **Venezia** fa parte del «patrimonio dell'umanità» protetto dall'UNESCO. Le sue ricchezze artistiche e architettoniche rendono Venezia la città italiana con il più alto numero di turisti (secondo l'ISTAT). Anticamente, gli abitanti della terra ferma si rifugiarono nella laguna per sfuggire alle varie invasioni barbariche, soprattutto quelle dei Longobardi e degli Unni. Da piccola comunità, Venezia divenne in pochi secoli uno dei principali porti per il commercio con l'Oriente, creando un popolo di navigatori.

Venezia

sommersa o salvata?

Venezia, la romantica città-laguna con i suoi canali, ponticelli e gondole, è sempre stata minacciata° di essere sommersa dall'Adriatico. La sua posizione geografica così unica, sospesa° tra terra e mare, la rende infatti vulnerabile agli allagamenti o all'«acqua alta». I veneziani chiamano così l'alta marea, che insieme al vento più forte in autunno e in primavera, provoca gravi allagamenti e alluvioni nella zona urbana. Anche indossando le galosce, camminare e attraversare le calli ed i campi veneziani diventa difficile e in molti casi pericoloso. Durante gli allagamenti il passaggio è interdetto° anche alle barche: con l'acqua alta sopra ai 93 cm (36 pollici) non possono più passare sotto i ponti!

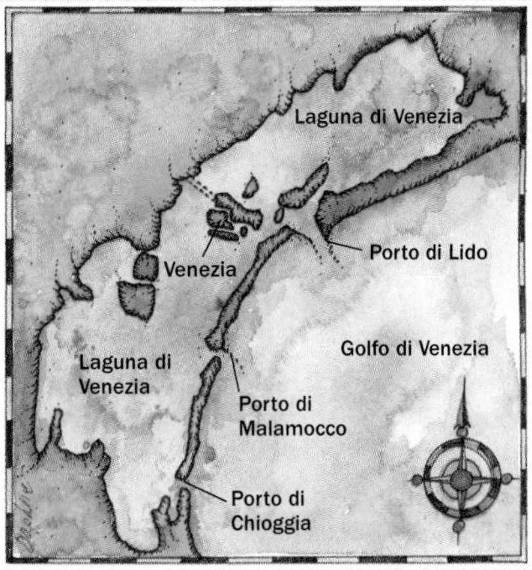

Gli scienziati prevedono che, a causa del riscaldamento globale, il livello del mare si alzerà in forma notevole, aggravando perciò° i problemi di Venezia. La Serenissima (uno dei soprannomi della città) ha già fatto molto per proteggere il proprio patrimonio° artistico e storico dagli allagamenti e ha dei nuovi progetti per il futuro.

Quando il livello dell'acqua comincia a salire, la città usa uno speciale sistema di comunicazione per avvertire gli abitanti molto velocemente, permettendogli di prepararsi prima possibile. Nei periodi di allagamento più lunghi, viene installata una rete di passerelle, alte fino a 120 cm (47 pollici) che permettono di camminare nelle calli principali della città.

Venezia è stata storicamente una città di mercanti, navigatori e viaggiatori. Attualmente, per la minaccia dell'acqua, è diventata anche una città di innovatori. Per risolvere il fenomeno dell'acqua alta, dal 2003 si sta realizzando il rivoluzionario progetto MO.S.E. (modulo sperimentale elettromeccanico), basato su un principio di Archimede. Delle barriere mobili bloccheranno l'accesso dell'acqua marina nella laguna alle tre bocche di porto del Lido, di Malamocco e di Chioggia. La necessità di questo progetto nacque nel 1966, dopo un'alluvione che sommerse la città di Venezia sotto 193 cm (74 pollici) d'acqua.

Il MO.S.E è una soluzione molto innovativa, nata da ricerche, prove e analisi basate su modelli matematici e fisici. Proprio perché costituisce un nuovissimo sistema, gli ingegneri e gli architetti coinvolti nel progetto hanno considerato molte opzioni diverse in altre parti della laguna con barriere di vari tipi. Ma, dopo un'analisi comparativa, hanno deciso di implementare questa soluzione, l'unica che rende possibile l'isolamento temporaneo della laguna dal mare. Un prototipo costruito nel canale di Treporti, vicino alla bocca di porto Lido, ha permesso di osservare e perfezionare il funzionamento del sistema e dei materiali in condizioni reali.

I successi tecnologici nella protezione della città hanno però portato alla luce importanti questioni sull'equilibrio ambientale° della laguna e del mare Adriatico. Il progetto MO.S.E è stato criticato dagli ambientalisti che si preoccupano dell'impatto delle barriere artificiali sull'ecosistema marino. E il dibattito continua: nel 2009 il progetto è stato realizzato solo per metà. Senza il MO.S.E. riusciremo a salvare Venezia prima della prossima alluvione? ■

threatened
suspended
forbidden
therefore
heritage
environmental

Analisi

1 Ask students to correct the false statements.

1 Comprensione Indica se le affermazioni sono **vere** o **false**. Dopo, in coppia, correggete le affermazioni false.

Vero	Falso	
☑	☐	1. Venezia è costruita sulla laguna.
☑	☐	2. Le cause principali dell'acqua alta sono il mare e il vento.
☑	☐	3. Se il livello dell'acqua si alza troppo a Venezia le barche non possono passare sotto i ponti.
☑	☐	4. La Serenissima è uno dei soprannomi di Venezia.
☑	☐	5. Il riscaldamento globale aggraverà i problemi di Venezia.
☐	☑	6. La piazza San Marco non si allaga mai.
☐	☑	7. Il progetto MO.S.E. sarà completato tra un anno.
☐	☑	8. Gli ambientalisti appoggiano il progetto MO.S.E.
☐	☑	9. Gli allagamenti minacciano l'ecosistema marino.

2 Divide the class in two teams: **gli ingegneri** and **gli ambientalisti**; give the teams a few minutes to come up with a list of points; then ask students to debate the two sides of the Venice issue.

2 Venezia e l'ambiente Leggete il paragrafo e rispondete alle domande.

Con il fronte "NO MOSE" stanno gli ambientalisti e gli enti° locali: da una parte **la preoccupazione per l'ambiente** riguardo l'equilibrio idrogeologico e il delicato ecosistema lagunare, unito al rafforzamento dei fondali° lagunari per accogliere le [barriere] in cemento; dall'altra **la preoccupazione per i costi di costruzione**, altissimi rispetto ad altri paesi che hanno affrontato problemi simili come l'Olanda, ma soprattutto **[i costi] di manutenzione°**, dato che il consorzio che ha l'incarico di costruire il MOSE è responsabile del suo funzionamento solo per i primi 3 anni dopo la realizzazione.

Il sindaco [di Venezia] rimanda le decisioni al governo e suggerisce anche la revisione, sulla base di studi alternativi: **[...] proposte con soluzioni più semplici**, meno impattanti e meno costose, per la difesa della città dalle acque alte.

Andrea Morelli
(fonte: www.voceditalia.it/)

enti *agencies* **fondali** *seabeds* **manutenzione** *maintenance*

1. Quali sono le preoccupazioni degli ambientalisti? Perchè sono contrari al progetto MO.S.E.?
2. Cosa propone il sindaco di Venezia come possibile soluzione?
3. A quale ente rimanda le decisioni il sindaco?

3 Discuss the similar problems of the bridge between **Messina** and **Reggio Calabria**—another long-term project riddled with environmental, political, and cultural debates. You might also want to discuss the Hoover Dam, the Suez Canal, the Golden Gate Bridge, and other engineering feats.

3 Opinioni In coppia, fatevi a turno queste domande.

1. È più importante l'ambiente o l'arte?
2. Si può trovare un compromesso per salvare sia Venezia che l'habitat marino?
3. Pensi che la tecnologia possa risolvere i problemi ambientali o solo causarne dei nuovi?
4. È giusto salvare le città antiche o ci sono dei progetti più importanti da risolvere con la tecnologia?
5. Quali sono i problemi globali che si potrebbero risolvere con la tecnologia?

Practice more at **immagina.vhlcentral.com.**

Preparazione

Reading

A proposito dell'autore

Emilio Salgari (Verona, 1862-1911) è l'autore italiano di libri d'avventura per ragazzi per eccellenza. Spesso ignorato dalla critica «seria», Salgari ha avuto un enorme impatto sulla cultura popolare del ventesimo secolo. I suoi numerosissimi romanzi hanno influenzato registi cinematografici come Sergio Leone e Federico Fellini; la serie televisiva tratta dal suo romanzo *Sandokan, la tigre della Malesia* è stata vista da oltre 80 milioni di telespettatori a settimana in tutta Europa. Salgari non ha mai viaggiato fuori d'Italia, ma i suoi romanzi hanno spaziato con la fantasia dal Far West americano, all'India, alle Bermude, all'Asia.

Nota CULTURALE

Le meraviglie del Duemila è un romanzo scritto nel 1907 e appartiene al filone° fantascientifico e di avventura popolare in Europa. È la storia di due uomini che viaggiano nel futuro grazie ad una pianta esotica che consente loro° di addormentarsi per cento anni (dal 1903 al 2003). Al risveglio° trovano una società diversissima, con macchine volanti°, città e treni sotterranei e sottomarini°, dominata dalla velocità e dalla frenesia°. Incapaci° di abituarsi a ritmi di vita così poco umani, i due finiscono in manicomio°. Il capitolo che segue, «La luce ed il calore futuro», è tratto dalla prima parte del libro.

filone *vein* **consente loro** *lets them* **risveglio** *awakening* **volanti** *flying* **sotterranei...** *underground and undersea* **frenesia** *frenzy* **incapaci** *unable* **manicomio** *madhouse*

Vocabolario della lettura		Vocabolario utile
il bue (i buoi) *ox (oxen)*	**il pompiere** *fireman*	**abituarsi** *to get used to*
coltivare *to grow*	**predire** *to predict*	**l'arma** *weapon*
esaurirsi *to run out*	**scomparire** *to disappear*	**l'energia pulita** *clean energy*
la mandria *herd*	**stupire** *to surprise*	**il/la marziano/a** *Martian*
il pascolo *pasture, grazing land*	**la truppa** *troop*	**fantascientifico/a** *science fiction*
		il ritrovato *discovery, finding*

1 **Definizioni** Trovate la definizione adatta ad ogni parola

c	1. il marziano	a. una scoperta scientifica o tecnica
f	2. la mandria	b. oggetto utilizzato per difendersi o per combattere
a	3. il ritrovato	c. un abitante di Marte
b	4. l'arma	d. fare una profezia
d	5. predire	e. non essere più disponibile (*available*)
e	6. esaurirsi	f. un gruppo di animali a quattro zampe

2 **Preparazione** In coppia, fatevi a turno le seguenti domande.

1. Ti piace la fantascienza? Perché sì o perché no?
2. Da bambino immaginavi mai di viaggiare nel futuro? Come te lo immaginavi?
3. Cosa volevi che esistesse nel futuro?
4. Conosci altri romanzi scritti nel presente che parlano dei problemi e dei vantaggi del progresso, anche a livello politico?

3 **Discussione** Progresso o perdita di piaceri? In coppia, rispondete alle domande.

1. Secondo voi, il progresso è sempre una cosa positiva?
2. Quali sono dei ritrovati della tecnica che hanno migliorato la vita dell'uomo e quali la hanno peggiorata? Date almeno due esempi per ognuno.
3. La qualità della vita dipende dalla produttività o da quanto il proprio lavoro permette di godersi la vita?
4. Si vive per lavorare o si lavora per vivere?

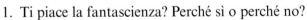

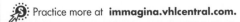

Practice more at **immagina.vhlcentral.com.**

2 For item 4, some examples are Orwell's *1984* and Huxley's *Brave New World.* Science fiction in general deals with utopias and dystopias as a way to comment on the current political situation. Like most science fiction writers, Salgari has a critical (and prophetic) vision of the future: he points out in his novel the dangers of pollution, speed, fast-paced life, and chemically synthesized food.

Le meraviglie del Duemila

(Frammento)

Emilio Salgari

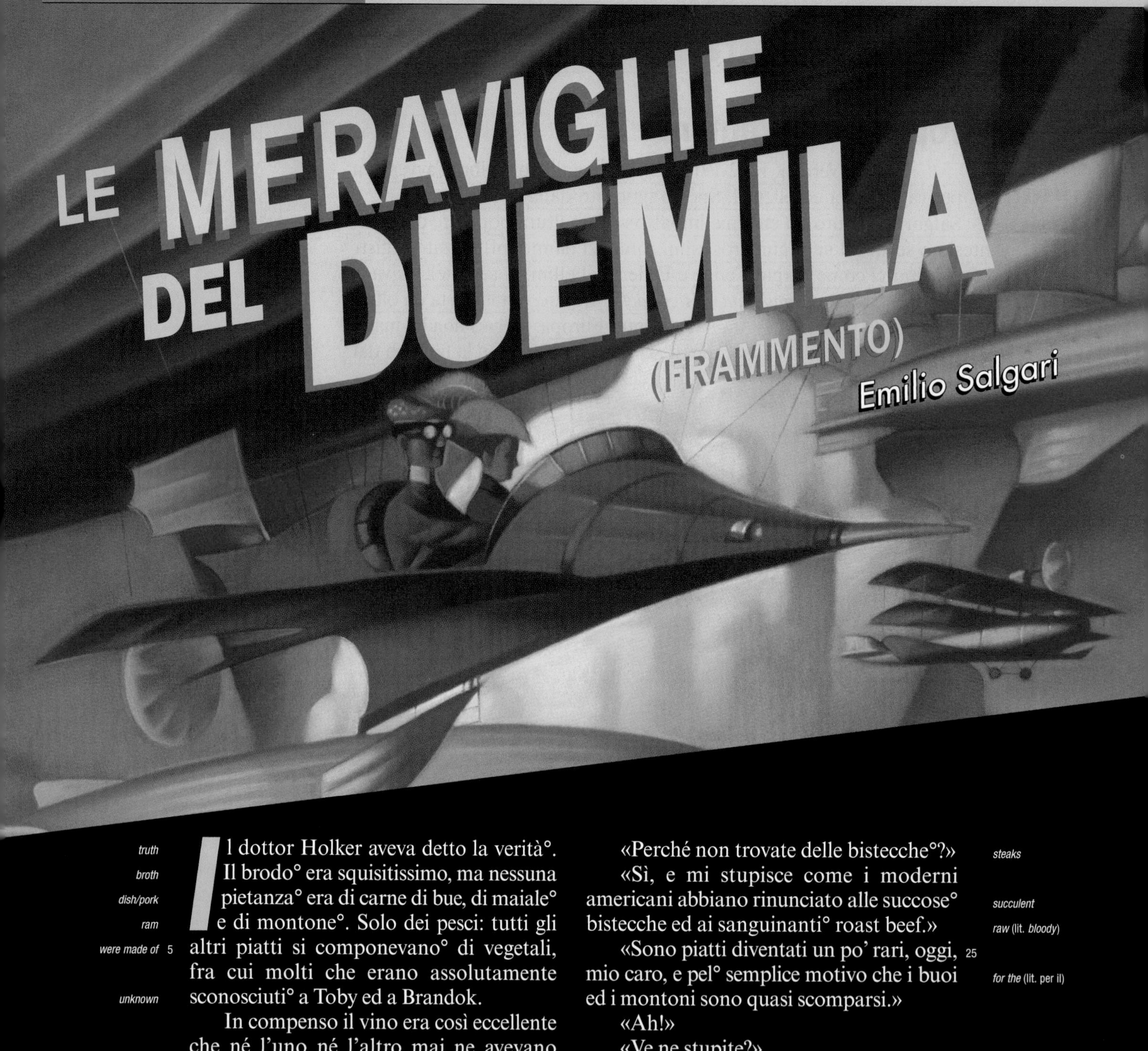

Il dottor Holker aveva detto la verità°. Il brodo° era squisitissimo, ma nessuna pietanza° era di carne di bue, di maiale° e di montone°. Solo dei pesci: tutti gli altri piatti si componevano° di vegetali, fra cui molti che erano assolutamente sconosciuti° a Toby ed a Brandok.

In compenso il vino era così eccellente che né l'uno né l'altro mai ne avevano gustato° di simile.

«Signor Holker,» disse Brandok, che mangiava con un appetito invidiabile°, come se si fosse svegliato solo da dieci o dodici ore «siete vegetariano voi?»

«Perché mi fate questa domanda?» chiese il lontano pronipote° del dottore.

«Ai nostri tempi si parlava molto di vegetarianismo, specialmente in Germania ed in Inghilterra. Si vede che quella cucina

«Perché non trovate delle bistecche°?»

«Sì, e mi stupisce come i moderni americani abbiano rinunciato alle succose° bistecche ed ai sanguinanti° roast beef.»

«Sono piatti diventati un po' rari, oggi, mio caro, e pel° semplice motivo che i buoi ed i montoni sono quasi scomparsi.»

«Ah!»

«Ve ne stupite?»

«Molto.»

«Mio caro signore, la popolazione del globo in questi cento anni è enormemente cresciuta, e non esistono più praterie° per nutrire° le grandi mandrie che esistevano ai vostri tempi. Tutti i terreni disponibili sono ora coltivati intensivamente per chiedere al suolo° tutto quello che può dare. Se così non si fosse fatto, a quest'ora la popolazione del globo sarebbe alle

truth
broth
dish/pork
ram
were made of
unknown
had tasted
enviable
great-grandson

steaks
succulent
raw (lit. bloody)
for the (lit. per il)
prairies
feed
soil

Audio: Dramatic Recording

dell'Argentina e i nostri del Far-West non esistono più, ed i buoi ed i montoni a poco a poco sono quasi scomparsi, non rendendo° le praterie in proporzione all'estensione. D'altronde° non abbiamo più bisogno di carne al giorno d'oggi. I nostri chimici, in una semplice pillola° dal peso di qualche grammo, fanno concentrare tutti gli elementi che prima si potevano ricavare° da una buona libbra° di ottimo bue.»

«E l'agricoltura come va senza buoi?»

«Anticaglie°» disse Holker. «I nostri campagnoli° non fanno uso che° di macchine mosse° dall'elettricità.»

«Sicché° non vi sono più neanche cavalli?»

«A che cosa potrebbero servire? Ce ne sono ancora alcuni, conservati più per curiosità che per altro.»

«E gli eserciti non ne fanno più uso?» chiese il dottor Toby. «Ai nostri tempi tutte le nazioni ne avevano dei reggimenti.»

«E che cosa ne facevano?» chiese Holker, con aria ironica.

«Se ne servivano nelle guerre.»

«Eserciti! Cavalleria°! Chi se ne ricorda ora?»

«Non vi sono più eserciti?» chiesero ad una voce Toby e Brandok.

«Da sessant'anni sono scomparsi, dopo che la guerra ha ucciso la guerra, l'ultima battaglia combattuta per mare e per terra fra le nazioni americane ed europee è stata terribile, spaventevole°, ed è costata milioni di vite umane, senza vantaggio° né per le une né per le altre potenze°. Il massacro è stato tale° da decidere le diverse nazioni del mondo ad abolire per sempre le guerre. E poi non sarebbero più possibili. Oggi noi possediamo° degli esplosivi capaci di far saltare° una città di qualche milione di abitanti; delle macchine che sollevano° delle montagne; possiamo sprigionare°, colla semplice pressione° del dito, una scintilla° elettrica trasmissibile a centinaia di miglia° di distanza e far scoppiare° qualsiasi deposito di polvere°. Una guerra, al giorno d'oggi°, segnerebbe° la fine dell'umanità. La scienza ha vinto ormai° su tutto e su tutti.»

«Eppure° quest'oggi, appena svegliato, mi fu comunicata dal vostro giornale una notizia che smentirebbe° quello che avete detto ora, mio caro nipote» disse Toby.

«Ah sì! La distruzione di Cadice° da parte degli anarchici. Bazzecole°! Ormai questi bricconi irrequieti° saranno stati completamente distrutti dai pompieri di Malaga e di Alicante.»

«Dai pompieri?»

«Non abbiamo altre truppe al giorno d'oggi, e vi assicuro che sanno mantenere l'ordine in tutte le città e sedare° qualunque tumulto. Mettono in batteria° alcune pompe e rovesciano° sui sediziosi° torrenti d'acqua elettrizzata° al massimo grado°. Ogni goccia° fulmina°, e l'affare è sbrigato° presto.»

«Un mezzo un po' brutale, signor Holker, e anche inumano.»

«Se non si facesse così, le nazioni si vedrebbero costrette° ad avere delle truppe per mantenere l'ordine. E del resto° siamo in troppi in questo mondo, e se non troviamo il mezzo d'invadere qualche pianeta, non so come se la caveranno° i nostri pronipoti fra altri cent'anni, a meno che non tornino, come i nostri antenati, all'antropofagia°. La produzione della terra e dei mari non basterebbe a nutrire tutti, e questo è il grave° problema che turba° e preoccupa gli scienziati. Ah! se si potesse dar la scalata° a Marte che ha invece una popolazione così scarsa e tante terre ancora incolte°!»

«Come lo sapete voi?» chiese Toby, facendo un gesto di stupore.

«Dagli stessi martiani°» rispose Holker.

«Dagli abitanti di quel pianeta!» esclamò Brandok.

«Ah, dimenticavo che ai vostri tempi non si era trovato ancora un mezzo per mettersi in relazione° con quei bravi martiani.»

«Scherzate°?»

«Ve lo dico sul serio, mio caro signor Brandok.»

not yielding / *on the other hand* / *pill* / *could be found/ pound* / *Old stuff* / *peasants/only use* / *moved* / *Therefore* / *Cavalry* / *frightening* / *advantage* / *powers/such* / *we have* / *that can blow up* / *lift* / *release* / *pressure* / *spark* / *miles/blow up* / *(gun) powder*

today/would mark / *nowadays* / *And yet* / *would run counter* / *Cadiz (Spanish city)* / *Trifles, Small potatoes* / *restless scoundrels* / *quell* / *they line up* / *they pour/rioters* / *electrified* / *at the utmost level/ drop/electrifies/* / *the deal is done* / *would be forced* / *on the other hand* / *will manage* / *cannibalism* / *serious* / *upsets* / *climb* / *uncultivated* / *Martians* / *to communicate* / *Are you kidding?*

«Voi comunicate con loro?»

«Ho anzi un carissimo amico lassù che mi dà spesso sue notizie.»

«Come avete fatto a mettervi in relazione coi martiani?»

«Ve lo dirò più tardi, quando avrete visitato la stazione elettrica di Brooklyn. Eh! Sono già° quarant'anni che siamo in relazione coi martiani.»

«È incredibile!» esclamò il dottor Toby. «Quali meravigliose scoperte avete fatto voi in questi cent'anni!»

«Molte che vi faranno assai° stupire, zio. Appena vi sarete completamente rimessi°, vi proporrò° di fare una corsa attraverso il mondo. In sette giorni saremo nuovamente a casa.»

«Il giro del mondo in una settimana!...»

«È naturale che ciò vi stupisca. Ai vostri tempi s'impiegavano° quarantacinque o cinquanta giorni, se non m'inganno°.»

«E ci sembrava d'aver raggiunto° la massima velocità.»

«Delle tartarughe°» disse Holker, ridendo. «Poi faremo anche una corsa al polo nord a visitare quella colonia.»

«Si va anche al polo, ora?»

«Bah!... è una semplice passeggiata.»

«Avete trovato il mezzo di distruggere° i ghiacci° che lo circondano°?...»

«Niente affatto°, anzi io credo che le calotte di ghiaccio° che avvolgono° i due confini della terra siano diventate più enormi di quello che erano cent'anni fa; eppure noi abbiamo° trovato egualmente° il mezzo di andare a visitarli e anche a popolarli°. Vi abbiamo relegati là...»

Un sibilo° acuto che sfuggì° da un foro° aperto sopra una mensola° che si trovava in un angolo della stanza, gl'interruppe la frase.

«Ah, ecco la mia corrispondenza che arriva» disse Holker, alzandosi.

«Un'altra meraviglia!» esclamarono Toby e Brandok alzandosi.

already; a lot; rested/propose; it took; I am not mistaken; to have reached; turtles; to destroy; ice/surround; not at all; icecaps/surround; yet/in any case; to populate them; whistle/escaped; hole/shelf

«Quali meravigliose scoperte avete fatto voi in questi cent'anni!»

«Una cosa semplicissima» rispose Holker. «Guardate, amici miei.»

Premette° un bottone al disotto° d'un quadro che rappresentava una battaglia navale. La figura scomparve, innalzandosi entro due scanalature°, e lasciando un vano° d'un mezzo metro quadrato°. Dentro v'era° un cilindro di metallo coperto di numeri segnati° in nero, lungo sessanta o settanta centimetri, con una circonferenza di trenta o quaranta.

«Il mio numero d'abbonamento° postale è il 1987» disse Holker. «Eccolo qui, e in un piccolo scompartimento° sono state collocate° le mie lettere.»

Mise un dito sul numero, s'aprì uno sportellino° e trasse° la sua corrispondenza, poi fece ridiscendere° il quadro e premette un altro bottone.

«Ecco il cilindro ripartito°» disse. «Va a distribuire la corrispondenza agli inquilini° della casa.»

«Come è giunto° qui quel cilindro?» chiese Brandok.

«Per mezzo d'un tubo comunicante° coll'ufficio postale più vicino, e rimorchiato° da una piccola macchina elettrica.»

«E come si ferma?»

«Dietro il quadro vi è uno strumento destinato ad interrompere la corrente elettrica. Appena il cilindro vi passa sopra, si ferma e non riparte se io prima non riattivo la corrente premendo quel bottone.»

«Vi è un cilindro per ogni casa?»

«Sì, signor Brandok; devo avvertirvi che le abitazioni moderne hanno venti o venticinque piani e che contengono dalle cinquecento alle mille famiglie.»

«La popolazione d'uno dei nostri antichi sobborghi°» disse il dottore. «Non ci sono dunque° più case piccole?»

«Il terreno è troppo prezioso oggidì°, e quel lusso° è stato bandito°. Non si può sottrarre° spazio all'agricoltura. Ma comincia a far buio°; sarebbe tempo d'illuminare° il mio salotto. Ai vostri

He pushed/underneath; grooves; compartment; square/c'era; marked; subscription; compartment; have been placed; flap/extracted; lowered; sent again; tenants; has arrived; communicating; towed; suburbs; therefore; nowadays; luxury/has been banned; take away; to get dark; light up

tempi che cosa si accendeva alla sera?»

«Gas, petrolio, luce elettrica» disse Brandok.

«Povera gente» disse Holker. «E come doveva costar cara allora l'illuminazione!»

«Certo, signor Holker» disse Brandok. «Ora invece?»

«Abbiamo quasi gratis° la luce ed il calore.»

Dal soffitto pendeva° un'asta di ferro° che finiva in una palla°, composta d'un metallo azzurro.

Il signor Holker l'aprì facendola scorrere sopra l'asta e tosto° una luce brillante, simile a quella che mandavano un tempo le lampade elettriche, si sprigionò°, inondando° il salotto.

Ciò che la produceva era una pallottolina° appena° visibile che si trovava infissa° sotto la sfera, e la luce che tramandava°, espandeva° un dolce calore assai superiore a quello del gas.

«Che cos'è?» chiesero ad una voce Brandok e Toby.

«Un semplice pezzetto° di radium» rispose Holker.

«Il radium!» esclamarono [...]

«Si conosceva ai vostri tempi?»

«L'avevano già scoperto» rispose Toby. «Ma non si usava ancora a causa dell'enorme suo costo. Un grammo non si poteva avere a meno di tre o quattromila lire. E poi non s'era potuto trovare ancora il modo di applicarlo, come avete fatto ora voi. Tutti però gli predicevano un grande avvenire.»

«Quello che non hanno potuto fare i chimici del 1900 l'hanno fatto quelli del Duemila» disse Holker. «Quel pezzetto lì non vale che un dollaro e brucia° sempre, senza mai consumarsi. È il fuoco eterno.»

«Meraviglioso metallo!...»

«Sì, meraviglioso, perché oltre a darci la luce, ci dà anche il calore. Ha detronizzato° il carbon fossile°, la luce elettrica, il gas, il petrolio, le stufe° ed i camini°.»

«Sicché anche le vie sono illuminate con lampade a radium?» chiese Toby.

«E anche gli stabilimenti°, le officine° e così via.»

«E nelle miniere° di carbone non si lavora più?»

«A che cosa servirebbe il carbone? Poi cominciavano già ad esaurirsi.»

«La forza necessaria per far agire° le macchine degli stabilimenti, chi ve la dà ora?»

«L'elettricità trasportata ormai a distanze enormi. Le nostre cascate° del Niagara, per esempio, fanno lavorare delle macchine che si trovano a mille miglia° di distanza. Se noi volessimo, potremmo dare di quelle forze° anche all'Europa, mandandole attraverso l'Atlantico. Ma anche laggiù hanno costruito° delle cascate sui loro fiumi e non hanno più bisogno di noi.»

«Amico James,» disse Toby «ti penti° d'aver dormito cent'anni per poter vedere le meraviglie del Duemila?»

«Oh no!» esclamò vivamente il giovane.

«Credevi di veder il mondo così progredito°?»

«Non mi aspettavo tanto.»

«E il tuo spleen?»

«Non lo provo più, tuttavia... non senti nulla tu?»

«Sì, un'agitazione° strana, un'irritazione inesplicabile del sistema nervoso» disse Toby. «Mi sembra che i muscoli ballino sotto la mia pelle.»

«Anche a me» disse Brandok.

«Sapete da che cosa deriva?» chiese Holker.

«Non saprei indovinarlo°» rispose Toby.

«Dall'immensa tensione elettrica che regna° ormai in tutte le città del mondo ed a cui voi non siete ancora abituati. Cent'anni fa l'elettricità non aveva ancora raggiunto° un grande sviluppo, mentre ora l'atmosfera ed il suolo ne sono saturi. [...] E per oggi basta. Andate a riposare e domani mattina faremo una corsa attraverso Nuova York sul mio Condor.»

«È un'automobile?» chiese Brandok.

«Sì, ma di nuovo genere°» rispose Holker, con un sorriso. «Cominceremo così il nostro viaggio attraverso il mondo.» ■

free
hung/iron pole
ball
soon
emanated/flooding
little ball/barely
stuck
transmitted/gave off
small piece
burns
has dethroned
coal
stoves/chimneys
plants/factories
mines
work
falls
miles
those resources
have built
are you sorry
advanced
anxiety
guess it
reigns
had not reached yet
kind

Point out that many Italian scientists have won prestigious awards and have contributed significantly to scientific and technical developments. The most famous Italian Nobel winners for physics are **Guglielmo Marconi** (telegraph), **Enrico Fermi** (nuclear reactions), **Emilio Segrè** (anti-proton), **Carlo Rubbia** (weak interaction particles), and recently **Riccardo Giacconi** (astrophysics, cosmic X-rays). **Giulio Natta** won for chemistry (polymers), and five medical researchers (including a woman, **Rita Levi Montalcini**) won as well. Italy has also received Nobel Prizes in other fields. In 1907, **Ernesto Moneta** won in the Peace category. In addition, six poets, novelists, and playwrights, and one economist (**Franco Modigliani**) have won Nobel Prizes in their respective fields.

Analisi

1 **Invenzioni** Scegli quale invenzione è presente nella lettura.

	SÌ	NO		SÌ	NO
1. pillole di vitamine e proteine	☑	☐	7. truppe antropofaghe (*cannibalistic*)	☐	☑
2. macchine elettriche per coltivare i campi	☑	☐	8. mezzi di comunicazione con Marte	☑	☐
3. buoi meccanici	☐	☑	9. oro (*gold*) per illuminare	☐	☑
4. eserciti virtuali	☐	☑	10. sistema postale ultra-rapido	☑	☐
5. pillole per essere intelligenti	☐	☑	11. edifici molto alti	☑	☐
6. acqua fulminante	☑	☐	12. cascate radioattive	☐	☑

2 **Comprensione** Scegli una risposta e poi, in coppia, dite perché le altre sono sbagliate.

1. Toby e Brandok sono due ____.
   a. personaggi dell'anno 2003 (b.) personaggi dell'anno 1903
   c. carnivori che non apprezzano la verdura d. marziani
2. Le praterie non esistono perché ____.
   a. tutti i terreni sono coltivati con soia b. non ci sono più mandrie di buoi
   c. i buoi hanno mangiato i montoni (d.) ci sono troppe persone sulla Terra
3. Le guerre non ci sono più perché ____.
   a. i cavalli sono morti b. gli eserciti hanno sterminato le persone
   (c.) una guerra ora ucciderebbe tutti d. gli esplosivi sono nascosti nelle montagne
4. I pompieri usano l'acqua per ____.
   a. spegnere gli incendi (b.) dare la scossa (*electrify*) alle persone
   c. diluire il vino d. lavarsi
5. Il giro del mondo si può fare ____.
   (a.) in una settimana b. in quarantacinque giorni
   c. solo con gli amici d. solo passando da un polo
6. La posta arriva ____.
   a. portata dal postino b. con un cavallo molto veloce
   (c.) elettronicamente attraverso dei tubi d. in un cilindro di plastica

3 **Profezie** Indica quali elementi della storia di Salgari si sono avverati (*came true*) e poi con un(a) compagno/a discuti in che modo l'autore è profetico. Cosa oggi è esattamente come lo descrive l'autore (A), cosa esiste in maniera un po' diversa (B) e cosa non esiste o non è successo (C)? È meglio o peggio quello che immagina Salgari? Dai esempi concreti.

Suggested answers.

	A	B	C		A	B	C
1. estinzione di specie animali	☑	☐	☐	10. viaggi nello spazio	☑	☐	☐
2. vegetarianismo	☐	☑	☐	11. comunicazione con i marziani	☐	☐	☑
3. edifici sempre più alti	☑	☐	☐	12. macchine volanti	☑	☐	☐
4. mono-coltivazioni agricole	☐	☑	☐	13. energie alternative	☑	☐	☐
5. assenza (*absence*) di eserciti	☐	☐	☑	14. energia pulita	☐	☐	☑
6. assenza di guerre	☐	☐	☑	15. mezzi di trasporto iper-veloci	☐	☑	☐
7. forze dell'ordine molto repressive	☑	☐	☐	16. aumento dei ghiacci polari	☐	☐	☑
8. una guerra per l'estinzione dell'uomo	☐	☑	☐	17. posta veloce	☐	☑	☐
9. armi troppo potenti	☑	☐	☐	18. inquinamento atmosferico	☑	☐	☐

4 **Viaggi nel tempo** In coppia, fatevi le seguenti domande.

1. Se potessi viaggiare nel tempo, dove vorresti andare e perché?
2. Con chi vorresti viaggiare nel tempo? Preferiresti avere un(a) compagno/a di viaggio o andare da solo/a? Perché?
3. Se viaggiassi nel futuro, quali avanzamenti della scienza, della medicina, e della tecnica vorresti trovare? Elencane almeno due.
4. Se viaggiassi nel futuro, cosa vorresti non trovare più?
5. Se una guerra apocalittica distruggesse quasi tutto, cosa vorresti salvare?

5 **Risveglio tra un secolo** In piccoli gruppi, immaginate di dormire per cento anni: come sarà il ventiduesimo secolo? Fate una lista di almeno sei invenzioni, scoperte, o disastri che ci saranno in un futuro non troppo lontano ma che comunque non appartiene alla vostra vita attuale.

Il ventiduesimo secolo: invenzioni, scoperte e disastri

5 Ask students to explain as well how they traveled into the future. At the end, you could poll groups and see if they had similar ideas. It could be potions, herbs, cryogenics, etc.

6 **Reazioni** In piccoli gruppi, rispondete alle seguenti domande e pensate a cosa vuol dire viaggiare nel tempo.

1. Quali sono le implicazioni etiche ed emotive di un viaggio come quello descritto nel romanzo?
2. Il modo di comportarsi è sempre lo stesso attraverso i secoli?
3. Pensate a un viaggio che comincia nell'antica Roma (o nel medioevo) e che arriva al ventiduesimo secolo in tre o quattro tappe (*stages*). Come cambia il mondo?
4. Chi viaggia può mantenere un comportamento neutrale? Pensate, per esempio, a come sarebbe sconvolto (*upset*) un uomo del medioevo dall'assenza di meditazione e di vita religiosa o dalla presenza di donne sul posto di lavoro.

7 **Tema** Sei uno dei due personaggi del libro (Toby o Brandok): scrivi due paragrafi e descrivi com'è il *Condor*.

- Che tipo di veicolo è? Di che colore?
- A che velocità va? Quanti posti ha? Sono posti tradizionali?
- Come si muove nel traffico?

Practice more at **immagina.vhlcentral.com.**

Laboratorio di scrittura

Encourage students to review the presentation and the examples of **confutazione** on page 232 before beginning the **Laboratorio di scrittura**.

Remind students that in Italian some of the conjuctions used in partial refutations require the use of the subjunctive. Refer students to **Strutture 7.3, pp. 256-257**.

Preparazione: Confutazioni parziali

Nella **Lezione 6** (p. 232) abbiamo fatto riferimento alla confutazione come strategia argomentativa. È possibile però, che il disaccordo con il punto di vista opposto sia solo parziale.

Una strategia molto comune nei saggi argomentativi consiste nel non accettare l'idea opposta ma allo stesso tempo fare alcune concessioni, vale a dire riconoscere la validità di alcuni aspetti del punto di vista contrario.

Esistono alcuni elementi verbali che indicano l'utilizzo di questa strategia. Tra questi ricordiamo le congiunzioni: **sebbene**, **nonostante**, **senza dubbio**, **malgrado**, e così via.

Modello

- Sebbene sia d'accordo con il punto di vista degli ambientalisti sui rischi ambientali del progetto MO.S.E., credo che la loro critica sia eccessiva. In primo luogo...
- Lo scrittore esprime un punto di vista affascinante sul mondo del futuro, ma poco obiettivo perché...

As a warm-up activity, have students complete the following statements with partial refutations.

- **È ovvio che le scoperte scientifiche sono importanti; nonostante ciò...**
- **Sebbene sia molto importante essere circondati da strumenti tecnologici, ...**

Pratica **A coppie, rileggete le affermazioni dell'Attività 4, p. 237. Scrivete delle confutazioni parziali usando alcune delle congiunzioni suggerite.**

Requisiti

1. Il saggio deve far riferimento ad almeno due dei quattro brani studiati in questa lezione o nelle precedenti lezioni e contenuti in **Cortometraggio**, **Immagina**, **Cultura** e **Letteratura**.
2. Il tuo saggio deve contenere almeno due confutazioni parziali di idee contrarie.
3. Il saggio deve essere lungo almeno due pagine.

Saggio **Scegli uno di questi argomenti e scrivi un saggio.**

Esiste, secondo te, una soglia (*threshold*) etica oltre la quale neanche la scienza e la tecnologia possono andare?

Al giorno d'oggi, la tecnologia serve all'uomo o l'uomo è servo della tecnologia?

Con tutte le scoperte scientifiche e con l'uomo esploratore dell'universo, c'è ancora spazio per la fantasia?

I progressi e la ricerca

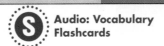

Audio: Vocabulary Flashcards

Gli scienziati

l'astronauta *astronaut*
l'astronomo/a *astronomer*
il/la biologo/a *biologist*
il/la (bio)chimico/a *(bio)chemist*
il/la fisico/a (nucleare) *(nuclear) physicist*
il/la geologo/a *geologist*
il/la matematico/a *mathematician*
il/la ricercatore/ ricercatrice *researcher*
lo/la zoologo/a *zoologist*

La ricerca scientifica

il brevetto *patent*
il DNA *DNA*
l'esperimento *experiment*
il gene *gene*
la ricerca *research*
la scoperta *discovery*
lo scopo *aim; goal*
lo sviluppo *advance; development*
il vaccino *vaccine*

dimostrare *to prove*
guarire (-isc-) *to cure; to heal*

notevole *remarkable, important*

La tecnologia

la banca dati *database*
il codice *code*
il dispositivo *device*
l'elettronica *electronics*
l'informatica *computer science*
l'ingegneria *engineering*
l'intelligenza artificiale *artificial intelligence (A.I.)*
la nanotecnologia *nanotechnology*
la rete (senza fili) *(wireless) network*
la robotica *robotics*
il segnale (analogico/digitale) *(analog/digital) signal*
le telecomunicazioni *telecommunications*
la trasmissione *broadcast*

Il mondo digitale

la chiavetta USB *flash drive*
la chiocciola *@ symbol*
il computer (da tavolo/portatile) *(desktop/laptop) computer*
l'indirizzo e-mail *e-mail address*
il lettore CD/DVD/MP3 *CD/DVD/MP3 player*
il libro elettronico *e-book*
l'SMS (*m.*) *text message*

aggiornare *to update*
allegare *to attach*
cancellare *to erase*
copiare *to copy*
incollare *to paste*
masterizzare *to burn*
navigare su Internet/sulla rete *to browse/to surf the Internet/Web*
salvare *to save*
scaricare *to download*

Problemi e sfide

la cellula staminale *stem cell*
il codice deontologico *code of conduct/ethics*
il furto d'identità *identity theft*
l'inquinamento *pollution*
la sfida *challenge*

clonare *to clone*
riciclare *to recycle*

controverso/a *controversial*
etico/a *ethical*
giusto/a *right*
(im)morale *(un)ethical*
sbagliato/a *wrong*

Cortometraggio

l'acquario *aquarium*
il collegamento *connection*
il laboratorio *Lab*
la lingua dei segni *sign language*
il nastro adesivo *adhesive tape*
il navigatore satellitare *GPS*
il piano di cottura *stovetop*
il polpo *octopus*
la ricetta *recipe*
lo strumento *musical/technical instruments*

digitare *to type; to dial*

Cultura

l'allagamento *flooding*
l'alluvione *flood, inundation*
le calli *Venetian streets*
i campi *Venetian squares/fields*
i canali *canals*
l'impatto ambientale *environmental impact*
la marea *tide*
la passerella *footbridge*
i pollici *inches* (lit. *thumbs)*
il riscaldamento globale *global warming*
il traghetto *ferry*
il vaporetto *motor boat (used for public transportation in Venice)*

prevedere *to predict*

sommerso/a *submerged*

Letteratura

l'arma *weapon*
il bue (i buoi) *ox (oxen)*
l'energia pulita *clean energy*
la mandria *herd*
il/la marziano/a *Martian*
il pascolo *pasture, grazing land*
il pompiere *fireman*
il ritrovato *discovery, finding*
la truppa *troop*

abituarsi *to get used to*
coltivare *to grow*
esaurirsi *to run out*
predire *to predict*
scomparire *to disappear*
stupire *to surprise*

fantascientifico/a *science fiction*

INSTRUCTIONAL RESOURCES
Supersite: Testing program

LEZIONE 8

Le ricchezze culturali e storiche

Viviamo in una società che ci garantisce una vita sana e all'avanguardia. Ma ci fermiamo mai a riflettere su come tutto questo sia possibile? Guardiamo mai indietro alla storia, alle donne e agli uomini che con fatica (*hard work*) e spesso controcorrente hanno fatto compiere (*complete*) passi da gigante all'umanità? Facciamo abbastanza per preservare la loro memoria e l'eredità che ci hanno lasciato? Che ruolo ha la storia nella nostra quotidianità? I grandi del passato ci ispirano o ci intimidiscono? Ora la storia siamo noi: che passato lasceremo alle generazioni future?

283

306

Destinazione: EMILIA-ROMAGNA

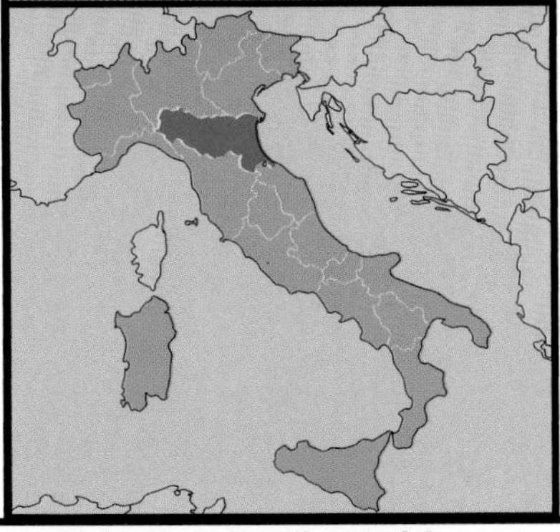

PREVIEW Have groups of students discuss the following question from the text: **Facciamo abbastanza per preservare la loro memoria e l'eredità che ci hanno lasciato?** Have them think of important cultural and historical figures from the second half of the 20th century and suggest what they would do to preserve their memory for posterity.

Le arti e la storia

Audio: Vocabulary

La storia

la battaglia *battle*
la civiltà *civilization*
il decennio *decade*
l'età *age; times*
l'imperatore/imperatrice *emperor/empress*
il re/la regina *king/queen*
il regime *regime*

il regno *kingdom*
la schiavitù *slavery*
il sẹcolo *century*

abitare *to inhabit*
abolire *to abolish*
arrẹndersi *to surrender*
colonizzare *to colonize*
conquistare *to conquer*
dirịgere *to lead*
espellere *to expel*
invạdere *to invade*
liberare *to liberate*
opprịmere *to oppress*
rovesciare *to overthrow*
sconfịggere *to defeat*
stabilirsi *to settle*

democrạtico/a *democratic*
fascista *fascist*
monạrchico/a *monarchic*
(prei)stọrico/a *(pre)historic*

a.C. (avanti Cristo) *BC, BCE*
d.C. (dopo Cristo) *AD*

La letteratura

la biografịa *biography*
il diritto d'autore *copyright*
il gẹnere *genre*
il giallo *crime novel; thriller*
il narratore *narrator*
la novella *short novel*
il personaggio *character*
la poesịa *poetry*
la prosa *prose*
la rima *rhyme*
il romanzo *novel*
la strofa *stanza*
la trama *plot*
il verso *line (of poetry)*

censurare *to censor*

svọlgersi *to take place*

clạssico/a *classic*
oggettivo/a *objective*
premiato/a *award-winning*
realịstico/a *realistic*
satịrico/a *satirical*
soggettivo/a *subjective; biased*
trạgico/a *tragic*
umorịstico/a *humorous*

SINONIMI E CONTRARI
svolgersi ⟷ avere luogo
opprimere ⟷ perseguitare

Point out to the students that the noun **obiettivo** is the aim or the target, while **oggettivo** is an impartial judgement.

Point out that **pittura** is the activity or the material, while **dipinto** is the work of art.

L'arte

l'acquerello *watercolor*
l'autoritratto *self-portrait*
le belle arti *fine arts*
la natura morta *still life*

l'ọpera *work (of art); opera*
l'orchestra sinfọnica/da cạmera *symphony/chamber orchestra*
il pennello *paintbrush*
la pittura *paint; painting*
la pittura a olio/pastello *oil/pastel painting*
il quadro *painting*
la scultura *sculpture*

d'avanguardia *avant-garde*
estẹtico/a *aesthetic*

Gli artisti

l'artigiano/a *artisan; craftsman*
il/la drammaturgo/a *playwright*

il pittore/la pittrice *painter*
il/la saggista *essayist*
lo scultore/la scultrice *sculptor*

Pratica

1 **Il regno di Romolo** Completa il brano con le parole giuste.

Secondo la leggenda, la (1) __civiltà__ (età / civiltà) romana risale (*dates back*) all'VIII (2) __secolo__ (secolo / decennio) a.C. con la fondazione di Roma il 21 aprile 753 (3) __a.C.__ (a.C. / d.C.). Romolo e Remo (4) __si stabilirono__ (si stabilirono / invasero) vicino al fiume Tevere e fondarono una città. Romolo uccise Remo, chiamò la città Roma e ne divenne il primo (5) __re__ (monarchico / re). Poiché solo uomini (6) __abitavano__ (abitavano / colonizzavano) nella città, i romani combatterono una (7) __battaglia__ (schiavitù / battaglia) con i vicini Sabini per rapire (*abduct*) le loro donne. Il (8) __regno__ (secolo / regno) di Romolo durò 37 anni, quasi 4 (9) __decenni__ (decenni / secoli), durante i quali (10) __conquistò__ (conquistò / abitò) i popoli vicini.

2 **Il fascismo** Completa la conversazione tra nonno e nipote con le parole della lista.

abolita	dirigeva	liberata	regime
democratica	invasa	oppressa	si arrese

NIPOTE Nonno, cosa ricordi del (1) __regime__ fascista?

NONNO Ricordo tante cose, in particolare che Benito Mussolini (2) __dirigeva__ il governo.

NIPOTE La tua famiglia fu (3) __oppressa__?

NONNO Beh, non come i deportati ma in un certo senso fummo perseguitati perché mio padre aveva aiutato alcuni partigiani.

NIPOTE Quando (4) __si arrese__ l'Italia?

NONNO Il 3 settembre 1943, dopo che ebbe firmato l'armistizio.

NIPOTE Quando fu (5) __invasa__?

NONNO Fu occupata dai tedeschi subito dopo.

NIPOTE E quando fu (6) __liberata__?

NONNO Il 25 aprile 1945 gli Alleati e le formazioni partigiane liberarono l'Italia.

NIPOTE Quando fu (7) __abolita__ la monarchia e fondata la repubblica (8) __democratica__?

NONNO La Repubblica Italiana nacque il 2 giugno 1946 dopo che gli italiani scelsero, con un referendum, l'abolizione della monarchia.

3 **L'arte** Pensate alla vostra opera d'arte preferita e a turno descrivetela con almeno quattro frasi. Tenete in considerazione l'autore, lo stile e la tecnica usata.

Modello **La mia opera d'arte preferita è la *Pietà* di Michelangelo. È una scultura di marmo...**

4 **Libri** In piccoli gruppi, parlate dell'ultimo libro che avete letto. Considerate queste domande.

1. Qual è il titolo?
2. Chi è l'autore?
3. Che genere di libro è?
4. Dove e quando si svolge la storia?
5. Qual è la trama?
6. Chi è il narratore?
7. Chi sono i personaggi principali?
8. Consiglieresti questo libro? Perché?

3 For an expansion activity, ask students to research and present an Italian work of art of their choice to the class.

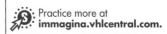

Practice more at **immagina.vhlcentral.com.**

NATIONAL STANDARDS connections cultures communication

INSTRUCTIONAL RESOURCES
Supersite/DVD: Film Collection
Supersite: Script & Translation

Preparazione

Vocabolario del cortometraggio

la cantina *wine cellar*
la granata *grenade*
il patto *pact*
il podere *farmhouse*
il protettore *protector*
la puzza *stench*
la tana *burrow*
il vestito da sposa *wedding dress*

Vocabolario utile

il baule *trunk (car/luggage)*
le colline *hills*
il relitto *relic*
il rifugio *shelter*
la scala *ladder, stairs*
scivolare *to slide*

ESPRESSIONI

buono a nulla *good-for-nothing*
dacci una mano *give us a hand*
sono fritti! *they are finished!*
tocca a... *it's... turn*

1 **Lessico** Inserisci le parole più adatte.

1. Mio nonno faceva il vino e aveva una __cantina__ con molte varietà di bianco.
2. Ogni anno vado in vacanza in campagna, in un bellissimo __podere__ in Toscana.
3. San Gennaro è il santo __protettore__ della città di Napoli.
4. Prima del matrimonio, mia sorella deve comprare un __vestito da sposa__ bianco con un lungo velo.
5. Per i viaggi molto lunghi, i passeggeri usavano un __baule__.
6. Hai promesso: devi rispettare il __patto__ che abbiamo stretto (*made*).
7. Per arrivare all'ultimo piano bisogna salire la __scala__.
8. Quando piove, i conigli (*rabbits*) restano nella loro __tana__ e non escono.

2 Ask each pair to come up with a list of works of art from each period and to exchange with another pair.

2 **Le epoche dell'arte** Associate l'opera d'arte con il periodo in cui è stata creata.

__d__ 1. I paesaggi di Van Gogh (1888)
__b__ 2. *Le Quattro stagioni* di Vivaldi (1723)
__a__ 3. *La Pietà* di Michelangelo (1499)
__f__ 4. Il Colosseo (80 d.C.)
__c__ 5. Le piramidi (2560 a.C.)
__e__ 6. *La Divina commedia* di Dante (1304-1321)

a. Il Rinascimento
b. L'epoca barocca
c. L'antico Egitto
d. l'Impressionismo
e. Il tardo Medioevo
f. L'antica Roma

3

L'arte e la storia In coppia, completate la tabella.

Quali opere d'arte sono state ispirate da eventi storici?		
tema	**evento storico**	**opera d'arte**
guerre	Seconda Guerra Mondiale	Il film *Saving Private Ryan*
scoperte geografiche/scientifiche		
viaggi/immigrazione		
disastri naturali		
personaggi influenti		
rivoluzioni		
artisti famosi		

3 Ask students to share their answers for the rest of the class and to make lists of works of art for each category on the board.

4

Riflessione Rispondete alle domande.

1. Quali eventi storici hanno ispirato molte opere d'arte?
2. Pensate che l'arte possa essere un commento alla storia? In che modo?
3. Quali sono stati gli eventi storici più importanti nel tuo paese? E in Italia?
4. Che cosa determina l'importanza di un evento storico?
5. Che cosa determina se un'opera (un quadro, un libro, un film) è arte oppure no?
6. C'è un'opera d'arte che ha influenzato la tua vita? Qual è? In che modo ha cambiato il tuo modo di pensare?

4 Encourage students to come up with specific examples in their answers.

5

Personaggi Guardate le foto e rispondete alle domande.

- Com'è l'aspetto fisico di ognuno dei personaggi?
- Com'è la loro personalità?
- Qual è il rapporto tra le tre coppie?
- Come saranno collegati (*connected*) questi personaggi nella storia del film?
- Come cambierà il loro rapporto nel corso degli anni?

Practice more at **immagina.vhlcentral.com.**

S Short Film

VENTICANO
Miglior film/
Premio della giuria/
Migliore fotografia
IL SEGRETO
DEL SANTO
Un film di HERVÉ DUCROUX
Scritto da MASSIMO GUARDUCCI e HERVÉ DUCROUX
Prodotto da L'ACCADEMIA DE' VALIGONDI
Attori Pino Colizzi/Camilla Dragoni/Pietro Cacciatori/
Nardis Mugelli/Giulio Pampiglione/Milena Vukotic
Montaggio Simona Paggi Costumi Sara D'agostin
Fotografia Alessandro Pucci Scenografia Carlo Serafini
Soggetto Laura Gori Savellini/Hervé Ducroux
Musiche Giacomo Zumpano

Trama *Durante la Seconda Guerra Mondiale, sperando di sopravvivere ai bombardamenti tedeschi, gli abitanti di un paese in Toscana si nascondono in una cantina, insieme al loro santo protettore.*

1

(Esplosione)
VOCE Alle cantine! Alle cantine!

2

RAGAZZO Vi serve niente, signora Adele?
ADELE No, grazie, ci vediamo giù. Muoviti, Erminia!

3

PERPETUA Poverino! Chissà che paura si è preso!
PRETE Macché paura! Io mi son fatto male! Questo è un buono a nulla!

4

ELENA Capisco. Non si può più andare a giocare nei campi!

5

LAPO Di chi saranno?
ERMINIA Nostri! Teniamoli noi. Sono gli anelli nostri. Ma non bisogna dirlo a nessuno, capito? Dobbiamo saperlo solo io e te.
LAPO Giuriamo!

6

PRETE Oggi è la festa del nostro santo patrono. Ed è proprio in questo giorno che il Signore ha voluto unire in matrimonio una nostra giovane concittadina° con un giovane ragazzo che viene dall'altra parte del mondo.

concittadina *fellow citizen*

Nota CULTURALE

Cinecittà

Il corto ***Il segreto del santo*** è stato prodotto da Cinecittà. Nati a Roma negli anni '30, gli studi di Cinecittà si espansero durante il boom del cinema degli anni '50 con le produzioni dei kolossal storici di Hollywood, come *Ben-Hur* e *Quo vadis*. I grandi registi del neorealismo come Luchino Visconti e Roberto Rossellini e, più tardi, Federico Fellini, contribuirono a far diventare Cinecittà il grande centro cinematografico italiano di oggi. Un tempo soprannominata la «Hollywood sul Tevere», nel 2007 Cinecittà ha compiuto 70 anni: gli studi sono tuttora° molto attivi, sia per girare film che show e serie televisive.

tuttora *still now*

Sullo SCHERMO

Indica se l'evento ha luogo nel passato o nel presente.

1. il matrimonio presente
2. i bombardamenti passato
3. le colline sono verdi presente
4. Lapo ed Erminia corrono nella neve passato
5. gli abitanti del paese vanno in cantina passato
6. il santo scivola sulla strada passato

Analisi

1

Sequenza Riordina gli eventi secondo la cronologia della storia.

4 a. I tedeschi bombardano.
3 b. Lapo ed Erminia si incontrano per strada.
5 c. La mamma e Lapo si nascondono in cantina.
8 d. Lapo ed Erminia si baciano.
1 e. Inizia la Seconda Guerra Mondiale.
7 f. Giulia ed Erwin si sposano.
2 g. La mamma e Lapo sono in cucina.
6 h. Lapo va a vivere in Nuova Zelanda.

2

Analisi Scegli la risposta giusta. Dopo, in coppia, giustificate le vostre risposte usando esempi presi dal film.

1. Gli adulti sperano che i tedeschi non trovino ________.
   (a.) i giovani b. i vecchi c. i preti
2. I vecchi aspettano l'arrivo ________.
   a. degli italiani (b.) degli americani c. dei tedeschi
3. Erminia non può sposare Lapo perché ________.
   (a.) lui si trasferisce in Nuova Zelanda b. lei muore
   c. lui si innamora di un'altra
4. Anche se gli manca il papà, Lapo ________.
   (a.) è contento che la mamma si risposi b. è triste che la mamma si risposi
   c. non vuole che la mamma si risposi
5. Erwin ha ________ il sogno segreto del nonno.
   a. rivelato b. scoperto (c.) inconsciamente realizzato

3 Encourage students to discuss the relationship between war and peace in the film in relation to the characters' lives.

3

Personaggi In coppia, decidete se i desideri dei personaggi si realizzano nel film.

Answers may vary. Suggested answers.

Intenzioni e desideri	Realizzati	Non realizzati
1. La mamma desidera che Lapo abbia un futuro dopo la guerra.	☑	☐
2. Erminia e Lapo si promettono di non separarsi mai.	☐	☑
3. Le persone nascoste in cantina vogliono sopravvivere ai bombardamenti.	☑	☐
4. Lapo spera che il nipote torni in Italia.	☑	☐
5. La fine della guerra riporta la serenità nella vita dei personaggi.	☐	☑
6. Erminia vuole che la promessa rimanga segreta.	☑	☐
7. Il prete desidera mettere in salvo il santo.	☑	☐
8. Erminia e Lapo si sposano.	☐	☑

4

Interpretazioni In coppia, rispondete alle domande.

1. Perché è importante per Erminia che gli anelli restino segreti?
2. Perché Lapo rivela il segreto al nipote?
3. Qual è il ruolo del santo nel film?
4. Erminia e Lapo si incontrano davvero alla fine del film?

5

Temi

A. Indicate quali elementi visivi (*visual*) sono più importanti nella storia e spiegate perché.

Elementi	Importanti/ Non importanti	Perché?
la neve		
il rumore dei bombardamenti		
la mummia del santo		
la fotografia del papà di Lapo		
la cartina dell'Africa		
la macchina giocattolo di Lapo		
la cantina		
il baule		
la campagna		
la chiesa		

B. In coppia, spiegate le scelte del regista.

Elementi cinematografici	Scelte del regista	Spiegazione
tipo di storia		
tono		
ambientazione		
tipo di recitazione		
epoca		
riprese (*shots*)		

6

Situazioni In piccoli gruppi, improvvisate dei dialoghi basati su una di queste situazioni e poi recitateli davanti alla classe.

A

Immaginate la vita di Erminia e Lapo dopo la guerra se la mamma di Lapo non avesse incontrato il capitano. Come sarebbe cambiata la fine del film? Cosa sarebbe successo al segreto?

B

Immaginate la conversazione tra un artista contemporaneo e uno del passato. Quali consigli si darebbero? Quali sarebbero le differenze principali nei loro approcci? E le similitudini?

7

Scrittura Racconta un episodio della tua vita in uno o due paragrafi.

- Ti sei mai trovato/a in una situazione in cui hai dovuto rivelare un segreto o una confidenza di un'altra persona? Perché? Ci sono delle ragioni più importanti della confidenza? Quali sono?
- Cinecittà organizza una gara (*contest*) per film corti storici. Scrivi un riassunto del tuo film: quale periodo scegli? Perché? Chi sono i tuoi personaggi? Quale tipo di sequenza vuoi usare nella trama?

Practice more at **immagina.vhlcentral.com.**

INSTRUCTIONAL RESOURCES **Supersite:** Teaching suggestions; **SAM/WebSAM:** WB

IMMAGINA

EMILIA

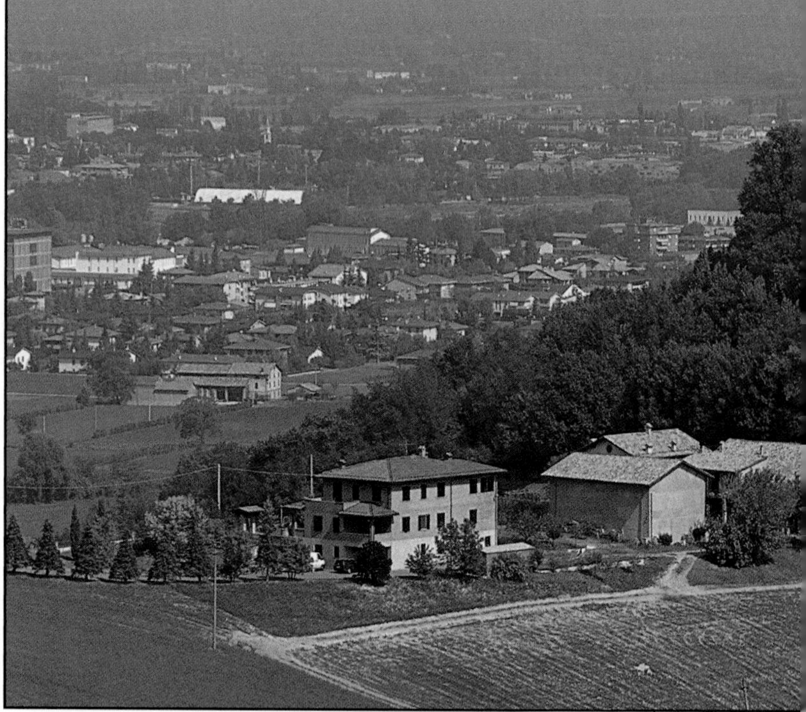

Reading

Una regione da... mangiare!

L'Emilia-Romagna, nell'Italia settentrionale è una delle regioni più grandi e più ricche della penisola. Grazie ai numerosi prodotti dell'agricoltura e all'allevamento del bestiame°, la sua industria alimentare è fiorente°. Conoscere meglio alcuni prodotti eno-gastronomici° tipici può diventare «un'appetitosa variante» per un itinerario attraverso la regione.

Il **Parmigiano Reggiano**, un formaggio prodotto sin dall'inizio del millennio scorso, è tipico dell'Emilia-Romagna ed è apprezzato in tutto il mondo. Si produce a **Parma**, **Reggio Emilia**, **Modena** e **Bologna**. Oltre al Parmigiano, Parma dà i natali° anche al **Grana Padano**. Il Grana ha una consistenza più «granulosa» del Parmigiano e può essere messo sul mercato dopo 15 mesi di stagionatura° contro i 18–24 mesi o, a volte, anche tre anni del Parmigiano.

Un altro formaggio tipico della provincia di **Piacenza** è il **Provolone della Valpadana**, un formaggio morbido° che si produce in diverse grandezze. Il **Formaggio di fossa**, prodotto nella città di **Sogliano al Rubicone**, è ottenuto da latte di mucca° e di pecora°, ha un sapore intenso e rimane per un periodo di tempo in fosse° profonde tre metri.

Anche i salumi° sono tipici della regione. Primo tra tutti il **Prosciutto di Parma**, che forse, insieme al Parmigiano Reggiano, è il prodotto emiliano-romagnolo più conosciuto al mondo. Si produce in un'area limitata e ha come caratteristiche l'assenza di conservanti° e la minima componente di grasso° nella carne. La stagionatura del prosciutto varia, a seconda del peso, dai 10 ai 12 mesi.

La città di **Bologna** è storicamente legata alla **mortadella**, che, infatti, in molte parti d'Italia e all'estero si chiama «la Bologna» o «*baloney*». La mortadella di Bologna si ottiene con carni di suino tritate°, pezzetti di grasso, sale e pepe, insaccati° e poi cotti in stufe° ad aria secca.

La provincia di **Piacenza** è nota anche per la **pancetta**° e la **coppa**°, prodotte con carni suine. Limitato nella produzione è il **culatello di Zibello**, che si ottiene dalla carne della coscia° di suino salata, insaccata e stagionata per 10 mesi.

Formaggi e salumi possono essere accompagnati da vini locali eccellenti come il **Lambrusco**, il **Sangiovese** e l'**Albana** e anche dal famoso **aceto balsamico di Modena**, prodotto con vino o mosto° e invecchiato in botti° di legno. Per gli appassionati dei prodotti del mare, la costa ed il delta del Po offrono delizie come le **anguille**° delle **Valli di Comacchio**. Insomma, l'Emilia-Romagna può soddisfare ogni tipo di palato!

In più...

L'azienda **Ferrari**, con sede a **Maranello** in Emilia-Romagna, produce e vende automobili sportive di alta classe e gestisce° anche la **Scuderia Ferrari**, che compete nelle gare di **Formula Uno**. Queste magnifiche autovetture° si distinguono per lo stile che è affidato a designer famosi come **Giugiaro**, **Pininfarina**, **Scaglietti**, **Bertone** e **Vignola**. Il colore rosso delle macchine da corsa è stato scelto negli anni Venti per rappresentare l'Italia nelle gare.

allevamento... *animal farming* **fiorente** *flourishing* **eno-gastronomici** *food- and wine-related* **natali** *birth* **stagionatura** *ripening; aging* **morbido** *soft* **mucca** *cow* **pecora** *sheep* **fosse** *pits* **salumi** *cold cuts* **conservanti** *preservatives* **grasso** *fat* **carni... tritate** *minced pork meat* **insaccati** *wrapped* **cotti in stufe** *cooked on stoves* **pancetta** *unsmoked bacon* **coppa** *pork loaf* **coscia** *thigh, leg* **mosto** *must* **botti** *barrels* **anguille** *eels* **gestisce** *manages* **autovetture** *automobiles*

ROMAGNA

La Serenissima Repubblica di San Marino Tra l'Emilia-Romagna e le Marche si trova la piccola **Repubblica di San Marino**, che conserva la sua identità dal Medioevo. San Marino è divisa in nove castelli, con cui si indicano i comuni, e la capitale è **Città di San Marino**. La lingua ufficiale è l'italiano e abbastanza diffuso è anche un dialetto romagnolo. L'economia della Repubblica di San Marino si basa principalmente sul turismo e su attività finanziarie. San Marino ha relazioni diplomatiche con molti paesi ed ha 15 ambasciate° all'estero.

I mosaici ieri e oggi L'Emilia-Romagna, ed in particolare la città di **Ravenna**, custodiscono° un patrimonio musivo° unico al mondo. Per gli appassionati del mosaico, Ravenna con i capolavori del **Mausoleo di Galla Placidia**, del **Battistero degli Ariani** e della chiesa di **San Vitale**, è una tappa da non perdere. La tradizione dell'arte del mosaico affonda le radici° nell'arte bizantina ma si è consolidata nella regione e ancora oggi è un importante aspetto dell'economia. Infatti, ci sono molti artigiani° e industrie che producono preziose creazioni in mosaico per usi contemporanei.

ambasciate *embassies* **custodiscono** *preserve* **musivo** *works in mosaic* **affonda le radici** *has roots in* **artigiani** *craftsmen*

Vero o falso? Indica se ogni frase è **vera** o **falsa**. Correggi le frasi false.

1. In Emilia-Romagna l'agricoltura è molto sviluppata. Vero.
2. La produzione del Parmigiano Reggiano è cominciata nel secolo scorso. Falso. È cominciata nel millennio scorso.
3. Il formaggio di fossa si mette sotto terra. Vero.
4. In provincia di Piacenza si producono soltanto formaggi. Falso. Si producono anche la pancetta e la coppa.
5. Il Lambrusco ed il Sangiovese sono aceti balsamici. Falso. Sono vini.
6. Chi ama il pesce può mangiare le anguille. Vero.
7. Nella Repubblica di San Marino si parla italiano. Vero.
8. La lavorazione del mosaico è usata solo nelle opere antiche. Falso. Oggi si realizzano opere contemporanee con il mosaico.

Quanto hai imparato? Rispondi alle domande. Some answers will vary. Suggested answers.

1. Quali sono alcune differenze tra il Parmigiano Reggiano ed il Grana Padano? La produzione del Parmigiano è iniziata prima; il Grana ha una consistenza più granulosa; la stagionatura del Parmigiano è più lunga di quella del Grana.
2. Quali sono le caratteristiche nutrizionali del Prosciutto di Parma? Non ha conservanti ed ha pochi grassi.
3. Quali sono alcuni degli ingredienti della mortadella di Bologna? carne di suino tritata, grasso, sale e pepe
4. Che tipo di autovetture produce l'azienda Ferrari? Produce automobili sportive di alta classe e autovetture da corsa.
5. Su che cosa si basa l'economia di San Marino? Si basa sul turismo e sulle attività finanziarie.
6. Quando è nata la Repubblica di San Marino? nel Medioevo
7. Qual è l'origine dell'arte del mosaico dell'Emilia-Romagna? l'arte bizantina
8. Chi produce oggetti lavorati con il mosaico? artigiani e industrie

Progetto

I tortellini sono uno dei piatti tipici della cucina emiliano-romagnola.

- Fai una ricerca sull'origine e la storia dei tortellini.
- Cerca qualche fatto curioso che riguarda questo piatto.
- Cerca una ricetta per cucinare i tortellini.
- Confronta i tuoi risultati con il resto della classe.

comparisons NATIONAL STANDARDS

INSTRUCTIONAL RESOURCES
Supersite: Audioscripts, SAM AK, Lab MP3s
SAM/WebSAM: WB, LM

To help students practice both forms of the infinitive, ask them to provide either the past or present infinitive of a verb form that you call out. For example, you say **avere fatto** and students reply **fare**. Conversely, if you say **dire**, students reply **avere detto**. Be sure to provide verbs that take **essere** as well as **avere** for the past infinitive.

ATTENZIONE!

The auxiliary verbs **essere** and **avere** often drop the final **-e** when used in past infinitive construction.

RIMANDO

To review object pronouns, see **Strutture 4.2, pp. 132-134**.

8.1

Uses of the infinitive

The present and past infinitive

The infinitive has two forms in Italian: the present and the past. You are already very familiar with the present infinitive, the equivalent of *to* + [*verb*] in English. The past infinitive is formed with the infinitive of **avere** or **essere** + the past participle of the main verb. When the past infinitive is formed with **essere**, the past participle must agree with the subject.

present infinitive	past infinitive
abitare (*to live*)	**avere abitato** (*to have lived*)
crẹdere (*to believe*)	**avere creduto** (*to have believed*)
dormire (*to sleep*)	**avere dormito** (*to have slept*)
cadere (*to fall*)	**ẹssere caduto/a/i/e** (*to have fallen*)
lavarsi (*to wash up*)	**ẹssersi lavato/a/i/e** (*to have washed up*)

Dopo **aver mangiato**, Gianni si alzò e si lavò le mani.
After eating, Gianni got up and washed his hands.

Penso di **aver guardato** tutti i quadri.
I think that I have looked at all the paintings.

Dopo **essere arrivati** al convegno, i saggisti si sono messi a chiacchierare.
After arriving at the convention, the essayists began to chat.

Speriamo di **esserci** ben spiegati.
We hope that we made ourselves clear.

- Object and reflexive pronouns are attached to the infinitive after the final **–e** has been dropped. The past participle of a past infinitive must agree in number and gender with the pronoun. The past participle of the past infinitive of a reflexive verb agrees in number and gender with the subject.

Finirlo in anticipo sarebbe ideale.
Finishing it early would be ideal.

Dopo **averli comprati**, Luca ha messo i quadri nella macchina.
After buying them, Luca put the pictures in the car.

Sono contenta di **essermi divertita** alla festa.
I'm glad to have had a good time at the party.

Uses of the infinitive

- In Italian, an infinitive may be used as a noun, even as the subject of a sentence or clause. When used as nouns, infinitives are masculine and are often preceded by a definite article. The English equivalent is expressed with a gerund (a verb form ending in *–ing*).

Il dire è una cosa, **il fare** è un'altra.
Saying is one thing, doing is another. (*Easier said than done.*)

Non pensavo che **parlare** lingue straniere fosse **necessario**.
I did not think that speaking foreign languages was necessary.

- The infinitive is often used to give commands or instructions, especially in signs, directions, notices, and recipes.

Per cortesia, **lasciare** la porta aperta.
Please leave the door open.

Girare a destra, poi **continuare** dritto.
Turn right, then continue straight ahead.

Selezionare il numero e **premere** il bottone «Next».
Select your number and push the "Next" button.

Salare, **pepare**, **coprire** e **far** cuocere a fiamma bassa.
Salt, pepper, cover, and let cook at a low temperature.

- The infinitive directly follows modal verbs such as **potere**, **volere**, and **dovere** when the subject of both verbs is the same. It also follows verbs like **desiderare**, **piacere**, **preferire**, and **sapere** when there is no change of subject.

*—Ma perché **dovrebbe venire** giù il torrino?*

Voglio dare le tele a Leonardo.
I want to give the canvases to Leonardo.

Dobbiamo studiare; non possiamo **uscire**.
We have to study; we can't go out.

Mi **piace andare** all'opera.
I like going to the opera.

Preferirebbe studiare arte in Italia.
He would prefer to study art in Italy.

- Sometimes a conjugated verb is followed by the prepositions **a** or **di** + [*infinitive*]. You must memorize which verbs require prepositions or look them up in a reference book or table.

Spero di tornare in Italia quest'estate.
I hope to go back to Italy this summer.

Cominciano a capire le rime.
They are starting to understand the rhymes.

- Infinitives are used after impersonal expressions when the sentence has no explicit subject.

Bisogna **rispettare** i diritti d'autore.
It is necessary to respect copyrights.

È bene **arrivare** in anticipo.
It's good to arrive early.

Non è possibile **dimenticare** i momenti vissuti con te.
It's impossible to forget the time spent with you.

Basta **firmare** qui.
It is sufficient to sign here.

- The past infinitive is generally used after the word **dopo** or another verb. It expresses an action completed before the action of the main verb.

Dopo **avere sconfitto** Vercingetorige nella battaglia di Alesia, Cesare lo portò a Roma.
After having defeated Vercingetorix at the battle of Alesia, Caesar took him to Rome.

Sono contento di **essere nato** nelle Marche.
I'm happy to have been born in Marche.

RIMANDO

To review the use of the infinitive for negative **tu** commands, see **Strutture 4.3, pp. 138-139.**

RIMANDO

To review **dovere**, **potere**, and **volere**, see **Strutture 4.4., pp. 142**

ATTENZIONE!

Other common prepositions that introduce infinitives are **invece di**, **per**, **prima di**, and **senza**. **Per** expresses purpose.

Invece di andare al museo, facciamo una passeggiata.
Instead of going to the museum, let's take a walk.

Ti ho scritto per invitarti alla mostra.
I wrote to you (in order to) to invite you to the exhibition.

RIMANDO

As you have learned, the subjunctive is used after impersonal expressions when the subjects of the main clause and the dependent clause differ. See **Strutture 6.3, pp. 214-215** **Strutture 7.3, pp. 256-257**

RIMANDO

You will learn about the use of infinitives after **fare**, **lasciare**, and verbs of perception in **Strutture 10.4, pp. 382-383**

Pratica

1 Have students check each other's work.

1 **Situazioni** Riscrivi le frasi sostituendo le parole sottolineate con l'infinito presente e fai tutte le modifiche necessarie.

Modello **La vita in Italia era difficile durante la Seconda Guerra Mondiale.**
Vivere in Italia era difficile durante la Seconda Guerra Mondiale.

1. L'abolizione di quella legge è stata necessaria. Abolire quella legge è stato necessario.
2. La colonizzazione di quel paese è stata uno sbaglio. Colonizzare quel paese è stato uno sbaglio.
3. La conquista dello spazio è possibile. Conquistare lo spazio è possibile.
4. L'invasione di altre nazioni è condannata delle Nazioni Unite. Invadere altre nazioni è condannato dalle Nazioni Unite.
5. La liberazione degli ostaggi è stata un successo. Liberare gli ostaggi è stato un successo.
6. L'oppressione delle minoranze è ingiusta. Opprimere le minoranze è ingiusto.

Nota
CULTURALE

Alessandro Manzoni è uno dei maggiori autori della letteratura italiana e in particolare del romanticismo. Nato a Milano nel 1785, Alessandro è un adolescente ribelle ed è anche un grande studioso dei classici. Finiti gli studi, raggiunge la madre a Parigi e lì conoscerà un gruppo di intellettuali illuministi che influenzeranno la sua formazione. Dal 1821 al 1827 lavora a *I promessi sposi*, il primo romanzo storico della letteratura italiana, dove per la prima volta i protagonisti sono persone umili. Non contento dello stile usato, Manzoni va a Firenze per migliorare il suo italiano e per riscrivere il romanzo che uscirà nella sua versione definitiva in dispense, tra il 1840 e il 1842. Muore a Milano nel 1873.

2 **I promessi sposi** Completa il breve riassunto del romanzo *I promessi sposi* con i verbi all'infinito presente e passato.

Renzo e Lucia sono due semplici ragazzi che desiderano (1) ___sposarsi___ (sposarsi) e vanno da don Abbondio, il prete del paese. Ma don Abbondio si rifiuta di (2) ___celebrare___ (celebrare) il matrimonio dopo (3) ___essere stato___ (essere) minacciato dai bravi (*henchmen*) di don Rodrigo, il signorotto del paese che si è innamorato di Lucia. Padre Cristoforo, dopo (4) ___aver parlato___ (parlare) con Lucia, va da don Rodrigo per (5) ___convincerlo___ (convincere / lui) a (6) ___lasciarla___ (lasciare / lei) in pace. Dopo (7) ___aver tentato___ (tentare) un matrimonio a sorpresa, Lucia si rifugia in un convento a Monza e Renzo va a Milano per (8) ___cercare___ (cercare) giustizia. L'Innominato, un uomo potente a cui don Rodrigo ha chiesto aiuto, dopo (9) ___aver rapito___ (rapire) (*kidnap*) Lucia, decide di (10) ___liberarla___ (liberare / lei). Renzo si trova coinvolto nelle rivolte a Milano a causa della carestia (*famine*) e fugge a Bergamo. Torna a Milano a (11) ___cercare___ (cercare) Lucia e dopo (12) ___averla ritrovata___ (ritrovare / lei) tornano al loro paese. Dopo (13) ___aver affrontato___ (affrontare) la peste, finalmente Renzo e Lucia si possono (14) ___sposare___ (sposare).

3 **Cosa è successo dopo?** Completate le frasi con i verbi all'infinito passato per dire cosa avete fatto ieri tu e altre persone. Dopo, aggiungete altre due frasi.

Modello **Dopo essermi svegliato, mi sono alzato e ho fatto la doccia.**

1. Dopo ____________________, il mio compagno di appartamento è uscito con gli amici.
2. Dopo ____________________, i miei genitori sono andati a riposare.
3. Dopo ____________________, io e i miei amici abbiamo guardato un film.
4. Dopo ____________________, la mia amica Silvana è andata al supermercato.
5. Dopo ____________________, ho letto un libro.
6. Dopo ____________________, sono andato/a all'università.
7. ____________________.
8. ____________________.

Practice more at **immagina.vhlcentral.com.**

Comunicazione

4 **Consigli** In coppia, preparate almeno due consigli per foto usando le espressioni suggerite. Condivideteli poi con la classe.

bisogna	è importante	è possibile
basta	non è necessario	non è possibile
è bene	è meglio	

Modello **Non supererò mai l'esame di storia! Non riesco a memorizzare tutto!**
Non è possibile memorizzare tutto. È meglio cercare di capire i concetti e fare dei collegamenti!

Mi alleno sette giorni alla settimana, ma non diventerò mai una maratoneta!

Non andrò a dormire fino a quando non avrò finito di scrivere la tesina.

Non sarò mai bravo come Totti. Dovrei lasciar perdere il calcio!

Mi arrendo. Proprio non gli piaccio! (*I give up. He just doesn't like me!*)

5 **I segnali** In coppia, preparate dei segnali (*signs*) da mettere nei posti suggeriti. Usate l'infinito presente.

Modello **in cucina**
Lavarsi le mani prima di iniziare a cucinare. Pulire gli utensili che si usano. Mettere sempre tutto a posto.

- nel parcheggio del campus
- nella biblioteca
- nel parco
- nello spogliatoio (*locker room*) della palestra
- nella mensa universitaria
- nel collegio universitario

6 **Quando...?** In coppia, chiedetevi a turno quando farete le seguenti cose. Utilizzate la struttura **prima di** + [*infinito*] o **dopo** + [*infinito*] per rispondere.

Modello —Quando studierai oggi?
—Studierò prima di preparare la cena./Studierò dopo aver preparato la cena.

1. preparare la cena
2. fare la spesa
3. guardare la TV
4. andare in palestra
5. uscire con gli amici
6. usare il computer

6 Have students ask each other questions about the future. Example: **Farai un Master? Sì, farò un Master dopo aver finito l'università**.

NATIONAL comparisons STANDARDS

INSTRUCTIONAL RESOURCES
Supersite: Audioscripts, SAM AK, Lab MP3s
SAM/WebSAM: WB, LM

8.2

Disjunctive pronouns; prepositions

Disjunctive pronouns

*—Non è buono a proteggersi nemmeno per **sé**!*

- Disjunctive pronouns, **i pronomi tonici**, are also known as *stressed pronouns* because they are used to emphasize or clarify the object of a verb. They are also frequently used as objects of prepositions. Unlike other Italian pronouns, they are placed in the same position in a sentence as their English equivalents, after a verb or a preposition.

singular	**me** *me*	**te** *you*	**lui** *him*	**lei** *her*	**Lei** *you* (formal)	**sé** *himself / herself / oneself / yourself* (formal)
plural	**noi** *us*	**voi** *you*	**loro** *them*	**Loro** *you* (formal)	**sé** *themselves / yourselves* (formal)	

Ceniamo con **loro** stasera.
We are having dinner with them tonight.

Guardo **lui**, non **lei**.
I am looking at him, not her.

- **Sé** only has a reflexive meaning; **me**, **te**, **noi**, and **voi** can also have a reflexive meaning.

Sergio preferisce fare tutto da **sé**.
Sergio prefers doing everything (by) himself.

Ti piace parlare di **te**, non è vero?
You like talking about yourself, don't you?

- For extra emphasis, the adjective **stesso** is used with disjunctive pronouns. It must agree in number and gender with the stressed pronoun.

Quando osservo quella pittrice al lavoro, vedo **me** stessa.
When I observe that painter at work, I see myself.

Non fatelo per **me**, fatelo per **voi** stessi.
Don't do it for me, do it for yourselves.

- Disjunctive pronouns are also used with certain brief exclamations.

Beata **lei**!
Lucky her!

Maledetto **te**!
Curse you!

Povero **me**!
Poor me!

Prepositions

Prepositions have different meanings and functions in Italian and English. It is important not to translate them literally. The most common Italian prepositions are **a**, **con**, **da**, **di**, **in**, **per**, and **su**. As you know, some of these can be combined with the definite article.

Dobbiamo andare **dal** dottore alle tre.
We have to go to the doctor's office at three.

All'inizio, tutti hanno riso **del** pittore.
At first, everyone laughed at the painter.

ATTENZIONE!

Disjunctive pronouns are used in comparisons after words such as **come**, **quanto**, or **di**.

Maria cerca un bel ragazzo come te.
Maria is looking for a handsome boyfriend like you.

Lei preferisce quel ragazzo americano perché è più ricco di me.
She prefers that American boy because he is richer than me.

ATTENZIONE!

Da solo/a/i/e is often used instead of **da** + [*disjunctive pronoun*] to show that something is done without help.

Noi abbiamo studiato la poesia classica da soli.
We studied classic poetry (all) by ourselves/on our own.

To reinforce different pronoun forms, ask students questions with the preposition **con** followed by a name or a personal pronoun. Have students respond with **con** and a disjunctive pronoun. Example:
—Vai al mercato con Patrizia?
—Sì, con lei.

RIMANDO

To review preposition and article contractions, see **Strutture 1.2, p. 18.**

- Italian prepositions have varied functions and indicate diverse relationships. It is useful to sort prepositions into categories based on their function.

Geographical names	**a**	Vado a Roma.	*I am going to Rome.*
	da	Viene da Spello.	*She is coming from Spello.*
	di	Sono di Lucca.	*They are from Lucca.*
	in	Abita in Italia.	*He lives in Italy.*
Time	**a**	A che ora parti?	*What time are you leaving?*
	da	Studio dalle otto alle nove.	*I study from eight to nine.*
	di	Di notte non si lavora.	*At night you don't work.*
	in	In autunno fa freddo.	*It's cold in autumn.*
	per	Abbiamo parlato per due ore.	*We talked for two hours.*
Dates	**a**	A maggio vado in campagna.	*In May, I go to the countryside.*
	di	D'inverno, sciamo.	*In the winter we go skiing.*
	in	Nel 2006 gli Azzurri hanno vinto.	*In 2006, the Azzurri won.*
Manner or means	**a**	Ci vado a cavallo.	*I'm going there on horseback.*
	con	Lavora con gioia.	*He works with joy.*
	di	La ringrazia di cuore.	*He thanks her with all his heart.*
	in	Arrivano in treno.	*They are arriving by train.*
	per	Lo spedisco per posta.	*I send it by mail.*
Description/Material	**a**	È un vestito a righe.	*It's a striped dress.*
	da	Dov'è il ferro da stiro?	*Where is the iron?*
	di	Porta una sciarpa di seta.	*She is wearing a silk scarf.*
	in	Avevo una statua in marmo.	*I had a marble statue.*
Purpose	**a**	È destinato a trionfare.	*He is destined to succeed.*
	da	Ti aspetto nella sala da pranzo.	*I'll wait for you in the dining room.*
	in	Si è svolta una manifestazione in memoria dei soldati.	*There was a demonstration in memory of the soldiers.*
	per	Combatte per l'uguaglianza.	*He fights for equality.*
Place/Location	**a**	Si trova all'angolo.	*It's on the corner.*
	da	Vado dal dottore.	*I go to the doctor's.*
	in	In aula ci sono venti studenti.	*In the classroom there are twenty students.*
	per	Cammino per il parco.	*I walk in/around the park.*
	su	Sul tavolo c'è un coltello.	*There is a knife on the table.*
Possession/ Authorship	**di**	Il libro è di Marco. La *Pietà* di Michelangelo	*The book belongs to Marco.* *La* Pietà *by Michelangelo*
Cause	**per**	Non vado per la neve.	*I'm not going because of the snow.*
Instrument	**con**	Lo taglio con le forbici.	*I cut it with the scissors.*
Company	**con**	Vieni con me!	*Come with me!*

Remind students that there are many more prepositions than the ones listed here, and that they will need to learn their usage on a case-by-case basis. You may wish to share some of the compound or prepositional phrases such as **a sinistra, a destra, davanti a, in cima a, in fondo a, lontano da, vicino a,** etc., with them.

ATTENZIONE!

Other common prepositions are:

contro *against*
dietro *behind*
dopo *after*
durante *during*
fra/tra *between/among, in (time)*
lungo *along*
mediante *by means of*
oltre *beyond*
presso *near, with*
salvo *except (for)*
senza *without*
sotto *under*
tranne *except*

Parto fra/tra due giorni.
I am leaving in two days.

ATTENZIONE!

Common expressions with **in** include:

in montagna
in campagna
in centro
in classe
in biblioteca

ATTENZIONE!

Many prepositions are followed by **di** when used with a disjunctive pronoun. They include **contro**, **dietro**, **dopo**, **fra**, **presso**, **senza**, **sopra**, **sotto**, and **su**.

Mia sorella conta su di me.
My sister counts on me.

Le mie cugine vivono con i loro amici; vivranno presso di loro fino ad agosto.
My cousins are living with their friends; they will live with them until August.

Mio fratello ha un appartamento in via Firenze; una ragazza greca abita sotto di lui.
My brother has an apartment in Via Firenze; a Greek girl lives downstairs from him.

Il drammaturgo non è ancora qui; parliamo fra di noi nel frattempo.
They playwright isn't here yet; let's talk among ourselves in the meantime.

Pratica

1

Sostituire Sostituisci le parole sottolineate con i pronomi tonici giusti.

1. Sono andato alla festa con Annamaria. lei
2. Chi viene con te e tuo fratello? voi
3. Queste foto sono di Luigi. lui
4. Questa cartolina è per me e mia sorella. noi
5. La nonna è con i bambini. loro
6. Sofia è egocentrica (*self-centered*), ama sempre parlare di Sofia. sé

2

Opzioni Scegli la preposizione giusta.

1. Dante era (di/da) Firenze ma fu sepolto (*buried*) (in/a) Ravenna.
2. Le città (di/a) Pompei ed Ercolano furono distrutte (dell'/dall')eruzione del Vesuvio.
3. Gli Etruschi vivevano (a/in) città indipendenti, circondate (da/di) grosse mura.
4. La *Gioconda* è uno (dei/di) quadri più famosi (nel/al) mondo.
5. Dario Fo è stato il vincitore (del/dal) Premio Nobel (nella/per la) Letteratura (in/nel) 1997.
6. La Fontana dei Fiumi di Bernini è (con/di) marmo.

3 Have students write a brief postcard to a person of their choice, modelled on the one in this activity. Have them include at least six geographical prepositions.

3

Bologna Completa la cartolina con le preposizioni giuste.

Ciao Mauro,

finalmente sono (1) __in__ *Italia. Sono arrivata (2)* __a__ *Bologna (3)* __in__ *Emilia-Romagna ieri sera. Sono venuta (4)* __in__ *treno, ed il viaggio è stato molto interessante perché ho potuto vedere tutta la campagna emiliana. Il mio albergo è (5)* __in__ *centro, non troppo lontano (6)* __dalla__ *stazione e vicino c'è una fermata (7)* __dell'__ *autobus. Bologna non è una città molto grande e quindi si può girare (8)* __a__ *piedi. Stasera vado (9)* __da__ *Guido (10)* __per__ *cena; non vedo l'ora di rivederlo. Poi (11)* __tra/fra__ *due giorni partirò (12)* __per__ *Parma e (13)* __tra/fra__ *una settimana sarò (14)* __a__ *casa. A presto,*

Giulia

Mauro Stipa

Via Nazionale, 31

16100 Genova

4 Tell students to come up more options.

4

Destinazioni In coppia, e usando i suggerimenti dati, create delle frasi per dire dove e quando volete andare in vacanza in Italia. Condividete le vostre frasi con la classe.

Modello Voglio andare a Roma a ottobre.

Preposizioni	Luoghi	Preposizioni	Quando
a	montagna	a	2 settimane
al	Siena	a / in	luglio
ad	campagna	da...a	giugno...settembre
in	lago	di	autunno
nelle	Marche	fra	marzo
	Lombardia	in	estate
	mare		mattina
	Ascoli Piceno		mezzogiorno

Practice more at **immagina.vhlcentral.com.**

Comunicazione

5 **La festa** Nel disegno ci sono varie situazioni d'inconto tra persone. Descrivi quello che vedi, usando il maggior numero di preposizioni possibile.

6 **La vostra famiglia** In coppia, parlate della vostra famiglia usando le preposizioni della lista e i pronomi tonici.

Modello Mia madre è sempre occupata, allora spesso faccio io la spesa per lei di mattina.

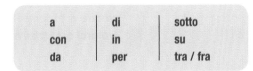

a	di	sotto
con	in	su
da	per	tra / fra

7 **Sogni** Girando per la classe, domandate a sei compagni/e in quale città sognano di vivere e perché. Raccogliete le informazioni su un foglio di carta e poi condividetele con la classe. Non dimenticate di usare le preposizioni giuste.

Nome	Città	Nazione	Motivo
Silvia	a Boston	negli Stati Uniti	per studiare

Modello —In quale città sogni di vivere e perché?
—Sogno di vivere a Boston, negli Stati Uniti, per studiare.

8 **Il giro del mondo** In coppia, create un giro del mondo fantastico. Dite dove andate, in quale città, in quale paese, quando partite, a che ora, in che giorno e in quale stagione. Utilizzate le preposizioni giuste. Presentate il vostro itinerario alla classe e rispondete alle domande che vi fanno.

Modello Partiamo da Siena, in Italia, in Europa, alle 8 di mattina del 2 giugno, in primavera e arriviamo a Pisa. Dopo Pisa...

NATIONAL communication STANDARDS

5 Have students share their description with the rest of the class. Who has incorporated the most prepositions into the description? Whose description is most imaginative?

7 Review geographical names and/or refer students to the map in front of the book.

NATIONAL comparisons STANDARDS

INSTRUCTIONAL RESOURCES
Supersite: Audioscripts, SAM AK, Lab MP3s
SAM/WebSAM: WB, LM

RIMANDO

To review preposition and article contractions, see **Strutture 1.2, p. 18**.

To review prepositions, see **Strutture 8.2, pp. 292-293**.

ATTENZIONE!

You are already familiar with a number of verbs and impersonal expressions that are followed directly by an infinitive in Italian.

Il protagonista desidera colonizzare la luna.
The protagonist wants to colonize the Moon.

Sarà possibile farlo nel 2020 d.C.
It will be possible to do it in 2020 AD.

Point out the overlap between this table and the previous one.

To have students practice verbs followed by prepositions, do a stand-up drill. Each student will give a verb and its appropriate preposition, then the next student will give a sentence using that verb. If both are correct, they may sit down; if not, they remain standing and wait for another turn.

8.3 Verbs followed by prepositions

- Many verbs and expressions require the use of a preposition to introduce an infinitive, a noun, or pronoun. You must learn which verbs require prepositions through practice and/or by checking them in a dictionary.

Avevo voglia di parlargli prima di partire.
I wanted to talk to him before leaving.

Andiamo a vedere Massimo stasera.
Let's go visit Massimo tonight.

- The following verbs and expressions require the preposition **a** before an infinitive.

abituarsi a *to get used to*	**invitare a** *to invite*
andare a *to go*	**mandare a** *to send*
cominciare a *to begin to*	**mettersi a** *to start to*
continuare a *to continue to*	**obbligare a** *to oblige, to compel*
decidersi a *to make up one's mind to*	**pensare a** *to think about*
essere attento/a a *to be careful*	**persuadere a** *to persuade to*
essere pronto/a a *to be ready to*	**preparare a** *to prepare to*
essere ultimo/a a *to be last*	**provare a** *to try to*
fare meglio a *to be better off*	**rinunciare a** *to give up*
giocare a *to play*	**riuscire a** *to manage to*
imparare a *to learn to*	**servire a** *to be good for*
incoraggiare a *to encourage to*	**venire a** *to come*
insegnare a *to teach*	**volerci a** *to take, require*

Siete pronti a vedere la mostra d'arte moderna?
Are you ready to see the modern art exhibit?

- The following verbs and expressions take the preposition **a** before a noun or pronoun.

assistere a *to attend*	**interessarsi a** *to be interested in*
assomigliare a *to resemble*	**partecipare a** *to participate in*
credere a *to believe in*	**pensare a** *to think about*
dare noia a *to bother*	**rinunciare a** *to give up*
fare attenzione a *to pay attention to*	**servire a** *to be good for*
fare vedere a *to show*	**stringere la mano a** *to shake hands with*
giocare a *to play*	**tenere a** *to care about*

I miei fratelli **giocano a** calcio ogni giorno.
My brothers play soccer every day.

- Note that the preposition may be separated from the verb by an adverb; the preposition immediately precedes the infinitive, noun, or pronoun.

Pensiamo spesso **al** nostro futuro.
We often think about our future.

Ci vuole un'ora **a** trovare un parcheggio a Roma.
It takes an hour to find a parking lot in Rome.

- The following verbs and expressions require the preposition **di** before an infinitive.

accọrgersi di *to notice*	**chiẹdere di** *to ask*
aspettare di *to wait*	**consigliare di** *to advise*
avere bisogno di *to need*	**decịdere di** *to decide to*
avere fretta di *to be in a hurry*	**dimenticarsi di** *to forget to*
avere paụra di *to be afraid of*	**finire di** *to finish*
avere ragione di *to have reason*	**occuparsi di** *to take care of*
avere torto di *to be wrong*	**pensare di** *to plan to*
avere vergogna di *to be ashamed of*	**preoccuparsi di** *to worry about*
avere voglia di *to feel like*	**promẹttere di** *to promise to*
cercare di *to try*	**ricordarsi di** *to remember*
cessare di *to stop*	**trattarsi di** *to be about*

- The following verbs and expressions require the preposition **di** before a noun or pronoun.

accọrgersi di *to notice*	**parlare di** *to talk about*
avere bisogno di *to need*	**preoccuparsi di** *to worry about*
coprire di *to cover with*	**rẹndersi conto di** *to realize*
dimenticarsi di *to forget*	**ricordarsi di** *to remember*
discụtere di *to discuss*	**rịdere di** *to laugh at*
fidarsi di *to trust*	**riempire di** *to fill with*
innamorarsi di *to fall in love with*	**ringraziare di** *to thank for*
interessarsi di *to be interested in*	**soffrire di** *to suffer from*
lamentarsi di *to complain about*	**trattare di** *to deal with*
occuparsi di *to take care of*	**vịvere di** *to live on*

- The following verbs require the preposition **da** before a noun or pronoun.

allontanarsi da *to distance oneself*	**partire da** *to leave from*
dipẹndere da *to depend on*	**uscire da** *to leave*
divorziare da *to divorce (someone)*	**venire da** *to come from*

- Certain verbs in Italian change meaning according to the preposition that follows. Some common ones are **decidere di / decidersi a, finire di / finire per,** and **pensare a / pensare di**.

Betta **pensa** sempre **ai** personaggi delle sue novelle prima di scrivere.
Betta always thinks about the characters in her short novels before writing.

Lei **pensa di** andare in Toscana.
She's planning to go to Tuscany.

Cosa **pensi del** suo romanzo?
What do you think of her novel?

Finiremo di studiare alle 15.00.
We will finish studying at 3.00.

Tutti **finiranno per** capirla.
Everyone will end up understanding it.

Si è deciso a cercare un altro lavoro.
He made up his mind to find another job.

Ha deciso di diventare ingegnere.
She has decided to become an engineer.

Give students the following examples: **Patrizia e Marco pensano di costruire una casa in Sardegna./ Ti consiglio di smettere di fumare.** Then have students provide additional examples. Point out the overlap between this table and the next one.

ATTENZIONE!

There are verbs in Italian that take a preposition, but do not take a preposition in English.

Mi sono dimenticata di comprare il latte!
I forgot to buy the milk!

Cerco di comprare un libro sull'arte preistorica.
I'm trying to buy a book on prehistoric art.

Point out that there are also Italian verbs that do not take a preposition where the English equivalent does, for example: **ascoltare, aspettare, cercare, chiedere, guardare, pagare,** and **sognare**. **Che cosa ascolti: un CD di Andrea Bocelli o un CD dei Black-eyed Peas?**

ATTENZIONE!

Uscire takes **di** instead of **da** as a preposition in the expression **uscire di casa** (*to leave home*).

ATTENZIONE!

Several verbs are followed by the preposition **su**.

contare su *to count on*
giurare su *to swear on*
riflẹttere su *to reflect on, to ponder*
scommẹttere su *to bet on*

Give students additional examples to illustrate how the meaning changes. **Finirò di scrivere il saggio verso mezzanotte./Finirò per scrivere il saggio verso mezzanotte.**

Pratica

1

L'università **Completa il seguente paragrafo con le preposizioni semplici o le preposizioni articolate. Dove non sono necessarie, metti una X.**

Nel XII secolo iniziò (1) ___ad___ aumentare il numero di persone che volevano (2) ___X___ dedicarsi agli studi superiori. Fino a quel momento la chiesa si era occupata (3) ___dell'___ istruzione ma ora le città avevano bisogno (4) ___di___ più scuole. Iniziarono (5) ___a___ formarsi gruppi di studenti e di maestri. Gli studenti invitavano i maestri (6) ___a___ insegnare e i maestri incoraggiavano (7) ___a___ studiare. La prima università fu quella di Bologna nel 1088, dove gli studenti si interessavano soprattutto (8) ___alla___ giurisprudenza (*law*). Sull'esempio di Bologna nacquero altre università come quella di Parigi o di Oxford.

2 **Sample answers:**
1. Marta s'interessa alla pittura a olio.
2. Noi pensiamo alla mostra di domani.
3. Tu rifletti sull'importanza dell'arte.
4. Io desidero visitare molti musei.
5. Voi vi occupate di restaurare vecchi dipinti.
6. Il successo dell'esposizione dipende da noi.
7. Eleonora e Sofia preferiscono scolpire piuttosto che dipingere.
8. Il professore d'arte invita a creare opere artistiche.

2

Preferenze **Inventa delle frasi utilizzando gli elementi di ogni colonna. Non dimenticare di aggiungere le preposizioni se necessarie.**

Modello **Marco / decidere / andare alla mostra**
Marco ha deciso di andare alla mostra.

tu	interessarsi	l'importanza dell'arte
noi	pensare	visitare molti musei
Marta	riflettere	pittura a olio
io	desiderare	noi
il professore d'arte	occuparsi	mostra di domani
voi	invitare	creare opere artistiche
il successo dell'esposizione	preferire	scolpire piuttosto che dipingere
Eleonora e Sofia	dipendere	restaurare vecchi dipinti

3 Have students come up with additional statements of their own.

3

Completare **Completa le frasi con la preposizione giusta e un nome o pronome. Condividile poi con la classe.**

Modello **Io assomiglio...**
Io assomiglio alla nonna.

1. Io e i miei amici ci lamentiamo ______________.
2. Gli studenti di questa università vivono ______________.
3. La mia migliore amica si preoccupa ______________.
4. Io rido ______________.
5. Secondo me, la maleducazione dà noia ______________.
6. Mio cugino Matteo vuole stringere la mano ______________.
7. Noi abbiamo assistito ______________.
8. I miei amici giocano ______________.
9. Ho deciso ______________.
10. I miei amici non si fidano ______________.

Practice more at **immagina.vhlcentral.com.**

Comunicazione

5 **Al parco** Diverse persone al parco sono impegnate in varie attività.

A. In coppia, guardate il disegno e fatevi delle domande su cosa vedete. Usate i verbi suggeriti seguiti dalle preposizioni giuste.

aspettare	avere voglia	consigliare	giocare	provare
assomigliare	chiedere	fare vedere	pensare	ridere

B. Aggiungete dei dettagli alla descrizione che avete fatto. Immaginate che cosa è successo prima e dopo quello che vedete nel disegno. Usate i verbi seguiti dalle preposizioni.

6 **Intervista** In coppia, usate i verbi della lista per creare delle domande da farvi a turno. Poi condividete le risposte con la classe.

Modello **incoraggiare**
Cosa ti incoraggiano a fare i tuoi genitori?

aspettare	fidarsi
avere bisogno	obbligare
contare	partecipare
credere	preparare

7 **La storia** In coppia, scegliete un titolo e inventate una storia usando almeno dieci verbi dalla lista seguiti dalle preposizioni giuste, se necessarie.

andare	avere voglia	fare attenzione	preoccuparsi
assomigliare	consigliare	mandare	servire
avere bisogno	decidere	mettersi	tenere
avere fretta	decidersi	pensare	uscire
avere paura	desiderare	persuadere	volere

- Un'estate da non dimenticare
- La mia notte al museo
- E così sono diventato artista
- Il mio viaggio nel passato

5 Have students compare their answers with the rest of the class.

6 Have students come up with additional questions to ask.

comparisons

INSTRUCTIONAL RESOURCES
Supersite: Audioscripts, SAM AK, Lab MP3s
SAM/WebSAM: WB, LM

ATTENZIONE!

In some instances, an infinitive must be used in Italian where a gerund is used in English. In Italian, the gerund can never be used as the subject or direct object of a sentence.

Imparare l'italiano non è semplice.
Learning Italian isn't simple.

Mi piace nuotare.
I like swimming.

Erano occupati a scrivere gialli.
They were busy writing thrillers.

Hai passato ore a leggere un romanzo.
You spent hours reading a novel.

Share the saying **Sbagliando s'impara** and its usual translation (*practice makes perfect*), then ask students for a more literal translation (*one learns by making mistakes*). Point out the use of "by" in the more literal translation.

ATTENZIONE!

Object pronouns precede the conjugated verb **stare** + [*infinitive*].

Gli sto spiegando il quadro di Botticelli.
I'm explaining Botticelli's painting to him.

8.4

Gerunds and participles

Gerunds

- The Italian gerund is the equivalent of the English verb form ending in *–ing*. It is used to describe an action that is or was in progress.

Piangendo, ha letto la sua poesia per le amiche.
Crying, she read her poem for her friends.

Guardando le sculture, abbiamo scoperto un Modigliani.
Looking at the sculptures, we discovered one by Modigliani.

- To form the present gerund, add **–ando** to the stem of **–are** verbs and **–endo** to the stem of **–ere** and **–ire** verbs.

conquistare	**conquistando**
dirigere	**dirigendo**
abolire	**abolendo**

- Some verbs form the gerund based on an archaic infinitive:

bere	**(bevere)**	**bevendo**
dire	**(dicere)**	**dicendo**
fare	**(facere)**	**facendo**
tradurre	**(traducere)**	**traducendo**
porre	**(ponere)**	**ponendo**

- The gerund may be used to introduce a dependent clause if the subject of the gerund and the dependent clause is the same. The gerund can provide information about how something is done, what will happen if someone does something, or the outcome that results from the action of the gerund.

Gesticolando, Marco spiegò la sua teoria.
Gesturing, Marco explained his theory.

Ascoltando la canzone, Patrizia e Paolo si divertono molto.
While listening to the song, Patrizia and Paolo are having a lot of fun.

Studiando il regno di Carlomagno, imparerai la storia francese.
By studying Charlemagne's reign, you will learn French history.

- If the gerund is used to express a condition leading to the action of the main clause, the subject of the two clauses can be different.

Tempo **permettendo**, andremo a vedere il castello per la lezione di educazione civica.
Weather permitting, we will go see the castle for our civic education class.

- Use the present, imperfect, or future tense of the verb **stare** + [*gerund*] to indicate an action in progress. The progressive forms are not used as frequently in Italian as they are in English.

–Piero, cosa **stai facendo**?
–Piero, what are you doing?

–**Sto scrivendo** un'e-mail, mamma.
–I am writing an e-mail, Mom.

Il re **stava parlando** con i suoi cavalieri quando la regina è entrata.
The king was (in the process of) talking to his knights when the queen came in.

To provide practice of the various forms of the gerund, ask students to observe your actions and describe what you are in the process of doing. Some examples: writing on the board (**sta scrivendo**), drinking a beverage (**sta bevendo**), singing (**sta cantando**), dancing (**sta ballando**), eating something (**sta mangiando**), translating a word or phrase (**sta traducendo**), reading aloud (**sta leggendo**), leaving (**sta partendo**), etc. Be sure to include varied regular verbs, irregular verbs, and gerunds that come from archaic roots.

- The past gerund is used to express an action that happened before the action of the main clause. To form the past gerund, use the gerund of **avere** or **essere** + the past participle. The past participle of a verb conjugated with **essere** must agree in number and gender with its subject.

fare > **avendo fatto** **arrivare** > **essendo arrivato/a/i/e**

Avendo visto l'acquerello, hanno deciso di comprarlo.
Having seen the watercolor, they decided to buy it.

Essendo arrivata in ritardo alla mostra, non ha visto l'autoritratto di Van Gogh.
Having arrived late at the exposition, she didn't see Van Gogh's self-portrait.

- Reflexive and object pronouns are attached to the gerund. Used with the past gerund, the pronouns attach to **avendo** or **essendo**. The past participle agrees in number and gender with direct object pronouns.

Mettendola nella scatola di cartone, l'artigiano proteggerà la sua opera.
By putting it in a cardboard box, the artisan will protect his work of art.

Essendomi seduta in aula, ho visto che gli altri studenti non erano ancora arrivati.
Having sat down in the classroom, I saw that the other students hadn't arrived yet.

ATTENZIONE!

Remember that a reflexive pronoun used with a gerund must correspond to the subject of the sentence.

Telefonandoci con Skype, non ci perderemo di vista.
By calling each other with Skype, we won't lose touch.

RIMANDO

To review the formation of the past participle, see **Strutture 3.1, pp. 90-91**.

Participles

- There are two forms of the Italian participle: present and past. To form the present participle, add –**ante** to the stem of –**are** verbs and –**ente** to the stem of –**ere** and –**ire** verbs.

abitare > **abitante** *(inhabitant)*
opprimere > **opprimente** *(oppressive)*
seguire > **seguente** *(following)*

- The present participle is often used as an adjective or noun. When used as an adjective, the participle agrees in number and gender with the noun it modifies. The present participle can replace a relative clause in some instances.

I **seguenti** studenti devono andare in aula alle 8.00.
The following students must go to the classroom at 8 o'clock.

Lo scultore ha fatto una statua **rappresentante** (che rappresenta) la primavera.
The sculptor made a statue representing (that represents) spring.

Let students know that some present participles of –**ire** verbs are irregular. Example: **dormire→dormiente, salire→saliente, soffrire→sofferente**.

- Past participles may also be used as adjectives or nouns. When used as adjectives, past participles agree in number and gender with the nouns they modify.

Quei pittori non sono ben **conosciuti**.
Those painters aren't well known.

La natura morta non è ancora **finita**.
The still life isn't finished yet.

Il nuovo **arrivato** mi ha domandato di accompagnarlo all'appartamento.
The newcomer asked me to accompany him to the apartment.

- The past participle can replace a clause beginning with **dopo che** or **quando** + [past action].

Quando aveva finito la strofa, il poeta ha sorriso.
When he had finished the stanza, the poet smiled.

Finita la strofa, il poeta ha sorriso.
Having finished the stanza, the poet smiled.

Dopo che è tornata a casa, si è seduta.
After returning home, she sat down.

Tornata a casa, si è seduta.
Having returned home, she sat down.

ATTENZIONE!

Object and reflexive pronouns are attached to the past participle. The past participle agrees with a direct object.

Finita la strofa, il poeta ha chiuso il quaderno.
Having finished the stanza, the poet closed the notebook.

Finitala, il poeta ha chiuso il quaderno.
Having finished it, the poet closed the notebook.

Pratica

1 After students have completed this activity, have them substitute object pronouns in the gerund phrases.

Give students additional items:
6. Quando hanno sconfitto il nemico, hanno ristabilito la democrazia. (Sconfiggendo il nemico, hanno ristabilito la democrazia)
7. Se segui i consigli del professore, riuscirai a fare un bell'autoritratto. (Seguendo i consigli del professore, riuscirai a fare un bell'autoritratto)
8. Quando hanno vinto la battaglia, hanno conquistato la regione. (Vincendo la battaglia hanno conquistato la regione.)

2 Answers:
1. Avendo liberato il paese, hanno introdotto le loro leggi.
2. Avendo realizzato un quadro bellissimo, era stato premiato dalla giuria.
3. Essendosi stabiliti al confine, hanno assimilato le tradizioni dei vicini.
4. Essendo partiti presto, non hanno incontrato la scultrice.
5. Avendo abolito la schiavitù, era diventato il re più popolare.

2 After students have completed this activity, have them substitute object pronouns in the gerund phrases.

Practice more at **immagina.vhlcentral.com.**

1 **Conseguenze** Riscrivi le frasi usando il gerundio.

Modello **Quando ha letto la biografia di Mussolini, ha imparato molto sul dittatore e sul periodo fascista.**
Leggendo la biografia di Mussolini, ha imparato molto sul dittatore e sul periodo fascista.

1. Quando ho guardato il David, ho capito la grandezza di Michelangelo. Guardando il David, ho capito la grandezza di Michelangelo.
2. Mentre restauravamo una chiesa, abbiamo scoperto un affresco di Giotto. Restaurando una chiesa, abbiamo scoperto un affresco di Giotto.
3. Mentre curiosava (*looked around*) in un negozio di libri, Piero ha scoperto un giallo molto interessante. Curiosando in un negozio di libri, Piero ha scoperto un giallo molto interessante.
4. Poiché ha scritto molti romanzi è diventato famoso. Scrivendo molti romanzi è diventato famoso.
5. Quando ho analizzato le poesie di Giacomo Leopardi, sono rimasta affascinata dal suo stile. Analizzando le poesie di Giacomo Leopardi, sono rimasta affascinata dal suo stile.

2 **Risultati** Forma delle frasi usando il gerundio passato.

Modello **arrivare in ritardo alla mostra / non ho visto le sculture.**
Essendo arrivato/a in ritardo alla mostra, non ho visto le sculture.

- liberare il paese / hanno introdotto le loro leggi.
- realizzare un quadro bellissimo / era stato premiato dalla giuria.
- stabilirsi al confine / hanno assimilato le tradizioni dei vicini.
- partire presto / non hanno incontrato la scultrice.
- abolire la schiavitù / era diventato il re più popolare.

3 **Arte** Completa il brano con il participio presente dei verbi della lista.

assistere	insegnare	passare	studiare
imbarazzare	interessare	splendere	

Per Laura era un giorno molto (1) interessante: avrebbe realizzato il suo primo acquerello. C'erano molti (2) studenti d'arte a lezione, ma l'(3) assistente le aveva assicurato che seguendo i consigli dell'(4) insegnante, avrebbe fatto un quadro bellissimo. Si sistemarono per strada con i loro fogli, alcuni (5) passanti si fermarono a guardare ed era una situazione (6) imbarazzante per Laura, che si vergognava perché lei non era una vera studentessa d'arte. Era una giornata (7) splendente e Laura si lasciò guidare dalle sue emozioni e alla fine realizzò un'opera stupenda.

4 **Cosa hai fatto?** Rispondi alle domande utilizzando il participio passato. Sample answers

Modello **Cosa hai fatto dopo che... hai guardato il film?**
Guardato il film, sono andato/a a letto.

Cosa hai fatto dopo che...

- sei arrivato/a a casa? Arrivato/a a casa, ho controllato la posta elettronica.
- hai parcheggiato la macchina? Parcheggiata la macchina, sono andato/a in centro.
- sono partiti i tuoi amici? Partiti i miei amici, sono andato/a a dormire.
- hai finito di studiare? Finito di studiare, ho guardato un film.
- hai mangiato gli spaghetti? Mangiati gli spaghetti, ho ordinato una bistecca.
- sei tornato/a dalle vacanze? Tornato/a dalle vacanze, sono andato/a a lavorare.

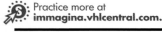

Comunicazione

5 **Sample answers:** **Guardando la TV, si è rilassato. Leggendo il giornale, hanno trovato l'appartamento. Andando alla cena, ha rincontrato i suoi amici. Partecipando alla festa, ha conosciuto nuove persone.**

Have students share their comments in small groups.

5 **Cosa fanno?** In coppia, dite cosa sta accadendo nei disegni usando il gerundio presente.

Modello Guardando la partita, Andrea si annoia.

6 **Intervista** In coppia, fatevi almeno sei domande su cosa stavate facendo ieri in determinati momenti della giornata. Rispondete usando **stare** + [*gerundio*].

Modello —Cosa stavi facendo ieri alle quattro del pomeriggio?
—Stavo studiando.

7 **E dopo?** In coppia, completate le frasi usando il gerundio passato o il participio passato.

Modello **Massimo stava dipingendo un quadro...**
Avendo dipinto abbastanza, è uscito con gli amici.
Finito il quadro, è uscito con gli amici.

1. Giovanna stava leggendo un libro quando ha sentito un rumore provenire dal salotto...
2. Paolo e Francesca stavano mangiando in cucina quando hanno visto qualcosa che si muoveva sul balcone...
3. Carlo stava scrivendo un romanzo quando alla TV hanno dato la notizia...
4. Giovanni aveva appena chiuso la porta di casa quando si è accorto che aveva lasciato le chiavi dentro...
5. Maria era scesa dal treno quando si è resa conto (*realized*) di aver lasciato una valigia sul treno...

8 **Rimini** In coppia, fatevi a turno delle domande usando gli indizi che seguono. Rispondete usando il gerundio o il participio passato.

Modello **come trovare un albergo non troppo costoso**
—Come posso trovare un albergo non troppo costoso?
—Andando all'ufficio del turismo, puoi trovare molte informazioni sugli alberghi.

- dove trovare un ristorante tipico della zona
- come noleggiare una macchina per visitare le colline dell'Emilia-Romagna
- come trovare una spiaggia dove affittare un ombrellone (*beach umbrella*) e due sdraio (*deckchairs*)
- dove comprare prodotti tipici della zona
- come trovare un locale dove passare una serata divertente
- dove trovare un posto per fare un po' di sport

Sintesi

1 **Parliamo** In piccoli gruppi, guardate la foto e rispondete alle domande.

1. Cosa vedete nella foto?
2. Dopo aver guardato la foto, a cosa pensate?
3. Riuscite a spiegare lo scopo e le intenzioni dell'autore?
4. Vi piace? Perché sì o perché no?
5. Vi piacerebbe vedere questo monumento dal vivo? Perché?
6. Assomiglia a qualcosa nella vostra città? Che cosa?

Strategie per la comunicazione

Quando descrivi opere d'arte, ricordati di spiegare:
- il tipo di opera: una scultura, un dipinto, una fotografia, un edificio
- la tecnica usata: pittura a olio, pittura a pastello, acquerello, affresco
- lo stile: classico, moderno, d'avanguardia

2 **Scriviamo** Scegli uno dei seguenti argomenti e scrivi un tema di circa una pagina usando le strutture grammaticali che hai imparato in questa lezione.

- Scegli una scultura, o un edificio o un sito storico che rappresenta la tua zona e/o la tua cultura. Se possibile inserisci una foto. Descrivi e valuta l'opera e poi spiega perché l'hai scelta. Dì qual è il suo significato storico o artistico. Spiega cosa significa per te o per la tua comunità.
- La città dove vivi ha ricevuto dei fondi per acquistare un'opera d'arte da esporre pubblicamente. Prepara una proposta per il consiglio comunale. Indica che tipo di opera dovrebbe essere commissionata: una scultura, un dipinto, un monumento o un edificio. Pensa chi dovrebbe essere l'autore. Descrivi l'opera in generale e indica dove andrà messa. Rifletti su quale sarà il suo scopo e pensa a come migliorerà la città. Cerca di prevedere come reagirà la comunità o come utilizzerà quest'opera.

Preparazione

NATIONAL connections cultures STANDARDS

Vocabolario della lettura

l'affresco *fresco*	**il martello** *hammer*
l'apprendista *apprentice*	**il patrono** *patron*
la bottega *shop*	**il pigmento** *pigment*
la commissione *commission*	**lo schizzo** *sketch*
il marmo *marble*	

Vocabolario utile

la composizione *composition*
il neoplatonismo *Neoplatonism*
la mostra *exhibit*
il paesaggio *landscape*
l'Umanẹsimo *Humanism*

1 **Lessico** Completa le frasi.

1. Il ___pigmento___ è una sostanza colorata.
2. I giovani che imparano un'arte o un mestiere (*trade*) si chiamano ___apprendisti___.
3. Al museo c'era una ___mostra___ speciale sugli impressionisti.
4. Un ___affresco___ è un tipo di dipinto.
5. Un disegno molto veloce si chiama ___schizzo___.
6. Una ___commissione___ è un progetto che devi completare.

2 **Le arti** Rispondete a turno alle domande.

1. Ti piace visitare i musei? Di che tipo?
2. Prima di scegliere un film o un libro leggi le recensioni (*reviews*)?
3. Quali musicisti ascolti? Hai dei gusti simili ai tuoi amici?
4. È importante conoscere la biografia di un artista, scrittore o musicista per capire la sua opera?
5. Se tu potessi commissionare un'opera d'arte, quale sarebbe (un quadro, una scultura ecc.)? Quale artista sceglieresti? Lo stile sarebbe classico o moderno? Una volta finita, dove metteresti l'opera d'arte?
6. C'è un'opera d'arte in uno spazio pubblico che ti piace? Che tipo di opera è? Chi è l'artista? Perché ti piace?

3 **La pittura** Guardate l'immagine e rispondete alle domande.

1. Com'è la composizione? Descrivetela.
2. Chi sono i personaggi?
3. Qual è il colore dominante?
4. Cosa pensi del disegno?
5. Perché è considerato un capolavoro (*masterpiece*), secondo te?
6. Che reazioni emotive suscita quest'opera in te?

2 Encourage students to share their personal preferences with the rest of the class.

3 Ask students to define what constitutes a work of art by discussing controversial exhibits in recent times. What was considered controversial ten years ago may be in the mainstream today. Encourage students to come up with examples and to think in terms of how future generations might view what we consider edgy today.

Nota CULTURALE

Rivale di **Michelangelo** nella geniale innovazione sia delle arti che delle scienze, anche **Leonardo** (1452 -1519) era toscano. Autore della **Gioconda** (chiamata anche la **Monna Lisa**) e del **Cenacolo** (l'affresco dell'ultima cena di Gesù con gli apostoli), Leonardo è anche famoso per innumerevoli invenzioni meccaniche, tra cui una macchina volante che potrebbe essere considerata il primo aeroplano. Per Leonardo, oltre a dipingere la realtà fisica, l'artista deve presentare i «moti mentali» (i pensieri e le emozioni) dei suoi soggetti.

LA MANO
CHE UBBIDISCE L'INTELLETTO

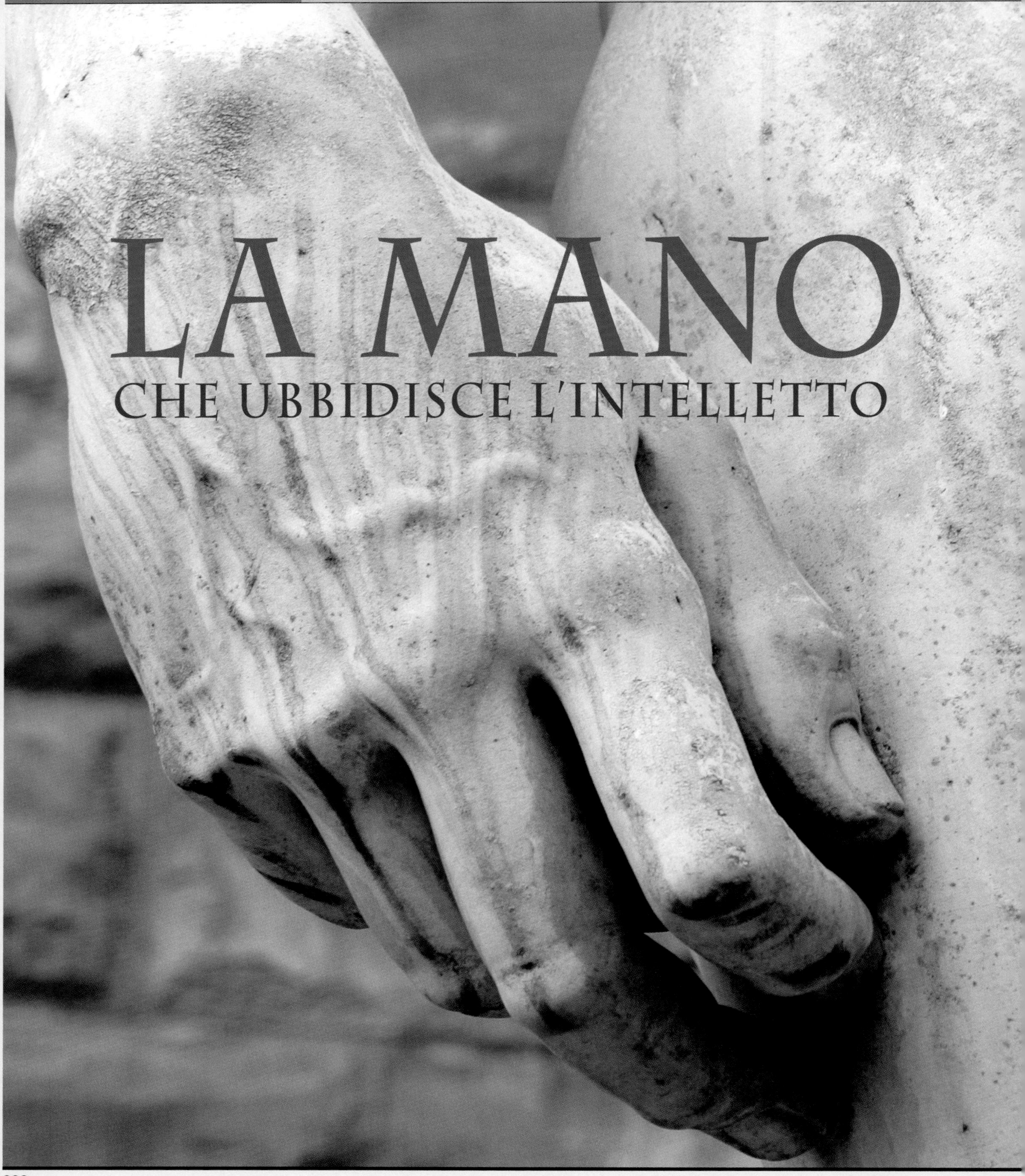

Reading

Introduce the concept of the **presente storico** by using the cultural reading to illustrate its use.

Il nome di Michelangelo Buonarroti è sinonimo di genio creativo nella storia dell'arte dal Rinascimento ai nostri giorni. Nasce il 6 marzo del 1475 a Caprese, una città toscana in provincia d'Arezzo, e la famiglia sceglie di chiamarlo con il nome di un arcangelo: in seguito, la sua arte gli porterà il soprannome° di «Divino». Il padre, poverissimo, lo manda a lavorare già a quattordici anni come apprendista nella bottega del pittore Ghirlandaio a Firenze.

La leggenda narra che l'artista stesso, impressionato dal realismo del Mosè che aveva appena completato, gli abbia scagliato un martello contro il ginocchio chiedendogli: «Perché non parli?»

Il giovane dimostra° subito delle forti attitudini artistiche: Lorenzo de' Medici, riconoscendo il suo grande talento, gli commissiona diverse opere quando è ancora giovanissimo. Michelangelo va ad abitare nel palazzo mediceo, dove incontra molti tra i personaggi più prominenti della cultura del tempo, come il poeta Angelo Poliziano e i filosofi Marsilio Ficino e Pico della Mirandola, uomini che influenzarono la sua pittura con le loro teorie.

Seguendo patroni e commissioni, Michelangelo si trasferisce prima a Venezia, poi a Bologna dove studia letteratura e in seguito a Roma, dove scolpisce la *Pietà* da un unico blocco di marmo di Carrara, che diventa il suo materiale preferito. Lo usa infatti anche per il *David* (lavoro che dura ben tre anni) e per tutte le sue più celebri sculture. Le figure di Michelangelo sono così morbide° da apparire vive: la leggenda narra che l'artista stesso, impressionato dal realismo del Mosè° che aveva appena completato, gli abbia scagliato° un martello contro il ginocchio° chiedendogli: «Perché non parli?»

Papa Giulio II gli commissiona molte opere, tra le quali l'affresco sul soffitto della Cappella Sistina, da molti considerato il suo capolavoro°. Anche il papa successivo, Clemente VII, gli chiede di continuare il suo lavoro nella cappella, dove Michelangelo dipinge il *Giudizio universale* che ispira molti complimenti ma anche scandali per via della nudità delle figure. L'artista ha un rapporto tormentato con la religione cattolica che traspare nelle sue rappresentazioni bibliche.

Come architetto, Michelangelo intraprende progetti monumentali, quali la biblioteca Laurentina, e disegna la cupola più famosa del mondo, quella della basilica di San Pietro al Vaticano.

Oltre ad eccellere nella pittura, scultura e architettura, Michelangelo è anche poeta. Durante l'arco della sua vita scrive centinaia di importanti sonetti, influenzati da Dante e Petrarca. Il poeta americano Ralph Waldo Emerson li traduce in inglese nell'Ottocento. Quando Michelangelo muore, nel 1564, con il suo testamento° (citato dal famoso biografo Giorgio Vasari) lascia «l'anima sua nelle mani di Dio, il suo corpo alla terra, e la roba° ai parenti più prossimi». Al mondo lascia un'eredità artistica impossibile da descrivere o quantificare. Anche recentemente sono stati ritrovati schizzi di sua mano; le opere esistenti, quelle mai finite, insieme all'influenza che ha avuto su artisti successivi rendono Michelangelo uno dei personaggi più emblematici del mondo occidentale. ■

nickname · *shows* · *smooth* · *Moses* · *hurled/knee* · *masterpiece* · *will* · *belongings*

Ingredienti per la pittura

Le ricette per i colori erano spesso segrete. Nelle botteghe gli apprendisti preparavano le pitture usando pigmenti che si compravano in farmacia. Alcuni materiali, come il lapislazuli, una pietra semi-preziosa, erano costosi come l'oro e l'argento. I patroni volevano il proprio prestigio personale riflesso non solo dalla fama dell'artista ma anche dalla ricchezza dei materiali usati nelle opere che commissionavano.

Analisi

2 Ask students to refer to specific artists/styles/works in their comments and to then debate the statements.

3 Ask students to exchange questions with other groups and to then reply pretending to be the artist.

1 **Comprensione** Indica se le affermazioni sono **vere** o **false**. Dopo, in coppia, correggete le affermazioni false.

Vero	Falso	
☑	☐	1. Il *Giudizio universale* è un affresco.
☑	☐	2. Michelangelo è stato l'apprendista del Ghirlandaio.
☐	☑	3. Michelangelo ha studiato pittura a Bologna.
☑	☐	4. Le sculture di Michelangelo sono di marmo di Carrara.
☐	☑	5. La cupola della basilica di San Pietro è stata progettata da Leonardo.
☐	☑	6. Le poesie di Michelangelo hanno ispirato Dante.
☑	☐	7. I sonetti di Michelangelo sono stati tradotti in inglese.
☐	☑	8. Michelangelo lascia le sue proprietà alla Chiesa.

2 **Opinioni** In piccoli gruppi, parlate delle vostre reazioni alle seguenti affermazioni.

- Tutti gli studenti devono seguire un corso di storia dell'arte.
- La depressione, il tormento e anche le malattie mentali possono essere fonte di creatività.
- L'arte moderna è molto difficile da capire perché è astratta.
- Capire l'espressione artistica di un paese è importante come studiare la sua storia.
- La vera arte deve essere controversa.
- Per avere successo gli artisti hanno bisogno di patroni.

3 **Intervista** Scegliete uno degli argomenti.

- Dovete intervistare un artista, musicista, scrittore o architetto del passato. Scrivete insieme delle domande da fargli.
- Quale artista contemporaneo ha oggi il talento e l'influenza che Michelangelo ha avuto durante il suo tempo? In che modo sono simili?

4 **Scrittura** Descrivi un'opera artistica, musicale o letteraria che adori o che detesti e spiega perché. Includi:

- lo stile
- la composizione
- il tema
- i colori

Practice more at **immagina.vhlcentral.com.**

Preparazione

Reading

NATIONAL STANDARDS connections cultures

A proposito dell'autore

Scrittore, giornalista e pittore, **Dino Buzzati** (San Pellegrino di Belluno, 1906-1972) manifestò la sua passione per la scrittura da giovane. Prima di laurearsi entrò a far parte della redazione del *Corriere della Sera* e pubblicò il suo primo romanzo poco dopo. Il suo romanzo più famoso, *Il deserto dei Tartari*, fu pubblicato nel 1939 alla vigilia dell'entrata in guerra dell'Italia. Buzzati dipinge in tutte le sue opere, in maniera più o meno astratta, l'assurdità della condizione umana e l'attesa di spiegazioni e di certezze che, immancabilmente, vengono deluse.

Vocabolario della lettura

l'accenno *hint, mention*
allusivo/a *suggestive, allusive*
il carcere *jail*
coercitivo/a *coercive*
la coscienza *conscience*
il decreto *decree*
il divieto *prohibition, ban*
interpellare *to ask, to consult*
proibito/a *forbidden*
il sussurro *rumor, whisper*
velato/a *veiled*

Vocabolario utile

adeguarsi *to conform*
la censura *censorship*
il conformismo *conformism*
contravvenire a *to contravene, to infringe*
la norma *law, norm*
il popolo *people*
il potere *power*

1 **Definizioni** Trovate la definizione adatta ad ogni parola.

b	1. il carcere	a. il seguire l'opinione della maggioranza
c	2. il decreto	b. un posto in cui la libertà è tolta (*taken away*) per legge
f	3. il divieto	c. una regola o imposta dal governo
d	4. il popolo	d. l'insieme degli individui che abitano un territorio
e	5. la censura	e. la limitazione per legge di esprimersi liberamente
a	6. il conformismo	f. la proibizione al cittadino di fare qualcosa

2 **Preparazione** Fate a un(a) compagno/a le seguenti domande.

1. Cosa vuol dire «repubblica»? Quali sono le caratteristiche principali di una repubblica? Che altre forme di governo conosci? Nominane almeno altre due.
2. Quali sono i tre diritti garantiti dal governo a cui non rinunceresti?
3. La libertà deve essere assoluta o condizionata al non nuocere (*harm*) quella degli altri?
4. Ci sono parole o concetti nella tua cultura che sono tabù? Per esempio?

3 **Il contratto sociale** Nel racconto che segue, l'ideologia espressa dalla maggioranza è seguita senza chiedersi perché. In ogni società ci sono dei diritti e dei doveri. In una società democratica il contributo dei cittadini è dato attraverso il voto. In piccoli gruppi, provate a fare una lista di problemi sociali che potrebbero essere risolti da leggi diverse da quelle correnti. Poi scegliete un problema e pensate a come lo risolvereste voi.

Practice more at **immagina.vhlcentral.com.**

Nota
CULTURALE

Il deserto dei Tartari è un romanzo molto interessante basato sull'attesa°, sul peso° delle decisioni e sul significato° della vita. Nel 1980 il premio Nobel J.M. Coetzee in *Aspettando i barbari* ha ripreso parte della trama e alcuni dei temi centrali del romanzo di Buzzati. Entrambi° gli scrittori si preoccupano del valore° della vita umana in periodi storici in cui governi totalitari la minacciano°. Buzzati scrisse il suo romanzo in pieno periodo fascista e Coetzee scrisse la sua allegoria in pieno Apartheid. Entrambi parlano dei rischi° del conformismo, del non porsi domande°, del delegare ad altri la gestione° del governo in una società che limita le libertà civili di tutta o parte della popolazione.

attesa *wait* **peso** *weight* **significato** *meaning* **Entrambi** *Both* **valore** *value* **minacciano** *threaten* **rischi** *risks* **porsi domande** *ask oneself questions* **gestione** *administration*

3 This can be turned into a class activity by sharing all the lists and voting on one topic to debate (half of the students arguing for and half against).

LA PAROLA proibita

DINO BUZZATI

Review the future of probability before reading this story, and point out that it is very widely used in Italian. Line 16: Explain that the expression **vita, morte e miracoli** (used in the story without **morte**) usually means everything about a person's life. The idea is to know what is common knowledge and what is extraordinary.

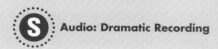

S **Audio: Dramatic Recording**

Da velati accenni°, scherzi° allusivi, prudenti circonlocuzioni°, vaghi sussurri, mi sono fatto finalmente l'idea che in questa città, dove mi sono trasferito da tre mesi, ci sia il divieto di usare una parola. Quale? Non so. Potrebbe essere una parola strana, inconsueta°, ma potrebbe trattarsi anche di un vocabolo comune, nel qual caso, per uno che fa il mio mestiere, potrebbe nascere qualche inconveniente°.

Più che allarmato, incuriosito°, vado dunque° a interpellare Geronimo, mio amico, saggio° fra quanti io conosco, che vivendo in questa città da una ventina° d'anni, ne conosce vita e miracoli.

«È vero» egli° mi risponde subito. «È vero. C'è da noi una parola proibita, da cui tutti girano alla larga°.»

«E che parola è?»

«Vedi?» mi dice. «Io so che sei una persona onesta, di te posso fidarmi. Inoltre ti sono sinceramente amico. Con tutto questo, credimi, meglio che non te la dica. Ascolta: io vivo in questa città da oltre vent'anni, essa° mi ha accolto°, mi ha dato lavoro, mi permette una vita decorosa°, non dimentichiamolo. E io? Da parte mia ne ho accettate le leggi lealmente°, belle o brutte che siano. Chi mi impediva° di andarmene? Tuttavia sono rimasto. Non voglio darmi le arie° da filosofo, non voglio certo scimmiottare° Socrate quando gli proposero la fuga° di prigione, ma veramente mi ripugna° contravvenire alla norma della città che mi considera suo figlio... sia pure° in una minuzia simile°. Dio sa, poi, se è davvero una minuzia...»

«Ma qui parliamo in tutta   . Qui non ci sente nessuno. Geronimo, suvvia°, potresti dirmela, questa parola benedetta°. Chi ti potrebbe denunciare? Io?»

«Constato°» osservò Geronimo con un ironico sorriso «constato che tu vedi le cose con la mentalità dei nostri nonni. La punizione°? Sì, una volta si credeva che senza punizione la legge non potesse avere efficacia coercitiva. Ed era vero, forse. Ma questa è una concezione

hints/jokes
cautious circumlocutions
unusual
problem
intrigued
therefore
wise
about twenty
he
keep their distance
it (the city)/has welcomed me
respectable
loyally
prevented
put on airs
mimick
escape
it repulses me
even/such a trifle
come on!
blessed
I see
punishment

rozza°, primordiale. Anche se non è accompagnato da sanzione, il precetto può assurgere° a tutto il suo massimo valore°; siamo evoluti°, noi.»

«Che cosa ti trattiene°, allora? La coscienza? Il presentimento° del rimorso?»

«Oh, la coscienza! Povero ferravecchio°. Sì, la coscienza, per tanti secoli ha reso agli uomini inestimabili° servigi°; anche lei tuttavia ha dovuto adeguarsi ai tempi, adesso è trasformata in qualcosa che le assomiglia° solo vagamente, qualcosa di più semplice, più standard, più tranquillo direi, di gran lunga° meno impegnativo° e tragico.»

«Se non ti spieghi meglio...»

«Una definizione scientifica ci manca. Volgarmente lo si chiama conformismo. È la pace di colui° che si sente in armonia° con la massa che lo attornia°. Oppure è l'inquietudine°, il disagio°, lo smarrimento° di chi si allontana dalla norma.»

«E questo basta?»

«Altro°, se basta! È una forza tremenda, più potente dell'atomica. Naturalmente non è dovunque uguale. Esiste una geografia del conformismo. Nei paesi arretrati° è ancora in fasce°, in embrione, o si esplica° disordinatamente, a suo capriccio, senza direttive°. La moda ne è un tipico esempio. Nei paesi più moderni, invece, questa forza si è ormai° estesa° a tutti i campi° della vita, si è completamente rassodata°, è sospesa si può dire nell'atmosfera stessa: ed è nelle mani del potere.»

«E qui da noi?»

«Non c'è male, non c'è male. La proibizione della parola, per esempio, è stata una sagace° iniziativa dell'autorità appunto° per saggiare° la maturità conformistica del popolo. Così è. Una specie di test. E il risultato è stato molto, ma molto superiore alle previsioni°. Quella parola è tabù, oramai. Per quanto tu possa andarne in cerca° col lumino°, garantito° che, qui da noi, non la incontri assolutamente più, neanche nei sottoscala°. La gente si è adeguata in men che non si

crude
rise
value/evolved
keeps
foreboding
wreck
invaluable/services
resembles
far/demanding
he/accord
surrounds
restlessness/discomfort/disorientation
Indeed
backwards, not developed/at a birthing stage
it manifests itself
instructions
by now (also: "oramai")/extended/areas
consolidated
astute
precisely/test
expectations
go look for it/with a lantern
rest assured
dark corners (lit. "cupboard below a staircase")

Line 31: Point out to students the meaning of **andarsene** (*to leave, to remove oneself from a place*) as opposed to the often misused **partire** (which means *to leave a place for a trip*).

Line 95: The expression **cercare col lumino** is a less used version of **cercare col lanternino**, an ordinary speech reference to the Greek philosopher Diogenes who went in search of an honest man with a lantern. It is fitting in this story, since honesty and conformism are two interesting concepts to juxtapose. Ask: **Un conformista è onesto con se stesso quando si conforma «onestamente» alla legge o al pensiero della maggioranza?**

dica°. Senza bisogno che si minacciassero° denunce°, multe°, o carcere.»

«Se fosse vero quanto dici, allora sarebbe facilissimo far diventare tutti onesti.»

«Si capisce. Però ci vorranno molti, molti anni, decenni, forse secoli. Perbacco°, proibire una parola è facile, rinunciare° a una parola non costa gran fatica°. Ma gli imbrogli°, le maldicenze°, i vizi, la slealtà°, le lettere anonime, sono cose grosse... la gente ci si è affezionata°, prova a dirle un po' che ci rinunzi°. Questi sì sono sacrifici. Inoltre la spontanea ondata° conformistica, da principio, abbandonata° a se stessa, si è diretta verso il male, i porci comodi°, i compromessi, la viltà°. Bisogna farle invertire rotta°, e non è facile. Certo, col tempo ci si riuscirà°, puoi star certo che ci si riuscirà.»

«E tu trovi bello questo? Non ne deriva un appiattimento°, una uniformità spaventosa?»

«Bello? Non si può dire bello. In compenso è utile, estremamente utile. La collettività° ne gode°. In fondo —ci hai mai pensato?— i caratteri, i 'tipi', le personalità spiccate°, fino a ieri così amate e affascinanti°, non erano in fondo° che il primo germe° dell'illegalità, dell'anarchia. Non rappresentavano una debolezza nella compagine° sociale? E, in senso opposto, non hai mai notato che nei popoli più forti c'è una straordinaria, quasi affliggente°, uniformità di tipi umani?»

«Insomma, questa parola, hai deciso di non dirmela?»

«Figliolo° mio, non devi prendertela°. Renditi conto°: non è per diffidenza. Se te la dicessi, mi sentirei a disagio°.»

«Anche tu? Anche tu, uomo superiore, livellato° alla quota° della massa?»

«Così è, mio caro» e scosse° melanconicamente il capo. «Bisognerebbe essere titani per resistere alla pressione dell'ambiente.»

«E la   ? Il supremo bene? Una volta l'amavi. Pur di non perderla, qualsiasi cosa avresti dato. E adesso?»

«Qualsiasi cosa, qualsiasi cosa... gli eroi di Plutarco... Ci vuol altro... Anche il più nobile sentimento si atrofizza° e si dissolve a poco a poco, se nessuno intorno° ne fa più caso. È triste dirlo, ma a desiderare il Paradiso non si può essere soli.»

«Dunque: non me la vuoi dire? È una parola sporca? O ha un significato delittuoso°?»

«Tutt'altro. È una parola pulita, onesta e tranquillissima. E proprio° qui si è dimostrata la finezza° del legislatore. Per le parole turpi° o indecenti, c'era già un tacito divieto, anche se blando°, ... la prudenza, la buona educazione. L'esperimento non avrebbe avuto gran valore.»

«Dimmi almeno: è un sostantivo? un aggettivo? un verbo? un avverbio?»

«Ma perché insisti? Se rimani qui tra noi, un bel giorno la identificherai anche tu, la parola proibita, all'improvviso°, quasi senza accorgertene°. Così è, figliolo mio. La assorbirai dall'aria.»

«Bene, vecchio Geronimo, sei proprio° un testone°. Pazienza°. Vuol dire che per cavarmi° la curiosità dovrò andare in biblioteca, a consultare i Testi Unici. Ci sarà al proposito° una legge, no? E sarà stampata° questa legge! E dirà bene° cos'è proibito!»

«Ahi, ahi, sei rimasto in arretrato°, ragioni ancora con i vecchi schemi°. Non solo: ingenuo°, sei. Una legge che, per proibire l'uso di una parola, la nominasse, contravverrebbe automaticamente a se stessa, sarebbe una mostruosità giuridica°. È inutile° che tu vada in biblioteca.»

«Via°, Geronimo, ti prendi gioco° di me! Ci sarà ben stato qualcuno che ha avvertito°: da oggi la parola X è proibita. E l'avrà pur° nominata, no? Altrimenti la gente come avrebbe fatto a sapere?»

«Questo, effettivamente, è l'aspetto forse un poco problematico del caso. Ci sono tre teorie: c'è chi dice che la proibizione è stata diffusa° a voce da agenti della municipalità travestiti°. C'è chi garantisce° di aver trovato a casa sua, in busta° chiusa, il decreto del divieto con l'ordine di bruciarlo° appena letto. Ci sono

in a jiffy/to threaten; lawsuits/fines; By Jove! (lit. "by Bacchus"); give up; is no big effort; shenanigans/ backbitings/ foul play; are attached to them; to give them up; wave; left; one's own interest/ cowardness; change course; it will happen; flattening; collectivity/ benefits from it; remarkable; captivating/ after all; seed (lit. "bud"); structure; disheartening; Boy/get mad; Realize, See; uncomfortable; brought down/ level; shook

atrophies; around; criminal; precisely; refinement; dirty; weak; all of a sudden; realizing it; truly/stubborn, a mule/ Too bad; to satisfy (lit. "to take away"); about this; printed; indeed; behind; models; naïve; juridical; useless; Come/you are mocking; has warned; indeed; has been spread; disguised; guarantees; envelope; to burn it

Line 258: Buzzati talks about a typographer who needs to set words by hand in order to print a page; point out that this story was written before computers took over and made lead moveable characters obsolete.

poi gli integralisti —pessimisti li chiameresti tu— che sostengono addirittura non esserci stato bisogno di un ordine espresso°, a tal punto i cittadini sono pecore°; è bastato che l'autorità volesse, e tutti lo hanno subito saputo, per una specie° di telepatia.»

«Ma non saranno mica diventati tutti vermi°. Per quanto° pochi, esisteranno ancora qui in città dei tipi° indipendenti che pensano con la propria testa, degli oppositori°, eterodossi, ribelli, fuorilegge°, chiamali pure come vuoi. Capiterà, no, che qualcuno di costoro°, a titolo di sfida°, pronunci o scriva la parola incriminata°? Cosa succede allora?»

«Niente, assolutamente niente. Proprio° qui sta lo straordinario successo dell'esperimento. Il divieto è così entrato nella profondità° degli animi da condizionare la percezione sensoriale.»

«Come sarebbe a dire?»

«Che, per un veto° dell'inconscio, sempre pronto a intervenire, in caso di pericolo, se uno pronuncia la nefanda° parola, la gente non la sente più nemmeno, e se la trova scritta non la vede…»

«E al posto della parola cosa vede?»

«Niente, il muro nudo° se è scritta sul muro, uno spazio bianco sulla carta se è scritta su di un foglio.»

Io tento° l'ultimo assalto°: «Geronimo, ti prego: tanto per curiosità, oggi, qui, parlando con te, l'ho mai adoperata° questa parola misteriosa? Almeno° questo me lo potrai dire, non ci rimetti° proprio° niente.»

Il vecchio Geronimo sorride e strizza un occhio°.

«L'ho adoperata, allora?»

Lui strizza ancora l'occhio. Ma una sovrana° mestizia° improvvisamente° illumina il suo volto.

«Quante volte? Non fare il prezioso°, su, dimmi, quante volte?»

«Quante volte non so, guarda, parola mia d'onore. Anche se l'hai pronunciata, io udirla° non potevo. Però mi è parso°, ecco, che a un certo punto, ma ti giuro° non mi ricordo dove, ci sia stata una pausa, un brevissimo spazio vuoto°, come se tu avessi pronunciato una parola e il suono non me ne fosse giunto°. Può anche darsi° però che si trattasse° di una involontaria sospensione, come succede sempre nei discorsi.»

«Una volta sola?»

«Oh, basta. Non insistere.»

«Sai cosa faccio allora? Questo colloquio°, appena ritorno a casa, io lo trascrivo, parola per parola. E poi lo do alle stampe.»

«A che scopo°?»

«Se è vero quello che hai detto, il tipografo°, che possiamo presumere sia un buon cittadino, non vedrà la parola incriminata. Dunque le possibilità sono due: o egli lascia uno spazio vuoto nella riga di piombo° e questo mi spiegherà tutto; o invece tira diritto° senza spazi vuoti e in questo caso non avrò che da confrontare lo stampato con l'originale di cui naturalmente tengo copia; e così saprò qual è la parola.»

Rise Geronimo, bonario°.

«Non caverai un ragno dal buco°, amico mio. A qualsiasi tipografo tu ti rivolga°, il conformismo è tale che il tipografo automaticamente saprà come comportarsi per eludere° la tua piccola manovra°. Egli cioè, una volta tanto°, vedrà la parola scritta da te —ammesso° che tu la scriva— e non la salterà° nella composizione. Sta pur tranquillo, sono ben addestrati° i tipografi, da noi, e informatissimi.»

«Ma scusa, che scopo c'è in tutto questo? Non sarebbe un vantaggio per la città se io apprendessi° qual è la parola proibita, senza che nessuno la nomini° o la scriva?»

«Per adesso probabilmente no. Dai discorsi che mi hai fatto è chiaro che non sei ancora maturo. C'è bisogno di una iniziazione. Insomma, non ti sei ancora conformato. Non sei ancora degno° —secondo l'ortodossia vigente°— di rispettare la legge.»

«E il pubblico, leggendo questo dialogo, non si accorgerà° di niente?»

«Semplicemente vedrà uno spazio vuoto. E, semplicemente, penserà: che disattenti°, hanno saltato una parola.» ■

precise
sheep
sort
cowards (lit. "worms")/ Even
people
opponents/outlaws
these people/as a challenge
offending
Exactly
depth
denial
nefarious
naked
try/attack
have I ever used
At least
you won't lose/ at all
winks
utmost (lit. "sovereign")/ meekness/suddenly
don't play hard to get
hear it/it seemed
I swear
empty

did not reach me/ It may be
it was
conversation
purpose
typographer
lead line
he will just move on
kindly
You won't find out anything
you turn to
avoid/scheme
sometimes
supposing
he won't skip
trained
if I learned
naming it
worthy
current
will not notice
careless

Analisi

1 **Comprensione** **Decidi quale delle due possibilità è vera.**

1. (a.) Geronimo non vuole contravvenire alle leggi della città.
   b. Geronimo vuole contravvenire alle leggi come Socrate.
2. a. Geronimo ha paura di una denuncia.
   (b.) I mezzi punitivi di una volta non esistono più.
3. a. Le leggi vengono rispettate secondo coscienza.
   (b.) Le leggi vengono rispettate perché lo fanno tutti.
4. (a.) La parola proibita è onesta e pulita.
   b. La parola proibita è turpe (*vile*) e indecente.
5. a. L'indipendenza di pensiero è affascinante.
   (b.) L'indipendenza di pensiero genera anarchia.
6. a. Se la parola viene pronunciata la gente viene messa in carcere.
   (b.) Se la parola viene pronunciata la gente non la sente.
7. (a.) Il protagonista ha usato la parola proibita.
   b. Il protagonista non ha adoperato la parola proibita.
8. a. Solo stampandola risulterebbe chiaro qual è la parola proibita.
   (b.) Neanche stampandola risulterebbe chiaro qual è la parola proibita.

2 Part C can easily be turned into a fun class activity. In pairs or small groups, students can write short dialogues omitting a word and the others have to guess the word. The first one to guess goes next and has a bonus (for instance, one or two points in the next in-class test. Incentives always work… candy or any other reward system works as well).

2 **Comprensione**

A. **Scegli a chi si riferiscono le frasi riportate nella prima colonna**

Chi?	il narratore	Geronimo
1. Vive in città da vent'anni.	☐	☑
2. È un amico sincero.	☐	☑
3. Non vuole contravvenire alle leggi della città.	☐	☑
4. Crede nelle punizioni.	☑	☐
5. Il conformismo appartiene ai paesi più evoluti.	☐	☑
6. La proibizione della parola testa l'obbedienza del popolo.	☐	☑
7. Resistere da soli è molto difficile.	☐	☑
8. Vuole consultare i libri delle leggi.	☑	☐
9. Secondo lui, non è possibile che nessuno si ribelli.	☑	☐

B. **Qual è la parola proibita? In che modo non rivelare la parola rende il racconto più efficace?**

C. **Con un(a) compagno/a, inventate un dialogo in cui nascondete una parola e vedete chi dei vostri compagni di classe la indovina per primo.**

3 Plutarch of Cheronea (ca. 45-125) was a Greek philosopher, whose *Parallel Lives* are one of the most valuable and insightful studies of human behavior. In them, he pairs a biography of a famous Roman with a somehow comparable Greek one. His intent was to record the character and achievements of great men as a lesson for generations to come.

3 **Com'è Geronimo?** **In coppia, analizzate il personaggio di Geronimo usando le seguenti domande come traccia (*guide*).**

1. Perché non aiuta il narratore ad individuare la parola misteriosa?
2. Nella cultura cattolica la coscienza è il più forte controllore delle azioni umane. Perché Geronimo la trova obsoleta?
3. Geronimo è cinico o sinceramente convinto della giustezza della legge della massa?
4. Per giustificare il suo conformismo Geronimo cita esempi di onestà intellettuale, forza e valori impossibili (Socrate, i titani, gli eroi di Plutarco): perché lo fa?
5. Geronimo è ancora capace di riconoscere il valore dell'indipendenza? Riconosce la parola proibita quando è pronunciata o non se ne accorge più?

4 **Tabù e proibizioni** Fai a un(a) compagno/a le seguenti domande.

1. Ci sono dei tabù, delle parole proibite nella tua famiglia? Perché?
2. Cosa è tabù nella società in cui viviamo? Puoi pensare a parole che non si dicono più? Perché, secondo te? Qual è un tabù del passato che ora non esiste più? (per esempio, l'uso del bikini sulle spiagge: impensabile all'inizio del ventesimo secolo)
3. Ti viene in mente un esempio di proibizione imposta dal governo in maniera indiretta attraverso i media? Qual è, secondo te, il risultato delle proibizioni?
4. I tabù possono anche essere diversi da cultura a cultura? Puoi nominare due o tre tabù che appartengono a culture diverse dalla tua?

4 Depending on the level and maturity of your class, you could lead a discussion on how politics manipulates language. Think about the implications of using "Newspeak," the language described by George Orwell in *1984*: flattened, oversimplified speech leads to oversimplified, a-critical thought. Ask: **Cosa penserebbe Orwell del linguaggio degli SMS?**

5 **Il potere delle parole** Inventate una pubblicità.

- In piccoli gruppi, pensate a una campagna pubblicitaria o a uno slogan per un prodotto che metta in luce le caratteristiche straordinarie ed originali del prodotto stesso.
- Pensate a campagne come quella della Apple sul pensare fuori dalla massa, fuori dagli schemi: «Think different» (per quanto sgrammaticato), con foto di pensatori e artisti che hanno cambiato la nostra vita, come Einstein, Picasso, Rosa Parks, Ghandi, Bob Dylan, Martin Luther King Jr., Hitchcock ecc.
- Potete scegliere:
  -un prodotto che già esiste (anche una campagna che già esiste e la traducete in italiano)
  -un prodotto nuovo
  -un prodotto banalissimo che voi vendete per straordinario (uno spazzolino da denti per esempio)
  -un prodotto che non esiste e che inventate voi.
- Provate a vedere come le parole possono essere persuasive!

5 This activity can be turned into a competition: the most successful campaign can be voted and chosen to be staged by the whole class as a skit.

6 **Famosi per nulla**

A. In piccoli gruppi, inventate una scenetta di un talk show dove l'ospite fa domande inutili a personaggi normali trovandoli super-interessanti ed eccitanti.

Modello **Incredibile! Lei è barbiere e una volta ha prestato una penna a Brad Pitt in aeroporto e ha notato un po' di barba! Incredibile! Che cosa emozionante! Ci racconti l'esperienza: quanto era lunga la barba? Ha notato dei peli bianchi tra quelli biondi? Non è possibile... ci dica: quanti erano? Ce n'erano anche alcuni rossi?**

B. In piccoli gruppi, rispondete alle domande.

- Ci sono veramente persone famose per non aver fatto nulla?
- La televisione è conformista? Perché?

6 You might choose to save this activity for lesson 9, after students have had a chance to discuss the role of media in more detail.

7 **La parola a te!** Scegli uno dei seguenti temi.

1. E noi? È chiaro che alla fine del racconto Geronimo dice che i lettori non vedranno la parola proibita perché sono anche loro ormai conformati alla norma imposta. Tu ti senti conformista o originale? Fai degli esempi concreti presi dalla tua vita, o da quella di amici e parenti, o di personaggi famosi.
2. Sapresti spiegare i pro e i contro dell'essere conformisti o dell'essere originali?
3. Parla di un artista che ha cambiato il mondo, sfidando censura e conformismo.

Practice more at **immagina.vhlcentral.com.**

Laboratorio di scrittura

Draw an inverted pyramid on the board. Divide it into three horizontal parts. In the top and largest part, write **Contenuto**. In the middle, write **Organizzazione**. In the final section write **Linguaggio**. Emphasize that the revision process starts with first analyzing content to make sure it is complete, then looking at how that content is organized. Once content and organization are corrected, they should correct the language and style.

Preparazione: **Revisione e correzione**

Per scrivere un buon saggio, è necessario imparare a revisionare e correggere il proprio lavoro. Alla fine della prima stesura, usa le domande di seguito come guida per revisionare il tuo saggio e apportare tutti i cambiamenti necessari.

- **Contenuto** Hai risposto al tema assegnato? Mancano esempi o argomenti? Ci sono parti che si ripetono o che non sono pertinenti?
- **Organizzazione** L'organizzazione è chiara? Ci sono una buona introduzione e una buona conclusione? Esiste una connessione logica tra i paragrafi?
- **Ortografia e grammatica** I verbi sono coniugati correttamente? C'è concordanza tra aggettivi e sostantivi? Ci sono errori di ortografia? Leggi ogni frase due volte e controlla minuziosamente. Assicurati che il tuo linguaggio sia preciso e specifico.

Pensa al tuo saggio come se lo avesse scritto un'altra persona. Ti convince? Ci sono dei problemi? Quali? Osservando le tue idee obbiettivamente, riesci ad anticipare le reazioni dei tuoi lettori?

Have students create a grid organized into three categories: **Contenuto**, **Organizzazione** and **Linguaggio**. Have them go back to their corrected compositions and put each of your comments into one of the sections of the grid.

Pratica **In coppia, rivedete i commenti del vostro insegnante sui saggi che avete scritto finora. A quali delle precedenti tre categorie dovete prestare più attenzione?**

Saggio **Scegli uno di questi argomenti e scrivi un saggio.**

Requisiti

1. Il tuo saggio deve far riferimento ad almeno due dei quattro brani studiati in questa lezione e nelle precedenti lezioni e contenuti in **Cortometraggio**, **Immagina**, **Cultura** e **Letteratura**.
2. Il saggio deve essere lungo almeno due pagine.
3. Quando finisci, revisiona e correggi il tuo saggio seguendo le indicazioni elencate per il contenuto, l'organizzazione, l'ortografia e la grammatica ed i suggerimenti che troverai nei **Punti per la revisione dei saggi** a pagina 401.

La storia ci ha presentato spesso artisti che hanno avuto una vita fuori dal comune. Bisogna essere «diversi» e non convenzionali per essere dei bravi artisti? Che cosa fa di una persona un artista?

L'arte è solo qualcosa da ammirare nei musei, oppure può avere un effetto nella vita di tutti i giorni? Come?

Potrebbero esserci un Leonardo da Vinci o un Michelangelo ai nostri giorni? In quali campi esprimerebbero la loro genialità? Come verrebbero giudicati dalla società?

Che ruolo ha la storia nella nostra quotidianità? È importante guardare indietro alla storia o dobbiamo concentrarci sul presente?

Le arti e la storia

Audio: Vocabulary Flashcards

La storia

la battaglia *battle*
la civiltà *civilization*
il decennio *decade*
l'età *age; times*
l'imperatore/imperatrice *emperor/empress*
il re/la regina *king/queen*
il regime *regime*
il regno *kingdom*
la schiavitù *slavery*
il secolo *century*

abitare *to inhabit*
abolire *to abolish*
arrendersi *to surrender*
colonizzare *to colonize*
conquistare *to conquer*
dirigere *to lead*
espellere *to expel*
invadere *to invade*
liberare *to liberate*
opprimere *to oppress*
rovesciare *to overthrow*
sconfiggere *to defeat*
stabilirsi *to settle*

democratico/a *democratic*
fascista *fascist*
monarchico/a *monarchic*
(prei)storico *(pre)historic*

a.C. (avanti Cristo) *BC, BCE*
d.C. (dopo Cristo) *AD*

La letteratura

la biografia *biography*
il diritto d'autore *copyright*
il genere *genre*
il giallo *crime novel; thriller*
il narratore *narrator*
la novella *short novel*
il personaggio *character*
la poesia *poetry*
la prosa *prose*
la rima *rhyme*
il romanzo *novel*
la strofa *stanza*
la trama *plot*
il verso *line (of poetry)*

censurare *to censor*
svolgersi *to take place*

classico/a *classic*
oggettivo/a *objective*
premiato/a *award-winning*
realistico/a *realistic*
satirico/a *satirical*
soggettivo/a *subjective; biased*
tragico/a *tragic*
umoristico/a *humorous*

L'arte

l'acquerello *watercolor*
l'autoritratto *self-portrait*
le belle arti *fine arts*
la natura morta *still life*
l'opera *work (of art); opera*
l'orchestra sinfonica/da camera *symphony/chamber orchestra*
il pennello *paintbrush*
la pittura *paint; painting*
la pittura a olio/pastello *oil/pastel painting*
il quadro *painting*
la scultura *sculpture*

d'avanguardia *avant-garde*
estetico/a *aesthetic*

Gli artisti

l'artigiano/a *artisan; craftsman*
il/la drammaturgo/a *playwright*
il pittore/la pittrice *painter*
il/la saggista *essayist*
lo scultore/la scultrice *sculptor*

Cortometraggio

il baule *trunk*
la cantina *wine cellar*
le colline *hills*
la granata *grenade*
il patto *pact*
il podere *farmhouse*
il protettore *protector*
la puzza *stench*
il relitto *relic*
il rifugio *shelter*
la scala *ladder, stairs*
la tana *burrow*
il vestito da sposa *wedding dress*

scivolare *to slide*

Cultura

l'affresco *fresco*
l'apprendista *apprentice*
la bottega *shop*
la commissione *commission*
la composizione *composition*
il marmo *marble*
il martello *hammer*
la mostra *exhibit*
il neoplatonismo *Neoplatonism*
il paesaggio *landscape*
il patrono *patron*
il pigmento *pigment*
lo schizzo *sketch*
l'Umanesimo *Humanism*

Letteratura

l'accenno *hint, mention*
il carcere *jail*
la censura *censorship*
il conformismo *conformism*
la coscienza *conscience*
il decreto *decree*
il divieto *prohibition, ban*
la norma *law, norm*
il popolo *people*
il potere *power*
il sussurro *rumor, whisper*

adeguarsi *to conform*
contravvenire a *to contravene, to infringe*
interpellare *to ask, to consult*

allusivo/a *suggestive, allusive*
coercitivo/a *coercive*
proibito/a *forbidden*
velato/a *veiled*

INSTRUCTIONAL RESOURCES
Supersite: Testing Program

L'influenza dei media

Radio, giornali, televisione, Internet hanno certamente contribuito alla diffusione dell'informazione e, in molti casi, hanno influenzato la conoscenza globale. Oggi abbiamo accesso completo all'informazione in casa e fuori, ad ogni ora del giorno e della notte. Che uso ne facciamo? Siamo in grado di (*in a position to*) controllare l'enorme quantità di informazioni che ci arriva o ne siamo vittime passive? I mezzi di comunicazione ci mostrano una realtà vera o in qualche modo distorta?

Destinazione: LIGURIA

PREVIEW Have students reflect on the photo on p. 318 and engage them in a discussion about the influence of media. Ask: **Guardate la TV? Ascoltate la radio? O preferite navigare su internet? Come è cambiata la vita delle persone con la disponibilità** (*availability*) **di tanti mezzi di comunicazione?**

Media e cultura

Audio: Vocabulary

Cịnema, radio e televisione

l'adattamento *adaptation*
i cartoni animati *cartoons*
la colonna sonora *soundtrack*
il documentario *documentary*
il doppiaggio *dubbing*
gli effetti speciali *special effects*
l'intervista *interview*

la puntata *episode*
lo schermo *screen*
il sottotịtolo *subtitle*
la (stazione) radio *radio (station)*

la telenovela *soap opera*
la televisione vịa cavo *cable TV*

filmare *to film*
registrare *to record*
trasmẹttere *to broadcast*
uscire *to come out, to be released*

I media

l'attualità *current events*
la censura *censorship*
il giornale radio *radio news*
la notizia *news story*
il notiziario *news program*
la pubblicità *commercial, advertisement*
il sondaggio *opinion poll*
il telegiornale *TV news*

ẹssere aggiornato/a *to be informed, up-to-date*
informarsi *to get/stay informed*

in differita *pre-recorded*
in diretta *live*
influente *influential*
(im)parziale *(im)partial; (un)biased*

La gente dei media

l'ascoltatore/ascoltatrice *(radio) listener*
l'attore/attrice *actor/actress*
il/la cronista *reporter*
l'editore/editrice *publisher*
il/la giornalista *journalist*
l'inviato/a speciale *correspondent*
il/la redattore/redattrice *editor*
il/la telespettatore/telespettatrice *television viewer*

La stampa

il comunicato stampa *press release*
la crọnaca (locale/sportiva) *(local/sports) news*
il fumetto *comic strip*
il giornale *newspaper*
la libertà di stampa *freedom of the press*
il mensile *monthly magazine*
l'orọscopo *horoscope*
la rivista *magazine*
la rubrica (di cultura e società) *lifestyle (section)*
il settimanale *weekly magazine*
la vignetta *cartoon*

fare un abbonamento *to subscribe*

La cultura popolare

il carnevale *carnival, Mardi Gras*

ferragosto *August 15 (holiday); August vacation*
i festeggiamenti *celebrations; festivities*
il folclore *folklore*
la pasquetta *Easter Monday*
il patrimonio culturale *cultural heritage*
il/la santo/a patrono/a *patron saint*
l'usanza *custom*

festeggiare *to celebrate*

SINONIMI E CONTRARI
filmare ←→ riprendere, girare
l'inviato/a speciale ←→ il/la corrispondente
editore/editrice ←→ casa editrice

Point out that **editore/editrice** means *publisher*, and not *editor* (**redattore/redattrice**). Point out that **filmare** and **riprendere** are used in expressions like: **filmare/riprendere una scena, un'attrice, un episodio ecc.** When the word **film** appears in the sentence, **girare** is preferred: **Il film è stato girato a Cinecittà.**

Schermo may be used metaphorically as well. **Il grande schermo** means *movie theatre*, while **il piccolo schermo** is *television*. The English expression *starring* is usually given in Italian by a simple preposition: **con**. Example: **Ho visto un bellissimo film con Monica Bellucci.**

Uscire usually refers to the release of a film, newspaper, or magazine. **La settimana prossima uscirà l'ultimo film del noto regista…**
Point out that **un'intervista** is usually carried out by a journalist, while a job interview is **un colloquio di lavoro**.

Pratica

1 **Relazioni** Completa le relazioni scegliendo la parola opportuna dal vocabolario.

1. la radio : l'ascoltatore :: la televisione : il telespettatore
2. il libro : la traduzione :: il film : il doppiaggio/il sottotitolo
3. la televisione : il canale :: la radio : la stazione radio
4. l'imparzialità : la parzialità :: la libertà di stampa : la censura
5. il film : il produttore :: la rivista : l'editore
6. adulti : il telegiornale :: bambini : i cartoni animati

2 **Discussioni... festive!** Carlo ha deciso di trascorrere il pomeriggio del 15 agosto a casa. Stefania, invece, ha altre idee. Completa il dialogo con le parole della lista.

ferragosto	festeggiare	patrimonio culturale
festeggiamenti	folclore	usanza

CARLO Accidenti! Non c'è niente di interessante in televisione! Su nessun canale!

STEFANIA Ma certo! A (1) ferragosto gli italiani non stanno in casa come fai tu! Non vedi che la città è deserta e i negozi sono chiusi? Sono tutti fuori!

CARLO Mi rifiuto di uscire a ferragosto: tutto costa di più, c'è traffico in autostrada e fa un gran caldo... Preferisco andare ai (2) festeggiamenti in paese questa sera.

STEFANIA E la processione? Dovremmo andarci, è un'antica (3) usanza del nostro paese...

CARLO Grazie, ma preferisco (4) festeggiare stasera in piazza di fronte ad un bel piatto di carne alla brace (*grilled*). Anche questo è parte del (5) patrimonio culturale del nostro paese. Risale (*It dates back*) ai Romani...

STEFANIA Sei il solito materialista!

CARLO E tu sei poco esperta di (6) folclore: certe tradizioni sono molto più arcaiche del cristianesimo! Informati!

3 **Secondo te** Rispondi al questionario. Poi, in coppia, confrontate le vostre risposte e supportatele con degli esempi.

	Sì	No
1. Oggi informarsi è più facile che nel passato.	☐	☐
2. Grazie ai mass media, oggi la gente conosce meglio il mondo.	☐	☐
3. La libertà di stampa è un'utopia.	☐	☐
4. Ci sono più notizie imparziali su Internet che sui giornali.	☐	☐
5. Nei mass media le immagini influenzano più delle parole.	☐	☐
6. Per informarsi bisogna guardare la televisione piuttosto che leggere i giornali.	☐	☐

4 **I miei gusti** In coppia, conversate sui seguenti argomenti.

- se ascoltate la radio e, se sì, quali programmi o quali stazioni preferite
- se leggete regolarmente o se siete abbonati a giornali, riviste o fumetti
- quale rubrica preferite in un giornale o se preferite invece leggere l'oroscopo o le vignette
- se avete un cronista, un presentatore o un attore preferito e perché vi piace

1 Ask pairs to think of two additional analogies using the new vocabulary. Then have them share them with the rest of the class.

2 Ask pairs of students to write a mini-dialogue related to a national holiday in their country and to act it out.

Nota CULTURALE

Quasi tutte le maggiori festività italiane hanno avuto origine in epoca pagana e sono poi state assimilate dal cristianesimo. **Pasqua** è la risurrezione di Cristo, ma è anche una remota celebrazione per esaltare la rinascita della natura. Il giorno di **pasquetta**, inserito nel calendario per prolungare la festa di Pasqua, è dedicato a un tradizionale picnic all'aperto, un giorno di festa insieme a parenti o amici. Anche **ferragosto**, che oggi celebra l'assunzione in cielo di Maria, segnava in origine la fine dei lavori agricoli con balli, canti e cibo per tutti. A causa del caldo, anche questo giorno è tradizionalmente dedicato ad una gita al mare o in montagna in cerca di refrigerio (*relief from the heat*).

3 Ask students to share with the class the episodes and real events that they used to support their opinions.

4 Invite students to add additional questions on their own.

Practice more at **immagina.vhlcentral.com.**

connections cultures communication
NATIONAL STANDARDS

INSTRUCTIONAL RESOURCES
Supersite/DVD: Film Collection
Supersite: Script & Translation

Preparazione

Vocabolario del cortometraggio

la carrozza *carriage*
l'impiegato postale *postal worker*
incartare *to wrap*
l'intervento *intervention*
il pacco *package*
la raccomandata *registered mail*
il reality *reality show*
i selvaggi *savages*
timbrare *to stamp*
il vetturino *coachman*

Vocabolario utile

il giornale scandalistico *tabloid*
mandare in onda *to broadcast*
il pronto soccorso *emergency room*
il selciato *cobblestones*
il vicolo *alley*

ESPRESSIONI

ne vale la pena *it's worth it*
la prima serata *prime-time*

1

Pratica Associa le parole nelle due colonne.

f	1. la carrozza	a. partecipazione
d	2. incartare	b. un documento ufficiale
h	3. la raccomandata	c. la scatola
b	4. timbrare	d. un regalo
g	5. il vetturino	e. via stretta
e	6. il vicolo	f. il cavallo
a	7. intervento	g. l'autista
c	8. il pacco	h. una lettera importante

2 Encourage students to report each other's answers to the rest of the class.

2

Le celebrità Rispondi alle domande e commenta le tue risposte con un(a) compagno/a.

1. Chi è la tua celebrità preferita? (di TV, cinema, sport, musica ecc.)
2. C'è un altro personaggio che ammiri che non è una star famosa? Chi è?
3. Ti interessano le vite personali dei personaggi famosi? Perché?
4. Come ti tieni informato? Leggi i giornali scandalistici?
5. Perché, secondo te, alla gente piace ascoltare i pettegolezzi?
6. Quale sezione del giornale o delle riviste leggi per prima?
7. Hai mai incontrato una persona famosa? Chi?
8. Hai mai chiesto un autografo? A chi?

3 **Sondaggio** Intervistate i vostri compagni. Trova qualcuno che...

1. ...è stato/a in fila tutta la notte per avere i biglietti per un concerto speciale. Di quale gruppo?
2. ...ha usato una scusa per tornare a casa a vedere il suo programma televisivo preferito. Quale scusa?
3. ...appartiene ad un fan club. Quale?
4. ...conosce tutti i dettagli della biografia di una celebrità. Chi?
5. ...legge regolarmente i giornali scandalistici. Quali?
6. ...non ha mai letto un giornale scandalistico. Perché?

3 Poll students to determine which celebrities/TV shows/sports events are the most popular in the class.

4 **Il prezzo del successo** Siete d'accordo con queste affermazioni? Spiegate perché.

Affermazione	D'accordo Sì / No	Perché
Le celebrità non hanno diritto alla privacy.		
Con la notorietà aumentano i pericoli.		
Le celebrità devono sempre essere cortesi con i loro ammiratori.		
I paparazzi hanno il diritto e il dovere di fare il loro lavoro.		

4 Ask students to come up with actual examples of invasion of privacy, rude celebrities, aggressive paparazzi, etc. to justify their responses.

5 **I personaggi e la storia**

A. Descrivete le caratteristiche fisiche e la personalità di questi personaggi.

B. Descrivete il rapporto tra i personaggi ritratti sopra e immaginate la storia del film.

Practice more at **immagina.vhlcentral.com.**

S Short Film

Premio
CORTO LAZIO 2004
migliore
sceneggiatura
Che gioia!
Una produzione di IVAN MARINO
in collaborazione con il COMUNE DI GENAZZANO
Regia e Sceneggiatura ANTONIO VLADIMIR MARINO Fotografia FRANCESCO DI GIACOMO
Montaggio JOHANNES HIROSHI NAKAJIMA Musica GIUSEPPE SASSO
Direttrice di Produzione MONICA POLI Attori PEPPINO MAZZOTTA/GIORGIO COLANGELI/
LIDIA BIONDI/DARIO RONZANI/EVA MILELLA

Trama *Michele diventa protagonista di una notizia del telegiornale e si trova all'improvviso al centro dell'attenzione. Per la prima volta nella sua vita, Michele si sente importante.*

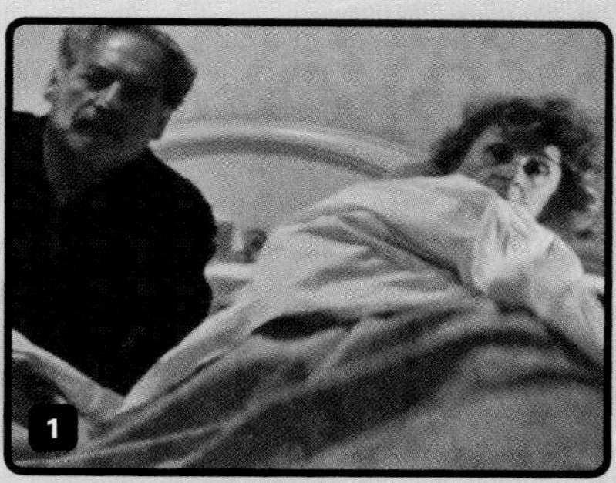

MICHELE Mamma! Papà! Dormite? Sveglia! Svegliatevi!

MICHELE Antonio! Claudia! Sveglia! Tutti in salotto!

PAPÀ Ma che cosa, che cosa è successo? Ti spieghi? Parla! Dicci qualcosa con le parole!

MICHELE Voi non guardate la televisione! Non la guardate. Vivete isolati. Vivete come dei selvaggi.

MICHELE Papà, da domani metti questa in biblioteca!

MICHELE E adesso, guardate...

Nota CULTURALE

Il telegiornale

Ciascun canale televisivo italiano offre il proprio notiziario giornaliero, spesso chiamato anche «TG»: i tre canali della RAI trasmettono il TG1, il TG2 e il TG3, che manda in onda anche un notiziario regionale. Anche se non ufficialmente, i tre canali sono vicini a tre correnti politiche e questo, a volte, pregiudica il modo in cui le notizie vengono trasmesse al pubblico. Normalmente si comincia con le notizie più importanti che, secondo la serata, possono essere prima di natura internazionale, poi politica interna seguita da cronaca nazionale. Le notizie di natura culturale e sportiva concludono il programma.

Sullo SCHERMO

Indica se le affermazioni sono **vere** o **false**.

_V_ **1.** Michele è un impiegato postale.
_F_ **2.** I genitori stanno guardando un film.
_V_ **3.** Claudia sta leggendo un libro.
_F_ **4.** Michele farà l'attore.
_V_ **5.** Michele ha avuto un incidente.
_V_ **6.** Al telegiornale parlano di Michele.

Analisi

NATIONAL communication STANDARDS

1

Comprensione Completa le frasi.

d 1. I genitori...	a. fanno di tutto per salvare Michele.
f 2. La madre...	b. sono traumatizzati dall'esperienza all'ospedale.
e 3. Il padre...	c. Michele vuole raccontare la sua avventura.
g 4. Michele...	d. sono a letto quando Michele torna a casa.
b 5. Gli attori...	e. chiede a Michele di spiegare cos'è successo.
h 6. La giornalista...	f. chiede a Michele perché è così agitato.
c 7. Quando torna a casa...	g. muore a causa dell'incidente.
a 8. I dottori...	h. annuncia la notizia su Michele al telegiornale.

2

Analisi Scegli la risposta più appropriata.

1. Per Michele fare l'impiegato postale è ______________.
   a. emozionante (b.) noioso c. divertente
2. Quando arriva a casa Michele è ______________.
   (a.) entusiasta b. stanco c. annoiato
3. Dopo aver visto il telegiornale la mamma di Michele è ______________.
   a. contenta b. emozionata (c.) terrorizzata
4. Per Michele è una novità ______________.
   a. sentirsi male (b.) sentirsi importante c. sentirsi amato
5. Il tono del film è ______________.
   a. tragico (b.) satirico c. allegro
6. La famiglia di Michele preferisce ______________ che guardare la televisione.
   (a.) leggere b. andare al cinema c. giocare a carte
7. Secondo Michele chi non guarda la televisione è ______________.
   a. un intellettuale b. un animale (c.) un selvaggio
8. Michele è disposto a fare qualsiasi cosa per ______________.
   a. incontrare gli attori (b.) apparire in televisione c. cambiare lavoro

3 Ask students to share their responses with the rest of the class. If there are strong opinions regarding privacy and other media-related ethical issues, organize a debate.

3

Opinioni In coppia, rispondete a turno alle domande.

- Cosa pensi dei reality show? Li guardi spesso?
- Perché molte notizie riguardano la vita personale delle celebrità?
- Secondo te, i mezzi di comunicazione dovrebbero rispettare di più la privacy delle persone famose?
- Ti piacerebbe andare in TV? In quali circostanze? In che tipo di programma?
- Si può essere famosi e avere una vita privata?
- Come è cambiato nel tempo il concetto di fama?

4 **Davanti alla telecamera** Rispondete alle domande e parlate delle vostre risposte con un(a) compagno/a.

Domande	**Sì**	**No**
Pensi di essere fotogenico/a? Ti piace vederti in foto o su video?	☐	☐
Secondo te, le persone cambiano atteggiamento davanti ad una telecamera?	☐	☐
Ti senti a tuo agio (*at ease*) quando sei al centro dell'attenzione?	☐	☐
Pensi che sia difficile parlare spesso in pubblico?	☐	☐
Ti piacerebbe fare un lavoro in televisione?	☐	☐
Essere estroversi è una caratteristica necessaria per fare l'attore?	☐	☐

5 **Essere famosi**

A. In piccoli gruppi, rispondete alle domande.

- Ti piacerebbe diventare famoso?
- In quale campo vorresti ottenere la fama? Perché?

B. In quale circostanza vorresti essere famoso/a per 15 minuti? Perché?

Intervista al telegiornale
Vincita alla lotteria
Atto di eroismo
Audizione per un programma musicale
Apparizione in un reality
Partecipazione a un quiz a premi come «il Milionario»

C. Scegliete tre persone che sono diventate famose in modi diversi. Ricostruite la loro storia personale e decidete se la loro celebrità sarà duratura o no, spiegando perché.

6 **Scenette** In piccoli gruppi, improvvisate dei dialoghi basati su una di queste situazioni e poi recitateli davanti alla classe.

A

La mattina dopo, Michele si sveglia e si rende conto che l'incontro con gli attori e l'incidente è stato tutto un sogno. Accende la televisione e...

B

Un'audizione: siete due attori in cerca di lavoro e il vostro regista preferito ha due ruoli perfetti. Convincetelo ad assumervi.

7 **Scrittura** Scegli uno di questi argomenti e scrivi una breve composizione.

- Immagina di essere un paparazzo: per caso al supermercato incontri una celebrità del cinema, della televisione, dello sport o di un altro campo che ti interessa. Cosa sta facendo? Scrivi un breve articolo scandalistico.
- Sei un giornalista e devi scrivere un articolo importante. Puoi scegliere un argomento di cronaca, di politica o di affari internazionali.
- Nel 2007, il presidente della RAI ha proposto, senza successo, di buttare «via i reality dalla Rai» perché questi programmi rappresentano le persone in situazioni «artificiali e coercitive da cui discendono inevitabilmente situazioni improbabili e comportamenti immotivati, quando non degradanti». Cosa ne pensi? Si dovrebbero proibire i reality? Perché?

Practice more at **immagina.vhlcentral.com.**

7 As preparation for this writing activity, bring in samples of Italian gossip columns or ask students to find one online before class. Have small groups of students analyze one or more articles in terms of language, tone, and style. Have groups compare and contrast tabloid styles from different countries.

INSTRUCTIONAL RESOURCES Supersite: Teaching suggestions;
SAM/WebSAM: WB

IMMAGINA

Reading

I patrimoni dell'umanità

La **Liguria** è una regione nel Nord-Ovest dell'Italia, estesa° tra le Alpi, gli Appennini ed il mar Ligure. Il litorale° è conosciuto come **Riviera di Ponente** e **Riviera di Levante** con **Genova**, il capoluogo, quasi nel mezzo. Nel 1997 e nel 2006 l'UNESCO ha riconosciuto alla Liguria due siti come patrimonio dell'umanità°. Il primo comprende° **Porto Venere**, le **Cinque Terre** e le **isole di Palmaria**, **Tino e Tinetto** nel golfo di **La Spezia**. Il secondo riguarda il centro storico di Genova, in particolare la **Strada Nuova** ed i **palazzi dei Rolli**.

Porto Venere è un borgo° ben conservato° con angoli molto pittoreschi e un considerevole patrimonio architettonico. Di grande interesse e valore artistico sono i simboli religiosi che adornano molti architravi° delle abitazioni del centro storico, la chiesa di **San Pietro**, risalente al XIII secolo, la chiesa di **San Lorenzo**, eretta nel XII secolo, ed il **Castello Doria** che in epoca medievale fungeva da fortezza.

La bellezza suggestiva e romantica dei cinque borghi che costituiscono le Cinque Terre è ormai nota in tutto il mondo. **Riomaggiore**, **Manarola**, **Vernazza**, **Corniglia** e **Monterosso al Mare** si trovano su colline a strapiombo° sul mare. Due di loro, Riomaggiore e Manarola, sono collegati da un sentiero° conosciuto come la «Via dell'Amore» con magnifici panorami del mare e delle Alpi. Ogni borgo è caratteristico per le case colorate, i «carrugi», —le tipiche stradine della Liguria— e per le colline su cui i contadini hanno costruito terrazzamenti° che coltivano con vigneti e oliveti.

Andando nel centro storico di Genova, in **via Garibaldi**, conosciuta durante il Rinascimento come **Strada Nuova**, possiamo ammirare il secondo sito UNESCO. Lungo questa strada le famiglie nobili della città costruirono palazzi iscritti° ai ***Rolli degli alloggiamenti pubblici di Genova*** per accogliere° personaggi importanti o visite di stato. La costruzione e la disposizione di questi palazzi rappresenta il primo esempio di architettura urbana in Europa, emulato in seguito in molte parti del mondo. Passeggiando per le strade e visitando i palazzi, il turista ha l'opportunità di scoprire una Genova antica. Durante il '500 ed il '600, Genova conobbe un periodo di grande splendore che le è valso° l'appellativo la «Superba°». Tra gli edifici della Strada Nuova, **Palazzo Tobia Pallavicini** conserva la magnifica **Galleria d'oro** in stile rococò; **Palazzo Nicolosio Lomellini** ha il bellissimo ninfeo° all'ingresso; ricordiamo anche il **Palazzo Rosso** ed il **Palazzo Bianco**, dal colore delle loro facciate°, in cui sono conservate collezioni d'arte europea; **Palazzo Tursi**, infine, è oggi la sede della municipalità di Genova.

La Liguria, insomma, promette di soddisfare sia gli appassionati della natura che gli amanti della storia e della architettura.

Palazzo Tursi

LIGURIA

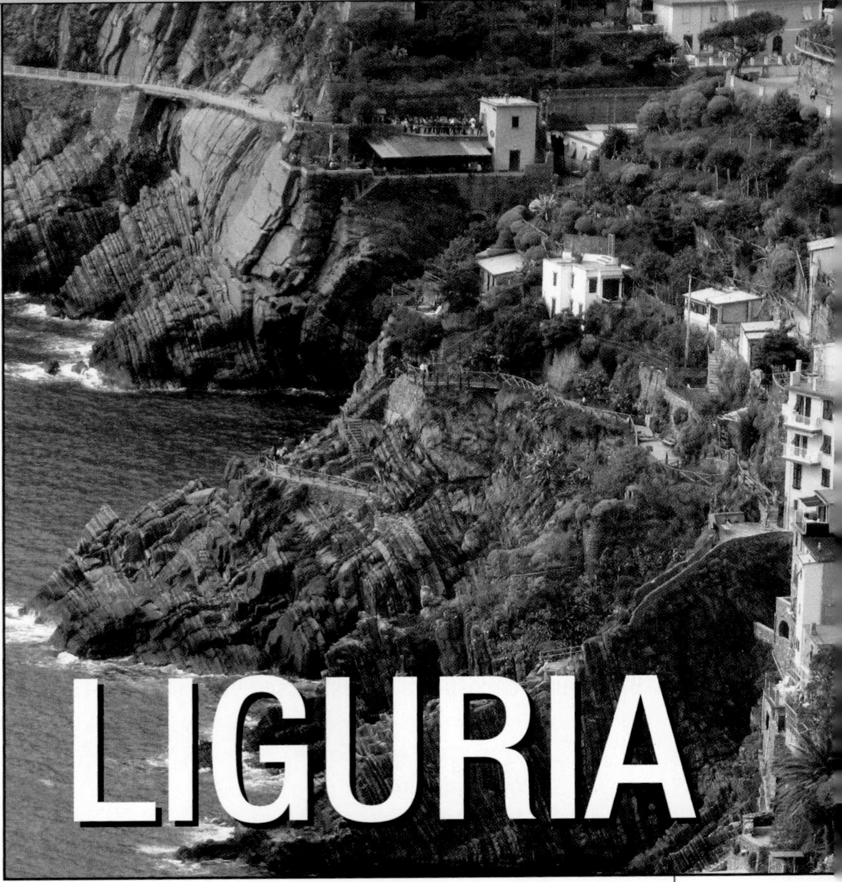

Riomaggiore (La Spezia)

In più...

Vernazza è l'unico borgo delle Cinque Terre dotato di un piccolo porto naturale su cui si trovano i resti° del Castello dei Doria con la torre di avvistamento. Al centro del borgo, pieno di vicoli stretti, portici e archi, sorge° la chiesa di Santa Margherita d'Antiochia, in stile gotico-ligure, con un campanile a pianta ottagonale°. Le colline che circondano Vernazza sono coltivate a vigneti e producono il passito° Schiacchetrà.

estesa *spread out* **litorale** *coastline* **patrimonio dell'umanità** *human heritage* **comprende** *includes* **borgo** *village* **ben conservato** *well-preserved* **architravi** *decorated bands framing doors or windows* **colline a strapiombo** *hills overhanging* **sentiero** *path* **terrazzamenti** *terraces* **iscritti** *registered* **accogliere** *welcome* **si opponeva** *offered resistance* **le è valso** *earned it* **la Superba** *the Proud* **ninfeo** *nymphaeum; fountain* **facciate** *façades* **resti** *remains* **sorge** *it is located* **pianta ottagonale** *octagonal plan* **passito** *wine made from raisins*

Vero o falso? Indica se ogni frase è **vera** o **falsa**. Correggi le frasi false.

1. Genova si trova a metà tra la Riviera di Levante e la Riviera di Ponente. Vero.
2. In epoca medievale, la chiesa di San Pietro faceva da fortezza. Falso. In epoca medievale, il Castello Doria faceva da fortezza.
3. La «Via dell'Amore» è un'autostrada della Liguria. Falso. È un sentiero in collina che collega Riomaggiore e Manarola nelle Cinque Terre.
4. I terrazzamenti sono balconi delle case dei borghi liguri. Falso. Sono «terrazze» per coltivare in collina.
5. I palazzi dei Rolli furono costruiti da famiglie aristocratiche. Vero.
6. Il Castello di Vernazza si vede dal porto. Vero.
7. Al Festival di Sanremo gli artisti devono cantare canzoni nuove. Vero.
8. Renzo Piano si occupa solo di ristrutturare vecchi edifici. Falso. Si occupa anche di costruzioni nuove.

Quanto hai imparato? Rispondi alle domande. Some answers will vary.

1. Quali sono alcune caratteristiche dei siti UNESCO della Liguria? bellezza del paesaggio, beni architettonici e artistici
2. Che cosa rende la città di Porto Venere ricca da un punto di vista artistico? i simboli religiosi sulle porte delle abitazioni, le chiese di San Pietro e San Lorenzo, il Castello Doria
3. Quali sono alcuni elementi comuni ai borghi delle Cinque Terre? case colorate, strade strette, magnifici panorami, una bellezza romantica e suggestiva
4. Perché sono importanti i palazzi dei Rolli da un punto di vista architettonico? Sono il primo esempio di architettura urbana.
5. Che cos'è il Festival di Sanremo? È una gara musicale tra cantanti.
6. Per che cosa si distingue lo stile dell'architetto Renzo Piano? i materiali tecnologici e il design pulito e lineare

Il Festival della canzone italiana Il **Festival di Sanremo** si svolge° ogni anno, dal 1951, nell'omonima cittadina ligure, tra la fine di febbraio e i primi giorni di marzo. La manifestazione è una gara° tra cantanti che interpretano, in prima assoluta°, una canzone di autori italiani. Di solito gareggiano° due gruppi di cantanti, quelli già famosi e i giovani, cioè cantanti poco conosciuti o nuovi al pubblico. Le canzoni sono votate da giurie° di esperti o giurie popolari.

Renzo Piano è nato a Genova-Pegli nel 1937. Ha studiato in Italia e all'estero e da oltre trent'anni è uno degli architetti più famosi nel mondo. Il suo stile si distingue° per i materiali altamente tecnologici ed un design pulito e lineare. Tra i progetti più famosi ricordiamo la ristrutturazione° del centro storico e del porto di Genova, l'auditorium della musica di Roma, l'aeroporto internazionale di Osaka ed il palazzo del New York Times. Renzo Piano è anche fondatore del **Renzo Piano Building Workshop**, con sedi a Genova e a Parigi che offre tirocini° per giovani architetti.

si svolge *takes place* **gara** *competition* **prima assoluta** *for the very first time* **gareggiano** *compete* **giurie** *juries* **si distingue** *stands out* **ristrutturazione** *reconstruction* **tirocini** *internships*

Progetto

La Liguria ha dato i natali a famosi personaggi della cultura italiana, tra cui Edmondo De Amicis, **Niccolò Paganini**, Eugenio Montale e Carlo Bo.

- Cerca informazioni su uno dei personaggi menzionati o un ligure famoso a tua scelta.
- Scrivi una breve presentazione biografica e una presentazione su uno dei loro lavori.
- Fai un paragone con un'altra opera che hai studiato e presenta le tue riflessioni.
- Confronta il tuo lavoro con il resto della classe.

INSTRUCTIONAL RESOURCES **9.1**
Supersite: Audioscripts, SAM AK, Lab MP3s
SAM/WebSAM: WB, LM

RIMANDO

To review the formation and uses of the present subjunctive, see **Strutture 6.3, pp. 214-215** and **Strutture 7.3, pp. 256-257**.

Additional uses of the subjunctive are presented in **Strutture 9.4, p. 344**.

ATTENZIONE!

Like the imperfect indicative, the imperfect subjunctive can convey several different meanings. These depend on the time relationship between the independent and dependent clauses and the writer's or speaker's intentions.

Nostra madre pensava che bevessimo troppo caffè.
Our mother thought we were drinking/used to drink/drank (in general) too much coffee.

ATTENZIONE!

As in the imperfect indicative, in the imperfect subjunctive, the verbs **bere**, **dire**, and **fare** retain their Latin stems **beve-**, **dice-**, and **face-**, to which the imperfect subjunctive endings are added.

Non credevamo che bevessero molto tè.
We didn't think they drank a lot of tea.

Era probabile che il cronista dicesse la verità.
It was likely that the reporter was telling the truth.

Era necessario che ogni lettore facesse un abbonamento alla rivista.
It was necessary that each reader subscribe (would subscribe) to the magazine.

The imperfect subjunctive and the past perfect subjunctive; tense sequencing

*Nessuno credeva che Michele **fosse** famoso.*

The imperfect subjunctive

- Use the imperfect subjunctive (**congiuntivo imperfetto**) when the verb in the independent clause is in a past tense or the conditional and requires the subjunctive, and the action in the dependent clause occurs at the same time or after the action in the independent clause.

Speravo che **trasmettessero** la conferenza stampa in diretta.
I hoped they would broadcast the press conference live.

Marco e Sabrina pensarono che la vignetta **fosse** offensiva.
Marco and Sabrina thought the cartoon was offensive.

Vorremmo che il giornale **pubblicasse** quell'intervista.
We would like the newspaper to publish that interview.

Sarebbe bello se l'intervista **durasse** più di cinque minuti.
It would be nice if the interview lasted more than five minutes.

- To form the imperfect subjunctive, use the same stems as for the imperfect indicative and add the endings shown, which are identical for all three conjugations. Remember that in the imperfect **–are**, **–ere**, and **–ire** verbs all maintain their characteristic vowel.

filmare > filma-	**scrivere > scrive-**	**uscire > usci-**
filma**ssi**	scrive**ssi**	usci**ssi**
filma**ssi**	scrive**ssi**	usci**ssi**
filma**sse**	scrive**sse**	usci**sse**
filmạ**ssimo**	scrivẹ**ssimo**	uscị**ssimo**
filma**ste**	scrive**ste**	usci**ste**
filmạ**ssero**	scrivẹ**ssero**	uscị**ssero**

Non credevo che **filmaste** la prima puntata oggi.
I did not think that you were filming the first episode today.

Speravamo che il nuovo film **uscisse** entro febbraio.
We hoped that the new film would come out by February.

Ci piacerebbe che quel canale **mettesse** in onda meno cartoni animati.
We wish that channel showed fewer cartoons.

Vorrei che la televisione pubblica **offrisse** più programmi educativi.
I wish public television offered more educational programs.

- The verbs **dare**, **essere**, and **stare** have entirely irregular forms, as shown below.

dare	**dessi, dessi, desse, dẹssimo, deste, dẹssero**
ẹssere	**fossi, fossi, fosse, fọssimo, foste, fọssero**
stare	**stessi, stessi, stesse, stẹssimo, steste, stẹssero**

Speravo che mi **dessero** più soldi.
I hoped they would give me more money.

Non sembrava che quell'uomo **fosse** un attore.
It didn't seem like that man was an actor.

Sarebbe meglio che non **steste** a casa tutto il giorno a guardare la TV.
It would be better if you did not stay at home all day watching TV.

- Verbs ending in **–rre** use the same stems for both the imperfect indicative and the imperfect subjunctive. They take the imperfect subjunctive endings used for **–ere** verbs.

infinitive	**porre**	**condurre**	**tradurre**	**trarre**
stem	**pon-**	**conduc-**	**traduc-**	**tra-**
imperfect subjunctive	**ponessi** ecc....	**conducessi** ecc....	**traducessi** ecc....	**traessi** ecc....

The past perfect subjunctive

- Use the past perfect subjunctive (**congiuntivo trapassato**) when the verb in the independent clause is in a past tense or the conditional and requires the subjunctive, and the action in the dependent clause occurs prior to the action in the independent clause.

Sembrava che il cronista **avesse condotto** un'inchiesta in profondità.
It seemed that the reporter had carried out an extensive investigation.

Speravo che il mensile **fosse** già **arrivato** in edicola.
I was hoping that the magazine had already made it to the newsstands.

- To form the past perfect subjunctive, use the imperfect subjunctive form of **essere** or **avere** plus the past participle of the verb. Remember that the past participle of verbs conjugated with **essere** agrees with the subject in number and gender.

festeggiare		**partire**		**informarsi**	
avessi		fossi		mi fossi	
avessi		fossi	partito/a	ti fossi	informato/a
avesse	festeggiato	fosse		si fosse	
avẹssimo		fọssimo		ci fọssimo	
aveste		foste	partiti/e	vi foste	informati/e
avẹssero		fọssero		si fọssero	

Mia sorella sperava che il paese non **avesse** ancora **festeggiato** il santo patrono.
My sister hoped that the town had not yet celebrated the patron saint.

Avremmo voluto che la conferenza stampa **fosse stata** più lunga.
We would have preferred that the press conference had lasted longer.

ATTENZIONE!

The adverbs **già**, **più**, **ancora** and **mai** are often used with the past perfect indicative and the past perfect subjunctive. Remember that these adverbs are usually placed between the auxillary verb (**essere** or **avere**) and the past participle.

Non avevo ancora letto la rivista.
I had not yet read the magazine.

Pensavi che io avessi già letto la rivista.
You thought that I had already read the magazine.

NATIONAL STANDARDS connections cultures

Tense sequencing

- Italian follows specific rules regarding the tense of a subjunctive verb in a dependent clause. These rules take into account the tense of the verb in the independent clause and the time relationship between the two clauses. There are two general sequences: one for sentences whose independent clause is in the present, future, or imperative, and another for sentences in the past or conditional.

Independent clause	Dependent clause	The action of the verb in the dependent clause occurs...
Present, future, imperative	present subjunctive	at the same time or later than the action of the independent clause
	past subjunctive	prior to the action of the independent clause
Past, conditional	imperfect subjunctive	at the same time or later than the action of the independent clause
	past perfect subjunctive	prior to the action of the independent clause

Dubito che la rivista **esca** in anticipo.
I doubt the magazine comes out early.

Credete che l'attore **sia nato** in Danimarca?
Do you think the actor was born in Denmark?

Pensava che i biglietti **fossero** esauriti.
She thought that the tickets were sold out.

Ero deluso che il film **fosse cominciato**.
I was disappointed that the movie had begun.

- The examples below demonstrate that a dependent verb can express an action that is (a) after, (b) contemporaneous with, or (c) prior to the action expressed by the main verb.

Sequence for independent verbs in present, future, or imperative

after (posteriorità)	contemporaneous (contemporaneità)	prior (anteriorità)
Penso che **arrivino** domani. *I think they are arriving (will arrive) tomorrow.*	Penso che **arrivino** oggi. *I think they are arriving today.*	Penso che **siano arrivati** ieri. *I think they arrived yesterday.*
Penseranno che tu **capisca**. *They will think that you (will) understand.*	Penseranno che tu **capisca**. *They will think that you understand.*	Penseranno che tu **abbia capito**. *They will think that you understood.*
Non crediate che **arrivi** in orario! *Don't believe that he will arrive on time!*	Non crediate che **arrivi** in orario! *Don't believe that he arrives on time!*	Non crediate che **sia arrivato** in orario! *Don't believe that he arrived on time!*

Sequence for independent verbs in past tenses or conditional

after (posteriorità)	contemporaneous (contemporaneità)	prior (anteriorità)
Pensavo che **arrivassero** il giorno dopo. *I thought they were arriving the next day.*	Pensavo che **arrivassero** quel giorno stesso. *I thought they were arriving that same day.*	Pensavo che fossero **arrivati** il giorno prima. *I thought that they had arrived the day before.*
Vorrebbe che **veniste**. *He would like you all to come. (sometime in the future)*	Vorrebbe che **veniste**. *He would like you all to come. (at that same time)*	Vorrebbe che **foste venuti**. *He would have liked for you to have come.*

ATTENZIONE!

The imperfect or past perfect subjunctive is required after the expression **come se** (*as if*).

Carlo canta come se nessuno lo sentisse.
Carlo sings as if no one were listening to him.

Ci guardava come se ci fossimo già conosciuti.
He was looking at us as if we had already met.

ATTENZIONE!

Note that the imperfect subjunctive can be used after independent clauses in the present, future, or imperative to express a habitual action or to describe a condition in the past.

Non credo che leggessero il giornale ogni giorno.
I do not think they read the paper every day.

Dubito che piovesse quando sono arrivati.
I doubt that it was raining when they arrived.

Pratica

1 **Animali e cartoni animati! Secondo alcuni psicologi, gli animali che prima incutevano paura (*struck fear*), ora suscitano (*provoke*) nei bambini sensazioni completamente diverse, grazie ad alcuni cartoni animati. Completa le frasi scegliendo fra il congiuntivo presente e il congiuntivo imperfetto.**

1. Alcuni bambini oggi credono che il leone __sia__ (sia/fosse) un animale simpatico e socievole.
2. I miei genitori da piccoli pensavano che i maiali non __avessero__ (abbiano/avessero) un'intelligenza.
3. Mi dispiace che alcune persone __mangino__ (mangino/mangiassero) i conigli.
4. Mi sembra che il cavallo __occupi__ (occupi/occupasse) ruoli importanti in molti film e cartoni animati attuali.
5. Da bambino non volevo che gli animali __morissero__ (muoiano/morissero) nei film.
6. Molti bambini sperano che il proprio cane __abbia__ (abbia/avesse) le qualità di un eroe della TV.

1 Before the students start, have them discuss animal characters from cartoons they know and review names for animals in Italian, particularly: **leone** (*lion*), **coniglio** (*rabbit*), and **cavallo** (*horse*).

2 **Lingua e comunicazione Leggi il paragrafo e completalo usando il congiuntivo imperfetto o il congiuntivo trapassato.**

Ieri sera sono tornata a casa; era vuota e ho pensato che Franco (1) __fosse andato__ (andare) al cinema con il suo amico Stefano, appassionato di Neorealismo, e che (2) __si fosse dimenticato__ (dimenticarsi) di dirmelo. Così ho letto un articolo sulla storia della televisione. Quando è nata la Rai, nel 1954, nessuno si aspettava che la TV (3) __riuscisse__ (riuscire) ad entrare anche nelle case in cui si parlava dialetto e che (4) __potesse__ (potere) contribuire alla diffusione di una lingua nazionale. Anche Dante Alighieri sperava che gli italiani (5) __parlassero__ (parlare) una lingua unitaria, ma chi poteva immaginare che il suo sogno si sarebbe concretizzato grazie ad uno strumento così poco poetico? Quando Franco è tornato, ho voluto che mi (6) __raccontasse__ (raccontare) tutto. Il film era di Visconti, ma non era sicuro che gli (7) __fosse piaciuto__ (piacere) perché gli attori parlavano in dialetto ed era difficile capirli. Visconti riteneva che il cinema (8) __avesse escluso__ (escludere) il popolo dalla storia, per questo voleva che i suoi attori (9) __fossero__ (essere) spontanei. Un vero artista va sempre controcorrente, no?

Nota CULTURALE

Il **Neorealismo** è un movimento culturale degli anni '40 e '50 che vede nel cinema uno strumento di denuncia sociale. I film neorealisti si occupano di problemi sociali come la disoccupazione, la povertà e l'emarginazione di adolescenti ed anziani. Rifiutano scenografie artificiali e utilizzano scenari reali. Anche l'illuminazione tende al massimo della naturalezza e gli attori spesso non sono professionisti, ma gente comune presa dalla strada. Anche la lingua usata è la più realistica possibile e quindi è spesso un dialetto o un italiano con un forte accento regionale, molto lontano dalla lingua letteraria e neutra tipica del cinema dell'anteguerra (*pre-war time*) e dell'epoca fascista.

3 **Il Festival di Sanremo Leggete il paragrafo e riscrivetelo al passato coniugando i verbi sottolineati al modo e al tempo adeguato, come nel modello.**

Modello **Non ricordo quale canzone abbia vinto nel 2009.**
Non ricordavo quale canzone avesse vinto nel 2009.

Il Festival di Sanremo

Alcuni (1) dicono che il Festival di Sanremo (2) sia il Festival della canzone italiana più seguito. Altri (3) pensano che al Festival si (4) ascolti solo musica banale e commerciale. Io (5) credo che solo alcune canzoni del Festival si (6) distinguano per originalità di testi e musica. Non (7) so quale cantante (8) abbia vinto per più volte, ma (9) credo che (10) sia stato Domenico Modugno. Non mi (11) meraviglia che gli italiani (12) abbiano votato per Modugno, e mi (13) fa piacere che lo (14) considerino ancora un grande artista. (15) Sembra che le sue canzoni non (16) invecchino mai!

1. dicevano, 2. fosse, 3. pensavano, 4. ascoltasse, 5. credevo, 6. distinguessero, 7. sapevo, 8. avesse vinto, 9. credevo, 10. fosse stato, 11. meravigliava, 12. avessero votato, 13. faceva, 14. considerassero, 15. Sembrava, 16. invecchiassero

3 Refer students to the paragraph about the festival on p. 329.

3 As an expansion, ask students to search the Web for Italian songs presented at the latest edition of the Festival. Ask them to listen to some of them and get ready for a discussion next class.

4 **Chi l'avrebbe immaginato!** Completa l'e-mail che Paolo scrive ad Alfredo raccontandogli tutte le cose interessanti che ha scoperto oggi alla lezione di storia del cinema. Attenzione, devi scegliere tu il tempo del congiuntivo appropriato: presente, passato, imperfetto o trapassato.

> Ciao Alfredo,
> mi dispiace che tu non (1) sia venuto (venire) oggi alla prima lezione del corso di cinema. Non avrei mai pensato che (2) fosse (essere) così interessante! Io ho sempre creduto che il doppiaggio (3) fosse nato (nascere) dalla pigrizia (*laziness*) di qualche italiano che non voleva leggere i sottotitoli, ma non sapevo che proprio le case di produzione americane (4) avessero incentivato (incentivare) il doppiaggio per distribuire i film in Europa! Pare che questa necessità (5) si sia presentata (presentarsi) già nel 1929, quando lo stesso film ha cominciato a essere girato più volte in diverse lingue! Sembra che alcuni attori (6) si limitassero (limitarsi) a muovere la bocca, mentre altri attori madrelingua parlavano al loro posto. I registi, però, volevano che almeno gli attori principali (7) recitassero (recitare) in tutte le lingue e che (8) leggessero (leggere) la trascrizione fonetica delle parole su dei cartelli posizionati dietro le videocamere! Ti immagini? È un peccato che molte di queste versioni in italiano (9) siano andate perdute (andare perdute): sarebbe divertente guardarle oggi! Spero che tu (10) venga (venire) mercoledì prossimo, perché ne vale davvero la pena!
> Un saluto, Paolo.

5 As an expansion, have pairs of students add detail to the three sentences they find most interesting. Example: **Non pensavo che solo i personaggi italo-americani conservassero un accento regionale. Questo significa che Tony De Vito in italiano è sempre un siciliano!**

5 **Il doppiaggio** Leggete le frasi e commentatele usando il congiuntivo imperfetto.

Answers will vary. Sample answers.

Modello **L'arte del doppiaggio richiede che i doppiatori parlino un italiano senza accenti regionali.**
Non immaginavo che i doppiatori parlassero senza accento.

1. È ormai accettato che solo i personaggi italo-americani conservino nel doppiaggio un accento regionale, solitamente siciliano.
   Non pensavo che solo i personaggi italo-americani conservassero un accento regionale.
2. Tutti concordano con il fatto che un buon doppiaggio debba rispettare il senso della frase originale e il movimento delle labbra dell'attore.
   Non avevo mai considerato il fatto che un buon doppiaggio dovesse rispettare il senso della frase e il movimento delle labbra dell'attore.
3. La sincronizzazione dei tempi richiede che la frase doppiata sia sempre un po' diversa da quella originale.
   Non credevo che la frase doppiata fosse sempre un po' diversa da quella originale.
4. Chi ama il doppiaggio pensa che i sottotitoli affatichino (*tire*) lo spettatore distraendolo dall'immagine.
   Non ho mai ritenuto che i sottotitoli affaticassero lo spettatore.
5. Pare che alcuni paesi dell'Est Europa preferiscano il «lettore», un attore che legge le battute degli attori, mentre le voci originali si possono sentire in sottofondo, ad un volume più basso.
   Non avrei mai pensato che i paesi dell'Est Europa preferissero il lettore.
6. Si ritiene che l'Italia e la Germania abbiano la più lunga e migliore tradizione di doppiaggio.
   Non avrei mai detto che l'Italia e la Germania avessero la più lunga e migliore tradizione di doppiaggio.

Nota CULTURALE

L'Italia è una delle nazioni che più utilizza il **doppiaggio**. Le principali città produttrici in questo campo sono Roma, dove si doppia fin dal 1933, e Milano, che ha iniziato negli anni Settanta. Negli ultimi anni si pratica il doppiaggio anche a Torino e Verona. A volte un doppiatore segue un attore per tutta la sua carriera. Così, per gli italiani, Al Pacino, Sylvester Stallone, Dustin Hoffman, Robert De Niro e Peter Falk hanno tutti la voce di Ferruccio Amendola, che li ha doppiati in ogni loro film fino alla sua scomparsa. È probabile che anche questi attori si sentano intimamente legati alla figura di Ferruccio, e forse è per questo che hanno tutti partecipato ai suoi funerali, nel 2001.

Practice more at **immagina.vhlcentral.com.**

Comunicazione

6 **I genitori sono tutti uguali!** Scrivi sei frasi spiegando cosa i tuoi genitori speravano che tu facessi o non facessi una volta iscritto/a all'università. Poi confronta le tue frasi con quelle del(la) tuo/a compagno/a e trova le similarità.

Modello I miei genitori speravano/volevano/desideravano che io avessi molti amici.

7 **Riflettere** In coppia e a turno, completate le frasi con il tempo giusto del congiuntivo. Poi riflettete: avete avuto esperienze simili? Avete speranze diverse?

1. Da piccolo/a la sera, nel letto, avevo paura che...
2. Quando giocavo con gli altri bambini non volevo che...
3. Ho sempre sperato che i miei amici...
4. Non avrei mai immaginato che in così pochi anni...
5. Mi piacerebbe che i ragazzi della mia età...
6. Non vorrei mai che i bambini di oggi...

8 **Vacanze italiane** Ecco le foto delle vostre vacanze in Italia con alcuni amici. In coppia, descrivi ogni immagine con almeno due frasi, aiutandoti con le espressioni suggerite.

Modello È stato necessario che Michael bevesse anche il caffè di Tina per rimanere sveglio.

È stato necessario che...	Io avevo paura che...
Gli amici volevano che...	Noi speravamo che...
Bisognava che...	Sembrava che...

9 **Situazioni di vita** Leggete le seguenti situazioni e provate a commentarle suggerendo una soluzione. Aiutatevi con le espressioni della lista.

Sarebbe stato/Sarebbe meglio che...	È bene/male che...	Pensiamo che...
È possibile/impossibile che...	È consigliabile che...	Pare che...

1. Una sera Monica esce e, in un pub, trova Sandro, il ragazzo della sua amica Roberta. Non ci sarebbe niente di male, ma Monica ha appena parlato al telefono con Roberta, la quale le ha detto che Sandro è a casa con l'influenza!
2. È febbraio, fa freddo, ma Luigi è contento: oggi stesso parte per Santo Domingo! È all'aeroporto, in fila per il check in, quando improvvisamente si rende conto di aver scambiato la sua valigia con quella del fratello, partito per la Norvegia.

6 Ask volunteers to read to the class the similarities they have found and write them on the board. Then see if the same wishes have been reported by other students.

7 Ask students to add two sentences of their own.

7 Ask students to share their answers and see how many students share or have shared the same fear or hope.

9 Give students additional situations:
3. Anna e Paolo hanno appena cominciato a uscire insieme. Arriva ferragosto e Anna decide di non seguire la famiglia al mare per passare la giornata con il suo nuovo ragazzo. Paolo, invece, non si fa problemi e accetta con entusiasmo l'invito ad andare in montagna con alcuni amici, senza dire niente ad Anna.
4. Due anni fa Marco ha rifiutato un'offerta di lavoro da parte di una grande impresa italiana perché il responsabile dell'ufficio dove lavorava gli aveva offerto buone possibilità di carriera. Oggi però la situazione è cambiata: l'azienda dove Marco lavora è in crisi, lui rischia il licenziamento e sua moglie aspetta un bambino.
5. Giorgio è una persona molto previdente. Questa mattina deve fare un colloquio di lavoro, quindi si alza presto, si prepara ed esce con notevole anticipo da casa. Arrivato alla macchina, si accorge di avere pochissima benzina e che tutti i mezzi pubblici sono in sciopero fino alle tre del pomeriggio!

INSTRUCTIONAL RESOURCES
Supersite: Audioscripts, SAM AK, Lab MP3s
SAM/WebSAM: WB, LM

ATTENZIONE!

Note that the words **nessuno**, **alcuno**, and **ciascuno** employ the same forms as the indefinite article (**un**, **un'**, **uno**, **una**).

Non vi è nessun dubbio.
There is no doubt.

Si licenzia senza alcuna ragione?
She is resigning for no reason?

ATTENZIONE!

The expressions **tutto questo** and **tutto quello** refer broadly to a concept or fact and correspond to *all this/all that/everything.*

Hai capito tutto quello che ti ho detto ?
Did you understand everything I told you?

ATTENZIONE!

Remember that **qualche** is always singular and invariable, even though the English translation is plural.

Guardo la TV solo qualche volta. Preferisco leggere.
I only watch TV once in a while. I prefer reading.

Abbiamo qualche domanda.
We have a few questions.

ATTENZIONE!

Note that the adjective **tutto/a/i/e** requires the definite article (**il/lo/l'/la/i/gli/le**).

Non conosco **tutte le** usanze degli italiani.
I am not familiar with all the customs of Italians.

Non guardare la TV **tutto il** giorno!
Don't watch TV all day!

9.2

Indefinite adjectives and pronouns

- Indefinite adjectives and pronouns are used to speak about unspecified people or things and to indicate general quantities. The English equivalents include *someone, something, no one, nothing, everyone, everything, whoever, whatever, none, some, a few, each, any, every,* and *all.* Some Italian indefinites function only as adjectives or only as pronouns, while others can function as both adjectives and pronouns.

Indefinite Adjectives	Indefinite Pronouns
Qualche attore inizia la carriera in teatro. *Some actors begin their careers in the theater.*	**Alcuni** iniziano la carriera in teatro. *Some begin their careers in the theater.*
Pochi giornalisti lavoravano all'estero. *Few journalists were working abroad.*	**Pochi** lavoravano all'estero. *Few were working abroad.*

Indefinite Adjectives

- An indefinite adjective modifies a noun. Some indefinite adjectives are singular and invariable, even though a plural meaning may be implied. Other adjectives change according to the noun they modify.

singular invariable		singular variable		plural	
ogni	*every, all*	tutto/a	*every, all*	alcuni/e	*some, a few*
qualche	*some, a few*	nessuno/a	*no, not any*	tutti/e	*every, all*
qualunque, qualsịasi	*any, whatever, whichever*	ciascuno/a	*each*		

Qualunque giornale leggeranno, gli studenti saranno aggiornati sulle notizie del mondo.
Whatever newspaper they read, the students will be updated on world news.

Alcune riviste pubblicano anche vignette.
Some magazines also print cartoons.

Non esiste **nessuna** radio libera qui.
There is no independent radio station here.

- Note that some indefinite words are synonymous. Remember, however, that the words **qualche** and **ogni** require singular forms, even if they indicate a plural meaning.

qualche + [*singular noun*] = **alcune +** [*plural noun*]
Compriamo **qualche** rivist**a**. = Compriamo **alcune** rivist**e**.
Let's buy a few magazines.

ogni + [*singular noun*] = **tutti +** [*plural noun*]
Ogni giornalista scrive bene. = **Tutti** i giornalisti scrivono bene.
All journalists write well.

- The form **alcuno/a** is used with the negative **non** to indicate *no* + [*noun*] + *whatsoever.*

Non pone **alcun** rischio alla salute.
It poses no danger whatsoever to one's health.

Indefinite pronouns

—*I figli del giaguaro?* ***Nessuno*** *l'ha visto qua dentro? Neanche tu?*

- An indefinite pronoun replaces a noun and stands alone. Their forms are summarized below. Note that **tutto** and **niente** refer to things, while **tutti/e** and **nessuno** refer to people.

singular invariable		singular variable		plural	
chiunque	*anyone, whoever*	qualcuno/a	*someone*	alcuni/e	*some, a few*
		ognuno/a	*everyone*	tutti/e	*everyone*
niente, nulla	*nothing*	nessuno/a	*no one, not anyone*		
qualcosa	*something*				
tutto	*everything*	ciascuno/a	*each*		

Niente è impossibile.
Nothing is impossible.

Chiunque può venire al concerto. L'ingresso è libero.
Anyone can come to the concert. Admission is free.

Nessuno riesce a capire.
No one is able to understand.

I giornalisti lavorano tanto, **alcuni** anche la domenica.
Journalists work a lot, some even (work) on Sundays.

- **Qualcosa**, **nulla**, and **niente** are considered masculine singular. When used with an adjective, they are followed by **di**. When used with an infinitive, they are followed by **da**.

È successo **qualcosa**?
Did something happen?

Avete mangiato **qualcosa di buono**?
Did you eat something good?

Non è **cambiato niente**.
Nothing has changed.

Non hai trovato **niente da guardare** alla TV?
You didn't find anything to watch on TV?

Indefinite adjectives and pronouns

- As you may have noticed from the above tables, several indefinite words can function as either an adjective or a pronoun. When a noun is stated, use the adjectival form and make it agree with the noun. To replace a noun, use the pronoun alone.

indefinite word	adjective	pronoun
tutto/a/i/e	Vediamo **tutti i film**. *We see all the films.*	**Tutti** sono interessanti. *All are interesting.*
alcuni/e	Guardo **alcune telenovele**. *I watch some soap operas.*	Me ne piacciono **alcune**. *I like some (of them).*
nessuno/a	Non ami **nessuno sport**? *You do not like any sports?*	Non te ne piace **nessuno**? *You do not like any (of them)?*
ciascuno/a	**Ciascun giornalista** scrive un articolo. *Each journalist writes an article.*	**Ciascuno** scrive un articolo. *Each one writes an article.*

It may be helpful to play a game of *generalization* and *specification*. Provide students with a generic statement such as **Tutti gli studenti sono sportivi** and ask them to restrict the statement to **Alcuni studenti sono sportivi**. The same game can be played to isolate singular and plural forms. Provide a sentence utilizing an indefinite plural form. Ask students to provide a grammatically singular equivalent. For example, **Alcune riviste pubblicano interviste** can be changed to **Qualche rivista pubblica interviste**.

RIMANDO

To review negation, see **Strutture 6.2, pp. 210-211**.

ATTENZIONE!

Some indefinites may function as adverbs, and are invariable when they do so. These adverbs are **molto, parecchio, poco, tanto, troppo**.

ATTENZIONE!

Other words that act like the ones in the chart on the left are **altro**, **certo**, **diverso**, **molto**, **parecchio**, **poco**, **tanto**, **troppo**, and **vario**.

Abbiamo comprato **parecchi** DVD di Charlie Chaplin. (indefinite adjective)
We bought many Charlie Chaplin DVDs.

Parecchi dimostrano il suo indiscutibile talento. (indefinite pronoun)
Many demonstrate his indisputable talent.

Pratica

1 Tell the students that on Halloween night, in 1938, Orson Wells starred in an adaptation of *The War of the Worlds*, by H.G. Wells on a CBS radio network. This episode caused panic but launched Orson Wells's career.

1 Ask pairs of students to create and then act out a dialogue (incorporating indefinites) featuring similar, unusual news on the radio.

1 Strane notizie alla radio Sonia e Paolo stanno ascoltando la radio ma, improvvisamente, il programma viene interrotto... Completa il dialogo con le parole della lista.

alcune	nessun	niente	qualche	qualcuno	tutti
alcune	nessuna	niente	qualcosa	tutte	tutto

PRESENTATORE Buona sera a (1) __tutti__. Interrompiamo il nostro programma per dirvi che alle 19.40 il prof. Boschi dell'Università di Genova ha osservato (2) __alcune__ esplosioni di gas incandescente che dal pianeta Marte si dirigono verso la Terra! Continuiamo ora con il nostro programma...

SONIA Hai sentito, Paolo? Speriamo che non sia (3) __niente__ di serio! Forse dovremmo ascoltare (4) __qualche__ giornale radio.

PAOLO Non intendo ascoltare (5) __nessun__ giornale radio a quest'ora. Ho solo bisogno di rilassarmi. Vuoi (6) __qualcosa__ da bere?

SONIA No, grazie, non voglio (7) __niente__. Vorrei solo che (8) __qualcuno__ mi dicesse cosa sta succedendo...

PRESENTATORE Scusateci ancora per l'interruzione, ma questa è un'emergenza. (9) __Alcune__ persone ci hanno raccontato di un'astronave cilindrica che è appena atterrata nella campagna fuori Genova. (10) __Tutte__ le abitazioni nei dintorni sono state evacuate. Vi preghiamo di rimanere nelle vostre case e di non uscire per (11) __nessuna__ ragione!

SONIA Paolo! Che facciamo? Ci uccideranno!

PAOLO Sonia! Ma non hai ancora capito? È l'adattamento de *La Guerra dei Mondi*, il romanzo di H.G. Wells! Ma credi proprio a (12) __tutto__!

Nota CULTURALE

La città di **Savona** è situata nella **Riviera delle Palme**, che va dalla cittadina di Varazze fino ad Andora. A Savona, la notte prima di ferragosto, c'è la «posa a mare dei lumini»: al tramonto il mare è illuminato da migliaia di lumini galleggianti (*floating lights*). **La Fortezza del Priamar** è la prigione che ha ospitato Giuseppe Mazzini, famoso rivoluzionario che ha contribuito all'unificazione d'Italia nel diciannovesimo secolo. I fondali di Savona, da sempre frequentati da barche e navi per ogni tipo di commercio, sono oggi un interessante parco archeologico per gli amanti dello sport subacqueo.

2 Noi e i media Sostituisci gli aggettivi indefiniti sottolineati con un pronome indefinito e fai le modifiche necessarie.

Modello **<u>Alcune persone</u> sono contrarie ad avere la televisione in casa.**
Alcuni sono contrari ad avere la televisione in casa.

1. <u>Molte persone</u> credono alle cose che sentono in televisione. Molti...
2. Non <u>tutte le cose</u> che sono scritte sui giornali sono vere. Non tutto quello che...
3. <u>Qualunque persona</u> vorrebbe andare in televisione per diventare famosa. Chiunque vorrebbe...
4. Quando guardo la televisione non voglio vedere <u>nessun programma</u> scandalistico. ...niente di scandalistico.
5. <u>Ogni telespettatore</u> vorrebbe incontrare il proprio attore preferito. Ognuno vorrebbe...

3 Le vacanze Per le vacanze, un tuo amico vorrebbe andare a Savona, ma tu non sei d'accordo. Contraddici ogni sua affermazione usando un aggettivo o un pronome indefinito.

Modello **Ci sarebbe tanto da fare a Savona.**
Non, non ci sarebbe niente da fare a Savona.

1. Il 14 di agosto vanno tutti a Savona per vedere la «posa a mare dei lumini». No, il 14 di agosto nessuno va a Savona per vedere la posa a mare dei lumini.
2. Tutti gli esperti conoscono la grotta (*cave*) di Borgio Verezzi. No, nessun esperto conosce la grotta di Borgio Verezzi.
3. C'è molto da vedere all'interno della Fortezza del Priamar. No, non c'è niente da vedere all'interno della Fortezza del Priamar.
4. Ci sono vari spettacoli interessanti durante l'estate nella Riviera delle Palme. No, non c'è niente di interessante durante l'estate nella Riviera delle Palme.
5. Alcuni sentieri partono da Savona e si arrampicano sulle montagne della costa. No, nessun sentiero parte da Savona e si arrampica sulle montagne della costa.

Practice more at **immagina.vhlcentral.com.**

Comunicazione

4 **Si parte!** Che tipo di persona sei? Ti piace andare all'avventura o programmare tutto in anticipo? Rischiare a occhi chiusi o sapere qualcosa prima di prendere una decisione? Rispondi alle domande, poi, con un(a) compagno/a, confrontate e discutete le vostre risposte.

1. **Prima di visitare un paese straniero...**
   a. vado in biblioteca e studio tutta la storia del posto fin dalle origini.
   b. raccolgo qualche informazione sommaria su Internet circa i vari aspetti del luogo: sociale, economico, storico e naturale.
   c. non studio niente prima e lascio che tutto sia una sorpresa.
2. **Quando viene il momento di preparare le valigie...**
   a. porto con me tutto quello di cui potrei avere bisogno, incluso il mangiare.
   b. non metto in valigia niente che non sia indispensabile e mi adatto.
   c. mi informo prima su dove poter comprare tutte le comodità a cui sono abituato/a.
3. **Quando arrivo in una città...**
   a. ho già un itinerario dettagliato di tutti i posti che voglio vedere.
   b. vado all'ufficio turistico e chiedo informazioni sul posto e qualche consiglio su cosa vedere.
   c. comincio a camminare in qualsiasi direzione e mi faccio guidare dal caso.
4. **Mentre visito i vari luoghi...**
   a. mi piace parlare con chiunque e per questo studio un po' la lingua prima di partire.
   b. di solito non parlo con nessuno oltre ai miei compagni di viaggio.
   c. vorrei parlare con qualcuno del posto, ma di solito non conosco la lingua.
5. **Quando sono in un ristorante...**
   a. scelgo solo alcuni piatti specifici: quelli che conosco.
   b. provo a ordinare qualunque piatto abbia un nome incomprensibile.
   c. chiedo al cameriere di consigliarmi alcuni piatti tipici.

4 Ask students to provide one more question with three possible answers for their partner before they compare their answers with each other.

5 **Racconti di viaggio**

A. In coppia, preparate sei domande su alcune esperienze di viaggio usando le parole della lista come nel modello.

Modello Hai mai fatto qualcosa che non ti aspettavi di fare?

niente	**qualcosa**	**tutti**
qualche	**qualcuno**	**tutto**

B. In gruppi di quattro, fatevi le domande e rispondete raccontando le vostre esperienze.

5 At the end of the conversation, have volunteers relate to the class some interesting answers they got from their partners.

6 **Cosa succede?** Antonella e Alessandro sono in gita. Fanno e vedono cose molto divertenti. Ad un certo punto, succede qualcosa. Qualcosa di buffo, di strano, di tragico o di romantico? Decidetelo voi! Guardate le immagini e scrivete una storia usando almeno otto aggettivi o pronomi indefiniti.

6 Ask volunteers to read their story to the class, then students can decide which story has the most unexpected ending.

INSTRUCTIONAL RESOURCES
Supersite: Audioscripts, SAM AK, Lab MP3s
SAM/WebSAM: WB, LM

9.3 Hypothetical statements

- Hypothetical statements enable us to state what might occur if something else happens. Hypothetical statements contain two parts: a subordinate clause introduced by **se** (*if*) that expresses a condition or possibility, and an independent clause that expresses the result.

  Se **vieni** a Roma la prossima settimana, **chiamami**!
  If you come to Rome next week, call me!

  Se **avessimo** tempo, **guarderemmo** tutte le puntate.
  If we had the time, we would watch all the episodes.

- Italian grammar allows for three types of **se** clauses, depending on an event's probability: (a) when the condition is likely or real, (b) when the condition is unlikely but possible, and (c) when the condition is impossible. The verb tense and mood convey these levels of probability.

Hypothetical Statements

likely or real condition *Se* + **indicative**	unlikely but possible condition *Se* + **imperfect subjunctive**	impossible condition *Se* + **past perfect subjunctive**
Se **leggi** il giornale, **ti tieni** aggiornato sulla politica. *If you read the paper, you stay updated on politics.*	Se **vivessi** in Italia, **capirei** meglio la politica del paese. *If I lived in Italy, I would understand better the country's politics.*	Se **fossi nato** in Italia, **potrei** votare alle elezioni. *If I had been born in Italy, I could vote in the elections.*

- To state hypothetically what is possible or real, use the indicative in the **se** clause and the indicative or the imperative in the independent clause. Often the same mood and tense are used in both clauses, but other combinations are possible.

Tense combination ***Se* clause, main clause**	**Examples**
presente + **presente**	Se **parli** lentamente, **capisco** meglio. *If you speak slowly, I understand better.*
passato prossimo + **presente**	Se **hai** già **letto** il libro, me lo **puoi** prestare? *If you have finished reading the book, can you loan it to me?*
passato prossimo + **imperativo**	Se **avete guardato** il DVD, **riportatelo** in biblioteca. *If you have watched the DVD, bring it back to the library.*
passato prossimo + **futuro**	Se non **ha** ancora **finito** l'articolo, lo **finirà** presto, *If she hasn't yet finished the article, she will finish it soon.*
passato prossimo + **imperfetto**	Se **hanno mangiato** tutto, **avevano** molta fame. *If they ate everything, they were very hungry.*
futuro + **futuro**	Se **avrai** voglia, **potrai** venire a trovarmi. *If you (will) want to, you will be able to visit me.*
imperfetto + **imperfetto**	Se **andavo** al cinema, **guardavo** solo film comici. *If I went to the movies, I only watched comedies.*

RIMANDO

To review the verb tenses used in hypothetical statements, see

The imperative, p. 138; **The future, p. 176**; **The conditional, p. 206**; **The imperfect subjunctive and the past perfect subjunctive, p. 330**.

ATTENZIONE!

Note that when the future is used in the **se** clause, the main clause is also often in the future. It is also permissible, however, to use the present tense in the main clause.

Se registrerai il programma, lo guarderemo più di una volta. (fut. + fut.)
Se registrerai il programma, lo guardiamo più di una volta. (fut. + pres.)
If you record the program, we will watch it more than once.

ATTENZIONE!

It is possible to reverse the order of the clauses in a hypothetical statement.

I tuoi amici verrebbero alla festa se li invitassimo?
Would your friends come to the party if we were to invite them?

- Only in the case of *likely* or *real* hypothetical statements, you may note that a synonymous meaning could be derived by substituting **quando** for **se**. The same is not true for unlikely or impossible hypothetical clauses.

  Se avrò i soldi comprerò una macchina sportiva.
  If I have the money, I will buy a sports car.

  Quando avrò i soldi comprerò una macchina sportiva.
  When I have the money, I will buy a sports car.

- To state hypothetically what may be unlikely but possible, use the imperfect subjunctive in the **se** clause, and the present or past conditional in the result clause.

  Se **credessero** all'oroscopo, lo **leggerebbero** ogni giorno.
  If they believed in the horoscope, they would read it every day.

  Se mi **informassi**, **avrei capito** meglio la conferenza stampa.
  If I kept myself informed, I would have understood the press conference better.

Se la famiglia ***guardasse*** *questo video,* ***capirebbe*** *la sua gioia!*

- To state a hypothesis about the past, a condition that could not change or is contrary to fact, use the **past perfect subjunctive** in the **se** clause, and the present or past conditional in the result clause. The conditional present expresses the potential current outcome if something in the past had occurred.

  Se **avesse letto** il libro, **capirebbe** meglio il film.
  If he had read the book, he would understand the film better. (**now** – conditional present)

  Se **avesse letto** il libro, gli **sarebbe piaciuto**.
  If he had read the book, he would have liked it. (**then** – past conditional)

Se **avessi studiato** di più, adesso non **avrei** problemi a scuola!

ATTENZIONE!

Remember to use the conditional mood only in the main clause, never in the **se** clause.

Se avesse più soldi, Claudio comprerebbe una casa al mare.
If he had more money, Claudio would buy a house by the sea.

Provide students with a **se** clause and ask them to complete the statement logically. Move from likely to possible to impossible situations.
Se capite gli esempi...
Se finiremo tutti gli esercizi...
Se avessimo più tempo...
Se ci fosse lezione anche la domenica...

ATTENZIONE!

Occasionally, in spoken Italian, you may notice that the word **se** is omitted.

Certo, avessi tempo, rileggerei quel libro!
Sure, had I time, I would reread that book!

Pratica

1 Have volunteers read their answers to the class and explain their choices.

1 Ask students to add two more lines to the dialogues using two **se** clause construction with the indicative.

Nota
CULTURALE

La **mimosa** è il fiore simbolo della festa della donna, che in Italia si celebra l'8 marzo. La Liguria con il suo clima temperato favorisce la fioritura della mimosa. Per non far passare inosservata la fioritura di un fiore così simbolico, la prima domenica di febbraio si festeggia a Pieve Ligure l'inizio della primavera con la Festa della Mimosa.

2 Ask the students to provide two more questions for their partners.

1 **La festa della mimosa** Luisa invita Miriam alla Festa della Mimosa, a Pieve Ligure. Completa il dialogo inserendo la forma corretta del verbo nel tempo indicativo.

LUISA Ciao Miriam! Vieni anche tu oggi alla Festa della Mimosa?

MIRIAM Dipende, se (1) trovo/troverò (trovare) chi mi accompagna, vengo volentieri.

LUISA Se prendi la macchina, (2) ricordati (ricordarsi) che il centro è chiuso al traffico per tutta la giornata.

MIRIAM Potrei venire in treno, ma la stazione è lontana.

LUISA Se vieni in treno, (3) puoi/potrai (potere) prendere la navetta (*shuttle bus*) alla stazione e arrivare in centro.

MIRIAM A che ora comincia la festa?

LUISA Il prete benedirà le mimose a mezzogiorno, se tutto (4) procede/procederà (procedere) secondo il programma.

MIRIAM Sinceramente, mi interessa di più l'aspetto folcloristico...

LUISA Allora vieni il pomeriggio! Se (5) prendi/prenderai (prendere) il treno subito dopo pranzo, farai in tempo a vedere la sfilata (*parade*) dei carri e dei quadri fioriti.

MIRIAM Bene! Invito anche Luca! Se (6) avrà finito (finire) gli esami, forse vorrà rilassarsi un po'...

LUISA Va bene. Se arrivi prima, (7) chiamami (chiamarmi). Possiamo mangiare insieme agli stand gastronomici. Ciao!

2 **Pro o contro?**

A. Sei pro o contro il modo in cui i mezzi di comunicazione di massa vengono usati? Completate il questionario usando il condizionale semplice nella prima opzione e quello composto nella seconda.

1. **Se Internet non esistesse...**
   a. le persone si sentirebbero (sentirsi) più sole.
   b. i rapporti interpersonali sarebbero rimasti (rimanere) come una volta: umani e non virtuali!
2. **Se la televisione trasmettesse più programmi educativi...**
   a. il livello della cultura si alzerebbe (alzarsi).
   b. la maggior parte dei telespettatori si sarebbe lamentata (lamentarsi) già da tempo.
3. **Se la televisione non esistesse...**
   a. le persone leggerebbero (leggere) di più.
   b. la popolazione sarebbe stata esclusa (essere esclusa) dalla storia.
4. **Se tu avessi un'antenna parabolica...**
   a. la useresti (usare) per guardare canali stranieri e familiarizzarti con nuove lingue.
   b. avresti trovato (trovare) già il tuo canale preferito per guardare solo quello!
5. **Se i giornali e le riviste fossero tutte on-line...**
   a. risparmierebbero (risparmiare —*to save*) molta carta.
   b. tutti noi avremmo perso (perdere) ormai il gusto di leggere il giornale al bar, sul treno o con gli amici.
6. **Se non esistesse il doppiaggio...**
   a. sarebbe (essere) più facile imparare altre lingue.
   b. i buoni film non sarebbero circolati (circolare) così diffusamente.

B. In coppia, rispondete al questionario discutendo sulle risposte.

Practice more at **immagina.vhlcentral.com.**

Comunicazione

3 **Consigli sulla TV** In coppia, parlate delle vostre reazioni in determinate circostanze. Completate le frasi suggerite, scegliendo con attenzione i modi e i tempi da usare.

Modello. **...metto il volume al massimo.**
Se qualcuno mi disturba mentre guardo la TV, metto il volume al massimo.

1. Se io dovessi decidere dove mettere il televisore in casa…
2. Se qualcuno cambiasse canale mentre sto guardando un programma che mi interessa...
3. Se guardo la TV insieme ad un'altra persona...
4. ...proverei a vivere senza.
5. ...uso i tappi per le orecchie (*earplugs*).
6. ...avrei comprato un televisore con le cuffie (*head-phones*).

3 Ask students to add three sentences about their own behavior when they or other people are using a TV or reading a book or a newspaper.

4 **Cosa fareste voi?** Guardate le immagini e dite cosa fareste in queste circostanze. Siate creativi!

Modello: Se io diventassi un'attrice famosa, chiederei a tutta la famiglia di guardare i miei film!

1.

2.

3.

4.

5.

4 As a warm-up, have students look at the five illustrations and note vocabulary which they will use in their answers. Write useful words on the blackboard, such as: **vicini di casa**, **ascensore**, **coccodrillo**, **isola**, **squalo**.

4 Sample answers:
1. Se i miei vicini fossero rumorosi, andrei a chiedergli di essere più silenziosi.
2. Se io non potessi uscire dall'ascensore, andrei in panico.
3. Se il mio coinquilino venisse a casa con un coccodrillo, gli chiederei di portarlo allo zoo.
4. Se rimanessi solo su un'isola deserta, mi annoierei molto.
5. Se uno squalo mi seguisse, nuoterei più velocemente.

5 **Se fossi** Prova a immaginare come sarebbe la tua vita se tu fossi uno dei seguenti personaggi.

Modello: **Scarlett Johansson**
Se fossi Scarlett Johansson, girerei un film in Italia....

- Robert De Niro
- Justin Timberlake
- Roberto Benigni
- Lindsay Lohan
- Mike Myers
- Leonardo Di Caprio

5 Write **Se io fossi** on the board and ask students to use the prompt to write sentences about other famous people, both contemporary and from the past.

6 **Rimpianti (*Regrets*)** Scrivi quattro frasi su alcune cose che avresti fatto diversamente la scorsa estate. Quindi spiega le tue frasi ai tuoi compagni, in gruppi di tre o quattro.

Modello: Se avessi saputo quanto era difficile trovare lavoro, avrei cominciato prima a cercarne uno.

comparisons — NATIONAL STANDARDS

INSTRUCTIONAL RESOURCES
Supersite: Audioscripts, SAM AK, Lab MP3s
SAM/WebSAM: WB, LM

RIMANDO

Previous presentations related to the subjunctive include the following.

The subjunctive: impersonal expressions; will and emotion, **Strutture 6.3, pp. 214-215**

The subjunctive with expressions of doubt and conjunctions; the past subjunctive, **Strutture 7.3, pp. 256-257**

RIMANDO

To review comparatives and superlatives, see **Strutture 7.1, pp. 246-248**

ATTENZIONE!

Note that the word order in sentences containing a relative superlative can vary. Remember also that the forms of some adjectives (such as **bello** and **buono**) change depending on their position in the sentence.

Il Pantheon è l'edificio più bello che esista.
Il Pantheon è il più bell'edificio che esista.
The Pantheon is the most beautiful building there is.

9.4

Other uses of the subjunctive

- You have already learned to use the subjunctive mood in dependent clauses following expressions of opinion, doubt, will, and emotion. You will recall that the indicative mood, in contrast, conveys facts and other objective information.

- Italian also requires the use of the subjunctive in several other instances, in which the subjunctive is not triggered by a particular verb in an independent clause (such as **pensare che**, **dubitare che**, **sperare che**). Rather, it is required because of restrictive or limiting words (indefinites, negatives, and superlatives) that trigger its use in a relative clause.

- Use the subjunctive in relative clauses introduced by the indefinite words **qualunque** and **qualsiasi** (*whichever/whatever*), **chiunque** (*whoever*), **comunque** (*however*), and **dovunque** (*wherever*).

Qualunque cosa **succeda**, non dimenticarti di me!
Whatever happens, don't forget me!

Non rispondo al telefono, **chiunque chiami.**
I'm not answering the phone, no matter who calls.

Comunque vadano le cose, non disperare!
However things go, don't despair!

Dovunque traslochiate, vi verrò a trovare.
No matter where you move, I will visit you.

- Use the subjunctive in relative clauses that speak of something or someone that is unknown or does not yet exist. For example, the subjunctive is used after the indefinite article (**un**, **uno**, **un'**, **una**) + [*noun*] and after the indefinite pronouns **qualcuno** and **qualcosa**.

Dobbiamo trovare **un articolo** che **appoggi** le nostre idee.
We need to find an article that supports our ideas.

Conosci **qualcuno** che **possa** darci una mano?
Do you know anyone who can give us a hand?

- Use the subjunctive when speaking of someone or something unknown or nonexistent, for example, after the negative expressions (**non**)... **nulla/niente/nessuno**.

Di quel museo, non c'è **nulla** che mi **piaccia**.
There is nothing about that museum that I like.

Non conosciamo **nessuno** che **possa** aiutarci.
We don't know anyone who can help us.

- Use the subjunctive after the relative superlative (**il più**... **che**, **il meno**... **che**, **il migliore**... **che**, **il peggiore**... **che**).

Novecento è **il** film **più lungo** che io **abbia** mai **visto**!
1900 *is the longest film I have ever seen!*

- The subjunctive is often used after the restrictive adjectives **unico**, **solo**, **primo**, and **ultimo** in combination with the definite article.

La Strada è **l'unico** film di Fellini che **abbiate visto.**
La Strada *is the only film by Fellini that you have seen.*

I cartoni animati sono **i primi** programmi che io **abbia visto**.
Cartoons are the first programs I have seen.

Pratica e comunicazione

1 **Al Genova Comics** Jennifer, studentessa americana in Italia, incontra per la prima volta Paolo al Genova Comics: forse può consigliarle quale fumetto comprare per suo fratello... Completa la conversazione inserendo i verbi al congiuntivo o all'indicativo.

JENNIFER Ciao! Puoi aiutarmi, per favore? Cerco un fumetto per mio fratello... qualcosa di tipicamente italiano, ma fuori dagli stereotipi. Puoi consigliarmi qualcosa?

PAOLO Diabolik, senza dubbio! Ovunque tu (1) ___vada___ (andare), il suo stand è sempre pieno di gente: significa che è il più amato!

JENNIFER Diabolik... non lo conosco, ma chiunque lui (2) ___sia___ (essere), ha un nome davvero inquietante!

PAOLO Diabolik è «il re del terrore»! Non c'è nessuno in Italia che non lo (3) ___conosca___ (conoscere).

JENNIFER Cosa fa nella vita questo... Diabolik?

PAOLO Il ladro. Chiunque (4) ___abbia___ (avere) denaro o (5) ___nasconda___ (nascondere) gioielli è una sua possibile vittima.

JENNIFER Una specie di Robin Hood moderno!

PAOLO Non proprio... Diabolik non dà niente ai poveri. Tiene per sé tutto quello che (6) ___ruba___ (rubare).

JENNIFER E tu sei d'accordo con tutto quello che lui (7) ___fa___ (fare)?

PAOLO Certo che no! Ma Diabolik è un personaggio assolutamente innovativo per i suoi tempi! La sua amante, Eva Kant, è una donna forte, astuta (*smart*) e sempre fedele. Chiunque (8) ___dica___ (dire) di essere un fan di Diabolik, in realtà è un fan di Eva Kant.

2 **Confronti** Confronta i tuoi gusti con quelli di un(a) compagno/a usando il congiuntivo presente o passato come nell'esempio.

Modello **Il miglior film**
«Gli Intoccabili» è il miglior film che io abbia mai visto.

1. la rivista più interessante
2. il fumetto più divertente
3. il cartone animato più realistico
4. il programma meno commerciale
5. il personaggio più misterioso
6. il giornalista più polemico
7. il peggior telefilm
8. l'opinionista più critico

3 **Quest'anno a ferragosto** Guardate le immagini e scegliete come passare ferragosto quest'anno. Quindi scrivete almeno due frasi al superlativo per ogni immagine, spiegando perché l'avete o non l'avete scelta. Aiutatevi con le parole della lista.

Modello Non farò più trekking perché è la cosa meno entusiasmante che io abbia mai fatto.

1 Ask pairs of students to write a similar dialogue about the main character of a cartoon strip they like and then read it to the class. While reading, the name of the character could be omitted so that the rest of the class guesses who he/she is.

Nota CULTURALE

Genova Comics è il festival internazionale che ogni anno propone fumetti e musica di ogni epoca, formato e genere. Al festival, un posto speciale è occupato dalle edizioni di *Diabolik, il «re del terrore»*, inventato nel 1962 dalle sorelle Giussani in formato tascabile (*pocket format*) per i pendolari (*commuters*) che ogni giorno prendevano il treno per andare al lavoro. Figura decisamente controversa, Diabolik non era certo un esempio morale, mentre la sua amante, Eva Kant, era l'opposto dello stereotipo femminile propagandato da stampa e televisione fin ad allora. Inizialmente attaccato dalla critica, Diabolik vanta oggi un fan club molto numeroso per la bellezza dei disegni, il fascino dei personaggi e la storia d'amore assolutamente sincera ed onesta fra il protagonista ed Eva.

2 Have students share their answers with the class and make lists on the blackboard showing the most interesting magazines, the most amusing comic strips, etc.

Practice more at **immagina.vhlcentral.com.**

Sintesi

1 **Parliamo** In piccoli gruppi, esaminate il sondaggio e discutete degli argomenti proposti dalle domande.

Comunicato stampa del Censis: Come si sono informati gli italiani per decidere chi votare alle elezioni amministrative del 2009.

- Telegiornali: 69,3 %
- Programmi di discussione e approfondimento: 30,6 %
- Stampa: 25,4 %
- Confronti con familiari e amici: 19 %
- Canali televisivi «all news»: 6,6 %
- Radio: 5,5 %
- Internet (iscrizione ai siti di partito per ricevere informazioni, partecipazione ai forum di discussione, blog, Facebook): 2,3 %
- Partecipazione a manifestazioni: 2,2 %

fonte: http://www.censis.it/

1. Qual è il mezzo di informazione più usato dagli italiani? Pensi che sia una fonte valida oppure no? Perché?
2. Pensi che sia corretto concludere che la televisione influenza il voto degli italiani?
3. Come ti informeresti se dovessi prendere una decisione importante?
4. Tra i mezzi di informazione elencati, qual è il migliore che tu possa consigliare ad un(a) amico/a?
5. Secondo te, qual è il mezzo d'informazione più diffuso tra i giovani?

Strategie per la comunicazione

Espressioni utili...

...per esprimere le proprie opinioni:

Secondo me/i sondaggi... (+ indicativo)

Personalmente penso/credo/ritengo che... (+ congiuntivo)

Sono assolutamente contrario/a a...

Sono d'accordo con...

...per esprimere punti di vista diversi:

Da un lato..., dall'altro...

Sono d'accordo con..., tuttavia...

Anche se... (+ indicative)

Nonostante... (+ congiuntivo)

...per indicare i risultati di un sondaggio:

La maggior parte di... (+ verbo al singolare)

La maggioranza/minoranza di...

2 It could be useful to do a brainstorming activity first to review the vocabulary studied in **Lezione 6**, pointing out how the media might also influence the attitude toward emerging situations, such as an increase in immigration.

2 **Scriviamo** Scegli un argomento tra i due proposti e scrivi una breve composizione.

- Descrivi il tuo rapporto con la televisione. La usi? Come? Quando? Quanto? Trovi che sia giusto parlare di un «uso buono» e un «uso cattivo» della televisione, o pensi che questo sia un atteggiamento moralistico che limita la libertà dell'individuo?

- Descrivi come, in un paese ideale, i cittadini risponderebbero alle domande del sondaggio. Avrebbero un atteggiamento (*attitude*) diverso nei confronti dei mezzi di informazione? Perché? Come si potrebbe creare una società con un maggiore spirito critico? Se tu avessi la possibilità di pianificare la programmazione televisiva del tuo paese, come la struttureresti?

Preparazione

Vocabolario della lettura	Vocabolario utile
il capolavoro *masterpiece*	**il critico (cinematografico)** *(film) critic*
il/la cineasta *filmmaker*	**giallo** *mystery*
il copione *script*	**nero** *noir*
il culmine *height, peak (fig.)*	**premiato/a** *award-winning*
girare *to film; to turn*	**la rassegna** *festival*
onirico/a *dream-like*	**la recensione** *review*
il/la regista *director*	**rosa** *romance*
la sceneggiatura *screenplay*	**sperimentale** *experimental*
il volto *face*	

Review other relevant film vocabulary from the beginning of the lesson as needed for class discussion.

Ask students if they know how a **commedia all'italiana** differs from other comedies. Use examples and video clips from films such as Pietro Germi's **Divorzio all'italiana** (for which the term was coined) and others to illustrate this particular genre and its ties to **neorealismo**. In the same vein, encourage a discussion on the differences and similarities between Hollywood westerns and Italian spaghetti westerns. You might also wish to explain how Italian genre colors came to be in both literature and cinema.

1 **Significati** Collega le parole con le loro definizioni.

c	1. capolavoro	a. copia del testo di un'opera drammatica
e	2. cineasta	b. filmare
a	3. copione	c. opera più importante
b	4. girare	d. testo teatrale o cinematografico
f	5. volto	e. professionista del cinema
d	6. sceneggiatura	f. faccia

2 **Generi**

A. In coppia, inserite dei titoli di film in ogni categoria.

- Film d'azione/Thriller
- Commedia
- Film neorealista
- Film giallo (storie poliziesche, di detective, misteriose)
- Film rosa (storie d'amore)
- Film nero (storie dell'orrore, del soprannaturale, noir)
- Western
- Commedia all'italiana
- Spaghetti western

B. Confrontate le vostre risposte con quelle di un'altra coppia.

3 **Gusti** In coppia, rispondete alle domande.

1. Vai spesso al cinema?
2. Quale genere di film preferisci? Quale non andresti mai a vedere? Perché?
3. Quali attori hanno vinto il premio Oscar quest'anno? Secondo te, se lo meritavano o no?
4. Quando vai al cinema vedi spesso film stranieri? Preferisci i film doppiati o quelli con i sottotitoli? Perché?
5. Cosa ti viene in mente quando pensi al cinema italiano? Quali film, attori, registi, produttori italiani conosci?
6. Hai mai visto un film di Federico Fellini? Quale? Cosa ne pensi?

Nota
CULTURALE

Il movimento **neorealista** è nato durante la seconda guerra mondiale con la resistenza antifascista ed è continuato durante gli anni '50. È un periodo durante il quale gli intellettuali italiani cercavano un nuovo modo di descrivere il mondo con un forte senso di impegno sociale e politico. Nel cinema, i creatori del neorealismo sono registi che usavano attori non professionisti e narravano storie di vita quotidiana: i più celebri sono **Roberto Rossellini, Luchino Visconti, Michelangelo Antonioni** e **Vittorio de Sica**.

Federico Fellini

IL 'MAESTRO' DEI SOGNI

Reading

In quarant'anni di carriera—dal 1950 al 1990—il regista Federico Fellini (1920-1993) ha girato ventiquattro film e cambiato il volto del cinema mondiale. Con il loro «realismo magico», i suoi film costituiscono per molti aspetti uno sviluppo del neorealismo italiano ma anche l'espressione di un immaginario profondamente unico, allo stesso tempo autobiografico e universale.

Il più conosciuto tra i registi italiani, vincitore di cinque Oscar e innumerevoli altri premi internazionali, da giovane aveva aspirazioni molto diverse: voleva fare il fumettista° e il giornalista e non immaginava che un giorno sarebbe diventato un celebre cineasta. Già dai tempi in cui era ancora studente al liceo, il giovane Federico aveva cominciato a pubblicare vignette satiriche su giornali e riviste.

cartoonist

Ad appena 19 anni, si è trasferito a Roma promettendo ai genitori di studiare giurisprudenza° all'università, ma iniziando invece a collaborare con giornali e con la principale rivista umoristica del tempo, il *Marc'Aurelio*, disegnando e scrivendo una serie di rubriche intitolate «Le storielle di Federico». A Roma ha cominciato anche a frequentare il mondo del teatro di varietà (chiamato anche l'avanspettacolo) e del cinema, ambiente in cui ha conosciuto personaggi e attori famosi che lo hanno incoraggiato a scrivere copioni e sceneggiature.

law, law school

Nel 1945 il grande regista Roberto Rossellini lo ha invitato a scrivere con lui la sceneggiatura di *Roma città aperta* e, l'anno successivo, quella di *Paisà*. È l'inizio di una collaborazione storica e dell'entrata del giovane Fellini nel grande cinema. Il primo film di cui ha curato completamente la regia è *Lo sceicco bianco* del 1952, che però non è stato accolto bene né dal pubblico né dalla critica. Il successo e i premi però sono cominciati ad arrivare molto presto: già l'anno successivo il film *I vitelloni* ha vinto il Leone d'argento alla prestigiosa Mostra del cinema di Venezia. Nel 1942, mentre scriveva anche per la radio, Federico ha incontrato l'attrice Giulietta Masina, sua futura moglie ed indimenticabile interprete dei film *La strada* (1956), *Giulietta degli spiriti* (1965) ed altri capolavori cinematografici felliniani.

La seconda fase del cinema del Fellini maturo ha continuato a ricevere applausi e premi, ma ha causato anche scandalo nella società italiana del tempo con film come *La dolce vita* (1960): una delle scene più controverse in cui l'attrice Anita Ekberg entra nella fontana di Trevi è oggi leggendaria. Ma il culmine del cinema felliniano è certamente il rivoluzionario *8 ½* (1963), la storia onirica e interiore di un regista, interpretato da Marcello Mastroianni (uno dei protagonisti preferiti di Fellini), sul set di un film che non finisce mai. Come il cinema di Fellini stesso, è un mondo in cui l'immaginazione permette la coesistenza di realtà in apparenza opposte, come tristezza e umorismo, personaggi insieme poetici e grotteschi, nostalgia e e ironia. ■

Il cinema contemporaneo in Italia

Dopo un periodo di crisi alla fine del Novecento, il cinema italiano del Duemila ha cominciato a riprendersi. I grandi registi contemporanei come Nanni Moretti, Matteo Garrone, Gianni Amelio e Marco Tullio Giordana sono molto diversi tra di loro stilisticamente; i loro film trattano gli aspetti più complessi dell'Italia di oggi. Da vedere sono: *Ladro di bambini* (Amelio 1992), *Caro Diario* (Moretti 1993), *Quando sei nato non puoi più nasconderti* (Giordana 2005) e *Gomorra* (Garrone 2008).

Fellini dopo *8 ½*

Dopo il successo internazionale di *8 ½*, i film più ricordati di Fellini sono: *Roma* (1972), *Amarcord* (1973), *E la nave va* (1983) e *Ginger e Fred* (1986).

communication NATIONAL STANDARDS

Analisi

1 **Analisi** Indica se queste affermazioni sono **vere** o **false**. Poi, in coppia, correggete le affermazioni false.

Vero	Falso	
☐	☑	1. Fellini ha inventato il neorealismo.
☑	☐	2. I genitori di Fellini volevano che studiasse giurisprudenza.
☑	☐	3. Prima di diventare regista Fellini voleva fare il giornalista.
☐	☑	4. Fellini non ha mai lavorato per la radio.
☑	☐	5. Roberto Rossellini è stato uno dei mentori di Fellini.
☑	☐	6. Molti film di Fellini hanno degli elementi onirici.

2 **Dibattito** In piccoli gruppi, rispondete alle domande.

1. Com'è il cinema di Hollywood paragonato a quello italiano?
2. Quali cineasti americani sono contemporanei di Fellini? Che tipo di cinema hanno creato? Il loro stile è cambiato con il passare degli anni o è rimasto simile?
3. Quali registi contemporanei parlano di problemi sociali?
4. Quali film recenti hanno causato dei dibattiti o degli scandali?
5. Vi piacciono i film fatti solo per divertire o cercate di vedere quelli che hanno un messaggio più complesso? Pensate che ci sia spazio per tutti e due i generi?

3 Ask students to consider collaborations from different genres, countries, etc. Some suggestions: Aerosmith and Run DMC; Merce Cunningham and John Cage; Eros Ramazzotti and Tina Turner; Andy Warhol and Jean-Michel Basquiat; Salvador Dalí and Luis Buñuel.

3 **Collaborazioni** Sappiamo che Fellini ha scritto delle sceneggiature per Rossellini e poi, una volta divenuto regista, ha spesso usato gli stessi attori, come Giulietta Masina e Marcello Mastroianni. Quali altre celebri collaborazioni tra artisti vi vengono in mente?

4 **Citazioni** Leggete e commentate queste celebri frasi di Fellini.

«Sono un artigiano che non ha niente da dire, ma sa come dirlo.»

«Sono un grande bugiardo.»

«Il cinema non ha bisogno della grande idea.»

«Faccio un film alla stessa maniera in cui vivo un sogno.»

- Pensate che Fellini non avesse davvero niente da dire?
- Che cosa intende, secondo voi, per «bugiardo»?
- Quali sono gli elementi di un film eccezionale? Che cos'è una «grande idea»?
- In che modo un film può essere come un sogno?
- Quali sono le qualità di un bravo regista? Perché?
- Che cosa costituisce una trama avvincente (*enthralling*)?
- Quale mezzo sceglieresti per raccontare la tua autobiografia? Un film o un romanzo?

5 **Scrittura** Scegli uno dei seguenti argomenti e scrivi una breve composizione.

- Proponi un'idea per un film ad un produttore italiano. Qual è la storia principale? Dov'è ambientato? Perché avrà successo?
- Guarda un film di Fellini e scrivi una breve recensione. Descrivi i personaggi, racconta la trama e riassumi gli elementi che ti hanno sorpreso.

Practice more at **immagina.vhlcentral.com.**

Preparazione

Reading

connections cultures NATIONAL STANDARDS

A proposito dell'autore

Umberto Eco (Alessandria, 1932) ha ottenuto fama internazionale dopo la pubblicazione del suo primo romanzo *Il nome della rosa* (1980), che è stato tradotto in quarantaquattro lingue ed è anche diventato un film di successo. Oltre che romanziere, Eco è professore universitario, filosofo, semiologo e linguista. Ha collaborato con numerose testate giornalistiche sulle quali ha sempre espresso le sue opinioni tanto politiche quanto di critica di costume e teoria del linguaggio. Uomo autoironico ed interessato alla cultura popolare, ha ricevuto trentacinque lauree honoris causa (*honorary degrees*). *Il Diario minimo*, da cui è tratto questo saggio paradossale, è una raccolta di saggi scritti e pubblicati dagli anni '60 in poi.

Vocabolario della lettura

il balletto *short dance performance*
battere le mani *to clap hands*
fingere *to pretend*
l'intrattenitore *entertainer*
la ribalta *downstage*
la scena *stage, scene*
la scenetta *skit*
il sipario *curtain*
la valletta *TV host assistant*

Vocabolario utile

acritico/a *acritical*
l'avanspettacolo *variety show*
la claque *professional clappers*
il/la concorrente *contestant*
il gioco a premi *quiz show*
la manipolazione *manipulation*
la notorietà *fame*

1 Definizioni Trovate la definizione adatta ad ogni parola

c	1. l'avanspettacolo	a. il convincere qualcuno a pensare o fare una cosa
f	2. il sipario	b. spettacolo televisivo che regala soldi
a	3. la manipolazione	c. forma di spettacolo con scene comiche e canzoni
d	4. la notorietà	d. la fama
b	5. il gioco a premi	e. ballo breve coreografato
e	6. il balletto	f. tela che viene chiusa e aperta all'inizio e alla fine dello spettacolo

2 Preparazione Fate a un(a) compagno/a le seguenti domande.

1. Cosa preferisci guardare in televisione?
2. Che tipo di spettacoli ti attirano (*attract*) di più? Perché?
3. Qual è lo spettacolo televisivo che odi di più e perché?
4. La TV aiuta a pensare o toglie ogni possibilità di sviluppare uno spirito critico?

3 Gli spettacoli televisivi di oggi. Con dei compagni, fate una lista degli elementi fondamentali di uno spettacolo a formula (scegliete voi il genere). Poi fatevi le seguenti domande.

- Esiste un tipo di spettacolo veramente spontaneo?
- L'essenza della televisione e dello show business in generale non è forse la creazione di una realtà alternativa alla vita vera? Qual è lo scopo dei reality? Secondo voi, c'è chi crede veramente che i reality rappresentino una realtà?

Practice more at **immagina.vhlcentral.com.**

Nota CULTURALE

Quando Eco scrisse il *Diario minimo* nel 1987 le TV private in Italia esistevano da circa cinque anni. La TV stava cambiando e proponeva sempre più giochi a premi e meno programmi culturali. Diventarono frequenti le interruzioni pubblicitarie per sponsorizzare le trasmissioni, cosa che la TV di stato RAI non aveva mai fatto. I comportamenti dei «Bonga» descritti nel racconto si riferiscono chiaramente al pubblico americano. L'ironia di Eco si è dimostrata profetica: i comportamenti che descrive sono ormai la norma anche in Italia; per esempio, l'applauso ingiustificato per ogni cosa detta dal presentatore o dall'ospite è oggi largamente usato anche alla TV italiana.

RAI *imperfect acronym for Radio Televisione Italiana, state owned television*
ingiustificato *unmerited*

2 Have small groups discuss an additional question: **Come funzionano gli spettacoli che usano una formula costante? Qual è l'elemento più attraente della ripetitività di una formula? Che effetto fa seguire un ritmo costante con gli stessi momenti di suspense?**

COME PRESENTARE IN TV

Umberto Eco

S Audio: Dramatic Recording

Fu una affascinante° esperienza quando l'Accademia delle Scienze delle Isole Svalbard mi inviò a studiare per alcuni anni i Bonga, civiltà che fiorisce° tra la Terra Incognita e le Isole Fortunate.

I Bonga fanno a un dipresso° le cose che facciamo noi ma esibiscono° una strana attitudine alla completezza° dell'informazione.

Ignorano l'arte della presupposizione° e dell'implicito.

Per esempio noi incominciamo a parlare e usiamo ovviamente delle parole, ma non abbiamo bisogno di dircelo. Invece un Bonga che parla a un altro Bonga inizia dicendo: «Attento che ora parlo e userò delle parole.» Noi costruiamo case e poi (salvo° i giapponesi) indichiamo° ai visitatori il numero civico, il nome degli inquilini, la scala A e la scala B. I Bonga su ogni casa scrivono anzitutto «casa», poi con appositi° cartellini° indicano i mattoni°, il campanello°, e scrivono «porta» accanto alla porta. Se suonate all'appartamento del signor Bonga, egli apre la porta dicendo: «Ora apro la porta», e poi si presenta. Se vi invita a cena, vi fa sedere e vi dice: «Questa è la tavola, e queste sono le sedie!» Poi con tono trionfale annuncia: «E ora, la cameriera°! Ecco qui Rosina. Essa° vi domanderà cosa desiderate e vi porterà in tavola il vostro piatto preferito!» La stessa cosa avviene° nei ristoranti.

È curioso osservare i Bonga quando vanno a teatro. Si spengono le luci in sala e appare un attore che dice: «Ecco il sipario!» Poi il sipario si apre ed entrano in scena altri attori per interpretare, poniamo°, *Amleto* o *il Malato immaginario*. Ma ciascun attore viene presentato al pubblico, prima col suo nome e cognome° vero, poi col° nome del personaggio che deve interpretare. Quando un attore finisce di parlare annuncia: «E ora, pausa!» Passano alcuni secondi, e quindi inizia a parlare l'altro attore. Inutile dire che alla fine del primo atto, un attore si fa alla ribalta e annuncia: «E ora seguirà un intervallo.»

Ciò che mi aveva colpito° era che i loro spettacoli musicali erano composti, come i nostri, di scenette parlate, canzoni, duetti e balletti. Ma io ero abituato che da noi due comici fanno la loro scenetta, poi uno incomincia a intonare una canzone°, quindi entrambi si eclissano e irrompono° sul palcoscenico graziose fanciulle° che si impegnano° in un balletto, tanto per dare un poco di sollievo° allo spettatore, poi il balletto finisce e gli attori ricominciano. Invece presso i Bonga prima i due attori annunciano che seguirà una scenetta comica, poi dicono che ora canteranno un duetto, e precisano che sarà scherzoso°, infine l'ultimo attore in scena annuncia: «E ora, il balletto!» La cosa che mi aveva stupito maggiormente era che, nell'intervallo, sul sipario apparivano delle scritte pubblicitarie, come accade° anche da noi. Ma dopo avere annunciato l'intervallo, l'attore diceva sempre: «E ora, pubblicità!»

I Bonga vivono nel culto dello spettacolo e pertanto debbono trasformare tutto in spettacolo.

Mi ero domandato a lungo che cosa spingesse° i Bonga a questo ossessionante bisogno di precisazioni. Forse, mi dicevo, essi sono di difficile comprendonio° e se uno non gli dice «ora ti saluto» non capiscono di essere salutati. E in parte doveva essere così. Ma c'era anche un'altra ragione. I Bonga vivono nel culto dello spettacolo e pertanto debbono trasformare tutto in spettacolo, anche l'implicito.

Durante il mio soggiorno° tra i Bonga ebbi anche modo di ricostruire la storia dell'applauso. Nei tempi antichi i Bonga applaudivano per due ragioni: o perché

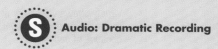

fascinating; flourishes; roughly; display; completeness; assumption; except/we show; special/tags; bricks/bell; maid, server; She; happens; let's say; last name; with the; had struck me; begins to sing a song; burst; pretty girls; interpret; respite; funny; happens; would compel; slow-witted; stay

Variety shows were very popular in the theatre in Italy from the end of the nineteenth century to the mid-Sixties. On TV, they continued to be popular, even though the sexual innuendos typical of the genre had to be toned down on screen because of censorship.

erano contenti di un bello spettacolo, o perché volevano onorare una persona di gran merito. Dalla forza dell'applauso si capiva chi fosse più apprezzato e amato. Sempre un tempo, gli impresari ° maliziosi, per convincere gli spettatori della bontà° di uno spettacolo teatrale, ponevano° tra il pubblico dei sicari prezzolati° che dovevano applaudire anche quando non era il caso°. Quando iniziarono gli spettacoli televisivi, i Bonga attiravano in sala dei parenti degli organizzatori, e attraverso un segnale luminoso (ignoto° ai telespettatori) dicevano loro quando dovevano applaudire. Ben presto i telespettatori scoprirono il trucco, e da noi l'applauso sarebbe caduto in totale discredito°. Non così per i Bonga. Anche il pubblico a casa incominciò a desiderare di poter applaudire, e torme° di Bonga si presentarono° volontariamente negli auditori° televisivi, disposti° a pagare per poter battere le mani. Alcuni seguirono anzi dei corsi appositi°. E visto che ormai tutti sapevano tutto, fu lo stesso presentatore° a dire ad alta voce, nei momenti giusti: «E ora, un bell'applauso.» Ma ben presto gli spettatori in sala incominciarono ad applaudire senza che il presentatore li esortasse°. Bastava che egli interrogasse un astante° chiedendogli che mestiere facesse, e che quello rispondesse: «Curo la camera a gas del canile° municipale», e tutti esplodevano° in un fragoroso° applauso. Talora°, come avveniva da noi nelle scenette di Petrolini°, il presentatore non faceva in tempo ad aprire la bocca per dire «buonasera» che dopo il «buon» si udiva in sala un applauso delirante°. Il presentatore diceva: «Eccoci qui, come ogni giovedì», e non solo il pubblico applaudiva, ma si sganasciava° dalle risate.

L'applauso divenne così indispensabile che persino nei programmi pubblicitari, quando l'imbonitore° diceva: «Comperate il dimagrante° Pip», si udiva un applauso oceanico. I telespettatori sapevano benissimo che in sala, davanti all'imbonitore, non c'era nessuno, ma avevano bisogno dell'applauso, altrimenti il programma sarebbe apparso artefatto°, ed essi avrebbero cambiato canale. I Bonga chiedono che la televisione mostri la vita vera, così come è, senza finzioni. Gli applausi li fa il pubblico (che è come noi), non l'attore (che finge), e quindi sono l'unica garanzia° che la televisione sia una finestra aperta sul mondo. Stanno preparando un programma fatto esclusivamente di autori che applaudono, e si intitolerà° Televerità. Per sentirsi ancorati° alla vita, i Bonga ora applaudono sempre, anche fuori della televisione. Applaudono ai funerali, e non perché siano contenti né per far piacere al defunto°, ma per non sentirsi ombre° tra le ombre, per sentirsi vivi e reali, come le immagini che si vedono sul teleschermo. Un giorno ero in una casa ed entrò un parente che disse: «Poco fa la nonna è stata stritolata° da un TIR°!» Tutti si alzarono in piedi e batterono le mani.

Non posso dire che i Bonga siano inferiori a noi. Anzi, uno di essi mi disse che intendono conquistare il mondo.

Per sentirsi ancorati alla vita, i Bonga ora applaudono sempre.

producers; good quality; planted; paid "hitmen"; it was not appropriate; unknown; would have fallen into disrepute; swarms; showed up; studios/ready; proper; host; urge; by-stander; kennel/would burst; roaring/Sometimes; (famous comedian); delirious; would roar with; huckster; diet pill; doctored; guarantee; it will be called; anchored; dead/shadows; crushed/trailer truck

Ettore Petrolini (1884–1936) è uno dei più famosi attori e drammaturghi dell'età prefascista e fascista. Era il re dell'avanspettacolo, del cabaret, dei varietà. Le sue gag, scenette, canzoni, e stile recitativo hanno influenzato generazioni di attori e scrittori comici e fanno parte del repertorio comico italiano. È importante rilevare che tipicamente le scenette di Petrolini sono paradossali e sopra le righe, quindi una risata o un applauso dopo 'buon' sarebbe parte integrante di una gag affermata.

Che questo progetto non fosse del tutto platonico me ne sono accorto al ritorno in patria. Alla sera accesi il mio televisore e vidi un presentatore che introduceva le vallette del suo spettacolo, poi annunciava che avrebbe svolto° un monologo comico, e infine annunciava: «E ora, il balletto!» Un distinto° signore che stava discutendo di massimi problemi politici con un altro distinto signore, a un certo punto si interruppe per dire: «E ora, una pausa per la pubblicità.» Alcuni intrattenitori presentavano persino il pubblico. Altri, la telecamera che li stava riprendendo. Tutti applaudivano.

Sconvolto° uscii e andai in un ristorante celebre per la sua nouvelle cuisine. Arrivò il cameriere che mi portò tre foglie d'insalata. E disse: «Questa è una macedonia° di lattuga° longobarda° cosparsa° di rucola° della Lomellina tagliata fine fine, insaporita al sale marino, macerata nel nostro aceto balsamico e umettata° da una spremuta di ulivi° vergini dell'Umbria.» ■

he would recite

distinguished

Upset

mixed salad (usually said of fruit)/lettuce/ Lombard covered/arrugula

moistened/olive trees

Analisi

1

Comprensione Decidi quale delle due affermazioni è vera.

1. a. I Bonga sono fortunati.
   (b.) I Bonga sono simili a noi.
2. **(a.)** I Bonga dicono sempre quello che stanno per fare.
   b. I Bonga fanno sempre quello che stanno per dire.
3. a. Dai Bonga, gli attori a teatro interpretano dei ruoli.
   (b.) Dai Bonga, gli attori a teatro rifiutano la finzione (*pretence*) del personaggio.
4. **(a.)** I Bonga annunciano la pubblicità.
   b. I Bonga vivono di pubblicità.
5. **(a.)** Dai Bonga, la natura dell'applauso è cambiata.
   b. I Bonga hanno sempre applaudito indiscriminatamente.
6. **(a.)** I Bonga applaudono per cose che non necessiterebbero un applauso.
   b. I Bonga si entusiasmano per tutto e parlano tra loro invece di applaudire.
7. a. Gli applausi sono la finestra sul mondo dei Bonga.
   (b.) Gli applausi danno ai Bonga un senso di sicurezza.
8. **(a.)** Il modo di vivere dei Bonga conquisterà il mondo.
   b. Il modo di vivere dei Bonga è assurdo e limitato alla loro isola.

2 Eco's device of describing an exotic population is used to ironically highlight the defects of one's society. The device has been used in many works of fiction, including Swift's *Gulliver's Travels*. In 1956 Horace Miner wrote "Body Ritual Among the Nacirema," an interesting exercise to define the perception of people's habits. Routine gestures in the lives of any American (Nacirema spelled backwards), such as brushing one's teeth, were described in anthropological terms to create a distancing effect and test people's proclivity to prejudice: for instance, the Nacirema would use animal hair sewn together and tied to a stick with an abrasive paste to perform a mouth rite. Talking about the Bonga is a good way to show how the pervasive North-American TV culture of the late '80s had reached Italy and changed its own programming.

2

Comprensione

A. Scegli una risposta. Per alcune domande più di una risposta è accettabile.

Answers may vary. Suggested answers.

Affermazioni	(Solo) dai Bonga	(Anche) nel mondo occidentale	Da nessuna parte
1. Ogni cosa viene definita nei minimi particolari.	☑	☑	☐
2. Tutte le cameriere si chiamano Rosina.	☐	☐	☑
3. Gli attori interpretano tutti Amleto.	☐	☐	☑
4. Gli attori non entrano nel personaggio.	☑	☐	☐
5. Intervalli e pubblicità sono annunciati.	☑	☑	☐
6. Si applaude anche ai funerali.	☑	☐	☐
7. Una volta l'applauso era meritato.	☑	☑	☐
8. Ci sono persone pagate per far applaudire il pubblico.	☑	☑	☐
9. C'è gente che sogna solo di applaudire professionalmente.	☐	☐	☑
10. Esistono programmi come *Televerità*.	☑	☑	☐

B. In che modo l'uso dell'ironia aiuta a trasmettere il messaggio in questo racconto? In coppia, trovate due o tre esempi specifici e dite come Eco avrebbe potuto scriverli senza ironia. Quale metodo è più efficace, secondo voi? Perché credete che l'autore abbia deciso di scrivere il saggio in questo modo?

C. In coppia, provate a inventare una descrizione ironica di un giorno di lezione o di un corso particolarmente noioso o interessante. Usate descrizioni accurate dell'opposto di ciò che volete dire.

3 **TV formulaica** Fai a un(a) compagno/a le seguenti domande.

1. Quali show televisivi si basano su una rappresentazione «reale»? Elencane almeno tre e spiega perché ti piacciono o non ti piacciono.
2. Quali serie televisive basate su una formula preferisci? Elencane tre e spiega quali sono gli elementi che si ripetono in ogni episodio.
3. Esistono spettacoli in TV che non seguono una formula? Se ne trovi uno, dì in che modo non è sempre uguale.

Ask students to share their favorite and least favorite reality shows. Write their answers on the board and discuss them with the class.

4 **Inventa il tuo reality!** In coppia, scegliete uno spettacolo televisivo del tipo «reality» che conoscete bene e pensate alle frasi ricorrenti nello spettacolo, tipo *You're fired!* in The Apprentice. Poi traducetele in frasi simili in uno spettacolo corrispondente in italiano. Scegliete anche un titolo in italiano, dei presentatori, e delle prove a cui sottoporre i concorrenti.

5 **Inventa una storia!** A gruppi scegliete un programma televisivo e organizzate una scenetta (uno può essere il presentatore/la presentatrice e gli altri i concorrenti). Potete seguire il formato che conoscete del programma che avete scelto o decidere di modificarlo con un vero «fuori programma». Liberate la fantasia!
Esempi di «fuori programma»:

- un «bachelor» scappa con la sorella di una possibile candidata sposa.
- una corsa per un premio diventa davvero straordinaria quando i concorrenti vengono rapiti (*kidnapped*) sul serio.
- un concorrente con dei problemi a relazionarsi con gli altri sostituisce la lacca per capelli (*hair spray*) di un altro concorrente con della vernice spray (*spray paint*).
- ?

6 **Inventa uno spettacolo originale!** A gruppi pensate a un programma fuori dalla norma, che non segua una formula e che non sia sempre uguale tutte le settimane. Decidete se volete che sia un reality o una serie televisiva, o un talk show: come si potrebbe variare il formato in modo da creare un'audience più attiva?

tipo di programma	titolo	orario della trasmissione	contenuto

7 **Tema** Scegli uno dei seguenti argomenti e scrivi una breve composizione.

1. Scrivi un'e-mail al tuo professore nello stile dei Bonga in cui spieghi perché non sei riuscito a finire i compiti per il giorno assegnato. Usa moltissimi dettagli.
2. Scrivi almeno cinque piatti per un menù (antipasti, primi, secondi, contorni, dolci o bevande) usando descrizioni complicatissime e assurde (come la spremuta di ulivi invece di olio d'oliva) per piatti semplicissimi, persino banali.

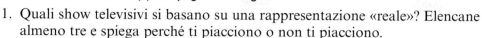

Practice more at **immagina.vhlcentral.com.**

Laboratorio di scrittura

Preparazione Tell the students that breaches in logic can occur within sentences (as shown in the example of **Pratica**) as well as between paragraphs. They should look carefully at transitions between their paragraphs to make sure that they flow logically from one to the next.

Preparazione: Generalizzazioni e mancanza di continuità

Due problemi comuni nella stesura (*drafting*) di un saggio sono le generalizzazioni e la mancanza (*lack*) di continuità. Una generalizzazione non tiene in considerazione tutte le possibili eccezioni che il lettore potrebbe notare. La mancanza di continuità esiste quando mancano dei passaggi logici in quello che stiamo scrivendo. Per evitare questi problemi, leggi ogni paragrafo e ogni frase con queste domande in mente:

- **Quello che sto dicendo è vero in ogni caso?** Se noti delle eccezioni, devi prenderle in considerazione per non incorrere in un'altra generalizzazione.
- **Quello che ho scritto può essere considerato come un passaggio che segue logicamente il precedente?** Se la transizione non è chiara, si devono organizzare le idee in una sequenza logica per evitare la mancanza di continuità.

Pratica Scrivi una frase che presenti una generalizzazione o un esempio di mancanza di continuità. Mostrala ad un(a) compagno/a e chiedigli/le di correggerla.

Modello

Generalizzazione: Guardare la televisione è una perdita di tempo.

Correzione: Sebbene alcuni programmi siano informativi, la maggior parte presenta contenuti futili. Inoltre, passare troppo tempo davanti alla TV, isola le persone e ed è uno spreco (*waste*) di tempo che potrebbe essere utlizzato in maniera più produttiva.

Mancanza di continuità: Alla fine abbiamo deciso di non comprare un computer da tavolo.

Correzione: Volevamo comprare un computer da tavolo, ma i computer portatili non costano molto e, in realtà, non abbiamo abbastanza spazio per un computer da tavolo e tutti i suoi accessori.

Saggio Preview some of the topics. Ask students how they get their information: TV, Internet, newspapers, etc., and how often. Ask them if they ever read or watch foreign mass media. How does foreign media compare to domestic media?

Saggio Scegli uno di questi argomenti e scrivi un saggio.

Requisiti

1. Il saggio deve far riferimento ad almeno due dei quattro brani studiati in questa lezione e nelle precedenti lezioni e contenuti in **Cortometraggio**, **Immagina**, **Cultura** e **Letteratura**.
2. Revisiona il tuo saggio. Cerca esempi di generalizzazione o mancanza di continuità e fai le necessarie correzioni.
3. Il saggio deve essere lungo almeno due pagine.

I mezzi di comunicazione possono raccontarci la realtà in modo vero (notizie, documentari e reality show), oppure immaginario (letteratura, film e fiction). Secondo voi, realtà e immaginario possono mescolarsi e confondersi? L'immaginario può influenzare la realtà?

Molti programmi alla TV, in particolare i reality show, sembrano voler stimolare il pettegolezzo e l'intromissione nella vita degli altri. Perché piacciono alle persone?

La grande quantità di informazione aiuta a sviluppare un pensiero critico o inibisce la mente?

Media e cultura

Audio: Vocabulary Flashcards

Cịnema, radio e televisione

l'adattamento *adaptation*
i cartoni animati *cartoons*
la colonna sonora *soundtrack*
il documentario *documentary*
il doppiaggio *dubbing*
gli effetti speciali *special effects*
l'intervista *interview*
la puntata *episode*
lo schermo *screen*
il sottotịtolo *subtitle*
la (stazione) radio *radio (station)*
la telenovela *soap opera*
la televisione vịa cavo *cable TV*

filmare *to film*
registrare *to record*
trasmẹttere *to broadcast*
uscire *to come out, to be released*

I media

l'attualità *current events*
la censura *censorship*
il giornale radio *radio news*
la notizia *news story*
il notiziario *news program*
la pubblicità *commercial, advertisement*
il sondaggio *opinion poll*
il telegiornale *TV news*

ẹssere aggiornato/a *to be informed, up-to-date*
informarsi *to get/stay informed*

in differita *pre-recorded*
in diretta *live*
influente *influential*
(im)parziale *(im)partial; (un)biased*

La gente dei media

l'ascoltatore/ascoltatrice *(radio) listener*
l'attore/attrice *actor/actress*
il/la cronista *reporter*
l'editore/editrice *publisher*
il/la giornalista *journalist*
l'inviato/a speciale *correspondent*
il/la redattore/redattrice *editor*
il/la telespettatore/telespettatrice *television viewer*

La stampa

il comunicato stampa *press release*
la crọnaca (locale/sportiva) *(local/sports) news*
il fumetto *comic strip*
il giornale *newspaper*
la libertà di stampa *freedom of the press*
il mensile *monthly magazine*
l'orọscopo *horoscope*
la rivista *magazine*
la rubrica (di cultura e società) *lifestyle (section)*
il settimanale *weekly magazine*
la vignetta *cartoon*

fare un abbonamento *to subscribe*

La cultura popolare

il carnevale *carnival, Mardi Gras*
ferragosto *August 15 (holiday); August vacation*
i festeggiamenti *celebrations; festivities*
il folclore *folklore*
la pasquetta *Easter Monday*
il patrimonio culturale *cultural heritage*
il/la santo/a patrono/a *patron saint*
l'usanza *custom*

festeggiare *to celebrate*

Cortometraggio

la carrozza *carriage*
il giornale scandalịstico *tabloid*
l'impiegato postale *postal worker*
l'intervento *intervention*
il pacco *package*
il pronto soccorso *emergency room*
la raccomandata *registered mail*
il reality *reality show*
il selciato *cobblestones*
i selvaggi *savages*
il vetturino *coachman*
il vịcolo *alley*

incartare *to wrap*
mandare in onda *to broadcast*
timbrare *to stamp*

Cultura

il capolavoro *masterpiece*
il/la cineasta *filmmaker*
il copione *script*
il crịtico (cinematogrạfico) *(film) critic*
il cụlmine *height, peak (fig.)*
la rassegna *festival*
la recensione *review*
il/la regista *director*
la sceneggiatura *screenplay*
il volto *face*

girare *to film; to turn*

giallo *mystery*
nero *noir*
onịrico/a *dream-like*
premiato/a *award-winning*
rosa *romance*
sperimentale *experimental*

Letteratura

l'avanspettạcolo *variety show*
il balletto *short dance performance*
la claque *professional clappers*
il/la concorrente *contestant*
il gioco a premi *quiz show*
l'intrattenitore *entertainer*
la manipolazione *manipulation*
la notorietà *fame*
la ribalta *downstage*
la scena *stage, scene*
la scenetta *skit*
il sipario *curtain*
la valletta *TV host assistant*

bạttere le mani *to clap their hands*
fịngere *to pretend*

acrịtico/a *acritical*

LEZIONE 10

Prospettive lavorative

Il lavoro è un mezzo per soddisfare alcuni dei bisogni delle persone. La gratificazione di essere ricompensati per ciò che abbiamo realizzato con impegno e dignità non ha eguali. In una realtà competitiva come quella di oggi, bisogna però fare attenzione a non lasciare che il lavoro prenda il sopravvento, annullando il nostro essere e alienandoci dai veri valori della vita. Qual è la tua visione del lavoro? Come pensi di presentarti nel mondo del lavoro? Come è possibile bilanciare vita lavorativa, vita personale e famiglia?

Destinazione:
LE ALPI

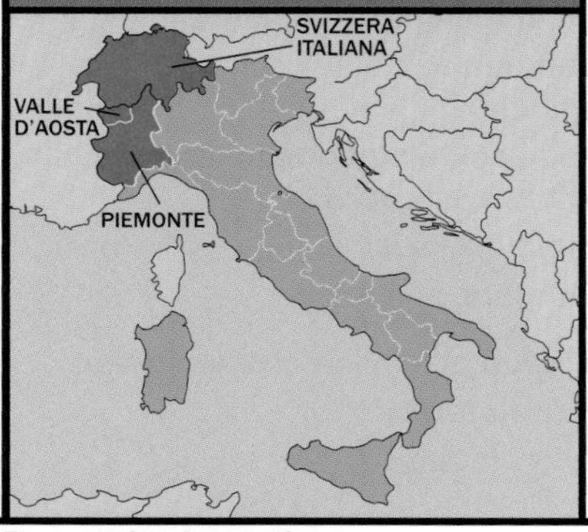

PREVIEW Point to the photo in the lesson opener and ask students: **Come vi preparereste per un colloquio? Quale sarà la vostra strategia per cercare il primo lavoro dopo l'università?**

Il lavoro e le finanze

S Audio: Vocabulary

La ricerca di lavoro

l'agenzia di collocamento *job agency*
la carriera *career*
il colloquio di lavoro *job interview*
il curriculum (vitae) *résumé*
l'esperienza (professionale) *(professional) experience*
la formazione *education; training*
l'intervistatore/intervistatrice *interviewer*
il mestiere *occupation; trade*
il posto/la posizione *position; job*
le qualifiche *qualifications*

lo/la stagista *intern*

---

fare domanda (per un lavoro) *to apply (for a job)*
impiegare *to employ*

La gente al lavoro

il capo *boss*
il/la consulente *consultant*
il/la contabile *accountant*
il/la direttore *manager*
il/la dirigente *executive; manager*

l'impiegato/a *employee*
il/la proprietario/a *owner*

il/la segretario/a *secretary*

Al lavoro

il/la collega *colleague*

la ditta/l'azienda *company*
le ferie *holidays*
il lavoro a orario normale/ridotto *full-/part-time job*
l'orario di lavoro *work hours*
la promozione *promotion*
lo sciopero *strike*
il sindacato *labor union*
lo stipendio (minimo) *(minimum) wage*
l'ufficio *office*

---

andare in pensione *to retire*
guadagnare *to earn*
dare le dimissioni *to quit*
dirigere *to manage*
fare lo straordinario *to work overtime*

licenziare *to fire; to lay off*

SINONIMI
dare le dimissioni ↔ dimettersi
il dirigente ↔ il responsabile
fare un prelievo ↔ prelevare ↔ ritirare denaro
fare un deposito ↔ depositare ↔ versare denaro
il bancomat ↔ lo sportello automatico
il lavoro a orario normale ↔ il lavoro a tempo pieno
il lavoro a orario ridotto ↔ il lavoro a tempo parziale/il lavoro part-time

Tell students that there are two ways to indicate what a person's job is. They can use **fare il/la** + *profession* or **essere** + *profession*. Example: **Faccio l'ingegnere/ Sono ingegnere.**

INSTRUCTIONAL RESOURCES
Supersite: Audioscripts, SAM AK, Lab MP3s
SAM/WebSAM: WB, LM

Le finanze

la bancarotta *bankruptcy*
il bancomat *ATM*

la borsa *stock exchange*
la carta di credito *credit card*
la cifra *figure, number*
il conto (corrente) *(checking) account*
la crisi economica *economic crisis*
il debito *debt*
il mercato immobiliare *real estate market*

il prestito *loan*
la recessione *recession*
la ricevuta/lo scontrino *receipt*
il risparmio *savings*
lo sportello *window; counter*
la tassa *tax*
il tasso (d'interesse) *(interest) rate*

---

approfittare *to take advantage of*
aprire/chiudere un conto *to open/close an account*
avere dei debiti *to be in debt*
cambiare un assegno *to cash a check*
depositare/versare *to deposit*
fare un mutuo *to take out a mortgage*
fare un prelievo/deposito *to make a withdrawal/deposit*
investire *to invest*
risparmiare *to save*

---

a breve/lungo termine *short-/long-term*
finanziario/a *financial*
prospero/a *successful*

Pratica

1 **In banca** Alcune persone vanno in banca per vari motivi e la segretaria gli dice dove andare e con chi parlare. Completa con le parole della lista.

assegno	colloquio	direttore	prelievo
bancomat	depositare	fare un mutuo	prestito

1. —Salve, sto cercando lavoro, sono qui per il colloquio.
   —Prego, vada nell'ufficio del direttore.
2. — Scusi, devo ritirare dei soldi, ma non voglio fare la fila allo sportello.
   —Allora le consiglio di utilizzare il bancomat.
3. —Buongiorno, la mia fidanzata e io vogliamo comprare una casa, ma non abbiamo abbastanza soldi, quindi siamo venuti a fare un mutuo.
   —Per chiedere un prestito andate nell'ufficio in fondo al corridoio.
4. —Mi scusi, devo cambiare questo assegno, depositare la somma sul mio conto corrente e poi voglio fare un prelievo.
   —Non si preoccupi, può fare tutto allo sportello A.

2 **I mestieri** Indovina che lavoro fanno queste persone. Ricorda di aggiungere l'articolo corrispondente.

1. Sono un professionista che dà informazioni e consigli alle persone su argomenti di mia competenza. il/la consulente
2. Tengo la contabilità dell'azienda in cui lavoro. il/la contabile
3. Sono il capo della ditta, decido io le strategie da seguire. il dirigente
4. Possiedo (*I own*) una ditta. il/la proprietario/a
5. Lavoro in ufficio, prendo gli appuntamenti per il capo, scrivo lettere ed e-mail e rispondo al telefono. il/la segretario/a

3 **Colloquio** In coppia, parlate del lavoro dei vostri sogni rispondendo alle seguenti domande.

1. Qual è il lavoro dei tuoi sogni?
2. Vuoi essere il dirigente di una grande azienda?
3. Ti piacerebbe lavorare in ufficio come segretario/a?
4. Qual è il tuo orario di lavoro ideale?
5. Secondo te, qual è lo stipendio adeguato al lavoro che vuoi fare?
6. Quanti giorni di ferie deve avere chi svolge il lavoro che hai scelto?

4 **Soluzioni** Marco e Stefania cercano lavoro per motivi diversi. In coppia, discutete dei seguenti problemi e poi date dei consigli per risolverli.

Marco: Dopo tanti anni di lavoro nella stessa ditta, a causa della crisi economica, sono stato licenziato. Mia moglie non lavora perché deve badare (*take care of*) ai nostri due figli; io devo pagare il mutuo e alla mia età è difficile trovare lavoro. Anche se ho molta esperienza, tutte le aziende preferiscono assumere un giovane.

Stefania: Finalmente mi sono laureata! È ora di mandare il mio curriculum all'agenzia di collocamento per cercare un lavoro. Io voglio trovare un lavoro adatto alle mie capacità, alla mia formazione e che mi faccia guadagnare tanto.

1 Have pairs of students act out the mini-dialogues after they have completed them.

Nota CULTURALE

Le banche italiane, le più antiche al mondo, si svilupparono tra il XV e il XVI secolo a Milano, Firenze, Venezia e Genova. Con la nascita della **lettera di cambio°** i ricchi mercanti non dovevano portare denaro contante con sé, con il rischio di essere derubati°. Le famiglie dei banchieri si arricchirono° così tanto da prestare soldi anche alle famiglie reali° europee, le quali, incapaci di ripagare i loro debiti, concedevano ai ricchi signori titoli nobiliari o terre. Fra le famiglie di banchieri più prestigiose c'erano i Medici di Firenze.

lettera di cambio *bill of exchange* **derubati** *robbed* **si arricchirono** *became rich* **reali** *royal*

2 Have students come up with additional job descriptions to present to their classmates. They should then guess which profession is being described.

3 Have students add more questions of their own to the list.

3 Have students summarize what they have learned about their partners and compare their results with other groups. Ask: **Ci sono studenti che hanno le stesse aspirazioni/ambizioni?**

4 Before you begin the activity, brainstorm with the class types of advice students might give.

Practice more at **immagina.vhlcentral.com.**

NATIONAL STANDARDS connections cultures communication

INSTRUCTIONAL RESOURCES
Supersite/DVD: Film Collection
Supersite: Script & Translation

SINONIMO
il fioraio/il fiorista

Preparazione

Vocabolario del cortometraggio	Vocabolario utile
affidare *to entrust*	**l'annuncio (di lavoro)** *(job) ad*
assumere *to hire*	**la casalinga** *housewife*
la direzione *management*	**il fioraio** *florist/flower seller*
disoccupato/a *unemployed*	**gli occhiali da sole** *sunglasses*
l'impegno *commitment*	**la piscina** *swimming pool*
rinunciare *to give up*	**lo sguardo** *gaze*
il/la socio/a *(business) partner*	**la società** *firm/society*

ESPRESSIONI

ce la mettiamo tutta *we'll do our best*
peccato! *what a shame!*
pentirsi amaramente *to bitterly regret*
senz'altro *surely*

1 **Il mondo del lavoro** Inserisci le parole più adatte.

1. Ieri, mentre leggevo gli __annunci__ di lavoro su Internet, ne ho visto uno molto interessante.
2. L'azienda sta crescendo e abbiamo deciso di __assumere__ molti nuovi impiegati.
3. Purtroppo sono __disoccupato/a__ e non lavoro da due mesi.
4. Oggi è il compleanno di una collega: sono andata dal __fioraio__ per comprarle un mazzo (*bunch*) di rose.
5. Per festeggiare l'inizio dell'estate siamo andati tutti a nuotare in __piscina__ dopo il lavoro.
6. Mia madre non ha mai lavorato fuori casa. Ha sempre fatto la __casalinga__.

2 Encourage students to browse other job postings at www.corriere.it. You might also ask them to respond to an ad by writing an application letter and preparing a résumé in Italian.

2 **Annunci** Leggete gli annunci e rispondete alle domande.

Direttore di un negozio di cosmetici: il/la candidato/a ideale deve avere esperienza nel settore e capacità organizzative del punto vendita. Indispensabile: passione per l'estetica e la cosmesi. In Toscana.

Responsabile commerciale: Società internazionale cerca esperta per lancio di campagne marketing e coordinazione delle risorse tecniche. Si richiede: laurea in economia e commercio, disponibilità a viaggiare in Italia e all'estero.

Agente immobiliare: Agenzia esclusiva cerca agente esperto/a per vendita di castelli e ville. Richiediamo: conoscenza dell'inglese e del tedesco; alta professionalità; interesse per l'architettura.

- Quale annuncio ti sembra più interessante? Perché?
- Come risponderesti? Che altra documentazione manderesti?

3 **Professioni**

A. In coppia, completate la tabella. Quali sono le professioni tradizionalmente più diffuse (*widespread*) tra le donne? E tra gli uomini?

Professione	Più donne	Più uomini
1.		
2.		
3.		
4.		
5.		
6.		
7.		
8.		

B. Rispondete alle domande.

1. Secondo voi, per quali ragioni alcune professioni sono più «maschili» ed altre più «femminili»?
2. Quali professioni state considerando per il vostro futuro? Perché?
3. Le vostre scelte sono tradizionali (come nella tabella) o no?
4. Pensate che la vostra vita professionale cambierà quando avrete dei figli? Perché sì o perché no?

4 **Al lavoro** In piccoli gruppi, rispondete alle domande.

1. Come hai trovato il tuo primo lavoro?
2. Hai mai cercato lavoro leggendo gli annunci?
3. Sei mai stato/a promosso/a?
4. Conosci qualcuno che è stato licenziato? Secondo te, le ragioni erano giuste o ingiuste?
5. Ti è mai successo di lasciare un lavoro? Perché?
6. Qual è la decisione più difficile che abbia dovuto prendere riguardo al lavoro?

4 If some students have never had a job, ask these additional questions: **Vorresti lavorare d'estate? Vorresti lavorare mentre studi o preferiresti cominciare a lavorare dopo aver finito di studiare? I tuoi genitori hanno dovuto lavorare mentre studiavano?**

5 **Cosa succederà?** In coppia, guardate queste immagini e inventate delle possibili situazioni.

- Com'è il rapporto tra i personaggi?
- Qual è la storia?

Practice more at **immagina.vhlcentral.com.**

Short Film

RISCHIO
D'IMPRESA
Una produzione di NUVOLA FILM e CCIAA di Firenze
Scritto e Diretto da FRANCESCO BRANDI Fotografia MARCO ONORATO
Musica PAOLO VIVALDI Direttore di Produzione MATTEO RAFFAELLI
Montaggio MARCO SPOLETINI Scenografia GLORIA BRESCINI
Attori FIORENZA TESSARI/LORENZO GIOIELLI/OTTAVIA PICCOLO

Trama *Cosa succede quando in una coppia una persona viene promossa e l'altra licenziata? Quali sono i problemi che il lavoro può causare in famiglia?*

DIRETTORE Ho il piacevole compito di informarLa che, dopo attente valutazioni (e non poche discussioni) abbiamo deciso di affidare a Lei la direzione del settore marketing.

MARINA Che è successo?
PAOLO Mi hanno licenziato.
MARINA Ma se non ti hanno assunto neanche un anno fa?

MARINA Paolo, dobbiamo parlare di una cosa che è successa oggi.
PAOLO No, scusa, sono stanco. Possiamo parlarne in un altro momento?

PAOLO E tu che sei così brava non lo capisci? Sei un'egoista, ecco che cosa sei!

DIRETTORE Capisco. Va bene: Lei sa senz'altro cos'è meglio per la sua vita. Peccato!

MARINA Paolo!!!

Nota CULTURALE

La festa delle mamme che lavorano

Da diversi anni in Italia, durante il mese di maggio, si celebra la festa di tutte le lavoratrici che hanno dei figli. Promossa dal Ministero per le Pari Opportunità, la festa si celebra portando i bambini in ufficio, in ospedale, in tribunale e ovunque si trovi il posto di lavoro delle loro mamme. Il ministero si occupa anche di questioni che riguardano gli asili nido° e tutela° tutti i cittadini da possibili discriminazioni e da molestie sessuali.

asili nido *daycare centers* **tutela** *protects*

TEACHING OPTION Encourage students to explore the Ministry website at http://www.pariopportunita.gov.it/ Have them discuss the pros and cons of its initiatives.

Sullo SCHERMO

Indica se queste affermazioni sono **vere** o **false**.

V **1.** Marina telefona alla mamma.
V **2.** Marina ha due bambini.
F **3.** Marina è una casalinga.
V **4.** La mamma di Marina non è contenta che la figlia lavori.
F **5.** Paolo viene promosso.
F **6.** Paolo cucina per festeggiare la promozione.

NATIONAL communication STANDARDS

Analisi

1 **Comprensione** Completa le frasi.

1. Marina ha ___b___
2. Mentre guida, Marina ___f___
3. Il direttore ___d___
4. Paolo torna a casa e dice che ___a___
5. I bambini di Marina ___e___
6. Il direttore e suo marito ___c___

a. è stato licenziato.
b. una bella notizia.
c. spiano Marina.
d. vuole promuovere Marina.
e. dormono dalla nonna.
f. parla al telefono con la mamma.

2 Ask the pairs to share their statements with the rest of the class.

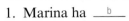

2 **A scelta** Trova l'affermazione corretta. Dopo aggiungine altre due e scambiale con un(a) compagno/a.

1. (a.) La presidente si identifica con Marina.
   b. La presidente è gelosa di Marina.
2. a. Paolo è stato licenziato per colpa sua.
   (b.) Paolo è stato licenziato perché era un nuovo assunto.
3. a. Paolo si arrabbia con Marina.
   (b.) Marina ha paura che Paolo si arrabbi con lei.
4. (a.) La baby-sitter è stanca perché i bambini piangono.
   b. La baby-sitter è un'irresponsabile.
5. (a.) La presidente ha un lavoro e una famiglia.
   b. La presidente ha un nuovo marito.
6. a. Alla fine Marina rinuncia alla promozione.
   (b.) Alla fine Marina accetta la promozione.
7. a. ______________________________
   b. ______________________________
8. a. ______________________________
   b. ______________________________

3 Encourage the pairs to read the conversations out loud, with emotion.

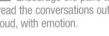

3 **Dialogo** Immaginate la conversazione tra Marina e Paolo mentre passeggiano nel parco.

MARINA ______________________________
____

PAOLO ______________________________
____

MARINA ______________________________

PAOLO ______________________________

MARINA ______________________________

PAOLO ______________________________

MARINA ______________________________

PAOLO ______________________________

MARINA Sei sicuro?

PAOLO No, ma ce la metteremo tutta. E poi vedremo.

TEACHING OPTION To introduce the topics for discussion, ask students: **Com'è cambiato il ruolo delle donne nel XX secolo? E quello degli uomini? Quante famiglie conosci in cui il papà resta a casa con i bambini e la mamma lavora fuori casa? Quante famiglie in cui i genitori fanno a turno per occuparsi dei figli? Qual è il ruolo delle/dei baby-sitter e degli asili nido?**

4 **Punti di vista**

A. In piccoli gruppi, discutete cosa vogliono dire i commenti dei personaggi.

Mamma di Marina: «O la mamma o la carriera.»	**Paolo**: «Voglio dormire per 12 ore e svegliarmi su un altro pianeta.»	**Marina**: «I miei problemi familiari sono molto gravi.»	**Il direttore**: «Il nostro peggior nemico siamo noi stessi.»

B. In piccoli gruppi, rispondete alle domande.

- Siete d'accordo con alcune opinioni dei personaggi? Quali?
- Quali sono i commenti con i quali non siete d'accordo? Perché?

4 Poll the class about their opinions.

5 **Situazioni alternative** In coppia, pensate a cosa succederebbe se...

- Paolo avesse ricevuto la promozione e Marina fosse stata licenziata
- sia Paolo che Marina avessero ricevuto una promozione
- fossero stati licenziati tutti e due
- la mamma di Marina decidesse di parlare con il direttore
- la baby-sitter lasciasse il lavoro

5 Remind students that **sia... che...** means *both... and...*

6 **Analisi** In coppia, rispondete alle domande.

1. Com'è la vita di Paolo disoccupato? Come cambia la sua routine? Che cosa gli manca? Che cosa gli piace fare adesso che ha più tempo?
2. Pensate che questo film mostri un aspetto della vita contemporanea o che abbia un messaggio particolare? (È stato prodotto dalla Camera di Commercio di Firenze.)
3. Come hanno fatto i vostri nonni e i vostri genitori per bilanciare la loro vita personale e familiare? Pensate che la vostra vita sarà molto diversa dalla loro? In che modo?
4. Qual è il lavoro ideale per conciliare serenamente carriera e vita familiare? È giusto desiderare tutte e due?

7 **Scenette** In piccoli gruppi, improvvisate una conversazione basata su una di queste situazioni e poi recitatela davanti alla classe.

A

Come sarà la vita di Paolo e Marina tra due anni? Riusciranno a bilanciare la loro vita personale e professionale o no? Che dirà la mamma di Marina?

B

Ad un colloquio di lavoro due dirigenti parlano con una ragazza che si è appena laureata. All'inizio c'è molta tensione, ma poi i dirigenti le fanno una bellissima offerta.

7 **Scrittura** Immagina di essere licenziato/a dopo molti anni di lavoro. Non hai più un lavoro, ma i tuoi datori di lavoro (*employers*) ti hanno dato una liquidazione (*severance pay*) molto alta. Che cosa faresti in questa situazione? Investiresti i soldi o li spenderesti? Come? Fonderesti una nuova azienda o compagnia? Di che tipo? Racconta cosa faresti in uno o due paragrafi.

Practice more at **immagina.vhlcentral.com.**

National Standards: communities, cultures, connections

INSTRUCTIONAL RESOURCES Supersite: Teaching suggestions; **SAM/WebSAM:** WB

IMMAGINA LE ALPI

Reading

Sport ad alta quota

Tra le regioni del Nord-Ovest dell'Italia, la **Valle d'Aosta** e il **Piemonte** condividono° il paesaggio alpino, una storia comune e molte tradizioni. A queste due regioni possiamo aggiungere l'area a nord del Piemonte conosciuta come **Svizzera italiana** che comprende° **il Canton Ticino**, la valle **Mesolcina** del Cantone dei Grigioni e le valli **Bregaglia** e di **Poschiavo**. Queste regioni sono considerate «italiane» perché ancora oggi la popolazione parla la lingua italiana, oltre ad altre lingue nazionali.

Geograficamente sono regioni montuose ed è qui che le Alpi toccano il cielo con le cime° più alte: il **Gran Paradiso**, il **Monte Bianco**, il **Grand Combin**, il **Dent d'Herens**, il **Monte Velan**, il **Cervino** e le vette° del **Monte Rosa** raggiungono i 3000 e 4000 metri di quota°. Ed è sui versanti° di questi massicci sempre coperti di neve che il turismo invernale si è sviluppato, soprattutto a partire dagli anni '50 del XX secolo, diventando uno dei punti di forza° dell'economia di queste regioni.

Le possibilità di divertirsi, sperimentare e godere della neve sono molteplici e si evolvono rapidamente: ai materiali più tecnologici e sicuri si uniscono tecniche nuove o riscoperte che permettono un contatto sempre più diretto tra l'uomo e la natura imbiancata° in località come **Sestriere**, **Bardonecchia**, **Cervinia** e **Courmayeur**.

Per gli amanti dello **sci alpino** e dello **sci di fondo**° classici, queste regioni offrono chilometri di piste° sempre ben innevate° ed impianti moderni.

Allo sci alpino, secondo molti° nato sul **Monte Bianco**, oggi si unisce il **telemark**, che offre maggiore libertà di movimento sugli sci. Moltissime sono anche le offerte per gli sport invernali innovativi: dallo **snowboard** al **freeride** al **back country**, che uniscono scalate° ad alta quota a discese fuoripista°. Per gli appassionati di mountain bike, sulle Alpi è possibile praticare lo **snow-bike** che utilizza la bici con gomme chiodate° su percorsi° cross country. Stanno «prendendo il volo»° anche discipline come il **kiteski**, lo **snowkiting** e l'**eliski** che permettono di volare sui massicci innevati prima di affrontarli° in temerarie° discese. Gli scalatori possono arrampicarsi° su pareti ghiacciate° di diversi livelli, da quelle facili a stalattiti gelate impegnative°.

Per chi invece non ama gli effetti dell'adrenalina è possibile camminare in montagna con le «**ciaspole**» o **racchette da neve**, fare lo **sleddog**, o **pattinare sul ghiaccio** insieme alla famiglia. Insomma, Valle d'Aosta, Piemonte e Svizzera italiana possono soddisfare le passioni degli amanti degli sport invernali di tutte le età.

Monte Bianco

In più...

Il **Monte Bianco**, con i suoi 4.810,90 metri d'altezza, è la montagna più alta delle Alpi, d'Italia e d'Europa. Si trova tra la Valle d'Aosta, in Italia, e la regione della Savoia, in Francia. I fianchi° della montagna sono coperti da numerosi ghiacciai°, i più grandi dei quali sono sul versante francese. Le prime persone a conquistarne la vetta furono **Jacques Balmat** e **Michel Gabriel Paccard** l'8 agosto 1786.

condividono *share* **comprende** *includes* **cime** *summits* **vette** *peaks* **quota** *height* **versanti** *mountainsides* **punti di forza** *points of strength* **imbiancata** *whitened* **sci di fondo** *cross-country ski* **piste** *slopes* **innevate** *snow-covered* **secondo molti** *according to many* **scalate** *climbing* **fuoripista** *backcountry skiing* **gomme chiodate** *snow tires* **percorsi** *trails* **prendendo il volo** *taking off* **affrontarli** *face them* **temerarie** *daredevil* **arrampicarsi** *to climb* **ghiacciate** *icy* **impegnative** *compelling* **fianchi** *sides* **ghiacciai** *glaciers*

Vero o falso? Indica se ogni frase è **vera** o **falsa**. Correggi le frasi false.

1. La regione del Canton Ticino fa parte del territorio italiano. Falso. Fa parte del territorio svizzero.
2. Il Monte Bianco è la montagna più alta d'Italia e d'Europa. Vero.
3. Il backcountry ed il freeride si praticano su piste regolari. Falso. Si praticano fuoripista.
4. Sulle Alpi è possibile praticare mountain bike solo in estate. Falso. Si può praticare snow-bike in inverno.
5. Con le «ciaspole» è possibile sciare. Falso. È possibile fare escursioni a piedi.
6. Lugano è una città della Svizzera italiana. Vero.
7. Lugano è una città importante per l'attività finanziaria. Vero.
8. La Nutella è fatta con ingredienti locali del Piemonte. Vero.

Quanto hai imparato? Rispondi alle domande.
Some answers may vary. Suggested answers.

1. Qual è la caratteristica principale delle regioni della Svizzera italiana? Si parla la lingua italiana.
2. Com'è il paesaggio naturale del Piemonte e della Valle d'Aosta? Ci sono soprattutto montagne.
3. Di che cosa hanno bisogno gli sportivi che vogliono praticare lo snow-bike? Hanno bisogno di una bicicletta con le gomme chiodate.
4. Quali sport possono praticare le persone più tranquille o i bambini? passeggiate sulla neve con le racchette da neve, pattinaggio
5. Quali attività all'aperto si possono praticare a Lugano? passeggiate nei parchi, escursioni in montagna, gite sul lago
6. Quali sono alcune caratteristiche della Nutella? È una crema spalmabile; è fatta con le nocciole.

Lugano **Lugano** è la città più grande e turisticamente più sviluppata del **Canton Ticino** ed il terzo polo finanziario° della Svizzera dopo Ginevra e Zurigo. Si trova sulla riva° nord del **Lago di Lugano** ed è circondata da montagne. È una città eclettica che unisce la vita aristocratica del **Casinò** e quella raffinata degli amanti dell'arte ad una realtà cittadina all'insegna della° natura e della vita all'aria aperta. Numerosi sono i parchi cittadini rigogliosi° di piante e fiori esotici e gli itinerari per escursioni sul lago e nei dintorni° della città.

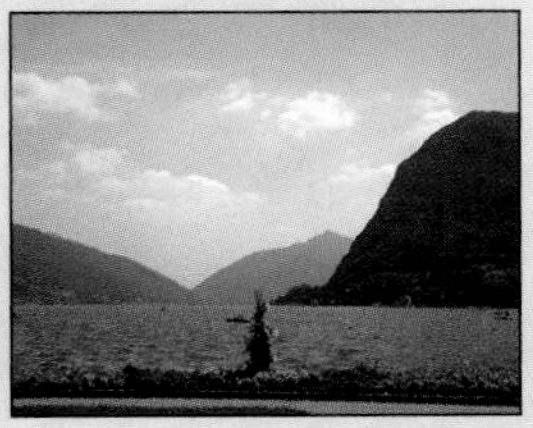

Ferrero La **Ferrero S.p.A.** è una multinazionale italiana nel settore dei dolciumi°, con sede a Pino Torinese, in provincia di Torino, fondata nel 1946 da **Pietro Ferrero**. L'azienda nasce con l'idea di realizzare prodotti dolciari° usando materie fresche e locali, come le nocciole° piemontesi. Dalla lavorazione° delle nocciole con altri ingredienti, Pietro crea una crema spalmabile° che ha immediatamente grande successo. Negli anni la crema cambierà fino a diventare nel 1964 la famosa **Nutella**. Alla Nutella si aggiungeranno delizie° come il **Ferrero Rocher**, il **Mon Cheri**, il **Kinder Sorpresa** e molte altre ancora!

polo finanziario *financial center* **riva** *shore* **all'insegna della** *characterized by* **rigogliosi** *blooming* **dintorni** *outskirts* **dolciumi** *sweets* **prodotti dolciari** *confectionery products* **nocciole** *hazelnuts* **lavorazione** *processing* **spalmabile** *spreadable* **delizie** *delicatessen*

Progetto

Registi per un giorno

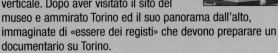

A Torino c'è il Museo Nazionale del Cinema, uno dei musei più ricchi di collezioni e unico nella sua architettura verticale. Dopo aver visitato il sito del museo e ammirato Torino ed il suo panorama dall'alto, immaginate di «essere dei registi» che devono preparare un documentario su Torino.

- Decidete il tema del documentario: storico, artistico o turistico.
- Scegliete un titolo per il documentario.
- Ricercate le informazioni necessarie per il vostro documentario.
- Preparate una presentazione da mostrare alla classe.

NATIONAL comparisons STANDARDS

INSTRUCTIONAL RESOURCES
Supersite: Audioscripts, SAM AK, Lab MP3s
SAM/WebSAM: WB, LM

RIMANDO

The **si passivante** is presented in **Strutture 10.2, pp. 374-375**.

ATTENZIONE!

When forming the passive voice with a compound tense, remember to make both the past participle of **essere** and the past participle of the other verb agree with the subject.

La ragazza è stata invitata dal Principe Azzurro.
The girl was invited by Prince Charming.

ATTENZIONE!

The simple tenses of the verbs **venire** and **andare** are sometimes used instead of **essere** in passive sentences. When **andare** is used this way, it often expresses obligation.

L'inglese è/viene studiato da molti studenti italiani.
English is studied by many Italian students.

Le regole devono essere/vanno spiegate prima di cominciare il gioco.
The rules must be explained before starting the game.

ATTENZIONE!

Some common expressions using **andare** in the passive voice are:

va considerato *it must be considered*
va detto *it must be said*
va ripetuto *it must be repeated*

Point out that the passive form of simple tenses consists of two words and the passive voice of compound tenses consists of three words.

10.1 Passive voice

- A verb is in the active voice when the subject carries out the action of the verb. Transitive verbs can also be used in the passive voice. In the passive voice, the subject of the verb is acted upon. The agent (the person or thing carrying out the action) may not be mentioned. Passive voice de-emphasizes the agent and spotlights what would usually be the direct object in the active voice. The passive voice occurs more often in writing than in speech.

Active voice	Passive voice
SUBJECT + VERB + DIRECT OBJECT	SUBJECT + VERB + AGENT
Il topo **mangia** il formaggio. *The mouse eats the cheese.*	Il formaggio **è mangiato** dal topo. *The cheese is eaten by the mouse.*

- Form the passive voice using the appropriate tense of **essere** + [*past participle*]; the past participle of the verb must agree in number and gender with the subject of the verb. The agent, when mentioned, is introduced by the preposition **da**.

Le regole **saranno scritte** dal proprietario.
The rules will be written by the owner.

L'assegno **è stato cambiato** (da uno studente).
The check was cashed (by a student).

- Verbs can be conjugated in the passive voice in any tense or mood. The tense or mood is reflected in the form of the verb **essere**.

Tense	Examples
presente	Il latte **è bevuto** dai bambini. *The milk is drunk by the children.*
passato prossimo	La villa **è stata distrutta** dal terremoto. *The villa was destroyed by the earthquake.*
imperfetto	Cinquanta euro **erano dati** alla chiesa ogni domenica. *Fifty euros were given to the church every Sunday.*
futuro semplice	Tutte le città **saranno inquinate** dalle macchine. *All cities will be polluted by cars.*
futuro anteriore	Quando finirà lo sciopero, molti operari **saranno stati** già **licenziati**. *After the strike is over, many workers will have already been laid off.*
condizionale	Lo stesso stipendio minimo **sarebbe guadagnato** da tutti. *The same minimum wage would be earned by everyone.*
condizionale passato	Senza i problemi alla borsa, la recessione **sarebbe stata evitata**. *Without the problems at the stock exchange, the recession would have been avoided.*
congiuntivo presente	È necessario che il prestito **sia fatto** oggi. *It is necessary for the loan to be made today.*
congiuntivo passato	Siamo sorpresi che la risposta **sia stata ricevuta** così presto. *We are surprised that the answer was received so soon.*
congiuntivo imperfetto	Sarebbe meraviglioso se tu **fossi scelto**. *It would be wonderful if you were chosen.*
congiuntivo trapassato	Sarebbe stato meglio se la telefonata **fosse stata fatta** dalla segretaria. *It would have been better if the telephone call had been made by the secretary.*

Pratica e comunicazione

1 **In cerca di lavoro** Ad un anno dalla laurea, Sara non riesce a trovare lavoro e manda un'e-mail al suo amico Giovanni. Completa il brano con i verbi giusti alla forma passiva.

aiutare assistere	esaminare fare	fissare lodare (*praise*)	respingere (*reject*) tenere

Ciao Giovanni,

oggi sono molto triste perché ieri la mia ultima richiesta di lavoro (1) è stata respinta. (2) Sono stata lodata dal direttore per il mio ottimo curriculm, ma mi hanno detto che la domanda (3) era stata fatta da molti candidati e che c'era molta concorrenza (*competition*), però (4) sarò tenuta in considerazione per il prossimo posto libero. Così sono andata in un'agenzia di collocamento. Le persone (5) sono aiutate da un consulente e (6) sono assistite nella ricerca del lavoro ideale. Il mio curriculum (7) sarà esaminato da un esperto la prossima settimana e spero che un colloquio (8) sia fissato presto.

Ciao,

Sara

2 **Al lavoro** Riscrivi le frasi dalla forma attiva a quella passiva.

1. Il proprietario assumerebbe nuovi operai. Nuovi operai sarebbero assunti dal proprietario.
2. Credo che il dirigente abbia licenziato la segretaria. Credo che la segretaria sia stata licenziata dal dirigente.
3. È necessario che Giovanni chieda un mutuo. È necessario che un mutuo sia chiesto da Giovanni.
4. I lavoratori guadagnavano un buono stipendio. Un buono stipendio era guadagnato dai lavoratori.
5. Gli impiegati faranno lo straordinario. Lo straordinario sarà fatto dagli impiegati.
6. Il collega non aveva ottenuto le ferie. Le ferie non erano state ottenute dal collega.

3 **Il giornale universitario** In piccoli gruppi, scegliete uno dei seguenti titoli e scrivete un articolo per il giornale universitario dove spiegate quando e dove è accaduto l'evento, chi ha partecipato e come è andata a finire. Utilizzate la forma passiva e le parole suggerite.

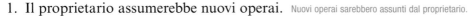

Siamo soli nello spazio?

scoprire, extraterrestri, navicella spaziale, mandare, astronauta, comunicare

Premiato il miglior film dell'anno

premiare, trattare, dedicare, interpretare, svolgersi, ispirare

Vivere senza tecnologia

Internet, cellulare, stress, ritmo, uscire, cambiare

Practice more at **immagina.vhlcentral.com.**

TEACHING OPTION
For additional practice, ask students to give as many forms of the passive as they can without looking at the chart, based on a noun that you provide. For example, you say: **la mela**. Students will say: **la mela è mangiata, la mela è stata mangiata, la mela era mangiata,** etc. You can divide the class into teams if you want to make this a competition.

TEACHING OPTION
Have groups of students print out an Italian newspaper article and underline any examples they find of the passive voice. Ask a member of each group to read the sentences to the class.

national standards comparisons

INSTRUCTIONAL RESOURCES
Supersite: Audioscripts, SAM AK, Lab MP3s
SAM/WebSAM: WB, LM

10.2

Si passivante and *si impersonale*

*—Non **si può fare** tutto.*

Si passivante

- The **si passivante** (passive **si**) is equivalent to the passive voice. It is used primarily when the agent is not expressed and it is used more frequently than the passive voice.

Active voice	Passive voice	*Si passivante*
Ricevono i regali. *They receive the gifts.*	I regali sono ricevuti. *The gifts are received.*	Si ricevono i regali. *The gifts are received.*

- The **si passivante** is formed with the pronoun **si** and the third person singular or plural of a verb that takes a direct object (a transitive verb). The choice between singular and plural is determined by the subject of the sentence, which generally follows the verb.

Si beve l'acqua.
Water is drunk.

Si mangiano i piselli.
Peas are eaten.

- The **si passivante** is always conjugated with **essere** in compound tenses. The past participle agrees in number and gender with the subject of the verb.

La scorsa estate **si sono mangiati** molti gelati.
Last summer, a lot of ice-cream was eaten.

Mi stupisco che **si siano chiusi** i negozi così presto.
It surprises me that the stores were closed so early.

- When there are direct or indirect object pronouns used with the **si passivante**, they precede the pronoun **si**. Use the third person singular form of the verb with direct object pronouns. In sentences with **ne**, however, change the order and the spelling of the pronouns to **se ne**.

Si comprano francobolli all'ufficio postale. **Li si compra** anche alla tabaccheria.
Stamps are bought at the post office. They are also bought at the tobacco shop.

Si comprano molte cose, e **se ne buttano via** tantissime.
Much is bought and so much is thrown away.

- In compound tenses, the past participle agrees with the direct object pronoun.

Si è chiamato il dottore?
Has the doctor been called?

Sì, **lo si è chiamato** un'ora fa.
Yes, he was called an hour ago.

Si è servita già la cena?
Has dinner already been served?

Sì, **la si è servita** alle 8.00.
Yes, it was served at 8:00.

RIMANDO

To review the passive voice, see **Strutture 10.1, pp. 372-373.**

Refresh students' memories regarding the fact that in the passive voice, the object of the active sentence becomes the subject of the passive sentence.
L'uomo d'affari affitta la macchina. (Active)
La macchina è affittata dall'uomo d'affari. (Passive)

To contrast the passive voice and the **si passivante**, provide (or have students come up with) the passive voice equivalents of the examples.

ATTENZIONE!

The **si passivante** is often used on signs to indicate something for sale, for rent, etc.

Si vendono appartamenti e monolocali vicino al mare.
Apartments and studios near the beach are for sale.

Affittasi camere doppie e singole in un appartamento per 5 persone.
Single and double rooms for rent in an apartment for 5 people.

Si impersonale

- An impersonal form is used when the subject of a sentence is non-specific or unimportant for the speaker. In English, words like *people*, *they*, *one*, *we*, and *you* can convey this meaning. In Italian, the impersonal form is most commonly expressed by using the **si impersonale**.

  Dopo il lavoro, **si va** al bar.
  After work, people go to the bar.

  Si mangia bene in quel ristorante.
  One eats well in that restaurant.

- The **si impersonale** is formed by using the pronoun **si** followed by the third person singular of any intransitive verb or of any transitive verb when the subject is not expressed.

  Quando **si sta** male, **si va** dal dottore.
  When you are sick, you go to the doctor's.

  S'impara bene se **si studia** molto.
  One learns well if one studies a lot.

  It is commonly used to request or to give information, instructions, and permission.

  Non **si parla** con la bocca piena!
  Don't talk with your mouth full!

  Come **si fa** a creare un sito?
  How does one create a website?

- When the **si impersonale** is used with a verb that expresses a state of being, such as **essere** or **diventare**, adjectives and nouns following the verb are always in the masculine plural form, even though the verb is singular.

  Dalle mie parti, **si è molto generosi**.
  Where I'm from, people are really generous.

  Quando **si diventa vecchi**, tutto è più chiaro.
  When one gets old, everything is clearer.

  Quando **si è studenti**, si dorme poco.
  When one is a student, one sleeps little.

  Si lavora moltissimo quando **si diventa professori**.
  You work a lot when you become a professor.

- When the **si impersonale** is used in compound tenses, a singular form of **essere** is always required as an auxiliary. For verbs normally conjugated with **avere**, use the masculine singular form of the past participle. For verbs conjugated with **essere**, use a plural past participle.

  Si è viaggiato molto.
  (La gente ha viaggiato molto.)
  People have traveled a lot.

  Quando **si è arrivati**, nessuno era lì.
  (Quando la gente è arrivata, nessuno era lì.)
  When we arrived, no one was there.

- Indirect object pronouns precede **si**. When **ne** is used, **si** becomes **se** and the order is always **se ne**.

  Si discute di sport in ufficio?
  Do people talk about sports in the office?

  No, non **se ne parla** affatto!
  No, they don't talk about them at all!

  Si può telefonare ai clienti dopo le sei?
  Can one call clients after six?

  No, non **gli si può telefonare** così tardi!
  No, one cannot call them so late!

- When using a reflexive or reciprocal verb with the **si impersonale**, avoid repeating **si** by replacing it with **ci**.

  Come **ci si saluta** tra amici?
  How does one say hello among friends?

  Ci si saluta con due baci.
  One says hello with two kisses.

ATTENZIONE!

The pronoun **si** precedes the conjugated forms of verbs such as **dovere**, **potere**, and **volere**.

Si deve andare a scuola alle 7.30.
One has to go to school at 7:30.

ATTENZIONE!

As an alternative to using the **si impersonale**, you may use **uno** or **la gente**.

La gente passa troppo tempo a guardare Facebook.
= Si passa troppo tempo a guardare Facebook.
People spend too much time on Facebook.

ATTENZIONE!

In spoken Italian, the **si impersonale** is sometimes used to mean **noi**.

Dove si va domani?
Where are we going out tomorrow?

Cosa si mangia oggi?
What are we eating today?

To make sure students use **essere** in compound tenses, give them some examples of the **passato prossimo** with **noi**, **la gente** or **tutti** as the subject. Example:
—**Tutti hanno mangiato bene**.
—**Si è mangiato bene**.

Give students additional examples of **si impersonale** with reflexive verbs. Example:
Se non ci si alza presto, non si mangia a casa mia. Ci si è lavati, ci si è vestiti e dopo si è usciti.

Pratica

1 **Cosa si fa...?** Simona e Diana stanno organizzando una piccola gita a Torino. Cambia i verbi tra parentesi usando la forma del **si** impersonale.

SIMONA Ciao Diana, allora cosa si fa questo fine settimana?

DIANA (1) __Si va__ (andiamo) a Torino!

SIMONA Sì, che bella idea! Hai già deciso cosa (2) __si fa__ (facciamo)?

DIANA (3) __Ci si sveglia__ (ci svegliamo) presto, (4) __si parte__ (partiamo) alle sette così (5) __si arriva__ (arriviamo) presto.

SIMONA Bene, poi si visita il Museo Egizio e la Mole Antonelliana.

DIANA Va bene, poi per pranzo (6) __si mangia__ (mangiamo) al ristorante consigliato da Cristian.

SIMONA E nel pomeriggio?

DIANA Nel pomeriggio (7) __ci si riposa__ (ci riposiamo) in un caffè e poi (8) __si torna__ (torniamo) a casa.

SIMONA Non vedo l'ora di partire!

2 **In ufficio** Trasforma le frasi passive utilizzando il **si** passivante.

Modello **Le lettere sono spedite.**
Si spediscono le lettere.

1. Il candidato è stato assunto. Si è assunto il candidato.
2. Le e-mail saranno lette. Si leggeranno le e-mail.
3. Le ferie sono prese ad agosto. Si prendono le ferie ad agosto.
4. La promozione è stata ottenuta. Si è ottenuta la promozione.
5. Le imprese sono finanziate. Si finanziano le imprese.
6. I soldi saranno investiti. Si investiranno i soldi.

3 Have students restate the paragraph, applying it to their own lives.

3 **Dopo il lavoro** Completa il brano con i verbi forniti mettendoli nella forma del **si** passivante o del **si** impersonale.

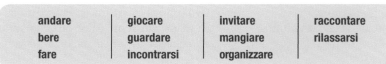

andare	giocare	invitare	raccontare
bere	guardare	mangiare	rilassarsi
fare	incontrarsi	organizzare	

Ad Alessandria, dopo una lunga giornata di lavoro, (1) __ci si rilassa__ un po' prima di tornare a casa. (2) __Si va__ in palestra o (3) __si gioca__ a tennis o a calcio. Altre volte (4) __ci si incontra__ con gli amici, (5) __si beve__ un aperitivo, (6) __si mangiano__ gli stuzzichini e (7) __si fanno__ due chiacchiere. Spesso (8) __si organizzano__ gite per il fine settimana o (9) __si raccontano__ le novità. Nel fine settimana (10) __si va__ a cena fuori o (11) __si invitano__ gli amici a casa e (12) __si guarda__ un film.

4 Have students add more questions of their own.

4 **Il tempo libero** In coppia, a turno, fatevi le seguenti domande. Rispondete utilizzando il **si** passivante o il **si** impersonale.

- Come si passa la giornata nella tua città?
- Dove si va quando si vogliono incontrare gli amici?
- Cosa si fa per passare una serata tranquilla?
- Dove si mangiano i migliori gelati?
- Cosa si fa nel tempo libero?
- Cosa si fa la sera?
- Dove si ascolta buona musica?
- Dove si beve il miglior caffè?

Practice more at **immagina.vhlcentral.com.**

Comunicazione

5 **Conversazione** In coppia, inventate sei domande da fare ad un(a) amico/a sul suo nuovo lavoro. Utilizzate il **si** impersonale con **essere** o **diventare** più gli aggettivi.

Modello —Come va il tuo nuovo lavoro? Lavori tanto? Si diventa nervosi quando si lavora molto!
—Sì, sono stanco e quando si è stanchi si diventa nervosi!

5 Have students use the six questions as the basis for creating a short conversation that they can act out for classmates.

6 **Inventa**

A. In coppia, descrivete la scena e cosa fanno le persone nella foto, con almeno otto frasi. Utilizzate il **si** passivante e il **si** impersonale.

B. Confrontate le vostre frasi con il resto della classe.

7 **Il ponte** In coppia, inventate e poi mettete in scena una conversazione dove decidete cosa fare durante il prossimo ponte (*long weekend*) utilizzando il si impersonale. Potete usare le espressioni della lista.

andare a sciare sulle Alpi	scrivere e-mail importanti
incontrare i genitori	studiare per l'esame
lavorare ad un progetto	uscire con gli amici

Modello —Ciao Paola, che si fa questo fine settimana?
—Ciao Sara, si va al mare...

7 Have groups of students share their directives; have students ask relevant questions while their classmate reads his/her conversation.

8 **Festa a sorpresa** In coppia, scrivete cosa si deve fare per organizzare una perfetta festa a sorpresa.

Modello Per prima cosa, si deve stabilire la data, poi si deve fare la lista degli invitati...

INSTRUCTIONAL RESOURCES
Supersite: Audioscripts, SAM AK, Lab MP3s
SAM/WebSAM: WB, LM

ATTENZIONE!

In addition to any changes in the verb tenses, depending on the context, you might have to make other changes in subject and object pronouns, reflexive pronouns, and possessive adjectives and pronouns.

Ha detto: «Non sono stato io!»
Ha detto che non era stato lui.

Disse: «È mio.»
Disse che era suo.

Ha detto: «Mi sono dimenticata.»
Ha detto che si era dimenticata.

Mi hai detto: «Voglio andare con te.»
Mi hai detto che volevi andare/venire con me.

Disse: «Ti avevo visto.»
Disse che l'aveva vista.

ATTENZIONE!

When the verb introducing the indirect discourse is in the past, you might also need to make the following changes.

adesso	→	**in quel momento**
oggi	→	**(in) quel giorno**
ora	→	**allora**
domani	→	**il giorno dopo / seguente**
fra poco	→	**poco dopo**
prossimo	→	**seguente**
ieri	→	**il giorno prima**
l'altro ieri	→	**due giorni prima**
poco fa	→	**poco prima**
scorso	→	**prima / precedente**
qui	→	**lì**
qua	→	**là**
questo	→	**quello**

Antonella ha detto «Mia sorella partirà domani».
Antonella said "My sister will leave tomorrow".

Antonella ha detto che sua sorella sarebbe partita il giorno dopo.
Antonella said that her sister would leave the next day.

10.3 Indirect discourse

- Direct discourse reports exactly what someone says or has said. In writing, quotation marks enclose the person's words. Indirect discourse relates a person's words without repeating them verbatim; they are not set off in writing by quotation marks.

Direct discourse	Indirect discourse
Massimiliano dice «vado al bancomat». *Massimiliano says "I am going to the ATM".*	Massimiliano dice che va al bancomat. *Massimiliano says that he is going to the ATM.*

- Indirect discourse is often introduced by verbs such as **chiedere** (*to ask*), **dire** (*to say/tell*), **domandare** (*to ask*), **ripetere** (*to repeat*), **rispondere** (*to respond*), or **sostenere** (*to maintain*).

Mi **chiedono** quando andrò in pensione.
They are asking me when I will retire.

Gli **rispondo** che non ne ho idea!
I keep telling them that I have no idea!

- The change from direct to indirect discourse often requires a number of changes in a sentence. These changes may include a change of verb tense and/or mood, changes of possessive pronouns and adjectives, changes in personal pronouns, and changes in demonstrative adjectives and expressions of time and place.

- When the verb introducing indirect discourse is in the present or future tense, no change in the verb tense is needed.

Discorso diretto	Discorso indiretto
Barbara **domanda** «Quando **arriverà** il nuovo motorino?» *Barbara asks "When will the new scooter arrive?"*	Barbara **domanda** quando **arriverà** il nuovo motorino. *Barbara asks when the new scooter will arrive.*
Federico **risponderà** «Non mi **alzerò** fino a mezzogiorno!» *Federico will answer, "I won't get up until noon!*	Federico **risponderà** che non si **alzerà** fino a mezzogiorno. *Federico will answer that he won't get up until noon.*

- When introduced by a verb in the past tense, verbs in the **imperfetto** or **trapassato** do not change when changing from direct to indirect discourse. This rule applies both to verbs in the indicative and in the subjunctive.

Discorso diretto (imperfetto)	Discorso indiretto (imperfetto)
Ugo ha detto «Silvia **voleva** dare le dimissioni.» *Ugo said "Silvia wanted to quit."*	Ugo ha detto che Silvia **voleva** dare le dimissioni. *Ugo said that Silvia wanted to quit.*
Disse «**Pensavo** che il contabile **avesse** la ricevuta.» *He said, "I thought the accountant had the receipt."*	Disse che **pensava** che il contabile **avesse** la ricevuta. *He said that he thought that the accountant had the receipt.*

Discorso diretto (trapassato)	Discorso indiretto (trapassato)
Abbiamo detto «L'**aveva preparata**.» *We said "She had prepared it."*	Abbiamo detto che l'**aveva preparata**. *We said that she had prepared it.*
Rispose «Volevo sapere dove **fosse andata**.» *He replied "I wanted to know where she had gone."*	Rispose che voleva sapere dove **fosse andata**. *He replied that he wanted to know where she had gone.*

- When the verb introducing indirect discourse is in a past tense, verb tenses other than the **imperfetto** or **trapassato** must also shift to the past tense. This is true whether the verb is in the indicative or subjunctive.

Discorso diretto (presente)	Discorso indiretto (imperfetto)
Giorgina ha risposto «Non **voglio** pagare la tassa.» *Giorgina answered "I don't want to pay the tax."*	Giorgina ha risposto che non **voleva** pagare la tassa. *Giorgina answered that she didn't want to pay the tax.*

Discorso diretto (futuro / condizionale)	Discorso indiretto (condizionale passato)
Pandora ha urlato «Non **aprirò** mai questa scatola!» *Pandora yelled "I will never open this box!"*	Pandora ha urlato che non **avrebbe** mai **aperto** quella scatola. *Pandora yelled that she would never open that box.*

Discorso diretto (passato prossimo / remoto)	Discorso indiretto (trapassato)
Pierluigi ha ammesso «**Ho perso** la mia chiave.» *Pierluigi admitted "I lost my key."*	Pierluigi ha ammesso che **aveva perso** la sua chiave. *Pierluigi admitted that he had lost his key.*
Maria Elena ha risposto «Credo che questi bambini l'**abbiano trovata**.» *Maria Elena replied "I think these children found it."*	Maria Elena ha risposto che credeva che quei bambini l'**avessero trovata**. *Maria Elena replied that she thought those children had found it.*

- There are two ways to indicate the change from an imperative in direct discourse to its equivalent in indirect discourse. You may use **di** + [infinitive] or the imperfect subjunctive.

Discorso diretto (imperativo)	Discorso indiretto (infinito / congiuntivo imperfetto)
Stefano gli **ha detto** «**Fallo** subito!» *Stefano said to him "Do it right away!"*	Stefano gli **ha detto di farlo** subito. Stefano gli **ha detto che lo facesse** subito. *Stefano said to him do it right away.*

- Hypothetical situations expressing reality, possibility, and impossibility undergo changes as shown in the shift from direct to indirect discourse. In indirect discourse, all three of the hypothetical situations are expressed with the same basic tenses: the past perfect subjunctive (**congiuntivo trapassato**) after **se**, and the past conditional (**condizionale passato**) in the result clause.

Discorso diretto	Discorso indiretto
Gianni disse «Se **avremo** soldi, **compreremo** una bella casa.» *Gianni said "If we have the money, we will buy a pretty house."*	Gianni disse che se **avessero avuto** soldi, **avrebbero comprato** una bella casa. *Gianni said that if they had the money, they would buy a pretty house.*
Marina rispose «Se **avessi** soldi, **comprerei** una macchina!» *Marina replied "If I had the money, I would buy a car!"*	Marina rispose che se **avesse avuto** soldi, **avrebbe comprato** una macchina. *Marina replied that if she had the money, she would buy a car.*
Paolo aggiunse «Se **avessi avuto** soldi, **avrei comprato** una Ferrari.» *Paolo added "If I had had the money, I would have bought a Ferrari."*	Paolo aggiunse che se **avesse avuto** soldi, **avrebbe comprato** una Ferrari. *Paolo added that if he had had the money, he would have bought a Ferrari.*

ATTENZIONE!

When the speaker is talking to or about him/herself, use **di** + [*infinitive*]. To indicate a past action, use **di** + [*past infinitive*].

Ugo dice «Io non guadagno abbastanza.»
Ugo says "I don't earn enough."

Ugo dice di non guadagnare abbastanza.
Ugo says he doesn't earn enough.

Pia ha detto «Non ho ricevuto la lettera.»
Pia said "I didn't receive the letter."

Pia ha detto di non aver ricevuto la lettera.
Pia said that she hadn't received the letter.

RIMANDO

To review hypothetical statements, see **Strutture 9.3, pp. 340-341**.

Pratica

1 Have students create original conversations and transform them into indirect discourse.

1 Al lavoro Riscrivi le conversazioni ascoltate al lavoro utilizzando il discorso indiretto.
Answers may vary slightly. Suggested answers provided.

Modello **Teresa: «Voglio un aumento di stipendio.»**
Il direttore: «Va bene, avrai l'aumento!»

Teresa dice che vuole un aumento di stipendio.
Il direttore risponde che va bene, avrà l'aumento.

1. Mario: «Voglio cambiare il mio orario di lavoro.» Mario dice che vuole cambiare il suo orario di lavoro.
   La segretaria: «Devi riempire il modulo.» La segretaria risponde che deve riempire il modulo.
2. Carlo: «La prossima settimana andrò in ferie.» Carlo dice che la settimana prossima andrà in ferie.
   Il collega: «Io ci sono andato il mese scorso.» Il collega risponde che lui ci è andato il mese precedente.
3. Lucia: «Ho mandato il fax.» Lucia dice che ha mandato il fax.
   Il capo: «Puoi fare la pausa.» Il capo risponde che può fare la pausa.
4. Matteo: «Dovrei uscire un momento.» Matteo dice che dovrebbe uscire un momento.
   La direttrice: «Va bene.» La direttrice risponde che va bene.

2 Have students add additional opinions in indirect discourse.

2 L'articolo Alcuni esperti esprimono la loro opinione sulla crisi economica. Tu sei un giornalista e scrivi un articolo su quello che hanno detto usando il discorso indiretto.

- Un economista: «Nel mese di luglio la crisi economica raggiungerà livelli altissimi. Gli effetti degli interventi dello stato non si fanno sentire.» Un economista ha detto che nel mese di luglio la crisi avrebbe raggiunto/avrà raggiunto livelli altissimi e che gli effetti degli interventi dello stato non si facevano sentire.
- Un politico: «La ripresa economica dovrebbe avvenire presto. Il periodo peggiore è già passato.» Un politico ha detto che la ripresa economica sarebbe dovuta avvenire presto e che il periodo peggiore era già passato.
- Un sindacalista: «Il tasso di disoccupazione è salito negli ultimi mesi. Tutto è iniziato a causa della crisi dei mutui negli Stati Uniti.» Un sindacalista ha detto che il tasso di disoccupazione era salito negli ultimi mesi e che tutto era iniziato a causa della crisi dei mutui negli Stati Uniti.

3 Give additional hypothetical statements that employees might have said during a meeting and have volunteers report what was said using a reporting verb in the **passato prossimo**.

3 Riunione Durante una riunione di lavoro alcuni impiegati fanno delle dichiarazioni (*statements*). Riscrivile in un promemoria usando il discorso indiretto.

1. I dipendenti avevano detto: «Vogliamo un orario di lavoro flessibile.» I dipendenti avevano detto che volevano un orario di lavoro flessibile.
2. La segretaria aveva detto: «Abbiamo bisogno di più impiegati.» La segretaria aveva detto che avevano bisogno di più impiegati.
3. L'impiegato ha spiegato: «Pensavo che fossero stati assunti.» L'impiegato ha spiegato che pensava che fossero stati assunti.
4. La ragioniera ha proposto: «Se usassimo materiali più economici i costi di produzione diminuirebbero.» La ragioniera ha proposto che se avessero usato materiali più economici i costi di produzione sarebbero diminuiti.
5. La dirigente aveva dichiarato: «La produzione è salita nell'ultimo mese.» La dirigente aveva dichiarato che la produzione era salita nell'ultimo mese.

4 Answers: **Il direttore ha detto a Martina di contattare i vecchi clienti, di controllare la posta elettronica ogni mattina e di mandare i nuovi cataloghi ai rappresentanti./Il direttore ha detto a Martina che contattasse i vecchi clienti, che controllasse la posta elettronica ogni mattina e che mandasse i nuovi cataloghi ai rappresentanti./Il direttore ha detto ai dipendenti di fare un'ora di straordinario, di ispezionare il materiale arrivato e di completare i progetti iniziati./Il direttore ha detto ai dipendenti che facessero un'ora di straordinario, che ispezionassero il materiale arrivato e che completassero i progetti iniziati.**

4 Disposizioni In coppia leggete la lista degli ordini lasciata dal direttore per i suoi dipendenti. Riscrivetela utilizzando le due forme di discorso indiretto.

Modello **Per il contabile: Paga gli stipendi.**

Il direttore ha detto al contabile di pagare gli stipendi./Il direttore ha detto al contabile che pagasse gli stipendi.

- **Per Martina:**

  Contatta i vecchi clienti.

  Controlla la posta elettronica ogni mattina.

  Manda i nuovi cataloghi ai rappresentanti.

- **Per i dipendenti:**

  Fate un'ora di straordinario al giorno.

  Ispezionate il materiale arrivato.

  Completate i progetti iniziati.

Practice more at **immagina.vhlcentral.com.**

Comunicazione

5 **Telefonata** In coppia, raccontatevi a turno una conversazione telefonica che avete avuto di recente. Fatevi delle domande per saperne di più.

Modello —Ieri sera ho parlato con mia madre e mi ha detto che lei e mio padre sarebbero venuti a trovarmi questo fine settimana.

—Ti ha detto quanto tempo rimarranno?

—Non proprio, ma ha detto che sarebbero rimasti fino a domenica pomeriggio.

6 **Fumetti** In gruppo, immaginate cosa stanno dicendo i personaggi nei fumetti e inseritelo nella nuvoletta. Poi riscrivetelo usando il discorso indiretto.

7 **Recensione** In gruppo, a turno raccontate brevemente la trama dell'ultimo film o telefilm che avete visto. Gli altri studenti ascoltano e riassumono in quattro o cinque frasi usando il discorso indiretto.

8 **Tra avvocati** Due avvocati si incontrano per curare gli interessi dei loro clienti e per negoziare le richieste della controparte. In gruppo, scegliete una delle due situazioni e inventate una conversazione tra gli avvocati, utilizzando il discorso indiretto, per riportare cosa i clienti gli hanno detto.

Modello —Il mio cliente ha detto che voleva tenere il cane.

—Mi dispiace, ma il mio cliente ha detto che il suo cliente poteva tenere il gatto ma non il cane.

- Due avvocati che rappresentano moglie e marito che vogliono divorziare.
- Due avvocati, uno rappresenta un'azienda e l'altro un dipendente che è stato licenziato.

NATIONAL communication STANDARDS

SUGGESTION Revisit some of the literature from earlier lessons and assign stories or chunks of stories for students to rewrite in indirect discourse. Selections with a lot of dialogue (such as the Dario Fo play in **Lezione 6**) are particularly apt for this activity.

comparisons

INSTRUCTIONAL RESOURCES
Supersite: Audioscripts, SAM AK, Lab MP3s
SAM/WebSAM: WB, LM

ATTENZIONE!

To avoid ambiguity, use **da** instead of **a** to show who is performing the action.

Fate scrivere una poesia a Beatrice.
Have a poem written for/by Beatrice.

Fate scrivere una poesia da Beatrice.
Have Beatrice write a poem.

ATTENZIONE!

You may also use a disjunctive pronoun instead of an indirect object pronoun for clarification or emphasis.

Glielo faccio vedere.
I'm showing it to him/her.

Lo faccio vedere a lui, non a lei.
I'll show it to him, not to her.

ATTENZIONE!

Pronouns follow and attach to **fare** in three situations: the **tu**, **noi**, and **voi** forms of the imperative, when **fare** is an infinitive, and in the gerund.

Fallo venire subito!
Have him come right away!

Voglio farli capire.
I want to make them understand.

Facendoli ragionare, il professore li aiuta a ricordare.
By making them reason, the teacher helps them remember.

Give students an active sentence such as "**Preparo un panino**" and the name of another student, and ask them to tell who is now doing the action.
—**Preparo un panino / Barbara**
—**Faccio preparare un panino a/da Barbara.**

10.4 *Fare*, *lasciare*, and verbs of perception followed by the infinitive

*—Li **farei dormire** a casa tua.*

Fare followed by the infinitive

- **Fare** + [*infinitive*] indicates that the subject is causing something to be done or causing someone else to do something.

L'insegnante **fa parlare** Paolo.
The teacher makes Paolo talk.

Marco **fa lavare** la macchina a suo fratello.
Marco has his brother wash his car.

- When there is one object after **fare** + [*infinitive*], it is always a direct object. When there are two objects, the person or thing acted upon is the direct object and the person participating in the action is an indirect object.

	DIRECT OBJECT	INDIRECT OBJECT
Il padrone farà licenziare	**l'impiegato.**	
The boss will have the employee fired.		
Il padre fa aprire	**un conto**	**a sua figlia.**
The father is having his daughter open an account.		

- Object pronouns do not attach to the infinitive. They normally precede the conjugated form of **fare**. Note that the past participle of **fare** agrees with preceding direct object pronouns.

Ho fatto presentare le sue qualifiche a Gina.
I had Gina present her qualifications.
→ **Le ho fatte presentare** a Gina.
I had Gina present them.

Hai fatto suonare la tromba a Salvatore?
Did you have Salvatore play the trumpet?
→ **Gliel'hai fatta suonare**?
Did you have him play it?

- **Farsi** + [*infinitive*] expresses the idea of having something done to or for oneself by another person. Use **da** + a person to indicate who is performing the action.

La nonna **si fa lavare** i capelli **dalla** nipote.
The grandmother has her hair washed by her granddaughter.

Mi farò cuocere una bella pastasciutta **da** Patrizia.
I will have Patrizia cook a nice pasta dish for me.

- If the infinitive after **fare** is a reflexive verb, the reflexive pronoun is dropped.

Non **fare alzare** papà.
Don't make Daddy get up.

Ho fatto pentire Maria.
I've made Maria feel sorry.

Lasciare followed by the infinitive

- **Lasciare** + [*infinitive*] means *to allow, to let* or *to permit* someone to do something.

  Lascio piangere il mio fratellino.
  I let my little brother cry.

- As with the **fare** construction, when there is one object after **lasciare** + [*infinitive*], it is always a direct object. If there are two objects, the person or thing acted upon is the direct object and the person doing the action is an indirect object.

  Abbiamo lasciato cantare **i nostri ospiti.**
  We allowed our guests to sing.

  Li abbiamo lasciati cantare.
  We allowed them to sing.

  La lasciate mangiare.
  You are letting her eat.

  Le lasciate mangiare **le patatine fritte.**
  You are letting her eat French fries.

- **Lasciarsi** expresses the idea of allowing something to be done by or for oneself. The person or thing who performs the action is introduced by **da**.

  Il mio collega **si lascia convincere** a comprare il caffè a tutti gli amici.
  My coworker lets himself get talked into buying coffee for his friends.

  Mi sono lasciata trasportare dalla musica.
  I let myself drift away with music.

  Per il colloquio, **mi lascerò vestire da** mia moglie!
  For the interview, I'll let my wife choose my clothes!

- **Lasciare** may also be followed by **che**. When the two clauses have a different subject, a verb in the appropriate form of the subjunctive is used in the dependent clause.

  La professoressa **ha lasciato che** gli studenti **mangiassero** nell'aula.
  The professor let the students eat in the classroom.

Verbs of perception followed by the infinitive

- Verbs of perception such as **sentire** (*to hear*) and **vedere** (*to see*) may be followed by an infinitive. Additional verbs of perception are: **guardare** (*to watch*), **ascoltare** (*to listen to*), **udire** (*to hear*), and **osservare** (*to observe*).

  Ho sentito gridare il contabile.
  I heard the accountant screaming.

  Ascoltiamo cantare il nostro amico.
  We are listening to our friend sing.

  → **L'ho sentito gridare**.
  I heard him screaming.

  L'ascoltiamo cantare.
  We are listening to him sing.

- The direct object follows the infinitive and the direct object pronoun precedes the conjugated verb of perception when there is only one object.

  Vedo arrivare **l'aereo.**
  I see the plane coming.
  → **Lo** vedo arrivare.
  I see it coming.

- If the infinitive has its own object, place it after the infinitive and place the other noun after the verb of perception.

  Abbiamo visto il leone **mangiare** la gazzella.
  We saw the lion eat the gazelle.

ATTENZIONE!

Two expressions, **lasciare perdere** and **lasciare stare**, are idiomatic. The first means *to let something go* or *to forget about something*, the second means *to let something be.*

Non troveremo mai quella lettera—lasciamo perdere!
We will never find that letter—let's forget about it.

Hai già riletto la tua risposta tre volte—lascia stare!
You've already read your answer three times—let it be!

Explain to students that **lasciarsi andare** has the idea of letting oneself go (as in not taking care of oneself). Example: **Quando suo marito è morto, si è lasciata andare.**

ATTENZIONE!

Pronouns follow and attach to **lasciare** in three situations: the **tu**, **noi**, and **voi** forms of the imperative, when **lasciare** is an infinitive, and in the gerund.

Lascialo giocare in pace.
Let him play in peace.

Puoi lasciargli fare un dolce.
You can let them make dessert.

Lasciandole stare alzate fino a tardi, ci troveremo nei guai.
By letting them stay up, we will find ourselves in trouble.

Point out that verbs of perception may also be followed by a relative clause introduced by **che** or **mentre**. Example: **Sento il cane che abbaia. Abbiamo osservato la ragazza mentre partiva.**

Pratica

1 **Istruzioni** Utilizza gli elementi forniti per fare delle frasi con **fare** + **infinito**.

Modello **La ditta firma il contratto. / il consulente**
Il consulente fa firmare il contratto alla ditta.

1. Gli operai lavorano. / il direttore Il direttore fa lavorare gli operai.
2. La segretaria ha mandato le e-mail. / il capo Il capo ha fatto mandare le e-mail dalla segretaria.
3. La stagista farà il colloquio di lavoro. / il consulente Il consulente farà fare il colloquio di lavoro alla stagista.
4. Il contabile ha depositato gli assegni. / il collega Il collega ha fatto depositare gli assegni al contabile.
5. L'assistente contatta i clienti. / il dirigente Il dirigente fa contattare i clienti all'assistente.

2 **Primo giorno di lavoro** Utilizza gli elementi forniti per fare delle frasi con **fare** + **infinito** o **farsi** + **infinito**, poi riscrivi le frasi utilizzando i pronomi diretti e indiretti.

Modello **La segretaria fa il caffè. (Il capo)**
Il capo fa fare il caffè alla segretaria./Il capo glielo fa fare.

1. L'assistente porta il contratto al direttore. (Il direttore) Il direttore si fa portare il contratto dall'assistente. Il direttore se lo fa portare.
2. La nuova impiegata firma il contratto. (Il direttore) Il direttore fa firmare il contratto alla nuova impiegata. Il direttore glielo fa firmare.
3. I dipendenti conoscono la nuova impiegata. (Il direttore) Il direttore fa conoscere la nuova impiegata ai dipendenti. Il direttore gliela fa conoscere.
4. La nuova impiegata vede il nuovo progetto. (I dipendenti) I dipendenti fanno vedere il nuovo progetto alla nuova impiegata. I dipendenti glielo fanno vedere.
5. L'assistente spiega i progetti alla nuova impiegata. (La nuova impiegata) La nuova impiegata si fa spiegare i progetti dall'assistente. La nuova impiegata se li fa spiegare.

3 **Genitori e figli** In coppia, usate gli elementi forniti per parlare di cosa vi lasciavano o non vi lasciavano fare i vostri genitori quando eravate adolescenti.

Modello **avere un cellulare**
I miei genitori non mi lasciavano avere un cellulare tutto mio, ma mi lasciavano usare il loro se uscivo la sera.

- uscire la sera
- andare in vacanza da solo/a
- andare in discoteca con gli amici
- fare tardi senza avvertire
- guidare la loro macchina
- avere un indirizzo e-mail privato
- usare Internet senza limiti
- ?

4 Have students use the questions to role-play the detective/witness interview. Encourage students to add questions of their own to use. Have them write a report based on their interviews.

4 **Una rapina** C'è stata una rapina (*robbery*) in una banca e tu come testimone devi rispondere alle domande dell'investigatore. Sample answers.

Modello **Hanno fatto uscire i clienti?**
No, non li hanno fatti uscire.

1. Avete visto arrivare i ladri? No, non li abbiamo visti arrivare.
2. Avete sentito sparare un colpo di pistola? Sì, lo abbiamo sentito sparare.
3. I ladri hanno fatto aprire la cassaforte (*safe*) al cassiere? Non so se gliel'hanno fatta aprire.
4. Hanno fatto entrare tutti i clienti nell'ufficio del direttore? Sì, li hanno fatti entrare tutti.
5. Hanno fatto scattare (*go off*) l'allarme? No, non l'hanno fatto scattare.
6. Hanno fatto parlare gli ostaggi con i loro parenti? Sì, li hanno fatti parlare con i loro parenti.
7. Si sono fatti consegnare tutti i soldi dall'impiegato? No, non se li sono fatti consegnare tutti.
8. Avete visto cadere a terra la segretaria? Sì, l'abbiamo vista cadere.

Practice more at **immagina.vhlcentral.com.**

Comunicazione

5 **Questionario** In coppia, rispondete alle seguenti domande.

1. Cosa ti fa ridere?
2. Che cosa ti fa perdere la pazienza?
3. Fai controllare la tua auto periodicamente?
4. Ti fai tagliare i capelli dal parrucchiere (*barber / hairdresser*)?
5. Lasci usare il tuo computer ai tuoi amici?
6. Lasci leggere il tuo diario personale ai tuoi amici?
7. Ti lasci convincere facilmente dagli altri?
8. Fai usare il tuo iPod ai tuoi amici?

5 Have students add questions of their own.

5 Have students summarize ways in which they are similar and share their conclusions in groups.

6 **Il lavoro ideale** In coppia, descrivete il vostro lavoro ideale, utilizzando **fare**, **lasciare** e i verbi di percezione più infinito.

Modello Il mio lavoro ideale è quello che mi lascia iniziare alle 10 di mattina e non mi fa lavorare il venerdì.

7 **Uno sguardo al futuro** Fate una lista di sei cose che tu e la tua famiglia vi farete fare da altri tra vent'anni, quando sarete molto ricchi. Condividete la lista con i vostri compagni che vi faranno domande a riguardo.

Modello Mi farò portare la colazione a letto tutte le mattine.
Mio fratello si farà accompagnare dall'autista.

7 Have students in the group determine whose list is most imaginative, most practical, most outrageous, etc.

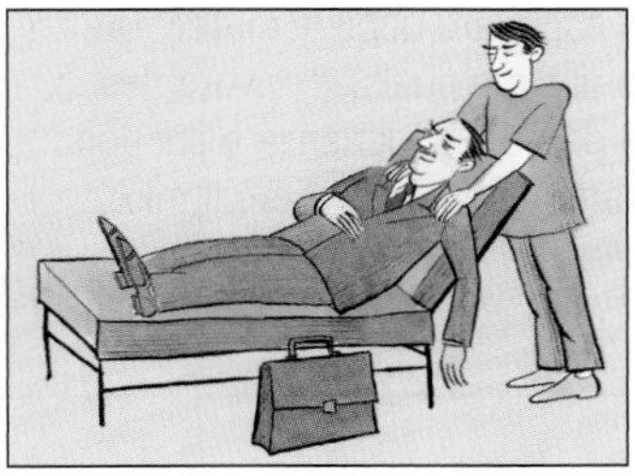

8 **Qualcosa di strano** Racconta qualcosa di strano che ti è successo di recente, puoi usare la tua immaginazione, utilizzando i verbi di percezione e **lasciare + infinito.**

Modello Ieri pomeriggio ho sentito gridare la mia vicina di casa, ho visto correre un uomo con un cappello nel cortile e poi ho udito ridere il marito della vicina...

Sintesi

1 **Parliamo** In gruppo, leggete i quattro estratti e rispondete alle domande.

I giovani e il mondo del lavoro.

Francesco, 24 anni, Padova

È sempre più difficile per noi giovani trovare lavoro. Per me è importante scegliere un buon corso di laurea e soprattutto fare esperienza all'estero. Lavorare in un altro paese è l'occasione per crescere professionalmente e quando torni a casa hai la possibilità di trovare un lavoro interessante e ben pagato.

Paola, 25 anni, Napoli

Mi sono laureata l'anno scorso e ancora non ho trovato lavoro, e nella mia stessa situazione si trovano la metà dei laureati. Purtroppo dobbiamo accettare lavori precari, spesso mal pagati e non adeguati agli studi fatti. Voglio essere indipendente ma non ci riesco e non capisco perché dovrei trasferirmi in un'altra città o in un altro paese.

Giacomo, 20 anni, Genova

Secondo me i giovani laureati possono trovare lavoro; devono solo darsi da fare e cercare di fare esperienza anche durante gli anni dell'università invece di aspettare dopo la laurea. Ogni estate, io accetto qualsiasi lavoro riesco a trovare per fare esperienza e poi dopo che mi sarò laureato cercherò il mio lavoro ideale.

Sara, 26 anni, Perugia

Purtroppo siamo in un circolo vizioso: le aziende vogliono giovani con esperienza, e così nessuno è disposto ad assumerli senza esperienza. Ma dove dovremmo maturare noi giovani questa esperienza? Secondo me l'università e il mondo del lavoro dovrebbero lavorare insieme per dare questa occasione a noi giovani.

1. Qual è l'opinione degli intervistati riguardo alle difficoltà che hanno i giovani italiani a trovare lavoro?
2. Quali soluzioni suggeriscono per risolvere questo problema?
3. Secondo te, ci sono dei fattori che influenzano la loro opinione? Quali?
4. Con quale degli intervistati ti identifichi di più? Perché?
5. Secondo te, questi sono problemi solo italiani o ci sono anche nel tuo paese?

2 **Scriviamo** **Scegli uno dei seguenti argomenti e scrivi un tema di circa una pagina.**

1. Fai un resoconto (*summary*) delle opinioni dei quattro intervistati.
2. Quale delle quattro opinioni è più vicina alla tua? Spiega perché.

Strategie per la comunicazione

Quando ti prepari a riportare quello che altre persone hanno detto, sia a voce che per iscritto, ricordati di non limitarti ad usare solo il verbo **dire**, ma utilizza altri sinonimi come: **raccontare**, **spiegare**, **chiarire**, **ricordare**, **far notare**, **affermare** ed **esprimere**.

Preparazione

Vocabolario della lettura	Vocabolario utile
l'abbigliamento *clothing*	l'ạbito *(men's) suit*
il capo (di vestiario) *article (of clothing)*	la cravatta *tie*
la griffe *designer label*	i gioiẹlli *jewelry*
il look *dressing style*	la (mini)gonna *(mini)skirt*
la marca *brand*	gli orecchini *earrings*
la richiesta *demand*	i pantaloni (lunghi/corti) *(long/short) pants*
il settore *sector*	i sạndali *sandals*
la sfilata *(fashion) parade*	il tailleur (*invar.*) *(women's) suit*
lo stile *style*	il tatuaggio *tattoo*
lo stilista *fashion designer*	il trucco *makeup*

1 **Parole nuove** Associa i sinonimi nelle due colonne.

f	1. l'abbigliamento	a. la griffe
e	2. i sandali	b. i creatori di moda
a	3. la marca	c. la caratteristica, l'orientamento
h	4. il look	d. il campo
g	5. la richiesta	e. le scarpe aperte
d	6. il settore	f. i vestiti
c	7. lo stile	g. la domanda
b	8. gli stilisti	h. lo stile nel vestirsi

2 **Stile e look** In coppia, rispondete alle domande.

1. Quali stilisti italiani conosci? Quali sono i prodotti che preferisci?
2. Ti piace seguire le mode nel vestirti?
3. Come descriveresti il tuo look? È simile a quello degli altri studenti?
4. Come descriveresti il look della tua celebrità preferita?

3 **Sondaggio** Cosa indosseresti in queste occasioni? Intervista altri studenti.

Situazione	Abbigliamento	Accessori	Scarpe
in ufficio			
ad un matrimonio			
ad un colloquio di lavoro			
ad una festa			
all'università			
sulla spiaggia			
sulla neve			

2 Encourage students to share their descriptions and fashion preferences with the rest of the class. Ask: **Qual è il look del presidente degli Stati Uniti? Come si veste un banchiere? E una giornalista? Un giardiniere?** Take this opportunity to review the vocabulary for professions and clothing.

TEACHING OPTION
In preparation for the reading, ask each student to research an Italian fashion designer and to report their findings to the rest of the class.

Nota
CULTURALE

Il più famoso museo italiano dedicato alla storia della moda è la **Galleria del costume**, che si trova a Palazzo Pitti a Firenze. È una grande collezione che include più di 6.000 manufatti°, fra abiti antichi e moderni, accessori, costumi teatrali e cinematografici a partire dal '700. Molti degli esemplari, creati da stilisti italiani e stranieri, sono rari o addirittura° unici. Il museo spesso organizza anche mostre temporanee speciali.

manufatti *handicrafts* **addirittura** *even*

Versace, collezione autunno-inverno, Milano Moda, 2009

Reading

Durante gli ultimi venti anni del 1900, la scritta *Made in Italy* su un capo di abbigliamento è diventata un sinonimo di qualità e prestigio, e l'industria della moda è emersa° come uno dei settori più importanti dell'economia italiana. Naturalmente il *Made in Italy* si riferisce anche agli altri prodotti esportati come quelli per l'ingegneria e i macchinari industriali, le automobili, i cibi e i vini che sono ormai diffusi in tutto il mondo. La moda però ha un ruolo privilegiato non solo nell'economia ma anche nell'immaginazione e nella società italiana: «moda», infatti, vuol dire anche «costume», che ha il doppio significato di abbigliamento e di abitudini morali e culturali.

Oltre all'incremento nell'esportazione dei prodotti artigianali e industriali e quindi alla crescita economica del paese, il successo degli stilisti di moda ha anche cambiato l'immagine che gli stranieri hanno degli italiani. Il successo dell'industria della moda italiana nasce dalla piccola e media imprenditoria°: la tradizione tessile°, unita alla qualità dei materiali locali e alla creatività dei talenti individuali, ha ispirato un prodotto completamente *Made in Italy*.

La moda italiana nasce a Roma durante il boom economico degli anni '50. La Seconda Guerra Mondiale è finita e il mercato italiano è in espansione. Con la loro boutique vicino a via Veneto, le sorelle Fontana sono le prime stiliste a conquistare una fama internazionale. Giovanni Battista Giorgini organizza la prima sfilata di alta moda italiana a Firenze. È l'inizio della crescita commerciale del settore: Giorgini riesce infatti a catturare l'interesse dei grandi magazzini statunitensi. Le sfilate fiorentine continuano ancora oggi, ospitate nel famoso Palazzo Pitti. Anche la grande produzione cinematografica di Cinecittà, la Hollywood romana, aumenta la richiesta di capi firmati per i registi, gli attori e le attrici del momento, visibili in tutto il mondo sia sul grande schermo che in televisione. I modelli indossati negli anni '60 da Ava Gardner, Jackie Kennedy Onassis, Audrey Hepburn, Grace di Monaco e Marilyn Monroe sono diventati dei classici.

All'epoca delle contestazioni° politiche degli anni '60 e '70 si affermano Giorgio Armani e Valentino. Molti stilisti modificano i loro disegni per seguire anche i gusti dei più giovani. Per attrarre il maggior numero di clienti nasce così la moda pronta firmata dalle griffe più prestigiose ma che si può comprare nei negozi più diffusi a prezzi accessibili e non soltanto nelle carissime boutique degli stilisti di via Condotti, di fronte a piazza di Spagna.

Milano è diventata la capitale dello stile e della moda italiana dagli anni '80 in poi°. Nella zona del centro chiamata il «quadrilatero della moda», delimitato da via Montenapoleone, via Manzoni, via della Spiga e corso Venezia, si concentrano i negozi dei più famosi creatori di moda. Alla fine di settembre e all'inizio di ottobre, durante la «settimana della moda» si può assistere° alle sfilate milanesi. Davanti alle telecamere e agli occhi di tutto il mondo sfilano le modelle più conosciute, vestite da Prada, Gucci, Dolce e Gabbana, Versace e moltissimi altri stilisti ormai leggendari per le loro favolose collezioni. È il trionfo della moda *Made in Italy*. ■

Eleganza al lavoro

In ufficio gli italiani si vestono sobriamente con abito e cravatta e le italiane in tailleur serio con colori classici. E le scarpe? Preferibilmente chiuse, anche d'estate, con tacchi bassi per le donne. Un look molto rigoroso, variato solo da accessori personalizzati ma non troppo vistosi°.

emerged · small/medium business · textile · loud · protests · from the 80s on · attend

Analisi

1 Ask pairs to create three more true/false statements and then give them to a different group to check.

3 Ask students to form two teams and to debate the two positions after jotting down the main points of their respective arguments.

TEACHING OPTION
Ask students to organize a fashion show, taking turns being the designers, the models and the announcers describing the outfits.

TEACHING OPTION
Ask students to create a fashion magazine. Divide the class in small groups and ask each one to write one section of the magazine (news, editorials, fashion show reports, gossip about what celebrities are wearing) using pictures from the web, actual fashion magazines, drawings, etc.

Practice more at **immagina.vhlcentral.com.**

1

Comprensione

A. Indica se le affermazioni sono **vere** o **false**.

Vero	Falso	
☐	☑	1. Il *Made in Italy* è da sempre sinonimo di alta moda.
☑	☐	2. Il successo della moda italiana è anche dovuto alla forza della piccola e media imprenditoria.
☐	☑	3. Armani e Valentino sono i primi stilisti a diventare famosi anche all'estero.
☐	☑	4. Milano era la capitale della moda durante la produzione cinematografica di Cinecittà.
☑	☐	5. La prima sfilata di moda italiana è stata organizzata a Firenze.
☑	☐	6. Le attrici Ava Gardner, Audrey Hepburn, Grace di Monaco e Marilyn Monroe hanno tutte indossato vestiti di stilisti italiani.
☐	☑	7. Gli italiani si vestono in maniera stravagante per andare in ufficio.
☑	☐	8. Le sfilate più importanti di Milano avvengono ogni anno tra settembre e ottobre.

B. Correggete le affermazioni false.

2

Un look italiano? Guardate queste foto e descrivete il look e la personalità di ogni persona.

3

Dibattito In piccoli gruppi, scegliete un'opinione e difendetela.

Il mondo della moda è superficiale e corrotto.	Il mondo della moda è positivo per l'economia e l'immagine dell'Italia.

4

Scrittura Scegli uno di questi argomenti e scrivi un testo di una pagina.

- Qual è l'impatto dell'industria della moda sull'economia?
- Cosa pensi delle aziende che sfruttano la manodopera (*take advantage of workers*)? Pensi che sia importante non comprare prodotti a prezzi molto più bassi della norma? Perché?
- Secondo te, quale settore economico è in maggiore crescita? Perché? Quali saranno i prodotti più diffusi nel futuro?

Preparazione

Reading

connections cultures NATIONAL STANDARDS

A proposito dell'autore

Italo Calvino (1923–1985) è uno scrittore molto amato da grandi e bambini. Infatti, molte delle sue favole allegoriche possono essere lette da un pubblico adulto o infantile con lo stesso gusto. Nato a Cuba da genitori italiani, Calvino cresce in Liguria durante gli anni del fascismo e trova nell'allegoria un modo sicuro per esprimere le sue idee. È uno dei portavoce dell'intellighenzia più raffinata (*refined*) ed ottimista degli anni '50 e '60. Calvino ha scritto saggi, articoli, romanzi e racconti, e ha raccolto fiabe antiche della tradizione popolare italiana. Calvino è anche uno scrittore sperimentale molto attento ai meccanismi narrativi.

Vocabolario della lettura

coricarsi *to lie down*
la dolcezza *sweetness*
la fạbbrica/l'officina *factory*
il guanciale *pillow*
rincasare *to go back home*
il rumore *noise*
la smorfia *smirk*
spogliarsi *to undress*
stirarsi *to stretch*
la vestaglia *robe*

Vocabolario utile

la confidenza *intimacy*
il fraintendimento *misunderstanding*
l'odore *smell*
la sveglia *alarm clock*
il turno di lavoro *work shift*

Nottambulo is someone who prefers to work at night, a night owl; **mattiniero** is an early bird. You could poll students and see how many of them prefer waking up early and why.

1 Definizioni Trovate la definizione adatta ad ogni parola.

f	1. la sveglia	a. togliersi i vestiti
b	2. la vestaglia	b. indumento che si usa in casa
a	3. spogliarsi	c. l'intimità che si ha con una persona
d	4. il guanciale	d. dove mettiamo la testa sul letto
e	5. coricarsi	e. mettersi in posizione orizzontale
c	6. la confidenza	f. strumento infernale che suona la mattina

2 Preparazione Fate a un(a) compagno/a le seguenti domande.

1. Com'è il tuo orario a scuola? Hai anche un lavoro?
2. Conosci coppie che fanno turni di lavoro diversi? Quando riescono a vedersi?
3. Quando studi e lavori, dove trovi il tempo per divertirti?
4. Che tipo di orario di lavoro vorresti avere a vent'anni? E a trenta? A quaranta?
5. È importante avere lo stesso orario del tuo partner e lo stesso lavoro?

3 Mattinieri o nottambuli? In coppia, rispondete alle seguenti domande.

1. A che ora preferisci svegliarti? Sei nottambulo/a o mattiniero/a?
2. Hai mai abitato con delle persone che hanno ritmi diversi dai tuoi?
3. Sei nervoso se ti svegli fuori dai tuoi orari e bioritmi naturali? È importante per te mantenere una routine?
4. Se tu e tua moglie o tuo marito aveste turni di lavoro diversi, cosa fareste per vedervi?
5. Quanto è importante avere gli stessi interessi e gli stessi bioritmi del partner?

Nota CULTURALE

La raccolta° di racconti **Gli amori difficili** da cui è tratto° il racconto «L'avventura di due sposi» è composta da venti racconti di amori sospesi°, di coppie che non si incontrano la maggior parte delle volte, ma che si amano distrattamente, intensamente, disperatamente, dolcemente. «L'avventura di due sposi» racconta di una vita urbana, spersonalizzata°, con ritmi di lavoro costanti e difficili, in cui l'amore si trova nei piccoli spazi di pochi momenti.

raccolta *collection* **è tratto** *is taken* **sospesi** *suspended* **spersonalizzata** *depersonalized*

Gli amori difficili was written in 1971. The stories contained in it eloquently and accurately depict urban life in the years after the economic boom of the '60s.

Practice more at **immagina.vhlcentral.com.**

L'avventura di due sposi

ITALO CALVINO

Audio: Dramatic Recording

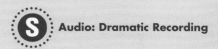

L'operaio Arturo Massolari faceva il turno della notte, quello che finisce alle sei. Per rincasare° aveva un lungo tragitto°, che compiva° in bicicletta nella bella stagione, in tram nei mesi piovosi e invernali. Arrivava a casa tra le sei e tre quarti e le sette, cioè alle volte un po' prima alle volte un po' dopo che suonasse la sveglia della moglie, Elide.

Spesso i due rumori: il suono della sveglia e il passo di lui che entrava si sovrapponevano° nella mente di Elide, raggiungendola° in fondo al sonno, il sonno compatto della mattina presto che lei cercava di spremere° ancora per qualche secondo col viso affondato° nel guanciale. Poi si tirava su dal letto di strappo° e già infilava° le braccia alla cieca° nella vestaglia, coi capelli sugli occhi. Gli appariva così, in cucina, dove Arturo stava tirando fuori° i recipienti° vuoti dalla borsa che si portava con sé sul lavoro: il portavivande°, il termos, e li posava sull'acquaio°. Aveva già acceso° il fornello e aveva messo su° il caffè. Appena lui la guardava, a Elide veniva da° passarsi una mano sui capelli, da spalancare° a forza gli occhi, come se ogni volta si vergognasse° un po' di questa prima immagine che il marito aveva di lei entrando in casa, sempre così in disordine, con la faccia mezz'addormentata°. Quando due hanno dormito insieme è un'altra cosa, ci si ritrova al mattino a riaffiorare° entrambi° dallo stesso sonno, si è pari°.

Alle volte° invece era lui che entrava in camera a destarla°, con la tazzina del caffè, un minuto prima che la sveglia suonasse; allora tutto era piú naturale, la smorfia per uscire dal sonno prendeva una specie° di dolcezza pigra°, le braccia che s'alzavano per stirarsi, nude, finivano per cingere° il collo di lui. S'abbracciavano. Arturo aveva indosso il giaccone impermeabile°; a sentirselo° vicino lei capiva il tempo che faceva: se pioveva o faceva nebbia o c'era neve, a secondo di° com'era umido e freddo. Ma gli diceva lo stesso: — Che tempo fa? — e lui attaccava° il suo solito brontolamento° mezzo ironico, passando in rassegna° gli inconvenienti° che gli erano occorsi°, cominciando dalla fine: il percorso° in bici, il tempo trovato uscendo di fabbrica, diverso da quello di quando c'era entrato la sera prima, e le grane° sul lavoro, le voci che correvano nel reparto°, e così via.

A quell'ora, la casa era sempre poco scaldata°, ma Elide s'era tutta spogliata, un po' rabbrividendo°, e si lavava, nello stanzino da bagno. Dietro veniva lui, più con calma, si spogliava e si lavava anche lui, lentamente, si toglieva di dosso° la polvere° e l'unto° dell'officina. Così stando tutti e due intorno allo stesso lavabo°, mezzo nudi, un po' intirizziti°, ogni tanto dandosi delle spinte°, togliendosi di mano il sapone, il dentifricio, e continuando a dire le cose che avevano da dirsi, veniva il momento della confidenza, e alle volte, magari° aiutandosi a vicenda° a strofinarsi° la schiena°, s'insinuava° una carezza, e si trovavano abbracciati.

...si davano un bacio, apriva la porta e già la si sentiva correre giù per le scale.

Ma tutt'a un tratto° Elide: — Dio! Che ora è già! — e correva a infilarsi° il reggicalze°, la gonna, tutto in fretta, in piedi, e con la spazzola° già andava su e giù per i capelli, e sporgeva il viso allo specchio del comò°, con le mollette° strette tra le labbra. Arturo le veniva dietro°, aveva acceso una sigaretta, e la guardava stando in piedi, fumando, e ogni volta pareva un po' impacciato°, di dover stare lì senza poter fare nulla. Elide era pronta, infilava il cappotto nel corridoio, si davano un bacio, apriva la porta e già la si sentiva correre giù per le scale.

return home; way/he used to cover; overlapped; reaching her; squeeze; buried; abruptly; slipped/blindly; was taking out/containers; lunch box; kitchen sink/lit; put on (the stove); felt like; open wide; she were ashamed; half asleep; emerging/both; both are equal; Sometimes; to wake her up; sort; slow; hug; rain jacket/feeling it; according to; began

grumbling; going over/nuisances; he had encountered; journey; troubles; division; heated; shivering; would take off; dust/grease; sink; numb with cold; pushes; perhaps/reciprocally; wash, scrub/back/would slip in; all of a sudden; put on; garter belt; brush; dresser/hair pins; would follow her; clumsy

Arturo restava solo. Seguiva il rumore dei tacchi di Elide giù per i gradini°, e quando non la sentiva più continuava a seguirla col pensiero, quel trotterellare° veloce per il cortile°, il portone°, il marciapiede, fino alla fermata del tram. Il tram lo sentiva bene, invece: stridere°, fermarsi, e lo sbattere° della pedana° a ogni persona che saliva. «Ecco, l'ha preso», pensava, e vedeva sua moglie aggrappata° in mezzo alla folla d'operai e operaie sull'«undici»°, che la portava in fabbrica come tutti i giorni. Spegneva la cicca°, chiudeva gli sportelli° alla finestra, faceva buio, entrava in letto.

...strisciava un piede verso il posto di suo marito, per cercare il calore di lui...

Il letto era come l'aveva lasciato Elide alzandosi, ma dalla parte sua, di Arturo, era quasi intatto°, come fosse stato rifatto allora. Lui si coricava dalla propria parte, per bene°, ma dopo allungava° una gamba in là, dov'era rimasto il calore di sua moglie, poi ci allungava anche l'altra gamba, e così a poco a poco si spostava° tutto dalla parte di Elide, in quella nicchia° di tepore° che conservava ancora la forma del corpo di lei, e affondava il viso nel suo guanciale, nel suo profumo, e s'addormentava.

Quando Elide tornava, alla sera, Arturo già da un po' girava° per le stanze: aveva acceso la stufa°, messo qualcosa a cuocere. Certi lavori li faceva lui, in quelle ore prima di cena, come rifare il letto, spazzare° un po', anche mettere a bagno° la roba da lavare. Elide poi trovava tutto malfatto°, ma lui a dir la verità non ci metteva nessun impegno° in più: quello che lui faceva era solo una specie di rituale per aspettare lei, quasi un venirle incontro° pur restando tra le pareti° di casa, mentre fuori s'accendevano le luci e lei passava per le botteghe° in mezzo a quell'animazione fuori tempo dei quartieri dove ci sono tante donne che fanno la spesa alla sera.

Alla fine sentiva il passo per la scala, tutto diverso da quello della mattina, adesso appesantito°, perché Elide saliva stanca dalla giornata di lavoro e carica° della spesa.

Arturo usciva sul pianerottolo°, le prendeva di mano la sporta°, entravano parlando. Lei si buttava° su una sedia in cucina, senza togliersi il cappotto, intanto che lui levava° la roba° dalla sporta. Poi: —Su, diamoci un addrizzo° lei diceva,— e s'alzava, si toglieva il cappotto, si metteva in veste da casa°. Cominciavano a preparare da mangiare: cena per tutt'e due, poi la merenda che si portava lui in fabbrica per l'intervallo° dell'una di notte, la colazione che doveva portarsi in fabbrica lei l'indomani°, e quella da lasciare pronta per quando lui l'indomani si sarebbe svegliato.

Lei un po' sfaccendava° un po' si sedeva sulla seggiola di paglia° e diceva a lui cosa doveva fare. Lui invece era l'ora in cui era riposato°, si dava attorno°, anzi voleva far tutto lui, ma sempre un po' distratto, con la testa già ad altro. In quei momenti lì, alle volte arrivavano sul punto di urtarsi°, di dirsi qualche parola brutta, perché lei lo avrebbe voluto più attento a quello che faceva, che ci mettesse più impegno, oppure che fosse più attaccato° a lei, le stesse più vicino, le desse più consolazione°. Invece lui, dopo il primo entusiasmo perché lei era tornata, stava già con la testa fuori di casa, fissato° nel pensiero di far presto perché doveva andare.

Apparecchiata° tavola, messa tutta la roba pronta a portata di mano per non doversi più alzare, allora c'era il momento dello struggimento° che li pigliava° tutti e due d'avere così poco tempo per stare insieme, e quasi non riuscivano° a portarsi il cucchiaio alla bocca, dalla voglia che avevano di star lì a tenersi per mano°.

steps
steps
courtyard/street door
screeching/slamming
wooden step
hanging
tram number eleven
cigarette butt/shutters
undisturbed
dutifully/would stretch
would move
niche/warmth
was walking around
stove
sweep/soak
badly done
did not put any effort into it
meeting her/walls

shops
weighed down
loaded
landing
grocery bag
would throw herself
would take out/stuff
let's get a move on
house clothes, apron
break
the day after
got busy
straw chair
was rested/would run around
hurt one another
attached
comfort
(trans)fixed
Set
anguish/would seize them
didn't manage
hold hands

Ma non era ancora passato tutto il caffè e già lui era dietro° la bicicletta a vedere se ogni cosa era in ordine. S'abbracciavano. Arturo sembrava che solo allora capisse com'era morbida° e tiepida° la sua sposa. Ma si caricava° sulla spalla la canna° della bici e scendeva attento le scale.

Elide lavava i piatti, riguardava la casa da cima a fondo°, le cose che aveva fatto il marito, scuotendo° il capo°.

was after
soft/warm
would hoist/crossbar
from top to bottom
shaking/head

Ora lui correva le strade buie, tra i radi° fanali°, forse era già dopo il gasometro°. Elide andava a letto, spegneva° la luce. Dalla propria parte, coricata°, strisciava° un piede verso il posto di suo marito, per cercare il calore di lui, ma ogni volta s'accorgeva° che dove dormiva lei era più caldo, segno che anche Arturo aveva dormito lì, e ne provava° una grande tenerezza°. ■

scarce
head lights/gas station
turned off
lying down/would slither
realized
felt/tenderness

Analisi

1

Comprensione Metti in ordine i seguenti pezzi del racconto.

4 a. La mattina tutti e due si lavano in bagno.
7 b. I due cenano insieme.
1 c. L'operaio Arturo Massolari fa il turno di notte.
8 d. Quando Arturo va al lavoro in bicicletta, Elide lo segue con il pensiero.
3 e. Elide domanda che tempo fa.
5 f. Arturo ascolta i rumori in strada e immagina la moglie che va al lavoro.
2 g. Quando Arturo arriva a casa Elide dorme e Arturo le prepara il caffè.
6 h. Quando Elide torna, Arturo ha fatto qualche faccenda (*chore*) e si scambiano delle parole.

2

Interpretazione Scegli le risposte che ti sembrano giuste e poi confrontale con quelle di un(a) compagno/a.

1. Elide sente arrivare il marito perché ____.
   a. suona la sveglia (b.) nel sonno sente i suoi passi in cucina
   c. non ha potuto dormire.
2. Elide si vergogna un po' perché ____.
   a. non ha preparato lei il caffè b. è ancora in vestaglia
   (c.) sembra che abbia sempre sonno mentre lui è sveglio
3. Dal giaccone di Arturo, Elide capisce ____.
   a. se Arturo ha fatto una doccia b. se deve fare il bucato
   (c.) che tempo fa senza chiederlo
4. In bagno i due ____.
   (a.) condividono sapone, dentifricio, parole e carezze
   b. aspettano il proprio turno senza parlare c. si rubano il sapone e litigano
5. Arturo cerca il lato di Elide nel letto perché ____.
   (a.) è un modo per sentirsi vicino a lei b. è più comodo del suo lato
   c. lui non ha il comodino
6. Seduti a cena Arturo ed Elide ____.
   a. chiacchierano e si divertono b. sono allegri perché hanno un po' di tempo insieme (c.) sono tristi perché sanno che hanno poco tempo

3

I protagonisti In coppia, rispondete alle seguenti domande.

1. Perché Arturo è imbarazzato?
2. Come sono i momenti di intimità tra Arturo ed Elide?
3. Quali gesti di affetto si scambiano? Fate almeno quattro esempi.
4. Perché sono nervosi prima di cena?
5. Che aggettivi usereste per descrivere Arturo ed Elide?
6. Quanti anni pensate che abbiano Arturo ed Elide?
7. Secondo voi, si vogliono bene? Da cosa lo deducete?

4 **La routine di Arturo ed Elide** Discuti con un(a) compagno/a i seguenti punti.

1. In che modo la routine dei due sposi è simile? Pensate a cosa fa Elide quando Arturo non c'è e viceversa.
2. Come sarebbe la loro routine se avessero dei bambini?
3. Perché viene usato l'imperfetto per raccontare questa storia?
4. Quanto interferisce la vita esterna con la loro vita di coppia?
5. La vita esterna dei due sposi non viene rappresentata in forma diretta attraverso la narrazione ma si racconta indirettamente. Come? Potete ricostruire il mondo esterno attraverso la routine di Arturo ed Elide?
6. C'è qualcosa di positivo nella routine della coppia? Cosa?

The imperfect underscores how the events told are routine: they are always the same, day in, day out. Ask how the story would be different if it were told in the **passato remoto** (or **prossimo**).

5 **Relazioni personali e lavoro** In piccoli gruppi, rispondete alle domande.

1. Immaginate che Arturo ed Elide siano già in pensione. Come sarebbe la loro vita? Pensate che gli mancherebbe il lavoro? Perché?
2. Che tipo di sacrifici fareste per le vostre famiglie? Fareste un lavoro che non vi piace o che vi porta lontano dalla famiglia?
3. Pensate ai vostri nonni e ai vostri genitori. Quanto interferiva il lavoro nella vita familiare? Quanto interferiva nel lavoro la vita familiare?
4. Fareste dei sacrifici personali per un lavoro molto importante? Perché?

6 **La vita insieme** In piccoli gruppi, scrivete e recitate una scenetta in cui due coppie di vicini di casa o di colleghi di lavoro si trovano a cena e parlano dei loro orari di lavoro (che devono essere completamente diversi). In caso siate in numero dispari, un marito o una moglie può essere sempre da solo/a perché l'altro è sempre in viaggio per lavoro. Considerate le seguenti idee.

6 Students may imagine any kind of scenario. This exercise can also be done as a take-home composition to be graded separately from an in-class "performance." Having students memorize short dialogues helps.

- turni di notte contro turni di giorno
- cosa spinge a scegliere un determinato lavoro: perché scegliere un lavoro con un orario difficile, quali sono i vantaggi
- lavoro in fabbrica, ufficio, scuola contro lavoro da casa
- pranzi a casa contro panino veloce al lavoro

7 **Tema** Scegli una di queste situazioni e scrivi un tema di almeno tre paragrafi.

- Ti hanno offerto un lavoro fantastico ma è dall'altra parte del paese. La tua relazione ne soffrirà sicuramente, ma per fortuna esistono gli aerei. Scrivi un e-mail al(la) tuo/a migliore amico/a per chiedere consigli. Esponi tutti i problemi del caso: distanza, situazione economica, vacanze ecc.
- Ti hanno offerto un lavoro notturno. La paga è buona, ma riuscirai a mantenere intatta la tua relazione? Scrivi la lettera che daresti al(la) tuo/a partner per spiegare perché dovresti accettare il lavoro e quali saranno i sacrifici da fare.

Practice more at **immagina.vhlcentral.com.**

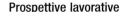

Laboratorio di scrittura

Encourage students to go back and review the information about essays presented in the **Laboratorio di scrittura** sections of previous lessons before beginning their final essay. Point students to the **Laboratorio di scrittura** appendix on **pp. 401-402**.

Preparazione: Punti chiave per un buon saggio

Non esiste una formula infallibile per scrivere un buon saggio: ciò che imparerai con la pratica e leggendo buoni esempi ti aiuterà. Fai comunque attenzione ai seguenti elementi:

Concisione Evita la ridondanza sia del linguaggio che delle idee. Non ripetere quello che hai già detto. Evita le parole che non sono necessarie e semplifica il più possibile ogni frase.

Tono Usa un tono adeguato a seconda del pubblico e delle tue intenzioni. Non usare un tono eccessivamente informale né troppo affettato.

Linguaggio Usa parole definite e concrete. Concentrati sulle parole principali di ogni frase e chiediti quali associazioni di idee saranno suggerite al lettore dalle tue parole.

Fluidità Le tue argomentazioni devono scorrere chiaramente dall'inizio alla fine. Se ci sono frasi o paragrafi che potrebbero confondere (*to confuse*) il lettore, cambiali. Va bene presentare una varietà di idee e sorprendere il lettore ma bisogna fare attenzione a non confonderlo.

Pratica **Leggete il seguente paragrafo e confrontatelo con la biografia a pagina 392. Come sono diversi? Perché questa versione non è un buon esempio?**

Calvino (1923–1985) era uno scrittore molto amato. È amato da grandi e bambini. Molte delle sue favole allegoriche possono essere lette da grandi con gusto e da bambini con lo stesso gusto. Calvino è nato a Cuba. Cresce in Liguria durante gli anni del fascismo e trova un modo sicuro per raccontare le sue idee. È amico di Cesare Pavese ed Elio Vittorini. È il portavoce dell'intellighenzia più raffinata ed ottimista degli anni '50 e '60. Ha scritto romanzi, saggi, racconti ed articoli. Ha raccolto fiabe antiche della tradizione fiabistica popolare italiana. È anche uno scrittore sperimentale. È molto attento ai meccanismi narrativi.

Encourage students to reflect their own experiences in the field work or to their parents/grandparents' experiences. They could also project themselves in the future and imagine what kind of work they will have and in what type of society they will be living in.

Saggio **Scegli uno di questi argomenti e scrivi un saggio.**

Requisiti

1. Il saggio deve far riferimento ad almeno due dei quattro brani studiati in questa lezione e nelle precedenti lezioni e contenuti in **Cortometraggio**, **Immagina**, **Cultura** e **Letteratura**.
2. Il saggio deve essere lungo almeno tre pagine.
3. Una volta concluso il saggio, rivedilo e controlla che sia conciso, fluido e che il tono ed il linguaggio siano adeguati.

Nella società in cui viviamo, l'apparenza e ciò che facciamo a volte sembrano contare più di chi siamo. Secondo te, quali fattori determinano l'essenza di una persona? Qual è il giusto equilibrio tra apparenza, posizione sociale ed il vero «io»?

Il lavoro serve per sostenere la famiglia, ma spesso porta via tempo agli affetti. Esiste una via di mezzo?

Dai brani studiati in questa lezione, quali riflessioni sono possibili sul rapporto uomo/donna e lavoro?

Il lavoro e le finanze

Audio: Vocabulary Flashcards

La ricerca di lavoro

l'agenzia di collocamento *job agency*
la carriera *career*
il colloquio di lavoro *job interview*
il curriculum (vitae) *résumé*
l'esperienza (professionale) *(professional) experience*
la formazione *education; training*
l'intervistatore/intervistatrice *interviewer*
il mestiere *occupation; trade*
il posto/la posizione *position; job*
le qualifiche *qualifications*
lo/la stagista *intern*

fare domanda (per un lavoro) *to apply (for a job)*
impiegare *to employ*

La gente al lavoro

il capo *boss*
il/la consulente *consultant*
il/la contabile *accountant*
il/la direttore *manager*
il/la dirigente *executive; manager*
l'impiegato/a *employee*
il/la proprietario/a *owner*
il/la segretario/a *secretary*

Al lavoro

il/la collega *colleague*
la ditta/l'azienda *company*
le ferie *holidays*
il lavoro a orario normale/ridotto *full-/part-time job*
l'orario di lavoro *work hours*
la promozione *promotion*
lo sciopero *strike*
il sindacato *labor union*
lo stipendio (minimo) *(minimum) wage*
l'ufficio *office*

andare in pensione *to retire*
dare le dimissioni *to quit*
dirigere *to manage*
fare lo straordinario *to work overtime*
guadagnare *to earn*
licenziare *to fire; to lay off*

Le finanze

la bancarotta *bankruptcy*
il bancomat *ATM*
la borsa *stock exchange*
la carta di credito *credit card*
la cifra *figure, number*
il conto (corrente) *(checking) account*
la crisi economica *economic crisis*
il debito *debt*
il mercato immobiliare *real estate market*
il prestito *loan*
la recessione *recession*
la ricevuta; lo scontrino *receipt*
il risparmio *savings*
lo sportello *window; counter*
la tassa *tax*
il tasso (d'interesse) *(interest) rate*

approfittare *to take advantage of*
aprire/chiudere un conto *to open/close an account*
avere dei debiti *to be in debt*
cambiare un assegno *to cash a check*
depositare/versare *to deposit*
fare un mutuo *to take out a mortgage*
fare un prelievo/deposito *to make a withdrawal/deposit*
investire *to invest*
risparmiare *to save*

a breve/lungo termine *short-/long-term*
finanziario/a *financial*
prospero/a *successful*

Cortometraggio

l'annuncio (di lavoro) *(job) ad*
la casalinga *housewife*
la direzione *management*
il fioraio *florist/flower seller*
l'impegno *commitment*
gli occhiali da sole *sunglasses*
la piscina *swimming pool*
lo sguardo *gaze*
la società *firm/society*
il/la socio/a *(business) partner*

affidare *to entrust*
assumere *to hire*
rinunciare *to give up*

disoccupato/a *unemployed*

Cultura

l'abbigliamento *clothing*
l'abito *(men's) suit*
il capo (di vestiario) *article (of clothing)*
la cravatta *tie*
i gioielli *jewelry*
la (mini)gonna *(mini)skirt*
la griffe *designer label*
il look *dressing style*
la marca *brand*
gli orecchini *earrings*
i pantaloni (lunghi/corti) *(long/short) pants*
la richiesta *demand*
i sandali *sandals*
il settore *sector*
la sfilata *(fashion) parade*
lo stile *style*
lo stilista *fashion designer*
il tailleur (*invar.*) *(women's) suit*
il tatuaggio *tattoo*
il trucco *makeup*

Letteratura

la confidenza *intimacy*
la dolcezza *sweetness*
la fabbrica/l'officina *factory*
il fraintendimento *misunderstanding*
il guanciale *pillow*
l'odore *smell*
il rumore *noise*
la smorfia *smirk*
la sveglia *alarm clock*
il turno di lavoro *work shift*
la vestaglia *robe*

coricarsi *to lie down*
rincasare *to go back home*
spogliarsi *to undress*
stirarsi *to stretch*

Punti per la revisione dei saggi

Per correggere il tuo lavoro, devi essere obiettivo e devi avere un buon occhio critico.

Prova a leggere il tuo saggio come se lo avesse scritto un'altra persona: ti convince? Ci sono elementi che ti lasciano perplesso o ti disturbano? Questa lista ti aiuterà a rivedere tutti gli aspetti del tuo saggio, dalle caratteristiche generali ai dettagli.

Primo passo: una visione generale

Tema

Il saggio risponde alla domanda o al tema assegnato?

Tesi

Hai comunicato chiaramente la tua tesi?

La tesi non è la stessa cosa del tema: è un argomento specifico che determina la struttura del saggio.

L'idea della tesi deve apparire nel primo paragrafo, deve essere presente in tutto il saggio e deve riassumersi, ma non semplicemente ripetersi, nella conclusione.

Logica e struttura

Leggi il saggio dall'inizio alla fine e concentrati sull'organizzazione delle idee.

Ogni idea si relaziona con la successiva? Elimina qualsiasi mancanza di continuità.

Ci sono parti irrilevanti o che devono essere spostate?

Hai sostenuto la tua tesi con un numero di argomenti sufficienti o mancano degli esempi?

Pubblico

Il saggio deve essere adeguato (*appropriate*) al tipo di lettore.

Se il lettore non è informato sul tema, assicurati di presentare un contenuto sufficientemente ricco perché possa seguire il tuo ragionamento. Spiega i termini che potrebbero confonderlo.

Adatta il tono ed il vocabolario al tipo di pubblico. Pensa sempre al tuo lettore come a qualcuno intelligente e scettico che non accetterà le tue idee se non lo convincono. Il tono non deve essere eccessivamente colloquiale, affettato o frivolo.

Intenzione

Se vuoi informare o spiegare un tema, devi essere preciso e meticoloso. Un saggio argomentativo si deve distinguere per l'obbiettività: evita le opinioni personali e soggettive. Puoi cercare di persuadere il lettore con opinioni personali e giudizi di valore solo se sono sostenuti da argomenti logici.

Secondo passo: il paragrafo

Concentrati su ogni paragrafo con queste domande in mente:

Paragrafo

C'è una frase principale in ogni paragrafo? L'idea centrale non solo deve dare coerenza ed unità al paragrafo, ma deve anche indirizzarlo verso la tesi principale del saggio.

Com'è la transizione da un paragrafo all'altro? Se è chiara, conferirà fluidità al saggio; se è brusca, può creare confusione e irritare il lettore.

Come inizia e come finisce il saggio? L'introduzione deve essere interessante e deve indicare chiaramente la tesi del saggio. La conclusione non deve limitarsi a ripetere quello che è stato detto: come qualsiasi altro paragrafo, deve presentare un'idea originale.

Leggi il paragrafo, se è possibile a voce alta, e presta attenzione al ritmo del linguaggio. Se tutte le frasi sono uguali, la lettura diventa monotona e noiosa. Cerca di variare la lunghezza delle frasi ed il ritmo.

Terzo passo: la frase

Come ultimo passo, leggi minuziosamente tutte le frasi.

Frasi

Cerca le parole appropriate per ogni tipo di situazione. Considera i possibili sinonimi. Usa sempre un linguaggio diretto, preciso e completo.

Evita la ridondanza. Elimina ogni frase o parola che potrebbe creare distrazione o che potrebbe ripetere quello che hai già detto.

Controlla la grammatica. Assicurati che ci sia concordanza tra il soggetto e il verbo, tra i sostantivi e gli aggettivi e tra i pronomi e i loro antecedenti. Assicurati di usare le preposizioni giuste.

Controlla l'ortografia. Fai particolarmente attenzione agli accenti.

Valutazione e progresso

Revisione

Se è possibile, scambia il tuo saggio con un(a) compagno/a e ascolta i suggerimenti per migliorare il tuo lavoro. Considera quello che cambieresti, ma anche quello che ti piace.

Correzioni

Quando l'insegnante ti riconsegna (*gives back*) il saggio, leggi i commenti e le correzioni. Prepara una pagina dal titolo: **Note per migliorare i lavori di scrittura** e fai una lista dei tuoi errori più comuni. Conservala insieme al saggio in una cartella dei lavori e consultala regolarmente. In questo modo potrai valutare i tuoi progressi ed evitare di cadere sempre negli stessi errori.

Verb conjugation tables

Below you will find the infinitive of the verbs introduced as active vocabulary in **IMMAGINA**, as well as other model verbs. Each verb is followed by a model verb conjugated on the same pattern. The number in parentheses indicates where in the verb tables, pages **405–416**, you can find the conjugated forms of the model verb. The phrase "**p.p.** with **essere**" after a verb means that it is conjugated with **essere** in the **passato prossimo** and all other compound tenses (see page **406**). The reference "**1-3-3 verb**" in this table indicates that the verb is regular in all forms except the past participle, and the following forms of the **passato remoto**: first person singular, third person singular, and third person plural. The irregular forms for these types of verbs are listed on pages **415–416**. For reflexive verbs, the list usually points to a non-reflexive model and includes a reminder that compound tenses are formed with **essere**. A full conjugation of the simple forms of a reflexive verb is presented in Verb table 5 on page **405**.

abbracciarsi like adorare (1) *except* **p.p.** with **essere**
abitare like adorare (1)
abituarsi like adorare (1) *except* **p.p.** with **essere**
abolire like capire (4)
abusare like adorare (1)
accọgliere like tọgliere (49)
accomodarsi like adorare (1) *except* **p.p.** with **essere**
accọrgersi like crẹdere (2) *except* **1-3-3** verb and **p.p.** with **essere**
adagiarsi like mangiare (27) *except* **p.p.** with **essere**
adattarsi like adorare (1) *except* **p.p.** with **essere**
addormentarsi like adorare (1) *except* **p.p.** with **essere**
adeguarsi like adorare (1) *except* **p.p.** with **essere**
adorare (1)
affidare like adorare (1)
aggiornare like adorare (1)
aggrapparsi like adorare (1) *except* **p.p.** with **essere**
aiutarsi like adorare (1) *except* **p.p.** with **essere**
allegare like litigare (26)
allenarsi like adorare (1) *except* **p.p.** with **essere**
allontanarsi like adorare (1) *except* **p.p.** with **essere**
alzare like adorare (1)
alzarsi (5)
amare like adorare (1)
amarsi like adorare (1) *except* **p.p.** with **essere**
andare (8)
annoiarsi like cambiare (13) *except* **p.p.** with **essere**
apparire (9)
appartenere like tenere (48)
applaudire like dormire (3)
approfittare like adorare (1)
approfondire like capire (4)
approvare like adorare (1)
aprire (10)
arrabbiarsi like cambiare (13) *except* **p.p.** with **essere**
arrẹndersi like prẹndere (35) *except* **p.p.** with **essere**
arricchirsi like capire (4)
arrivare like adorare (1) *except* **p.p.** with **essere**
asciugarsi like litigare (26) *except* **p.p.** with essere
ascoltare like adorare (1)
aspettare like adorare (1)
assịstere like crẹdere (2) *except* past participle is **assistito**
assomigliare like cambiare (13)
assụmere like crẹdere (2) *except* **1-3-3** verb
assụmersi like crẹdere (2) *except* **p.p.** with **essere**
attraversare like adorare (1)
aumentare like adorare (1)
avere (6)
avvenire like venire (55)
avvicinarsi like adorare (1) *except* **p.p.** with **essere**
baciarsi like adorare (1) *except* **p.p.** with **essere**
bastare like adorare (1)
bạttere like crẹdere (2)
bere (11)
bussare like adorare (1)
buttare like adorare (1)
cadere (12)
cambiare (13)
campeggiare like mangiare (27)
cancellare like adorare (1)
cantare like adorare (1)
capire (4)
censurare like adorare (1)
cercare (14)
cessare like adorare (1)
chiacchierare like adorare (1)
chiamare like adorare (1)
chiamarsi like adorare (1) *except* **p.p.** with **essere**
chiẹdere (15)
clonare like adorare (1)
cọgliere like tọgliere (49)
colonizzare like adorare (1)
coltivare like adorare (1)
combạttere like crẹdere (2)
cominciare (16)
condivịdere like crẹdere (2) *except* **1-3-3** verb
condurre like produrre (36)
conformarsi like adorare (1) *except* **p.p.** with **essere**
conọscere like crẹdere (2) *except* **1-3-3** verb and **p.p.** with **essere**
conọscersi like adorare (1) *except* **p.p.** with **essere**
conquistare like adorare (1)
consigliare like cambiare (13)
contare like adorare (1)
continuare like adorare (1)
contravvenire like venire (55) *except* **p.p.** with **avere**
copiare like cambiare (13)
coprire di like aprire (10)
coricarsi like adorare (1) *except* **p.p.** with **essere**
corrẹggere like crẹdere (2) *except* **1-3-3** verb
cọrrere like crẹdere (2) *except* **1-3-3** verb
crẹdere (2)
crẹscere like crẹdere (2) *except* **1-3-3** verb
cuọcere (17)
dare (18)
decịdere like crẹdere (2) *except* **1-3-3** verb
dedicarsi like adorare (1) *except* **p.p.** with **essere**
depositare like adorare (1)
desiderare like adorare (1)
difẹndere like prẹndere (35)
digitare like adorare (1)
dimenticarsi like dimenticare (19) *except* **p.p.** with **essere**
diminuire like capire (4)
dimostrare like adorare (1)
dipẹndere like prẹndere (35)
dipịngere like dormire (3) *except* **1-3-3** verb
dire (20)
dirịgere like crẹdere (2) *except* **1-3-3** verb
discụtere like crẹdere (2) *except* **1-3-3** verb
disfarsi like fare (23) *except* **p.p.** with **essere**
dispiacere like tạcere (47)
dissentire like dormire (3)
disturbare like adorare (1)
divenire like venire (55)
diventare like adorare (1)
divertirsi like dormire (3) *except* **p.p.** with **essere**
divorziare like cambiare (13)
dolere (21)
dormire (3)
dovere (22)
dubitare like crẹdere (2)
educare like cercare (14)
elẹggere like crẹdere (2) *except* **1-3-3** verb
entrare like adorare (1)
ereditare like adorare (1)
esaurirsi like capire (4) *except* **p.p.** with **essere**
esịgere like crẹdere (2) *except* **1-3-3** verb
espẹllere like crẹdere (2) *except* **1-3-3** verb
ẹssere (7)
fare (23)
farsi like fare (23) *except* **p.p.** with **essere**
ferirsi like capire (4) *except* **p.p.** with **essere**
fermare like adorare (1)
fermarsi like adorare (1) *except* **p.p.** with **essere**
festeggiare like mangiare (27)
fidanzarsi like adorare (1) *except* **p.p.** with **essere**
fidarsi like adorare (1) *except* **p.p.** with **essere**
filmare like adorare (1)
fịngere like crẹdere (2) *except* **1-3-3** verb
finire like capire (4)
fregare like litigare (26)
fuggire like dormire (3)
giocare (24)
girare like adorare (1)
giudicare like dimenticare (19)
giurare like adorare (1)
governare like adorare (1)
guadagnare like sognare (44)
guarire like capire (4)
guidare like adorare (1)
immaginare like adorare (1)
imparare like adorare (1)

impazzire like capire (4)
impedire like capire (4)
impiegare like litigare (26)
imporre like porre (33)
importare like adorare (1)
impoverirsi like capire (4) *except* **p.p.** with **essere**
imprigionare like adorare (1)
improvvisare like adorare (1)
incartare like adorare (1)
incollare like adorare (1)
incontrarsi like adorare (1) *except* **p.p.** with **essere**
incoraggiare like mangiare (27)
indossare like adorare (1)
influenzare like adorare (1)
informarsi like adorare (1) *except* **p.p.** with **essere**
innamorarsi like adorare (1) *except* **p.p.** with **essere**
insegnare like sognare (44)
insịstere like crẹdere (2) *except* past participle is **insistito**
interessare like adorare (1)
interpellare like adorare (1)
intervistare like adorare (1)
invạdere like crẹdere (2) *except* **1-3-3** verb
invecchiare like cambiare (13)
investire like dormire (3)
inviare (25)
invitare like adorare (1)
lamentare like adorare (1)
lamentarsi like adorare (1) *except* **p.p.** with **essere**
lasciare like cominciare (16)
lavarsi like adorare (1) *except* **p.p.** with **essere**
lẹggere like crẹdere (2) *except* **1-3-3** verb
legiferare like adorare (1)
liberare like adorare (1)
licenziare like adorare (1)
litigare (26)
lottare like adorare (1)
maledire like dire (20)
mancare like cercare (14)
mandare like adorare (1)
mangiare (27)
manifestare like adorare (1)
masterizzare like adorare (1)
mentire like dormire (3)
meritare like adorare (1)
mẹttere (28)
mẹttersi like mẹttere (28) *except* **p.p.** with **essere**
mobilitare like adorare (1)
mollare like adorare (1)
morire (29)
muọvere (30)
muọversi like muọvere (30) *except* **p.p.** with **essere**
nạscere like crẹdere (2) *except* **1-3-3** verb
nascọndere like crẹdere (2) *except* **1-3-3** verb
navigare like litigare (26)
nuọcere (31)
obbligare like litigare (26)
occọrrere like crẹdere (2) *except* **1-3-3** verb
occuparsi like adorare (1) *except* **p.p.** with **essere**
odiare like adorare (1)
offrire like dormire (3) *except* **1-3-3** verb
opprịmere like dormire (3) *except* **1-3-3** verb
ottenere like tenere (48)
parare like adorare (1)
parcheggiare like mangiare (27)
pareggiare like mangiare (27)
parere (32)
parlare like adorare (1)
parlarsi like adorare (1) *except* **p.p.** with **essere**
partecipare like adorare (1)
partire like dormire (3)
passare like adorare (1)
passeggiare like mangiare (27)
penare like adorare (1)
pensare like adorare (1)
pentirsi like dormire (3) *except* **p.p.** with **essere**
pẹrdere like crẹdere (2) *except* **1-3-3** verb
pẹrdersi like crẹdere (2) *except* **1-3-3** verb and **p.p.** with **essere**
permẹttere like mẹttere (28)
persuadere like crẹdere (2) *except* **1-3-3** verb
pescare like cercare (14)
piacere like tạcere (47)
piạngere like crẹdere (2) *except* **1-3-3** verb
pianificare like adorare (1)
porre (33)
possedere like sedere (43)
potere (34)
predire like dire (20)
preferire like capire (4)
pregare like litigare (26)
prẹndere (35)
preoccuparsi like adorare (1) *except* **p.p.** with **essere**
preparare like adorare (1)
prevedere like vedere (54)
produrre (36)
promẹttere like mẹttere (28)
promuọvere like muọvere (30)
provare like adorare (1)
provarsi like adorare (1) *except* **p.p.** with **essere**
punire like capire (4)
raccọgliere like tọgliere (49)
realizzare like adorare (1)
reclamare like adorare (1)
registrare like adorare (1)
rẹndersi like prẹndere (35) *except* **p.p.** with **essere**
restare like adorare (1)
riciclare like adorare (1)
ricordarsi like adorare (1) *except* **p.p.** with **essere**
rịdere like crẹdere (2) *except* **1-3-3** verb
riempire (37)
riflẹttere like crẹdere (2) *except* **1-3-3** verb
rimandare like adorare (1)
rimanere (38)
rimproverare like adorare (1)
rincasare like adorare (1)
ringraziare like cambiare (13)
rinunciare like cominciare (16)
riposarsi like adorare (1) *except* **p.p.** with **essere**
risọlvere (39)
risparmiare like cambiare (13)
rispettare like adorare (1)
rispọndere (40)
risultare like adorare (1)
ritenere like tenere (48)
ritornare like adorare (1)
riuscire like uscire (52)
rọmpere like crẹdere (2) *except* **1-3-3** verb
rovesciare like cominciare (16)
rubare like adorare (1)
salire (41)
saltare like adorare (1)
salvare like adorare (1)
sapere (42)
sbadigliare like cambiare (13)
sbagliare like cambiare (13)
sbrigarsi like litigare (26) *except* **p.p.** with **essere**
scalare like adorare (1)
scaricare like dimenticare (19)
scẹgliere like tọgliere (49)
scẹndere like prẹndere (35)
scherzare like adorare (1)
sciare like cominciare (16)
scivolare like adorare (1)
scolpire like capire (4)
scommẹttere like mẹttere (28)
scomparire like apparire (9)
sconfịggere like crẹdere (2) *except* **1-3-3** verb
scrịvere like crẹdere (2) *except* **1-3-3** verb
scrịversi like crẹdere (2) *except* **1-3-3** verb and **p.p.** with **essere**
sedere (43)
segnare like sognare (44)
sembrare like adorare (1)
sentirsi like dormire (3)
servire like dormire (3)
sfarsi like fare (23)
smẹttere like mẹttere (28)
sminuire like capire (4)
soffrire like aprire (10)
sognare (44)
sopravvịvere like vịvere (57)
sormontare like adorare (1)
sorrịdere like crẹdere (2) *except* **1-3-3** verb
sparire like capire (4)
spẹgnere (45)
sperare like adorare (1)
spettinare like adorare (1)
spiare like adorare (1)
spiegare like litigare (26)
spịngere like crẹdere (2) *except* **1-3-3** verb
spogliarsi like adorare (1) *except* **p.p.** with **essere**
sposarsi like adorare (1) *except* **p.p.** with **essere**
stabilirsi like capire (4) *except* **p.p.** with **essere**
stare (46)
stirarsi like adorare (1) *except* **p.p.** with **essere**
strịngere like crẹdere (2) *except* **1-3-3** verb
studiare like adorare (1)
stufarsi like adorare (1) *except* **p.p.** with essere
stupire like capire (4)
suggerire like capire (4)
suonare like adorare (1)
superare like adorare (1)
svegliare like cambiare (13)
svegliarsi like cambiare (13) *except* **p.p.** with **essere**
svọlgersi like crẹdere (2) *except* **1-3-3** verb and **p.p.** with **essere**
tạcere (47)
telefonarsi like adorare (1) *except* **p.p.** with **essere**
temere like crẹdere (2)
tenere (48)
tifare like adorare (1)
timbrare like adorare (1)
tirare like adorare (1)
tọgliere (49)
tornare like adorare (1)
tracciare like cominciare (16)
tradurre like produrre (36)
trarre (50)
trasferirsi like capire (4) *except* **p.p.** with **essere**
trasmẹttere like mẹttere (28)
trattarsi like adorare (1)
trovarsi like adorare (1) *except* **p.p.** with **essere**
truccarsi like cercare (14) *except* **p.p.** with **essere**
tutelare like adorare (1)
udire (51)
uscire (52)
valere (53)
vantarsi like adorare (1) *except* **p.p.** with **essere**
vedere (54)
vedersi like vedere (54) *except* **p.p.** with **essere**
venire (55)
vergognarsi like sognare (44) *except* **p.p.** with **essere**
versare like adorare (1)
vestirsi like dormire (3) *except* **p.p.** with **essere**
vịncere (56)
vịvere (57)
viziare like cambiare (13)
volere (58)
votare like adorare (1)

Regular verbs: simple tenses

Infinito	INDICATIVO				CONDIZIONALE	CONGIUNTIVO		IMPERATIVO
Participio passato Gerundio presente Infinito passato	**Presente**	**Imperfetto**	**Passato remoto**	**Futuro**	**Presente**	**Presente**	**Imperfetto**	
1 **adorare**	adoro	adoravo	adorai	adorerò	adorerei	adori	adorassi	
(to adore)	adori	adoravi	adorasti	adorerai	adoreresti	adori	adorassi	adora (non adorare)
adorato	adora	adorava	adorò	adorerà	adorerebbe	adori	adorasse	adori
adorando	adoriamo	adoravamo	adorammo	adoreremo	adoreremmo	adoriamo	adorạssimo	adoriamo
avere adorato	adorate	adoravate	adoraste	adorerete	adorereste	adoriate	adoraste	adorate
	adọrano	adorạvano	adorạrono	adoreranno	adorerẹbbero	adọrino	adorạssero	adọrino
2 **crẹdere**	credo	credevo	credei, credetti	crederò	crederei	creda	credessi	
(to believe)	credi	credevi	credesti	crederai	crederesti	creda	credessi	credi (non crẹdere)
creduto	crede	credeva	credé, credette	crederà	crederebbe	creda	credesse	creda
credendo	crediamo	credevamo	credemmo	crederemo	crederemmo	crediamo	credẹssimo	crediamo
avere creduto	credete	credevate	credeste	crederete	credereste	crediate	credeste	credete
	crẹdono	credẹvano	credẹrono, credẹttero	crederanno	crederẹbbero	crẹdano	credẹssero	crẹdano
3 **dormire**	dormo	dormivo	dormịi	dormirò	dormirei	dorma	dormissi	
(to sleep)	dormi	dormivi	dormisti	dormirai	dormiresti	dorma	dormissi	dormi (non dormire)
dormito	dorme	dormiva	dormì	dormirà	dormirebbe	dorma	dormisse	dorma
dormendo	dormiamo	dormivamo	dormimmo	dormiremo	dormiremmo	dormiamo	dormịssimo	dormiamo
avere dormito	dormite	dormivate	dormiste	dormirete	dormireste	dormiate	dormiste	dormite
	dọrmono	dormịvano	dormịrono	dormiranno	dormirẹbbero	dọrmano	dormịssero	dọrmano
4 **capire**	capisco	capivo	capịi	capirò	capirei	capisca	capissi	
(to understand)	capisci	capivi	capisti	capirai	capiresti	capisca	capissi	capisci (non capire)
capito	capisce	capiva	capì	capirà	capirebbe	capisca	capisse	capisca
capendo	capiamo	capivamo	capimmo	capiremo	capiremmo	capiamo	capịssimo	capiamo
avere capito	capite	capivate	capiste	capirete	capireste	capiate	capiste	capite
	capịscono	capịvano	capịrono	capiranno	capirẹbbero	capịscano	capịssero	capịscano

Reflexive verbs

Infinito	INDICATIVO				CONDIZIONALE	CONGIUNTIVO		IMPERATIVO
Participio passato Gerundio presente Infinito passato	**Presente**	**Imperfetto**	**Passato remoto**	**Futuro**	**Presente**	**Presente**	**Imperfetto**	
5 **alzarsi**	mi alzo	mi alzavo	mi alzai	mi alzerò	mi alzerei	mi alzi	mi alzassi	
(to get up)	ti alzi	ti alzavi	ti alzasti	ti alzerai	ti alzeresti	ti alzi	ti alzassi	ạlzati (non alzarti/ non ti alzare)
alzato/a	si alza	si alzava	si alzò	si alzerà	si alzerebbe	si alzi	si alzasse	si alzi
alzạndosi	ci alziamo	ci alzavamo	ci alzammo	ci alzeremo	ci alzeremmo	ci alziamo	ci alzạssimo	alzịamoci
ẹssersi alzato/a	vi alzate	vi alzavate	vi alzaste	vi alzerete	vi alzereste	vi alziate	vi alzaste	alzạtevi
	si ạlzano	si alzạvano	si alzạrono	si alzeranno	si alzerẹbbero	si ạlzino	si alzạssero	si ạlzino

Auxiliary verbs

Infinito Participio passato Gerundio presente Infinito passato		INDICATIVO Presente	INDICATIVO Imperfetto	INDICATIVO Passato remoto	INDICATIVO Futuro	CONDIZIONALE Presente	CONGIUNTIVO Presente	CONGIUNTIVO Imperfetto	IMPERATIVO
6	**avere**	**ho**	avevo	**ebbi**	**avrò**	**avrei**	**abbia**	avessi	
	(to have)	**hai**	avevi	**avesti**	**avrai**	**avresti**	**abbia**	avessi	**abbi** (non avere)
	avuto	**ha**	aveva	**ebbe**	**avrà**	**avrebbe**	**abbia**	avesse	**abbia**
	avendo	**abbiamo**	avevamo	avemmo	**avremo**	**avremmo**	**abbiamo**	avẹssimo	**abbiamo**
	avere avuto	avete	avevate	aveste	**avrete**	**avreste**	**abbiate**	aveste	**abbiate**
		hanno	avẹvano	**ẹbbero**	**avranno**	**avrẹbbero**	**ạbbiano**	avẹssero	**ạbbiano**
7	**ẹssere**	**sono**	**ero**	**fui**	**sarò**	**sarei**	**sịa**	**fossi**	
	(to be)	**sei**	**eri**	**fosti**	**sarai**	**saresti**	**sịa**	**fossi**	**sịi** (non ẹssere)
	stato/a	**è**	**era**	**fu**	**sarà**	**sarebbe**	**sịa**	**fosse**	**sịa**
	essendo	**siamo**	**eravamo**	**fummo**	**saremo**	**saremmo**	**siamo**	**fọssimo**	**siamo**
	ẹssere stato/a	**siete**	**eravate**	**foste**	**sarete**	**sareste**	**siate**	**foste**	**siate**
		sono	**ẹrano**	**fụrono**	**saranno**	**sarẹbbero**	**sịano**	**fọssero**	**sịano**

Compound tenses

Ausiliare	INDICATIVO Passato prossimo		INDICATIVO Trapassato prossimo		INDICATIVO Trapassato remoto		INDICATIVO Futuro anteriore		CONDIZIONALE Passato		CONGIUNTIVO Passato		CONGIUNTIVO Trapassato	
avere	ho		avevo		ebbi		avrò		avrei		abbia		avessi	
	hai	adorato	avevi	adorato	avesti	adorato	avrai	adorato	avresti	adorato	abbia	adorato	avessi	adorato
	ha	perduto	aveva	perduto	ebbe	perduto	avrà	perduto	avrebbe	perduto	abbia	perduto	avesse	perduto
	abbiamo	dormito	avevamo	dormito	avemmo	dormito	avremo	dormito	avremmo	dormito	abbiamo	dormito	avẹssimo	dormito
	avete	capito	avevate	capito	aveste	capito	avrete	capito	avreste	capito	abbiate	capito	aveste	capito
	hanno		avẹvano		ẹbbero		avranno		avrẹbbero		ạbbiano		avẹssero	
ẹssere	sono andato/a		ero andato/a		fui andato/a		sarò andato/a		sarei andato/a		sịa andato/a		fossi andato/a	
	sei andato/a		eri andato/a		fosti andato/a		sarai andato/a		saresti andato/a		sịa andato/a		fossi andato/a	
	è andato/a		era andato/a		fu andato/a		sarà andato/a		sarebbe andato/a		sịa andato/a		fosse andato/a	
	siamo andati/e		eravamo andati/e		fummo andati/e		saremo andati/e		saremmo andati/e		siamo andati/e		fọssimo andati/e	
	siete andati/e		eravate andati/e		foste andati/e		sarete andati/e		sareste andati/e		siate andati/e		foste andati/e	
	sono andati/e		ẹrano andati/e		fụrono andati/e		saranno andati/e		sarẹbbero andati/e		sịano andati/e		fọssero andati/e	

Irregular verbs

	Infinito / Participio passato / Gerundio presente / Infinito passato	INDICATIVO				CONDIZIONALE	CONGIUNTIVO		IMPERATIVO
		Presente	Imperfetto	Passato remoto	Futuro	Presente	Presente	Imperfetto	
8	andare	**vado**	andavo	andai	**andrò**	**andrei**	**vada**	andassi	
	(to go)	**vai**	andavi	andasti	**andrai**	**andresti**	**vada**	andassi	**vai, va'** (non andare)
	andato/a	**va**	andava	andò	**andrà**	**andrebbe**	**vada**	andasse	**vada**
	andando	andiamo	andavamo	andammo	**andremo**	**andremmo**	andiamo	andạssimo	andiamo
	ẹssere andato/a	andate	andavate	andaste	**andrete**	**andreste**	andiate	andaste	andate
		vanno	andạvano	andạrono	**andranno**	**andrebbero**	**vạdano**	andạssero	**vạdano**
9	apparire	**appạio**	apparivo	apparịi, **apparvi**	apparirò	apparirei	**appạia**	apparissi	
	(to appear)	appari	apparivi	apparisti	apparirai	appariresti	**appạia**	apparissi	appari (non apparire)
	apparso/a	appare	appariva	apparì, **apparve**	apparirà	apparirebbe	**appạia**	apparisse	**appạia**
	apparendo	appariamo	apparivamo	apparimmo	appariremo	appariremmo	appariamo	apparịssimo	appariamo
	ẹssere apparso/a	apparite	apparivate	appariste	apparirete	apparireste	appariate	appariste	apparite
		appạiono	apparịvano	apparịrono, **appạrvero**	appariranno	apparirẹbbero	**appạiano**	apparịssero	**appạiano**
10	aprire	apro	aprivo	aprịi, **apersi**	aprirò	aprirei	apra	aprissi	
	(to open)	apri	aprivi	apristi	aprirai	apriresti	apra	aprissi	apri (non aprire)
	aperto	apre	apriva	aprì, **aperse**	aprirà	aprirebbe	apra	aprisse	apra
	aprendo	apriamo	aprivamo	aprimmo	apriremo	apriremmo	apriamo	aprịssimo	apriamo
	avere **aperto**	aprite	aprivate	apriste	aprirete	aprireste	apriate	apriste	aprite
		ạprono	aprịvano	aprịrono, **apẹrsero**	apriranno	aprirẹbbero	ạprano	aprịssero	ạprano
11	bere	**bevo**	**bevevo**	**bevvi**	**berrò**	**berrei**	**beva**	**bevessi**	
	(to drink)	**bevi**	**bevevi**	**bevesti**	**berrai**	**berresti**	**beva**	**bevessi**	**bevi** (non bere)
	bevuto	**beve**	**beveva**	**bevve**	**berrà**	**berrebbe**	**beva**	**bevesse**	**beva**
	bevendo	**beviamo**	**bevevamo**	**bevemmo**	**berremo**	**berremmo**	**beviamo**	**bevẹssimo**	**beviamo**
	avere **bevuto**	**bevete**	**bevevate**	**beveste**	**berrete**	**berreste**	**beviate**	**beveste**	**bevete**
		bẹvono	**bevẹvano**	**bẹvvero**	**berranno**	**berrẹbbero**	**bẹvano**	**bevẹssero**	**bẹvano**
12	cadere	cado	cadevo	**caddi**	**cadrò**	**cadrei**	cada	cadessi	
	(to fall)	cadi	cadevi	cadesti	**cadrai**	**cadresti**	cada	cadessi	cadi (non cadere)
	caduto/a	cade	cadeva	**cadde**	**cadrà**	**cadrebbe**	cada	cadesse	cada
	cadendo	cadiamo	cadevamo	cademmo	**cadremo**	**cadremmo**	cadiamo	cadẹssimo	cadiamo
	ẹssere caduto	cadete	cadevate	cadeste	**cadrete**	**cadreste**	cadiate	cadeste	cadete
		cạdono	cadẹvano	**cạddero**	**cadranno**	**cadrẹbbero**	cạdano	cadẹssero	cạdano
13	cambiare	cambio	cambiavo	cambiại	cambierò	cambierei	**cambi**	cambiassi	
	(to change)	**cambi**	cambiavi	cambiasti	cambierai	cambieresti	**cambi**	cambiassi	cambia (non cambiare)
	cambiato	cambia	cambiava	cambiò	cambierà	cambierebbe	**cambi**	cambiasse	**cambi**
	cambiando	**cambiamo**	cambiavamo	cambiammo	cambieremo	cambieremmo	**cambiamo**	cambiạssimo	**cambiamo**
	avere cambiato	cambiate	cambiavate	cambiaste	cambierete	cambiereste	**cambiate**	cambiaste	cambiate
		cạmbiano	cambiạvano	cambiạrono	cambieranno	cambierẹbbero	**cạmbino**	cambiạssero	**cạmbino**

	Infinito Participio passato Gerundio presente Infinito passato	INDICATIVO Presente	INDICATIVO Imperfetto	INDICATIVO Passato remoto	INDICATIVO Futuro	CONDIZIONALE Presente	CONGIUNTIVO Presente	CONGIUNTIVO Imperfetto	IMPERATIVO
14	cercare	cerco	cercavo	cercai	**cercherò**	**cercherei**	**cerchi**	cercassi	
	(to look for)	**cerchi**	cercavi	cercasti	**cercherai**	**cercheresti**	**cerchi**	cercassi	cerca (non cercare)
	cercato	cerca	cercava	cercò	**cercherà**	**cercherebbe**	**cerchi**	cercasse	**cerchi**
	cercando	**cerchiamo**	cercavamo	cercammo	**cercheremo**	**cercheremmo**	**cerchiamo**	cercạssimo	**cerchiamo**
	avere cercato	cercate	cercavate	cercaste	**cercherete**	**cerchereste**	**cerchiate**	cercaste	cercate
		cẹrcano	cercạvano	cercạrono	**cercheranno**	**cercherẹbbero**	**cẹrchino**	cercạssero	**cẹrchino**
15	chiẹdere	chiedo	chiedevo	**chiesi**	chiederò	chiederei	chieda	chiedessi	
	(to ask for)	chiedi	chiedevi	chiedesti	chiederai	chiederesti	chieda	chiedessi	chiedi (non chiẹdere)
	chiesto	chiede	chiedeva	**chiese**	chiederà	chiederebbe	chieda	chiedesse	chieda
	chiedendo	chiediamo	chiedevamo	chiedemmo	chiederemo	chiederemmo	chiediamo	chiedẹssimo	chiediamo
	avere **chiesto**	chiedete	chiedevate	chiedeste	chiederete	chiedereste	chiediate	chiedeste	chiedete
		chiẹdono	chiedẹvano	**chiẹsero**	chiederanno	chiederẹbbero	chiẹdano	chiedẹssero	chiẹdano
16	cominciare	comincio	cominciavo	cominciại	**comincerò**	**comincerei**	**cominci**	cominciassi	
	(to begin)	**cominci**	cominciavi	cominciasti	**comincerai**	**cominceresti**	**cominci**	cominciassi	comincia (non cominciare)
	cominciato	comincia	cominciava	cominciò	**comincerà**	**comincerebbe**	**cominci**	cominciasse	**cominci**
	cominciando	**cominciamo**	cominciavamo	cominciammo	**cominceremo**	**cominceremmo**	**cominciamo**	cominciạssimo	**cominciamo**
	avere cominciato	cominciate	cominciavate	cominciaste	**comincerete**	**comincereste**	**cominciate**	cominciaste	cominciate
		comịnciano	cominciạvano	cominciạrono	**cominceranno**	**comincerẹbbero**	**comịncino**	cominciạssero	**comịncino**
17	cuọcere	**cuocio**	cuocevo	**cossi**	cuocerò	cuocerei	**cuọcia**	cuocessi	
	(to cook)	cuoci	cuocevi	cuocesti	cuocerai	cuoceresti	**cuọcia**	cuocessi	cuoci (non cuọcere)
	cotto	cuoce	cuoceva	**cosse**	cuocerà	cuocerebbe	**cuọcia**	cuocesse	cuoca
	cuocendo	cuociamo	cuocevamo	cuocemmo	cuoceremo	cuoceremmo	cuociamo	cuocẹssimo	**cuociamo**
	avere **cotto**	cuocete	cuocevate	cuoceste	cuocerete	cuocereste	cuociate	cuoceste	cuocete
		cuọciono	cuocẹvano	**cọssero**	cuoceranno	cuocerẹbbero	**cuọciano**	cuocẹssero	**cuọciano**
18	dare	**do**	davo	**diedi, detti**	**darò**	**darei**	**dịa**	**dessi**	
	(to give)	**dai**	davi	**desti**	**darai**	**daresti**	**dịa**	**dessi**	**dai, da', dà** (non dare)
	dato	**dà**	dava	**diede, dette**	**darà**	**darebbe**	**dịa**	**desse**	**dịa**
	dando	diamo	davamo	**demmo**	**daremo**	**daremmo**	diamo	**dẹssimo**	diamo
	avere dato	date	davate	**deste**	**darete**	**dareste**	diate	**deste**	date
		danno	dạvano	**diẹdero, dẹttero**	**daranno**	**darẹbbero**	**dịano**	**dẹssero**	**dịano**
19	dimenticare	dimẹntico	dimenticavo	dimenticai	**dimenticherò**	**dimenticherei**	**dimẹntichi**	dimenticassi	
	(to forget)	**dimẹntichi**	dimenticavi	dimenticasti	**dimenticherai**	**dimenticheresti**	**dimẹntichi**	dimenticassi	dimẹntica (non dimenticare)
	dimenticato	dimẹntica	dimenticava	dimenticò	**dimenticherà**	**dimenticherebbe**	**dimẹntichi**	dimenticasse	**dimẹntichi**
	dimenticando	**dimentichiamo**	dimenticavamo	dimenticammo	**dimenticheremo**	**dimenticheremmo**	**dimentichiamo**	dimenticạssimo	**dimentichiamo**
	avere dimenticato	dimenticate	dimenticavate	dimenticaste	**dimenticherete**	**dimentichereste**	**dimentichiate**	dimenticaste	dimenticate
		dimẹnticano	dimenticạvano	dimenticạrono	**dimenticheranno**	**dimenticherẹbbero**	**dimẹntichino**	dimenticạssero	**dimẹntichino**
20	dire	**dico**	**dicevo**	**dissi**	dirò	direi	**dica**	**dicessi**	
	(to say)	**dici**	**dicevi**	**dicesti**	dirai	diresti	**dica**	**dicessi**	**di', dì** (non dire)
	detto	**dice**	**diceva**	**disse**	dirà	direbbe	**dica**	**dicesse**	**dica**
	dicendo	**diciamo**	**dicevamo**	**dicemmo**	diremo	diremmo	**diciamo**	**dicẹssimo**	**diciamo**
	avere **detto**	dite	**dicevate**	**diceste**	direte	direste	**diciate**	**diceste**	dite
		dịcono	**dicẹvano**	**dịssero**	diranno	dirẹbbero	**dịcano**	**dicẹssero**	**dịcano**

	Infinito / Participio passato / Gerundio presente / Infinito passato	INDICATIVO Presente	INDICATIVO Imperfetto	INDICATIVO Passato remoto	INDICATIVO Futuro	CONDIZIONALE Presente	CONGIUNTIVO Presente	CONGIUNTIVO Imperfetto	IMPERATIVO
21	**dolere**	**dolgo**	dolevo	**dolsi**	**dorrò**	**dorrei**	**dolga, dogla**	dolessi	
	(to hurt)	**duoli**	dolevi	dolesti	**dorrai**	**dorresti**	**dolga, dogla**	dolessi	**duoli** (non dolere)
	doluto/a	**duole**	doleva	**dolse**	**dorrà**	**dorrebbe**	**dolga, dogla**	dolesse	**dolga**
	dolendo	**doliamo, dogliamo**	dolevamo	dolemmo	**dorremo**	**dorremmo**	doliamo, **dogliamo**	dolẹssimo	doliamo
	ẹssere doluto/a	dolete	dolevate	doleste	**dorrete**	**dorreste**	doliate, **dogliate**	doleste	dolete
		dọlgono	dolẹvano	**dọlsero**	**dorranno**	**dorrẹbbero**	**dọlgano**	dolẹssero	**dọlgano**
22	**dovere**	**devo, debbo**	dovevo	dovei, dovetti	**dovrò**	**dovrei**	**deva, debba**	dovessi	
	(to have to; to owe)	**devi**	dovevi	dovesti	**dovrai**	**dovresti**	**deva, debba**	dovessi	*This verb is not used in the imperative.*
	dovuto	**deve**	doveva	dové, dovette	**dovrà**	**dovrebbe**	**deva, debba**	dovesse	
	dovendo	**dobbiamo**	dovevamo	dovemmo	**dovremo**	**dovremmo**	**dobbiamo**	dovẹssimo	
	avere dovuto	dovete	dovevate	doveste	**dovrete**	**dovreste**	**dobbiate**	doveste	
		dẹvono, dẹbbono	dovẹvano	dovẹrono, dovẹtero	**dovranno**	**dovrẹbbero**	**dẹvano, dẹbbano**	dovẹssero	
23	**fare**	**faccio**	**facevo**	**feci**	**farò**	**farei**	**faccia**	**facessi**	
	(to do; to make)	**fai**	**facevi**	**facesti**	**farai**	**faresti**	**faccia**	**facessi**	**fai, fa'** (non fare)
	fatto	fa	**faceva**	**fece**	**farà**	**farebbe**	**faccia**	**facesse**	**faccia**
	facendo	**facciamo**	**facevamo**	**facemmo**	**faremo**	**faremmo**	**facciamo**	**facẹssimo**	**facciamo**
	avere **fatto**	fate	**facevate**	**faceste**	**farete**	**fareste**	**facciate**	**faceste**	**fate**
		fanno	**facẹvano**	**fẹcero**	**faranno**	**farẹbbero**	**fạcciano**	**facẹssero**	**fạcciano**
24	**giocare**	**gioco, giuoco**	giocavo	giocai	**giocherò**	**giocherei**	**giochi, giuochi**	giocassi	
	(to play)	**giochi, giuochi**	giocavi	giocasti	**giocherai**	**giocheresti**	**giochi, giuochi**	giocassi	**gioca, giuoca** (non giocare)
	giocato	**gioca, giuoca**	giocava	giocò	**giocherà**	**giocherebbe**	**giochi, giuochi**	giocasse	**giochi, giuochi**
	giocando	**giochiamo**	giocavamo	giocammo	**giocheremo**	**giocheremmo**	**giochiamo**	giocạssimo	**giochiamo**
	avere giocato	giocate	giocavate	giocaste	**giocherete**	**giochereste**	**giochiate**	giocaste	giocate
		giọcano, giuọcano	giọcavano	giocạrono	**giocheranno**	**giocherẹbbero**	**giọchino, giuọchino**	giocạssero	**giọchino, giuọchino**
25	**inviare**	invio	inviavo	inviai	invierò	invierei	invịi	inviassi	
	(to send)	invịi	inviavi	inviasti	invierai	invieresti	invịi	inviassi	invịa (non inviare)
	inviato	invịa	inviava	inviò	invierà	invierebbe	invịi	inviasse	invịi
	inviando	**inviamo**	inviavamo	inviammo	invieremo	invieremmo	**inviamo**	inviạssimo	**inviamo**
	avere inviato	inviate	inviavate	inviaste	invierete	inviereste	**inviate**	inviaste	inviate
		invịano	inviạvano	inviạrono	invieranno	invierẹbbero	invịino	inviạssero	invịino
26	**litigare**	lịtigo	litigavo	litigai	**litigherò**	**litigherei**	**lịtighi**	litigassi	
	(to quarrel)	**lịtighi**	litigavi	litigasti	**litigherai**	**litigheresti**	**lịtighi**	litigassi	lịtiga (non litigare)
	litigato	lịtiga	litigava	litigò	**litigherà**	**litigherebbe**	**lịtighi**	litigasse	**lịtighi**
	litigando	**litighiamo**	litigavamo	litigammo	**litigheremo**	**litigheremmo**	**litighiamo**	litigạssimo	**litigh**iamo
	avere litigato	litigate	litigavate	litigaste	**litigherete**	**litighereste**	**litighiate**	litigaste	litigate
		lịtigano	litigạvano	litigạrono	**litigheranno**	**litigherẹbbero**	**lịtighino**	litigạssero	**lịtighino**
27	**mangiare**	mangio	mangiavo	mangiai	**mangerò**	**mangerei**	**mangi**	mangiassi	
	(to eat)	**mangi**	mangiavi	mangiasti	**mangerai**	**mangeresti**	**mangi**	mangiassi	mangia (non mangiare)
	mangiato	mangia	mangiava	mangiò	**mangerà**	**mangerebbe**	**mangi**	mangiasse	**mangi**
	mangiando	**mangiamo**	mangiavamo	mangiammo	**mangeremo**	**mangeremmo**	**mangiamo**	mangiạssimo	**mangiamo**
	avere mangiato	mangiate	mangiavate	mangiaste	**mangerete**	**mangereste**	**mangiate**	mangiaste	mangiate
		mạngiano	mangiạvano	mangiạrono	**mangeranno**	**mangerẹbbero**	**mạngino**	mangiạssero	**mạngino**

	Infinito **Participio passato** **Gerundio presente** **Infinito passato**	INDICATIVO Presente	 Imperfetto	 Passato remoto	 Futuro	CONDIZIONALE Presente	CONGIUNTIVO Presente	 Imperfetto	IMPERATIVO
28	mẹttere	metto	mettevo	**misi**	metterò	metterei	metta	mettessi	
	(to put)	metti	mettevi	mettesti	metterai	metteresti	metta	mettessi	metti (non mẹttere)
	messo	mette	metteva	**mise**	metterà	metterebbe	metta	mettesse	metta
	mettendo	mettiamo	mettevamo	mettemmo	metteremo	metteremmo	mettiamo	mettẹssimo	mettiamo
	avere **messo**	mettete	mettevate	metteste	metterete	mettereste	mettiate	metteste	mettete
		mẹttono	mettẹvano	**mịsero**	metteranno	metterẹbbero	mẹttano	mettẹssero	mẹttano
29	morire	**muọio**	morivo	morịi	morirò, **morrò**	morirei, **morrei**	**muọia**	morissi	
	(to die)	**muori**	morivi	moristi	morirai, **morrai**	moriresti, **morresti**	**muọia**	morissi	**muori** (non morire)
	morto/a	**muore**	moriva	morì	morirà, **morrà**	morirebbe, **morrebbe**	**muọia**	morisse	**muọia**
	morendo	moriamo	morivamo	morimmo	moriremo, **morremo**	moriremmo, **morremmo**	moriamo	morịssimo	moriamo
	ẹssere **morto/a**	morite	morivate	moriste	morirete, **morrete**	morireste, **morreste**	moriate	moriste	morite
		muọiono	morịvano	morịrono	moriranno, **morranno**	morirẹbbero, **morrẹbbero**	**muọiano**	morịssero	**muọiano**
30	muọvere	muovo	muovevo, **movevo**	**mossi**	muoverò, **moverò**	muoverei, **moverei**	muova	muovessi, **movessi**	
	(to move)	muovi	muovevi, **movevi**	muovesti, **movesti**	muoverai, **moverai**	muoveresti, **moveresti**	muova	muovessi, **movessi**	muovi (non muọvere)
	mosso/a	muove	muoveva, **moveva**	**mosse**	muoverà, **moverà**	muoverebbe, **moverebbe**	muova	muovesse, **movesse**	muova
	muovendo, **movendo**	muoviamo, **moviamo**	muovevamo, **movevamo**	muovemmo, **movemmo**	muoveremo, **moveremo**	muoveremmo, **moveremmo**	muoviamo, **moviamo**	muovẹssimo, **movẹssimo**	muoviamo, **moviamo**
	avere **mosso**	muovete, **movete**	muovevate, **movevate**	muoveste, **moveste**	muoverete, **moverete**	muovereste, **movereste**	muoviate, **moviate**	muoveste, **moveste**	muovete, **movete**
		muọvono	muovẹvano, **movẹvano**	**mọssero**	muoveranno, **moveranno**	muoverẹbbero, **moverẹbbero**	muọvano	muovẹssero, **movẹssero**	muọvano
31	nuọcere	**nuoccio, noccio**	nuocevo, **nocevo**	**nocqui**	nuocerò, **nocerò**	nuocerei, **nocerei**	**nuoccia**	nuocessi, **nocessi**	
	(to harm)	nuoci	nuocevi, **nocevi**	nuocesti, **nocesti**	nuocerai, **nocerai**	nuoceresti, **noceresti**	**nuoccia**	nuocessi, **nocessi**	nuoci (non nuọcere)
	nuociuto, nociuto	nuoce	nuoceva, **noceva**	**nocque**	nuocerà, **nocerà**	nuocerebbe, **nocerebbe**	**nuoccia**	nuocesse, **nocesse**	nuoca
	nuocendo, **nocendo**	nuociamo, **nociamo**	nuocevamo, **nocevamo**	nuocemmo, **nocemmo**	nuoceremo, **noceremo**	nuoceremmo, **noceremmo**	nuociamo, **nociamo**	nuocẹssimo, **nocẹssimo**	nuociamo, **nociamo**
	avere **nuociuto, nociuto**	nuocete, **nocete**	nuocevate, **nocevate**	nuoceste, **noceste**	nuocerete, **nocerete**	nuocereste, **nocereste**	nuociate, **nociate**	nuoceste, **noceste**	nuocete, **nocete**
		nuọcciono, **nọcciono**	nuocẹvano, **nocẹvano**	**nọcquero**	nuoceranno, **noceranno**	nuocerẹbbero, **nocerẹbbero**	**nuọcciano**	nuocẹssero, **nocẹssero**	**nuọcciano**
32	parere	**pạio**	parevo	**parvi**	**parrò**	**parrei**	**pạia**	paressi	*This verb is not used in the imperative.*
	(to seem)	pari	parevi	paresti	**parrai**	**parresti**	**pạia**	paressi	
	parso/a	pare	pareva	**parve**	**parrà**	**parrebbe**	**pạia**	paresse	
	parendo	**paiạmo**	parevamo	paremmo	**parremo**	**parremmo**	**paiạmo**	paressimo	
	ẹssere **parso/a**	parete	parevate	pareste	**parrete**	**parreste**	**paiạte**	pareste	
		pạiono	parẹvano	**pạrvero**	**parranno**	**parrẹbbero**	**pạiano**	parẹssero	

	Infinito / Participio passato / Gerundio presente / Infinito passato	INDICATIVO Presente	INDICATIVO Imperfetto	INDICATIVO Passato remoto	INDICATIVO Futuro	CONDIZIONALE Presente	CONGIUNTIVO Presente	CONGIUNTIVO Imperfetto	IMPERATIVO
33	porre	**pongo**	**ponevo**	**posi**	**porrò**	**porrei**	**ponga**	**ponessi**	
	(to put)	**poni**	**ponevi**	**ponesti**	**porrai**	**porresti**	**ponga**	**ponessi**	**poni** (non porre)
	posto	**pone**	**poneva**	**pose**	**porrà**	**porrebbe**	**ponga**	**ponesse**	**ponga**
	ponendo	**poniamo**	**ponevamo**	**ponemmo**	**porremo**	**porremmo**	**poniamo**	**ponẹssimo**	**poniamo**
	avere **posto**	**ponete**	**ponevate**	**poneste**	**porrete**	**porreste**	**poniate**	**poneste**	**ponete**
		pọngono	**ponẹvano**	**pọsero**	**porranno**	**porrẹbbero**	**pọngano**	**ponẹssero**	**pọngano**
34	potere	**posso**	potevo	potei, potetti	**potrò**	**potrei**	**possa**	potessi	*This verb is not used in the imperative.*
	(to be able to)	**puoi**	potevi	potesti	**potrai**	**potresti**	**possa**	potessi	
	potuto	**può**	poteva	poté, potette	**potrà**	**potrebbe**	**possa**	potesse	
	potendo	**possiamo**	potevamo	potemmo	**potremo**	**potremmo**	**possiamo**	potẹssimo	
	avere potuto	potete	potevate	poteste	**potrete**	**potreste**	**possiate**	poteste	
		pọssono	potẹvano	potẹrono, potẹttero	**potranno**	**potrẹbbero**	**pọssano**	potẹssero	
35	prẹndere	prendo	prendevo	**presi**	prenderò	prenderei	prenda	prendessi	
	(to take)	prendi	prendevi	prendesti	prenderai	prenderesti	prenda	prendessi	prendi (non prẹndere)
	preso	prende	prendeva	**prese**	prenderà	prenderebbe	prenda	prendesse	prenda
	prendendo	prendiamo	prendevamo	prendemmo	prenderemo	prenderemmo	prendiamo	prendẹssimo	prendiamo
	avere **preso**	prendete	prendevate	prendeste	prenderete	prendereste	prendiate	prendeste	prendete
		prẹndono	prendevano	**prẹsero**	prenderanno	prenderẹbbero	prẹndano	prendẹssero	prẹndano
36	produrre	**produco**	**producevo**	**produssi**	**produrrò**	**produrrei**	**produca**	**producessi**	
	(to produce)	**produci**	**producevi**	**producesti**	**produrrai**	**produrresti**	**produca**	**producessi**	**produci** (non produrre)
	prodotto	**produce**	**produceva**	**produsse**	**produrrà**	**produrrebbe**	**produca**	**producesse**	**produca**
	producendo	**produciamo**	**producevamo**	**producemmo**	**produrremo**	**produrremmo**	**produciamo**	**producẹssimo**	**produciamo**
	avere **prodotto**	**producete**	**producevate**	**produceste**	**produrrete**	**produrreste**	**produciate**	**produceste**	**producete**
		prodụcono	**producẹvano**	**prodụssero**	**produrranno**	**produrrẹbbero**	**prodụcano**	**producẹssero**	**prodụcano**
37	riempire	**riempio**	riempivo	riempịi	riempirò	riempirei	**riempia**	riempissi	
	(to fill)	riempi	riempivi	riempisti	riempirai	riempiresti	**riempia**	riempissi	riempi (non riempiere)
	riempito	**riempie**	riempiva	riempì	riempirà	riempirebbe	**riempia**	riempisse	**riempia**
	riempiendo	riempiamo	riempivamo	riempimmo	riempiremo	riempiremmo	riempiamo	riempịssimo	riempiamo
	avere riempito	riempite	riempivate	riempiste	riempirete	riempireste	riempiate	riempiste	riempite
		riẹmpiono	riempịvano	riempịrono	riempiranno	riempirẹbbero	**riẹmpiano**	riempịssero	**riempiano**
38	rimanere	**rimango**	rimanevo	**rimasi**	**rimarrò**	**rimarrei**	**rimanga**	rimanessi	
	(to stay)	rimani	rimanevi	rimanesti	**rimarrai**	**rimarresti**	**rimanga**	rimanessi	rimani (non rimanere)
	rimasto/a	rimane	rimaneva	**rimase**	**rimarrà**	**rimarrebbe**	**rimanga**	rimanesse	**rimanga**
	rimanendo	rimaniamo	rimanevamo	rimanemmo	**rimarremo**	**rimarremmo**	rimaniamo	rimanẹssimo	rimaniamo
	ẹssere **rimasto/a**	rimanete	rimanevate	rimaneste	**rimarrete**	**rimarreste**	rimaniate	rimaneste	rimanete
		rimạngono	rimanẹvano	**rimạsero**	**rimarranno**	**rimarrẹbbero**	**rimạngano**	rimanẹssero	**rimạngano**

	Infinito Participio passato Gerundio presente Infinito passato	INDICATIVO Presente	 Imperfetto	 Passato remoto	 Futuro	CONDIZIONALE Presente	CONGIUNTIVO Presente	 Imperfetto	IMPERATIVO
39	risọlvere *(to resolve)* **risolto** risolvendo avere **risolto**	risolvo risolvi risolve risolviamo risolvete risọlvono	risolvevo risolvevi risolveva risolvevamo risolvevate risolvẹvano	**risolvei, risolvetti, risolsi** risolvesti **risolvé, risolvette, risolse** risolvemmo risolveste **risolvẹrono, risolvẹttero, risọlsero**	risolverò risolverai risolverà risolveremo risolverete risolveranno	risolverei risolveresti risolverebbe risolveremmo risolvereste risolverẹbbero	risolva risolva risolva risolviamo risolviate risọlvano	risolvessi risolvessi risolvesse risolvẹssimo risolveste risolvẹssero	 risolvi (non risọlvere) risolva risolviamo risolvete risọlvano
40	rispọndere *(to answer)* **risposto** rispondendo avere **risposto**	rispondo rispondi risponde rispondiamo rispondete rispọndono	rispondevo rispondevi rispondeva rispondevamo rispondevate rispondẹvano	**risposi** rispondesti **rispose** rispondemmo rispondeste **rispọsero**	risponderò risponderai risponderà risponderemo risponderete risponderanno	risponderei risponderesti risponderebbe risponderemmo rispondereste risponderẹbbero	risponda risponda risponda rispondiamo rispondiate rispọndano	rispondessi rispondessi rispondesse rispondẹssimo rispondeste rispondẹssero	 rispondi (non rispọndere) risponda rispondiamo rispondete rispọndano
41	salire *(to go up)* salito salendo avere salito/ẹssere salito (*intransitive*)	**salgo** sali sale saliamo salite **sạlgono**	salivo salivi saliva salivamo salivate salịvano	salịi salisti salì salimmo saliste salịrono	salirò salirai salirà saliremo salirete saliranno	salirei saliresti salirebbe saliremmo salireste salirẹbbero	**salga** **salga** **salga** saliamo saliate **sạlgano**	salissi salissi salisse salịssimo saliste salịssero	 sali (non salire) **salga** saliamo salite **sạlgano**
42	sapere *(to know)* saputo sapendo avere saputo	**so** **sai** **sa** **sappiamo** sapete **sanno**	sapevo sapevi sapeva sapevamo sapevate sapẹvano	**seppi** sapesti **seppe** sapemmo sapeste **sẹppero**	**saprò** **saprai** **saprà** **sapremo** **saprete** **sapranno**	**saprei** **sapresti** **saprebbe** **sapremmo** **sapreste** **saprẹbbero**	**sappia** **sappia** **sappia** **sappiamo** **sappiate** **sạppiano**	sapessi sapessi sapesse sapẹssimo sapeste sapẹssero	 **sappi** (non sapere) **sappia** **sappiamo** **sappiate** **sạppiano**
43	sedere *(to sit)* seduto sedendo essere seduto	**siedo, seggo** **siedi** **siede** sediamo sedete **siẹdono, sẹggono**	sedevo sedevi sedeva sedevamo sedevate sedẹvano	sedei, sedetti sedesti sedé, sedette sedemmo sedeste sedẹrono, sedẹttero	sederò, **siederò** sederai, **siederai** sederà, **siederà** sederemo, **siederemo** sederete, **siederete** sederanno, **siederanno**	sederei, **siederei** sederesti, **siederesti** sederebbe, **siederebbe** sederemmo, **siederemmo** sedereste, **siedereste** sederẹbbero, **siederẹbbero**	**sieda, segga** **sieda, segga** **sieda, segga** sediamo sediate **siẹdano, sẹggano**	sedessi sedessi sedesse sedẹssimo sedeste sedẹssero	 **siedi** (non sedere) **sieda, segga** sediamo sedete **siẹdano, sẹggano**
44	sognare *(to dream)* sognato sognando avere sognato	sogno sogni sogna **sogniamo, sognamo** sognate sọgnano	sognavo sognavi sognava sognavamo sognavate sognạvano	sognai sognasti sognò sognammo sognaste sognạrono	sognerò sognerai sognerà sogneremo sognerete sogneranno	sognerei sogneresti sognerebbe sogneremmo sognereste sognerẹbbero	sogni sogni sogni **sogniamo, sognamo** **sogniate, sognate** sọgnino	sognassi sognassi sognasse sognạssimo sognaste sognạssero	 sogna (non sognare) sogni sogniamo sognate sọgnino

	Infinito / Participio passato / Gerundio presente / Infinito passato	INDICATIVO Presente	Imperfetto	Passato remoto	Futuro	CONDIZIONALE Presente	CONGIUNTIVO Presente	Imperfetto	IMPERATIVO
45	**spẹgnere**	**spengo**	spegnevo	**spensi**	spegnerò	spegnerei	**spenga**	spegnessi	
	(to turn off)	spegni	spegnevi	spegnesti	spegnerai	spegneresti	**spenga**	spegnessi	spegni (non spẹgnere)
	spento	spegne	spegneva	**spense**	spegnerà	spegnerebbe	**spenga**	spegnesse	**spenga**
	spegnendo	spegniamo	spegnevamo	spegnemmo	spegneremo	spegneremmo	spegniamo	spegnẹssimo	spegniamo
	avere **spento**	spegnete	spegnevate	spegneste	spegnerete	spegnereste	spegniate	spegneste	spegnete
		spẹngono	spegnẹvano	**spẹnsero**	spegneranno	spegnerẹbbero	**spẹngano**	spegnẹssero	**spẹngano**
46	**stare**	sto	stavo	**stetti**	**starò**	**starei**	**stịa**	**stessi**	
	(to stay; to be)	**stai**	stavi	**stesti**	**starai**	**staresti**	**stịa**	**stessi**	**stai, sta'** (non stare)
	stato/a	sta	stava	**stette**	**starà**	**starebbe**	**stịa**	**stesse**	**stịa**
	stando	stiamo	stavamo	**stemmo**	**staremo**	**staremmo**	stiamo	**stẹssimo**	stiamo
	ẹssere stato/a	state	stavate	**steste**	**starete**	**stareste**	stiate	**steste**	state
		stanno	stạvano	**stẹttero**	**staranno**	**starẹbbero**	**stịano**	**stẹssero**	**stịano**
47	**tạcere**	**taccio**	tacevo	**tacqui**	tacerò	tacerei	**taccia**	tacessi	
	(to be silent)	taci	tacevi	tacesti	tacerai	taceresti	**taccia**	tacessi	taci (non tạcere)
	taciuto	tace	taceva	**tacque**	tacerà	tacerebbe	**taccia**	tacesse	**taccia**
	tacendo	**tacciamo**	tacevamo	tacemmo	taceremo	taceremmo	**tacciamo**	tacẹssimo	**tacciamo**
	avere **taciuto**	tacete	tacevate	taceste	tacerete	tacereste	**tacciate**	taceste	tacete
		tạcciono	tacẹvano	**tạcquero**	taceranno	tacerẹbbero	**tạcciano**	tacẹssero	**tạcciano**
48	**tenere**	**tengo**	tenevo	**tenni**	**terrò**	**terrei**	**tenga**	tenessi	
	(to hold)	**tieni**	tenevi	tenesti	**terrai**	**terresti**	**tenga**	tenessi	**tieni** (non tenere)
	tenuto	**tiene**	teneva	**tenne**	**terrà**	**terrebbe**	**tenga**	tenesse	**tenga**
	tenendo	teniamo	tenevamo	tenemmo	**terremo**	**terremmo**	teniamo	tenẹssimo	teniamo
	avere tenuto	tenete	tenevate	teneste	**terrete**	**terreste**	teniate	teneste	tenete
		tẹngono	tenẹvano	**tẹnnero**	**terranno**	**terrẹbbero**	**tẹngano**	tenẹssero	**tẹngano**
49	**tọgliere**	**tolgo**	toglievo	**tolsi**	toglierò	toglierei	**tolga**	togliessi	
	(to remove)	**togli**	toglievi	togliesti	toglierai	toglieresti	**tolga**	togliessi	**togli** (non tọgliere)
	tolto	toglie	toglieva	**tolse**	toglierà	toglierebbe	**tolga**	togliesse	**tolga**
	togliendo	**togliamo**	toglievamo	togliemmo	toglieremo	toglieremmo	**togliamo**	togliẹssimo	**togliamo**
	avere **tolto**	togliete	toglievate	toglieste	toglierete	togliereste	**togliate**	toglieste	togliete
		tọlgono	togliẹvano	**tọlsero**	toglieranno	toglierẹbbero	**tọlgano**	togliẹssero	**tọlgano**
50	**trarre**	**traggo**	traevo	**trassi**	**trarrò**	**trarrei**	**tragga**	traessi	
	(to draw)	trai	traevi	traesti	**trarrai**	**trarresti**	**tragga**	traessi	trai (non trarre)
	tratto	trae	traeva	**trasse**	**trarrà**	**trarrebbe**	**tragga**	traesse	**tragga**
	traendo	traịamo	traevamo	traemmo	**trarremo**	**trarremmo**	traịamo	traẹssimo	traịamo
	avere **tratto**	traẹte	traevate	traeste	**trarrete**	**trarreste**	traịate	traeste	traete
		trạggono	traẹvano	**trạssero**	**trarranno**	**trarrẹbbero**	**trạggano**	traẹssero	**trạggano**
51	**udire**	**odo**	udivo	udịi	udirò, **udrò**	udirei, **udrei**	**oda**	udissi	
	(to hear)	**odi**	udivi	udisti	udirai, **udrai**	udiresti, **udresti**	**oda**	udissi	**odi** (non udire)
	udito	**ode**	udiva	udì	udirà, **udrà**	udirebbe, **udrebbe**	**oda**	udisse	**oda**
	udendo	udiamo	udivamo	udimmo	udiremo, **udremo**	udiremmo, **udremmo**	udiamo	udịssimo	udiamo
	avere udito	udite	udivate	udiste	udirete, **udrete**	udireste, **udreste**	udiate	udiste	udite
		ọdono	udịvano	udịrono	udiranno, **udranno**	udirẹbbero, **udrẹbbero**	**ọdano**	udịssero	**ọdano**

	Infinito Participio passato Gerundio presente Infinito passato	INDICATIVO Presente	INDICATIVO Imperfetto	INDICATIVO Passato remoto	INDICATIVO Futuro	CONDIZIONALE Presente	CONGIUNTIVO Presente	CONGIUNTIVO Imperfetto	IMPERATIVO
52	uscire	**esco**	uscivo	uscịi	uscirò	uscirei	**esca**	uscissi	
	(to go out)	**esci**	uscivi	uscisti	uscirai	usciresti	**esca**	uscissi	**esci** (non uscire)
	uscito/a	**esce**	usciva	uscì	uscirà	uscirebbe	**esca**	uscisse	**esca**
	uscendo	usciamo	uscivamo	uscimmo	usciremo	usciremmo	usciamo	uscịssimo	usciamo
	ẹssere uscito/a	uscite	uscivate	usciste	uscirete	uscireste	usciate	usciste	uscite
		ẹscono	uscịvano	uscịrono	usciranno	uscirẹbbero	**ẹscano**	uscịssero	**ẹscano**
53	valere	**valgo**	valevo	**valsi**	**varrò**	**varrei**	**valga**	valessi	
	(to be worth)	vali	valevi	valesti	**varrai**	**varresti**	**valga**	valessi	vali (non valere)
	valso	vale	valeva	**valse**	**varrà**	**varrebbe**	**valga**	valesse	**valga**
	valendo	valiamo	valevamo	valemmo	**varremo**	**varremmo**	valiamo	valẹssimo	valiamo
	avere **valso**	valete	valevate	valeste	**varrete**	**varreste**	valiate	valeste	valete
		vạlgono	valẹvano	**vạlsero**	**varranno**	**varrẹbbero**	**vạlgano**	valẹssero	**vạlgano**
54	vedere	vedo	vedevo	**vidi**	**vedrò**	**vedrei**	veda	vedessi	
	(to see)	vedi	vedevi	vedesti	**vedrai**	**vedresti**	veda	vedessi	vedi (non vedere)
	visto/veduto	vede	vedeva	**vide**	**vedrà**	**vedrebbe**	veda	vedesse	veda
	vedendo	vediamo	vedevamo	vedemmo	**vedremo**	**vedremmo**	vediamo	vedẹssimo	vediamo
	avere **visto**/veduto	vedete	vedevate	vedeste	**vedrete**	**vedreste**	vediate	vedeste	vedete
		vẹdono	vedẹvano	**vịdero**	**vedranno**	**vedrẹbbero**	vẹdano	vedẹssero	vẹdano
55	venire	**vengo**	venivo	**venni**	**verrò**	**verrei**	**venga**	venissi	
	(to come)	**vieni**	venivi	venisti	**verrai**	**verresti**	**venga**	venissi	**vieni** (non venire)
	venuto/a	**viene**	veniva	**venne**	**verrà**	**verrebbe**	**venga**	venisse	**venga**
	venendo	veniamo	venivamo	venimmo	**verremo**	**verremmo**	veniamo	venịssimo	veniamo
	ẹssere **venuto/a**	venite	venivate	veniste	**verrete**	**verreste**	veniate	veniste	venite
		vẹngono	venịvano	**vẹnnero**	**verranno**	**verrẹbbero**	**vẹngano**	venịssero	**vẹngano**
56	vịncere	vinco	vincevo	**vinsi**	vincerò	vincerei	vinca	vincessi	
	(to win)	vinci	vincevi	vincesti	vincerai	vinceresti	vinca	vincessi	vinci (non vincere)
	vinto	vince	vinceva	**vinse**	vincerà	vincerẹbbe	vinca	vincesse	vinca
	vincendo	vinciamo	vincevamo	vincemmo	vinceremo	vinceremmo	vinciamo	vincẹssimo	vinciamo
	avere **vinto**	vincete	vincevate	vinceste	vincerete	vincereste	vinciate	vinceste	vincete
		vịncono	vincẹvano	**vịnsero**	vinceranno	vincerẹbbero	vịncano	vincẹssero	vịncano
57	vịvere	vivo	vivevo	**vissi**	**vivrò**	**vivrei**	viva	vivessi	
	(to live)	vivi	vivevi	vivesti	**vivrai**	**vivresti**	viva	vivessi	vivi (non vịvere)
	vissuto	vive	viveva	**visse**	**vivrà**	**vivrebbe**	viva	vivesse	viva
	vivendo	viviamo	vivevamo	vivemmo	**vivremo**	**vivremmo**	viviamo	vivẹssimo	viviamo
	avere **vissuto**	vivete	vivevate	viveste	**vivrete**	**vivreste**	viviate	viveste	vivete
		vịvono	vivẹvano	**vịssero**	**vivranno**	**vivrẹbbero**	vịvano	vivẹssero	vịvano
58	volere	**voglio**	volevo	**volli**	**vorrò**	**vorrei**	**voglia**	**volessi**	
	(to want)	**vuoi**	volevi	volesti	**vorrai**	**vorresti**	**voglia**	**volessi**	**vogli** (non volere)
	voluto	**vuole**	voleva	**volle**	**vorrà**	**vorrebbe**	**voglia**	**volesse**	**voglia**
	volendo	vogliamo	volevamo	volemmo	**vorremo**	**vorremmo**	**vogliamo**	**volẹssimo**	**vogliamo**
	avere voluto	volete	volevate	voleste	**vorrete**	**vorreste**	**vogliate**	**voleste**	**vogliate**
		vọgliono	volẹvano	**vọllero**	**vorranno**	**vorrẹbbero**	**vọgliano**	**volẹssero**	**vọgliano**

Verbs that are irregular in the *participio passato* and *passato remoto*

These **–ere** and **–ire** verbs are irregular in the **participio passato** and in three forms of the **passato remoto**. All other forms of these verbs follow regular conjugation patterns. The full conjugation of some high-frequency verbs from this list —**chiedere** (15), **mettere** (28), **prendere** (35), **rispondere** (40), and **vincere** (56)— is presented in the preceding pages for your reference. On the list of active verbs on p. **403**, these verbs are referenced as **1-3-3** verbs.

Infinito		**Participio passato**	**Passato remoto (1st p. sing, 3rd p. sing, 3rd p. pl.)**
accọrgersi	*to realize*	accorto	accorsi, accorse, accọrsero
afflịggere	*to torment*	afflitto	afflissi, afflisse, afflịssero
assụmere	*to assume*	assunto	assunsi, assunse, assụnsero
attẹndere	*to wait for*	attento	attesi, attese, attẹsero
chiẹdere	*to ask*	chiesto	chiesi, chiese, chiẹsero
chiụdere	*to close*	chiuso	chiusi, chiuse, chiụsero
conclụdere	*to conclude*	concluso	conclusi, concluse, conclụsero
condivịdere	*to share*	condiviso	condivisi, condivise, condivịsero
conọscere	*to meet, to know/ be familiar with*	conosciuto	conobbi, conobbe, conọbbero
coprire	*to cover*	coperto	copriịi/copersi, coprì/coperse, coprịrono/copẹrsero
corrẹggere	*to correct*	corretto	corressi, corresse, corrẹssero
cọrrere	*to run*	corso	corsi, corse, cọrsero
crẹscere	*to grow*	cresciuto	crebbi, crebbe, crẹbbero
decịdere	*to decide*	deciso	decisi, decise, decịsero
difẹndere	*to defend*	difeso	difesi, defese,difẹsero
dipẹndere	*to depend on*	dipeso	dipesi, dipese, dipẹsero
dipịngere	*to paint*	dipinto	dipinsi, dipense, dipịnsero
dirịgere	*to manage*	diretto	diressi, diresse, dirẹssero
discụtere	*to discuss*	discusso	discussi, discusse, discụssero
distrụggere	*to destroy*	distrutto	distrussi, distrusse, distrụssero
elẹggere	*to elect*	eletto	elessi, elesse, elẹssero
emẹrgere	*to emerge*	emerso	emersi, emerse, emẹrsero
esịgere	*to require*	esatto	esigei/esigetti, esigé/esigette, esigẹrono/esigẹttero
espạndere	*to expand*		espansi, espanse, espạnsero
espẹllere	*to expel*	espulso	espulsi, espulse, espụlsero
esplọdere	*to explode*	esploso	esplosi, esplose, esplọsero
esprịmere	*to express*	espresso	espressi, espresse, esprẹssero
evạdere	*to evade*	evaso	evasi, evase, evạsero
fịngere	*to pretend*	finto	finiị, finì, finịrono
friggere	*to fry*	fritto	frissi, frisse, frịssero
giụngere	*to arrive*	giunto	giunsi, giunse, giụnsero
invạdere	*to invade*	invaso	invasi, invase, invạsero
lẹggere	*to read*	letto	lessi, lesse, lẹssero
mẹttere	*to put*	messo	misi, mise, mịsero
nạscere	*to be born*	nato	nacqui, nacque, nạcquero
nascọndere	*to hide*	nascosto	nascosi, nascose, nascọsero

Infinito		Participio passato	Passato remoto (1st p. sing, 3rd p. sing, 3rd p. pl.)
occọrrere	*to be necessary*	occorso	occorsi, occorse, occọrsero
offẹndere	*to offend*	offeso	offesi, offese, offẹsero
offrire	*to offer*	offerto	offrịi/offersi, offrì/offerse, offrịrono/offẹrsero
opprịmere	*to oppress*	oppresso	oppressi, oppresse, opprẹssero
pẹrdere	*to lose*	perso	persi, perse, pẹrsero
persuạdere	*to convince*	persuaso	persuasi, persuase, persuạsero
piacere	*to please, to like*	piaciuto	piacqui, piacque, piạcquero
piạngere	*to cry*	pianto	piansi, pianse, piạnsero
piọvere	*to rain*	piovuto	piovve, piọvvero
pọrgere	*to give*	porto	porsi, porse, pọrsero
prẹndere	*to take*	preso	presi, prese, prẹsero
rạdere	*to shave*	raso	rasi, rase, rạsero
redịmere	*to redeem*	redento	redensi, redense, redẹnsero
rẹndere	*to render*	reso	resi, rese, rẹsero
rịdere	*to laugh*	riso	risi, rise, rịsero
riflẹttere *(intrans.)*	*to reflect on, to ponder*	riflettuto	riflettei, rifletté, riflettẹrono
riflẹttere *(trans.)*/ riflẹttersi	*to reflect*	riflesso	riflessi, riflesse, riflẹssero
risọlvere	*to resolve*	risolto	risolsi/risolvei, risolse/risolvé, risọlsero/risolvẹrono
rispọndere	*to answer*	risposto	risposi, rispose, rispọsero
rọmpere	*to break*	rotto	ruppi, ruppe, rụppero
scẹndere	*to come down*	sceso	scesi, scese, scẹsero
sconfịggere	*to defeat*	sconfitto	sconfissi, sconfisse, sconfịssero
scoprire	*to discover*	scoperto	scoprịi/scopersi, scoprì/scoperse, scoprịrono/ scopẹrsero
scrịvere	*to write*	scritto	scrissi, scrisse, scrịssero
scuọtere	*to shake*	scosso	scossi, scosse, scọssero
smẹttere	*to stop*	smesso	smisi, smise, smịsero
soffrire	*to suffer*	sofferto	sofrịi/soffersi, soffrì/sofferse, soffrịrono/soffẹrsero
sorrịdere	*to smile*	sorriso	sorrisi, sorrise, sorrịsero
sospẹndere	*to hang*	sospeso	sospesi, sospese, sospẹsero
spẹndere	*to spend*	speso	spesi, spese, spẹsero
spịngere	*to push*	spinto	spinsi, spinse, spịnsero
strịngere	*to press*	stretto	strinsi, strinse, strịnsero
succẹdere	*to happen*	successo	successi, successe, succẹssero
svọlgersi	*to take place*	svolto	mi svolsi, si svolse, si svọlsero
trascọrrere	*to spend*	trascorso	trascorsi, trascorse, trascọrsero
uccịdere	*to kill*	ucciso	uccisi, uccise, uccịsero
vịncere	*to win*	vinto	vinsi, vinse, vịnsero
vọlgere	*to turn*	volto	volsi, volse, vọlsero

Vocabulary

This glossary contains the words and expressions listed on the **Vocabolario** page found at the end of each lesson in **IMMAGINA**, as well as other useful vocabulary. A numeral following an entry indicates the lesson where the word or expression was introduced.

Abbreviations used in this glossary

adj.	adjective	*invar.*	invariable
adv.	adverb	*m.*	masculine
conj.	conjunction	*p.p.*	past participle
f.	feminine	*pl.*	plural
fam.	familiar	*prep.*	preposition
form.	formal	*pron.*	pronoun
indef.	indefinite	*v.*	verb

Italiano-Inglese

A

a *prep.* at; in; to
a condizione che *conj.* provided that **7**
a meno che *conj.* unless **7**
a patto che *conj.* provided that **7**
a piedi *adv.* on foot
a righe *adj.* striped
a squarciagola *adv.* at the top of one's voice **3**
a suo agio *adv.* at ease
a tempo parziale *adj., adv.* part-time
a tempo pieno *adj., adv.* full-time
a tinta unita *adj.* solid-color
a volte *adv.* sometimes
al completo *adj.* sold out **3**
al mare *adv.* at/to the beach
al sọlito suo *adv.* as usual
al vapore *adj.* steamed
all'inizio *adv.* at first
alla griglia *adj.* grilled
alla moda *adj.* fashionable **3**
abbastanza *adv.* enough
Abbastanza bene. Pretty well.
abbiente *adj.* affluent **5**
abbigliamento *m.* clothing **10**
abbonamento *m.* season ticket; subscription
abbracciare *v.* to hug
abbracciarsi *v.* to hug each other **2**
abbronzarsi *v.* to tan
abitare *v.* to inhabit, to live **8**
abitazioni *f., pl.* housing **5**
ạbito *m.* dress; suit (men's) **10**
ạbito *m.* **da sera** evening dress **3**
abituarsi *v.* to get used to **7, 8**
abolire *v.* to abolish **8**
abusare *v.* to abuse **4**
abuso *m.* **di potere** abuse of power **4**
accadere *v.* to happen
accanto (a) *prep.* next to
accẹndere *v.* to turn on
accenno *m.* hint, mention **8**
accọgliere *v.* to greet **1**
accomodarsi *v.* to make oneself comfortable **5**
accordo *m.* agreement **4**
accọrgersi *v.* to realize **2**
accọrgersi di *v.* to notice **8**
ạcido/a: pioggia *f.* **ạcida** acid rain
acqua *f.* water
acquario *m.* aquarium **7**
acquedotto *m.* aqueduct **2**
acquerello *m.* watercolor **8**
acquisito/a: parenti *m., pl.* **acquisiti** in-laws
acrịtico/a *adj.* acritical **9**
adagiarsi *v.* to lie down
adattamento *m.* adaptation **9**
adattarsi *v.* to adapt **6**
addormentarsi *v.* to fall asleep **2**
adeguarsi *v.* to adjust **6**
adesso *adv.* now
adorare *v.* to adore **1**
adottare *v.* to adopt
adottivo/a *adj.* adopted; adoptive **5**
aẹreo *m.* airplane
aeroporto *m.* airport
affare *m.* deal **4**
affascinante *adj.* charming **1**
affatto *adv.* completely
non... affatto *adv.* not at all
affettuoso/a *adj.* affectionate **1**
affiatato/a *adj.* close-knit **5**
affidare *v.* to entrust **10**
affinché *conj.* so that **7**
affittare *v.* to rent (owner)
affitto *m.* rent
affollato/a *adj.* crowded **2**
affresco *m.* fresco **8**
affumicato/a *adj.* smoked
africano/a *adj.* African
agenda *f.* planner
agente *m., f.* agent
agenzịa *f.* agency
agenzịa *f.* **di collocamento** job agency **10**
agenzịa *f.* **di somministrazione lavoro** temp agency
agenzịa *f.* **immobiliare** real estate agency
aggiornare *v.* to update **7**
aggiornato: ẹssere aggiornato/a *v.* to be informed, up-to-date **9**
aggiustare *v.* fix
aggrapparsi *v.* to hold on to, hang on to **6**
aglio *m.* garlic
agnọstico/a *adj.* agnostic **6**
agosto *m.* August
agricoltore/agricoltrice *m., f.* farmer
agricoltura *f.* agriculture
agricoltura *f.* **biolọgica** organic farming
agrodolce *adj.* sweet-and-sour
aiutare *v.* help
aiutarsi *v.* to help each other **2**
alba *f.* dawn, sunrise
albergo *m.* hotel
albergo *m.* **a cinque stelle** five-star hotel
ạlbero *m.* tree
alcuni/e *indef. adj.* some; a few **9;** *indef. pron.* some; a few **9**
alimentari *m., pl.* foodstuffs
allacciare *v.* to buckle (seatbelt)
allagamento *m.* flooding **7**
alleati *m., pl.* allies, allied troops **2**
allegare *v.* to attach **7**
allegramente *adv.* cheerfully
allegro/a *adj.* cheerful
allenarsi *v.* to train **3**
allenatore/allenatrice *m., f.* coach **3**

allontanarsi (da) *v.* to distance oneself **8**
allora *adv., conj.* so, then
allusivo/a *adj.* suggestive, allusive **8**
alluvione *f.* flood, inundation **7**
alpinismo *m.* mountain climbing **3**
alto/a *adj.* tall **9**
altri/e *indef. pron.* others
altro *indef. pron.* something (anything else)
altro/a/i/e *indef. adj.* other
  l'altro ieri *adv.* the day before yesterday
  l'un l'altro each other
altroché *adv.* absolutely
alunno/a *m., f.* pupil, student
alzare *v.* to raise; lift **2**
alzarsi *v.* to get up, to stand up **2**
amabile *adj.* lovable **5**
amante *m., f.* lover **1**
amare *v.* to love **1**
amaro/a *adj.* bitter
amarsi *v.* to love each other **2**
ambientalismo *m.* environmentalism
ambiente *m.* environment
ambulanza *f.* ambulance
americano/a *adj.* American
amicizia *f.* friendship **1**
amico/a *m., f.* friend
analfabeta *adj.* illiterate **4**
ananas (*invar.*) *m.* pineapple
anche *conj.* also, as well, too
ancora *adv.* again, still, yet
  non... ancora *adv.* not yet
andare *v.* to go **1**
  andare a cavallo *v.* to go horseback riding
  andare al cinema *v.* to go to the movies
  andare dal dottore *v.* to go to the doctor
  (non) andare di moda *v.* to (not) be in fashion
  andare in bicicletta *v.* to ride a bike
  andare in palestra *v.* to go to the gym **3**
  andare in pensione *v.* to retire **10**
  andarsene *v.* to leave (go away from it) **6**
angolo *m.* corner **2**
  dietro l'angolo *adv.* around the corner
anima *f.* soul **5**
  anima *f.* **gemella** soul mate **1**
animalaccio *m.* monster **2**
animale *m.* animal
  animale *m.* **domestico** pet
anno *m.* year
  avere ... anni *v.* to be ... years old
annoiarsi *v.* to get bored **2**
annullare *v.* to cancel
annuncio *m.* ad **10**
  annuncio *m.* **di lavoro** job ad **10**
ansioso/a *adj.* anxious **1**
antenato *m.* ancestor **5**
anticipo: essere in anticipo *v.* to be early **2**
anticonformista *adj.* nonconformist **6**
antipasto *m.* appetizer, starter
antipatico/a *adj.* unpleasant
ape *f.* bee
apparecchiare la tavola *v.* to set the table
apparenza *f.* appearance **4**
appartamento *m.* apartment **2**
  appartamento *m.* **arredato** furnished apartment
appartenere (a) *v.* to belong (to) **6**
appena *adv., conj.* hardly, just
applaudire *v.* to clap **3**
applauso *m.* applause
apprendista *m., f.* apprentice **8**
approfittare *v.* to take advantage of **10**
approfondire *v.* to study in-depth **1**
approvare una legge *v.* to pass a law **4**
appuntamento *m.* date **1**
  prendere un appuntamento *v.* to make an appointment
appunti *m., pl.* notes
aprile *m.* April
aprire *v.* to open **3**
  aprire un conto *v.* to open an account **10**
arabo/a *adj.* Arab
arancia *f.* orange
arancione *adj.* orange
arbitro *m.* referee **3**
architetto *m., f.* architect
arma *f.* weapon **4**
armadio *m.* closet
armate *f., pl.* armies **2**
aroma *m.* aroma, flavoring
arrabbiarsi *v.* to get mad/angry **1, 2**
arrabbiato/a *adj.* angry
arrampicata *f.* climbing
arrendersi *v.* to surrender **8**
arricchirsi *v.* to become rich **6**
arricciare *v.* to curl
arrivare *v.* to arrive **3**
Arrivederci. Good-bye.
arrivi *m., pl.* arrivals
arrosto/a *adj.* roasted
arte *f.* art
  belle arti *f. pl.* fine arts **8**
  opera *f.* **d'arte** work of art
artigiano/a *m., f.* artisan; craftsman **8**
artistico/a *adj.* artistic
ascensore *m.* elevator
asciugacapelli *(invar.) m.* hair dryer
asciugamano *m.* towel
asciugarsi *v.* to dry up **2**
asciugatrice *f.* clothes dryer
ascoltare *v.* to listen **6**
  ascoltare musica *v.* to listen to music
ascoltatore/ascoltatrice *m., f.* (radio) listener **9**
aspettare *v.* to wait **8**
  aspettare un figlio *v.* to be expecting (a baby) **5**
aspirapolvere *m.* to vacuum
  passare l'aspirapolvere *v.* to vacuum
aspirina *f.* aspirin
assaggiare *v.* to taste
assegno *m.* check
  cambiare un assegno *v.* to cash a check **10**
  pagare con assegno *v.* to pay by check
assicurazione *f.* **sulla vita** life insurance
assistente *m., f.* **amministrativo/a** administrative assistant
assistere a *v.* to attend **8**
assolo *m.* solo
assomigliare a *v.* to resemble **5**
assumere *v.* to hire **10**
  assumersi una responsabilità *v.* to assume responsibility **5**
assunzione *f.* hiring
astronauta *m., f.* astronaut **7**
astronomo/a *m., f.* astronomer **7**
ateo/a *adj.* atheistic **6**; *m., f.* atheist
atletica *f.* track and field
atletico/a *adj.* athletic
attendere *v.* to wait (for)
attento/a *adj.* attentive
  essere attento/a *v.* to be careful **8**
attenzione: fare attenzione *v.* to pay attention
atterrare *v.* to land
attesa *f.* waiting
  restare in attesa *v.* to be on hold
attimo *m.* second, moment
attivista *m., f.* activist **4**
attivo/a *adj.* active
atto *m.* act
attore/attrice *m., f.* actor/actress **9**
attraversare *v.* to cross **2**
attualità *f.* current affairs **9**
audace *adj.* audacious, bold
aula *f.* classroom, lecture hall
aumentare *v.* to increase **6**
aumento *m.* raise
autista *m.* driver **2**
autobus *m.* bus
  salire sull'autobus *v.* to get on the bus **2**
  scendere dall'autobus *v.* to get off the bus **2**
automobile *f.* car
automobilismo *m.* car racing **3**

autonomịa *f.* autonomy **6**
autọnomo/a *adj.* self-governing **4**
autore/autrice *m., f.* author
autoritario/a *adj.* bossy **5**
autoritratto *m.* self-portrait **8**
autostrada *f.* highway
autosufficiente *adj.* self-sufficient **5**
autunno *m.* fall
avanspettạcolo *m.* variety show, burlesque **9**
avanti Cristo *adj.* BC, BCE **8**
avaro/a *adj.* greedy
avere *v.* to have **1**
avẹrcela con qualcuno *v.* to be angry at someone
avere bisogno di *v.* to need **8**
avere dei dẹbiti *v.* to be in debt **10**
avere fame *v.* to be hungry **1**
avere fiducia (in) *v.* to trust **1**
avere fretta (di) *v.* to be in a hurry **8**
avere mal di pancia (schiena, testa) *v.* to have a stomachache (backache, headache)
avere paụra (di) *v.* to be afraid (of) **1**
avere ragione *v.* to be right **8**
avere sete *v.* to be thirsty **1**
avere sonno *v.* to be sleepy **1**
avere torto *v.* to be wrong **8**
avere un incidente *v.* to have/be in an accident
avere vergogna (di) *v.* to be ashamed (of) **1**
avere voglia di *v.* to feel like **8**
avere… anni *v.* to be… years old **1**
avvenire *v.* to happen **6**
avvicinarsi *v.* to go/come near **5**
avvocato *m., f.* lawyer **4**
azienda *f.* company **10**
azzurro/a *adj.* blue, sky blue

B

bacca *f.* berry
bacheca *f.* bulletin board
baciare *v.* to kiss
baciarsi *v.* to kiss each other **2**
bagaglio *m.* **a mano** carry-on baggage
bagno *m.* bath, bathroom
vasca *f.* **da bagno** bathtub
baita *f.* cabin (mountain shelter)
balconata *f.* dress circle
balcone *m.* balcony
ballare *v.* to dance
ballerino/a *m., f.* ballet dancer
balletto *m.* ballet; *m.* short dance performance **9**
bambino/a *m., f.* baby, child
bạmbola *f.* doll **5**
banana *f.* banana
banca *f.* bank
banca *f.* **dati** database **7**
bancario/a *adj.* bank
conto *m.* **bancario** bank account
bancarotta *f.* bankruptcy **10**
banchiere/a *m., f.* banker
banco *m.* desk; *m.* check-in counter **5**
bancomat *m.* ATM **10**
banconota *f.* bill
bandiera *f.* flag **4**
bar *m.* café **1**
barba *f.* beard
schiuma *f.* **da barba** shaving cream
barca *f.* boat
barista *m., f.* bartender
barocco/a *adj.* Baroque
basket *m.* basketball
basso/a *adj.* short **9**
bastare *v.* to be sufficient **3**
battaglia *f.* battle **8**
bạttere le mani *v.* to clap **9**
batterịa *f.* drums
batterista *m., f.* drummer
baụle *m.* trunk **8**
beige (*invar.*) *adj.* beige
bellezza *f.* beauty **1**
salone *m.* **di belleza** beauty salon
bellino/a *adj.* cute, pretty
bello/a *adj.* beautiful, handsome
belle arti *f. pl.* fine arts **8**
benché *conj.* although **7**
bene *adv.* well **9**
Abbastanza bene. Pretty well.
Benvenuto! Welcome!
bere *v.* to drink **1**
bernọccolo *m.* bump
biancherịa *f.* **ịntima** underwear
bianco/a *adj.* white
bịbita *f.* drink
biblioteca *f.* library
bicchiere *m.* glass
bicicletta *f.* bicycle
bidello/a *m., f.* caretaker, custodian
biglietterịa *f.* ticket office/window
biglietto *m.* ticket **3**
biglietto *m.* **intero** full price ticket
biglietto *m.* **ridotto** reduced ticket
biliardino *m.* foosball **3**
biliardo *m.* billiards **3**
bilocale *m.* two-room apartment
binario *m.* train track **1**
biochịmico/a *m., f.* biochemist **7**
biografịa *m.* biography **8**
biologịa *f.* biology
biọlogo/a *m., f.* biologist **7**
biondo/a *adj.* blond(e)
birra *f.* beer
birrerịa *f.* pub
biscotto *m.* cookie **1**
bisnonno/a *m., f.* great-grandfather/grandmother **1, 5**
bisogno: avere bisogno di *v.* to need **8**
bizantino/a *adj.* Byzantine
blu (*invar.*) *adj.* blue
bocca *f.* mouth
In bocca al lupo. (*lit.* In the mouth of the wolf.) Good luck.
boccaglio *m.* snorkel **4**
bocciare *v.* to fail (an exam)
bollette *f., pl.* bills
pagare le bollette *v.* to pay the bills
bontà *f.* goodness **3**
borsa *f.* handbag; stock exchange **10**
borsetta *f.* small purse
bottega *f.* shop **8**
bottiglia *f.* bottle
braccio (*pl.* braccia *f.*) *m.* arm
bravo/a *adj.* good; skilled
breve: a breve tẹrmine *adj.* short-term **10**
brevetto *m.* patent **7**
brịciola *f.* crumb
brillante *adj.* bright
bruciore *m.* **di stọmaco** heartburn
bruno/a *adj.* dark-haired
brutto/a *adj.* ugly
bucato: fare il bucato *v.* to do the laundry **5**
bue (*pl.* i buoi) *m.* ox (oxen) **7**
buffo/a *adj.* funny **3**
bullo/a *m., f.* bully **3**
buono/a *adj.* good **9**
buon affare *m.* good deal
buon senso *m.* common sense **6**
Buonanotte. Good night.
Buonasera. Good evening.
Buongiorno. Good morning, Hello.
burattinạio *m.* puppeteer **4**
burattino *m.* puppet **3**
burro *m.* butter
bussare *v.* to knock **5**
busta *f.* envelope
buttare: buttare di sotto *v.* to throw down/below **6**
buttare vịa *v.* to throw away **1**

C

C.V. *m.* résumé
c'è *there is*
C'è il/la signor(a)…? Is Mr./Mrs… there?
C'è il sole. It's sunny.
C'è il temporale. It's stormy.
C'è vento. It's windy.
Che c'è di nuovo? What's new?
Che cosa c'è? What's wrong?
cabina *f.* cabin
cabina *f.* **di controllo** cockpit **5**
cabina *f.* **telefọnica** phone booth
cadere *v.* to fall **3**

caffè *m.* coffee
caffettiera *f.* coffee maker
cafone/a *m., f.* slob; *adj.* rude, boorish
calciatore *m.* soccer player **3**
calcio *m.* soccer **3**
 calcio *m.* **di rigore** penalty kick **3**
caldo/a *adj.* hot
 avere caldo *v.* to feel hot
 ondata *f.* **di caldo** heat wave
calli *f., pl* Venetian streets **7**
calza *f.* sock; stocking
cambiare *v.* to change; to exchange **3**
 cambiare un assegno *v.* to cash a check **10**
camera *f.* room
 camera *f.* **d'aria** inner tube **4**
 camera *f.* **da letto** bedroom
 camera *f.* **singola/doppia** single/double room
 servizio *m.* **in camera** room service
cameriere/a *m., f.* waiter/waitress
camicetta *f.* blouse
camicia *f.* dress shirt
camion *m.* truck
 camion *m.* **della nettezza urbana** garbage truck
camionista *m., f.* truck driver
camminare *v.* to walk
campagna *f.* campaign; countryside **2**
 campagna *f.* **elettorale** electoral campaign **3**
campeggiare *v.* to camp **3**
campeggio *m.* camping
campo *m.* field **2**
 campi *m., pl.* Venetian squares/fields **7**
 campo *m.* **di/da gioco** playing field **3**
canadese *adj.* Canadian
canale *m.* channel, canal
 canale *m.* **televisivo** television channel
 canali *m., pl.* canals **7**
canarino *m.* canary
cancellare *v.* to erase **7**
candidato/a *m., f.* candidate
cane *m.* dog
canottaggio *m.* rowing **3**
canottiera *f.* tank top
cantante *m., f.* singer
cantare *v.* to sing **1**
cantina *f.* wine cellar **8**
cantucci *m., pl.* Tuscan almond biscotti **1**
canzone *f.* song
caos *m.* chaos **6**
capacità *f.* skill
capelli *m., pl.* hair
 capelli *m., pl.* **a spazzola** crew cut
 capelli *m., pl.* **raccolti** pulled back hair
 capelli *m., pl.* **sciolti** loose hair
 tagliarsi i capelli *v.* to cut one's hair
capire *v.* to understand **1**
capitone *m.* large eel **6**
capo *m.* leader **4**, boss **10;** item, article
 capo *m.* **di vestiario** article of clothing **10**
capodanno *m.* New Year's Day
capolavoro *m.* masterpiece **9**
capolinea *m.* terminus
cappello *m.* hat
cappotto *m.* coat **3**
Cappuccetto Rosso *m.* Little Red Riding Hood **2**
capra *f.* goat
carabinieri *m., pl.* military police **5**
caraffa *f.* carafe
carattere *m.* personality **5**
carcere *m.* jail **8**
carciofo *m.* artichoke
carica *f.* post **4**
 carica batteria *m.* battery charger
caricare *v.* to charge; to load
carie *f.* cavity
carino/a *adj.* cute
carne *f.* meat
 carne *f.* **di maiale** pork
 carne *f.* **di manzo** beef
carnevale *m.* carnival, Mardi Gras **9**
caro/a *adj.* expensive
carota *f.* carrot
carriera *f.* career **10**
carrozza *f.* carriage **9**
carta *f.* card, paper
 carta *f.* **d'imbarco** boarding pass
 carta *f.* **di credito** credit card **10**
 carta *f.* **di debito** debit card
 carta geografica *map* 6
 foglio *m.* **di carta** sheet of paper
 pagare con carta di credito/debito *v.* to pay with a credit/debit card
carte *f., pl.* playing cards
cartella *f.* folder
cartina *f.* map
cartoleria *f.* stationery store
cartolina *f.* post card
cartoni *m. pl.* **animati** *m.* cartoons **9**
caruccio *adj.* sweet, very dear
casa *f.* home, house
casale *m.* farmhouse; hamlet **2**
casalinga *f.* housewife **10**
cascata *f.* waterfall
casino: Che casino! What a mess!
caso: nel caso che *conj.* in the case that **7**
cassa *f.* **automatica** ATM
cassata *f.* Sicilian dessert **1**
cassetta *f.* **delle lettere** mailbox
cassettiera *f.* dresser
cassetto *m.* drawer
castano/a *adj.* brown (hair)
catastrofe *f.* catastrophe
cattedrale *f.* cathedral **6**
cattivo/a *adj.* bad **9;** naughty
cattolico/a *adj.* Catholic **6**
cavallo *m.* horse
cavo *m.* cable
CD/compact disc *m.* CD
CD-ROM *m.* CD-ROM
celibe *adj., m.* single **1**
cellula staminale *f.* stem cell **7**
cellulare *m.* cell phone
cena *f.* supper
censura *f.* censorship **8, 9**
censurare *v.* to censor **8**
centesimo *adj.* one-hundredth
cento *m.* one hundred
centomila *m.* one hundred thousand
centonovantotto *m.* one hundred ninety eight
centouno *m.* one hundred one
centoventicinque *m.* one hundred twenty five
centrale *f.* **nucleare** nuclear power plant
centravanti *m.* center forward **3**
centro *m.* center
 centro *m.* **commerciale** shopping mall **3**
 in centro *adj., adv.* downtown
cercare *v.* to look for **1, 5**
 cercare di *v.* to try **8**
certo/a *adj.* certain
cespuglio *m.* bush
cessare (di) *v.* to stop **8**
cestino *m.* wastebasket
che *interr. pron.* what; *rel. pron.* that, which, who, whom
 che cosa *interr. pron.* what
chi *interr. pron.* who; whom; *rel. pron.* those who, the one(s) who
chiacchierare *v.* to chat **2**
chiacchiere *f., pl.* chit-chat **1**
chiacchierone *m.* chatterbox
chiamare *v.* to call **2**
chiamarsi *v.* to be named; to call each other **2**
chiaro/a *adj.* clear; light
chiave *f.* key
chiavetta USB *f.* flash drive **7**
chic *adj.* chic
chiedere *v.* to ask (for) **3**
 chiedere un prestito *v.* to ask for a loan
chiesa *f.* church **6**
chilo *m.* kilo
chimico/a *m., f.* chemist **7**
chiocciola *f.* @ symbol **7**
chiosco *m.* kiosk, newstand
 chiosco *m.* **per le informazioni** information booth
chirurgo/a *m., f.* surgeon
chitarra *f.* guitar
chitarrista *m., f.* guitarist

chiụdere *v.* to close
chiụdere un conto *v.* to close an account **10**
chiunque *indef. pron.* anyone, whoever **9**
chiuso: naso *m.* **chiuso** stuffy nose
ci: ci sono there are
Ci sono 18 gradi. It is 18 degrees out.
Ci vediamo! See you soon!
Ciao. Good-bye./Hi.
ciascuno/a *indef. adj.* each **9;** *indef. pron.* each **9**
cibo *m.* food
ciclismo *m.* cycling
ciclone *m.* cyclone
cielo *m.* sky
cifra *f.* figure, number **10**
ciglia *(invar.) f.* eyelash
Cin, cin! Cheers!
cineasta *m., f.* filmmaker **9**
cịnema *m.* cinema
cinese *adj.* Chinese
cinquanta *m.* fifty
cinquantuno *m.* fifty-one
cinque *m.* five
cinquecentẹsimo *adj.* five-hundredth
cinquecento *m.* five hundred
cinquecentocinquantamila *m.* five hundred fifty thousand
cinquemila *m.* five thousand
cintura *f.* belt
cintura *f.* **di sicurezza** seatbelt
ciò che *rel. pron.* that which, that, what **9**
cioccolaterịa *f.* cafè specializing in chocolate
cipolla *f.* onion
cipresso *m.* cypress
circolazione *f.* traffic **2**
città *f.* city
cittadinanza *f.* citizenship **4**
cittadino/a *m., f.* citizen **2**
ciuffo *m.* tuft of hair
civile *adj.* civil
guerra *f.* **civile** civil war **4**
stato *m.* **civile** marital status
civiltà *f.* civilization **8**
clandestino *m.* illegal (immigrant) **4**
claque *f.* professional clappers **9**
clarinetto *m.* clarinet
classe *f.* class
classe *f.* **economica** economy class
classe *f.* **turistica** tourist class
conflitto *m.* **di classe** class conflict **6**
prima classe *adj.* first class
clạssico/a *adj.* classic; classical **8**
classịfica *f.* chart **3**
cliente *m., f.* client, customer
clima *m.* climate
clonare *v.* to clone **7**
club *m.* **sportivo** sports club **3**
coda *f.* queue
fare la coda *v.* to wait in line **3**
codardo/a *adj.* coward **5**
cọdice *m.* code **7**
cọdice *m.* **deontolọgico** code of conduct/ethics **7**
codino *m.* ponytail
coercitivo/a *adj.* coercive **8**
cọfano *m.* hood
cogliere *v.* to pick **1**
cognato/a *m.* brother-/sister-in-law
cognome *m.* last name
coincidenza *f.* coincidence **3**
coinquilino/a *m., f.* housemate; roommate **2**
colazione *f.* breakfast
fare colazione *v.* to have breakfast **1**
collaboratrice *f.* **domẹstica** maid
collana *f.* necklace
collega *m., f.* colleague **10**
collegamento *m.* connection **7**
collezione *f.* collection
colline *f., pl.* hills **8**
collo *m.* neck
colloquio *m.* **di lavoro** job interview **10**
colonizzare *v.* to colonize **8**
colonna *f.* **sonora** soundtrack **9**
colore *m.* color
colpa *f.* fault **1**
colpẹvole *adj.* guilty **4**
colpire *v.* to hit
colpo *m.* **di fụlmine** love at first sight **1**
coltello *m.* knife
coltivare *v.* to grow **7**
combạttere *v.* to fight **4**
come *adv.* how
cominciare (a) *v.* to begin (to); to start (to) **1**
commedia *f.* comedy
commessa *f.* saleswoman **1**
commẹttere *v.* commit
commissione *f.* commission **8**
commovente *adj.* moving, touching
comodino *m.* night table
compagno/a *m., f.* partner **1**
compagno/a *m.,f.* **di classe** classmate
comparsa *f.* appearance **6**
compassione *f.* compassion, pity **2**
competenza *f.* ability; competence
competitivo/a *adj.* competitive **3**
cọmpiti *m., pl.* homework
compleanno *m.* birthday
completo/a: al completo *adj.* no vacancies
comporre *v.* to compose; to dial
compositore/compositrice *m., f.* composer
composizione *f.* composition **8**
composizione *f.* **demogrạfica** demographic makeup **2**
comprare *v.* to buy
comprensione *f.* understanding **6**
comprensivo/a *adj.* understanding **1**
compressa *f.* tablet
compromesso *m.* compromise
computer *m.* computer **7**
computer *m.* **portạtile** laptop computer **7**
computer *m.* **da tạvolo** desktop computer **7**
comune *m.* town hall
comunicato *m.* **stampa** press release **9**
comunque *conj., adv.* however
con *prep.* with
concerto *m.* concert
concorrente *m.* contestant **9**
condivịdere *v.* to share **1**
condizione *f.* condition
condurre *v.* to run
condurre un'inchiesta *v.* to carry out an investigation
confidenza *f.* intimacy **10**
confine *m.* (national) boundary **4**
conflitto *m.* **di classe** class conflict **6**
conformarsi *v.* to conform **6**
conformismo *m.* conformism **8**
conformista *adj.* conformist **6**
congedo *m.* leave
congelatore *m.* freezer
coniglio *m.* rabbit
conọscere *v.* to meet; know, be familiar with **3**
conọscere di vista *v.* to know by sight
conọscere la strada *v.* to know the way
conọscere... a fondo *v.* to know something inside and out
Piacere di conọscerLa/ti. (*form./fam.*) Pleased to meet you.
conọscersi *v.* to know each other **2**
conquistare *v.* to conquer **8**
conservare *v.* to preserve
conservatore/conservatrice *adj.* conservative **4**
consigliare (di) *v.* to advise **8**
consiglio *m.* council **4**
consulente *m., f.* consultant **10**
conta *f.* counting rhyme **2**
contạbile *m., f.* accountant **10**
contadino/a *m., f.* farmer **2**
contanti *m., pl.* cash
pagare in contanti *v.* to pay in cash
contare su *v.* to rely on, count on **1**
contemporạneo/a *adj.* contemporary; modern

contento/a *adj.* content; happy
continuare *v.* to continue **8**
conto *m.* account **10**
aprire/chiụdere un conto *v.* to open/close an account **10**
conto *m.* **bancario** bank account
conto *m.* **corrente** checking account **10**
contorno *m.* side dish
contrariato/a *adj.* upset; annoyed **1**
contratto *m.* contract; lease
contravvenire a *v.* to contravene, infringe **8**
contributi *m., pl.* contributions; taxes
contro *prep.* against **8**
controllare *v.* to check
controllare la lịnea *v.* to watch one's weight
controllo *m.* control; check-up
controllo *m.* **passaporti** passport control
controllore *m.* ticket collector
controverso/a *adj.* controversial **7**
convalidare *v.* to validate (ticket)
conversazione *f.* conversation
convinto/a *adj.* earnest
coperto/a *adj.* overcast
copiare *v.* to copy **7**
copione *m.* script **9**
coppia *f.* couple **1**
coprire (di) *v.* to cover (with) **8**
coraggioso/a *adj.* courageous
coricarsi *v.* to lie down **10**
cornetta *f.* receiver
coro *m.* chorus
corpo *m.* body
corrẹggere *v.* to correct **3**
cọrrere *v.* to run **3**
corridọio *m.* hallway
corriera *f.* long-distance bus **6**
cortese *adj.* courteous
cortesịa *f.* courtesy
corto/a *adj.* short (hair)
cortometraggio *m.* short film
cosa *f.* thing; *interr. pron.* what
(Che) cos'è? What is it?
Cosa vuol dire…? What does… mean?
La sọlita cosa. The usual.
coscienza *f.* conscience **3, 8**
coscienza *f.* **ambientale** environmental awareness
Così, così. So-so.
così… come *adv.* as
costa *f.* coast
costare *v.* to cost; to be worth
Quanto costa(no)…? How much is/are… ?
costituzione *f.* constitution **6**
costoso/a *adj.* expensive
costruire *v.* to build
costume *m.* **da bagno** bathing suit

cotone *m.* cotton
cravatta *f.* tie **10**
credenza *f.* cupboard
crẹdere *v.* to believe **6**
crẹdito *m.* credit
carta *f.* **di crẹdito** credit card **10**
pagare con carta di crẹdito *v.* to pay with a credit card
crema *f.* lotion
Crepi. Thanks. (*lit.* May the wolf die.) (*answer to* **In bocca a lupo**.)
crẹscere *v.* to grow **3**
crẹscita *f.* growth **4**
cretino/a *m., f.* jerk
criminale *m., f.* criminal **4**
criminalità *f.* crime **4**
crịmine *m.* crime **4**
crisi *f.* **econọmica** economic crisis **10**
crịtico *m.* critic **9**
crịtico *m.* **cinematogrạfico** film critic **9**
crociera *f.* cruise
crọnaca *f.* news **9**
crọnaca *f.* **sportiva** sports news **9**
crọnaca *f.* **locale** local news **9**
cronista *m., f.* reporter **9**
crostata *f.* pie
crudele *adj.* cruel
crudeltà *f.* cruelty **4**
cucchiaino *m.* teaspoon
cucchiạio *m.* spoon
cucina *f.* kitchen
cucinare *v.* to cook
cuffie *f., pl.* headphones
cugino/a *m., f.* cousin **5**
cui *rel. pron.* which, whom
cụlmine *m.* height, peak (fig.) **9**
cuọcere *v.* to cook **3**
cuoco/a *m., f.* chef, cook
cuore *m.* heart
stare a cuore *v.* to matter **2**
curare *v.* to heal
curatore/curatrice *m., f.* curator **1**
curioso/a *adj.* curious
currịculum (vitae) *m.* résumé **10**

D

d.C. (dopo Cristo) *adj.* AD (Anno Domini) **2, 8**
d'avanguardia *adj.* avant-garde **8**
da *prep.* at; by; from, since
Da quanto tempo… For how long…
danza *f.* **clạssica** classical dance
dare *v.* to give
dare fastidio *v.* to annoy **1**
dare indicazioni *v.* to give directions **2**
dare le dimissioni *v.* to resign, to quit **10**
dare nọia a *v.* to bother **8**

dare retta *v.* to pay attention **5**
dare un esame *v.* to take a test **1**
dare un passaggio *v.* to give a ride **2**
dare un'occhiata *v.* to take a look **3**
darsi *v.* to give to each other
può darsi it's possible
davanti (a) *prep.* in front of
davvero *adv.* really
dẹbito *m.* debt **10**
avere dei dẹbiti *v.* to be in debt **10**
pagare con carta di dẹbito *v.* to pay with a debit card
dẹbole *adj.* weak
debutto *m.* debut
decennio *m.* decade **8**
decịdere *v.* to decide **3**
decịdersi (a) *v.* to make up one's mind (to) **8**
dẹcimo *adj.* tenth
decisione: prẹndere una decisione *v.* to make a decision
decollare *v.* to take off
decreto *m.* decree **8**
dedicarsi (a) *v.* to dedicate oneself to **4**
degrado *m.* deterioration
delitto *m.* crime **6**
deluso/a *adj.* disappointed **1**
democrạtico/a *adj.* democratic **8**
democrazịa *f.* democracy **4**
denaro *m.* money
dente *m.* tooth
lavarsi i denti *v.* to brush one's teeth
dentiera *f.* denture **5**
dentifricio *m.* tooth paste
dentista *m., f.* dentist
dentro *prep.* inside
depositare *v.* to deposit **10**
depọsito: fare un depọsito *v.* to make a deposit **10**
depressione *f.* depression
depresso/a *adj.* depressed **1**
depurare *v.* purify
deputato/a *m., f.* congressman/congresswoman **4**
deserto *m.* desert
desiderare *v.* to desire **6**
desolato/a *adj.* sorry
ẹssere desolato/a *v.* to be sorry **5**
destra *f.* right, right hand
di (d') *prep.* from; of
di fronte a *prep.* across from
di media statura *adj.* of average height
dialetto *m.* dialect **6**
dịalogo *m.* dialogue **6**
dicembre *m.* December
diciannove *m.* nineteen
diciasette *m.* seventeen
diciottẹsimo *adj.* eighteenth

diciotto *m.* eighteen
dieci *m.* ten
dieta *f.* diet
essere a dieta *v.* to be on a diet
dietro *prep.* behind **8**
difendere *v.* to defend **4**
difesa *f.* defense **3**
differita: in differita *adv.* pre-recorded **9**
difficile *adj.* difficult
diffidente *adj.* mistrustful **2**
digitale *adj.* digital
macchina *f.* **fotografica digitale** digital camera
digitare *v.* to type; dial **7**
dignità *f.* dignity
dilemma *m.* dilemma, quandary
diluvio *m.* torrential downpour
dimenticabile *adj.* forgettable **1**
dimenticare *v.* to forget
dimenticarsi (di) *v.* to forget (to) **2**
diminuire *v.* to decrease **6**
dimissioni: dare le dimissioni *v.* to quit **10**
dimostrare *v.* to prove **7**
dinamico/a *adj.* dynamic
Dio *m.* God **6**
dipendere (da) *v.* to depend (on) **8**
dipingere *v.* to paint **3**
diploma *m.* degree; diploma
dire *v.* to say **1**
diretta: in diretta *adv., adj.* live **9**
direttore *m., f.* manager **10**
direzione *f.* management **10**
dirigente *m., f.* executive; manager **10**
dirigere *v.* to lead **8**; to manage **10**
diritto *m.* right; law
diritti *m., pl.* **umani** human rights **4**
diritto *m.* **d'autore** copyright **8**
disboscamento *m.* deforestation
discarica *f.* dump
disco *m.* **rigido** hard drive
discreto/a *adj.* discreet
discutere *v.* to discuss **3**
disfarsi *v.* to get rid of **6**
disinvolto/a *adj.* confident
disoccupato/a *adj.* unemployed **10**
disonesto/a *adj.* dishonest **1**
dispensa *f.* pantry
dispiacere *v.* to mind, to be sorry **2**
disponibile *adj.* helpful
stanza *f.* **disponibile** vacancy
dispositivo *m.* device **7**
dissentire *v.* to disagree; dissent **6**
distinguere *v.* to distinguish **6**
disturbare *v.* to bother **1**
dito (*pl.* dita f.) *m.* finger
dito *m.* **del piede** (*pl.* **dita** *f.*) toe
ditta *f.* company **10**
dittatura *f.* dictatorship **4**
divano *m.* couch
divenire *v.* to become **3**
diventare *v.* to become
diventare indipendente *v.* to become independent **5**
divergenza *f.* difference
diversità *f.* diversity **6**
divertente *adj.* fun
divertirsi *v.* to have fun **2**
divieto *m.* prohibition, ban **8**
divorziare (da) *v.* to divorce **1**
divorziato/a *adj.* divorced **1**
dizionario *m.* dictionary
DNA *m.* DNA **7**
doccia *f.* shower
docente *m., f.* lecturer; teacher
documentario *m.* documentary **9**
documento *m.* document; ID
dodici *m.* twelve
dogana *f.* customs
dolce *adj.* sweet; *m.* dessert
dolcezza *f.* sweetness **10**
dolore *m.* pain
domanda *f.* question
fare domanda *v.* to apply **10**
fare una domanda *v.* to ask a question
domandare *v.* to ask
domani *adv.* tomorrow
domenica *f.* Sunday
domestico/a *adj.* domestic
dominio *m.* domination **6**
donna *f.* woman
donna *f.* **d'affari** businesswoman
dono *m.* gift
dopo *adv.* afterwards; *prep.* after **8**
d.C. (dopo Cristo) *adj.* AD (Anno Domini) **2, 8**
dopodomani *adv.* the day after tomorrow
doppiaggio *m.* dubbing **9**
dormire *v.* to sleep **1**
dotato/a *adj.* gifted; talented
dottore(ssa) *m., f.* doctor
dove *prep.* where
dovere *v.* to have to; must **1;** *v.* to owe
dramma *m.* drama; play
dramma *m.* **psicologico** psychological drama
drammatico/a *adj.* dramatic
drammaturgo/a *m., f.* playwright **8**
dubitare *v.* to doubt **7**
due *m.* two
duecento *m.* two hundred
duecentoquarantacinque *m.* two hundred forty five
duemila *m.* two thousand
durante *prep.* during **8**
durare *v.* to last
duro/a *adj.* hard; tough

E

e *conj.* and
ebreo/a *adj.* Jewish, Jew **6**
ecco *adv.* here
ecografia *f.* ultrasound **3**
ecologia *f.* ecology
economia *f.* economics
edicola *f.* newsstand **2**
edificio *m.* building **2**
editore/editrice *m., f.* publisher **9**
editoria *f.* publishing industry
educare *v.* to raise **5**
effetto *m.* effect
effetti *m., pl.* **speciali** special effects **9**
effetto *m.* **serra** greenhouse effect
egoista *adj.* selfish **5**
Ehilà! Hey there!
eleggere *v.* to elect **4**
elettricista *m., f.* electrician
elettrodomestico *m.* appliance
elettronica *f.* electronics **7**
elevato/a *adj.* high
elezione *f.* election
perdere le elezioni *v.* to lose the election **4**
vincere le elezioni *v.* to win the election **4**
e-mail *f.* e-mail message
emicrania *f.* migraine
emigrazione *f.* emigration **4**
emozionato/a *adj.* excited; moved **1**
empatia *f.* empathy **6**
energia *f.* energy
energia *f.* **eolica** wind power
energia *f.* **nucleare** nuclear energy
energia *f.* **rinnovabile** renewable energy
energia *f.* **solare** solar energy
energia *f.* **termica** thermal energy
energia pulita *f.* clean energy **7**
energico/a *adj.* energetic
enoteca *f.* store specializing in wine
entrare *v.* to go in **3**
entusiasta *adj.* enthusiastic, excited **1**
epico/a: racconto *m.* **epico** epic
equitazione *f.* horseback riding **3**
erba *f.* grass
ereditare *v.* to inherit **5**
errore *m.* error
eruzione *f.* eruption
eruzione *f.* **cutanea** rash
esame *m.* test
dare un esame *v.* to take a test **1**
esaurirsi *v.* to run out **7**
escursionismo *m.* hiking **3**
esercito *m.* army **4**
esercizio: fare esercizio *v.* to exercise
esibizione *f.* performance
esigente *adj.* demanding

esigenza *f.* need; requirement **2**
esigere *v.* to require **6**
espellere *v.* to expel **8**
esperienza *f.* experience **10**
esperienza *f.* **professionale** professional experience **10**
esperimento *m.* experiment **7**
esplorare *v.* explore
esposizione *f.* exhibit
espressione *f.* expression
essere *v.* to be **3**
essere aggiornato/a *v.* to be informed, up-to-date **9**
essere al verde *v.* to be broke
essere allergico (a) *v.* to be allergic (to)
essere attento/a *v.* to be careful **8**
essere ben/mal pagato/a *v.* to be well/poorly paid
essere desolato/a *v.* to be sorry **5**
essere in anticipo *v.* to be early **2**
essere in buona salute *v.* to be in good health
essere in linea to be online
essere in panne *v.* to break down
essere in tour *v.* to be on tour
essere in/fuori forma *v.* to be in/out of shape
essere incinta *v.* to be pregnant **5**
essere negato/a per *v.* to be no good at…
essere pronto/a a *v.* to be ready to **8**
essere sorpreso/a *v.* to be surprised **6**
estate *f.* summer
estero *m.* foreign countries **6**
all'estero *adv.* abroad
estetico/a *adj.* aesthetic **8**
estraneo/a *m., f.* stranger **5**
età *f.* age; times **8**
età adulta *f.* adulthood **5**
etico/a *adj.* ethical **7**
etto *m.* one hundred grams
evitare (di) *v.* to avoid

F

fa *adv.* ago
fabbrica *f.* factory **10**
faccende *f., pl.* chores
fare i mestieri/le faccende *v.* to do household chores
faccia *f.* face
facile *adj.* easy
facoltà *f.* department; faculty
fagiolino *m.* green bean
falegname *m.* carpenter
fallire *v.* fail
fame: avere fame *v.* to be hungry **1**
famiglia *f.* family
fango *m.* mud
fantascientifico/a *adj.* science fiction **7**
fantasma *m.* ghost **5**
fantoccio *m.* puppet **4**
fare *v.* to do, make **1**
Fa caldo. It's hot.
Fa freddo. It's cold.
Fammi vedere. Let me see.
farcela *v.* to make it **6**
fare attenzione a *v.* to pay attention **8**
fare bel/brutto tempo *v.* to be nice/nasty weather **1**
fare colazione *v.* to have breakfast **1**
fare commissioni *v.* to run errands **2**
fare domanda (per un lavoro) *v.* to apply (for a job) **10**
fare due passi *v.* to take a short walk
fare i compiti *v.* to do one's homework **1**
fare il bagno/la doccia *v.* to take a bath/shower
fare il bucato *v.* to do the laundry **5**
fare il buffone *v.* to act the fool
fare il letto *v.* to make the bed
fare il pendolare *v.* to commute
fare il ponte *v.* to take a long weekend
fare la coda *v.* to wait in line **3**
fare la fila *v.* to wait in line
fare la polvere *v.* to dust
fare la valigia *v.* to pack a suitcase
fare lo straordinario *v.* to work overtime **10**
fare meglio a *v.* to be better off **8**
fare progetti *v.* to make plans
fare spese *v.* to go shopping **1**
fare un abbonamento *v.* to subscribe **9**
fare un giretto *v.* to go for a stroll **2**
fare un mutuo *v.* to take out a mortgage **10**
fare un picnic *v.* to have a picnic
fare un prelievo/deposito *v.* to make a withdrawal/deposit **10**
fare un viaggio *v.* to take a trip
fare una domanda *v.* to ask a question
fare una foto *v.* to take a picture
fare una gita *v.* to take a short trip
fare una manifestazione *v.* to demonstrate **6**
fare una passeggiata *v.* to take a walk
fare vedere a *v.* to show **8**
farsi male *v.* to hurt oneself
fatto/a in casa *adj.* homemade
farmacista *m., f.* pharmacist
faro *m.* headlight; *m.* lighthouse **4**
farsi la barba *v.* to shave **2**
fascista *adj.* fascist **8**
fastidio: dare fastidio *v.* to annoy **1**
fatato/a *adj.* enchanted **3**
fattoria *f.* farm
favola *f.* fairy tale **3**
fax *m.* fax
febbraio *m.* February
febbre *f.* fever
avere la febbre *v.* to have a fever
fede *f.* faith **6**
fedele *adj.* faithful **1;** *m., f.* believer **6**
felice *adj.* happy
felpa *f.* sweatshirt
femmina *f.* female
femminista *adj.* feminist
fenomeno *m.* phenomenon **3**
ferie *f., pl.* holidays **10**
ferirsi *v.* to injure oneself **3**
ferita *f.* injury; wound
fermare *v.* to stop **2**
fermarsi *v.* to stop **2**
fermata *f.* stop **2**
fermata *f.* **a richiesta** stop on request
fermata *f.* **dell'autobus/della metro/del treno** *f.* bus/subway/train
ferragosto *m.* August 15 (holiday); August vacation **9**
ferro (da stiro) *m.* iron
ferroviere *m.* railway employee **6**
festa *f.* holiday; party
Festa del santo patrono *f.* Feast of the Patron Saint
Festa *f.* **del lavoro** Labor Day
Festa *f.* **della Repubblica** Republic Day
festeggiamenti *m., pl.* celebrations; festivities **9**
festeggiare *v.* to celebrate **3**
festival *m.* festival
fetta *f.* slice
fiaba *f.* fairy tale **3**
fidanzarsi (con) *v.* to get engaged (to) **1**
fidanzato/a *adj.* engaged **1;** *m., f.* boyfriend/girlfriend **5;** *m., f.* fiancé(e) **1**
fidarsi (di) *v.* to trust (in) **8**
fiducia *f.* trust **4**
avere fiducia (in) *v.* to trust **1**
fieno *m.* hay
figliastra *f.* stepdaughter
figliastro *m.* stepson
figlio/a *m., f.* son/daughter **5**
figlio/a unico/a *m., f.* only child **5**
figlioccio/a *m., f.* godson/goddaughter **5**
fila *f.* line
fare la fila *v.* to wait in line
stare in fila *v.* to stand in line
film *m.* film, movie
film *m.* **di fantascienza/dell'orrore** horror/sci-fi film

filmare *v.* to film **9**
filmino *m.* short film
finanziario/a *adj.* financial **10**
fine *f.* end **1**
  saldi *m., pl.* **di fine stagione** end-of-season sales **3**
finestra *f.* window
fịngere *v.* to pretend **9**
finire *v.* to finish **4**
fino a *prep.* until
fiorạio *m.* florist; flower seller **10**
fiore *m.* flower
fiorista *m.* florist; flower shop
firmare *v.* to sign
firmato/a *adj.* designer **3**
fisarmọnica *f.* accordion
fịsico/a *m., f.* physicist **7**
  fịsico/a *m., f.* **nucleare** nuclear physicist **7**
fiume *m.* river
flauto *m.* flute
focaccerịa *f.* store specializing in focaccia
foglia *f.* leaf
folclore *m.* folklore **9**
folla *f.* crowd **2**
fondamenta *f., pl.* foundations **6**
fondo *m.* bottom
fontana *f.* fountain
football *m.* **americano** football
forchetta *f.* fork
foresta *f.* forest
formaggio *m.* cheese
formazione *f.* education; training **10**
forno *m.* oven
forte *adj.* strong
Forza! Come on!
foschịa *f.* mist
foto(grafịa) *f.* photo(graph)
fotocopiare *v.* to photocopy
fotọgrafo *m.* photographer
fra/tra *prep.* among; between; in **8**
  fra di loro each other, among/between them
  fra poco *adv.* in a little while
frạgola *f.* strawberry
fraintendimento *m.* misunderstanding **10**
francese *adj.* French
francobollo *m.* stamp
frangia *f.* bang
fratellastro *m.* half brother; stepbrother
fratellino *m.* little/younger brother
fratello *m.* brother
frattura *f.* fracture
freccette *f., pl.* darts
freddo/a *adj.* cold
  avere freddo *v.* to feel cold
fregạrsene *v.* to not care (about) **6**
frenare *v.* to brake
freni *m., pl.* brakes
frequentare *v.* to attend
frequentemente *adv.* frequently
fresco/a *adj.* cool
fretta *f.* haste
  avere fretta (di) *v.* to be in a hurry **8**
frettoloso/a *adj.* in a hurry **2**
frịggere *v.* to fry
frigo *m.* fridge
fritto/a *adj.* fried
frizione *f.* clutch
frizzante: acqua *f.* **frizzante** sparkling water
fronte *f.* front
frutta *f.* fruit
  frutti *m., pl.* **di mare** seafood
fuggire *v.* to flee **3**
fụlmine lightning
  colpo *m.* **di fụlmine** love at first sight **1**
fumetto *m.* comic strip **9**
fungo *m.* mushroom
funzionare *v.* function; work
funzionario/a *m., f.* civil servant
fuori *prep.* outside
furbo/a *adj.* sly, shrewd **5**
furto *m.* theft **7**
  furto *m.* **d'identità** identity theft **7**
futurista *adj.* Futurist
futuro *m.* future

G

gabbiano *m.* seagull
gabinetto *m.* toilet
gallerịa *f.* gallery
gamba *f.* leg
  in gamba *adj.* smart
gamberetto *m.* shrimp
gara *f.* race; competition **3**
garage *(invar.) m.* garage
gatto/a *m., f.* cat
gelaterịa *f.* ice cream shop
geloso/a *adj.* jealous **1**
gemello/a *adj.* twin **5**
  ạnima *f.* **gemella** soul mate **1**
gene *m.* gene **7**
gẹnere *m.* genre; kind **8**
  in gẹnere *adv.* generally
gẹnero *m.* son-in-law **5**
generoso/a *adj.* generous
genẹtica *f.* genetics **3**
gengiva *f.* gum **5**
geniale *adj.* ingenious; great **1**
genio/a *m., f.* genius
genitore *m.* parent **5**
  genitore *m.* **single** single parent **5**
gennạio *m.* January
genocidio *m.* genocide
gentile *adj.* kind
geọlogo/a *m., f.* geologist **7**
gesso *m.* chalk
gestore *m., f.* manager
gettare *v.* to throw
già *adv.* already
giacca *f.* jacket
giallo *m.* crime novel; thriller **8;** *adj.* mystery **9**
giallo/a *adj.* yellow
giapponese *adj.* Japanese
giardiniere/a *m., f.* gardener
giardino *m.* garden
  giardini *m., pl.* **pụbblici** public gardens **2**
ginnạstica *f.* gymnastics
ginocchio (*pl.* ginocchia *f.*) *m.* knee
giocare *v.* to play **8**
  giocare a nascondino *v.* to play hide-and-seek **3**
  giocare in casa/trasferta *v.* to play a home/away game **3**
giocatore/giocatrice *m., f.* player **3**
gioco *m.* game
  campo *m.* **di/da gioco** playing field **3**
  gioco *m.* **a premi** quiz show **9**
  gioco *m.* **di società** board game **3**
gioiellerịa *f.* jewelry store
gioiẹlli *m., pl.* jewelry **10**
giornale *m.* newspaper **9**
  giornale *m.* **radio** radio news **9**
  giornale *m.* **scandalịstico** tabloid **9**
giornalista *m., f.* journalist **9**
giorno *m.* day
  giorno *m.* **festivo** public holiday
giọvane *adj.* young; *m., f.* young man/woman
giovedì *m.* Thursday
gioventù: ostello *m.* **della gioventù** youth hostel
giovinezza *f.* youth **5**
girare *v.* to film; turn **9**
  girare (a destra/sinistra) *v.* to turn (right/left) **2**
giro *m.* tour; turn
  in giro *adv.* around; out and about
  prẹndere in giro *v.* to tease
gita *f.* short trip
giudicare *v.* to judge **4**
giụdice *m., f.* judge **4**
giugno *m.* June
giurare (su) *v.* to swear (on) **8**
giurịa *f.* jury **4**
giurisprudenza *f.* law
giustizia *f.* justice **4**
giusto/a *adj.* fair, right **4**
globalizzazione *f.* globalization **6**
gola *f.* throat
gọmito *m.* elbow
gomma *f.* eraser
gonna *f.* skirt **10**
gọtico/a *adj.* Gothic
governare *v.* to govern **4**
governo *m.* government **4**

gradinata *f.* tier
gradino *m.* step
grado *m.* degree
graffetta *f.* paper clip; staple
graffettatrice *f.* stapler
granata *f.* grenade **8**
grande *adj.* big **9**
grande magazzino *m.* department store
grandine *f.* hail
grasso/a *adj.* fat
gratis *(invar.) adj.* free
gratitudine *f.* gratitude
grattacielo *m.* skyscraper **2**
grave *adj.* serious
Grazie. Thank you.
Grazie mille. Thanks a lot.
greco/a *adj.* Greek
grembo *m.* womb
griffe *f.* designer label **10**
grigio/a *adj.* grey
griglia *f.* grill
gruppo *m.* group
gruppo *m.* **(musicale)** band **3**
gruppo *m.* **rock** rock band
guadagnare *v.* to earn **10**
guanciale *m.* pillow **10**
guanto *m.* glove
guardare *v.* to look at
guardarsi *v.* to look at oneself/each other
guardia *f.* **costiera** coast guard **4**
guarire *v.* to cure; heal **7**
guerra *f.* war
guerra *f.* **civile** civil war **4**
guerra *f.* **mondiale** world war **4**
guidare *v.* to drive **2**
gusto *m.* flavor
gustoso/a *adj.* tasty

I

idea *f.* idea
idealista *adj.* idealistic **1**
idraulico *m.* plumber
ieri *adv.* yesterday
ieri sera last night
illegale *adj.* illegal **4**
imbianchino *m.* painter
imbonitore *m.* huckster
imbucare una lettera *v.* to mail a letter
immaginare *v.* to imagine **7**
immaturo/a *adj.* immature **1**
immigrante *m., f.* immigrant **2**
immigrazione *f.* immigration **4**
immobiliare: agente *m., f.* **immobiliare** real estate agent
immondizia *f.* trash
immorale *adj.* unethical **7**
impanare *v.* to bread
imparare *v.* to learn **8**
imparentato/a *adj.* related **5**
imparziale *adj.* impartial; unbiased **9**
impatto *m.* impact
impatto ambientale *m.* environmental impact **7**
impazzire *v.* to go mad **3**
impedire *v.* to prevent; incapacitate
impegno *m.* commitment **10**
imperatore/imperatrice *m., f.* emperor/empress **8**
imperdibile *adj.* must-see **3**
impermeabile *m.* raincoat **3**
impianto *m.* **stereo** stereo system
impiegare *v.* to employ **10**
impiegato/a *m., f.* employee **10**
impiegato/a *m., f.* **postale** postal worker **9**
impiego *m.* job **4**
imporre *v.* to impose **4**
importante *adj.* important
importare *v.* to be important; matter **2**
impossibile *adj.* impossible **7**
impoverirsi *v.* to become poor **6**
impressione *f.* impression
imprigionare *v.* to imprison **4**
improbabile *adj.* unlikely **7**
improvvisare *v.* to improvise **3**
in *prep.* at; in; to
In bocca al lupo. (*lit.* In the mouth of the wolf.) Good luck.
in gamba *adj.* sharp
in modo che *conj.* so that
inaffidabile *adj.* unreliable **4**
incartare *v.* to wrap **9**
incertezza *f.* uncertainty **6**
inchiesta: condurre un'inchiesta *v.* to carry out an investigation
incidente *m.* accident
incinta: essere incinta *v.* to be pregnant **5**
incollare *v.* to paste **7**
incomprensione *f.* lack of understanding **6**
incontrare *v.* to meet
incontrarsi *v.* to get together **2**
incoraggiare *v.* to encourage **8**
incosciente *adj.* irresponsible **6**
incoscienza *f.* recklessness **6**
incredibile *adj.* incredible
incrocio *m.* intersection **2**
indaffarato/a *adj.* busy **2**
indicazioni: dare indicazioni *v.* to give directions **2**
indimenticabile *adj.* unforgettable **1**
indipendente *adj.* independent
diventare indipendente *v.* to become independent **5**
indirizzo *m.* address
indirizzo *m.* **e-mail** e-mail address **7**
indossare *v.* to wear **1**
indovinare *v.* to guess
ineguale *adj.* unequal **4**
infanzia *f.* childhood **5**
infedele *adj.* unfaithful **1**
inferiore *adj.* lower, shorter; inferior **9**
infermiere/a *m., f.* nurse
infezione *f.* infection
infimo/a *adj.* lowest **9**
influente *adj.* influential **9**
influenza *f.* flu
influenzare *v.* to influence **4**
informarsi *v.* to keep oneself informed **9**
informatica *f.* computer science **7**
infradito *f., pl.* flip-flops **3**
infrastruttura *f.* infrastructure **2**
ingegnere *m.* engineer **2**
ingegneria *f.* engineering **7**
ingenuità *f.* naïveté **5**
ingenuo/a *adj.* naïve **1**
ingiusto/a *adj.* unfair **4**
inglese *adj.* English
ingolfare *v.* to flood
ingorgo *m.* **stradale** traffic jam **2**
inizio *m.* beginning **1**
innamorarsi (di) *v.* to fall in love (with) **1**
innanzitutto *adv.* first of all
inno *m.* anthem **4**
innocente *adj.* innocent **4**
innovativo/a *adj.* innovative
inopportuno/a *adj.* inappropriate
inquietante *adj.* disturbing
inquilino/a *m., f.* tenant
inquinamento *m.* pollution **7**
insalata *f.* salad
insegnante *m., f.* professor; teacher
insegnare *v.* to teach **8**
insensibile *adj.* insensitive
insetto *m.* insect
insicuro/a *adj.* insecure **1**
insieme *adv.* together
insipido/a *adj.* bland
insistere *v.* to insist **6**
insonnia *f.* insomnia
insopportabile *adj.* unbearable **5**
intasato/a *adj.* crowded
integrazione *f.* integration **4, 6**
intelligente *adj.* intelligent
intelligenza *f.* intelligence
intelligenza *f.* **artificiale** artificial intelligence (A.I.) **7**
interessante *adj.* interesting
interessare *v.* to interest **2**
interessarsi (a/di) *v.* to be interested in **8**
interesse: tasso *m.* **di interesse** interest rate
Internet caffè *m.* internet cafè
interpellare *v.* to ask, consult **8**
interpretare *v.* to perform
intervallo *m.* intermission
intervento *m.* intervention **9**

intervista *f.* interview **9**
intervistatore/intervistatrice *m., f.* interviewer **10**
intorno *prep., adv.* around
intrattenitore *m.* entertainer **9**
invadere *v.* to invade **8**
invecchiare *v.* to age **5**
invece *adv.* instead; on the other hand
inventare *v.* invent
inverno *m.* winter
investimento *m.* investment
investire *v.* to invest **10**
inviare *v.* to send **1**
inviato/a *m., f.* **speciale** correspondent **9**
invitare (a) *v.* to invite (to) **8**
irlandese *adj.* Irish
irresponsabile *adj.* irresponsible
isola *f.* island
istantaneo/a: messaggio *m.* **istantaneo** instant message
istruzione *f.* education
italiano/a *adj.* Italian

J

jeans *m., pl.* jeans

L

là *adv.* there
labbro (*pl.* labbra *f.*) *m.* lip
laboratorio *m.* lab **7**
laggiù *adv.* down there **6**
ladro/a *m., f.* thief **4**
lagnone/a *m., f.* whiner
lago *m.* lake
lamentare *v.* to regret, to lament **6**
lamentarsi (di) *v.* to complain (about) **2**
lamentoso/a *adj.* whiny
lampada *f.* lamp
lampo *m.* flash of lightning
lana *m.* wool
largo/a *adj.* big; loose
lasciare *v.* to allow, to let; to leave **1**
Lasciami in pace. Leave me alone.
lasciare un messaggio *v.* to leave a message
lasciarsi *v.* to leave each other, to split up
lassù *adv.* up there **6**
latte *m.* milk
lattuga *f.* lettuce
laurearsi *v.* to graduate from college/university
lavagna *f.* blackboard
lavanderia *f.* dry cleaner; laundromat
lavare *v.* to wash
lavare i piatti *v.* to wash the dishes
lavarsi *v.* to wash oneself **2**
lavarsi i denti *v.* to brush one's teeth
lavastoviglie *f.* dishwasher
lavatrice *f.* washing machine **5**
lavavetri *m.* window cleaner
lavorare *v.* to work
lavoro *m.* job; work
annuncio *m.* **di lavoro** job ad **10**
colloquio *m.* **di lavoro** job interview **10**
lavoro *m.* **a orario normale/ridotto** full-/part-time job **10**
leale *adj.* loyal **3**
legale *adj.* legal **4**
legge *f.* law
approvare/passare una legge *v.* to pass a law **4**
leggere *v.* to read **3**
leggero/a *adj.* light; slight
legiferare *v.* legislate **4**
legno *m.* wood **5**
legumi *m., pl.* legumes
lenti a specchio *f., pl.* mirrored lenses **3**
lento/a *adj.* slow
lettera *f.* letter
lettera *f.* **di presentazione** cover letter
letteratura *f.* literature
lettere *f., pl.* arts (humanities)
letto *m.* bed
lettore *m.* reader
lettore CD/DVD/MP3 *m.* CD/DVD/MP3 player **7**
lettura *f.* reading
lezione *f.* class; lesson
liberale *adj.* liberal **4**
liberare *v.* to liberate **8**
libertà *f.* freedom **4**
libertà *f.* **di culto** freedom of worship **6**
libertà *f.* **di stampa** freedom of the press **9**
libreria *f.* bookstore
libro *m.* book
libro *m.* **elettronico** *m.* e-Book **7**
licenziare *v.* to fire; lay off **10**
liceo *m.* high school
limite *m.* **di velocità** speed limit
linea *f.* line
lingua *f.* language
lingua *f.* **dei segni** sign language **7**
lingua *f.* **madre** native language **6**
lingue *f., pl.* languages (subject)
liscio/a *adj.* straight (hair)
litigare *v.* to quarrel, fight **5**
livello: passaggio *m.* **a livello** level crossing
livido *m.* bruise
locale *m.* **notturno** nightclub
località *f.* resort
località *f.* **balneare** ocean resort
località *f.* **di villeggiatura** resort
lontano/a *adj.* distant **5**; *adv.* far
look *m.* dressing style **10**
lottare *v.* to fight, struggle
luglio *m.* July
luna *f.* moon
luna park *m.* amusement park **3**
lunedì *m.* Monday
lungo *prep.* along **8**
lungo/a *adj.* long
a lungo termine *adj.* long-term **10**
luogo *m.* place
luoghi comuni *m., pl.* commonplaces, clichés **1**

M

ma *conj.* but
macchiare *v.* to stain
macchiato/a *adj.* stained
macchina *f.* car
macchina *f.* **ibrida** hybrid car
salire in macchina *v.* to get in the car **2**
scendere dalla macchina get out of the car **2**
macchina *f.* **fotografica (digitale)** (digital) camera
macelleria *f.* butcher
madre *f.* mother
madrina *f.* godmother **5**
maggio *m.* May
maggiore *adj.* bigger; older **9**
magia *f.* magic **3**
maglia *f.* jersey **3**
maglietta *f.* t-shirt
maglione *m.* sweater
magro/a *adj.* thin
mai *adv.* ever
malato/a *adj.* ill
malattia *f.* ailment; disease
male *adv.* badly **9**; *m.* pain
mal *m.* **di gola** sore throat
mal *m.* **di mare** sea-sickness
mal *m.* **di testa** headache
Non c'è male. Not bad.
Sto male. I am not well.
maledire *v.* to curse
maledizione *f.* curse
maleducato/a *adj.* bad-mannered **5**
malgrado *conj.* although **7**
maltempo *m.* bad weather **6**
maltrattamento *m.* abuse; mistreatment **6**
mamma *f.* mom
mammone *m.* mama's boy **5**
mancare *v.* to be missing **2**
mandare *v.* to send
mandare in onda *v.* to broadcast **9**
mandria *f.* herd **7**
mangiare *v.* to eat **6**
manica *f.* sleeve
maglietta *f.* **a maniche corte/lunghe** short-/long-sleeved t-shirt

manifestare *v.* to demonstrate **6**
manipolazione *f.* manipulation **9**
mano (*pl.* le mani) *f.* hand
mansarda *f.* attic
mantenersi *v.* to provide for oneself
mappa *f.* map
marca *f.* brand **10**
marciapiede *m.* sidewalk **2**
mare *m.* sea
marea *f.* tide **7**
marito *m.* husband **5**
primo/secondo marito *m.* first/second husband
marmellata *f.* jam
marmo *m.* marble **8**
marrone *adj.* brown (eyes)
martedì *m.* Tuesday
martello *m.* hammer **8**
marziano/a *m., f.* Martian **7**
marzo *m.* March
maschera *f.* mask **4**
maschio *m.* male
massima *f.* maxim, axiom **1**
massimo/a *adj.* greatest **9**
masterizzare *v.* to burn **7**
matematica *f.* mathematics
matematico/a *m., f.* mathematician **7**
materia *f.* subject
materiale *m.* **edile** building material **2**
materno/a *adj.* maternal **5**
matita *f.* pencil
matrigna *f.* stepmother
matrimonio *m.* wedding **1**
mattina *f.* morning
maturità *f.* maturity **5**
maturo/a *adj.* mature **1**
meccanico/a *m., f.* mechanic
media *m., pl.* media
mediante *prep.* by means of **8**
medicina *f.* drug; medicine
medico *m.* **di famiglia** family doctor
medio/a: di media statura *adj.* of average height
Medioevo *m.* Middle Ages **6**
meglio *adv.* better **9**
mela *f.* apple
melanzana *f.* eggplant
melone *m.* melon
mendicante *m., f.* beggar **2**
meno *adv.* less; *adv.* minus
mensa *f.* cafeteria
mensile *f.* monthly magazine **9**
mensilità *f.* monthly paycheck; salary
mentire *v.* to lie **1**
mentre *conj.* while
menu *m.* menu
mercato *m.* market
mercato *m.* **immobiliare** real estate market **10**
mercoledì *m.* Wednesday
merenda *f.* afternoon snack
merendina *f.* snack **3**
meridionale *adj.* southern **6**
meritare *v.* to deserve **1**
mese *m.* month
messaggio *m.* message
messaggio *m.* **istantaneo** IM, instant message
messicano/a *adj.* Mexican
mestiere *m.* occupation; trade **10**
mestieri *m., pl.* chores
metro(politana) *f.* subway **2**
metropoli *f.* metropolis, big city **2**
mettere *v.* to put **2**
mettere in scena *v.* to put on a play
mettersi *v.* to put on (clothing, shoes) **1**
mezzanotte *f.* midnight
mezzo *m.* means
mezzo *m.* **di trasporto** means of transportation
mezzo *m.* **pubblico** public transportation **2**
mezzogiorno *m.* noon
mezzora *f.* *m.* half hour
microfono *m.* microphone
microonda: (forno a) microonde *m.* microwave oven
miglio *m.* mile
migliorare *v.* to improve
migliore *adj.* better **9**
mille *m.* one thousand
millecento *m.* one thousand one hundred
millesimo *adj.* one-thousandth
minaccia *f.* threat **4**
minestrone *m.* thick soup
minigonna *f.* miniskirt **10**
minimo/a *adj.* least, lowest **9**
minore *adj.* smaller; younger **9**
miracolo *m.* miracle **5**
miseria *f.* misery, poverty
mobili *m., pl.* furniture
mobilità *f.* transfer
mobilitare *v.* to mobilize **6**
moda *f.* fashion
passato/a di moda *adj.* out-of-style **3**
moderato/a *adj.* moderate **4**
modesto/a *adj.* modest
modo *m.* way
modulo *m.* form
riempire un modulo *v.* to fill out a form
moglie *f.* wife **5**
mollare *v.* to let go **6**
molto *adv.* a lot **9**
molto/a/i/e *indef. adj., pron.* a lot of; many; much
monarchico/a *adj.* monarchic **8**
moneta *f.* change; coin
monolocale *m.* studio apartment
montagna *f.* mountain
montano/a: località *f.* **montana** mountain resort
morale *adj.* ethical **7**; *f.* moral **3**
morbillo *m.* measles
morire *v.* to die **3**
morso *m.* bite
morte *f.* death **5**
moschea *f.* mosque **6**
mosso/a *adj.* wavy
mostra *f.* exhibition **3, 8**
mostrare *v.* to show
motore *m.* engine; motor
motorino *m.* scooter
mucca *f.* cow
multa *f.* fine
multilingue *adj.* multilingual **6**
multilinguismo *m.* multilinguism **4**
municipio *m.* city hall **2**
muovere *v.* to move **2**
muoversi *v.* to get going **2**
mura *f., pl.* **di cinta** city walls **2**
muratore *m.* bricklayer
muschio *m.* moss
muscoloso/a *adj.* muscular
musica *f.* music
musicista *m., f.* musician
musulmano/a *adj.* Muslim **6**
muta *f.* wet suit **4**

N

nanotecnologia *f.* nanotechnology **7**
narratore *m.* narrator **8**
nascere *v.* to be born **3**
nascita *f.* birth **5**
nascondere *v.* to hide **1**
nascosto/a *adj.* hidden **4**
naso *m.* nose
naso *m.* **chiuso** stuffy nose
nastro *m.* ribbon
nastro *m.* **adesivo** adhesive tape **7**
nastro *m.* **trasportatore** luggage carousel; moving walkway **5**
Natale *m.* Christmas
natura *f.* nature
natura *f.* **morta** still life **8**
naturale *adj.* natural
acqua *f.* **naturale** still water
naufrago *m.* castaway **4**
nausea *f.* nausea
nave *f.* ship
navigare *v.* to navigate
navigare in rete *v.* to surf the Web
navigare su Internet/sulla rete *v.* to browse /surf the Internet/Web **7**
navigatore satellitare *m.* GPS **7**
nazionalismo *m.* nationalism **6**
né: non… né… né *conj.* neither… nor
neanche: non… neanche *adv.* not even

necessario/a *adj.* necessary
necessità: di prima necessità *adj.* absolutely necessary **5**
negozio *m.* store
  negozio *m.* **d'alimentari** grocery store
nemico *m.* enemy **2**
nemmeno *conj.* not even
neoclạssico/a *adj.* Neoclassical
neoplatonismo *m.* Neoplatonism **8**
neppure *conj.* not even
nero/a *adj.* noir **9**, black
nervoso/a *adj.* nervous
nessuno/a *indef. adj.* no, not any **9**; *indef. pron.* no one, not anyone **9**
netturbino/a *m., pl.* garbage collector
neve *f.* snow
nevicare *v.* to snow
niente *indef. pron.* nothing **9**
  Niente di nuovo. Nothing new.
ninnananna *f.* lullaby **3**
nipote *m., f.* nephew/niece; grandson/granddaughter **5**
no *adv.* no
nọia *f.* boredom **1**
  Che nọia! How boring!
  dare nọia a *v.* to bother **8**
noioso/a *adj.* boring
noleggiare *v.* to rent (car)
non *adv.* not
  non… più *adv.* no more, no longer
nonno/a *m., f.* grandfather/grandmother **5**
nono *adj.* ninth
nonostante *conj.* although **7**
norma *f.* law, norm **8**
notẹvole *adj.* remarkable, important **7**
notizia *f.* news story **9**
notiziario *m.* radio/TV news, news program **2, 9**
notorietà *f.* fame **9**
notte *f.* night
novanta *m.* ninety
nove *m.* nine
novecento *m.* nine hundred
novella *f.* short novel **8**
novembre *m.* November
nụbile *adj., f.* single **1**
nụcleo familiare *m.* family unit **5**
nulla *indef. pron.* nothing **9**
nụmero *m.* number
  nụmero *m.* **di telẹfono** phone number
nuora *f.* daughter-in-law **5**
nuotare *v.* to swim
nuoto *m.* swimming
nuovo/a *adj.* new
  di nuovo *adv.* again
nụvola *f.* cloud
nuvoloso/a *adj.* cloudy

O

o *conj.* or
obbediente *adj.* obediente **4**
obbligare (a) *v.* to oblige, compel **8**
occhiali *m., pl.* glasses
  occhiali da sole *m., pl.* sunglasses **10**
occhiata: dare un'occhiata *v.* to take a look **3**
occhio *m.* eye
occọrrere *v.* to be necessary **6**
occuparsi di *v.* to take care of **8**
occupazione *f.* occupation
  prima occupazione *f.* first job
ocẹano *m.* ocean
odiare *v.* to hate **1**
odiarsi *v.* to hate each other
odio *m.* hatred **1**
odore *m.* smell **10**
officina *f.* factory **10**
offrire *v.* to offer **3**
oggettivo/a *adj.* objective **8**
oggi *m., adj., adv.* today
ogni *indef. adj.* every, all **9**
Ognissanti *m.* All Saints' Day
ognuno/a *indef. pron.* everyone **9**
olio *m.* oil
olio d'oliva *m.* olive oil
oltre *prep.* beyond **8**
ombrello *m.* umbrella
onesto/a *adj.* honest **1**
onịrico/a *adj.* dream-like **9**
ọpera *f.* work (of art); opera **8**
operạio/a *m., f.* factory worker
opinione *f.* opinion
  opinione *f.* **pụbblica** public opinion **6**
opportuno/a *adj.* appropriate
oppresso/a *adj.* oppressed **4**
opprịmere *v.* to oppress **8**
oppure *conj.* or
ora *f.* hour
orario *m.* schedule **1**
  orario *m.* **di lavoro** work hours **10**
orchestra *f.* orchestra
  orchestra *f.* **da camera** chamber orchestra **8**
  orchestra *f.* **sinfọnica** symphony **8**
ordigno *m.* bomb **5**
ordinare *v.* to order
orecchini *m., pl.* earrings **10**
orecchio (*pl.* orecchie f.) *m.* ear
orgoglio *m.* pride **3**
orgoglioso/a *adj.* proud **1**
orientarsi *v.* to get one's bearings
orizzonte *m.* horizon
ormai *adv.* by now, already
orologio *m.* clock; watch
orọscopo *m.* horoscope **9**
orrore: film *m.* **dell'orrore** *m.* horror film
ospedale *m.* hospital
ospizio *m.* nursing home **6**
osterịa *f.* small restaurant
ottanta *m.* eighty
ottantaduẹsimo *adj.* eighty-second
ottantuno *m.* eighty-one
ottavo *adj.* eighth
ottenere *v.* to obtain **6**
ọttico *m.* optician **3**
ottimista *adj.* optimistic **1**
ọttimo/a *adj.* very good **9**
otto *m.* eight
otto milioni *m.* eight million
ottobre *m.* October
ottocento *m.* eight hundred
ovunque *adv.* all over; wherever

P

pacco *m.* package **9**
pace *f.* peace **4**
pacịfico/a *adj.* peaceful **4**
pacifista *adj.* pacifist **4**
padre *m.* father
padrino *m.* godfather **5**
padrone *m.* owner, boss **4**
  padrone/a di casa *m., f.* landlord/landlady
paesaggio *m.* landscape **8**
paesano/a *m., f.* fellow villager/countryman/woman **2**
paese *m.* village **2**
pagare *v.* to pay
  pagare con assegno *v.* to pay by check
  pagare in contanti *v.* to pay in cash
  pagare le bollette *v.* to pay the bills
pạio *m.* pair
palazzo *m.* building, palace **2**
palestra *f.* gymnasium
  andare in palestra *v.* to go to the gym **3**
pallacanestro *f.* basketball
pallavolo *f.* volleyball
pallone *m.* soccer; (soccer) ball **3**
pạlpebra *f.* eyelid **5**
panchina *f.* bench
pane *m.* bread
panetterịa *f.* bakery
panettone *m.* Christmas cake **6**
paninoteca *f.* sandwich shop
pannello *m.* **solare** solar panel
pannolino *m.* diaper **2**
panorama *m.* landscape; panorama
pantaloncini *m., pl.* shorts
pantaloni *m., pl.* pants
  pantaloni corti *m., pl.* short pants **10**
  pantaloni lunghi *m., pl.* long pants **10**
pantọfole *f., pl.* slippers
papa *m.* pope **6**

papà *m.* dad
parabrezza *m.* windshield
parapendio *m.* paragliding
parare *v.* to save **3**
parcheggiare *v.* to park **2**
pareggiare *v.* to tie **3**
pareggiare una partita *v.* to tie a game **3**
pareggio *m.* tie **3**
parente *m., f.* relative **5**
parentela *f.* relatives; family relationship **5**
parenti *m., pl.* relatives
parere *v.* to appear; seem **2**
parete *f.* wall
parlamento *m.* parliament **6**
parlare (di) *v.* to talk (about) **8**
parlarsi *v.* to speak to each other **2**
parrucchiere/a *m., f.* hairdresser
parte *f.* part
Da questa parte. This way.
partecipare (a) *v.* to participate (in) **8**
partenze *f., pl.* departures
partigiano *m.* resistance fighter **2**
partire *v.* to leave **3**
partire in vacanza *v.* to go on vacation
partita *f.* game
vincere/perdere/pareggiare una partita *v.* to win/lose/tie a game **3**
partito *m.* **politico** political party **4**
parziale *adj.* partial; biased **9**
pascolo *m.* pasture, grazing land **7**
Pasqua *f.* Easter
pasquetta *f.* Easter Monday **9**
passaggio *m.* passage
dare un passaggio *v.* to give a ride **2**
passare *v.* to pass **3;** to spend (time)
passare una legge *v.* to pass a law **4**
passato/a di moda *adj.* out of style **3**
passeggero/a *m.* passenger **2**
passeggiare *v.* to take a walk **2**
passeggiata *f.* walk
passerella *f.* footbridge **7**
passo *m.* pass; step
a due passi da not far from
pasta(sciutta) *f.* pasta
laboratorio *m.* **di pasta fresca** store specializing in homemade pasta
pasticceria *f.* pastry shop
pasto *m.* meal
patata *f.* potato
patente *f.* driver's license
paterno/a *adj.* paternal **5**
patria *f.* homeland **2**
patrigno *m.* stepfather
patrimonio *m.* **culturale** cultural heritage **9**
patrono *m.* patron **8**
pattinaggio *m.* skating **3**
pattinaggio *m.* **sul ghiaccio** ice-skating **3**
patto *m.* pact **8**
paura *f.* fear **4**
avere paura (di) *v.* to be afraid (of) **1**
pavimento *m.* floor
paziente *adj.* patient; *m., f.* patient
pazzo/a *adj.* crazy
peccato *m.* pity
pecora *f.* sheep
pedone *m., f.* pedestrian **2**
peggio *adv.* worse
peggiore *adj.* worse **9;** *adv.* worse **9**
pelle *f.* skin; leather
pelliccia *f.* fur **5**
penare *v.* to suffer **6**
penna *f.* pen
pennello *m.* paintbrush **8**
pensare *v.* to think **8**
pensare a *v.* to think about **8**
pensare di *v.* to plan to **8**
pensionato/a *m., f.* retiree
pensione *f.* boarding house; pension
pensione: andare in pensione *v.* to retire **10**
pentirsi *v.* to regret **5**
pepe *m.* pepper (spice)
peperone (rosso, verde) *m.* (red, green) pepper
per *prep.* for, in order to, through
per favore *adv.* please
pera *f.* pear
perché *conj.* why; so that **7**
perciò *conj.* so
perdere *v.* to lose **3**
perdere le elezioni *v.* to lose the election **4**
perdere una partita *v.* to lose a game **3**
perdersi *v.* to get lost **2**
perdita *f.* loss **2**
pericolo *m.* danger **4**
pericoloso/a *adj.* dangerous **2**
periferia *f.* outskirts; suburb **2**
permettere *v.* to allow **6**
persona *f.* person
personaggio *m.* character **8**
personaggio *m.* **principale** main character
persuadere (a) *v.* to persuade (to) **8**
pesante *adj.* heavy; rich
pesca *f.* peach
pescare *v.* to fish **4**
pesce *m.* fish
pescheria *f.* fish/seafood shop
peso *m.* weight
pessimista *adj.* pessimistic **1**
pessimo/a *adj.* very bad **9**
pettegolezzi *m.* gossip **1**
pettinare *v.* to brush
pettinarsi *v.* to brush/comb one's hair
pettine *m.* comb
petto *m.* chest
pezzo *m.* piece **3**
piacere *m.* pleasure **1;** *v.* to be pleasing, like **6**
pianeta *m.* planet
salvare il pianeta *v.* to save the planet
piangere *v.* to cry **3**
pianificare *v.* to plan **6**
pianista *m., f.* pianist
piano *m.* **di cottura** stovetop **7**
piano *m.* **urbanistico** city plan **2**
pianta *f.* plant
piattaforma *f.* platform **1**
piatto *m.* course; plate
primo/secondo piatto *m.* first/second course
piccante *adj.* spicy
piccolo/a *adj.* small **9**
piede *m.* foot
pieno/a *adj.* full
pietra *f.* rock
pigmento *m.* pigment **8**
pigro/a *adj.* lazy
PIL *m.* GDP
pillola *f.* pill
pinne *f., pl.* flippers **4**
pioggia *f.* rain
piovere *v.* to rain
piovoso/a *adj.* rainy
piscina *f.* swimming pool **10**
pittore/pittrice *m., f.* painter **8**
pittura *f.* paint; painting **8**
pittura *f.* **a olio** oil painting **8**
pittura *f.* **a pastello** pastel painting **8**
più *adj., adv.* more; most
non... più *adv.* no more, no longer
pizzeria *f.* pizza shop
pizzico *m.* pinch
platea *f.* stall
pneumatico *m.* **sgonfio** flat tire
poco *adv.* little **9**
poco/a (po'): po' (di) *adj.* little (not much) (of)
podere *m.* farmhouse **8**
poema *m.* poem
poesia *f.* poetry **8**
poeta/poetessa *m., f.* poet
poi *adv.* later; then
polemica *f.* controversy **6**
politico/a *m., f.* politician **4**
politica *f.* politics **4**
polizia *f.* police
poliziotto/a *m., f.* police officer **2**
pollici *m./pl* inches (*lit.* thumbs) **7**
polpo *m.* octopus **7**
poltrona *f.* armchair; seat
polvere *f.* dust
pomeriggio *m.* afternoon
pomodoro *m.* tomato

pompiere *m.* fireman 7
ponte *m.* bridge
popolazione *f.* population 6
pọpolo *m.* people 8
poppa *f.* stern 4
porre *v.* to put 1
porta *f.* door
portare *v.* to bring; to wear
portare fuori la spazzatura *v.* to take out the trash
portare un vestito *v.* to wear a suit
portạtile *adj.* portable
computer *m.* **portạtile** laptop computer 7
portiera *f.* car door
portiere *m.* goalkeeper 3
portiere/a *m., f.* caretaker; doorman
posizione *m., f.* position; job 10
possedere *v.* to own 4; to possess
possessivo/a *adj.* possessive 5
possịbile *adj.* possible 7
posta *f.* mail
poster *m.* poster
postino/a *m., f.* mail carrier
posto *m., f.* position; job 10
potente *adj.* powerful 4
potenza *f.* power 4
potere *v.* to be able, can 1; *m.* power 8
pọvero/a *adj.* poor
povertà *f.* poverty 2, 6
pranzo *m.* lunch
sala *f.* **da pranzo** dining room
prato *m.* meadow
predire *v.* to predict 7
preferịbile *adj.* preferable
preferire *v.* to prefer 6
preferito/a *adj.* favorite
pregare *v.* to pray 6
preghiera *f.* prayer
pregiudizio *m.* prejudice 6
preistọrico *adj.* prehistoric 8
prelievo: fare un prelievo *v.* to make a withdrawal 10
premiato/a *adj.* award-winning 8, 9
premio *m.* prize
prenatale *adj.* prenatal 3
prẹndere *v.* to take 1
prẹndere in affitto *v.* to rent (tenant)
prẹndere l'iniziativa *v.* to take initiative 5
prẹndere qualcosa da bere/mangiare *v.* to get something to drink/eat 3
prẹndere un congedo *v.* to take leave time
prenotare *v.* to make a reservation
prenotazione *f.* reservation
preoccuparsi (di) *v.* to worry (about) 2
preoccupato/a *adj.* worried 1
preparare *v.* to prepare 8
prepararsi *v.* to get oneself ready
presentare *v.* to introduce; to present
presentazione *f.* introduction
preservare *v.* to preserve
presso *prep.* near, with 8
prestare *v.* to lend
presidente *m., f.* president 4
prẹstito *m.* loan 10
presto *adv.* quickly; soon
A presto. See you soon.
prete *m.* priest 6
prevedere *v.* to predict 7
prigionịa *f.* imprisonment
prigioniero/a *m., f.* prisoner 2
prima *adv.* beforehand; *adv.* first, before; *f.* opening night, premiere 3; *prep.* before
prima che *conj.* before 7
primavera *f.* spring
primo/a *adj.* first
primogẹnito/a *m., f.* first-born
principale *adj.* main; *m., f.* boss; director
prioritario/a: posta *f.* **prioritaria** priority mail
probạbile *adj.* likely 7
problema *m.* problem
professione *f.* profession
professore(ssa) *m., f.* professor
profumerịa *f.* cosmetics/perfume shop
programma *m.* plan; program
proibito/a *adj.* forbidden 8
proiezione *f.* screening
promesso *p.p., adj.* promised 4
promẹttere (di) *v.* to promise (to) 8
promozione *f.* promotion 10
promuọvere *v.* to promote 4
pronto/a *adj.* ready
ẹssere pronto/a a *v.* to be ready to 8
pronto soccorso *m.* first aid; emergency room 9
Pronto. Hello. (on the phone)
proporre *v.* to propose
proprietario/a *m., f.* owner 10
prosa *f.* prose 8
prosciutto *m.* ham
proseguire *v.* to continue
prọspero/a *adj.* successful 10
prọssimo/a *adj.* next
protagonismo *m.* desire to be in the limelight
protestante *adj.* Protestant 6
protettore *m.* protector 8
provare *v.* to feel 1
provare a *v.* to try to 8
provarsi *v.* to try on 3
proverbio *m.* proverb 6
provincia *f.* province 6
prụa *f.* bow 4
prudente *adj.* careful 1
pseudọnimo *m.* screen/pen name
psicọlogo/a *m., f.* psychologist
pubblicare *v.* to publish
pubblicità *f.* commercial, advertisement 9
pụbblico *m.* audience, public
pugilato *m.* boxing 3
pulire *v.* to clean
pulito/a *adj.* clean
energịa *f.* **pulita** clean energy 7
pullman *m.* bus; coach
punire *v.* to punish 5
puntata *f.* episode 9
punto *m.* point
punto *m.* **di riferimento** reference point 4
punto *m.* **di vista** point of view 8
puntuale *adj.* on-time
puntura: fare una puntura *v.* to give a shot
purché *conj.* so that 7
pure *adv.* also; even
puzza *f.* stench 8

Q

qua *adv.* here
quaderno *m.* notebook
quadro *m.* painting 8
qualche *indef. adj.* some, a few 9
qualche volta *adv.* sometimes
qualcosa *indef. pron.* something 9
qualcuno/a *indef. pron.* someone 9
quale *adj., pron., adv.* what, which
qualịfiche *f., pl.* qualifications 10
qualsịasi *indef. adj.* any, whatever, whichever 9
qualunque *indef. adj.* any, whatever, whichever 9
quando *conj., adv.* when
quanti *rel. pron.* everyone, all who, all that 9
quanti/e *adj.* how many
Quanti gradi ci sono? What is the temperature?
quanto *adj., pron., adv.* how much; *rel. pron.* that which, that, what 9
Da quanto tempo… For how long…
quaranta *m.* forty
quartiere *m.* neighborhood 1, 2; *m.* quarter
quarto *adj.* fourth; quarter hour
quattọrdici *m.* fourteen
quattro *m.* four
quattrocchi *m., f.* four eyes 3
quattrocento *m.* four hundred
quel(lo) che *rel. pron.* that which, that, what 9
quello/a *adj.* that
questo/a *adj.* this
questura *f.* police headquarters
qui *adv.* here
qui vicino *adv.* nearby
quịndici *m.* fifteen

quinto *adj.* fifth

quotidiano/a *adj.* daily **2**

R

rabbino *m.* rabbi **6**

raccọgliere *v.* to pick **3**

raccomandare *v.* to recommend; to urge

raccomandata *f.* registered mail **9**

raccomandazione *f.* recommendation

racconto *m.* short story

rạdersi *v.* to shave

radice *f.* root **5**

radio *f.* radio

stazione *f.* **radio** radio station **9**

raffinato/a *adj.* refined **3**

raffreddore *m.* cold

avere il raffreddore *v.* to have a cold

rafting *m.* rafting

ragazza *f.* girl; girlfriend

ragazzaccio *m.* bad boy

ragazzo *m.* boy; boyfriend

ragione *f.* reason

avere ragione *v.* to be right **8**

ramo *m.* branch

rana *f.* frog

rappresentazione *f.* **dal vivo** live performance

raramente *adv.* rarely

rasọio *m.* razor

rassegna *f.* festival **9**

rata *f.* installment; payment

razzismo *m.* racism **6**

re/regina *m., f.* king/queen **8**

realismo *m.* realism **6**

realista *adj.* realistic **8**

reality *m.* reality show **9**

realizzare *v.* to fulfill; achieve **6**

recensione *f.* review **9**

recessione *f.* recession **10**

recitare *v.* to act; to recite

recitare un ruolo *v.* to play a role

reclamare *v.* to complain, protest; claim **6**

redattore/redattrice *m., f.* editor **9**

referenze *f., pl.* references

regalare *v.* to give (as a gift)

regime *m.* regime **8**

regista *m., f.* director **9**

registrare *v.* to record **9**

registratore *m.* recorder (tape, CD, etc.)

regno *m.* kingdom **6, 8**

regolamento *m.* regulations **3**

relitto *m.* relic **8**

remare *v.* to row

remissivo/a *adj.* submissive **5**

rẹndersi *v.* to become

rẹndersi conto di *v.* to realize **8**

reperto *m.* find (archeol.) **2**

resistente *adj.* sturdy **1**

responsạbile *adj.* responsible

restare *v.* to have left **2;** to remain, to stay

restituire *v.* to give back

retaggio *m.* heritage **1**

rete *f.* goal; net **3**

rete *f.* **senza fili** wireless network **7**

retta: dare retta *v.* to pay attention **5**

riattaccare: riattaccare il telẹfono *v.* to hang up the phone

ribalta *f.* proscenium, downstage **9**

ribelle *adj.* rebellious **5**

riccio/a *adj.* curly

ricco/a *adj.* rich

ricerca *f.* research **7**

ricercatore/ricercatrice *m., f.* researcher **7**

ricetta *f.* prescription; recipe **7**

ricẹvere *v.* to receive; to get

ricevuta *f.* receipt **10**

richiesta *f.* demand **10**

riciclare *v.* to recycle **7**

riciclo *m.* recycling

riconọscere *v.* to acknowledge, to recognize

ricordare *v.* to remember

ricordarsi (di) *v.* to remember (to) **2**

ricordo *m.* memory **1**

rịdere *v.* to laugh **3**

riempire (di) *v.* to fill (with) **8**

rifiuto *m.* garbage

vietato buttare rifiuti no littering

riflettere (su) *v.* to reflect (on) **8**

rifugio *m.* shelter **8**

riga *f.* part, stripe

rigore: calcio *m.* **di rigore** penalty kick **3**

rima *f.* rhyme **8**

rimandare *v.* to postpone **5**

rimanere *v.* to stay **1**

rimborso *m.* refund

rimproverare *v.* to scold **5**

rinascimentale *adj.* Renaissance

Rinascimento *m.* Renaissance **6**

rincasare *v.* to go back home **10**

rincọrrere *v.* to chase

rinforzo *m.* reinforcement **5**

ringraziare (di) *v.* to thank (for) **8**

rinunciare (a) *v.* to give up **10**

riordinare *v.* to tidy up

riparare *v.* to repair

ripẹtere *v.* to repeat

riposarsi *v.* to rest **2**

riscaldamento *m.* **globale** global warming **7**

riso *m.* rice

risọlvere *v.* to solve **6**

Risorgimento *m.* Resurgence (Italian unification) **6**

risparmiare *v.* to save **10**

rispạrmio *m.* saving **10**

conto *m.* **di risparmio** savings account

rispettare *v.* to respect

rispọndere *v.* to answer **3**

rispọndere al telẹfono *v.* to answer the phone

ristorante *m.* restaurant

risultare *v.* to result **3**

ritardo *m.* delay **2**

ritenere *v.* to maintain **6**

ritirare dei soldi *v.* to withdraw money

ritirata *f.* retreat **2**

ritornare *v.* to go back, to return **3**

ritratto *f.* portrait

ritrovato *m.* discovery, finding **7**

riunione *f.* meeting

riuscire (a) *v.* to succeed in, manage to **1**

rivedere *v.* to recognize

rivista *f.* magazine, revue, vaudeville **9**

robọtica *f.* robotics **7**

romạnico/a *adj.* Romanesque

romạntico/a *adj.* romantic

romanzo *m.* novel **8**

rọmpere *v.* to break **3**

rọmpere con *v.* to break up with **1**

rọmpersi *v.* to break

rọndine *f.* swallow

rosa *adj.* romance **9;** (*invar.*) pink; *f.* rose

rosolare *v.* to brown

rossetto *m.* lipstick

rosso/a *adj.* red

rotonda *f.* rotary

rovesciare *v.* to overturn **4;** to overthrow **8**

rovine *f., pl.* ruins **2**

rozzo/a *adj.* crude

rubare *v.* to steal **5**

rubrica *f.* address book

rubrica (di cultura e società) *f.* (lifestyle) section **9**

rumore *m.* noise **10**

rumoroso/a *adj.* noisy **2**

ruolo *m.* role **5**

ruscello *m.* stream

russo/a *adj.* Russian

S

sạbato *m.* Saturday

sacco *m.* sack

sacco (di) *adj.* ton (of)

saggista *m., f.* essayist **8**

sala *f.* hall, room

sala *f.* **d'emergenza** emergency room

salario *m.* salary

salario *m.* **elevato/basso** high/low salary

salato/a *adj.* salty
saldi *m., pl.* sales **3**
saldi *m., pl.* **di fine stagione** end-of-season sales **3**
sale *m.* salt
salire *v.* to go up **1**
salire in macchina *v.* to get in the car **2**
salire le scale *v.* to climb stairs
salire sul treno *v.* to get on the train **2**
salire sull'autobus *v.* to get on the bus **2**
saltare *v.* to jump **3**
saltare la lezione *v.* to skip class
salto *m.* **generazionale** generation gap **5**
salumeria *f.* delicatessen
salutare *v.* to greet
salutarsi *v.* to greet each other
salute *f.* health
saluto *m.* greeting
salvare *v.* to save **4**
Salve. *(form.)* Hello.
salvo *prep.* except (for) **8**
salvo che *conj.* unless **7**
salvo/a *adj.* safe **4**
sandali *m., pl.* sandals **10**
sangue *m.* blood **5**
sano/a *adj.* healthy
santo/a *m., f.* saint **6**
santo/a *m., f.* **patrono/a** patron saint **9**
sapere *v.* to know **1**
sapone *m.* soap
saporito/a *adj.* tasty
sasso *m.* stone
sassofono *m.* saxophone
satirico/a *adj.* satirical **8**
sbadigliare *v.* to yawn **1**
sbadiglio *m.* yawn **1**
sbagliare *v.* to make a mistake **1**
sbagliato/a *adj.* wrong **7**
sbarazzarsi di *v.* to get rid of
sbrigarsi *v.* to hurry **2**
scacchi *m., pl.* chess **3**
scaffale *m.* bookshelf
scala *f.* ladder, staircase **8**
scale *f., pl.* stairs
salire/scendere le scale *v.* to climb/go down stairs
scalare *v.* to climb **3**
scambio *m.* exchange **4**
scandalo *m.* scandal **4**
scappamento *m.* exhaust
scaricare *v.* to download **7**
scarpe *f., pl.* **da ginnastica/tennis** sneakers **3**
scatola *f.* box **1**
scavo *m.* excavation **2**
scegliere *v.* to choose **1**
scemo/a *adj.* dim-witted

scena *f.* stage, scene **9**
mettere in scena *v.* to put on a play
scendere *v.* to go down
scendere dal treno get off the train **2**
scendere dalla macchina *v.* to get out of the car **2**
scendere dall'autobus *v.* to get off the bus **2**
scendere in campo *v.* to start the game **3**
sceneggiatura *f.* screenplay **9**
scenetta *f.* skit **9**
schema *m.* diagram; scheme
schermo *m.* screen **9**
scherzare *v.* to joke **1**
scherzo *m.* joke
scherzoso/a *adj.* playful
schiavitù *f.* slavery **8**
schiena *f.* back
schifoso/a *adj.* disgusting
schizzo *m.* sketch **8**
sci *m.* skiing **3;** *m. (inv.)* ski
sci *m.* **di fondo** cross-country skiing **3**
sciare *v.* to ski **1**
sciarpa *f.* scarf
scienze *f., pl.* science
scienziato/a *m., f.* scientist
Sciò! Shoo!
sciopero *m.* strike **10**
scivolare *v.* to slide **8**
scodella *f.* bowl
scogliera *f.* cliff
scoiattolo *m.* squirrel
scolpire *v.* to sculpt; engrave
scommettere (su) *v.* to bet (on) **6, 8**
scomparire *v.* to disappear **7**
scomparsa *f.* disappearance **6**
sconfiggere *v.* to defeat **8**
sconfitta *f.* defeat **4**
scontrino *m.* receipt **10**
scopa *f.* broom
scoperta *f.* discovery **7**
scopo *m.* aim; goal **7**
scoria *f.* waste
scorso/a *adj.* last
scortese *adj.* discourteous
scottatura *f.* burn
scrittore/scrittrice *m., f.* writer
scrivere *v.* to write **3**
scriversi *v.* to write each other **2**
scultore/scultrice *m., f.* sculptor **8**
scultura *f.* sculpture **8**
scuola *f.* school
scuro/a *adj.* dark
scusare *v.* to excuse
Scusi/a. *(form./fam.)* Excuse me.
sdegno *m.* contempt
se *conj.* if

sé *disj. pron., m., f., sing., pl.* herself; himself; itself; themselves; yourself
sebbene *conj.* although **7**
secchione/a *m., f.* student who studies too hard **3**
secco/a *adj.* dry
secolo *m.* century **2**
secondo *prep.* according to **8**
secondo/a *adj.* second
sedersi *v.* sit down
sedia *f.* chair
sedicesimo *adj.* sixteenth
sedici *m.* sixteen
seducente *adj.* attractive **1**
segnale *m.* signal **7**
segnale *m.* **analogico** analog signal **7**
segnale *m.* **digitale** digital signal **7**
segnale *m.* **stradale** road sign **2**
segnare (un gol) *v.* to score (a goal) **3**
segretario/a *m., f.* secretary **10**
seguire *v.* to follow; to take (a class)
sei *m.* six
seicento *m.* six hundred
selciato *m.* cobblestones **9**
selvaggi *m. pl.* savages **9**
semaforo *m.* traffic light **2**
sembrare *v.* to seem **2**
seminterrato *m.* basement; garden-level apartment
sempre *adv.* always
sensibile *adj.* sensitive **1**
senso *m.* sense
buon senso *m.* common sense **6**
senso *m.* **unico** one way
sentiero *m.* path
sentire *v.* to feel; to hear
sentirsi *v.* to feel **1**
senza *prep.* without **8**
senza che *conj.* without **7**
separato/a *adj.* separated
sera *f.* evening
serio/a *adj.* serious
serpente *m.* snake
servire *v.* to serve
servire a *v.* to be good for **8**
servizio *m.* service
stazione *f.* **di servizio** service station
sessanta *m.* sixty
sesto *adj.* sixth
seta *m.* silk
sete: avere sete *v.* to be thirsty **1**
settanta *m.* seventy
sette *m.* seven
settecento *m.* seven hundred
settembre *m.* September
settentrionale *adj.* northern **6**
settimana *f.* week
settimana *f.* **bianca** ski vacation
settimanale *m.* weekly magazine **9**
settimo *adj.* seventh

settore *m.* sector **10**
severo/a *adj.* strict **5**
sfarsi *v.* to fall apart
sfida *f.* challenge **7**
sfilata *f.* (fashion) parade **10**
sfogliatella *f.* Neapolitan pastry **1**
sfollati *m., pl.* evacuees **2**
sguardo *m.* gaze **10**
shampoo *(invar.) m.* shampoo
si *pron.* one; *ref. pron. m., f., sing., pl.* herself, himself, itself, onself, themselves
siccità *f.* drought
sicurezza *f.* security, safety **4**
sicuro *adj.* certain
significare *v.* to mean
signor… *m.* Mr.…
signora… *f.* Mrs.…
simpạtico/a *adj.* likeable, nice
sinagoga *f.* synagogue **6**
sincero/a *adj.* sincere
sindacato *m.* labor union **10**
sịndaco *m.* mayor **2**
sinistra *f.* left
sịntomo *m.* symptom
sipario *m.* curtain **9**
sistema *m.* system
sistemare *v.* to put together
sito *m.* **Internet** Web site
smaltire *v.* to drain
smẹttere *v.* to stop **3**
sminuire *v.* to play down **3**
smog *m.* smog
smorfia *f.* smirk **10**
SMS *m.* text message **7**
soccorso: pronto soccorso *m.* emergency room **9**
società *f.* firm/society **10**
sociẹvole *adj.* sociable; friendly **5**
socio/a *m., f.* (business) partner **10**
sofferenza *f.* suffering
soffrịggere *v.* to fry lightly
soffrire (di) *v.* to suffer (from) **8**
soggettivo/a *adj.* subjective; biased **8**
soggiorno *m.* living room
sognare *v.* to dream **1**
soldato *m.* soldier **2**
soldi *m., pl.* money
sole *m.* sun
soleggiato/a *adj.* sunny
sọlito/a *adj.* usual
  di sọlito *adv.* usually
soltanto *adv.* only
soluzione *f.* solution
sommerso/a *adj.* submerged **7**
sondaggio *m.* opinion poll **9**
sopra *prep., adv.* above; over
sopracciglio (*pl.* sopracciglia *f.*) *m.* eyebrow
soprannome *m.* nickname **5**
sopravvivenza *f.* survival **2**
sopravvịvere *v.* to survive **5**
sordo/a *adj.* deaf **5**
sorella *f.* sister
  sorellastra *f.* half sister, stepsister
  sorellina *f.* little/younger sister
sọrgere *v.* to rise (sun)
sormontare *v.* to overcome **5**
sorpreso/a: ẹssere sorpreso/a *v.* to be surprised **6**
sorrịdere *v.* to smile **5**
sottaceto *adj.* pickled
sott'olio *adj.* in oil
sotto *prep.* under **8;** *adv.* underneath
sottosviluppo *m.* underdevelopment **6**
sottotịtolo *m.* subtitle **9**
sovrappopolazione *f.* overpopulation **6**
spagnolo/a *adj.* Spanish
spalla *f.* shoulder
sparecchiare la tạvola *v.* to clear the table
sparire *v.* to dissapear **3**
spazzare *v.* to sweep
spazzatura *f.* garbage
  portare fuori la spazzatura *v.* to take out the trash
spazzino/a *m., f.* street sweeper
spạzzola *f.* brush
spazzolino *m.* **(da denti)** tooth brush
specchio *m.* mirror
specialista *m., f.* specialist
specializzazione *f.* specialization
spedire *v.* to send
spẹgnere *v.* to turn off
spẹndere *v.* to spend (money)
sperare *v.* to hope **6**
sperimentale *adj.* experimental **9**
spesa: fare la spesa *v.* to buy groceries
spesso *adv.* often
spettạcolo *m.* show, performance **3**
spettatore/spettatrice *m., f.* spectator
spettinare *v.* to muss hair **5**
spịa *f.* spy **2**
spiaggia *f.* beach
spiare *v.* to spy **4**
spịccioli *m., pl.* small change **3**
spiegare *v.* to explain **1**
spịgola *f.* bass fish **4**
spịngere *v.* to push **6**
spinotto *m.* plug **3**
spiritoso/a *adj.* clever; funny
spogliarsi *v.* to undress **10**
spolverare *v.* to dust
sporcare *v.* to soil
sporco/a *adj.* dirty
sport *m.* sport
  sport *m., pl.* **estremi** extreme sports
sportello *m.* window; counter **10**
sportivo/a *adj.* active
  club *m.* **sportivo** sports club **3**
  crọnaca *f.* **sportiva** sports news **9**
sposare *v.* to marry
sposarsi (con) *v.* to get married (to) **1**
sposato/a *adj.* married **1**
sposo/a *m., f.* groom/bride **5**
sprecare *v.* to waste
spumone *m.* a type of gelato **1**
spuntare (i capelli) *v.* to trim (one's hair)
spuntino *m.* snack
squadra *f.* team **3**
squillare *v.* to ring (telephone)
squisito/a *adj.* exquisite
stabilirsi *v.* to settle **6**
stadio *m.* stadium **2**
stage *m.* internship
stagione *f.* season
stagista *m., f.* intern **10**
stampa: comunicato *m.* **stampa** press release **9**
stampante *f.* printer
stampare *v.* to print
stanco/a *adj.* tired
stanza *f.* room
stare *v.* to stay **1**
  stare a cuore *v.* to matter **2**
  stare bene/male *v.* to be well/ill **1**
  stare in fila *v.* to stand in line **5**
  stare per *v.* to be about to **1**
  stare zitto *v.* to be/stay quiet
starnutire *v.* to sneeze
statista *m.* statesman **6**
statua *f.* statue
stazione *f.* station
  stazione *f.* **di polizịa** police station **2**
  stazione *f.* **radio** radio station **9**
stella *f.* star
stereọtipo *m.* stereotype **6**
stile *m.* style **10**
stilista *m., f.* fashion designer **10**
stipendio *m.* wage **10**
  stipendio *m.* **mịnimo** minimum wage **10**
stirare *v.* to iron
stirarsi *v.* to stretch **10**
stivale *m.* boot
stọmaco *m.* stomach
storia *f.* history
stọrico/a *adj.* historic **8**
strada *f.* street **2**
  conọscere la strada *v.* to know the way
strafare *v.* to overdo things
straniero/a *adj.* foreign
strano/a *adj.* strange **5**
stretto/a *adj.* tight; tight-fitting
strịngere la mano a *v.* to shake hands with **8**

strisce *f., pl.* **pedonali** crosswalk **2**
strofa *f.* stanza **8**
strumento *m.* instrument **7**
strumento *m.* **musicale** musical instrument
studente(ssa) *m., f.* student
studi *m., pl.* studies
studiare *v.* to study **1**
studio *m.* office; study
studioso/a *adj.* studious
stufarsi *v.* to be fed up **2**
stufo/a *adj.* fed up **1**
stupire *v.* to surprise **7**
su *prep.* in; on
su Internet online
subạcqueo *m.* scuba diver **4**
subaffittare *v.* to sublet
sụbito *adv.* immediately; right away
succẹdere *v.* to happen
successo *m.* success
succo *m.* juice
succo *m.* **d'arancia** orange juice
suggerire *v.* to suggest **6**
suọcero/a *m., f.* father-/mother-in-law **5**
suonare *v.* to play (instrument) **3**
suora *f.* nun **3**
superare *v.* to overcome **6;** *v.* to pass (an *exam*)
superato/a *adj.* old-fashioned
superiore *adj.* higher; superior **9**
supermercato *m.* supermarket
supplemento *m.* excess fare
supplente *m.* substitute teacher **1**
supremo/a *adj.* supreme **9**
sussurro *m.* rumor, whisper **8**
sveglia *f.* alarm clock **10**
svegliare *v.* to wake someone **2**
svegliarsi *v.* to wake up **2**
sviluppare *v.* to develop
sviluppo *m.* advance; development **6, 7**
svịzzero/a *adj.* Swiss
svọlgersi *v.* to take place **8**

T

tacchi *m., pl.* heels **3**
tacchi *m., pl.* **alti.** high heels **1**
tacchi *m., pl.* **bassi** low heels **1**
taccuino *m.* notebook **1**
taglia *f.* clothing size
tagliare *v.* to cut
tagliare i capelli *v.* to cut one's hair
tailleur *m.* (women's) suit **10**
tamburo *m.* drum
tana *f.* burrow **8**
tanto *adj.* so much, so many
di tanto in tanto *adv.* off and on
tanto… quanto *adv.* as
tappeto *m.* carpet
tardi *adv.* late
A più tardi. See you later.
tariffa *f.* fare
tassa *f.* tax **10**
tassì *m.* taxi
tassista *m.* taxi driver **6**
tasso *m.* rate
tasso *m.* **d'interesse** interest rate **10**
tasso *m.* **di natalità** birthrate **6**
tastiera *f.* keyboard
tata *f.* nanny
tatuaggio *m.* tattoo **10**
tạvola *f.* table
sparecchiare la tạvola *v.* to clear the table
tạvola *f.* **calda** cafeteria; snack bar
tạvolo *m.* table
computer *m.* **da tạvolo** desktop computer **7**
taxi *m.* taxi
tazza *f.* cup; mug
tè *m.* tea
teatrale *adj.* theatrical
teatro *m.* theater
tẹcnico *m., f.* technician
tecnologịa *f.* technology
tedesco/a *adj.* German
tela *f.* canvass
telecomando *m.* remote control
telecomunicazioni *f., pl.* telecommunications **7**
telefonare *v.* to telephone
telefonarsi *v.* to phone each other **2**
telefọnico/a: segreterịa *f.* **telefọnica** answering machine
telẹfono *m.* telephone
telegiornale *m.* TV news **9**
telenovela *f.* soap opera **9**
telespettatore/telespettatrice *m., f.* television viewer **9**
televisione *f.* television **9**
televisione *f.* **vịa cavo** cable TV **9**
tema *m.* essay; theme
temere *v.* to fear, be afraid **6**
tempaccio *m.* bad weather
tempo *m.* weather
temporale *m.* storm
tenace *adj.* tenacious
tenda *f.* curtain
tenere *v.* to hold **1**
tenere a *v.* to care about **8**
tẹnero/a *adj.* sweet; tender
tennis *m.* tennis
tenore di vita *m.* standard of living **6**
teorema *m.* theorem
tergicristallo *m.* windshield wiper
terme *f., pl.* (thermal) baths **2**
tẹrmine: breve/lungo tẹrmine *adj.* short-/long-term **10**
termọmetro *m.* thermometer
terra: surriscaldamento *m.* **della terra** global warming
terremoto *m.* earthquake
terrorismo *m.* terrorism **4**
terrorista *m., f.* terrorist **4**
terzo *adj.* third
tesina *f.* essay; term paper
testa *f.* head
testardo/a *adj.* stubborn **5**
testimone *m., f.* witness **4**
testo *m.* textbook
tiẹpido *adj.* lukewarm **4**
tifare (per) *v.* to be a fan of, root for **3**
tifoso/a *m., f.* fan **3**
timbrare *v.* to stamp **9**
tịmido/a *adj.* shy **1**
tinta *f.* color; dye
tintorịa *f.* dry cleaner
tipo *m.* guy
tiramisù *m.* "pick-me-up" coffee dessert **1**
tirare avanti *v.* to forge ahead **6**
tirocinio *m.* professional training
tivù *f.* TV
toccare *v.* to touch
tọgliere *v.* to remove **1**
tonno *m.* tuna
tonto/a *adj.* dumb
topo *m.* mouse
topografịa *f.* topography **2**
tormenta *f.* bilizzard
tornado *m.* tornado
tornare *v.* to go back, to return **3**
torneo *m.* tournament **3**
toro *m.* bull
tosse *f.* cough **1**
tọssico/a: rifiuti *m., pl.* **tọssici** toxic waste
tossire *v.* to cough
tostapane *m.* toaster
tostare *v.* to toast
tovaglia *f.* tablecloth
tovagliolo *m.* napkin
tra *prep.* among, between, in
tracciare *v.* to trace **6**
tradizione *f.* tradition **6**
tradurre *v.* to translate **1, 8**
trạffico *m.* traffic **2**
tragedia *f.* tragedy
traghetto *m.* ferry **7**
trạgico/a *adj.* tragic **8**
tram *m.* cable car **2**
trama *f.* plot **8**
tramontare *v.* set (sun)
tramonto *m.* sunset
tranne *prep.* except **8**
tranquillo/a *adj.* calm, quiet **1**
trarre *v.* to draw, bring **9**
trasferirsi *v.* to move (change residence) **2, 5**
traslocare *v.* to move
trasmẹttere *v.* to broadcast **9**
trasmissione *f.* broadcast **7**
trasporto *m.* transportation
trasporto *m.* **pụbblico** public transportation

trattarsi di *v.* to be about, deal with **8**
trattato *m.* treaty **4**
trattoria *f.* small restaurant, family run
trauma *m.* trauma
tre *m.* three
treccia *f.* braid
treccine *f., pl.* dreadlocks
trecento *m.* three hundred
tredicesima *f.* year-end bonus
tredici *m.* thirteen
trendy *adj.* trendy
treno *m.* train
  salire sul treno *v.* to get on the train **2**
  scendere dal treno *v.* get off the train **2**
trenta *m.* thirty
trentacinque *m.* thirty-five
trentadue *m.* thirty-due
trentanove *m.* thirty-nine
trentaquattro *m.* thirty-four
trentasei *m.* thirty-six
trentasette *m.* thirty-seven
trentatré *m.* thirty-three
trentatreesimo *adj.* thirty-third
trentotto *m.* thirty-eight
trentuno *m.* thirty-one
tribuna *f.* stand
tribunale *m.* courthouse **2**
triste *adj.* sad
troppo *adj., adv., indef. pron.* too much
trovare *v.* to find
  trovare lavoro *v.* to find a job
trovarsi *v.* to be located **2**
truccarsi *v.* to put on make up **1**
trucco *m.* makeup **10**
truppa *f.* troop **7**
tuono *m.* thunder
turista *m., f.* tourist
turno *m.* **di lavoro** work shift **10**
tutelare *v.* to protect, defend **6**
tutto *indef. adj.* every, all **9**; *indef. pron.* everything **9**
  tutti quanti *rel. pron.* everyone, all who, all that **9**
  tutti quelli che *rel. pron.* everyone, all who, all that **9**
  tutti/e *indef. pron.* everyone; everything **9**
  tutto ciò che *rel. pron.* everything that, all that **9**
  tutto quanto *rel. pron.* everything that, all that **9**
  tutto quel(lo) che *rel. pron.* everything that, all that **9**
TV *f.* TV
  guardare la TV *v.* to watch TV

U

uccello *m.* bird
ufficio *m.* office **10**
  ufficio *m.* **informazioni turistiche** tourist information office
  ufficio *m.* **postale** post office
uguaglianza *f.* equality **4**
uguale *adj.* equal **4**
ultimo/a *adj.* last
Umanesimo *m.* Humanism **8**
umano/a: risorse *f., pl.* **umane** human resources
umidità *f.* humidity
umido/a *adj.* humid
  in umido *adj.* stewed
umile *adj.* humble **1**
umorismo *m.* humor **6**
umoristico/a *adj.* humorous **8**
undicesimo *adj.* eleventh
undici *m.* eleven
unito/a *adj.* united
università *f.* university
uomo (*pl.* uomini) *m.* man
  uomo *m.* **d'affari** businessman
uovo (*pl.* uova *f.*) *m.* egg
urbanistica *f.* city/town planning **2**
usanza *f.* custom **9**
usare *v.* to use
uscire *v.* to come out **1**; to be released **9**
  uscire (da) *v.* to leave **8**
  uscire con *v.* to go out with **1**
uscita *f.* exit
utile *adj.* useful **1**
uva *f.* grapes

V

vacanza *f.* vacation
vaccino *m.* vaccine **7**
valere *v.* to be worth **6**
  valere la pena *v.* to be worth it **3**
valigetta *f.* briefcase
valigia: fare la valigia *v.* to pack a suitcase
valle *f.* valley
valletta *f.* TV host assistant **9**
valuta *f.* currency **4**
vanitoso/a *adj.* vain **5**
vantaggio *m.* advantage **4**
vantarsi *v.* to boast, brag **2**
vaporetto *m.* motor boat (used for public transportation in Venice) **7**
varicella *f.* chicken-pox
vaso *m.* vase
vassoio *m.* tray **1**
vecchiaia *f.* old age **5**
vecchio/a *adj.* old
vedere *v.* to see **3**
vedersi *v.* to see each other **2**
vedovo/a *adj.* widowed; widower/widow **1**
velato/a *adj.* veiled **8**
veloce *adj.* fast
velocemente *adv.* quickly
vendere *v.* to sell
vendicativo/a *adj.* vengeful **1**
venditore/venditrice *m., f.* vendor **2**
  venditore/venditrice *m., f.* **ambulante** street vendor **2**
venerdì *m.* Friday
venire *v.* to come **1**
  venire da *v.* to come from **8**
ventesimo *adj.* twentieth
venti *m.* twenty
venticinque *m.* twenty-five
ventidue *m.* twenty-two
ventinove *m.* twenty-nine
ventiquattro *m.* twenty-four
ventisei *m.* twenty-six
ventisette *m.* twenty-seven
ventitré *m.* twenty-three
vento *m.* wind
ventoso/a *adj.* windy
ventotto *m.* twenty-eight
ventre *m.* abdomen
ventuno *m.* twenty-one
veramente *adv.* truly
verde *adj.* green
verdura *f.* vegetable
vergogna *f.* shame **2**
  avere vergogna (di) *v.* to be ashamed (of) **1**
vergognarsi *v.* to be ashamed **1**
versare *v.* to deposit **10**
verso *m.* line (of poetry) **8**; *prep.* toward
vestaglia *f.* robe **10**
vestirsi *v.* to get dressed **2**
vestito *m.* suit; dress
  vestiti *m., pl.* clothing
  vestito *m.* **da donna** suit **3**
  vestito *m.* **da sposa** wedding dress **8**
  vestito *m.* **da uomo** suit **3**; suit/dress **3**
veterinario/a *m., f.* veterinarian
vetrina *f.* shop window **1**
vetro *m.* car window
vetturino *m.* coachman **9**
via *f.* street **2**; *adv.* away
  buttare via *v.* to throw away **1**
viaggiare *v.* to travel
viaggiatore *m.* traveler
viaggio *m.* trip
  agente *m.,f.* **di viaggio** travel agent
vicino/a *adj.* near; *m., f.* neighbor; *adv.* near, close
  vicino a *prep.* close (to)
vicolo *m.* alley **9**
videocamera *f.* camcorder
videogioco *m.* videogame **3**
videoteca *f.* video store
vigile *m., f.* **del fuoco** firefighter **2**

vigile/vigilessa *m., f.* **urbano/a** traffic officer
vigilia *f.* eve **6**
vignetta *f.* cartoon **9**
villa *f.* single-family home; villa
vịncere *v.* to win
vịncere le elezioni *v.* to win the election **4**
vịncere una partita *v.* to win a game **3**
vino *m.* wine
viola *(invar.) adj.* purple
violenza *f.* violence **4**
violinista *m., f.* violinist
violino *m.* violin
visitare *v.* to visit
viso *m.* face
vista *f.* sight
conọscere di vista *v.* to know by sight
vita *f.* waist
vịttima *f.* victim **4**
vitto: vitto e alloggio room and board (lit. food and apartment) **5**
vittoria *f.* victory **4**
vittorioso/a *adj.* victorious **4**
vivace *adj.* lively **2, 5**
vịvere *v.* to live **5**
vịvere di *v.* to live on **8**
viziare *v.* to spoil **5**
voglia *f.* desire
avere voglia di *v.* to feel like **8**
volante *m.* steering wheel
volere *v.* to want **1**
volerci *v.* to take, require **8**
volere bene a *v.* to feel affection for; to love **1**
volo *m.* flight
volontà *f.* willingness, will, wish **4, 6**
volta *f.* time; turn
volto *m.* face **9**
vọngola *f.* clam
votare *v.* to vote 4
voto *m.* grade
vulạnico/a: eruzione *f.* **vulcạnica** volcanic eruption

W

windsurf *m.* windsurfing

Y

yogurt *m.* yogurt

Z

zainetto *m.* small backpack **5**
zaino *m.* backpack
zeppe *f., pl.* wedge shoes **3**
zịo/a *m., f.* uncle/aunt **5**
zoọlogo/a *m., f.* zoologist **7**
zuppa *f.* soup

English-Italian

A

@ symbol chiọcciola *f.* **7**
abdomen ventre *m.*
ability competenza *f.*
abolish abolire *v.* **8**
above sopra *prep., adv.*
abroad all'ẹstero *adv.*
absolutely altroché *conj.*
abuse abusare *v.* **4;** maltrattamento *m.* **6**
abuse of power abuso *m.* di potere **4**
accident incidente *m.*
to have/be in an accident avere un incidente *v.*
according to secondo *prep.* **8**
accordion fisarmọnica *f.*
account conto *m.* **10**
checking account conto *m.* corrente **10**
to open/close an account aprire/chiudere *v.* un conto **10**
accountant contạbile *m., f.* **10**
achieve realizzare *v.* **6**
acid rain pioggia *f.* ạcida
acknowledge riconọscere *v.*
acritical acrịtico/a *adj.* **9**
across from di fronte a *prep.*
act atto *m.;* recitare *v.*
active attivo/a *adj.;* sportivo/a *adj.*
activist attivista *m., f.* **4**
actor/actress attore/attrice *m., f.* **9**
ad annuncio *m.* **10**
job ad annuncio *m.* di lavoro **10**
AD (Anno Domini) d.C. (dopo Cristo) *adj.* **2, 8**
adapt adattarsi *v.* **6**
adaptation adattamento *m.* **9**
address indirizzo *m.*
address book rubrica *f.*
adhesive tape nastro *m.* adesivo **7**
adjust adeguarsi *v.* **6**
administrative assistant assistente *m., f.* amministrativo/a
adopt adottare *v.*
adopted adottivo/a *adj.* **5**
adoptive adottivo/a *adj.* **5**
adore adorare *v.* **1**
adulthood età *f.* adulta **5**
advance sviluppo *m.* **6, 7**
advantage vantaggio *m.* **4**
advertisement pubblicità *f.* **9**
advise consigliare (di) *v.* **8**
aesthetic estẹtico/a *adj.* **8**
affectionate affettuoso/a *adj.* **1**
affluent abbiente *adj.* **5**
afraid: be afraid (of) avere paụra (di) *v.* **1**
African africano/a *adj.*
after dopo *prep.* **8**
afternoon pomeriggio *m.*
afternoon snack merenda *f.*
afterwards dopo *adv.*
again ancora; di nuovo *adv.*
against contro *prep.* **8**
age età *f.* **8;** invecchiare *v.* **5**
agency agenzịa *f.*
agent agente *m., f.*
agnostic agnọstico/a *adj., m., f.* **6**
ago fa *adv.*
agreement accordo *m.* **4**
agriculture agricoltura *f.*
ailment malattịa *f.*
aim scopo *m.* **7**
airplane ạereo *m.*
airport aeroporto *m.*
alarm clock sveglia *f.* **10**
all ogni; tutto *indef. adj., indef. pron.* **9**
all over ovunque *adv.*
All Saints' Day Ognissanti *m.*
all that tutto ciò che, tutto quanto, tutto quel che, tutto quello che *rel. pron.* **9**
all that/who quanti, tutti quanti, tutti quelli che, tutti/e *rel. pron.* **9**
allergic: to be allergic (to) ẹssere allẹrgico (a) *v.*
alley vịcolo *m.* **9**
allies (allied troops) alleati *m., pl.* **2**
allow lasciare *v.;* permẹttere *v.* **6**
allusive allusivo/a *adj.* **8**
along lungo *prep.* **8**
already già *adv.*
by now, already ormai *adv.*
also anche; pure *conj.*
although benché, malgrado, nonostante, sebbene *conj.* **7**
always sempre *adv.*
ambulance ambulanza *f.*
American americano/a *adj.*
among fra, tra *prep.*
amusement park luna park *m.* **3**
analog signal segnale *m.* analọgico **7**
ancestor antenato *m.* **5**
and e *conj.*
angry arrabbiato/a *adj.*
to be angry at someone avẹrcela con qualcuno *v.*
animal animale *m.*
annoy dare fastidio *v.* **1**
annoyed contrariato/a *adj.* **1**
answer rispọndere *v.* **3**
to answer the phone rispọndere al telẹfono *v.*
answering machine segreterịa *f.* telefọnica
anthem inno *m.* **4**
anxious ansioso/a *adj.* **1**
any qualsiasi, qualunque *indef. adj.* **9**
anyone chiunque *indef. pron.* **9**
apartment appartamento *m.* **2**
studio apartment monolocale *m.*
appear parere *v.* **2**
appearance apparenza *f.* **4;** comparsa *f.* **6**
appetizer antipasto *m.*
applause applauso *m.*
apple mela *f.*
appliance elettrodomẹstico *m.*
apply fare domanda *v.*
apply for a job fare domanda per un lavoro *v.* **10**
appointment: to make an appointment prẹndere un appuntamento *v.*
apprentice apprendista *m., f.* **8**
appropriate opportuno/a *adj.*
April aprile *m.*
aquarium acquario *m.* **7**
aqueduct acquedotto *m.* **2**
Arab ạrabo/a *adj.*
architect architetto *m., f.*
arm braccio (*pl.* braccia *f.*) *m.*
armchair poltrona *f.*
armies armate *f., pl.* **2**
army esẹrcito *m.* **4**
aroma aroma *m.*
around intorno *prep., adv.*
around (out and about) in giro
arrivals arrivi *m., pl.*
arrive arrivare *v.* **3**
art arte *f.*
fine arts belle arti *f., pl.* **8**
artichoke carciofo *m.*
article: article of clothing capo *m.* di vestiario **10**
artificial intelligence (A.I.) intelligenza *f.* artificiale **7**
artisan artigiano/a *m., f.* **8**
artistic artịstico/a *adj.*
arts (*humanities*) lẹttere *f., pl.*
as così… come *adv.;* tanto… quanto *adv.*
as well anche *conj.*
ask chiẹdere *v.* **3;** domandare *v.*
to ask a question fare una domanda *v.*
to ask, consult interpellare *v.* **8**
aspirin aspirina *f.*
assume responsibility assụmersi una responsabilità *v.* **5**
astronaut astronauta *m., f.* **7**
astronomer astrọnomo/a *m., f.* **7**
at a; da; in *prep.*
@ symbol chiọcciola *f.* **7**
atheistic ạteo/a *adj.* **6**
athletic atlẹtico/a *adj.*
ATM bancomat *m.* **10;** cassa *f.* automạtica
attach allegare *v.* **7**
attend assistere a *v.* **8;** frequentare *v.*

attention: to pay attention dare retta, fare attenzione a *v.* **5**
attentive attento/a *adj.*
attic mansarda *f.*
attractive seducente *adj.* **1**
audacious audace *adj.*
audience pụbblico *m.*
August agosto *m.*
aunt zịa *f.* **5**
author autore/autrice *m., f.*
autonomy autonomịa *f.* **6**
avant-garde d'avanguardia *adj.* **8**
average: of average height di media statura *adj.*
avoid evitare (di) *v.*
award-winning premiato/a *adj.* **8, 9**
awareness: environmental awareness coscienza *f.* ambientale
axiom mạssima *f.* **1**

B

baby bambino/a *m., f.*
back schiena *f.*
backpack zaino *m.*
small backpack zainetto *m.* **5**
bad cattivo/a *adj.* **9**
bad boy ragazzaccio *m.*
bad weather maltempo *m.* **6;** tempaccio *m.*
bad-mannered maleducato/a *adj.* **5**
very bad pẹssimo/a *adj.* **9**
badly male *adv.* **9**
bakery panetterịa *f.*
balcony balcone *m.*
ball pallone *m.* **3**
ballet balletto *m.*
ballet dancer ballerino/a *m., f.*
ban divieto *m.* **8**
banana banana *f.*
band gruppo *m.* (musicale) **3**
rock band gruppo *m.* rock
bang frangia *f.*
bank banca *f.;* bancario/a *adj.*
bank account conto *m.* bancario
banker banchiere/a *m., f.*
bankruptcy bancarotta *f.* **10**
Baroque barocco/a *adj.*
bartender barista *m., f.*
basement seminterrato *m.*
basketball basket, pallacanestro *m.*
bass (*fish*) spịgola *f.* **4**
bath bagno *m.*
bathing suit costume *m.* da bagno
bathroom bagno *m.*
bathtub vasca *f.* da bagno
battery charger cạrica batterịa *m.*
battle battaglia *f.* **8**
BC(E) a.C. (avanti Cristo) *adj.* **8**
be ẹssere *v.* **3**
to be... years old avere... anni *v.* **1**
to be a fan of, root for tifare (per) *v.* **3**
to be able, can potere *v.* **1**
to be about to stare per *v.* **1**
to be about, deal with trattarsi di *v.* **8**
to be afraid (of) avere paụra (di) *v.* **1**
to be afraid temere *v.* **6**
to be ashamed vergognarsi *v.* **1**
to be ashamed (of) avere vergogna (di) *v.* **1**
to be better off fare meglio a *v.* **8**
to be born nạscere *v.* **3**
to be careful ẹssere attento/a *v.* **8**
to be early ẹssere in antịcipo *v.* **2**
to be expecting (a baby) aspettare un figlio *v.* **5**
to be fed up stufarsi *v.* **2**
to be good for servire a *v.* **8**
to be hungry avere fame *v.* **1**
to be important, to matter importare *v.* **2**
to be in a hurry avere fretta (di) *v.* **8**
to be in debt avere dei dẹbiti *v.* **10**
to be informed, up-to-date ẹssere aggiornato/a *v.* **9**
to be interested in interessarsi (a/di) *v.* **8**
to be located trovarsi *v.* **2**
to be missing mancare *v.* **2**
to be named chiamarsi *v.* **2**
to be necessary occọrrere *v.* **6**
to be pregnant ẹssere incinta *v.* **5**
to be ready ẹssere pronto/a a *v.* **8**
to be released uscire *v.* **9**
to be right avere ragione (di) *v.* **8**
to be sorry dispiacere *v.* **2;** ẹssere desolato/a *v.* **5**
to be sufficient bastare *v.* **3**
to be surprised ẹssere sorpreso/a *v.* **6**
to be thirsty avere sete *v.* **1**
to be well/ill stare bene/male *v.* **1**
to be worth valere *v.* **6**
to be worth it valere la pena *v.* **3**
to be wrong avere torto *v.* **8**
beach spiaggia *f.*
at/to the beach al mare *adv.*
beard barba *f.*
bearings: to get one's bearings orientarsi *v.*
beautiful bello/a *adj.*
beauty bellezza *f.* **1**
beauty salon salone *m.* di belleza
become divenire *v.* **3;** diventare; rẹndersi *v.*
to become independent diventare indipendente *v.* **5**
to become poor impoverirsi *v.* **6**
to become rich arricchirsi *v.* **6**
bed letto *m.*
bedroom cạmera *f.* da letto
bee ape *f.*
beef carne *f.* di manzo
beer birra *f.*
before prima *prep., adv.;* prima che *conj.* **7**
beforehand prima *adv.*
beggar mendicante *m., f.* **2**
begin (to) cominciare (a) *v.* **1**
beginning inizio *m.* **1**
behind dietro *prep., adv.* **8**
beige beige (*invar.*) *adj.*
believe crẹdere *v.* **6**
believer fedele *m., f.* **6**
belong (to) appartenere (a) *v.* **6**
belt cintura *f.*
bench panchina *f.*
berry bacca *f.*
bet (on) scommẹttere (su) *v.* **6, 8**
better meglio *adv.* **9;** migliore *adj.* **9**
between fra/tra *prep.*
beyond oltre *prep., adv.* **8**
biased soggettivo/a *adj.* **8;** parziale *adj.* **9**
bicycle bicicletta *f.*
big grande *adj.* **9;** largo/a *adj.*
big city metropoli *f.* **2**
bigger maggiore *adj.* **9**
bill banconota *f.;* conto *m.*
billiards biliardo *m.* **3**
bills bollette *f., pl.*
to pay the bills pagare le bollette *v.*
biochemist biochịmico/a *m., f.* **7**
biography biografịa *m.* **8**
biologist biọlogo/a *m., f.* **7**
biology biologịa *f.*
bird uccello *m.*
birth nạscita *f.* **5**
birthday compleanno *m.*
birthrate tasso *m.* di natalità **6**
bite morso *m.*
bitter amaro/a *adj.*
black nero/a *adj.*
blackboard lavagna *f.*
bland insịpido/a *adj.*
blizzard tormenta *f.*
blonde biondo/a *adj.*
blood sangue *m.* **5**
blouse camicetta *f.*
blue azzurro/a; blu (*invar.*) *adj.*
board game gioco *m.* di società **3**
boarding house pensione *f.*
boarding pass carta *f.* d'imbarco *f.*
boast vantarsi *v.* **2**
boat barca *f.*
body corpo *m.*
bomb ordigno *m.* **5,** bomba *f.*
book libro *m.*
bookshelf scaffale *m.*
bookstore librerịa *f.*
boot stivale *m.*

boredom nọia *f.* **1**
boring noioso/a *adj.*
How boring! Che nọia!
boss padrone *m.* **4**; capo *m.* **10**; principale *m., f.*
bossy autoritario/a *adj.* **5**
bother disturbare *v.* **1**; dare nọia a *v.* **8**
bottle bottiglia *f.*
bottom fondo *m.*
boundary confine *m.* **4**
bow prụa *f.* **4**
bowl scodella *f.*
box scạtola *f.* **1**
boxing pugilato *m.* **3**
boy ragazzo *m.*
boyfriend fidanzato *m.* **5**; ragazzo *m.*
brag vantarsi *v.* **2**
braid treccia *f.*
brake frenare *v.*
brakes freni *m., pl.*
branch ramo *m.*
brand marca *f.* **10**
bread impanare *v.;* pane *m.*
break rọmpere *v.* **3**; rọmpersi *v.*
to break up with rọmpere con *v.* **1**
break down ẹssere in panne *v.*
breakfast colazione *f.*
to have breakfast fare colazione *v.* **1**
bricklayer muratore *m.*
bride sposa *f.* **5**
bridge ponte *m.*
briefcase valigetta *f.*
bright brilliante *adj.*
bring portare *v.*, trarre *v.* **9**
broadcast mandare in onda; trasmẹttere *v.* **9**; trasmissione *f.* **7**
broke: to be broke ẹssere al verde *v.*
broom scopa *f.*
brother fratello *m.*
brother-in-law cognato *m.*
little/younger brother fratellino *m.*
brown rosolare *v.*
brown (*eyes*) marrone *adj.*
brown (*hair*) castano/a *adj.*
browse the Internet/Web navigare su Internet/sulla rete *v.* **7**
bruise lịvido *m.*
brush pettinare *v.;* spạzzola *f.*
to brush one's hair pettinarsi *v.*
to brush one's teeth lavarsi i denti *v.*
buckle (*seatbelt*) allacciare *v.*
build costruire *v.*
building edificio *m.* **2**; palazzo *m.* **2**; immobiliare *adj.*
building material materiale *m.* edile *2*
bull toro *m.*
bulletin board bacheca *f.*
bully bullo *m., f.* **3**
bump bernọccolo *m.*
burn bruciare; masterizzare *v.* **7**; scottatura *f.*
burrow tana *f.* **8**
bus ạutobus *m.;* pullman *m.*
get off a bus scẹndere dall'ạutobus *v.* **2**
long-distance bus corriera *f.* **6**
to get on a bus salire sull'ạutobus *v.* **2**
bush cespuglio *m.*
businessman uomo *m.* d'affari
businesswoman donna *f.* d'affari
busy indaffarato/a *adj.* **2**
but ma *conj.*
butcher macelleria *f.;* macellạio *m.*
butter burro *m.*
buy comprare *v.*
by da *prep.*
by now; already ormai *adv.*
Byzantine bizantino/a *adj.*

C

cabin (*mountain shelter*) baita *f.*
cable cavo *m.*
cable car tram *m.* **2**
cable TV televisione *f.* via cavo **9**
café bar *m.* **1**
cafè specializing in chocolate cioccolaterịa *f.*
cafeteria mensa; tạvola *f.* calda *f.*
cake: Christmas cake panettone *m.* **6**
call chiamare *v.* **2**
calm tranquillo/a *adj.* **1**
camcorder videocạmera *f.*
camera: digital camera mạcchina *f.* fotogrạfica digitale
camp campeggiare *v.* **3**
campaign campagna *f.*
electoral campaign campagna *f.* elettorale **3**
camping campeggio *m.*
Canadian canadese *adj.*
canals canali *m., pl.* **7**
canary canarino *m.*
cancel annullare *v.*
candidate candidato/a *m., f.*
canvass tela *f.*
car automọbile *f.;* mạcchina *f.*
car racing automobilismo *m.* **3**
get out of a car scẹndere dalla mạcchina *v.* **2**
to get in a car salire in mạcchina *v.* **2**
car door portiera *f.*
carafe caraffa *f.*
card carta *f.*
playing cards carte *f., pl.* (da gioco)
care (about) tenere a *v.* **8**
to not care (about) fregạrsene (di) *v.* **6**
career carriera *f.* **10**
careful prudente *adj.* **1**
caretaker bidello/a; portiere/a *m., f.*
carnival carnevale *m.* **9**
carpenter falegname *m.*
carpet tappeto *m.*
carriage carrozza *f.* **9**
carrot carota *f.*
carry: carry out an investigation condurre un'inchiesta *v.*
carry-on baggage bagaglio *m.* a mano
cartoon vignetta *f.* **9**
cartoons cartoni *m. pl.* animati **9**
cash contanti *m., pl.*
to cash a check cambiare un assegno *v.* **10**
to pay in cash pagare in contanti *v.*
castaway nạufrago *m.* **4**
cat gatto/a *m., f.*
catastrophe catastrofe *f.*
cathedral cattedrale *f.* **6**
Catholic cattọlico/a *adj.* **6**
cavity carie *f.*
CD CD/compact disc *m.*
CD-ROM CD-ROM *m.*
celebrate festeggiare *v.* **3**
celebrations festeggiamenti *m., pl.* **9**
cell phone cellulare *m.*
censorship censura *f.* **8, 9**
censor censurare *v.* **8**
center centro *m.*
center forward centravanti *m.* **3**
century sẹcolo *m.* **2**
certain certo/a, sicuro/a *adj.*
chair sedia *f.*
chalk gesso *m.*
challenge sfida *f.* **7**
chamber orchestra orchestra *f.* da camera **8**
change cambiare *v.;* moneta *f.*
small change spịccioli *m., pl.* **3**
channel canale *m.*
chaos caos *m.* **6**
character personaggio *m.* **8**
main character personaggio *m.* principale
charge caricare *v.*
charming affascinante *adj.* **1**
chart classịfica *f.* **3**
chase rincọrrere *v.*
chat chiacchierare *v.* **2**
chatterbox chiacchierone *m.*
check assegno *m.;* controllare *v.*
to cash a check cambiare un assegno *v.* **10**
to pay by check pagare con assegno *v.*
check-in counter banco *m.* **5**
cheerful allegro/a *adj.*
cheerfully allegramente *adv.*
Cheers! Cin, cin!

cheese formaggio *m.*
chef cuoco/a *m., f.*
chemist chimico/a *m., f.* **7**
chess scacchi *m., pl.* **3**
chest petto *m.*
chic chic *adj.*
chicken-pox varicella *f.*
child bambino/a *m., f.*
only child figlio/a unico/a *m., f.* **5**
childhood infanzia *f.* **5**
Chinese cinese *adj.*
chit-chat chiacchiere *f., pl.* **1**
choose scegliere *v.* **1**
chores faccende *f., pl.*, mestieri *m., pl.*
to do household chores fare i mestieri/le faccende *v.*
chorus coro *m.*
Christmas Natale *m.*
Christmas bread panettone *m.* **6**
church chiesa *f.* **6**
cinema cinema *m.*
citizen cittadino/a *m., f.* **2**
citizenship cittadinanza *f.* **4**
city città *f.*
big city metropoli *f.* **2**
city hall municipio *m.* **2**
city plan piano *m.* urbanistico **2**
city walls mura *f., pl.* di cinta **2**
city/town planning urbanistica *f.* **2**
civil civile *adj.*
civil servant funzionario/a *m., f.*
civil war guerra *f.* civile **4**
civilization civiltà *f.* **8**
claim reclamare *v.* **6**
clam vongola *f.*
clap applaudire *v.* **3;** battere le mani *v.* **9**
clapper: professional clappers claque *f.* **9**
clarinet clarinetto *m.*
class classe; lezione *f.*
class conflict conflitto *m.* di classe **6**
classic; classical classico/a *adj.* **8**
classmate compagno/a *m., f.* di classe
classroom aula *f.*
clean pulire *v.;* pulito/a *adj.*
clean energy energia *f.* pulita **7**
clear chiaro/a *adj.*
to clear the table sparecchiare la tavola *v.*
clever spiritoso/a *adj.*
client cliente *m., f.*
cliff scogliera *f.*
climate clima *m.*
climb scalare *v.* **3**
to climb stairs salire le scale *v.*
climbing arrampicata *f.*
clock orologio *m.*
clone clonare *v.* **7**
close chiudere *v.*
to close an account chiudere un conto *v.* **10**
close (to) vicino (a) *prep.*
close-knit affiatato/a *adj.* **5**
closet armadio *m.*
clothes dryer asciugatrice *f.*
clothing abbigliamento *m.* **10;** vestiti *m., pl.*
clothing size taglia *f.*
cloud nuvola *f.*
cloudy nuvoloso/a *adj.*
clutch frizione *f.*
coach allenatore/allenatrice *m., f.* **3**
coach (*bus*) pullman *m.*
coachman vetturino *m.* **9**
coast costa *f.*
coast guard guardia *f.* costiera **4**
coat cappotto *m.* **3**
cobblestones selciato *m.* **9**
cockpit cabina *f.* di controllo **5**
code codice *m.* **7**
code of conduct/ethics codice *m.* deontologico **7**
coercive coercitivo/a *adj.* **8**
coffee caffè *m.*
coffee maker caffettiera *f.*
coin moneta *f.*
coincidence coincidenza *f.* **3**
cold freddo/a *adj.;* raffreddore *m.*
It's cold. Fa freddo.
to feel cold avere freddo *v.*
to have a cold avere il raffreddore *v.*
colleague collega *m., f.* **10**
collection collezione *f.*
colonize colonizzare *v.* **8**
color colore *m.;* tinta *f.*
comb pettine *m.*
to comb one's hair pettinarsi *v.*
come venire *v.* **1**
Come on! Forza!
to come from venire da *v.* **8**
to come near avvicinarsi *v.* **5**
to come out uscire *v.* **1**
comedy commedia *f.*
comic strip fumetto *m.* **9**
commercial pubblicità *f.* **9**
commission commissione *f.* **8**
commit commettere *v.*
commitment impegno *m.* **10**
common sense buon senso *m.* **6**
commonplaces luoghi *m., pl.* comuni **1**
commute fare il pendolare *v.*
company azienda, ditta *f.* **10**
compassion compassione *f.* **2**
compel obbligare (a) *v.* **8**
competence competenza *f.*
competition gara *f.* **3**
competitive competitivo/a *adj.* **3**
complain lamentarsi (di) *v.* **2;** reclamare *v.* **6**
completely affatto; completamente *adv.*
compose comporre *v.*
composer compositore/compositrice *m., f.*
composition composizione *f.* **8**
compromise compromesso *m.*
computer computer *m.* **7**
computer science informatica *f.* **7**
desktop computer computer *m.* da tavolo **7**
laptop computer computer *m.* portatile **7**
concert concerto *m.*
condition condizione *f.*
confident disinvolto/a *adj.*
conform conformarsi *v.* **6**
conformism conformismo *m.* **8**
conformist conformista *adj.* **6**
congressman/congresswoman deputato/a *m., f.* **4**
connection collegamento *m.* **7**
conquer conquistare *v.* **8**
conscience coscienza *f.* **3, 8**
conservative conservatore/conservatrice *adj.* **4**
constitution costituzione *f.* **6**
consult interpellare *v.* **8**
consultant consulente *m., f.* **10**
contemporary contemporaneo/a *adj.*
contempt sdegno *m.*
content contento/a *adj.*
contestant concorrente *m., f.* **9**
continue continuare *v.* **8;** proseguire *v.*
contract contratto *m.*
contravene contravvenire a *v.* **8**
contributions contributi *m., pl.*
control controllo *m.*
controversial controverso/a *adj.* **7**
controversy polemica *f.* **6**
conversation conversazione *f.*
cook cucinare *v.;* cuocere *v.* **3**
cook cuoco/a *m., f.*
cookie biscotto *m.* **1**
cool fresco/a *adj.*
copy copiare *v.* **7**
copyright diritto *m.* d'autore **8**
corner angolo *m.* **2**
around the corner dietro l'angolo *adv.*
correct correggere *v.* **3**
correspondent inviato/a *m., f.* speciale **9**
cosmetics shop profumeria *f.*
cost costare *v.*
cotton cotone *m.*
couch divano *m.*
cough tosse *f.* **1;** tossire *v.*
council consiglio *m.* **4**
count on contare su *v.* **1**
counting rhyme conta *f.* **2**
countryman/countrywoman paesano/a *m., f.* **2**

countryside campagna *f.* **2**
couple coppia *f.* **1**
courageous coraggioso/a *adj.*
course piatto *m.*
first/second course primo/secondo piatto *m.*
courteous cortese *adj.*
courtesy cortesịa *f.*
courthouse tribunale *m.* **2**
cousin cugino/a *m., f.* **5**
cover (with) coprire (di) *v.* **8**
cow mucca *f.*
coward codardo/a *adj.* **5**
craftsman artigiano/a *m., f.* **8**
crazy pazzo/a *adj.*
credit crẹdito *m.*
credit card carta *f.* di crẹdito **10**
to pay with a credit card pagare con carta di crẹdito *v.*
crew cut capelli *m., pl.* a spạzzola
crime criminalità *f.* **4;** crịmine **4;** delitto *m.* **6**
crime novel giallo *m.* **8**
criminal criminale *m., f.* **4**
crisis: economic crisis crisi *f.* econọmica **10**
critic critico *m.* **9**
cross attraversare *v.* **2**
cross-country skiing sci *m.* di fondo *m.* **3**
crosswalk strisce *f., pl.* pedonali **2**
crowd folla *f.* **2**
crowded affollato/a *adj.* **2;** intasato/a *adj.*
crude rozzo/a *adj.*
cruel crudele *adj.*
cruelty crudeltà *f.* **4**
cruise crociera *f.*
crumb brịciola *f.*
cry piạngere *v.* **3**
cultural heritage patrimonio culturale *m.* **9**
cup tazza *f.*
cupboard credenza *f.*
curator curatore/curatrice *m., f.* **1**
cure guarire *v.* **7**
curious curioso/a *adj.*
curl arricciare *v.*
curly riccio/a *adj.*
currency valuta *f.* **4**
current affairs attualità *f.* **9**
curse maledire *v.*; maledizione *f.*
curtain sipario *m.* **9;** tenda *f.*
custom usanza *f.* **9**
customer cliente *m., f.*
customs dogana *f.*
cut tagliare *v.*
to cut one's hair tagliare i capelli *v.*
cute bellino/a, *m., f.* carino/a *adj.*
cycling ciclismo *m.*
cyclone ciclone *m.*
cypress cipresso *m.*

D

dad papà *m.*
daily quotidiano/a *adj.* **2**
dance ballare *v.*
classical dance danza *f.* clạssica
short dance performance balletto *m.* **9**
danger perịcolo *m.* **4**
dangerous pericoloso/a *adj.* **2**
dark scuro/a *adj.*
dark-haired bruno/a *adj.*
darts freccette *f., pl.*
database banca *f.* dati **7**
date appuntamento *m.* **1**
be up-to-date ẹssere aggiornato/a *v.* **9**
daughter figlia *f.* **5**
daughter-in-law nuora *f.* **5**
dawn alba *f.*
day giorno *m.*
deaf sordo/a *adj.* **5**
deal affare *m.* **4**
good deal buon affare *m.*
dear: sweet, very dear caruccio *adj.*
death morte *f.* **5**
debit card carta *f.* di dẹbito
to pay with a debit card pagare con carta di dẹbito *v.*
debt dẹbito *m.* **10**
to be in debt avere dei dẹbiti *v.* **10**
debut debutto *m.*
decade decennio *m.* **8**
December dicembre *m.*
decide decịdere *v.* **3**
decision: to make a decision prẹndere una decisione *v.*
decrease diminuire *v.* **6**
decree decreto *m.* **8**
dedicate oneself (to) dedicarsi (a) *v.* **4**
defeat sconfịggere *v.* **8;** sconfitta *f.* **4**
defend difẹndere *v.* **4;** tutelare *v.* **6**
defense difesa *f.* **3**
deforestation disboscamento *m.*
degree diploma; grado *m.*
It is 18 degrees out. Ci sono 18 gradi.
delay ritardo *m.* **2**
delicatessen (negozio di) gastronomịa *f.*
demand richiesta *f.* **10**
demanding esigente *adj.*
democracy democrazịa *f.* **4**
democratic democrạtico/a *adj.* **8**
demographic makeup composizione *f.* demogrạfica **2**
demonstrate fare una manifestazione, manifestare *v.* **6**
dentist dentista *m., f.*
denture dentiera *f.* **5**
department facoltà *f.*
department store grande magazzino *m.*
departures partenze *f., pl.*
depend (on) dipendere (da) *v.* **8**
deposit depositare, versare *v.* **10**
depressed depresso/a *adj.* **1**
depression depressione *f.*
desert deserto *m.*
deserve meritare *v.* **1**
designer firmato/a *adj.* **3**
designer label griffe *f.* **10**
desire desiderare *v.* **6;** voglia *f.*
desire to be in the limelight protagonismo *m.*
desk banco *m.*
desktop computer computer *m.* da tạvolo **7**
dessert dolce *m.*
deterioration degrado *m.*
develop sviluppare *v.*
development sviluppo *m.* **6, 7**
device dispositivo *m.* **7**
diagram schema *m.*
dial comporre *v.*; digitare *v.* **7**
dialect dialetto *m.* **6**
dialogue diạlogo *m.* **6**
diaper pannolino *m.* **2**
dictatorship dittatura *f.* **4**
dictionary dizionario *m.*
die morire *v.* **3**
diet dieta *f.*
to be on a diet ẹssere a dieta *v.*
difference divergenza; differenza *f.*
difficult diffịcile *adj.*
digital digitale *adj.*
digital camera mạcchina *f.* fotogrạfica digitale
digital signal segnale *m.* digitale **7**
dignity dignità *f.*
dilemma dilemma *m.*
dim-witted scemo/a *adj.*
dining room sala *f.* da pranzo
diploma diploma *m.*
directions: to give directions dare indicazioni *v.* **2**
director regista *m., f.* **9;** principale *m., f.*
dirty sporco/a *adj.*
disagree dissentire *v.* (da, su) **6**
disappear scomparire *v.* **7**
disappearance scomparsa *f.* **6**
disappointed deluso/a *adj.* **1**
discourteous scortese *adj.*
discovery ritrovato *m.* **7;** scoperta *f.* **7**
discreet discreto/a *adj.*
discuss discụtere *v.* **3**
disease malattịa *f.*
disgusting schifoso/a *adj.*
dishonest disonesto/a *adj.* **1**
dishwasher lavastoviglie *f.*

dissapear sparire *v.* **3**
dissent dissentire *v.* **6**
distance oneself allontanarsi (da) *v.* **8**
distant lontano/a *adj.* **5**
distinguish distịnguere *v.* **6**
disturbing inquietante *adj.*
diversity diversità *f.* **6**
divorce divorziare (da) *v.* **1**
divorced divorziato/a *adj.* **1**
DNA DNA *m.* **7**
do fare *v.* **1**
to do one's homework fare i compiti *v.* **1**
to do the laundry fare il bucato *v.* **5**
doctor dottore(ssa) *m., f.*
family doctor mẹdico *m.* di famiglia
to go to the doctor andare dal dottore *v.*
document documento *m.*
documentary documentario *m.* **9**
dog cane *m.*
doll bạmbola *f.* **5**
domestic domẹstico/a *adj.*
domination dominio *m.* **6**
door porta *f.*
doorman portiere/a *m., f.*
doubt dubitare *v.* **7**
down there laggiù *adv.* **6**
download scaricare *v.* **7**
downstage ribalta *f.* **9**
drain smaltire *v.*
drama dramma *m.*
dramatic drammạtico/a *adj.*
draw (*bring*) trarre *v.* **9**
drawer cassetto *m.*
dreadlocks treccine *f., pl.*
dream sognare *v.* **1**
dream-like onịrico/a *adj.* **9**
dress ạbito *m.*; vestito *m.* **3**
dress circle balconata *f.*
dress shirt camicia *f.*
evening dress ạbito *m.* da sera **3**
woman's dress vestito *m.* da donna **3**
dresser cassettiera *f.*
dressing style look *m.* **10**
drink bere *v.* **1**; bịbita *f.*
to get something drink/eat prẹndere qualcosa da bere/mangiare *v.* **3**
drive guidare *v.* **2**
driver autista *m.* **2**
driver's license patente *f.*
drought siccità *f.*
drug medicina *f.*
drum tamburo *m.*
drums batterịa *f.*
drummer batterista *m., f.*
dry secco/a *adj.*
dry cleaner lavanderịa, tintorịa *f.*
dry up asciugarsi *v.* **2**

dryer (*clothes*) asciugatrice *f.*
dubbing doppiaggio *m.* **9**
dumb tonto/a *adj.*
dump discạrica *f.*
during durante *prep.* **8**
dust fare la pọlvere, spolverare *v.*; pọlvere *f.*
dye tinta *f.*
dynamic dinạmico/a *adj.*

E

each ciascuno/a *indef. adj., pron.* **9**
each other l'un l'altro, fra di loro
ear orecchio (*pl.* orecchie *f.*) *m.*
earn guadagnare *v.* **10**
earnest convinto/a *adj.*
earrings orecchini *m., pl.* **10**
earthquake terremoto *m.*
ease: at ease a proprio agio *adv.*
Easter Pasqua *f.*
Easter Monday pasquetta *f.* **9**
easy fạcile *adj.*
eat mangiare *v.* **6**
to get something to drink/eat prẹndere qualcosa da bere/mangiare *v.* **3**
e-Book libro *m.* elettrọnico **7**
ecology ecologịa *f.*
economics economịa *f.*
economy class classe *f.* econọmica
editor redattore/redattrice *m., f.* **9**
education formazione *f.* **10**; istruzione *f.*
eel: large eel capitone *m.* **6**
effect effetto *m.*
egg uovo (*pl.* uova *f.*) *m.*
eggplant melanzana *f.*
eight otto *m.*
eight hundred ottocento *m.*
eight million otto milioni *m.*
eighteen diciotto *m.*
eighteenth diciottẹsimo *adj.*
eighth ottavo *adj.*
eighty ottanta *m.*
eighty-one ottantuno *m.*
eighty-second ottantaduẹsimo *adj.*
elbow gọmito *m.*
elect elẹggere *v.* **4**
election elezione *f.*
to lose the election pẹrdere le elezioni *v.* **4**
electrician elettricista *m., f.*
electronics elettrọnica *f.* **7**
elevator ascensore *m.*
eleven ụndici *m.*
eleventh undicẹsimo *adj.*
e-mail address indirizzo *m.* e-mail **7**
e-mail message e-mail *f.*
emergency room sala *f.* d'emergenza; pronto soccorso *m.* **9**
emigration emigrazione *f.* **4**

empathy empatịa *f.* **6**
emperor/empress imperatore/imperatrice *m., f.* **8**
employ impiegare *v.* **10**
employee impiegato/a *m., f.* **10**
enchanted fatato/a *adj.* **3**
encourage incoraggiare *v.* **8**
end fine *f.* **1**
enemy nemico *m.* **2**
energetic enẹrgico/a *adj.*
energy energịa *f.*
clean energy energịa *f.* pulita **7**
engaged fidanzato/a *adj.* **1**
engine motore *m.*
engineer ingegnere *m.* **2**
engineering ingegnerịa *f.* **7**
English inglese *adj.*
engrave scolpire *v.*
enough abbastanza *adv.*
entertainer intrattenitore *m.* **9**
enthusiastic entusiasta *adj.* **1**
entrust affidare *v.* **10**
envelope busta *f.*
environment ambiente *m.*
environmental impact impatto *m.* ambientale *7*
environmentalism ambientalismo *m.*
epic racconto *m.* ẹpico
episode puntata *f.* **9**
equal uguale *adj.* **4**
equality uguaglianza *f.* **4**
erase cancellare *v.* **7**
eraser gomma *f.*
error errore *m.*
eruption eruzione *f.*
essay tema *m.*; tesina *f.*
essayist saggista *m., f.* **8**
ethical ẹtico/a; morale *adj.* **7**
evacuees sfollati *m., pl.* **2**
eve vigilia *f.* **6**
even pure, persino *adv.*
not even non… neanche *adv.*
not even non… nemmeno, non… neppure *conj.*
evening sera *f.*
Good evening. Buonasera.
ever mai *adv.*
every ogni; tutto *indef. adj.* **9**
everyone ognuno/a; tutti *indef. pron.* **9** quanti, tutti quanti, tutti quelli che, tutti/e *rel. pron.* **9**
everything tutto, tutti/e *indef. pron.* **9**
everything that tutto ciò che, tutto quanto, tutto quel che, tutto quello che *rel. pron.* **9**
excavation scavo *m.* **2**
except tranne *prep.* **8**
except (for) salvo *prep.* **8**
exchange cambiare *v.* **3**; scambio *m.* **4**
excited emozionato/a, entusiasta *adj.* **1**
excuse scusare *v.*
Excuse me. Scusi/a. (*form./fam.*)

executive dirigente *m., f.* 10
exercise fare esercizio *v.*
exhaust scappamento *m.*
exhibit esposizione *f.*
exhibition mostra *f.* 3, 8
exit uscita *f.*
expel espęllere *v.* 8
expensive caro/a, costoso/a *adj.*
experience esperienza *f.* 10
  professional experience esperienza *f.* professionale 10
experiment esperimento *m.* 7
experimental sperimentale *adj.* 9
explain spiegare *v.* 1
explore esplorare *v.*
expression espressione *f.*
exquisite squisito/a *adj.*
extreme sports sport *m., pl.* estremi
eye occhio *m.*
eyebrow sopracciglio (*pl.* sopracciglia *f.*) *m.*
eyelash ciglio (*pl.* ciglia *f.*) *m.*
eyelid pąlpebra *f.* 5

F

face faccia *f.;* viso *m.;* volto *m.* 9
factory fąbbrica; officina *f.* 10
  factory worker operąio/a *m., f.*
faculty facoltà *f.*
fail fallire *v.*
  to fail (*exam*) bocciare *v.*
fair giusto/a *adj.* 4
fairy tale fąvola, fiaba *f.* 3
faith fede *f.* 6
faithful fedele *adj.* 1
fall autunno *m.;* cadere *v.* 3
  to fall apart sfarsi *v.*
  to fall asleep addormentarsi *v.* 2
  to fall in love (with) innamorarsi (di) *v.* 1
fame notorietà *f.* 9
family famiglia *f.*
  family relationship parentela *f.* 5
  family unit nụcleo *m.* familiare 5
fan tifoso/a m., *f.* 3
fare tariffa *f.*
  excess fare supplemento *m.*
farm fattorịa *f.*
farmer agricoltore/agricoltrice *m., f.;* contadino/a *m., f.* 2
farmhouse casale *m.* 2; podere *m.* 8
fascist fascista *adj.* 8
fashion moda *f.*
  to (not) be in fashion (non) andare di moda *v.*
  fashion designer stilista *m.* 10
fashionable alla moda *adj.* 3
fast veloce *adj.*
fat grasso/a *adj.*
father padre *m.*
father-in-law sụocero *m.* 5
fault colpa *f.* 1
favorite preferito/a *adj.*
fax fax *m.*
fear paụra *f.* 4; temere *v.* 6
Feast of the Patron Saint Festa del santo patrono *f.*
February febbrąio *m.*
fed up stufo/a *adj.* 1
feel sentire *v.;* provare *v.* 1; sentirsi *v.* 1
  to feel affection for volere bene a *v.* 1
  to feel like avere voglia di *v.* 8
fellow villager/countryman/woman paesano/a *m., f.* 2
female femmina *f.*
feminist femminista *adj.*
ferry traghetto *m.* 7
festival fẹstival *m.;* rassegna *f.* 9
festivities festeggiamenti *m., pl.* 9
fever febbre *f.*
  to have a fever avere la febbre *v.*
few: a few qualche, alcuni/e *indef. adj.* 9 alcuni/e *indef. pron.* 9
fiancé(e) fidanzato/a *m., f.* 1
field campo *m.* 2
  playing field campo *m.* di/da gioco 3
fifteen quịndici *m.*
fifth quinto *adj.*
fifty cinquanta *m.*
fifty-one cinquantuno *m.*
fight combąttere *v.* 4; litigare *v.* 5; lottare *v.* 6
figure cifra *f.* 10
fill (with) riempire (di) *v.* 8
  to fill out a form riempire un mọdulo *v.*
film film *m.;* filmare, girare *v.* 9
  film critic crịtico *m.* cinematogrąfico 9
  horror/sci-fi film film *m.* di fantascienza/dell'orrore
filmmaker cineasta *m., f.* 9
financial finanziario/a *adj.* 10
find trovare *v.*
  find (*archeol.*) reperto *m.* 2
finding ritrovato *m.* 7
fine multa *f.*
  fine arts belle arti *f., pl.* 8
finger dito (*pl.* dita *f.*) *m.*
finish finire *v.* 4
fire licenziare *v.* 10
firefighter vịgile *m., f.* del fuoco 2
fireman pompiere *m.* 7
firm società *f.* 10
first prima *adv.;* primo/a *adj.*
  at first all'inizio *adv.*
  first aid pronto/primo soccorso *m.*
  first-born primogẹnito/a *m., f.*
  first class prima classe *adj.*
  first of all innanzitutto *adv.*
fish pescare *v.* 4; pesce *m.*
  fish shop pescherịa *f.*
five cinque *m.*
five hundred cinquecento *m.*
five hundred fifty thousand cinquecentocinquantamila *m.*
five thousand cinquemila *m.*
five-hundredth cinquecentẹsimo *adj.*
fix aggiustare *v.*
flag bandiera *f.* 4
flash drive chiavetta USB *f.* 7
flash of lightning lampo *m.*
flavor gusto *m.*
flavoring aroma *m.*
flee fuggire *v.* 3
flight volo *m.*
flip-flops infradito *f., pl.* 3
flippers pinne *f., pl.* 4
flood alluvione *f.* 7; ingolfare *v.*
flooding allagamento *m.* 7
floor pavimento *m.*
florist fiorąio, fiorista *m.* 10
flower fiore *m.*
  flower seller fiorąio *m.* 10
  flower shop fiorista *m.*
flu influenza *f.*
flute flauto *m.*
folder cartella *f.*
folklore folclore *m.* 9
follow seguire *v.*
food cibo *m.*
foodstuffs alimentari *m., pl.*
fool: to act the fool fare il buffone *v.*
foosball biliardino *m.* 3
foot piede *m.*
  on foot a piedi *adv.*
football football *m.* americano
footbridge passerella *f.* 7
for per *prep.*
  For how long… Da quanto tempo…
forbidden proibito/a *adj.* 8
foreign straniero/a *adj.*
  foreign countries ẹstero *m.* 6
forest foresta *f.*
forge ahead tirare avanti *v.* 6
forget dimenticare *v.;* dimenticarsi (di) *v.* 2
forgettable dimenticąbile *adj.* 1
fork forchetta *f.*
form mọdulo *m.*
forty quaranta *m.*
foundations fondamenta *f., pl.* 6
fountain fontana *f.*
four quattro *m.*
four eyes quattrocchi *m., f.* 3
four hundred quattrocento *m.*
fourteen quattọrdici *m.*
fourth quarto *adj.*
fraction parte, frazione *f.*
fracture frattura *f.*
free gratis (*invar.*) *adj., adv.*

freedom libertà *f.* **4**
freedom of the press libertà *f.* di stampa **9**
freedom of worship libertà *f.* di culto *f.* **6**
freezer congelatore *m.*
French francese *adj.*
frequently frequentemente *adv.*
fresco affresco *m.* **8**
Friday venerdì *m.*
fridge frigo *m.*
fried fritto/a *adj.*
friend amico/a *m., f.*
friendly socievole *adj.* **5**
friendship amicizia *f.* **1**
frog rana *f.*
from da, di (d') *prep*
front fronte *f.*
in front of davanti (a) *prep.*
fruit frutta *f.*
fry friggere *v.*
to fry lightly soffriggere *v.*
fulfill realizzare *v.* **6**
full pieno/a *adj.*
full: no vacancies al completo *adj.*
full price ticket biglietto *m.* intero
full-time a tempo pieno *adj., adv.*
fun divertente *adj.*
function funzionare *v.*
funny buffo/a *adj.* **3;** spiritoso/a *adj.*
fur pelliccia *f.* **5**
furnished apartment appartamento *m.* arredato
furniture mobili *m., pl.*
future futuro *m.*
Futurist futurista *adj.*

G

gallery galleria *f.*
game gioco *m.;* partita *f.*
to win/lose/tie a game vincere/perdere/pareggiare una partita *v.* **3**
garage garage (*invar.*) *m.*
garbage rifiuto *m.;* spazzatura *f.*
garbage collector netturbino/a *m., pl.*
garbage truck camion *m.* della nettezza urbana
garden giardino *m.*
garden-level apartment seminterrato *m.*
public gardens giardini *m., pl.* pubblici **2**
gardener giardiniere/a *m., f.*
garlic aglio *m.*
gaze sguardo *m.* **10**
GDP PIL *m.*
gene gene *m.* **7**
generally in genere *adv.*
generation gap salto *m.* generazionale **5**
generous generoso/a *adj.*
genetics genetica *f.* **3**
genius genio/a *m., f.*
genocide genocidio *m.*
genre genere *m.* **8**
geologist geologo/a *m., f.* **7**
German tedesco/a *adj.*
get ricevere *v.*
to get angry arrabbiarsi *v.* **1**
to get bored annoiarsi *v.* **2**
to get dressed vestirsi *v.* **2**
to get embarrassed vergognarsi *v.* **1**
to get engaged (to) fidanzarsi (con) *v.* **1**
to get going muoversi *v.* **2**
to get in a car salire in macchina *v.* **2**
to get lost perdersi *v.* **2**
to get mad/angry arrabbiarsi *v.* **2**
to get married (to) sposarsi (con) *v.* **1**
to get off the bus scendere dall'autobus *v.* **2**
to get off the train scendere dal treno *v.* **2**
to get on the bus salire sull'autobus *v.* **2**
to get on the train salire sul treno *v.* **2**
to get out of the car scendere dalla macchina *v.* **2**
to get rid of disfarsi di *v.* **6**
to get something to drink/eat prendere qualcosa da bere/mangiare *v.* **3**
to get together incontrarsi *v.* **2**
to get up alzarsi *v.* **2**
to get used to abituarsi *v.* **7, 8**
ghost fantasma *m.* **5**
gift dono *m.*
gifted dotato/a *adj.*
girl ragazza *f.*
girlfriend ragazza *f.;* fidanzata *m., f.* **5**
give dare *v.*
to give (*as a gift*) regalare *v.*
to give a ride dare un passaggio *v.* **2**
to give back restituire *v.*
to give directions dare indicazioni *v.* **2**
to give to each other darsi *v.*
to give up rinunciare (a) *v.* **10**
glass bicchiere *m.*
glasses occhiali *m., pl.*
global warming riscaldamento *m.* globale *m.* **7;** surriscaldamento *m.* della Terra
globalization globalizzazione *f.* **6**
glove guanto *m.*
go andare *v.* **1**
to go back home rincasare *v.* **10**
to go back/return (ri)tornare *v.* **3**
to go down scendere *v.*
to go down the stairs scendere le scale *v.*
to go for a stroll fare un giretto *v.* **2**
to go in entrare *v.* **3**
to go mad impazzire *v.* **3**
to go near avvicinarsi *v.* **5**
to go out with uscire con *v.* **1**
to go shopping fare spese *v.* **1**
to go to the gym andare in palestra *v.* **3**
to go up salire *v.* **1**
goal rete *f.* **3;** scopo *m.* **7**
goalkeeper portiere *m.* **3**
goat capra *f.*
God Dio *m.* **6**
godfather padrino *m.* **5**
godmother madrina *f.* **5**
godson/goddaughter figlioccio/a *m., f.* **5**
good bravo/a *adj.;* buono/a *adj.* **9**
good deal buon affare *m.*
Good evening. Buonasera.
Good luck. In bocca al lupo. (*lit.* In the mouth of the wolf.)
Good morning. Buongiorno.
Good night. Buonanotte.
to be no good at… essere negato/a per *v.*
very good ottimo/a *adj.* **9**
Good-bye. Arrivederci., Ciao.
goodness bontà *f.* **3**
gossip pettegolezzi *m.* **1**
Gothic gotico/a *adj.*
govern governare *v.* **4**
government governo *m.* **4**
GPS navigatore satellitare *m.* **7**
grade voto *m.*
graduate: to graduate from college/university laurearsi *v.*
grandfather/grandmother nonno/a *m., f.* **5**
grandson/granddaughter nipote *m., f.* **5**
grapes uva *f.*
grass erba *f.*
gratitude gratitudine *f.*
grazing land pascolo *m.* **7**
great geniale *adj.* **1**
greatest massimo/a *adj.* **9**
great-grandfather/grandmother bisnonno/a *m., f.* **1, 5**
greedy avaro/a *adj.*
Greek greco/a *adj.*
green verde *adj.*
green bean fagiolino *m.*
greenhouse effect effetto *m.* serra
greet accogliere *v.* **1;** salutare *v.*
to greet each other salutarsi *v.*
greeting saluto *m.*
grenade granata *f.* **8**
grey grigio/a *adj.*
grill griglia *f.*

grilled alla griglia *adj.*
groceries: to buy groceries fare la spesa *v.*
grocery store negozio *m.* d'alimentari
groom sposo *m.* **5**
group gruppo *m.*
grow coltivare *v.* **7**; crẹscere *v.* **3**
growth crẹscita *f.* **4**
guess indovinare *v.*
guilty colpẹvole *adj.* **4**
guitar chitarra *f.*
guitarist chitarrista *m., f.*
gum gengiva *f.* **5**
guy tipo *m.*
gym: to go to the gym andare in palestra *v.* **3**
gymnasium palestra *f.*
gymnastics ginnạstica *f.*

H

hail grạndine *f.;* capelli *m., pl.*
to cut one's hair tagliare i capelli *v.*
hair dryer asciugacapelli (*invar.*) *m.*
hairdresser parrucchiere/a *m., f.*
half brother fratellastro *m.*
half hour mezzo *m.*
half sister sorellastra *f.*
hall sala *f.*
hallway corridọio *m.*
ham prosciutto *m.*
hamlet casale *m.* **2**
hammer martello *m.* **8**
hand mano (*pl.* le mani) *f.*
on the other hand invece *adv.*
handbag borsa *f.*
handsome bello/a *adj.*
hang: to hang up the phone riattaccare il telẹfono *v.*
happen accadere, succẹdere *v.;* avvenire *v.* **6**
happy contento/a; felice *adj.*
hard duro/a *adj.*
hard drive disco rịgido *m.*
hardly appena *adv., conj.*
haste fretta *f.*
hat cappello *m.*
hate odiare *v.* **1**
to hate each other odiarsi *v.*
hatred odio *m.* **1**
have avere *v.* **1**
to have a stomachache (backache, headache) avere mal di pancia (schiena, testa) *v.*
to have breakfast fare colazione *v.* **1**
to have fun divertirsi *v.* **2**
to have left restare *v.* **2**
to have to; must dovere *v.* **1**
hay fieno *m.*
head testa *f.*
headache mal *m.* di testa
headlight faro *m.*
headphones cuffie *f., pl.*
heal curare *v.;* guarire *v.* **7**
health salute *f.*
to be in good health ẹssere in buona salute *v.*
healthy sano/a *adj.*
hear sentire *v.*
heart cuore *m.*
heartburn bruciore *m.* di stọmaco
heat wave ondata *f.* di caldo
heavy pesante *adj.*
heels tacchi *m., pl.* **3**
high heels tacchi alti *m., pl.* **1**
low heels tacchi bassi *m., pl.* **1**
height (fig.) culmine *m.* **9**
of average height di media statura *adj.;*
Hello. Buongiorno.; Salve. (*form.*)
Hello. (*on the phone*) Pronto.
help aiutare *v.*
to help each other aiutarsi *v.* **2**
helpful disponịbile *adj.*
herd mandria *f.* **7**
here ecco *adv.;* qua, qui *adv.*
heritage retaggio *m.* **1**
Hey there! Ehilà!
Hi. Ciao.
hidden nascosto/a *adj.* **4**
hide nascọndere *v.* **1**
high elevato/a *adj.*
high school liceo *m.*
higher superiore *adj.* **9**
highway autostrada *f.*
hiking escursionismo *m.* **3**
hills colline *pl 8*
hint accenno *m.* **8**
hire assụmere *v.* **10**
hiring assunzione *f.*
historic stọrico *adj.* **8**
history storia *f.*
hit colpire *v.*
hold tenere *v.* **1**
to hold on to, hang on to aggrapparsi *v.* **6**
to be on hold restare in attesa *v.*
holiday festa *f.*
public holiday giorno *m.* festivo
holidays ferie *f., pl.* **10**
home casa *f.*
homeland patria *f.* **2**
homemade fatto/a in casa *adj.*
homework cọmpiti *m., pl.*
honest onesto/a *adj.* **1**
hood cọfano *m.*
hope sperare *v.* **6**
horizon orizzonte *m.*
horoscope orọscopo *m.* **9**
horror film film *m.* dell'orrore *m.*
horse cavallo *m.*
horseback riding equitazione *f.* **3**
to go horseback riding andare a cavallo *v.*
hospital ospedale *m.*
hot caldo/a *adj.*
It's hot. Fa caldo.
to feel hot avere caldo *v.*
hotel albergo *m.*
five-star hotel albergo *m.* a cinque stelle
hour ora *f.*
house casa *f.*
househusband casalingo *m.*
housemate coinquilino/a *m., f.* **2**
housewife casalinga *f.* **10**
housing abitazioni *f., pl.* **5**
how come *adv.*
For how long... Da quanto tempo...
how many quanti/e *adj., pron.*
how much quanto *adj., pron., adv.*
How much is/are... ? Quanto costa(no)...?
however comunque *conj., adv.*
huckster imbonitore *m.*
hug abbracciare *v.;* abbracciarsi *v.* **2**
human resources risorse *f., pl.* umane
human rights diritti *m., pl.* umani **4**
Humanism Umanẹsimo *m.* **8**
humanities lẹttere *f., pl.*
humble ụmile *adj.* **1**
humid ụmido/a *adj.*
humidity umidità *f.*
humor umorismo *m.* **6**
humorous umorịstico/a *adj.* **8**
hungry: to be hungry avere fame *v.* **1**
hurry sbrigarsi *v.* **2**
in a hurry frettoloso/a *adj.* **2**
to be in a hurry avere fretta (di) *v.* **8**
hurt: to hurt oneself farsi male *v.*
husband marito *m.* **5**
first/second husband primo/secondo marito *m.*
hybrid car mạcchina *f.* ịbrida

I

ice cream shop gelaterịa *f.*
ice-skating pattinaggio *m.* sul ghiaccio **3**
ID documento *m.*
idea idea *f.*
idealistic idealista *adj.* **1**
identity theft furto *m.* d'identità **7**
if se *conj.*
ill malato/a *adj.*
illegal illegale *adj.* **4**
illegal immigrant clandestino *m.* **4**
illiterate analfabeta *adj.* **4**

IM messaggio *m.* istantạneo *m.*
imagine immaginare *v.* 7
immature immaturo/a *adj.* 1
immediately sụbito *adv.*
immigrant immigrante *m., f.* 2
  illegal immigrant clandestino *m.* 4
immigration immigrazione *f.* 4
impact impatto *m.*
impartial imparziale *adj.* 9
important importante *adj.*; notẹvole *adj.* 7
impose imporre *v.* 4
impossible impossịbile *adj.* 7
impression impressione *f.*
imprison imprigionare *v.* 4
imprisonment prigionịa *f.*
improve migliorare *v.*
improvise improvvisare *v.* 3
in a; fra/tra; in; su *prep.*
  in a hurry frettoloso/a *adj.* 2; di/in fretta *adv.*
  in order to per *prep.*
  in the case that nel caso che *conj.* 7
inappropriate inopportuno/a *adj.*
incapacitate impedire *v.*
inches pọllici *m./pl* 7
increase aumentare *v.* 6
incredible incredịbile *adj.*
independent indipendente *adj.*
  to become independent diventare indipendente *v.* 5
infection infezione *f.*
inferior inferiore *adj.* 9
influence influenzare *v.* 4
influential influente *adj.* 9
information booth chiosco *m.* per le informazioni
informed: to keep oneself informed informarsi *v.* 9
infrastructure infrastruttura *f.* 2
infringe contravvenire a *v.* 8
ingenious geniale *adj.* 1
inhabit abitare *v.* 8
inherit ereditare *v.* 5
injure oneself ferirsi *v.* 3
injury ferita *f.*
in-laws parenti *m., pl.* acquisiti
inner tube cạmera *f.* d'aria 4
innocent innocente *adj.* 4
innovative innovativo/a *adj.*
insect insetto *m.*
insecure insicuro/a *adj.* 1
insensitive insensịbile *adj.*
inside dentro *prep., adv.*
insist insịstere *v.* 6
insomnia insonnia *f.*
installment rata *f.*
instant message messaggio *m.* istantạneo
instead invece *adv.*
instrument strumento *m.* 7
  musical instrument strumento *m.* musicale
insurance: life insurance assicurazione *f.* sulla vita
integration integrazione *f.* 4, 6
intelligence intelligenza *f.*
intelligent intelligente *adj.*
interest interessare *v.* 2
  interest rate tasso *m.* di interesse
interested: to be interested in interessarsi (a/di) *v.* 8
interesting interessante *adj.*
intermission intervallo *m.*
intern stagista *m., f.* 10
Internet café Internet caffè *m.*
internship stage *m.*
intersection incrocio *m.* 2
intervention intervento *m.* 9
interview intervista *f.* 9
  job interview colloquio *m.* di lavoro 10
interviewer intervistatore/intervistatrice *m., f.* 10
intimacy confidenza *f.* 10
introduce presentare *v.*
introduction presentazione *f.*
inundation alluvione *f.* 7
invade invạdere *v.* 8
invent inventare *v.*
invest investire *v.* 10
investment investimento *m.*
invite (to) invitare (a) *v.* 8
Irish irlandese *adj.*
iron ferro *m.* (da stiro); stirare *v.*
irresponsible incosciente *adj.* 6; irresponsạbile *adj.*
island ịsola *f.*
Italian italiano/a *adj.*

J

jacket giacca *f.*
jail cạrcere *m.* 8
jam marmellata *f.*
January gennạio *m.*
Japanese giapponese *adj.*
jealous geloso/a *adj.* 1
jeans jeans *m., pl.*
jerk cretino/a *m., f.*
jersey maglia *f.* 3
jewelry gioiẹlli *m., pl.* 10
  jewelry store gioiellerịa *f.*
Jewish ebreo/a *adj.* 6
job lavoro *m.*; impiego *m.* 4, posto *m.*, posizione *f.* 10
  first job prima occupazione *f.*
  full-/part-time job lavoro *m.* a orario normale/ridotto 10
  job ad annuncio *m.* di lavoro 10
  job agency agenzịa *f.* di collocamento 10
  job interview colloquio *m.* di lavoro 10
  to find a job trovare lavoro *v.*
joke scherzare *v.* 1; scherzo *m.*
journalist giornalista *m., f.* 9
judge giudicare *v.* 4; giụdice *m., f.* 4
juice succo *m.*
July luglio *m.*
jump saltare *v.* 3
June giugno *m.*
jury giurịa *f.* 4
just appena *adv., conj.*
justice giustizia *f.* 4

K

keep: keep oneself informed informarsi *v.* 9
key chiave *f.*
keyboard tastiera *f.*
kilo chilo *m.*
kind gẹnere *m.*; gentile *adj.*
king re *m.* 8
kingdom regno *m.* 6, 8
kiosk chiosco *m.*
kiss baciare *v.*
  kiss each other baciarsi *v.* 2
kitchen cucina *f.*
knee ginocchio (*pl.* ginocchia *f.*) *m.*
knife coltello *m.*
knock bussare *v.* 5
know sapere *v.* 1 (*be familiar with*) conọscere *v.* 3
  to know by sight conọscere di vista *v.*
  to know each other conọscersi *v.* 2
  to know something inside and out conọscere… a fondo *v.*
  to know the way conọscere la strada *v.*

L

lab laboratorio *m.* 7
Labor Day Festa *f.* del lavoro
labor union sindacato *m.* 10
lack of understanding incomprensione *f.* 6
ladder scala *f.* 8
lake lago *m.*
lament lamentare *v.* 6
lamp lạmpada *f.*
land atterrare *v.*
landlord/landlady padrone/a *m., f.* di casa
landscape paesaggio *m.* 8; panorama *m.*
language lingua *f.*
  languages (*subject*) lingue *f., pl.*
  native language lingua *f.* madre 6
  sign language lingua *f.* dei segni 7

laptop computer computer *m.* portạtile **7**

last durare *v.;* scorso/a, ụltimo/a *adj.*

last name cognome *m.*

last night ieri sera

late tardi *adv.*

later poi *adv.*

laugh rịdere *v.* **3**

laundromat lavanderịa *f.*

laundry: to do the laundry fare il bucato *v.* **5**

law giurisprudenza; legge *f.;* norma *f.* **8**

to pass a law approvare/passare una legge *v.* **4**

lawyer avvocato *m., f.* **4**

lay off licenziare *v.* **10**

lazy pigro/a *adj.*

leader capo *m.* **4**

lead dirịgere *v.* **8**

leaf foglia *f.*

learn imparare *v.* **8**

lease contratto *m.*

least mịnimo/a *adj.* **9**

leather pelle *f.*

leave congedo *m.;* lasciare *v.* **1;** partire *v.* **3;** uscire (da) *v.* **8**

Leave me alone. Lasciami in pace.

to leave (*go away from it*) andạrsene *v.* **6**

to leave a message lasciare un messaggio *v.*

to leave each other, to split up lasciarsi *v.*

to take leave time prẹndere un congedo *v.*

lecture hall aula *f.*

lecturer docente *m., f.*

left sinistra *f.*

leg gamba *f.*

legal legale *adj.* **4**

legislate legiferare *v.* **4**

legumes legumi *m., pl.*

lend prestare *v.*

less meno *adj., adv.*

lesson lezione *f.*

let lasciare *v.*

Let me see. Fammi vedere.

to let go mollare *v.* **6**

letter lẹttera *f.*

cover letter lẹttera *f.* di presentazione

lettuce lattuga *f.*

level livello *m.*

liberal liberale *adj.* **4**

liberate liberare *v.* **8**

library biblioteca *f.*

lie mentire *v.* **1**

to lie down adagiarsi *v.;* sdraiarsi *v.* **2;** coricarsi *v.* **10**

lift alzare *v.* **2**

light chiaro/a; leggero/a *adj.*

lighthouse faro *m.* **4**

lightning fụlmine *m.*

like piacere *v.* **6**

likeable simpạtico/a *adj.*

likely probạbile *adj.* **7**

line fila; lịnea *f.*

line (*poetry*) verso *m.* **8**

to wait in line fare la coda, fare la fila *v.*

lip labbro (*pl.* labbra *f.*) *m.*

lipstick rossetto *m.*

listen ascoltare *v.* **6**

to listen to music ascoltare mụsica *v.*

listener: radio listener ascoltatore/ascoltatrice *m., f.* **9**

literature letteratura *f.*

littering: no littering vietato buttare rifiuti

little poco *adj., adv., indef. pron.* **9**

in a little while fra poco *adv.*

little sister sorellina *f.*

little (*not much*) (of) po' (di) *adj.*

Little Red Riding Hood Cappuccetto Rosso *m.* **2**

live abitare *v.* **8;** vivere *v.* **5;** in diretta *adj., adv.* **9**

live performance rappresentazione *f.* dal vivo

to live on vivere di *v.* **8**

lively vivace *adj.* **2, 5**

living room soggiorno *m.*

load caricare *v.*

loan prẹstito *m.* **10**

to ask for a loan chiẹdere un prẹstito *v.*

located: to be located trovarsi *v.* **2**

long lungo/a *adj.*

no more, no longer non… più *adv.*

long-term a lungo tẹrmine *adj.* **10**

look at guardare *v.*

to look at oneself/each other guardarsi *v.*

look for cercare *v.* **1, 5**

loose largo/a *adj.*

loose hair capelli *m., pl.* sciolti

lose pẹrdere *v.* **3**

to lose a game pẹrdere una partita *v.* **3**

to lose the election pẹrdere le elezioni *v.* **4**

loss pẹrdita *f.* **2**

lot: a lot molto *adv.* **9**

a lot of molto/a/i/e *indef. adj., pron.*

lotion crema *f.*

lovable amạbile *adj.* **5**

love amare *v.* **1;** volere bene a *v.* **1**

love at first sight colpo *m.* di fụlmine **1**

to love each other amarsi *v.* **2**

lover amante *m., f.* **1**

lower inferiore *adj.* **9**

lowest ịnfimo/a; mịnimo/a *adj.* **9**

loyal leale *adj.* **3**

luck: Good luck. Buona fortuna.; In bocca al lupo. (*lit.* In the mouth of the wolf.)

luggage carousel nastro *m.* trasportatore **5**

lukewarm tiẹpido *adj.*

lullaby ninnananna *f.* **3**

lunch pranzo *m.*

M

magazine rivista *f.* **9**

monthly magazine mensile *m.* **9**

weekly magazine settimanale *m.* **9**

magic magịa *f.* **3**

maid collaboratrice *f.* domẹstica

mail posta *f.*

mail carrier postino/a *m., f.*

to mail a letter imbucare una lẹttera *v.*

mailbox cassetta *f.* delle lẹttere

main principale *adj.*

maintain ritenere *v.* **6**

make fare *v.* **1**

to make a mistake sbagliare *v.* **1**

to make a withdrawal/deposit fare un prelievo/depọsito *v.* **10**

to make it fạrcela *v.* **6**

to make oneself comfortable accomodarsi *v.* **5**

to make the bed fare il letto *v.*

to make up one's mind (to) decịdersi (a) *v.* **8**

makeup trucco *m.* **10**

male maschio *m.*

mama's boy mammone *m.* **5**

man uomo (*pl.* uọmini) *m.*

manage dirịgere *v.* **10**

manage (to) riuscire (a) *v.* **1**

management direzione *f.* **10**

manager direttore/direttrice; dirigente *m., f.* **10;** gestore *m.*

manipulation manipolazione *f.* **9**

many molto/a/i/e *indef. adj., pron.*

how many quanti/e *adj., pron.*

so many tanti/e *adj.*

map carta *f.* geogrạfica **6;** cartina, mappa *f.*

marble marmo *m.* **8**

March marzo *m.*

Mardi Gras carnevale *m.* **9**

marital status stato *m.* civile

market mercato *m.*

married sposato/a *adj.* **1**

marry sposare *v.*

Martian marziano/a *m., f.* **7**

mask mạschera *f.* **4**

masterpiece capolavoro *m.* **9**

maternal materno/a *adj.* **5**

mathematician matemạtico/a *m., f.* **7**

mathematics matemạtica *f.*

matter stare a cuore *v.* **2**

mature maturo/a *adj.* **1**
maturity maturità *f.* **5**
maxim mạssima *f.* **1**
May maggio *m.*
mayor sịndaco *m.* **2**
meadow prato *m.*
meal pasto *m.*
mean significare *v.*
means mezzo *m.*
by means of mediante *prep.* **8**
means of transportation mezzo *m.* di trasporto
measles morbillo *m.*
meat carne *f.*
mechanic meccạnico/a *m., f.*
media media *m., pl.*
medicine medicina *f.*
meet conọscere *v.* **3;** incontrare *v.;* conọscersi *v.*
meeting riunione *f.*
melon melone *m.*
memory ricordo *m.* **1**
mention accenno *m.* **8**
menu menụ *m.*
mess: What a mess! Che casino!
message messaggio *m.*
metropolis metrọpoli *f.* **2**
Mexican messicano/a *adj.*
microphone micrọfono *m.*
microwave oven (forno a) microonde *m.*
Middle Ages Medioevo *m.* **6**
midnight mezzanotte *f.*
migraine emicrania *f.*
mile miglio *m.*
military police carabinieri *m., pl.* **5**
milk latte *m.*
mind dispiacere *v.* **2**
miniskirt minigonna *f.* **10**
minus meno *adv.*
minute minuto *m.*
miracle mirạcolo *m.* **5**
mirror specchio *m.*
mirrored lenses lenti *f., pl.* a specchio **3**
missing: to be missing mancare *v.* **2**
mist foschịa *f.*
mistreatment maltrattamento *m.* **6**
mistrustful diffidente *adj.* **2**
misunderstanding fraintendimento *m.* **10**
mobilize mobilitare *v.* **6**
moderate moderato/a *adj.* **4**
modern contemporạneo/a *adj.*
modest modesto/a *adj.*
mom mamma *f.*
moment ạttimo *m.*
monarchic monạrchico/a *adj.* **8**
Monday lunedì *m.*
money denaro *m.;* soldi *m., pl.*
monster animalaccio *m.* **2**
month mese *m.*
moon luna *f.*
moral morale *f.* **3**
more più *adj., adv.*
no more, no longer non... più *adv.*
morning mattina *f.*
Good morning. Buongiorno.
mosque moschea *f.* **6**
moss muschio *m.*
most più *adj., adv.*
mother madre *f.*
mother-in-law suocera *f.* **5**
motor motore *m.*
motor boat (*used for public transportation in Venice*) vaporetto *m.* **7**
mountain montagna *f.*
mountain climbing alpinismo *m.* **3**
mouse topo *m.*
mouth bocca *f.*
move muọvere *v.* **2**
to move (*change residence*) trasferirsi *v.* **2, 5;** traslocare *v.*
moved emozionato/a *adj.* **1**
movie film *m.*
to go to the movies andare al cịnema *v.*
moving commovente *adj.*
moving walkway nastro *m.* trasportatore **5**
Mr.... signor... *m.*
Mrs.... signora... *f.*
much molto/a/i/e *indef. adj., pron.*
how much quanto *adj., pron., adv.*
How much is/are... ? Quanto costa(no)...?
so much tanto *adj., adv.*
too much troppo *adj., adv.*
mud fango *m.*
mug tazza *f.*
multilingual multilingue *adj.* **6**
multilinguism multilinguismo *m.* **4**
muscular muscoloso/a *adj.*
mushroom fungo *m.*
music mụsica *f.*
musician musicista *m., f.*
Muslim musulmano/a *adj.* **6**
muss hair spettinare *v.* **5**
must-see imperdịbile *adj.* **3**
mystery giallo/a *adj.* **9**

N

naïve ingenuo/a *adj.* **1**
naïveté ingenuità *f.* **5**
name: last name cognome *m.*
named: to be named chiamarsi *v.* **2**
nanny tata *f.*
nanotechnology nanotecnologịa *f.* **7**
napkin tovagliolo *m.*
narrator narratore *m.* **8**
nationalism nazionalismo *m.* **6**
natural naturale *adj.*
nature natura *f.*
naughty cattivo/a *adj.*
nausea nạusea *f.*
navigate navigare *v.*
Neapolitan pastry sfogliatella *f.* **1**
near presso *prep.* **8;** vicino/a *adj.*
nearby qui vicino *adv.*
necessary necessario/a *adj.*
absolutely necessary di prima necessità *adj.* **5**
to be necessary occọrrere *v.* **6**

neck collo *m.*
necklace collana *f.*
need esigenza *f.* **2;** avere bisogno di *v.* **8**
neighborhood quartiere *m.* **1, 2**
neither: neither... nor non... né... né *conj.*
Neoclassical neoclạssico/a *adj.*
Neoplatonism neoplatonismo *m.* **8**
nephew nipote *m.* **5**
nervous nervoso/a *adj.*
net rete *f.* **3**
new nuovo/a *adj.*
New Year's Day capodanno *m.*
news crọnaca *f.* **9**
(radio/TV) news (program) notiziario *m.* **2, 9**
local news crọnaca *f.* locale **9**
news story notizia *f.* **9**
newspaper giornale *m.* **9**
newsstand edịcola *f.* **2;** chiosco *m.* dei giornali
next prọssimo/a *adj.*
next to accanto (a) *prep.*
nice simpạtico/a *adj.*
Have a nice day Buona giornata!
nickname soprannome *m.* **5**
niece nipote *f.* **5**
night notte *f.*
Good night. Buonanotte.
night table comodino *m.*
nightclub locale *m.* notturno
nine nove *m.*
nine hundred novecento *m.*
nineteen diciannove *m.*
ninety novanta *m.*
ninth nono *adj.*
no nessuno/a *indef. adj.* **9;** no *adv.*
no one nessuno/a *indef. pron.* **9**
noir nero *adj.* **9**
noise rumore *m.* **10**
noisy rumoroso/a *adj.* **2**
nonconformist anticonformista *adj.* **6**
noon mezzogiorno *m.*
norm norma *f.* **8**
northern settentrionale *adj.* **6**
nose naso *m.*
stuffy nose naso *m.* chiuso
not non *adv.*
not any nessuno/a *indef. adj.* **9**
not anyone nessuno/a *indef. pron.* **9**

not at all non… affatto *adv.*
Not bad. Non c'è male.
not far from a due passi da
not yet non… ancora *adv.*
notebook quaderno *m.;* taccuino *m.* **1**
notes appunti *m., pl.*
nothing niente, nulla *indef. pron.* **9**
Nothing new. Niente di nuovo.
notice accorgersi di *v.* **8**
novel romanzo *m.* **8**
short novel novella *f.* **8**
November novembre *m.*
now adesso *adv.*
nuclear nucleare *adj.*
nuclear energy energia *f.* nucleare
nuclear power plant centrale *f.* nucleare
number cifra *f.* **10;** numero *m.*
nun suora *f.* **3**
nurse infermiere/a *m., f.*
nursing home ospizio *m.* **6**

O

obedient obbediente *adj.* **4**
objective oggettivo *adj.* **8**
oblige obbligare (a) *v.* **8**
obtain ottenere *v.* **6**
occupation mestiere *m.* **10;** occupazione *f.*
ocean oceano *m.*
October ottobre *m.*
octopus polpo *m.* **7**
of di (d') *prep.*
off: off and on di tanto in tanto *adv.*
offer offrire *v.* **3**
office studio *m.;* ufficio *m.* **10**
often spesso *adv.*
oil olio *m.*
in oil sott'olio *adj.*
old vecchio/a *adj.*
old age vecchiaia *f.* **5**
to be … years old avere … anni *v.*
older maggiore *adj.* **9**
old-fashioned superato/a *adj.*
olive: olive oil olio *m.* d'oliva
on su *prep.*
one hundred cento *m.*
one hundred grams etto *m.*
one hundred ninety eight centonovantotto *m.*
one hundred one centouno *m.*
one hundred thousand centomila *m.*
one hundred twenty five centoventicinque *m.*
one thousand mille *m.*
one thousand one hundred millecento *m.*
one way senso *m.* unico
one-hundredth centesimo *adj.*
one-thousandth millesimo *adj.*
onion cipolla *f.*
online su Internet *adj., adv.*
to be online essere in linea *v.*
only soltanto *adv.*
on-time puntuale *adj., adv.*
open aprire *v.* **3**
to open an account aprire un conto *v.* **10**
opening night prima *f.* **3**
opera opera *f.*
opinion opinione *f.*
opinion poll sondaggio *m.* **9**
public opinion opinione *f.* pubblica **6**
oppress opprimere *v.* **8**
oppressed oppresso/a *adj.* **4**
optician ottico *m.* **3**
optimistic ottimista *adj.* **1**
or o; oppure *conj.*
orange arancia *f.;* arancione *adj.*
orange juice succo *m.* d'arancia
orchestra orchestra *f.*
order ordinare *v.*
organic farming agricoltura *f.* biologica
other altro/a/i/e *indef. adj.*
others altri/e *indef. pron.*
out-of-style passato/a di moda *adj.* **3**
outside fuori *prep., adv.*
outskirts periferia *f.* **2**
oven forno *m.*
over sopra *prep., adv.*
overcast coperto/a *adj.*
overcome sormontare *v.* **5;** superare *v.* **6**
overdo strafare *v.*
overpopulation sovrappopolazione *f.* **6**
overthrow rovesciare *v.* **8**
overturn rovesciare *v.* **4**
owe dovere *v.*
own possedere *v.* **4**
owner padrone *m.* **4;** proprietario/a *m., f.* **10**
ox (oxen) bue (*pl.* buoi) *m.* **7**

P

pacifist pacifista *m., f., adj.* **4**
pack: to pack a suitcase fare la valigia *v.*
package pacco *m.* **9**
pact patto *m.* **8**
paid: to be well/poorly paid essere ben/mal pagato/a *v.*
pain dolore; male *m.*
paint dipingere *v.* **3;** pittura *f.* **8**
paintbrush pennello *m.* **8**
painter imbianchino *m.;* pittore/pittrice *m., f.* **8**
painting quadro *m.* **8;** pittura *f.* **8**
oil painting pittura *f.* a olio **8**
pastel painting pittura *f.* a pastello **8**
pair paio *m.*
palace palazzo *m.* **2**
panorama panorama *m.*
pantry dispensa *f.*
pants pantaloni *m., pl.*
long pants pantaloni *m., pl.* lunghi **10**
short pants pantaloni *m., pl.* corti **10**
paper clip graffetta *f.*
parade: fashion parade sfilata *f.* **10**
paragliding parapendio *m.*
parent genitore *m.* **5**
single parent genitore *m.* single **5**
park parcheggiare *v.* **2**
parliament parlamento *m.* **6**
part parte; riga *f.*
partial parziale *adj.* **9**
participate (in) partecipare (a) *v.* **8**
partner compagno/a *m., f.* **1**
business partner socio/a *m., f.* **10**
part-time a tempo parziale *adj., adv.*
party festa *f.*
pass passare *v.* **3;** passo *m.*
to pass (*exam*) superare *v.*
to pass a law approvare/passare una legge *v.* **4**
passage passaggio *m.*
passenger passeggero/a *m.* **2**
passport control controllo *m.* passaporti
pasta pasta(sciutta) *f.*
paste incollare *v.* **7**
pastry shop pasticceria *f.*
pasture pascolo *m.* **7**
patent brevetto *m.* **7**
paternal paterno/a *adj.* **5**
path sentiero *m.*
patient paziente *adj.;* paziente *m., f.*
patron patrono *m.* **8**
patron saint santo/a *m., f.* patrono/a **9**
pay pagare *v.*
to pay attention dare retta *v.* **5;** fare attenzione a *v.* **8**
to pay by check pagare con assegno *v.*
to pay in cash pagare in contanti *v.*
to pay the bills pagare le bollette *v.*
to pay with a credit/debit card pagare con carta di credito/debito *v.*
paycheck: monthly paycheck mensilità *f.*
payment rata *f.*
peace pace *f.* **4**
peaceful pacifico/a *adj.* **4**

peach pesca *f.*
peak (*fig.*) cụlmine *m.* **9**
pear pera *f.*
pedestrian pedone *m.* **2**
pen penna *f.*
penalty kick calcio *m.* di rigore **3**
pencil matita *f.*
pension pensione *f.*
people pọpolo *m.* **8**
pepper: (red, green) pepper peperone (rosso, verde) *m.*
(*spice*) pepe *m.*
perform interpretare *v.*
performance esibizione *f.*; spettạcolo *m.* **3**
perfume shop profumerịa *f.*
person persona *f.*
personality carạttere *m.* **5**
persuade (to) persuadere (a) *v.* **8**
pessimistic pessimista *adj.* **1**
pet animale *m.* domẹstico
pharmacist farmacista *m., f.*
phenomenon fenọmeno *m.* **3**
phone booth cabina *f.* telefọnica
phone number nụmero *m.* di telẹfono
photo(graph) foto(grafịa) *f.*
photocopy fotocopiare *v.*
photographer fotọgrafo *m.*
physicist fịsico/a *m., f.* **7**
nuclear physicist fịsico/a *m., f.* nucleare **7**
pianist pianista *m., f.*
pick cọgliere *v.* **1**; raccọgliere *v.* **3**
pickled sottaceto *adj.*
picnic: to have a picnic fare un picnic *v.*
pie crostata *f.*
piece pezzo *m.* **3**
pigment pigmento *m.* **8**
pill pịllola *f.*
pillow guanciale *m.* **10**
pinch pịzzico *m.*
pineapple ạnanas *(invar.) m.*
pink rosa (*invar.*) *adj.*
pity peccato *m.*; compassione *f.* **2**
pizza shop pizzerịa *f.*
place luogo *m.*
plan pensare di *v.* **8**; pianificare *v.* **6**; programma *m.*
to make plans fare progetti *v.*
planet pianeta *m.*
planner agenda *f.*
plant pianta *f.*
plate piatto *m.*
platform piattaforma *f.* **1**
play giocare *v.* **8**; dramma *m.*
to play (*instrument*) suonare *v.* **3**
to play a home/away game giocare in casa/trasferta *v.* **3**
to play a role recitare un ruolo *v.*
to play down sminuire *v.* **3**
to play hide-and-seek giocare a nascondino *m.* **3**
to put on a play mẹttere in scena *v.*
player giocatore/giocatrice *m., f.* **3**
CD/DVD/MP3 player lettore *m.* CD/DVD/MP3 *7*
playful scherzoso/a *adj.*
playing field campo *m.* di/da gioco **3**
playwright drammaturgo/a *m., f.* **8**
please per favore *adv.*
pleasure piacere *m.* **1**
Pleased to meet you. Piacere di conọscerLa/ti. (*form./fam.*)
plot trama *f.* **8**
plug spinotto *m.* **3**
plumber idrạulico *m.*
poem poema *m.*
poet poeta/poetessa *m., f.*
poetry poesịa *f.* **8**
point punto *m.*
point of view punto *m.* di vista **8**
reference point punto *m.* di riferimento **4**
police polizịa *f.*
military police carabinieri *m., pl.* **5**
police headquarters questura *f.*
police officer poliziotto/a *m., f.* **2**
police station stazione *f.* di polizịa **2**
political party partito *m.* polịtico **4**
politician polịtico/a *m., f.* **4**
politics polịtica *f.* **4**
pollution inquinamento *m.* **7**
ponytail codino *m.*
pool piscina *f.* **10**
poor pọvero/a *adj.*
to become poor impoverirsi *v.* **6**
pope papa *m.* **6**
population popolazione *f.* **6**
pork carne *f.* di maiale
portable portạtile *adj.*
portrait ritratto *f.*
position posto *m.*, posizione *f.* **10**
possess possedere *v.* **4**
possessive possessivo/a *adj.* **5**
possible possịbile *adj.* **7**
it's possible può darsi
post cạrica *f.* **4**
post card cartolina *f.*
post office ufficio *m.* postale
postal worker impiegato/a *m., f.* postale **9**
poster poster *m.*
postpone rimandare *v.* **5**
potato patata *f.*
poverty povertà *f.* **2, 6**
power potenza *f.* **4**; potere *m.* **8**
powerful potente *adj.* **4**
pray pregare *v.* **6**
prayer preghiera *f.*
predict predire, prevedere *v.* **7**
prefer preferire *v.* **6**
preferable preferịbile *adj.*
pregnant incinta *adj.* **5**
to be pregnant ẹssere incinta *v.*
prehistoric preistọrico *adj.* **8**
prejudice pregiudizio *m.* **6**
premiere prima *f.* **3**
prenatal prenatale *adj.* **3**
prepare preparare *v.* **8**
pre-recorded in differita *adj., adv.* **9**
prescription ricetta *f.*
present presentare *v.*
preserve conservare; preservare *v.*
president presidente *m., f.* **4**
press release comunicato *m.* stampa **9**
pretend fịngere *v.* **9**
pretty bellino/a *adj.*
Pretty well. Abbastanza bene.
prevent impedire *v.*
pride orgoglio *m.* **3**
priest prete *m.* **6**
print stampare *v.*
printer stampante *f.*
priority mail posta *f.* prioritaria
prisoner prigioniero/a *m., f.* **2**
prize premio *m.*
problem problema *m.*
profession professione *f.*
professor insegnante; professore(ssa) *m., f.*
program programma *m.*
prohibition divieto *m.* **8**
promise (to) promettere (di) *v.* **8**
promised promesso *p.p., adj.* **4**
promote promuọvere *v.* **4**
promotion promozione *f.* **10**
propose proporre *v.*
proscenium ribalta *f.* **9**
prose prosa *f.* **8**
protect tutelare *v.* **6**
protector protettore *m.* **8**
protest reclamare *v.* **6**
Protestant protestante *adj.* **6**
proud orgoglioso/a *adj.* **1**
prove dimostrare *v.* **7**
proverb proverbio *m.* **6**
provide: to provide for oneself mantenersi *v.*
provided that a condizione che, a patto che *conj. 7*
province provincia *f.* **6**
psychological drama dramma *m.* psicolọgico
psychologist psicọlogo/a *m., f.*
pub birrerịa *f.*
public pụbblico *m.*
public transportation mezzo *m.* pụbblico **2**; trasporto *m.* pụbblico
publish pubblicare *v.*
publisher editore/editrice *m., f.* **9**
publishing industry editorịa *f.*
pulled back hair capelli *m., pl.* raccolti

punish punire *v.* **5**
pupil alunno/a *m., f.*
puppet burattino *m.* **3,** fantoccio *m.* **4**
puppeteer burattinạio *m.* **4**
purify depurare *v.*
purple viola (*invar.*) *adj.*
purse: small purse borsetta *f.*
push spịngere *v.* **6**
put mẹttere *v.* **2;** porre *v.* **1**
to put on (*clothing, shoes*) mẹttersi *v.* **1**
to put on a play mẹttere in scena *v.*
to put on make up truccarsi *v.* **1**
to put together sistemare *v.*

Q

qualifications qualịfiche *f., pl.* **10**
quandary dilemma *m.*
quarrel litigare *v.* **5**
quarter quartiere *m.*
quarter hour quarto
queen regina *f.* **8**
question domanda *f.*
to ask a question fare una domanda *v.*
queue coda *f.*
quickly presto, velocemente *adv.*
quiet tranquillo/a *adj.* **1**
to be/stay quiet stare zitto *v.*
quit dare le dimissioni *v.* **10**
quiz show gioco *m.* a premi **9**

R

rabbi rabbino *m.* **6**
rabbit coniglio *m.*
race gara *f.* **3**
racism razzismo *m.* **6**
radio radio *f.*
radio news giornale *m.* radio **9**
radio station stazione *f.* radio **9**
rafting rafting *m.*
railway employee ferroviere *m.* **6**
rain pioggia *f.;* piọvere *v.*
raincoat impermeạbile *m.* **3**
rainy piovoso/a *adj.*
raise alzare *v.* **2;** aumento *m.;* educare *v.* **5**
rarely raramente *adv.*
rash eruzione *f.* cutạnea
rate tasso *m.*
interest rate tasso *m.* d'interesse *m.* **10**
razor rasọio *m.*
read lẹggere *v.* **3**
reader lettore *m.*
reading lettura *f.*
ready pronto/a *adj.*
to be ready ẹssere pronto/a a *v.* **8**
to get oneself ready prepararsi *v.*

real estate immobiliare *adj.*
real estate agency agenzịa *f.* immobiliare
real estate agent agente *m., f.* immobiliare
real estate market mercato *m.* immobiliare **10**
realism realismo *m.* **6**
realistic realista *adj.* **8**
reality show reality *m.* **9**
realize accọrgersi *v.* **2;** rẹndersi conto (di) *v.* **8**
really davvero *adv.*
reason ragione *f.*
rebellious ribelle *adj.* **5**
receipt ricevuta *f.* **10;** scontrino *m.* **10**
receive ricẹvere *v.*
receiver cornetta *f.*
recession recessione *f.* **10**
recipe ricetta *7*
recite recitare *v.*
recklessness incoscienza *f.* **6**
recognize rivedere *v.;* riconọscere *v.*
recommend raccomandare *v.*
recommendation raccomandazione *f.*
record registrare *v.* **9**
recorder (*tape, CD, etc.*) registratore *m.*
recycle riciclare *v.* **7**
recycling riciclo *m.*
red rosso/a *adj.*
reduce: reduced ticket biglietto *m.* ridotto
referee ạrbitro *m.* **3**
reference point punto di riferimento *m.* **4**
references referenze *f., pl.*
refined raffinato/a *adj.* **3**
reflect (on) riflettere (su) *v.* **8**
refund rimborso *m.*
regime regime *m.* **8**
registered mail raccomandata *f.* **9**
regret lamentare *v.* **6;** pentirsi *v.* **5**
regulations regolamento *m.* **3**
reinforcement rinforzo *m.* **5**
related imparentato/a *adj.* **5**
relative parente *m., f.* **5**
relatives parentela *f.* **5;** parenti *m., pl.*
relic relitto *m.* **8**
rely on contare su *v.* **1**
remain restare
remarkable notẹvole *adj.* **7**
remember ricordare *v.;* ricordarsi (di) *v.* **2**
remote control telecomando *m.*
remove tọgliere *v.* **1**
Renaissance rinascimentale *adj.;* Rinascimento *m.* **6**
renewable energy energịa *f.* rinnovạbile

rent affitto *m.*
to rent (*car*) noleggiare *v.*
to rent (*owner*) affittare *v.*
to rent (*tenant*) prẹndere in affitto *v.*
repair riparare *v.*
repeat ripẹtere *v.*
reporter cronista *m., f.* **9**
require esịgere *v.* **6;** volerci *v.* **8**
requirement esigenza *f.* **2**
research ricerca *f.* **7**
researcher ricercatore/ricercatrice *m., f.* **7**
resemble assomigliare a *v.* **5**
reservation prenotazione *f.*
make a reservation prenotare *v.*
resign dare le dimissioni *v.*
resistance fighter partigiano *m.* **2**
resort località *f.* di villeggiatura
mountain resort località *f.* montana
ocean resort località *f.* balneare
respect rispettare *v.*
responsible responsạbile *adj.*
rest riposarsi *v.* **2**
restaurant ristorante *m.*
small restaurant osterịa *f.*
small restaurant, family run trattorịa *f.*
result risultare *v.* **3**
résumé C.V. *m.;* currịculum *m.* (vitae) **10**
Resurgence Risorgimento *m.* **6**
retire andare in pensione *v.* **10**
retiree pensionato/a *m., f.*
retreat ritirata *f.* **2**
return tornare *v.*
review recensione *f.* **9**
revue rivista *f.* **9**
rhyme rima *f.* **8**
ribbon nastro *m.*
rice riso *m.*
rich pesante; ricco/a *adj.*
to become rich arricchirsi *v.* **6**
rid: to get rid of sbarazzarsi di *v.*
ride: to give someone a ride dare un passaggio *v.*
to ride a bike andare in bicicletta *v.*
right destra *f.;* giusto/a *adj.* **4**
right away sụbito *adv.*
to be right avere ragione (di) *v.* **8**
ring (*telephone*) squillare *v.*
rise (*sun*) sọrgere *v.*
river fiume *m.*
road sign segnale *m.* stradale **2**
roasted arrosto/a *adj.*
robe vestaglia *f.* **10**
robotics robọtica *f.* **7**
rock pietra *f.*
role ruolo *m.* **5**
romance rosa *adj.* **9**
Romanesque romạnico/a *adj.*

romantic romạntico/a *adj.*
room cạmera, stanza, sala *f.*
single/double room cạmera *f.* sịngola/doppia
room and board vitto e alloggio *(lit. food and apartment)* **5**
room service servizio *m.* in cạmera
roommate coinquilino/a *m., f.* **2**
root radice *f.* **5**
rotary rotonda *f.*
row remare *v.*
rowing canottaggio *m.* **3**
ruins rovine *f., pl.* **2**
rumor sussurro *m.* **8**
run condurre *v.*; cọrrere *v.* **3**
to run errands fare commissioni *v.* **2**
to run out esaurirsi *v.* **7**
Russian russo/a *adj.*

S

sack sacco *m.*
sad triste *adj.*
safe salvo/a *adj.* **4**
safety sicurezza *f.* **4**
saint santo/a *m., f.* **6**
salad insalata *f.*
salary salario *m.*; mensilità *f.*
high/low salary salario *m.* elevato/basso
sales saldi *m., pl.* *3*
end-of-season sales saldi *m., pl.* di fine stagione **3**
saleswoman commessa *f.* **1**
salt sale *m.*
salty salato/a *adj.*
sandals sạndali *m., pl.* **10**
sandwich shop paninoteca *f.*
satirical satịrico/a *adj.* **8**
Saturday sạbato *m.*
savages selvaggi *pl 9*
save parare *v.* **3;** risparmiare *v.* **10;** salvare *v.* **4**
to save the planet salvare il pianeta *v.*
saving rispạrmio *m.* **10**
savings account conto *m.* di risparmio
saxophone sassọfono *m.*
say dire *v.* **1**
scandal scạndalo *m.* **4**
scarf sciarpa *f.*
scene scena *f.* **9**
schedule orario *m.* **1**
scheme schema *m.*
school scuola *f.*
science scienze *f., pl.*
computer science informạtica *f.* **7**
science fiction fantascientịfico/a *adj.* **7**
scientist scienziato/a *m., f.*
scold rimproverare *v.* **5**
scooter motorino *m.*
score (a goal) segnare (un gol) *v.* **3**
screen schermo *m.* **9**
screen name pseudọnimo *m.*
screening proiezione *f.*
screenplay sceneggiatura *f.* **9**
script copione *m.* **9**
scuba diver subạcqueo *m.* **4**
sculpt scolpire *v.*
sculptor scultore/scultrice *m., f.* **8**
sculpture scultura *f.* **8**
sea mare *m.*
seafood frutti *m., pl.* di mare
seafood shop pescherịa *f.*
seagull gabbiano *m.*
sea-sickness mal *m.* di mare
season stagione *f.*
season ticket abbonamento *m.*
seat poltrona *f.*
seatbelt cintura *f.* di sicurezza
second secondo/a *adj.*
secretary segretario/a *m., f.* **10**
section: lifestyle section rubrica *f.* di cultura e società **9**
sector settore *m.* **10**
security sicurezza *f.* **4**
see vedere *v.* **3**
See you later. A più tardi.
See you soon. Ci vediamo./ A presto.
to see each other vedersi *v.* **2**
seem sembrare, parere *v.* **2**
selfish egoista *adj.* **5**
self-governing autọnomo/a *adj.* **4**
self-portrait autoritratto *m.* **8**
self-sufficient autosufficiente *adj.* **5**
sell vẹndere *v.*
send inviare *v.* **1;** mandare, spedire *v.*
sense senso *m.*
sensitive sensịbile *adj.* **1**
separated separato/a *adj.*
September settembre *m.*
serious grave, serio/a *adj.*
serve servire *v.*
service servizio *m.*
service station stazione *f.* di servizio
set (*sun*) tramontare *v.*
to set the table apparecchiare la tạvola *v.*
settle stabilirsi *v.* **6**
seven sette *m.*
seven hundred settecento *m.*
seventeen diciasette *m.*
seventh settimo *adj.*
seventy settanta *m.*
shake hands with strịngere la mano a *v.* **8**
shame vergogna *f.* **2**
shape: to be in/out of shape ẹssere in/fuori forma *v.*
share condivịdere *v.* **1**
sharp in gamba *adj.*
shave farsi la barba *v.* **2;** rạdersi *v.*
shaving cream schiuma *f.* da barba
sheep pẹcora *f.*
sheet: sheet of paper foglio *m.* di carta
shelter rifugio *m.* **8**
ship nave *f.*
Shoo! Sciò!
shop bottega *f.* **8;** fare spese *v.*
shop window vetrina *f.* **1**
shopping center/mall centro commerciale *m.* 3
short basso/a *adj.* **9**
short (hair) corto/a *adj.*
short film cortometraggio; filmino *m.*
short story racconto *m.*
short-term a breve tẹrmine *adj.* **10**
short trip gita *f.*
shorter inferiore *adj.* **9**
shorts pantaloncini *m., pl.*
shot: to give a shot fare una puntura *v.*
shoulder spalla *f.*
show fare vedere a *v.* **8;** mostrare *v.*; spettạcolo *m.* **3**
shower doccia *f.*
shrewd furbo/a *adj.* **5**
shrimp gamberetto *m.*
shy tịmido *adj.* **1**
side dish contorno *m.*
sidewalk marciapiede *m.* **2**
sight vista *f.*
to know by sight conọscere di vista *v.*
sign firmare *v.*
signal segnale *m.* **7**
silk seta *m.*
since da *prep*
sincere sincero/a *adj.*
sing cantare *v.* **1**
singer cantante *m., f.*
single cẹlibe *adj., m.* **1;** nụbile *adj., f.* **1**
single-family home villa *f.*
sister sorella *f.*
little/younger sister sorellina *f.*
sister-in-law cognata *f.*
sit down sẹdersi *v.*
six sei *m.*
six hundred seicento *m.*
sixteen sẹdici *m.*
sixteenth sedicẹsimo *adj.*
sixth sesto *adj.*
sixty sessanta *m.*
size (*clothing*) taglia *f.*
skating pattinaggio *m.* **3**
sketch schizzo *m.* **8**

ski sciare *v.* **1;** sci *(invar.) m.*
skiing sci *m.* **3**
skill capacità *f.*
skilled bravo/a *adj.*
skin pelle *f.*
skip: to skip class saltare la lezione *v.*
skirt gonna *f.* **10**
skit scenetta *f.* **9**
sky cielo *m.*
 sky blue azzurro/a *adj.*
skyscraper grattacielo *m.* **2**
slavery schiavitù *f.* **8**
sleep dormire *v.* **1**
sleepy: to be sleepy avere sonno *v.* **1**
sleeve mạnica *f.*
slice fetta *f.*
slide scivolare *v.* **8**
slight leggero/a *adj.*
slippers pantọfole *f., pl.*
slob cafone/a *m., f.*
slow lento/a *adj.*
sly furbo/a *adj.* **5**
small pịccolo/a *adj.* **9**
 small change spịccioli *m., pl.* **3**
 smaller minore *adj.* **9**
smart in gamba *adj.*
smell odore *m.* **10**
smile sorrịdere *v.* **5**
smirk smorfia *f.* **10**
smog smog *m.*
smoked affumicato/a *adj.*
snack spuntino *m.;* merendina *f.* **3**
 snack bar tạvola *f.* calda
snake serpente *m.*
sneakers scarpe *f., pl.* da ginnạstica/ tennis **3**
sneeze starnutire *v.*
snorkel boccaglio *m.* **4**
snow neve *f.;* nevicare *v.*
so allora *adv., adj.;* perciò *conj.*
 so much, so many tanto *adj.*
 so that in modo che *conj.*
 so that affinché, benché, purché *conj.* **7**
soap sapone *m.*
soap opera telenovela *f.* **9**
soccer calcio *m.* **3;**
 soccer ball pallone *m.* **3**
 soccer player calciatore *m.* **3**
sociable sociẹvole *adj.* **5**
society società *f.* **10**
sock calza *f.*
soil sporcare *v.*
solar: solar energy energịa *f.* solare
 solar panel pannello *m.* solare
sold out al completo *adj.* **3**
soldier soldato *m.* **2**
solid-color tinta unita *adj.*
solo assolo *m.*
solution soluzione *f.*
solve risọlvere *v.* **6**
some qualche, alcuni/e *indef. adj.* **9;** alcuni/e *indef. pron.* **9**
someone qualcuno/a *indef. pron.* **9**
something qualcosa *indef. pron.* **9; (anything else)** altro *indef. pron.*
sometimes a volte, qualche volta *adv.*
son figlio *m.* **5**
song canzone *f.*
son-in-law gẹnero *m.* **5**
soon presto *adv.*
sorry desolato/a *adj.*
 to be sorry dispiacere *v.* **2;** ẹssere desolato/a *v.* **5**
So-so. Così, così.
soul ạnima *f.* **5**
 soul mate ạnima *f.* gemella **1**
soundtrack colonna sonora *f.* **9**
soup zuppa *f.*
 thick soup minestrone *m.*
southern meridionale *adj.* **6**
Spanish spagnolo/a *adj.*
sparkling water acqua *f.* frizzante
speak: to speak to each other parlarsi *v.* **2**
special effects effetti *m., pl.* speciali **9**
specialist specialista *m., f.*
specialization specializzazione *f.*
spectator spettatore/spettatrice *m., f.*
speed limit limite *m.* di velocità
spend (*money*) spẹndere *v.;* **(*time*)** passare *v.*
spicy piccante *adj.*
spoil viziare *v.* **5**
spoon cucchiaio *m.*
sport sport *m.*
 sports club club *m.* sportivo **3**
 sports news crọnaca *f.* sportiva **9**
spring primavera *f.*
spy spịa *f.* **2;** spiare *v.* **4**
squirrel scoiạttolo *m.*
stadium stadio *m.* **2**
stage scena *f.* **9**
stain macchiare *v.*
stained macchiato/a *adj.*
staircase scala *f.* **8**
stairs scale *f., pl.*
 to climb/go down stairs salire/scẹndere le scale *v.*
stall platea *f.*
stamp francobollo *m.;* timbrare *v.* **9**
stand tribuna *f.*
 stand in line stare in fila *v.* **5**
standard of living tenore di vita *m.* **6**
stanza strofa *f.* **8**
staple graffetta *f.*
stapler graffettatrice *f.*
star stella *f.*
start (to) cominciare (a) *v.* **1**
 to start the game scẹndere in campo *v.* **3**
starter antipasto *m.*
statesman statista *m.* **6**
station stazione *f.*
 radio station stazione *f.* radio **9**
stationery store cartolerịa *f.*
statue statua *f.*
stay rimanere, stare *v.* **1;** restare *v.*
steal rubare *v.* **5**
steamed al vapore *adj.*
steering wheel volante *m.*
stem cell cẹllula *f.* staminale **7**
stench puzza *f.* **8**
step gradino; passo *m.*
stepbrother fratellastro *m.*
stepdaughter figliastra *f.*
stepfather patrigno *m.*
stepmother matrigna *f.*
stepsister sorellastra *f.*
stepson figliastro *m.*
stereo system impianto *m.* stẹreo
stereotype stereọtipo *m.* **6**
stern poppa *f.* **4**
stewed in ụmido *adj.*
still ancora *adv.*
 still life natura *f.* morta **8**
 still water acqua *f.* naturale
stock exchange borsa *f.* **10**
stomach stọmaco *m.*
stone sasso *m.*
stop cessare (di) *v.* **8;** fermare; fermarsi *v.* **2;** smẹttere *v.* **3;** fermata *f.* **2**
 bus/subway/train stop fermata *f.* dell'ạutobus/della metro/del treno *f.* **2**
 stop on request fermata *f.* a richiesta
store negozio *m.*
 store specializing in focaccia focaccerịa *f.*
 store specializing in homemade pasta laboratorio *m.* di pasta fresca
 store specializing in wine enoteca *f.*
storm temporale *m.*
 It's stormy. C'è il temporale.
stovetop piano *m.* di cottura **7**
straight (*hair*) liscio/a *adj.*
strange strano/a *adj.* **5**
stranger estrạneo/a *m., f.* **5**
strawberry frạgola *f.*
stream ruscello *m.*
street strada, vịa *f.* **2**
 Venetian streets calli *f., pl* **7**
stretch stirarsi *v.* **10**
strict severo/a *adj.* **5**
strike sciọpero *m.*
stripe riga *f.*
striped a righe *adj.*
strong forte *adj.*
struggle lottare *v.* **4**
stubborn testardo/a *adj.* **5**

student studente(ssa), alunno/a m., *f.*
student who studies too hard secchione/a *m., f.* **3**
studies studi *m., pl.*
studio apartment monolocale *m.*
studious studioso/a *adj.*
study studiare *v.* **1;** studio *m.*
to study in-depth approfondire *v.* **1**
stuffy nose naso *m.* chiuso
sturdy resistente *adj.* **1**
style stile *m.* **10**
subject materia *f.*
subjective soggettivo/a *adj.* **8**
sublet subaffittare *v.*
submerged sommerso/a *adj.* **7**
submissive remissivo/a *adj.* **5**
subscribe fare un abbonamento *v.* **9**
subscription abbonamento *m.*
substitute teacher supplente *m.* **1**
subtitle sottotịtolo *m.* **9**
suburbs periferịa *f.* **2**
subway metro(politana) *f.* **2**
succeed in riuscire a *v.* **1**
success successo *m.*
successful prọspero/a *adj.* **10**
suffer penare *v.* **6**
to suffer (from) soffrire (di) *v.* **8**
suffering sofferenza *f.*
sufficient: to be sufficient bastare *v.* **3**
suggest suggerire *v.* **6**
suggestive allusivo/a *adj.* **8**
suit ạbito *m.* **10;** vestito *m.* (da uomo) **3**
women's suit tailleur *m.* **10**
suitcase: to pack a suitcase fare la valigia *v.*
summer estate *f.*
sun sole *m.*
It's sunny. C'è il sole.
Sunday domẹnica *f.*
sunglasses occhiali *m., pl.* da sole **10**
sunny soleggiato/a *adj.*
sunrise alba *f.*
sunset tramonto *m.*
superior superiore *adj.* **9**
supermarket supermercato *m.*
supper cena *f.*
supreme supremo/a *adj.* **9**
surf: to surf the Internet/Web navigare su Internet/sulla rete *v.* **7;** navigare in rete *v.*
surgeon chirurgo *m.*
surprise stupire *v.* **7**
to be surprised ẹssere sorpreso/a *v.* **6**
surrender arrẹndersi *v.* **8**
survival sopravvivenza *f.* **2**
survive sopravvịvere *v.* **5**
swallow rọndine *f.*
swear (on) giurare (su) *v.* **8**
sweater maglione *m.*
sweatshirt felpa *f.*
sweep spazzare *v.*
street sweeper spazzino/a *m., f.*
sweet caruccio; dolce; tẹnero/a *adj.*
sweet-and-sour agrodolce *adj.*
sweetness dolcezza *f.* **10**
swim nuotare *v.*
swimming nuoto *m.*
swimming pool piscina *f.* **10**
Swiss svịzzero/a *adj.*
symphony orchestra *f.* sinfọnica **8**
symptom sịntomo *m.*
synagogue sinagoga *f.* **6**
system sistema *m.*

T

table tạvola *f.;* tạvolo *m.*
to clear the table sparecchiare la tạvola *v.*
tablecloth tovaglia *f.*
tablet compressa *f.*
tabloid giornale *m.* scandalịstico **9**
take prẹndere *v.* **1;** volerci *v.* **8**
to take (*a class*) seguire *v.*
to take a bath/shower fare il bagno/la doccia *v.*
to take a long weekend fare il ponte *v.*
to take a look dare un'occhiata *v.* **3**
to take a picture fare una foto *v.*
to take a short trip fare una gita *v.*
to take a short walk fare due passi *v.*
to take a test dare un esame *v.* **1**
to take a trip fare un viaggio *v.*
to take a walk passeggiare *v.* **2;** fare una passeggiata *v.*
to take advantage of approfittare *v.* **10**
to take care of occuparsi di *v.* **8**
to take initiative prẹndere l'iniziativa *v.* **5**
to take off decollare *v.*
to take out a mortgage fare un mụtuo *v.* **10**
to take out the trash portare fuori la spazzatura *v.*
to take place svọlgersi *v.* **8**
talented dotato/a *adj.*
talk (about) parlare (di) *v.* **8**
tall alto/a *adj.* **9**
tan abbronzarsi *v.*
tank top canottiera *f.*
taste assaggiare *v.*
tasty gustoso/a, saporito/a *adj.*
tattoo tatuaggio *m.* **10**
tax tassa *f.* **10**
taxes contributi *m., pl.*
taxi tassì; taxi *m.*
taxi driver tassista *m.* **6**
tea tè *m.*
teach insegnare *v.* **8**
teacher docente; insegnante *m., f.*
team squadra *f.* **3**
tease prẹndere in giro *v.*
teaspoon cucchiaino *m.*
technician tẹcnico *m., f.*
technology tecnologịa *f.*
telecommunications telecomunicazioni *f., pl.* **7**
telephone telefonare *v.;* telẹfono *m.*
to (tele)phone each other telefonarsi *v.* **2**
television televisione *f.* **9**
television channel canale *m.* televisivo
television viewer telespettatore/telespettatrice *m., f.* **9**
TV host assistant valletta *f.* **9**
TV news telegiornale *m.* **9**
temp agency agenzịa *f.* di somministrazione lavoro
ten dieci *m.*
tenacious tenace *adj.*
tenant inquilino/a *m., f.*
tender tẹnero/a *adj.*
tennis tennis *m.*
tenth dẹcimo *adj.*
term paper tesina *f.*
terminus capolịnea *m.*
terrorism terrorismo *m.* **4**
terrorist terrorista *m., f.* **4**
test esame *m.*
text message SMS *m.* **7**
textbook libro *m.* di testo
thank (for) ringraziare (di) *v.* **8**
Thank you. Grazie.
Thanks a lot. Grazie mille.
Thanks. Crepi. (*answer to* In bocca a luppo.) (lit. *May the wolf die.*)
that che; ciò che, quanto, quel che, quello che *rel. pron.* **9;** quello/a *adj.*
that which ciò che, quanto, quel che, quello che *rel. pron.* **9**
theater teatro *m.*
theatrical teatrale *adj.*
theft furto *m.* **7**
theme tema *m.*
then allora; poi *adv.*
theorem teorema *m.*
there là *adv.*
Is Mr./Mrs. ... there? C'è il/la signor(a)...?
there are ci sono
there is c'è
thermal baths terme *f., pl.* **2**
thermal energy energịa *f.* tẹrmica
thermometer termọmetro *m.*
thief ladro/a *m., f.* **4**
thin magro/a *adj.*
think pensare *v.* **8**
to think about pensare a *v.* **8**
third terzo *adj.*
thirsty: to be thirsty avere sete *v.* **1**

thirteen trẹdici *m.*
thirty trenta *m.*
thirty-eight trentotto *m.*
thirty-five trentacinque *m.*
thirty-four trentaquattro *m.*
thirty-nine trentanove *m.*
thirty-one trentuno *m.*
thirty-seven trentasette *m.*
thirty-six trentasei *m.*
thirty-third trentatreẹsimo *adj.*
thirty-three trentatré *m.*
thirty-two trentadue *m.*
this questo/a *adj.*
threat minaccia *f.* **4**
three tre *m.*
three hundred trecento *m.*
thriller giallo *m.* **8**
throat gola *f.*
sore throat mal *m.* di gola
through per *prep.*
throw gettare *v.*
to throw away buttare vịa *v.* **1**
to throw down/below buttare di sotto *v.* **6**
thunder tuono *m.*
Thursday giovedì *m.*
ticket biglietto *m.* **3**
ticket collector controllore *m.*
ticket office/window bigliettẹrịa *f.*
tide marea *f.* **7**
tidy: to tidy up riordinare *v.*
tie cravatta *f.* **10;** pareggiare *v.* **3;** pareggio *m.* **3**
to tie a game pareggiare una partita *v.* **3**
tight: tight-fitting stretto/a *adj.*
time volta *f.*
times etá *f.* **8**
tire: flat tire pneumạtico *m.* sgonfio
tired stanco/a *adj.*
to a; in *prep.*
toast tostare *v.*
toaster tostapane *m.*
today oggi *m., adv.*
toe dito *m.* del piede (*pl.* dita *f.*) *m.*
together insieme *adv.*
to get together incontrarsi *v.* **2**
toilet gabinetto *m.*
tomato pomodoro *m.*
tomorrow domani *m., adv.*
the day after tomorrow dopodomani *m., adv.*
ton (of) sacco (di) *adj.*
too anche *conj.*
too much troppo *adj., adv.*
tooth dente *m.*
to brush one's teeth lavarsi i denti *v.*
tooth brush spazzolino *m.* (da denti)
tooth paste dentifricio *m.*
topography topografịa *f.* **2**
tornado tornado *m.*
torrential downpour diluvio *m.*
touch toccare *v.*
touching commovente *adj.*
tough duro/a *adj.*
tour giro *m.*
to be on tour ẹssere in tour *v.*
tourist turista *m., f.*
tourist class classe *f.* turistica
tourist information office ufficio *m.* informazioni turistiche
tournament torneo *m.* **3**
toward verso *prep.*
towel asciugamano *m.*
town città *f.,* paese *m.*
in town in centro *adv.*
town hall comune *m.*
toxic waste rifiuti *m., pl.* tọssici
trace tracciare *v.* **6**
track and field atlẹtica *m.*
trade mestiere *m.* **10**
tradition tradizione *f.* **6**
traffic circolazione *f.,* trạffico *m.* **2**
traffic jam ingorgo *m.* stradale *2*
traffic light semạforo *m.* **2**
traffic officer vigile/vigilessa *m., f.* urbano/a
tragedy tragedia *f.*
tragic trạgico/a *adj.* **8**
train allenarsi *v.* **3;** treno *m.*
get off the train scẹndere dal treno *v.* **2**
to get on the train salire sul treno *v.* **2**
train track binario *m.* **1**
training formazione *f.* **10**
professional training tirocinio *m.*
transfer mobilità *f.*
translate tradurre *v.* **1, 8**
transportation trasporto *m.*
trash immondizia *f.*
to take out the trash portare fuori la spazzatura *v.*
trauma trauma *m.*
travel viaggiare *v.*
travel agent agente *m., f.* di viaggio
traveler viaggiatore *m.*
tray vassọio *m.* **1**
treaty trattato *m.* **4**
tree ạlbero *m.*
trendy trendy *adj.*
trim (one's hair) spuntare (i capelli) *v.*
trip viaggio *m.*
troop truppa *f.* **7**
truck camion *m.*
truck driver camionista *m., f.*
truly veramente *adv.*
trunk baụle *m.* **8**
trust avere fiducia (in), fidarsi (di) *v.* **1;** fiducia *f.* **4**
try to cercare di *v.* **8;** provare a *v.* **8**
to try on provare, provarsi *v.* **3**
t-shirt maglietta *f.*
short-/long-sleeved t-shirt maglietta *f.* a mạniche corte/lunghe
Tuesday martedì *m.*
tuft of hair ciuffo *m.*
tuna tonno *m.*
turn volta *f.;* svolta *f.;* girare *v.* **9**
to turn off spẹgnere *v.*
to turn on accẹndere *v.*
to turn (right/left) girare (a destra/sinistra) *v.* **2**
Tuscan almond biscotti cantucci *m., pl.* **1**
TV tivù, TV *f.*
twelve dọdici *m.*
twentieth ventẹsimo *adj.*
twenty venti *m.*
twenty-eight ventotto *m.*
twenty-five venticinque *m.*
twenty-four ventiquattro *m.*
twenty-nine ventinove *m.*
twenty-one ventuno *m.*
twenty-seven ventisette *m.*
twenty-six ventisei *m.*
twenty-three ventitré *m.*
twenty-two ventidue *m.*
twin gemello/a *adj.* **5**
two due *m.*
two hundred duecento *m.*
two hundred forty five duecentoquarantacinque *m.*
two thousand duemila *m.*
two-room apartment bilocale *m.*
type digitare *v.* **7**

U

ugly brutto/a *adj.*
ultrasound ecografịa *f.* **3**
umbrella ombrello *m.*
unbearable insopportạbile *adj.* **5**
unbiased imparziale *adj.* **9**
uncertainty incertezza *f.* **6**
uncle zịo *m.* **5**
under sotto *adv., prep.* **8**
underdevelopment sottosviluppo *m.* **6**
understand capire *v.* **1**
understanding comprensione *f.* **6;** comprensivo/a *adj.* **1**
underwear biancherịa *f.* ịntima
undress spogliarsi *v.* **10**
unemployed disoccupato/a *adj.* **10**
to be unemployed ẹssere disoccupato/a *v.*
unequal ineguale *adj.* **4**
unethical immorale *adj.* **7**
unfair ingiusto/a *adj.* **4**
unfaithful infedele *adj.* **1**

unforgettable indimenticạbile *adj.* **1**
united unito/a *adj.*
university università *f.*
unless a meno che, salvo che *conj.* **7**
unlikely improbạbile *adj.* **7**
unpleasant antipạtico/a *adj.*
unreliable inaffidạbile *adj.* **4**
until fino a *prep.*
up there lassù *adv.* **6**
update aggiornare *v.* **7**
upset contrariato/a *adj.* **1**
urge raccomandare *v.*
use usare *v.*
useful ụtile *adj.* **1**
usual sọlito/a *adj.*
  as usual al sọlito sụo *adv.*
  The usual. La sọlita cosa.
usually di sọlito *adv.*

V

vacancy stanza *f.* disponịbile
vacation vacanza *f.*
  ski vacation settimana *f.* bianca
  to go on vacation partire in vacanza *v.*
vaccine vaccino *m.* **7**
vacuum aspirapọlvere *m.*; passare l'aspirapọlvere *v.*
vain vanitoso/a *adj.* **5**
validate (*ticket*) convalidare *v.*
valley valle *f.*
variety show avanspettạcolo *m.* **9**; varietà *f.*
vase vaso *m.*
vaudeville rivista *f.* **9**
vegetable verdura *f.*
veiled velato/a *adj.* **8**
vendor venditore/venditrice *m., f.* **2**
  street vendor venditore/venditrice *m., f.* ambulante *2*
Venetian veneziano *m., f.*
  Venetian squares/fields campi *m., pl.* **7**
  Venetian streets calli *f., pl.* **7**
vengeful vendicativo/a *adj.* **1**
veterinarian veterinario/a *m., f.*
victim vịttima *f.* **4**
victorious vittorioso/a *adj.* **4**
victory vittoria *f.* **4**
video store videoteca *f.*
videogame videogioco *m.* **3**
viewer telespettatore *m.* **9**
villa villa *f.*
village paese *m.* **2**
violence violenza *f.* **4**
  fellow villager/countryman/woman paesano/a *m., f.* **2**
violin violino *m.*
violinist violinista *m., f.*
visit visitare *v.*
voice: at the top of one's voice a squarciagola *adv.* **3**
volcanic eruption eruzione *f.* vulcạnica
volleyball pallavolo *f.*
vote votare *v.* **4**

W

wage stipendio *m.* **10**
  minimum wage stipendio *m.* mịnimo **10**
waist vita *f.*
wait aspettare *v.* **8**
  to wait (for) attẹndere *v.*
  to wait in line fare la coda *v.* **3**; fare la fila *v.*
waiter/waitress cameriere/a *m., f.*
waiting attesa *f.*
wake (*someone*) svegliare *v.* **2**
  to wake up svegliarsi *v.* **2**
walk camminare *v.*; passeggiata *f.*
wall parete *f.*
want volere *v.* **1**
war guerra *f.*
  civil war guerra *f.* civile **4**
  world war guerra *f.* mondiale **4**
wash lavare *v.*
  to wash the dishes lavare i piatti *v.*
  to wash oneself lavarsi *v.* **2**
washing machine lavatrice *f.* **5**
waste scoria *f.*; sprecare *v.*
wastebasket cestino *m.*
watch orologio *m.*
  to watch one's weight controllare la lịnea *v.*
  to watch TV guardare la TV *v.*
water acqua *f.*
watercolor acquerello *m.* **8**
waterfall cascata *f.*
wavy mosso/a *adj.*
way modo *m.*
  This way. Da questa parte.
  to know the way conọscere la strada *v.*
weak dẹbole *adj.*
weapon arma *f.* **4**
wear indossare *v.* **1**; portare *v.*
  to wear a suit portare un vestito *v.*
weather tempo *m.*
  to be nice/nasty (*weather*) fare bel/brutto tempo *v.* **1**
Web site sito *m.* Internet
wedding matrimonio *m.* **1**
  wedding dress vestito *m.* da sposa **8**
wedge shoes zeppe *f., pl.* **3**
Wednesday mercoledì *m.*
week settimana *f.*
weight peso *m.*
Welcome! Benvenuto!
well bene *adv.* **9**
  I am not well. Sto male.
  Pretty well. Abbastanza bene.
wet suit muta *f.* **4**
what che, che cosa, cosa *interr. pron.*; quale *adj., pron., adv.*; ciò che, quanto, quel che, quello che *rel. pron.* **9**
  What does . . . mean? Cosa vuol dire…?
  What is it? (Che) cos'è?
  What is the temperature? Quanti gradi ci sono?
  What's new? Che c'è di nuovo?
  What's wrong? Che cosa c'è?
whatever/whichever qualsịasi, qualunque *indef. adj.* **9**
wheel: steering wheel volante *m.*
when quando *conj., adv.*
where dove *adv., conj.*
wherever ovunque *adv.*
which che; cui *rel. pron.*; quale *adj., pron., adv.*
while mentre *conj.*
whiner lagnone/a *m., f.*
whiny lamentoso/a *adj.*
whisper sussurro *m.* **8**
white bianco/a *adj.*
who che *rel. pron.*; chi *interr. pron.*
  those who, the one(s) who chi *rel. pron.*
whoever chiunque *indef. pron.* **9**
whom che; cui *rel. pron.*; chi *rel. pron.*
why perché *conj.*
widowed vedovo/a *adj.* **1**
widower/widow vedovo/a *m., f.* **1**
wife moglie *f.* **5**
willingness volontà *f.* **4, 6**
win vịncere *v.*
  to win a game vịncere una partita *v.* **3**
  to win the election vịncere le elezioni *v.* **4**
wind vento *m.*
  It's windy. C'è vento.
  wind power energịa *f.* eọlica
window finestra *f.*
  window (*bank*) sportello *m.* **10**
  window cleaner lavavetri *m.*
windshield parabrezza *m.*
  windshield wiper tergicristallo *m.*
windsurfing windsurf *m.*
windy ventoso/a *adj.*
wine vino *m.*
  wine cellar cantina *f.* **8**
winter inverno *m.*
wireless network rete *f.* senza fili **7**
with con *prep.*; presso *prep.* **8**
withdraw: to withdraw money ritirare dei soldi *v.*
without senza *prep.* **8**; senza che *conj.* **7**
witness testimone *m., f.* **4**

woman donna *f.*
womb grembo *m.*
wood legno *m.* **5**
wool lana *m.*
work lavoro *m.;* funzionare; lavorare *v.*
to work overtime fare lo straordinario *v.* **10**
work (of art) ọpera *f.* (d'arte) **8**
work hours orario *m.* di lavoro **10**
work shift turno *m.* di lavoro **10**
worker operạio/a *m., f.*
worried preoccupato/a *adj.* **1**
worry (about) preoccuparsi (di) *v.* **2**
worse peggiore *adj.* **9;** peggio *adv.* **9**
worth: to be worth valere *v.* **6;** costare *v.*
to be worth it valere la pena *v.* **3**
wound ferita *f.*

wrap incartare *v.* **9**
write scrịvere *v.* **3**
to write each other scrịversi *v.* **2**
writer scrittore/scrittrice *m., f.*
wrong sbagliato/a *adj.* **7**
to be wrong avere torto *v.* **8**

Y

yawn sbadigliare *v.* **1;** sbadiglio *m.* **1**
year anno *m.*
to be ... years old avere... anni *v.*
year-end bonus tredicẹsima *f.*
yellow giallo/a *adj.*
yesterday ieri *m., adv.*
the day before yesterday l'altro ieri *m., adv.*
yet ancora *adv.*
yogurt yogurt *m.*
young giọvane *adj.*
younger sister sorellina *f.*
younger minore *adj.* **9**
youth giovinezza *f.* **5**
youth hostel ostello *m.* della gioventù

Z

zoologist zoọlogo/a *m., f.* **7**

Index

Credits

Text Credits

34-35 Salvatore Fiume, "Il supplente, 2ª lezione", CHE STORIE SON QUESTE?. Permission requested. Best efforts made.
72-73 "La Mamma e il Bambino", taken from SPICCHI DI REALTÀ, by Claudio Gianini. Published in Italy in e-book by Kult Virtual Press.
110-111 Stefano Benni, "La chitarra magica", IL BAR SOTTO IL MARE. Permission requested. Best efforts made.
150-151 "La compra della repubblica" taken from Gog, by Giovanni Papini © Eredi di Giovanni Papini. All rights reserved. Published in Italy by Giunti Editore, Firenze.
188-189 "Innocenza" taken from RACCONTI DIMENTICATI by Elsa Morante © Elsa Morante Estate. All rights reserved. Published in Italy by Giulio Einaudi Editore, Torino.
226-229 "Il problema dei vecchi" taken from BUONASERA CON FRANCA RAME by Dario Fo and Franca Rame. © 1979, Dario Fo and Franca Rame. All Rights reserved. Published in Italy by Giulio Einaudi Editore, Torino.
310-313 "La parola proibita" taken from SESSANTA RACCONTI by Dino Buzzati © Dino Buzzati Estate. All rights reserved. Published in Italy by Arnoldo Mondadori Editore, Milano.
352-355 © RCS Libri S.p.A. - Milano, Bompiani 1992-2007.
392-395 "L'avventura dei due spose" by Italo Calvino. Copyright © 2002 by The Estate of Italo Calvino, reprinted with permission of The Wylie Agency LLC.

Photography Credits

All images © Vista Higher Learning unless otherwise noted.

Special thanks to: Isabelle Alouane; Vanessa Bertozzi; Christian Biagetti; Ali Burafi; Ana Cabezas Martín; Nancy Camley; Gaby Corbo (www.gabycorbo.com); María Eugenia Corbo; Nicolás Corbo; John DeCarli; Janet Dracksdorf; Teresa Garrido; Sarah Kenney; Rossy Llano; Anne Loubet; Leah Mercanti; Erin Monahan; Andrew Paradise; Pascal Pernix; Rafael Ríos; Katie Wade.

Cover/Front Matter: Cover © Radius Images/Alamy; **iv** (tl) © Henrik Weis/GettyImages; **iv** (tcl) © Stefano Amantini/Corbis; **iv** (bcl) © Adrian Weinbrecht/Getty Images; **iv** (bl) © ANTONIO CALANNI/ASSOCIATED PRESS; **vi** (tl) © Rolf Bruderer/Corbis; **vi** (tl) © Andrea Matone/Alamy; **vi** (cr) © Fototeca Storica Nazionale/ Getty Images **vii** (bl) © Dmitriy Shironosov/Shutterstock; **x** (l) © Adrian Weinbrecht/Getty Images; **x** (r) © mipan/Fotolia; **xi** tc © Royalty-Free/Corbis; **xiv** (t) © WernerHilpert/Fotolia; **xiv** (bl) Tremity © Vaclav Janousek/Fotolia; **xvii** (tr) © Ted Levine/Corbis; **xvii** (br) © Paul Barton/Corbis; **xviii** (all) © mipan/Fotolia; **xx** tr © Sophie Bassouls/Corbis.

Lesson One: 2 (full pg) © Henrik Weis/Getty images; **12-13** (t) © Ed Rooney/Alamy; **13** (bl) © CORBIS; **33** (t) AP Photo/Giancarlo Caloja; **34** (full pg) © Nino Braia/age footstock.

Lesson Two: 40 (full pg) © Stefano Amantini/Corbis; **41** (cr) © fabiomax/Fotolia; **50-51** (t) © Riccardo Spila/Corbis; **51** (c) © Wolfgang Thieme/Corbis; **51** (bl) © Terry Wilson/Shutterstock; **67** (br) © RICCARDO MUSACCHIO/ASSOCIATED PRESS; **67** bl Andrew Paradise/VHL; **68** (full pg) © fabiomax/Fotolia; **68** (b) © Clara/Fotolia; **71** © Courtesy of Claudio Gianini; **72** © altrendo images/Getty Images.

Lesson Three: 78 (full pg) © Adrian Weinbrecht/Getty Images; **79** (mr) © mipan/Fotolia; **80** tc © Royalty-Free/Corbis; **88-89** (t) © WernerHilpert/Fotolia; **89** (bl) Tremity © Vaclav Janousek/ Fotolia; **104** (tr) © Ted Levine/Corbis; **104** (br) © Paul Barton/Corbis; **106** (all) © mipan/Fotolia; **107** © Rick Friedman/Corbis; **109** tr © Sophie Bassouls/Corbis; **110** (c) © Lawrence Manning/ Corbis; **110** (background) © Karlionau/Fotolia.com.

Lesson Four: 116 (full pg) © ANTONIO CALANNI/ASSOCIATED PRESS; **117** (cr) © Klaus Hackenberg/Corbis; **118** (cl) © Royalty-Free/Corbis; **126-127** (t) © Atlantide Phototravel/Corbis; **127** (c) © vision images/Fotolia; **127** (bl) ©Skowron/Shutterstock; **127** (br) ©Albo/Shutterstock; **146** (all) © Klaus Hackenberg/Corbis; **149** (tr) © Courtesy of Anna Paszkowski; **150** (all) © Colin Anderson/Brand X/Corbis.

Lesson Five: 156 (all) © Rolf Bruderer/Corbis; **157** (cr) © Michael Blann/Getty Images; **166** (bl) © imagebroker/Alamy; **166-167** (t) © ollirg/Shutterstock; **167** (c) © John Miller/Robert Harding World Imagery/Corbis; **167** (bl) © Giorgio Mercalli/Fotolia; **167** (br) © Tobias Machhaus/Shutterstock; **171** (b) © Dragan Trifunovic/iStock; **174** (b) © CuboImages srl/Alamy; **175** (c) © Tomo Jesenicnik/Shutterstock; **184** (all) © Michael Blann/Getty Images; **187** (tr) © Pictorial Parade/Staff/Getty Images; **188** (all) Siri Stafford/Getty.

Lesson Six: 194 (Full pg) © Ryan McVay/Stone+/Getty Images ; **195** (cr) © Fototeca Storica Nazionale/Getty Images; **196** c © Royalty Free/Corbis; **205** (c) © Alexey Popov/Fotolia; **205** (bl) © Miyazawa/Fotolia; **205** (br) © Zbynek/Fotolia; **222** (all) © Fototeca Storica Nazionale/Getty Images; **223** (cr) © PoodlesRock/Corbis; **225** (tr) © Colin McPherson/Corbis; **226-227** (all) © Dario Fo; **228** © Dario Fo.

Lesson Seven: 234 (Full pg) © Paola Pandolfi/123RF; **235** (br) © COSTANTINI/Associated Press; **236** (cl) © Suravid/Shutterstock; **236** (c) © Milos Luzanin/Shutterstock; **244-245** (t) © Grand Tour/Corbis; **245** (c) © Mikhail Nekrasov/Shutterstock; **245** (bl) © Hulton Archive/Getty Images; **245** (br) © Sebastiano Bettio/Fotolia; **264** (all) © COSTANTINI/Associated Press; **267** © Famiglia Salgari; **268** © AP Photo/New Venice Consortium, HO; **270** © Images.com/Corbis.

Lesson Eight: 277 (br) © David Ewing/INSADCO Photography/Alamy ; **278** (bl) © Ismael Montero Verdu/Shutterstock; **278** (c) © laurent hamels/Fotolia; **279** (r) © Bryan Busovicki/Shutterstock; **286-287** (t) © DEA/R. CARNOVALINI/Getty Images; **287** (c) © Perov Stanislav/Shutterstock; **287** (bl) © fuxart/Fotolia; **287** (br) © Barbara Pheby/Shutterstock; **304** (t) © Alex Garaev/Shutterstock; **306** (full pg) © David Ewing/INSADCO Photography/Alamy; **309** (r) © Federico Patellani/Corbis; **310** (full pg) © Nancy R. Cohen/Getty Images.

Lesson Nine: 318 (full pg) © Andrea Matone/Alamy; **319 / 348** (br)/(full page) © Carlo Bavagnoli/Time & Life Pictures/Getty Images; **320** (cl) © Corbis; **320** (bl) © Louie Psihoyos; **328-329** (t) © Terry Eggers/Corbis; **328** (b) © CuboImages srl/Alamy; **329** (m) © Foto De Bon Sanremo; **329** (bl) Courtesy of Renzo Piano Building Workshop s.r.l. © Stefano Goldberg; **329** (br) © The London Art Archive/Alamy; **348** © Time & Life Pictures/Carlo Bavagnoli/Getty Images; **349** © MARKA/Alamy; **351** © Gianni Giansanti/Corbis; **352** © Elisabetta Villa/Getty Images; **355** Elisabetta Villa/2008 Getty Images.

Lesson Ten: 360 (full pg) © Anton Gvozdikov/Shutterstock; **361** (c) © WWD/Condé Nast/Corbis; **370-371** (t) © C./Shutterstock; **370** (bl) © macumazahn/Shutterstock; **388** (all) © WWD/Condé Nast/Corbis; **390** (cl) © Ustyujanin/Shutterstock; **390** (c) © Hakimata Photography/Shutterstock; **390** (cr) © konstantynov/Shutterstock; **391** (tr) © Jean-Paul Guilloteau/Kipa/Corbis; **392** (c) © Leslie Richard Jacobs/Corbis; **395** (t) © Rob Goldman/Corbis.

About the Authors

Anne Cummings is a Professor of French and Italian at El Camino College in California. She has over thirty years of teaching experience at universities, community colleges, and in the private sector in both the US and abroad. Anne is widely published in the field of foreign language education. She has degrees from the University of Southern California and the University of California at Los Angeles, and a diploma from the **Centro di Lingua e Cultura Italiana "Giacomo Leopardi."** Anne resides in Southern California.

Chiara Frenquelluci teaches in the Department of Romance Languages and Literatures at Harvard University, where she also earned her PhD. Chiara also holds graduate degrees in Pedagogy and Comparative Literature from the University of Massachusetts at Boston and Brandeis University. She has won numerous awards for excellence in teaching and has published on French and Italian literature. Chiara is a native of Rome and now lives in the Boston area.

Gloria Pastorino is an Assistant Professor of Italian and French at Farleigh Dickinson University in New Jersey. She holds a PhD in Comparative Literature from Harvard University, and also has degrees from the University of New Mexico and the **Istituto Universitario di Lingue Moderne** in Milan, Italy. Gloria specializes in theater and is a renowned literary translator. She is currently writing a book on Dario Fo. Among other accomplishments, she has earned numerous honors for distinction in teaching. Gloria is originally from Milan and lives outside New York City.

Julia A. Viazmenski is a Lecturer in Italian at Dartmouth College. She holds degrees in Italian Language and Literature from Smith College and the University of Wisconsin at Madison. Julia has been writing educational materials for students of Italian and teaching the language for over fifteen years. A native of Vermont, she currently resides in West Lebanon, New Hampshire with her husband and two children.